Das Lohnbuch 2011

Das Lohnbuch 2011

Mindestlöhne sowie orts- und berufsübliche Löhne
ermittelt durch den Leistungsbereich Arbeitsbedingungen
des Amtes für Wirtschaft und Arbeit
des Kantons Zürich in Zusammenarbeit
mit Arbeitgeber- und Arbeitnehmerverbänden

Philipp Mülhauser

Herausgeber:
Volkswirtschaftsdirektion des Kantons Zürich,
Amt für Wirtschaft und Arbeit, Arbeitsbedingungen,
Neumühlequai 10, 8090 Zürich, www.ai.zh.ch

orell füssli Verlag AG

© 2011 Orell Füssli Verlag AG, Zürich
www.ofv.ch
2. Auflage, Juni 2011

Vertreter des Herausgebers:
Dr. Peter Meier, AWA Zürich, Leiter Arbeitsbedingungen

Projektleitung:
lic.iur. Beat Werder, Sekretär der Tripartiten Kommission
des Kantons Zürich, AWA Zürich, Arbeitsbedingungen

Layout:
Philipp Mülhauser, AWA Zürich, Arbeitsbedingungen,
Arbeitsmarktbeobachtung

Umschlaggestaltung:
Christian Hügin, Kommunikationsdesign

Lektorat:
lic.iur. Martin Lüönd, juristischer Mitarbeiter, AWA Zug

Trägerschaft:
Die Herausgabe dieses Werkes erfolgte mit Unterstützung
der Kantone Aargau, Appenzell Ausserrhoden, Appenzell
Innerrhoden, Basel-Landschaft, Basel-Stadt, Bern, Glarus,
Graubünden, Luzern, Nidwalden, Obwalden, Schaffhausen,
Schwyz, Solothurn, St. Gallen, Thurgau, Uri, Zug und
Zürich sowie des Staatssekretariats für Wirtschaft (SECO).

Druck: fgb – freiburger graphische betriebe, Freiburg
Printed in Germany

ISBN 978-3-280-05431-4

Bibliografische Information der Deutschen Nationalbibliothek:
Die Deutsche Nationalbibliothek verzeichnet
diese Publikation in der Deutschen Nationalbibliografie;
detaillierte bibliografische Daten sind
im Internet über http://dnb.d-nb.de abrufbar.

Vorwort

»Wie viel verdienst du im Jahr?«, wird ein Mann von seiner Kollegin gefragt. »Also verdienen würde ich 120'000 Franken, aber ausbezahlt erhalte ich leider nur 80'000.«

Wenn es um Löhne geht, dann stimmt die subjektive Wahrnehmung dessen, was einem an Geld zustehen sollte, nicht immer mit dem überein, was am Ende des Monats effektiv auf dem Konto landet. Zudem spornen Löhne geradezu zum Vergleichen an; wer möchte nicht den genauen Lohn seines Vorgesetzten kennen? Die Lohnlandschaft in der Schweiz ist so vielfältig wie die Schweizer Wirtschaft selbst. Die Unterschiede in der Entlöhnung können dabei recht gross werden. So verdient ein selbstständiger Informatiker schnell über 6'500 Franken im Monat, während ein Chef-Bäcker sich vielfach mit gut 5'000 Franken im Monat begnügen muss.

Dabei fragen wir uns: Wie kommt es zu solchen Differenzen bei der Bezahlung? Und sind sie gerechtfertigt?

Natürlich ist jeder ein Stück weit seines eigenen Lohnes Schmied, indem er einen grösseren oder kleineren Rucksack an Wissen und Erfahrung mitbringt. Dies erklärt aber noch nicht alles. In Bäckereien werden auch unabhängig von Ausbildung und Erfahrung im Durchschnitt schlechtere Löhne bezahlt als in Informatikfirmen. Unterschiedliche technologische Entwicklungen, Unternehmensgrössen und auch die Intensität des Wettbewerbs bei Produkten und im Arbeitsmarkt sind dabei bestimmend. Ein Teil der Lohnunterschiede kann so durch reine Marktmechanismen erklärt werden.

Die Marktkräfte bestimmen aber längst nicht alles. Handelsbeschränkungen sowie technische und gesetzliche Regelungen beeinflussen Marktstrukturen und damit die Verdienstmöglichkeiten in den verschiedenen Branchen in bedeutendem Ausmass. Vorschriften zur Berufsausübung wie beispielsweise für Ärzte und Juristen schränken den Wettbewerb ein und erhöhen tendenziell das gesamte Lohnniveau in diesen Bereichen.

Gesetzliche Regelungen zum Schutz der Arbeitnehmer wie auch Gesamtarbeitsverträge und verschiedene Bestimmungen der bilateralen Verträge begrenzen ebenfalls die Marktmechanismen. Sie erhöhen vor allem die Löhne der Arbeitnehmer mit geringer Ausbildung und Qualifikation und tragen so vielfach dazu bei, die Lohnunterschiede zu verringern.

Die Löhne sind das Resultat eines marktwirtschaftlichen Prozesses innerhalb eines komplizierten Geflechts von staatlichen und privatwirtschaftlichen Regelungen. Welche Lohnunterschiede dabei gerecht oder gerechtfertigt sind, ist fast unmöglich zu bestimmen.

Das vorliegende Lohnbuch erlaubt aber, schnell zu bestimmen, wo welche Löhne üblich und bei den herrschenden Bedingungen fair sind. Sei es bei der Umsetzung der flankierenden Massnahmen, der Vermittlung von Arbeitssuchenden oder bei der Anstellung von neuen Mitarbeitenden, es wird gute Dienste leisten, davon bin ich überzeugt.

Regierungsrat Ernst Stocker,

Volkswirtschaftsdirektor des Kantons Zürich

Rechtlicher Hinweis

Obwohl das Amt für Wirtschaft und Arbeit mit aller Sorgfalt auf die Richtigkeit der veröffentlichten Informationen achtet, kann hinsichtlich der inhaltlichen Richtigkeit, Genauigkeit, Aktualität, Zuverlässigkeit und Vollständigkeit dieser Angaben keine Gewährleistung übernommen werden.

Dies ist eine *Momentaufnahme!* Die anwendbaren Bestimmungen über die einzuhaltenden minimalen Lohn- und Arbeitsbedingungen sind stetigen Änderungen unterworfen. Es wird deshalb empfohlen, die notwendigen Abklärungen bei den dafür zuständigen Behörden zu treffen.

Anders lautende Entscheide der zuständigen Kontrollorgane bleiben vorbehalten. Massgebend sind die Bestimmungen, die im Einzelfall zur Anwendung gelangen. Haftungsansprüche gegen das Amt für Wirtschaft und Arbeit wegen Schäden materieller oder immaterieller Art, welche aus dem Zugriff oder der Nutzung beziehungsweise Nichtnutzung der veröffentlichten Informationen entstanden sind, werden ausgeschlossen.

Aus Gründen der Lesbarkeit wird in vorliegendem Werk auf eine konsequente männliche oder weibliche Form der Berufsbezeichnungen verzichtet und, wo immer möglich, eine neutrale verwendet.

Die Werte bedeuten Bruttolöhne, ohne Einbezug jeglicher Zulagen, Sondervergütungen oder Zuschläge.

Stichtag 1. Februar 2011

Anregungen und Ergänzungen sind willkommen. Diese können an Philipp Mülhauser, E-Mail: philipp.muelhauser@vd.zh.ch sowie an das Amt für Wirtschaft und Arbeit, Neumühlequai 10, 8090 Zürich, Fax-Nummer 043/259 91 01, gerichtet werden.

Inhalt

Einleitung

Der Schlüssel zum Lohnbuch

Das *Lohnbuch* baut auf der *Allgemeinen Systematik der Wirtschaftszweige 2008* des Bundesamtes für Statistik auf und beruht auf einem sechsstelligen Zahlencode. Im Sinne der Lesefreundlichkeit werden hievon jedoch lediglich vier Ziffern als Kapitelziffer verwendet. Mit deren Hilfe kann im *Lohnbuch* sowohl im Inhalts- als auch im Stichwortregister nach dem Verweis auf die gewünschten Lohnangaben gesucht werden. Das *Lohnbuch* enthält zahlreiche Berufsgattungen aus den drei Sektoren *I. Land- und Forstwirtschaft, Jagd, Fischerei und Fischzucht, II. Produktion* und *III. Dienstleistungen.*

Mindestlöhne im Gegensatz zu Lohnempfehlungen

Das *Lohnbuch* beinhaltet Lohnangaben aus verschiedenen Quellen. Einerseits wurden Angaben aus allgemeinverbindlich erklärten sowie aus nicht allgemeinverbindlich erklärten Gesamtarbeitsverträgen aufgenommen. Andererseits finden auch Lohnempfehlungen der Arbeitgeber- oder Berufsverbände Eingang. Beim Fehlen vorgenannter Angaben muss auf Statistiken zurückgegriffen werden. Bei Letzteren wird zwischen dem Median (Zentralwert) und dem Durchschnitt unterschieden.

Die Quelle des Zahlenmaterials – ob aus einem allgemeinverbindlich erklärten oder nicht allgemeinverbindlich erklärten Gesamtarbeitsvertrag, einer Lohnempfehlung oder Statistik stammend – wird jeweils unter der Kapitelziffer für die entsprechende Berufsgattung in Worten angegeben. Zusätzlich werden zu deren einfacher Unterscheidung folgende Schriftarten in den Lohntabellen verwendet:

Fett
Die Lohnangaben entstammen zwischen den Vertragsparteien ausgehandelten, *allgemeinverbindlich erklärten* oder *nicht allgemeinverbindlich erklärten* Gesamtarbeitsverträgen. Allgemeinverbindlich erklärte Löhne gelten uneingeschränkt als Mindestlöhne. Nicht allgemeinverbindlich erklärte Gesamtarbeitsverträge gelten wohl für Verbandsfirmen und dem Gesamtarbeitsvertrag angeschlossene Firmen, jedoch nicht für Aussenseiterfirmen.

Fett kursiv
Seitens Arbeitnehmer- oder Arbeitgeberverbänden abgegebene *Lohnempfehlungen* gelten als Richtwerte eines Mindestlohnes. Die Herkunft der Angaben geht jeweils mittels Nennung der Quelle klar hervor.

Im Bemühen um die Vollständigkeit der in vorliegendem Werk vertretenen Berufsgattungen werden bei Berufen, für die weder Lohnangaben vorhanden sind noch ein Berufsverband besteht, seitens Herausgeber Vergleichswerte verwandter Berufe herbeigezogen.

Kursiv
Die Angaben entstammen statistischen Erhebungen und entsprechen in aller Regel dem *Median* (Zentralwert), ausnahmsweise den *Durchschnittslöhnen.*

**Der Median
oder Zentralwert**

Werden die Löhne nach ihrer zunehmenden Höhe geordnet, stellt der Median den Wert dar, welcher die berücksichtigte Gesamtheit in zwei gleich grosse Gruppen teilt: Für die eine Hälfte der Lohnbezüger liegt der Lohn über, für die andere Hälfte hingegen unter diesem Wert. Während sich das arithmetische Mittel (Durchschnitt) für die Berechnungen der Lohnsumme eignet, bildet der Median einen von ausserordentlichen Schwankungen unabhängigen Wert.

**Mindestlohn oder
orts- und berufsüblicher
Lohn**

Mindestlöhne
Gesamtarbeitsvertraglich festgelegte Löhne werden durch die Vertragsparteien ausgehandelt und gelten als *Mindestlöhne.*
Allgemeinverbindlich erklärte Löhne sind von der ganzen Branche zwingend einzuhalten.
Löhne aus nicht allgemeinverbindlich erklärten Gesamtarbeitsverträgen sind für Arbeitgeber des entsprechenden Berufsverbandes und sogenannt angeschlossene Arbeitgeber verbindlich.

Orts- und berufsübliche Löhne
Lohnempfehlungen seitens Arbeitgeber- und Berufsverbänden gelten als *unterste Richtwerte* eines üblichen Lohnes.
Statistisch erfasste Angaben geben einen Hinweis auf *orts- und berufsübliche Löhne.* Letztere entsprechen einem Lohnband, welches sich ober- und unterhalb des Medianwertes befindet. Bei den höchsten und den tiefsten Löhnen einer statistischen Erhebung handelt es sich um unübliche Löhne. Der Übergang von den üblichen Löhnen zu den tiefsten Löhnen wird als Schwelle der missbräuchlich tiefen Löhne bezeichnet. Die unterhalb dieser Schwelle liegenden Löhne stellen missbräuchlich unterbotene Löhne im Sinne von Art. 360a Abs. 1 OR dar. Für statistisch erhobene Werte gilt in vorliegendem Werk beinahe durchwegs der Median.
Bei Fehlen des Medians werden Durchschnittswerte herangezogen.

👋 Auf die unterschiedliche Quelle der Löhne – GAV-Löhne oder statistische Erhebungen (Median oder Durchschnittswerte) – wird bei den einzelnen Berufsgattungen jeweils ausdrücklich hingewiesen.

Übliche und missbräuchliche Löhne

tiefste Löhne	Schwelle der missbräuchlich tiefen Löhne	normale Löhne	normale Löhne	höchste Löhne
		Löhne	im	
		mittleren	Bereich	
unüblicher Lohn		üblicher Lohn	üblicher Lohn	unüblicher Lohn

Ausgangslage Bruttolohn

Die angegebenen Löhne entsprechen stets Bruttolöhnen. Die *Monatslöhne* sind auf jährlich deren 12 vereinheitlicht. Somit ist der 13. Monatslohn im angegebenen Bruttolohn nicht enthalten. Ist gemäss den jeweiligen Angaben ein 13. Salär vertraglich vereinbart oder berufsüblich, muss der Monatslohn jeweils mit 13 multipliziert werden, um den Jahressolllohn zu errechnen.

Die *Stundenlöhne* beinhalten grundsätzlich weder den Ferienzuschlag noch jenen für den 13. Monatslohn. Ein allfällig geschuldeter 13. Monatslohn wird mit 8,33 % abgegolten. Der prozentuale Zuschlag für die Anzahl Ferientage beläuft sich auf:

10 Tage	4,00 %	19 Tage	7,88 %	28 Tage	12,07 %
11 Tage	4,42 %	20 Tage	8,33 %	29 Tage	12,55 %
12 Tage	4,84 %	21 Tage	8,79 %	30 Tage	13,04 %
13 Tage	5,26 %	22 Tage	9,24 %	31 Tage	13,54 %
14 Tage	5,69 %	23 Tage	9,70 %	32 Tage	14,04 %
15 Tage	6,12 %	24 Tage	10,17 %	33 Tage	14,54 %
16 Tage	6,56 %	25 Tage	10,64 %	34 Tage	15,04 %
17 Tage	7,00 %	26 Tage	11,11 %	35 Tage	15,56 %
18 Tage	7,44 %	27 Tage	11,59 %	36 Tage	16,07 %

Auf den vereinbarten oder berufsüblichen 13. Monatslohn wird bei den einzelnen Berufsgattungen jeweils hingewiesen.

Lohnzulagen

Die Sozialzulagen – insbesondere die Familien-, Ausbildungs-, Orts- oder Geburtszulagen – werden durch öffentliches Recht festgeschrieben. Inkonvenienzzulagen stellen ein Entgelt für erschwerte Arbeitsbedingungen dar. Gesetzlich bestimmte Lohnzuschläge für vorübergehende Nacht- und Sonntagsarbeit (Art. 17b und 19 des Arbeitsgesetzes) sowie für Überstundenarbeit (Art. 321c des Obligationenrechts) und Überzeitarbeit (Art. 13 des Arbeitsgesetzes) müssen gegebenenfalls zusätzlich berücksichtigt werden. Vorgenannte Zulagen sind in den Nettolöhnen *nicht* enthalten. Vorbehalten bleiben die im Sinne von Art. 358 OR, in Gesamtarbeitsverträgen hievon abweichenden und zugunsten der Arbeitnehmenden, festgelegten Bedingungen.

Massgebender Lohn   Als massgebender Lohn gilt laut Art. 7 der Verordnung über die Alters- und Hinterlassenenversicherung (AHVV, SR 831.101):

– Zeit-, Akkord- und Prämienlohn, einschliesslich Entschädigungen für Überzeitarbeit, Nachtarbeit und Stellvertreterdienst;
– Orts- und Teuerungszulagen;
– Gratifikationen, Treue- und Leistungsprämien sowie der Wert von Arbeitnehmeraktien, soweit dieser den Erwerbspreis übersteigt und der Arbeitnehmer über die Aktie verfügen kann;
– Trinkgelder, soweit sie einen wesentlichen Teil des Lohnes darstellen;
– regelmässige Naturalbezüge;
– Provisionen und Kommissionen;
– Leistungen des Arbeitgebers für den Lohnausfall infolge Unfalles, Krankheit oder Militärdienstes;
– Ferien- und Feiertagsentschädigungen;
– Leistungen des Arbeitgebers bei Beendigung des Arbeitsverhältnisses, soweit sie nicht vom massgebenden Lohn ausgenommen sind;
– ein allfälliger 14. Monatslohn;
– vertraglich vereinbarte, regelmässige Zulagen, sofern diese nicht Entschädigungen für arbeitsbedingte Inkonvenienzen darstellen.

Nicht als Lohnbestandteil gelten der Auslagenersatz oder Zulagen, welche im Sinne von Art. 327a ff. des Obligationenrechts ausgerichtet werden. Diese sind Ersatz für anfallende Mehrkosten, welche durch auswärtige Arbeit, Verpflegung sowie Fahrt- oder Transportkosten entstehen. Ausnahmen vom massgebenden Lohn sind gemäss Art. 8 AHVV:

– reglementarische Beiträge des Arbeitgebers an Vorsorgeeinrichtungen, welche die Voraussetzungen der Steuerbefreiung nach dem Bundesgesetz über die direkte Bundessteuer (DBG, SR 642.11) erfüllen;
– Zuwendungen des Arbeitgebers bei Firmenjubiläen, Verlobung, Hochzeit oder Bestehen beruflicher Prüfungen sowie beim Tod Angehöriger und an Hinterlassene von Arbeitnehmenden;
– Spesenentschädigungen;
– Familien- und Haushaltszulagen;
– Ferien- und Feiertagsentschädigungen bei Stundenlohn.

Berechnung der Stunden- und Monatslöhne

Bestimmung des Stundenlohnes ausgehend vom Monatslohn. Das Jahresgehalt (Monatslohn mal 12) wird durch untenstehende Faktoren – ermittelt durch Multiplikation der jeweiligen wöchentlichen Arbeitszeit mit 52 Kalenderwochen – dividiert:

36	1'872	40,5	2'106	43	2'236	47	2'444
37	1'924	41	2'132	43,5	2'262	48	2'496
38	1'976	41,5	2'158	44	2'288	49	2'548
39	2'028	42	2'184	45	2'340	50	2'600
40	2'080	42,5	2'210	46	2'392	55	2'860

Bestimmung des Monatslohnes ausgehend vom Stundenlohn. Der Stundenlohn wird mit der Anzahl wöchentlicher Arbeitsstunden sowie mit 4,33 multipliziert. Letztgenannter Wert entspricht dem Jahresdurchschnitt der Anzahl Wochen pro Monat.

Landesindex der Konsumentenpreise und Teuerungsraten

Werden Lohnangaben im laufenden Jahr nicht erneuert, so wird im Folgejahr die durchschnittliche jährliche Teuerung, laut Landesindex der Konsumentenpreise des Bundesamtes für Statistik, hinzugerechnet. Jener kann mittels folgendem Link aufgerufen werden: www.bfs.admin.ch/Die wichtigsten Themen/Teuerung.

Jährliche Teuerungsrate

Jahr	Rate	Jahr	Rate	Jahr	Rate	Jahr	Rate
1980	4,0%	1989	3,2%	1998	0,0%	2007	0,7%
1981	6,5%	1990	5,4%	1999	0,8%	2008	2,4%
1982	5,7%	1991	5,9%	2000	1,6%	2009	-0,5%
1983	2,9%	1992	4,0%	2001	1,0%	2010	0,7%
1984	2,9%	1993	3,3%	2002	0,6%	2011	–
1985	3,4%	1994	0,9%	2003	0,6%	2012	–
1986	0,8%	1995	1,8%	2004	0,8%	2013	–
1987	1,4%	1996	0,8%	2005	1,2%	2014	–
1988	1,9%	1997	0,5%	2006	1,1%	2015	–

Allgemeinverbindlichkeit von Gesamtarbeitsverträgen

Laut Art. 110 Abs. 1 lit. d der Bundesverfassung der Schweizerischen Eidgenossenschaft kann der Bund auf Ersuchen der Arbeitgeber- und Arbeitnehmerverbände Gesamtarbeitsverträge allgemeinverbindlich erklären. Die entsprechenden Ausführungsbestimmungen sind im Bundesgesetz über die Allgemeinverbindlicherklärung von Gesamtarbeitsverträgen enthalten (AVEG, SR 221.215.311). Dies bedeutet, dass allgemeinverbindlich erklärte Bestimmungen gleichermassen für Arbeitgeber und -nehmer gelten, selbst wenn sie keinem Verband der entsprechenden Branche oder Berufsgattung angeschlossen sind.

Die jeweils geltenden allgemeinverbindlich erklärten Gesamtarbeitsverträge können unter folgendem Link eingesehen werden: http://www.seco.admin.ch/Themen/Arbeit/Arbeitsrecht/Gesamtarbeitsverträge Bund.

Allgemeinverbindlichkeit von Normal- arbeitsverträgen

Werden innerhalb einer Branche oder einem Beruf die orts-, und berufsüblichen Löhne wiederholt in missbräuchlicher Weise unterboten kann die zuständige Behörde zur Verhinderung von Missbräuchen auf Antrag der tripartiten Kommission einen befristeten Normalarbeitsvertrag erlassen. Jene setzt sich aus einer gleichen Anzahl von Arbeitgeber- und Arbeitnehmerver- tretern sowie Vertretern des Staates zusammen (Art. 360 a und 360 b; OR, SR 220).

Die jeweils geltenden allgemeinverbindlich erklärten Normalar- beitsverträge können unter folgendem Link eingesehen werden: http://www.seco.admin.ch/Themen/Arbeit/Arbeitsrecht/Normal- arbeitsverträge.

Besondere Bestimmungen des Entsendegesetzes

Das *Bundesgesetz über die minimalen Arbeits- und Lohnbedin- gungen für in die Schweiz entsandte Arbeitnehmende und flan- kierende Massnahmen* regelt die minimalen Arbeits- und Lohn- bedingungen für Arbeitnehmende, die ein Arbeitgeber mit Sitz im Ausland in die Schweiz entsendet (Entsendegesetz, EntsG, SR 823.20). Die Arbeitgeber müssen den entsandten Arbeitneh- menden mindestens die Arbeits- und Lohnbedingungen garan- tieren, die in Bundesgesetzen, Verordnungen des Bundesrates, allgemeinverbindlich erklärten Gesamtarbeitsverträgen und Nor- malarbeitsverträgen im Sinne von Art. 360 a OR in den folgenden Bereichen vorgeschrieben sind: Die minimale Entlöhnung, die Arbeits- und Ruhezeiten, die Mindestdauer der Ferien sowie die Arbeitssicherheit und der Gesundheitsschutz am Arbeitsplatz. Sind durch allgemein verbindlich erklärte Gesamtarbeitsverträge Bestimmungen betreffend Sicherstellung von Lohnansprüchen – wie beispielsweise Ferien, Feiertage oder Kinderzulagen oder Beiträge an Ausgleichskassen – vorgesehen, so gelten diese auch für Arbeitgeber, die Arbeitnehmende in die Schweiz ent- senden. Die im Zusammenhang mit der Entsendung gewährten Entschädigungen gelten als Lohnbestandteil, sofern sie keinen Ersatz für tatsächlich getätigte Aufwendungen wie solche für Reise, Verpflegung und Unterkunft darstellen.

Selbstständige oder unselbstständige Erwerbstätigkeit

Als sozialversicherungsrechtlich selbstständig erwerbend gilt, wer unter eigenem Namen und auf eigene Rechnung, in unab- hängiger Stellung und auf eigenes wirtschaftliches Risiko Arbeit leistet. Die vertraglichen Verhältnisse sind nicht massgebend, abzustellen ist auf die wirtschaftlichen. Selbstständig Erwer- bende treten nach aussen mit eigenem Firmennamen auf. Ver- lässliche Hinweise sind beispielsweise: Eintrag im Handels- register oder im Adress- und Telefonbuch, eigenes Brief- und Werbematerial, Bewilligung zur Berufsausübung. Der selbst- ständig Erwerbende stellt in eigenem Namen Rechnung, rechnet die Mehrwertsteuer ab und trägt ein entsprechendes Inkassorisiko. Ebenso führt jener die Sozialversicherungsbeiträge direkt an die AHV-Ausgleichskasse ab. Letztere entscheidet abschliessend über das Vorliegen einer Selbstständigkeit. Agenten und freie Mitarbeiter gelten demnach eher als unselbstständig erwerbend. Eine Selbstständigkeit im Sinne des Agenturvertrags nach Obligationenrecht (Art. 418a ff.) liegt aus der Sicht des Sozialversicherungsrechts in der Regel nicht vor.

Die Grossregionen der Schweiz

Im Zuge der europäischen Integration wurden auf Basis der Kantone die 7 Grossregionen geschaffen, die für regionale und internationale Vergleiche dienen. Sie stellen aber keine echten institutionellen Einheiten dar.

Eine Gliederung in Grossregionen ist nicht nur für die Statistik von Bedeutung, sondern auch eine Entwicklung, welche sich in Wirtschaft, Politik und Gesellschaft abzeichnet. Unternehmen, Verbände und andere Gruppierungen organisieren sich mehr und mehr in regionalen Bezügen. Arbeitsmärkte und Pendlereinzugsgebiete weiten sich aus.

Espace Mittelland
Bern, Freiburg, Jura, Neuenburg, Solothurn

Genferseeregion
Genf, Waadt, Wallis

Nordwestschweiz
Aargau, Basel-Landschaft, Basel-Stadt

Ostschweiz
Appenzell Innerrhoden, Appenzell Ausserrhoden, Glarus, Graubünden, St. Gallen, Schaffhausen, Thurgau

Zentralschweiz
Luzern, Nidwalden, Obwalden, Schwyz, Uri, Zug

Tessin

Zürich

Quelle: Bundesamt für Statistik,
www.bfs.admin.ch/Themen/03 Arbeit, Erwerb/Löhne, Erwerbseinkommen/Indikatoren/Lohnniveau nach Grossregionen

Regionale Lohnunterschiede

Die Lohnangaben in vorliegendem Werk gelten meist gesamtschweizerisch. Statistisch erfasste Löhne widerspiegeln jedoch in der Regel zürcherische Verhältnisse. Die nachstehende Tabelle ermöglicht den Vergleich der jeweiligen prozentualen Abweichungen der Löhne der einzelnen Landesregionen gegenüber jenen des Kantons Zürich. Ausgangspunkt bilden die Löhne des Kantons Zürich, welche mit einem Wert von 100% gewichtet sind (Quelle: Bundesamt für Statistik Tabelle TA1).

Verhältnis der Zürcher Löhne zu jenen der Grossregionen

Sektor Branche und Wirtschaftszweige

Sektor I Land- und Forstwirtschaft, Jagd, Fischerei
01 Landwirtschaft, Obst- und Gemüseanbau sowie Gartenbau
02 Forstwirtschaft und Holzeinschlag

Sektor II Produktion
08, 09 Gewinnung von Steinen und Erden, sonstiger Bergbau
10, 11 Nahrungs-, Futtermittel- und Getränkeherstellung
13 Textilgewerbe
14 Herstellung von Bekleidung und Pelzwaren
15 Herstellung von Leder, Lederwaren und Schuhen
16 Holz-, Flecht-, Korb- und Korkwaren
17 Papier, Pappe und entsprechende Erzeugnisse
18, 58 Druckerzeugnisse, Vervielfältigung von Datenträgern, Verlage
19, 20, 21 Chemische und pharmazeutische Erzeugnisse, Kokerei
22 Gummi- und Kunststoffwaren
23 Glas, Keramik und Verarbeitung von Steinen und Erden
24, 25 Metallerzeugung und -verarbeitung
26 Mess- und Präzisionsinstrumente, Optik, Elektronik
27 Elektrische Geräte und Einrichtungen, Feinmechanik
28, 29, 30, 33 Maschinen- und Fahrzeugbau
31, 32 Herstellung von Möbeln, sonstiges verarbeitendes Gewerbe
35, 36 Energie- und Wasserversorgung
37, 38, 39 Abfallbeseitigung, Umweltschutz und sonstige Entsorgung
41, 42, 43 Baugewerbe, Bauinstallation und Ausbaugewerbe

Sektor III Dienstleistungen
45 Motorfahrzeuge, Instandhaltung und Reparatur
46 Grosshandel, Handelsvermittlung
47, 95 Detailhandel, Reparatur von Gebrauchsgütern
49 Landverkehr und Transport in Rohrfernleitungen
50 Schifffahrt
51 Luftfahrt
52, 79 Lagerei und Dienstleistungen für den Verkehr, Reisebüros
53, 60, 61 Postdienste, Nachrichtenübermittlung, Telekommunikation
55, 56 Gastgewerbe, Beherbergung und Gastronomie
59, 90, 91, 92, 93 Kunst, Unterhaltung, Kultur und Erholung
62, 63 Informatik, Dienstleistungen der Informationstechnologie
64 Erbringung von Finanzdienstleistungen
65 Versicherungen, Rückversicherungen und Pensionskassen
66 Tätigkeiten rund um Finanz und Versicherung
68, 77, 81 Immobilienwesen und Vermietung beweglicher Sachen
69, 70, 71, 73, 74, 78, 80, 82 Beratung, Dienstleistungen für Unternehmen
72 Forschung und Entwicklung
75, 86, 87, 88 Gesundheits-, Sozial- und Veterinärwesen, Heime
85 Erziehung und Unterricht
94 Interessenvertretungen, Vereinigungen und Verbände
96 Persönliche Dienstleistungen

Sektor	Zürich	Nordwest-schweiz	Ost-schweiz	Zentral-schweiz	Espace Mittelland	Genfersee-region	Tessin	Schweiz
01	100	100.46	96.94	101.14	93.30	106.82	90.80	99.40
02	100	92.66	95.83	91.00	92.66	99.96	–	94.80
08, 09	100	111.70	102.28	108.83	105.35	100.53	95.29	103.08
10, 11	100	96.38	92.25	89.66	89.86	102.38	72.90	93.74
13	100	90.66	90.13	101.67	93.19	87.18	79.33	92.02
14	100	97.83	104.30	117.24	112.94	94.28	85.20	103.15
15	100	–	131.52	–	97.35	94.06	–	99.83
16	100	96.82	94.91	95.73	96.52	96.61	92.50	96.28
17	100	103.29	108.62	121.07	112.76	101.64	94.41	110.31
18, 58	100	92.90	84.49	90.50	85.87	93.03	75.38	91.54
19, 20, 21	100	130.19	92.05	98.58	96.63	112.43	80.72	114.29
22	100	93.55	95.42	95.08	93.28	90.40	79.23	94.43
23	100	104.26	101.45	94.78	94.71	96.42	104.16	98.85
24, 25	100	94.61	93.76	95.75	91.81	98.02	74.34	93.65
26	100	106.63	94.78	104.20	86.29	98.88	56.88	91.28
27	100	94.84	75.66	72.53	77.14	81.44	61.40	84.45
28, 29, 30, 33	100	89.81	87.62	94.31	88.85	99.20	77.56	91.72
31, 32	100	97.62	89.22	86.32	89.25	91.76	59.50	89.83
35, 36	100	104.56	90.22	87.48	91.73	92.27	78.43	93.50
37, 38, 39	100	102.83	98.71	90.43	97.55	96.79	78.56	96.81
41, 42, 43	100	98.09	90.82	93.18	93.78	95.71	88.46	94.73
45	100	92.10	86.29	84.68	85.46	92.14	74.28	90.87
46	100	85.95	76.95	94.27	79.35	99.87	70.49	89.24
47, 95	100	102.36	97.97	98.06	96.93	95.76	93.57	98.74
49	100	100.85	94.12	98.39	111.50	99.36	92.10	100.64
50	100	75.09	85.08	85.23	103.66	103.49	–	88.57
51	100	–	95.51	–	95.55	91.39	–	95.85
52, 79	100	86.78	91.10	77.94	89.47	91.02	82.98	90.16
53, 60, 61	100	76.35	65.81	74.46	112.18	86.07	57.92	103.93
55, 56	100	96.74	91.95	95.28	92.80	92.12	86.40	94.43
59, 90, 91, 92, 93	100	71.00	58.80	65.39	68.07	73.98	67.52	77.22
62, 63	100	93.04	82.19	93.44	84.08	100.91	76.76	92.93
64	100	87.41	80.90	80.05	68.09	107.45	78.71	96.01
65	100	93.85	73.72	76.34	83.53	77.56	89.17	91.94
66	100	85.16	78.35	92.90	76.36	103.76	81.66	94.23
68, 77, 81	100	98.64	90.31	95.53	97.61	100.73	80.79	98.71
69–71, 73, 74, 78, 80, 82	100	93.04	82.19	93.44	84.08	100.91	76.76	92.93
72	100	102.56	90.55	98.80	95.61	85.13	68.18	97.07
75, 86, 87, 88	100	91.31	90.15	91.88	91.08	94.46	85.87	92.71
85	100	104.25	100.98	94.34	95.78	87.95	77.28	94.17
94	100	97.83	90.20	85.27	95.74	107.72	81.08	99.07
96	100	103.92	100.08	96.74	94.55	94.11	87.21	96.92

**Lohnzunahme
nach Dienstalter**

Dienstalter	Zürich	Nordwest-schweiz	Ost-schweiz	Zentral-schweiz
Weniger als 1 Jahr	100.00%	100.00%	100.00%	100.00%
1 bis 2 Jahre	108.19%	108.21%	109.24%	110.04%
3 bis 4 Jahre	114.95%	111.11%	112.46%	111.66%
5 bis 9 Jahre	121.76%	119.71%	121.49%	120.36%
10 bis 19 Jahre	135.46%	129.76%	131.86%	129.21%
20 Jahre und mehr	152.26%	145.83%	145.51%	141.01%

Dienstalter	Espace Mittelland	Genfer-seeregion	Tessin	Schweiz
Weniger als 1 Jahr	100.00%	100.00%	100.00%	100.00%
1 bis 2 Jahre	107.74%	111.92%	112.38%	109.30%
3 bis 4 Jahre	111.58%	116.47%	120.53%	113.07%
5 bis 9 Jahre	120.61%	124.96%	128.88%	121.86%
10 bis 19 Jahre	130.43%	138.61%	137.53%	132.72%
20 Jahre und mehr	143.34%	150.62%	149.60%	146.52%

Quelle: Bundesamt für Statistik, Lohnstrukturerhebung. Monatlicher Bruttolohn nach Dienstjahren, Anforderungsniveau des Arbeitsplatzes und Geschlecht, Tabelle TA 10.

**Lohnzunahme
nach Lebensalter**

Lebensalter	Zürich	Nordwest-schweiz	Ost-schweiz	Zentral-schweiz
Unter 20 Jahre	100.00%	100.00%	100.00%	100.00%
20 bis 29 Jahre	122.86%	123.13%	122.51%	123.41%
30 bis 39 Jahre	169.28%	160.10%	152.32%	157.98%
40 bis 49 Jahre	174.13%	171.73%	159.91%	165.69%
50 bis 65 Jahre	178.98%	174.79%	162.63%	167.60%

Lebensalter	Espace Mittelland	Genfer-seeregion	Tessin	Schweiz
Unter 20 Jahre	100.00%	100.00%	100.00%	100.00%
20 bis 29 Jahre	120.74%	129.92%	127.82%	122.77%
30 bis 39 Jahre	152.06%	168.57%	157.08%	158.53%
40 bis 49 Jahre	161.04%	178.39%	164.85%	167.91%
50 bis 65 Jahre	163.52%	183.73%	170.15%	170.16%

Quelle: Bundesamt für Statistik, Lohnstrukturerhebung. Monatlicher Bruttolohn nach Lebensalter, Anforderungsniveau des Arbeitsplatzes und Geschlecht, Tabelle TA 9.

Rechtliche Grundlagen   Aufgrund folgender Gesetze und deren Bestimmungen sind
                              Bund und Kantone verpflichtet, die Einhaltung der Mindestlöhne
                              zu überwachen:

– *Bundesgesetz über die Ausländerinnen und Ausländer* (AuG,
  SR 142.20), Art. 22;
– *Verordnung über Zulassung, Aufenthalt und Erwerbstätigkeit*
  (VZAE, SR 142.201), Art. 22;
– *Obligationenrecht* (OR, SR 220), Art. 360a und 360b;
– *Bundesgesetz über die Allgemeinverbindlicherklärung von Ge-
  samtarbeitsverträgen* (AVEG, SR 221.215.311), Art. 1a;
– *Bundesgesetz über die Heimarbeit, Heimarbeitsgesetz* (HArG,
  SR 822.31), Art. 4;
– *Bundesgesetz über die Arbeitsvermittlung und den Personal-
  verleih,* Arbeitsvermittlungsgesetz (AVG, SR 823.11), Art. 20;
– *Bundesgesetz über die minimalen Arbeits- und Lohnbedin-
  gungen für in die Schweiz entsandte Arbeitnehmerinnen und
  Arbeitnehmer und flankierende Massnahmen,* Entsendegesetz
  (EntsG SR 823.20), Art. 2;
– *Bundesgesetz über die obligatorische Arbeitslosenversicherung
  und die Insolvenzentschädigung,* Arbeitslosenversicherungs-
  gesetz (AVIG, SR 837.0), Art. 16 Abs. 2 lit. a sowie Art. 24 Abs. 3.

Verwendete Symbole   Unter den Lohntabellen wird jeweils die Quelle (allgemeinver-
                           bindlich erklärter oder nicht allgemeinverbindlich erklärter Ge-
                           samtarbeitsvertrag, Arbeitgeber- oder Berufsverband, Statistik)
                           genannt. Auf besondere Vereinbarungen, welche über die
                           Bestimmungen im Arbeitsvertragsrecht des Schweizerischen
                           Obligationenrechts hinausgehen, sowie den Geltungsbereich
                           des jeweiligen Vertragswerks und allfällige Besonderheiten wird
                           ebenfalls hingewiesen. Für vertiefere Nachforschungen steht
                           nicht zuletzt auch die Internetadresse der massgebenden Ver-
                           bände unter den einzelnen Kapiteln.

📖 Quelle des Gesamtarbeitsvertrags oder anderweitige vertrag-
   liche Vereinbarung sowie der gesetzlichen Bestimmungen

📑 Allgemeinverbindlich erklärter Gesamtarbeitsvertrag

⏳ Zeitpunkt des Inkrafttretens der Grundbeschlüsse sowie Gel-
   tungsdauer der Allgemeinverbindlichkeit oder vereinbarte Lauf-
   zeit der nicht allgemeinverbindlich erklärten Gesamtarbeitsver-
   träge

🗺 Quelle der Lohnangaben und statistischen Erhebungen

✎ Gesamtarbeitsvertragliche Vereinbarungen der Sozialpartner,
   welche über das gesetzliche Minimum hinausgehen

✋ Geltungsbereich der vertraglichen Vereinbarungen

✋ Besondere Hinweise

✍ Internetadressen der Berufs- und Arbeitgeberverbände

Abkürzungen

AHVG	Bundesgesetz über die Alters- und Hinterlassenenversicherung
AHVV	Verordnung über die Alters- und Hinterlassenenversicherung
ArG	Arbeitsgesetz
ARV 1	Verordnung über die Arbeits- und Ruhezeit der berufsmässigen Motorfahrzeugführer und -führerinnen (ARV 1)
ARV 2	Verordnung über die Arbeits- und Ruhezeit der berufsmässigen Führer von leichten Personentransportfahrzeugen und schweren Personenwagen (ARV 2)
AuG	Bundesgesetz über die Ausländerinnen und Ausländer
AVEG	Bundesgesetz über die Allgemeinverbindlicherklärung von Gesamtarbeitsverträgen
AVE GAV	Allgemeinverbindlich erklärter Gesamtarbeitsvertrag
AVG	Arbeitsvermittlungsgesetz
AVIG	Arbeitslosenversicherungsgesetz
AWA	Amt für Wirtschaft und Arbeit
BfS	Bundesamt für Statistik
BG	Bundesgesetz
BK	Bundeskanzlei
CCT	Convention collective de travail (Gesamtarbeitsvertrag)
CTT	Contrat-type de travail (Normalarbeitsvertrag)
EAV	Einzelarbeitsvertrag
EBA	Eidgenössisches Berufsattest
EDA	Eidgenössisches Departement für auswärtige Angelegenheiten
EDI	Eidgenössisches Departement des Innern
EFD	Eidgenössisches Finanzdepartement
EFZ	Eidgenössisches Fähigkeitszeugnis
EJPD	Eidgenössisches Justiz- und Polizeidepartement
EntsG	Bundesgesetz über die minimalen Arbeits- und Lohnbedingungen für in die Schweiz entsandte Arbeitnehmerinnen und Arbeitnehmer und flankierende Massnahmen
EntsV	Verordnung über die in die Schweiz entsandten Arbeitnehmerinnen und Arbeitnehmer
EVD	Eidgenössisches Volkswirtschaftsdepartement
GAV	Gesamtarbeitsvertrag
HArG	Heimarbeitsgesetz
L-GAV	Landes-Gesamtarbeitsvertrag
LMV	Landesmantelvertrag
NAV	Normalarbeitsvertrag
NOGA	Allgemeine Systematik der Wirtschaftszweige (Nomenclature générale des activités économiques)
OR	Obligationenrecht
RAV	Rahmen-Arbeitsvertrag
SECO	Staatssekretariat für Wirtschaft
UVEK	Eidgenössisches Departement für Umwelt, Verkehr, Energie und Kommunikation
VBS	Eidgenössisches Departement für Verteidigung, Bevölkerungsschutz und Sport
VZAE	Verordnung über Zulassung, Aufenthalt und Erwerbstätigkeit

Sektor I	Land- und Forstwirtschaft, Jagd, Fischerei

Tätigkeitsbereich *Wöchentliche Arbeitszeit*	Tätigkeit *Quelle, vertragliche Vereinbarungen*	Stunden- und Monatslohn

A   **Land- und Forstwirtschaft, Fischerei**

01   **Landwirtschaft, Jagd und damit verbundene Tätigkeiten**

01.1   Anbau einjähriger Pflanzen

01.13   Anbau von Gemüse und Melonen sowie Wurzeln und Knollen

---

Gemüse- und Obstbau   *Gesamtschweizerische Lohnempfehlung*

48 Stunden, berufsüblich		
Arbeitnehmer, ungelernt	**14.95**	**3'110.—**
Gemüsegärtner EFZ, gelernt	**18.52**	**3'849.—**
Gemüsegärtnermeister, diplomiert	**25.46**	**5'292.—**
Praktikant, über 4 Monate	**12.70**	**2'645.—**
Praktikant, unter 4 Monate	**11.95**	**2'490.—**

📖 *Kein GAV, Übereinkommensvertrag.*

▦ *Lohnrichtlinien des Verbandes Schweizerischer Gemüseproduzenten.*

✋ Ein 13. Monatslohn ist nicht vertraglich vereinbart. Zur Ermittlung des Jahreslohnes muss mit 12 multipliziert werden.

✋ Der Naturallohn wird laut Merkblatt N2/2007 *Naturalbezüge von Arbeitnehmenden* der Eidgenössischen Steuerverwaltung ab 1.1.2007 wie folgt bewertet: Pro Tag CHF 33 (Frühstück CHF 3.50, Mittagessen CHF 10, Nachtessen CHF 8 und Logis CHF 11.50), pro Monat CHF 990 (Kost CHF 645 und Logis CHF 345) sowie pro Jahr insgesamt CHF 11'880.

Stand 1.1.2011   ✍ www.swissveg.com und www.ivag-swiss.ch

Tätigkeitsbereich *Wöchentliche Arbeitszeit*	Tätigkeit *Quelle, vertragliche Vereinbarungen*	Stunden- und Monatslohn	
01.3	Betrieb von Baumschulen sowie Anbau von Pflanzen zu Vermehrungszwecken		
01.30	Erzeugung mehrjähriger Zierpflanzen sowie Obst- und Beerenarten, einschliesslich Stecklingen, Wurzeltrieben und Setzlingen		

Gartenbau   **GAV-Löhne, gesamtschweizerischer Geltungsbereich**

42 Stunden, laut GAV	Obergärtner, Vorarbeiter	26.35	4'800.—
	Kundengärtner	23.10	4'200.—
Garten- und	Gärtner, gelernt und mit Erfahrung	21.45	3'900.—
Landschaftsbau	Gärtner A, angelernt	20.35	3'700.—
	Gartenarbeiter B	17.60	3'200.—
43 Stunden, laut GAV	Obergärtner, Vorarbeiter	25.75	4'800.—
	Gärtner, gelernt und mit Erfahrung	21.—	3'900.—
Baumschulen	Gärtner A, angelernt	19.85	3'700.—
	Gartenarbeiter B	17.15	3'200.—
	Aushilfen	16.20	–
Produktion und Endverkauf	Vorarbeiter, Gruppenchef	25.10	4'680.—
	Gärtner, gelernt und mit Erfahrung	19.80	3'680.—
	Gärtner A, angelernt	18.55	3'450.—
	Gartenarbeiter B	17.15	3'200.—
	Aushilfen	16.20	–

📖 *GAV für die Grüne Branche. Lohnbestimmungen, Art. 46.*

⧖ *Laufzeit des GAV ab 1.1.2009 bis 31.12.2011.*

▦ *Lohnregulativ zum GAV für die Grüne Branche.*

🖉 *Der 13. Monatslohn ist vertraglich vereinbart (Art. 47.1 GAV). Zur Ermittlung des Jahreslohnes muss mit 13 multipliziert werden.*

🖉 *Ferienanspruch: Arbeitnehmer, welche das 50. Altersjahr erreicht und mindestens 10 Dienstjahre aufweisen, oder Arbeitnehmende mit mindestens 20 Dienstjahren 5 Wochen (Art. 37.1 GAV).*

Stand 1.1.2010   ⌨ www.jardinsuisse.ch und www.gplus.ch

Tätigkeitsbereich *Wöchentliche Arbeitszeit*	Tätigkeit *Quelle, vertragliche Vereinbarungen*	Stunden- und Monatslohn

01.5   Gemischte Landwirtschaft

01.50   Pflanzliche und tierische Erzeugung

Angestellte im Bauernhaushalt

55 Stunden, laut NAV

Gesamtschweizerische Lohnempfehlung

Mädchen, schulentlassen	**6.05**	**1'440.—**
Obere Richtlinie des Anfangslohnes	**6.90**	**1'641.—**
Absolventin der bäuerlichen Haushaltlehre sowie Angelernte	**8.70**	**2'074.—**
Obere Richtlinie des Anfangslohnes	**9.90**	**2'356.—**
Hauswirtschafterin mit Schwerpunkt Landwirtschaft	**10.60**	**2'528.—**
Obere Richtlinie des Anfangslohnes	**12.—**	**2'860.—**
Absolventin der bäuerlich-hauswirtschaftlichen Fachschule	**10.60**	**2'528.—**
Obere Richtlinie des Anfangslohnes	**12.—**	**2'860.—**
Absolventin der bäuerlich-hauswirtschaftlichen Fachschule im Rahmen der Weiterbildung	**8.70**	**2'074.—**
Obere Richtlinie des Anfangslohnes	**10.20**	**2'427.—**
Absolventin der bäuerlich-hauswirtschaftlichen Fachschule ohne Haushaltlehre	**9.55**	**2'276.—**
Obere Richtlinie des Anfangslohnes	**10.60**	**2'528.—**
Praktikantinnen aus anderen Berufen	**8.05**	**1'923.—**
Obere Richtlinie des Anfangslohnes	**9.55**	**2'276.—**
Absolventin der Berufsprüfung Bäuerin	**13.55**	**3'232.—**
Obere Richtlinie des Anfangslohnes	**15.20**	**3'625.—**
Absolventin der höheren Fachprüfung für Bäuerinnen	**17.30**	**4'129.—**
Obere Richtlinie des Anfangslohnes	**19.45**	**4'632.—**
Haushälterin	**11.85**	**2'830.—**
Obere Richtlinie des Anfangslohnes	**14.—**	**3'333.—**
Aushilfen im Taglohn, Pauschale nebst Kost oder Naturallohn	–	**126.—**
Obere Richtlinie des Anfangslohnes	–	**181.—**

| Tätigkeitsbereich | Tätigkeit | Stunden- |
| *Wöchentliche Arbeitszeit* | *Quelle, vertragliche Vereinbarungen* | und Monatslohn |

Aushilfen im Stundenlohn,   **20.—**   –
Pauschale nebst Kost oder Naturallohn
Obere Richtlinie des Anfangslohnes   **25.—**   –

📖 *NAV des Kantons Zürich für das landwirtschaftliche Arbeitsverhältnis (OS 821.13).*

⧗ *Inkraftsetzung des NAV per 1.4.2005.*

▦ *Ehemalige Lohnrichtlinien des Schweizerischen Bäuerinnen- und Landfrauenverbandes.*

✋ Ein 13. Monatslohn ist nicht vertraglich vereinbart. Zur Ermittlung des Jahreslohnes muss mit 12 multipliziert werden.

✎ *Ferienanspruch: Bis zum vollendeten 20. und ab 50. Altersjahr 5 Wochen; übrige Arbeitnehmende 4 Wochen (§ 9 NAV).*

🕮 *Der Normalarbeitsvertrag findet Anwendung auf alle Arbeitsverhältnisse in landwirtschaftlichen Betrieben des Kantons Zürich. Soweit nichts anderes schriftlich vereinbart wird, ist er nicht anwendbar auf öffentlich-rechtlich angestellte, teilzeitlich angestellte Arbeitnehmende mit einem Pensum von weniger als 50 Prozent sowie Arbeitnehmende mit Behinderungen, die Leistungen der IV nach Bundesrecht beziehen.*

✋ Der Naturallohn wird laut Merkblatt N2/2007 *Naturalbezüge von Arbeitnehmenden* der Eidgenössischen Steuerverwaltung ab 1.1.2007 wie folgt bewertet: Pro Tag CHF 33 (Frühstück CHF 3.50, Mittagessen CHF 10, Nachtessen CHF 8 und Logis CHF 11.50), pro Monat CHF 990 (Kost CHF 645 und Logis CHF 345) sowie pro Jahr insgesamt CHF 11'880.

✋ Die Jahresteuerung wird seit 2009 aufgerechnet.

Stand 1.1.2011   ☝ www.bauernverband.ch

Tätigkeitsbereich *Wöchentliche Arbeitszeit*	Tätigkeit *Quelle, vertragliche Vereinbarungen*	Stunden- und Monatslohn

Betriebshelfer

55 Stunden, laut NAV

Landwirtschaft

Bauernhaushalt

Gesamtschweizerische Lohnempfehlung

Landwirt mit abgeschlossener Berufsausbildung	*15.05*	*3'591.—*
20 bis 30 Altersjahre, obere Lohnrichtlinie	*16.80*	*4'001.—*
Bäuerin mit abgeschlossener Berufsausbildung	*15.05*	*3'591.—*
20 bis 30 Altersjahre, obere Lohnrichtlinie	*16.35*	*3'899.—*
Lohnansatz pro Arbeitstag	*262.—*	–
Lohnansatz pro Arbeitsstunde	*28.—*	–

📖 *NAV des Kantons Zürich für das landwirtschaftliche Arbeitsverhältnis (OS 821.13).*

⏳ *Inkraftsetzung des NAV per 1.4.2005.*

▦ *Die Lohnansätze entstammen den Richtzahlen zur landwirtschaftlichen Buchhaltung der Forschungsanstalt Agroscope Reckenholz-Tänikon.*

✋ Ein 13. Monatslohn ist nicht vertraglich vereinbart. Zur Ermittlung des Jahreslohnes muss mit 12 multipliziert werden.

✒ *Ferienanspruch: Bis zum vollendeten 20. und ab 50. Altersjahr 5 Wochen; übrige Arbeitnehmende 4 Wochen (§ 9 NAV).*

▯ *Der Normalarbeitsvertrag findet Anwendung auf alle Arbeitsverhältnisse in landwirtschaftlichen Betrieben des Kantons Zürich. Soweit nichts anderes schriftlich vereinbart wird, ist er nicht anwendbar auf öffentlich-rechtlich angestellte, teilzeitlich angestellte Arbeitnehmende mit einem Pensum von weniger als 50 Prozent sowie Arbeitnehmende mit Behinderungen, die Leistungen der IV nach Bundesrecht beziehen.*

✋ Der Naturallohn wird laut Merkblatt N 2/2007 *Naturalbezüge von Arbeitnehmenden* der Eidgenössischen Steuerverwaltung ab 1.1.2007 wie folgt bewertet: Pro Tag CHF 33 (Frühstück CHF 3.50, Mittagessen CHF 10, Nachtessen CHF 8 und Logis CHF 11.50), pro Monat CHF 990 (Kost CHF 645 und Logis CHF 345) sowie pro Jahr insgesamt CHF 11'880.

✋ Die Jahresteuerung wird seit 2007 aufgerechnet.

🖱 www.zbv.ch, www.abla.ch

Stand 1.1.2011   und www.agroscope.admin.ch/zentrale-auswertung

Tätigkeitsbereich *Wöchentliche Arbeitszeit*	Tätigkeit *Quelle, vertragliche Vereinbarungen*	Stunden- und Monatslohn	

Landwirtschaftliche   *Gesamtschweizerische Lohnempfehlung*
Arbeitskraft, ausländisch

55 Stunden, laut NAV	3- bis 4-monatige Anstellung	*10.45*	*2'490.—*
Landwirtschafts-Praktikant	Bei einer Anstellungsdauer ab 4 Monaten bis höchstens 364 Tage	*11.10*	*2'645.—*
	Bei wiederholter Anstellung für eine Dauer von 4 Monaten	*12.45*	*2'970.—*
	Überstundenansatz	*13.—*	–
Kurzaufenthalter	Saisonarbeiter,	*12.70*	*3'027.—*
	Saisonarbeiter, ab der 2. Saison	*13.35*	*3'179.—*
	Überstundenansatz,	*15.—*	–
	Überstundenansatz, ab der 2. Saison	*15.80*	–

📖 *NAV des Kantons Zürich für das landwirtschaftliche Arbeitsverhältnis (OS 821.13).*

⏳ *Inkraftsetzung per 1.4.2005.*

▦ *Löhne: Agroimpuls, Landwirtschafts-Praktikanten sowie Minimallöhne für Ausländische Arbeitskräfte.*

✍ Ein 13. Monatslohn ist nicht vertraglich vereinbart. Zur Ermittlung des Jahreslohnes muss mit 12 multipliziert werden.

✏ *Ferienanspruch: Bis zum vollendeten 20. und ab 50. Altersjahr 5 Wochen; übrige Arbeitnehmende 4 Wochen (§ 9 NAV).*

▯ *Der Normalarbeitsvertrag findet Anwendung auf alle Arbeitsverhältnisse in landwirtschaftlichen Betrieben des Kantons Zürich. Soweit nichts anderes schriftlich vereinbart wird, ist er nicht anwendbar auf öffentlich-rechtlich angestellte, teilzeitlich angestellte Arbeitnehmende mit einem Pensum von weniger als 50 Prozent sowie Arbeitnehmende mit Behinderungen, die Leistungen der IV nach Bundesrecht beziehen.*

✍ Der Naturallohn wird laut Merkblatt N2/*2007 Naturalbezüge von Arbeitnehmenden* der Eidgenössischen Steuerverwaltung ab 1.1.2007 wie folgt bewertet: Pro Tag CHF 33 (Frühstück CHF 3.50, Mittagessen CHF 10, Nachtessen CHF 8 und Logis CHF 11.50), pro Monat CHF 990 (Kost CHF 645 und Logis CHF 345) sowie pro Jahr insgesamt CHF 11'880.

✍ Die Jahresteuerung wird für Kurzaufenthalter seit 2007 aufgerechnet.

Stand 1.1.2011   ✍ www.agroimpuls.ch

Tätigkeitsbereich *Wöchentliche Arbeitszeit*	Tätigkeit *Quelle, vertragliche Vereinbarungen*	Stunden- und Tageslohn

Landwirtschaftliche Arbeitskraft, familienfremd

55 Stunden, laut NAV

Sennen und Hirten

Gesamtschweizerische Lohnempfehlung

Senn	–	*155.–*
Obere Richtlinie	–	*200.–*
Zusenn und Hirte für Milch- und Mutterkühe	–	*135.–*
Obere Richtlinie	–	*175.–*
Zusenn und Hirte für Jung- und Kleinvieh	–	*130.–*
Obere Richtlinie	–	*170.–*
Erwachsener Gehilfe	–	*105.–*
Obere Richtlinie	–	*160.–*
Jugendlicher Gehilfe	–	*80.–*
Tagesansatz	–	*90.–*

📖 *NAV des Kantons Zürich für das landwirtschaftliche Arbeitsverhältnis (OS 821.13).*

⧗ *Inkraftsetzung per 1.4.2005.*

▦ *Richtlöhne der Agroimpuls für das Personal der Landwirtschaft, des Obst-, Wein- und Gemüsebaus sowie des landwirtschaftlichen Haushalts.*

✐ *Ferienanspruch: Bis zum vollendeten 20. und ab 50. Altersjahr 5 Wochen; übrige Arbeitnehmende 4 Wochen (§ 9 NAV).*

🖑 Der Normalarbeitsvertrag findet Anwendung auf alle Arbeitsverhältnisse in landwirtschaftlichen Betrieben des Kantons Zürich. Soweit nichts anderes schriftlich vereinbart wird, ist er nicht anwendbar auf öffentlich-rechtlich angestellte, teilzeitlich angestellte Arbeitnehmende mit einem Pensum von weniger als 50 Prozent sowie Arbeitnehmende mit Behinderungen, die Leistungen der IV nach Bundesrecht beziehen.

🖑 Der Ferien- und Freizeitanspruch für das Normalpensum ist bereits mit obigen Löhnen abgegolten. Jene verstehen sich einschliesslich allfällig erbrachter Kost und Logis. Einzelne Arbeitsleistungen wie Mehrarbeit für Spezialitätenproduktion oder Direktvermarktung, die ein übliches Arbeitspensum übersteigen und Mehrwert schaffen, sind zusätzlich zu entgelten.

🖑 Die Alpsaison beginnt zwischen Anfang und Mitte Juni und endet ab Mitte bis Ende September. Während diesen 60 bis 130 Tagen kann das Arbeitspensum an 7 Tagen pro Woche täglich bis zu 14 Stunden und mehr betragen. In der Regel können keine freien Tage bezogen werden.

Tätigkeitsbereich *Wöchentliche Arbeitszeit*	Tätigkeit *Quelle, vertragliche Vereinbarungen*	Stunden- und Monatslohn	

Landwirtschaftliche
Arbeitskraft, familienfremd

Gesamtschweizerische Lohnempfehlung

55 Stunden, laut NAV	Betriebsleiter, mit höherer Fachprüfung	*15.90*	*3'795.—*
	Obere Richtlinie	*20.90*	*4'975.—*
Landwirtschaft, Obst-,	Berufserfahrung, mehr als 5 Jahre	*18.30*	*4'370.—*
Wein- und Gemüsebau	Obere Lohnrichtlinie	*24.60*	*5'855.—*
	Betriebszweigleiter, mit Berufsprüfung	*15.90*	*3'560.—*
	Obere Lohnrichtlinie	*20.85*	*4'715.—*
	Berufserfahrung, mehr als 5 Jahre	*18.35*	*4'005.—*
	Obere Lohnrichtlinie	*24.55*	*5'335.—*
	Landwirtschafts- und Hausangestellte,	*14.95*	*3'430.—*
	mit Fähigkeitszeugnis		
	Obere Lohnrichtlinie	*19.80*	*4'455.—*
	Berufserfahrung, mehr als 5 Jahre	*16.80*	*3'635.—*
	Obere Lohnrichtlinie	*22.40*	*4'815.—*
	Landwirtschafts- und Hausangestellte,	*13.15*	*3'140.—*
	mit Teilprüfung (Lehrabschlussprüfung 1)		
	Obere Richtlinie	*14.55*	*3'465.—*
	Berufserfahrung, mehr als 5 Jahre	*14.10*	*3'360.—*
	Obere Richtlinie	*16.05*	*3'825.—*
	Arbeitskraft mit Berufsattest EBA,	*12.20*	*2'905.—*
	befristet Angestellte oder		
	Hilfskräfte ohne Erfahrung, 1. Saison		
	1. Saison, obere Richtlinie	*13.65*	*3'255.—*
	ab 2. Saison	*12.65*	*3'010.—*
	ab 2. Saison, obere Richtlinie	*14.10*	*3'355.—*
	Aushilfen, ungelernt, unter 18 Jahren	*6.—*	*1'425.—*
	Obere Richtlinie	*10.—*	*2'380.—*
	Praktikant, im Rahmen eines Programms	*10.45*	*2'490.—*
	des Bauernverbandes und der *Agroimpuls,*		
	unter 4 Monaten		
	über 4 Monaten	*11.10*	*2'645.—*
	Praktikant im Rahmen eines Studiums	*6.05*	*1'440.—*
	an der ETH oder einer Fachhochschule,		
	unter 4 Monaten		

📖 *NAV des Kantons Zürich für das landwirtschaftliche Arbeits-*
verhältnis (OS 821.13).

⌛ *Inkraftsetzung per 1.4.2005.*

Tätigkeitsbereich *Wöchentliche Arbeitszeit*	Tätigkeit *Quelle, vertragliche Vereinbarungen*	Stunden- und Monatslohn

⊞ *Löhne: Schweizerische Arbeitsgemeinschaft der Berufsverbände landwirtschaftlicher Angestellter.*

☝ Ein 13. Monatslohn ist nicht vertraglich vereinbart. Zur Ermittlung des Jahreslohnes muss mit 12 multipliziert werden.

☝ Die Löhne verstehen sich einschliesslich allfällig erbrachter Kost und Logis.

✎ *Ferienanspruch: Bis zum vollendeten 20. und ab 50. Altersjahr 5 Wochen; übrige Arbeitnehmende 4 Wochen (§ 9 NAV).*

▯ *Der Normalarbeitsvertrag findet Anwendung auf alle Arbeitsverhältnisse in landwirtschaftlichen Betrieben des Kantons Zürich. Soweit nichts anderes schriftlich vereinbart wird, ist er nicht anwendbar auf öffentlich-rechtlich angestellte, teilzeitlich angestellte Arbeitnehmende mit einem Pensum von weniger als 50 Prozent sowie Arbeitnehmende mit Behinderungen, die Leistungen der IV nach Bundesrecht beziehen.*

☝ Der Naturallohn wird laut Merkblatt N 2/2007 *Naturalbezüge von Arbeitnehmenden* der Eidgenössischen Steuerverwaltung ab 1.1.2007 wie folgt bewertet: Pro Tag CHF 33 (Frühstück CHF 3.50, Mittagessen CHF 10, Nachtessen CHF 8 und Logis CHF 11.50), pro Monat CHF 990 (Kost CHF 645 und Logis CHF 345) sowie pro Jahr insgesamt CHF 11'880.

Stand 1.1.2010   ⌕ www.bauernverband.ch und www.agridea-lindau.ch

Landwirtschaftliche **Arbeitskraft, familienfremd**	*Gesamtschweizerische Statistik,* *Durchschnittswerte einschliesslich Naturallöhne*		
	Angestellter, ledig	*17.95*	4'283.—
55 Stunden, laut NAV	Arbeitnehmer, verheiratet mit einer	*18.90*	4'507.—
	Anstellungsdauer bis zu 12 Jahren in		
Angestellte	Privatbetrieben		
mit landwirtschaftlicher	Verwalter- und Privatbetriebe, insgesamt	*20.15*	4'805.—
Ausbildung	Anstellungsdauer zwischen	*23.05*	5'496.—
in Ganzjahresanstellung	13 bis 25 Jahren in Privatbetrieben		
	Verwalter- und Privatbetriebe, insgesamt	*27.80*	6'620.—
	Anstellungsdauer mehr als 26 Jahre	*23.05*	5'494.—
	in Privatbetrieben		
	Verwalter- und Privatbetriebe, insgesamt	*25.75*	6'136.—
Angestellte ohne	Landwirtschaftlicher Angestellter,	*13.95*	3'330.—
landwirtschaftliche	ab 1. Anstellungsjahr		
Ausbildung	ab 2 bis zu 3 Anstellungsjahren	*15.50*	3'700.—
in Ganzjahresanstellung	mehr als 3 Anstellungsjahre	*17.40*	4'144.—

Tätigkeitsbereich *Wöchentliche Arbeitszeit*	Tätigkeit *Quelle, vertragliche Vereinbarungen*	Stunden- und Monatslohn	
Saisonale Angestellte	Kurzaufenthalter, 1. Saison auf dem Landwirtschaftsbetrieb	*13.30*	*3'171.—*
	2 bis 3 aufeinanderfolgende Saisons auf dem Landwirtschaftsbetrieb	*13.60*	*3'241.—*
	Mehr als 3 Saisons auf dem Landwirtschaftsbetrieb	*15.20*	*3'623.—*
Praktikanten	Praktikant, Dauer der Anstellung bis zu 4 Monaten	*10.30*	*2'453.—*
	Anstellungsdauer mehr als 5 Monate	*10.95*	*2'609.—*

📖 *NAV des Kantons Zürich für das landwirtschaftliche Arbeitsverhältnis (OS 821.13).*

⏳ *Inkraftsetzung per 1.4.2005.*

▦ *Schweizerischer Bauernverband: Bruttolöhne landwirtschaftlicher Angestellter nach Anstellungsart, Erhebung 2004.*

✋ Ein 13. Monatslohn ist nicht vertraglich vereinbart. Zur Ermittlung des Jahreslohnes muss mit 12 multipliziert werden.

✐ *Ferienanspruch: Bis zum vollendeten 20. und ab 50. Altersjahr 5 Wochen; übrige Arbeitnehmende 4 Wochen (§ 9 NAV).*

🔁 *Der Normalarbeitsvertrag findet Anwendung auf alle Arbeitsverhältnisse in landwirtschaftlichen Betrieben des Kantons Zürich. Soweit nichts anderes schriftlich vereinbart wird, ist er nicht anwendbar auf öffentlich-rechtlich angestellte, teilzeitlich angestellte Arbeitnehmende mit einem Pensum von weniger als 50 Prozent sowie Arbeitnehmende mit Behinderungen, die Leistungen der IV nach Bundesrecht beziehen.*

✋ Der Naturallohn wird laut Merkblatt N2/2007 *Naturalbezüge von Arbeitnehmenden* der Eidgenössischen Steuerverwaltung ab 1.1.2007 wie folgt bewertet: Pro Tag CHF 33 (Frühstück CHF 3.50, Mittagessen CHF 10, Nachtessen CHF 8 und Logis CHF 11.50), pro Monat CHF 990 (Kost CHF 645 und Logis CHF 345) sowie pro Jahr insgesamt CHF 11'880.

✋ Die Jahresteuerung wird seit 2005 aufgerechnet.

Stand 1.1.2011   ⏎ www.bauernverband.ch

Tätigkeitsbereich *Wöchentliche Arbeitszeit*	Tätigkeit *Quelle, vertragliche Vereinbarungen*	Stunden- und Monatslohn

02   **Forstwirtschaft und Holzeinschlag**

02.1   Forstwirtschaft

02.10   Erzeugung von Stammholz, Erst- und Wiederaufforstung
sowie Waldpflege

Forstbetriebe

42½ Stunden, berufsüblich

Gesamtschweizerische Lohnempfehlung
und *gesamtschweizerische Statistik, Durchschnittswerte*

Hilfskräfte, minimal	17.65	3'249.—
Mittlerer Richtwert	18.80	3'464.—
Oberer Richtwert	20.—	3'683.—
Waldarbeiter, minimal	**21.—**	**3'675.—**
Mittlerer Richtwert	21.15	3'899.—
Oberer Richtwert	22.95	4'222.—
Forstwart 1, minimal	**23.50**	**4'117.—**
Mittlerer Richtwert	22.90	4'220.—
Oberer Richtwert	24.10	4'438.—
Forstwart 2 mit Spezialausbildung, minimal	**26.70**	**4'674.—**
Mittlerer Richtwert	26.45	4'872.—
Oberer Richtwert	28.25	5'199.—
Vorarbeiter, minimal	**29.20**	**5'113.—**
Mittlerer Richtwert	30.55	5'622.—
Oberer Richtwert	34.05	6'271.—
Förster, minimal	**34.90**	**6'112.—**
Mittlerer Richtwert	41.10	7'574.—
Oberer Richtwert	49.95	9'197.—

📖 *Kein GAV, Verbände Schweizer Forstpersonal VSF, Schweizer
Forstunternehmungen VSFU und der Forstwirtschaft Schweiz
WVS.*

📧 *Richtlinien für Anstellungsverträge in der Forstwirtschaft, Lohn-
empfehlungen.*

✋ Ein 13. Monatslohn ist nicht vertraglich vereinbart. Zur Ermitt-
lung des Jahreslohnes muss mit 12 multipliziert werden.

✋ Die Jahresteuerung wird seit 2003 aufgerechnet.

Stand 1.1.2011   ✍ www.foresters.ch, www.forstverein.ch, und www.wvs.ch

Sektor II	Produktion	

Tätigkeitsbereich *Wöchentliche Arbeitszeit*	Tätigkeit *Quelle, vertragliche Vereinbarungen*	Stunden- und Monatslohn

B **Bergbau, Gewinnung von Steinen und Erden**

08 **Gewinnung von Steinen und Erden, sonstiger Bergbau**

08.9 Sonstiger Bergbau, Gewinnung von Steinen und Erden

08.93 Gewinnung von Salz

Salinen	**GAV-Löhne, Grossregion Nordwestschweiz**		
41 Stunden, laut GAV	20 bis 24 Altersjahre	**20.90**	3'712.—
	25 bis 29 Altersjahre	**22.20**	3'944.—
Salinenarbeiter, ungelernt	30 bis 34 Altersjahre	**23.70**	4'209.—
	35 bis 39 Altersjahre	**24.60**	4'367.—
	40 bis 44 Altersjahre	**25.45**	4'526.—
	45 bis 49 Altersjahre	**26.05**	4'631.—
	50 bis 54 Altersjahre	**26.65**	4'737.—
	ab 55 Altersjahren	**26.95**	4'790.—
Angelernte	20 bis 24 Altersjahre	**21.65**	3'849.—
und artfremde Berufe	25 bis 29 Altersjahre	**23.05**	4'097.—
	30 bis 34 Altersjahre	**24.65**	4'382.—
	35 bis 39 Altersjahre	**25.95**	4'611.—
	40 bis 44 Altersjahre	**26.60**	4'725.—
	45 bis 49 Altersjahre	**27.25**	4'840.—
	50 bis 54 Altersjahre	**27.90**	4'954.—
	ab 55 Altersjahren	**28.20**	5'012.—
Handwerker	20 bis 24 Altersjahre	**23.40**	4'161.—
mit einschlägiger Lehre	25 bis 29 Altersjahre	**24.85**	4'413.—
	30 bis 34 Altersjahre	**26.60**	4'725.—
	35 bis 39 Altersjahre	**28.—**	4'976.—
	40 bis 44 Altersjahre	**28.70**	5'100.—
	45 bis 49 Altersjahre	**29.40**	5'226.—
	50 bis 54 Altersjahre	**30.10**	5'351.—
	ab 55 Altersjahren	**30.80**	5'476.—

Tätigkeitsbereich *Wöchentliche Arbeitszeit*	Tätigkeit *Quelle, vertragliche Vereinbarungen*	Stunden- und Monatslohn	
Vorarbeiter und Schichtführer	25 bis 29 Altersjahre	**29.45**	**5'228.—**
	30 bis 34 Altersjahre	**31.25**	**5'550.—**
	35 bis 39 Altersjahre	**32.60**	**5'792.—**
	40 bis 44 Altersjahre	**33.95**	**6'028.—**
	45 bis 49 Altersjahre	**35.25**	**6'266.—**
	50 bis 54 Altersjahre	**36.60**	**6'502.—**
Salinenmeister	25 bis 29 Altersjahre	**31.25**	**5'552.—**
	30 bis 34 Altersjahre	**34.55**	**6'140.—**
	35 bis 39 Altersjahre	**36.55**	**6'493.—**
	40 bis 44 Altersjahre	**38.55**	**6'846.—**
	45 bis 49 Altersjahre	**39.85**	**7'080.—**
	50 bis 54 Altersjahre	**41.20**	**7'316.—**
	ab 55 Altersjahren	**41.85**	**7'433.—**

📖 *Vertragliche Vereinbarung zwischen den Vereinigten Schweizerischen Rheinsalinen und dem Verband des Personals Öffentlicher Dienste VPOD.*

⏳ *Laufzeit der Vereinbarung ab 1.1.2002, ungekündigt.*

▦ *Gehaltsreglement der Schweizer Rheinsalinen.*

✋ Ein 13. Monatslohn ist nicht vertraglich vereinbart. Zur Ermittlung des Jahreslohnes muss mit 12 multipliziert werden.

✐ *Schichtzulagen: Zwischen 06.00 und 22.00 Uhr wird die Tagesschicht pro Stunde mit CHF 1.09 und die Nachtschicht zwischen 22.00 und 06.00 Uhr mit CHF 7.95 pro Stunde abgegolten (Gehaltsreglement 2002, Anpassung per 1.1.2010).*

Stand 1.1.2010   🏷 www.vpod.ch, www.salz.ch und www.jurasel.ch

Tätigkeitsbereich *Wöchentliche Arbeitszeit*	Tätigkeit *Quelle, vertragliche Vereinbarungen*	Stunden- und Monatslohn

C   **Verarbeitendes Gewerbe und Herstellung von Waren**

10   **Herstellung von Nahrungs- und Futtermitteln**

10.1   Schlachten und Fleischverarbeitung

10.13   Herstellung von Fleischerzeugnissen

Metzger   **AVE-GAV-Löhne, gesamtschweizerischer Geltungsbereich**

43 Stunden, laut GAV

Fleischfachassistent	**17.70**	3'300.—
Metzger, ab 1. Berufsjahr	**20.65**	3'850.—
Metzger mit Berufserfahrung	**21.45**	4'000.—
Metzger, selbstständig	**22.55**	4'200.—
Metzger mit Verantwortung: Filialleiter, Erster Wurster und Metzger-Kaufmann	**24.95**	4'650.—

📄 *AVE GAV für das schweizerische Metzgereigewerbe. Mindestlöhne Anhang, Ziffer 2.*

⌛ *Grundbeschluss AVE vom 18.2.2002, gültig bis 31.12.2011.*

📖 *AVE aus dem GAV für das schweizerische Metzgereigewerbe. Laufzeit ab 1.1.1994, ungekündigt.*

✎ *Im 1. Anstellungsjahr gilt eine Treueprämie von 50% sowie ab 2. Dienstjahr eine in voller Höhe des Dezemberlohnes (Art. 43 AVE GAV).*

✎ *Jeder Arbeitnehmer hat bis zum 5. Dienstjahr Anspruch auf 4 Wochen Ferien, ab 6. bis 25. Dienstjahr 5 Wochen und ab 26. Dienstjahr 6 Wochen (Art. 28a AVE GAV).*

▣ *Die Allgemeinverbindlicherklärung wird für die ganze Schweiz ausgesprochen. Die allgemeinverbindlich erklärten Bestimmungen des GAV gelten unmittelbar für alle Betriebe des Metzgereigewerbes und der Fleischwirtschaft sowie für die in diesen Betrieben beschäftigten Arbeitnehmenden, einschliesslich Teilzeitarbeitnehmender sowie Aushilfen. Darunter fallen insbesondere Betriebe, die überwiegend folgende Tätigkeiten ausüben: Gewinnung, Verarbeitung und Veredelung von Fleisch, Herstellung von Fleischerzeugnissen sowie Gross- und Detailhandel mit Fleisch und Fleischerzeugnissen.*

▣ *Ausgenommen sind Mitarbeiter mit höherer leitender Funktion und Schüler von Fachschulen während des Schulbetriebs sowie Mitarbeiter, die überwiegend in einem Nebenbetrieb oder im Haushalt beschäftigt sind. Ebenso Grossverteiler des Detailhandels einschliesslich ihrer Filialen sowie der mit ihnen wirtschaftlich verbundenen Betriebe.*

✋ Detailhandel mit Fleisch und Fleischwaren (Verkauf) siehe unter Kapitelziffer 47.22.

Stand 1.6.2010   🖑 www.carnasuisse.ch

Tätigkeitsbereich *Wöchentliche Arbeitszeit*	Tätigkeit *Quelle, vertragliche Vereinbarungen*	Stunden- und Monatslohn
10.3	Obst- und Gemüseverarbeitung	
10.32	Herstellung von Frucht- und Gemüsesäften	

Obstverarbeitung

Gesamtschweizerische Lohnempfehlung

42 Stunden, berufsüblich	1. Dienstjahr	*23.15*	*4'216.—*
	2. Dienstjahr	*23.50*	*4'279.—*
Fach- und Berufsarbeiter	3. Dienstjahr	*23.85*	*4'339.—*
sowie Chauffeure C	4. Dienstjahr	*24.20*	*4'406.—*
	5. Dienstjahr	*24.60*	*4'474.—*
	6. Dienstjahr	*24.90*	*4'528.—*
Mostereiarbeiter ungelernt,	1. Dienstjahr	*21.45*	*3'903.—*
Chauffeure B 1	2. Dienstjahr	*21.75*	*3'955.—*
und Stapelfahrer	3. Dienstjahr	*22.—*	*4'004.—*
	4. Dienstjahr	*22.35*	*4'066.—*
	5. Dienstjahr	*22.60*	*4'111.—*
	6. Dienstjahr	*22.85*	*4'160.—*
Hilfsarbeiter und Mitfahrer	1. Dienstjahr	*20.30*	*3'693.—*
	2. Dienstjahr	*20.60*	*3'747.—*
	3. Dienstjahr	*20.85*	*3'798.—*
	4. Dienstjahr	*21.15*	*3'850.—*
	5. Dienstjahr	*21.40*	*3'893.—*
	6. Dienstjahr	*21.70*	*3'949.—*

📖 *Kein GAV, Schweizerischer Obstverband.*

▦ *Die Lohnangaben entstammen dem 1998 ausgelaufenen GAV zwischen dem Schweizerischen Obstverband und der Gewerkschaft Verkauf, Handel, Transport und Lebensmittel.*

✋ Ein 13. Monatslohn ist nicht vertraglich vereinbart. Zur Ermittlung des Jahreslohnes muss mit 12 multipliziert werden.

✋ Die Jahresteuerung wird seit 1999 aufgerechnet.

Stand 1.1.2011   ✍ www.swissfruit.ch und www.apfelsaft.ch

Tätigkeitsbereich *Wöchentliche Arbeitszeit*	Tätigkeit *Quelle, vertragliche Vereinbarungen*	Stunden- und Monatslohn

10.39   Sonstige Verarbeitung von Obst und Gemüse

Konservenherstellung   **GAV-Löhne, Region Aargau**

41 Stunden, laut GAV

Betriebs-, Lager- und Speditionsarbeiter, angelernt		**20.25**	**3'600.—**
Berufsarbeiter I, mit Berufslehre: Konserventechnologen und anverwandte Berufe mit Lehrabschluss (Bäcker, Konditor, Koch, Metzger, Mechaniker, Elektriker, Schlosser usw.)		**22.50**	**4'000.—**
Berufsarbeiter II, mit Berufslehre sowie 2 Jahren Berufserfahrung		**24.20**	**4'300.—**
Jugendliche, bis 16 Jahre		**15.20**	**2'700.—**
ab 16 bis 17 Jahre		**16.20**	**2'880.—**
ab 17 bis 18 Jahre		**17.20**	**3'060.—**
ab 18 bis 19 Jahre		**18.25**	**3'240.—**
ab 19 bis 20 Jahre		**19.25**	**3'420.—**

📖 *GAV zwischen der Hero Schweiz und der Gewerkschaft UNIA.*

⧖ *Laufzeit des GAV ab 1.5.2006, ungekündigt.*

▦ *Lohnregulativ der Hero Schweiz (Art. 42 GAV).*

✎ *Der 13. Monatslohn ist vertraglich vereinbart (Art. 43 GAV). Zur Ermittlung des Jahreslohnes muss mit 13 multipliziert werden.*

✎ *Lohnzuschläge: Für Nachtarbeit zwischen 23.00 und 06.00 Uhr ist ein Lohnzuschlag von mindestens 25% zu entrichten (Art. 31 GAV). Sonntagsarbeit wird mit einem Zuschlag von 75% entschädigt (Art. 32 GAV).*

✎ *Schichtzulagen: Früh- und Mittagsschicht je CHF 2.10 pro Stunde und Nachtschicht, zwischen 23.00 bis 06.00 Uhr, CHF 4.20 pro Stunde (Art. 30 GAV).*

✎ *Für Jugendliche gelten prozentual folgende Ansätze des Mindestlohnes der angelernten Arbeiter: Bis 16 Altersjahre 75%, von 16 bis 17 Altersjahren 80%, von 17 bis 18 Altersjahren 85%, von 18 bis 19 Altersjahren 90% und von 19 bis 20 Altersjahren 95%.*

✎ *Ferienanspruch: Ab Eintritt in die Firma 5 Wochen und ab vollendetem 60. Altersjahr 6 Wochen (Art. 34 GAV).*

Tätigkeitsbereich *Wöchentliche Arbeitszeit*	Tätigkeit *Quelle, vertragliche Vereinbarungen*	Stunden- und Monatslohn

10.5

Milchverarbeitung

10.51

Herstellung von Frischmilchprodukten, Käse
und sonstige Milchverarbeitung

Käser und Dorfsenner

NAV-Löhne, Kanton Wallis

50 Stunden, laut NAV

Verantwortlicher Käser	**26.70**	**5'623.—**
Hilfskäser	**22.70**	**4'752.—**
Aushilfe	**21.20**	**4'207.—**

📖 *NAV des Kantons Wallis für das Personal der Käsereien.*

🔢 *Lohnangaben aus dem NAV des Kantons Wallis für das Personal der Käsereien (Art. 13 NAV).*

✋ Ein 13. Monatslohn ist nicht vertraglich vereinbart. Zur Ermittlung des Jahreslohnes muss mit 12 multipliziert werden.

✋ Eine Beteiligung an der Qualitätsprämie oder Naturallohn in Form von Milchprodukten sind schriftlich zu vereinbaren.

✏ *Ferienanspruch: Ab 20. Altersjahr mindestens 4 Wochen und ab 50. Altersjahr, oder 40. Altersjahr und 10 Jahren Berufstätigkeit, 5 Wochen (Art. 12 NAV).*

📕 *Der Normalarbeitsvertrag ist auf das ganze Gebiet des Kantons Wallis anwendbar. Er regelt die Arbeitsverhältnisse zwischen den Dorfsennereien und Käsereien sowie der durch diese zur Käseherstellung angestellten Personen.*

Stand 1.1.2010

📖 www.vs.ch, www.fromarte.ch und www.cheese.ch

10.6

Mahl- und Schälmühlen,
Herstellung von Stärke und Stärkeerzeugnissen

10.61

Mahl- und Schälmühlen

Müller

Gesamtschweizerische Lohnempfehlung

43 Stunden, berufsüblich

Fachrichtung Lebensmittel

Müller, gelernt	*21.25*	*3'960.—*
Magaziner und Mitfahrer	*19.30*	*3'593.—*
Magaziner, ausgebildet	*20.40*	*3'802.—*
Lastwagen-Chauffeur, Kategorie C	*22.40*	*4'178.—*

📖 *Kein GAV, Dachverband Schweizerischer Müller DSM.*

🔢 *Lohnangaben des Dachverbandes Schweizerischer Müller.*

✋ Ein 13. Monatslohn ist nicht vertraglich vereinbart. Zur Ermittlung des Jahreslohnes muss mit 12 multipliziert werden.

✋ Die Jahresteuerung wird seit 2006 aufgerechnet.

Stand 1.1.2011

📖 www.vsf-mills.ch

Tätigkeitsbereich *Wöchentliche Arbeitszeit*	Tätigkeit *Quelle, vertragliche Vereinbarungen*	Stunden- und Monatslohn

10.7	Herstellung von Back- und Teigwaren		
10.71	Herstellung von Backwaren		

Bäcker, Konditor **und Confiseur**	**GAV-Löhne, gesamtschweizerischer Geltungsbereich**		
	Gelernt, ab 1. Berufsjahr	**20.60**	**3'750.—**
42 Stunden, laut GAV	ab 1. Berufsjahr bei fortgesetzter Tätigkeit im Lehrbetrieb	**20.90**	**3'800.—**
	Chef-Bäcker, Produktionsleiter oder Personal mit besonderer Verantwortung	**27.65**	**5'036.—**
	Maximaler Tariflohn	**28.60**	**5'206.—**
	Berufsleute mit Meisterdiplom, in Ausübung der Funktion eines Produktionsleiters	**29.20**	**5'313.—**
	Maximaler Tariflohn	**30.35**	**5'522.—**

🖐 Ein Produktionsleiter führt Mitarbeitende und ist für die Lehrlings-
ausbildung zuständig. Er legt die Produktionsplanung (Back-
zettel) fest und organisiert das Bestellwesen. Ebenso vertritt er
den Arbeitgeber bei dessen Abwesenheit.

📖 *GAV für das Schweizerische Bäcker-, Konditoren- und Confi-
seurgewerbe. Lohnbestimmungen, Art. 11.*

⧗ *Laufzeit des GAV ab 1.1.2009, ungekündigt.*

▦ *Lohnregulativ für das Produktionspersonal.*

🖊 *Der 13. Monatslohn wird ab 2. Dienstjahr entrichtet (Art. 13 GAV).*

🖊 *Lohnzuschlag für Nachtarbeit: Der Arbeitnehmende hat für die
zwischen 22.00 und 04.00 Uhr geleistete Arbeit Anspruch auf
einen Zuschlag von 25% des vertraglich vereinbarten Lohnes
(Art. 17 GAV).*

🖊 *Ferien: Vom 1. bis 10. Dienstjahr 4 Wochen, ab 11. Dienstjahr
oder 50. Altersjahr 5 Wochen und nach vollendetem 60. Alters-
jahr und zusätzlichen 10 Dienstjahren 5 Wochen und 2 Tage
(Art. 22 GAV).*

🖐 Verkauf von Backwaren (Bäcker-Konditor) siehe unter Kapitel-
ziffer 47.24.

Stand 1.1.2010	🖐 www.swissbaker.ch

Tätigkeitsbereich *Wöchentliche Arbeitszeit*	Tätigkeit *Quelle, vertragliche Vereinbarungen*	Stunden- und Monatslohn	

10.73   Herstellung von Teigwaren

Lebensmitteltechnologe   ***Lohnempfehlung, Grossregion Nordwestschweiz***

41 Stunden, laut L-GAV	ab 20. Altersjahr	*20.85*	*3'700.—*
	ab 25. Altersjahr	*21.65*	*3'850.—*
Hilfsarbeiter	ab 30. Altersjahr	*22.25*	*3'950.—*
	ab 35. Altersjahr	*22.80*	*4'050.—*
	ab 40. Altersjahr	*23.35*	*4'150.—*
	ab 45. Altersjahr	*23.65*	*4'200.—*
	ab 50. Altersjahr	*23.90*	*4'250.—*
	ab 55. Altersjahr	*24.50*	*4'350.—*
Angelernte,	ab 20. Altersjahr	*21.40*	*3'800.—*
mit eidgenössischem	ab 25. Altersjahr	*22.25*	*3'950.—*
Berufsattest	ab 30. Altersjahr	*22.80*	*4'050.—*
	ab 35. Altersjahr	*23.35*	*4'150.—*
	ab 40. Altersjahr	*23.90*	*4'250.—*
	ab 45. Altersjahr	*24.50*	*4'350.—*
	ab 50. Altersjahr	*25.05*	*4'450.—*
	ab 55. Altersjahr	*25.60*	*4'550.—*
Fachmitarbeiter, EFZ	ab 20. Altersjahr	*22.50*	*4'000.—*
Lebensmitteltechnologe,	ab 25. Altersjahr	*23.65*	*4'200.—*
Bäcker-Konditor,	ab 30. Altersjahr	*24.20*	*4'300.—*
Logistikassistent, Koch	ab 35. Altersjahr	*24.75*	*4'400.—*
Konditor-Confiseur,	ab 40. Altersjahr	*25.35*	*4'500.—*
Metzger	ab 45. Altersjahr	*25.90*	*4'600.—*
	ab 50. Altersjahr	*26.45*	*4'700.—*
	ab 55. Altersjahr	*27.—*	*4'800.—*
Berufsarbeiter	ab 20. Altersjahr	*24.75*	*4'400.—*
mit Zusatzausbildung,	ab 25. Altersjahr	*25.60*	*4'550.—*
Handelsschulabschluss	ab 30. Altersjahr	*26.45*	*4'700.—*
oder gleichwertig	ab 35. Altersjahr	*27.30*	*4'850.—*
	ab 40. Altersjahr	*28.15*	*5'000.—*
	ab 45. Altersjahr	*28.70*	*5'100.—*
	ab 50. Altersjahr	*29.25*	*5'200.—*
	ab 55. Altersjahr	*29.85*	*5'300.—*
Mitarbeiter mit höherer	ab 25. Altersjahr	*29.25*	*5'200.—*
Fachausbildung,	ab 30. Altersjahr	*29.85*	*5'300.—*
höhere Fachprüfung	ab 35. Altersjahr	*30.40*	*5'400.—*
Lebensmitteltechnologe	ab 40. Altersjahr	*30.95*	*5'500.—*
oder Gruppenleiter	ab 45. Altersjahr	*31.50*	*5'600.—*
	ab 50. Altersjahr	*32.10*	*5'700.—*
	ab 55. Altersjahr	*32.65*	*5'800.—*

Tätigkeitsbereich *Wöchentliche Arbeitszeit*	Tätigkeit *Quelle, vertragliche Vereinbarungen*	Stunden- und Monatslohn

📖 *L-GAV für die Migros-Gruppe.*

⌛ *Laufzeit des L-GAV ab 1.1.2007, ungekündigt.*

⊞ *Lohnempfehlungen der Jowa AG Teigwarenfabrik, Buchs (AG).*

✐ *Der 13. Monatslohn ist vertraglich vereinbart (Art. 37 L-GAV). Zur Ermittlung des Jahreslohnes muss mit 13 multipliziert werden.*

✐ *Ferienanspruch: Jugendliche und Lehrlinge bis zum vollendeten 20. Altersjahr 6 Wochen. Angestellte vom 1. Arbeitstag bis zum 20. Anstellungsjahr 5 Wochen. Vom 21. Anstellungsjahr oder ab 50. Altersjahr 6 Wochen und vom 31. Anstellungsjahr an oder ab 60. Altersjahr 7 Wochen (Art. 30 L-GAV).*

Stand 1.1.2010   ◌ www.jowa.ch

10.8	Herstellung von sonstigen Nahrungsmitteln
10.81	Herstellung von Zucker

Zuckerfabriken

41¾ Stunden, laut GAV

Gesamtschweizerische Lohnempfehlung

Tätigkeit	Stundenlohn	Monatslohn
Kaufmännische Angestellte, 3-jährige Lehre	*21.—*	*3'800.—*
Technische Berufe, 4-jährige Lehre	*21.55*	*3'900.—*
Absolventen der Fachhochschule (HWV/FH)	*33.20*	*6'000.—*

📖 *GAV der Zuckerfabriken Aarberg und Frauenfeld AG. Lohnbestimmungen Art. 13.*

⌛ *Laufzeit des GAV ab 1.10.2006, ungekündigt, gilt bis 30.9.2011.*

✐ *Der 13. Monatslohn ist vertraglich vereinbart (Art. 14 GAV). Zur Ermittlung des Jahreslohnes muss mit 13 multipliziert werden.*

✐ *Bei Nachtarbeit, zwischen 23.00 und 06.00 Uhr, sowie bei Sonntagsarbeit besteht Anspruch auf einen Lohnzuschlag von 50% (Art. 10 GAV).*

✐ *Schichtzulagen: Bei Zweischichtbetrieb gilt ein Zuschlag von CHF 2.80 und bei Dreischichtbetrieb einer von CHF 4 pro Stunde (Art. 11, Anhang II zum GAV).*

✐ *Ferienanspruch: Ab 21. Altersjahr 25 Arbeitstage, ab 41. Altersjahr 27 Arbeitstage und ab 51. Altersjahr 30 Arbeitstage (Art. 11 GAV).*

Stand 1.1.2010   ◌ www.zucker.ch, www.kvbern.ch und www.unia.ch

Tätigkeitsbereich Wöchentliche Arbeitszeit	Tätigkeit Quelle, vertragliche Vereinbarungen	Stunden- und Monatslohn

10.82

Herstellung von Kakao-, Schokoladeerzeugnissen und Zuckerwaren

Schokoladeindustrie

Gesamtschweizerische Lohnempfehlung

41 Stunden, laut GAV

Vorarbeiter, anspruchsvolle Führung oder erfahrener Spezialist	*26.30*	*4'672.—*
Vorarbeiter mit Führungsaufgabe	*24.45*	*4'344.—*
gelernt, 4-jährige Lehre	*24.45*	*4'344.—*
Arbeitnehmer gelernt, 3-jährige Lehre	*23.80*	*4'231.—*
Betriebsarbeiter	*22.40*	*3'983.—*
Anlageführer, selbstständig	*21.10*	*3'746.—*
Anlageführer, einfache Tätigkeiten	*20.05*	*3'566.—*
Betriebsarbeiter unter 19 Jahren	*19.10*	*3'396.—*
Betriebsarbeiter unter 17 Jahren	*17.10*	*3'034.—*

📖 *GAV der Schweizer Schokoladeindustrie.*

⌛ *Laufzeit des GAV ab 1.1.2003, ungekündigt, gilt bis 31.12.2011.*

🖽 *Lohnerhebung der Schweizerischen Schokoladeindustrie vom 1.1.1995.*

✐ *Der 13. Monatslohn ist vertraglich vereinbart (Art. 9 GAV). Zur Ermittlung des Jahreslohnes muss mit 13 multipliziert werden.*

✐ *Ferienanspruch: Ab vollendetem 20. Altersjahr 5 Wochen, ab vollendetem 50. Altersjahr 5 Wochen und 2 Tage sowie ab vollendetem 60. Altersjahr 6 Wochen (Art 14 GAV).*

✋ Die Jahresteuerung wird seit 1996 aufgerechnet.

Stand 1.1.2011   ✍ www.chocosuisse.ch

Tätigkeitsbereich *Wöchentliche Arbeitszeit*	Tätigkeit *Quelle, vertragliche Vereinbarungen*	Stunden- und Monatslohn	

10.85   Herstellung von Fertiggerichten

Fleisch- und Fischerzeugnisse	***Lohnempfehlung, Region Aargau***		
	Betriebsarbeiter I	*19.80*	*3'600.—*
42 Stunden, berufsüblich	Betriebsarbeiter II	*20.60*	*3'750.—*
	Betriebsarbeiter III	*21.45*	*3'900.—*
Betriebs-, Lager-,	Lager- und Speditionsarbeiter I	*19.80*	*3'600.—*
Speditions-	Lager- und Speditionsarbeiter II	*20.60*	*3'750.—*
und Berufsarbeiter	Lager- und Speditionsarbeiter III	*21.45*	*3'900.—*
	Berufsarbeiter I	*22.55*	*4'100.—*
	Berufsarbeiter II	*23.65*	*4'300.—*
	Berufsarbeiter III	*25.25*	*4'600.—*
Jugendliche Arbeitnehmer	Jugendliche Arbeitnehmer, bis 16 Jahre	*14.—*	*2'550.—*
	ab 16 bis 17 Jahre	*14.90*	*2'720.—*
	ab 17 bis 18 Jahre	*15.90*	*2'890.—*
	ab 18 bis 19 Jahre	*16.80*	*3'060.—*
	ab 19 bis 20 Jahre	*17.70*	*3'230.—*
44 Stunden, berufsüblich	Chauffeur B I, Lieferwagen unter 3,5 t	*19.90*	*3'800.—*
	Chauffeur C I, Lastwagen über 3,5 t	*20.70*	*3'950.—*
Chauffeure	Chauffeur C II, Lastwagen über 3,5 t	*22.55*	*4'300.—*
	Chauffeur C III, Lastwagen über 3,5 t	*23.60*	*4'500.—*

📖 *Kein GAV, Traitafina AG Lenzburg und Egliswil.*

▦ *Lohnempfehlungen der Traitafina AG.*

✋ 13. Monatslohn betriebsüblich, jedoch nicht vertraglich vereinbart. Zur Ermittlung des Jahreslohnes muss mit 13 multipliziert werden.

✋ Für Jugendliche gelten folgende Prozentsätze des Mindestlohnes der Betriebs-, Speditions- und Lagerarbeiter I: bis 16 Jahre 75%, von 16 bis 17 Jahren 80%, von 17 bis 18 Jahren 85%, von 18 bis 19 Jahren 90% und von 19 bis 20 Jahren 95%.

✋ Betriebs-, Lager- und Speditionsarbeiter I: Einfachste, sich wiederholende Arbeiten mit einer Anlernzeit von weniger als einem Monat. Betriebs-, Lager- und Speditionsarbeiter II: Anspruchsvollere Hilfsarbeiten, die zur selbstständigen Ausführung eine Anlernzeit von 1 bis 2 Jahren erfordern. Betriebs-, Lager- und Speditionsarbeiter III: Selbstständige Erledigung von anspruchsvollen Tätigkeiten mit erhöhten körperlichen und geistigen Ansprüchen.

Tätigkeitsbereich *Wöchentliche Arbeitszeit*	Tätigkeit *Quelle, vertragliche Vereinbarungen*	Stunden- und Monatslohn

🖐 Berufsarbeiter I: Anfangslohn für Konserventechnologen und anverwandte Berufe mit Lehrabschluss wie Bäcker, Konditor, Koch, Metzger, Mechaniker, Elektriker, Schlosser usw. Berufsarbeiter II: Nach mehr als 2-jähriger Berufserfahrung. Berufsarbeiter III: Nach mehr als 2-jähriger Berufserfahrung bei zusätzlicher Ausbildung auf einem Spezialgebiet (beispielsweise hydraulische oder elektrische Steuerungen).

🖐 Chauffeure B I und C I: Inhaber des entsprechenden Führerausweises sowie einer Berufslehre. Chauffeur C II: Inhaber des entsprechenden Führerausweises sowie einer Berufslehre und mindestens 2 Jahren Fahrpraxis. Chauffeur C III: Gelernter Lastwagenführer oder Mechaniker mit entsprechendem Führerausweis sowie abgeschlossener Berufslehre und mindestens 2 Jahren Fahrpraxis.

Stand 1.7.2009   ✒ www.traitafina.ch

10.9	Herstellung von Futtermitteln
10.91	Herstellung von Futtermitteln für Nutztiere

Müller   ***Gesamtschweizerische Lohnempfehlung für Grossmühlen***

43 Stunden, betriebsüblich	Müller, gelernt	*26.35*	*4'910.—*
	Müllergehilfe	*23.55*	*4'386.—*
Fachrichtung Tiernahrung	Müller mit Vorgesetztenfunktion	*33.65*	*6'268.—*
	Magaziner	*22.40*	*4'178.—*
	Hilfs- und Reinigungspersonal	*20.45*	*3'813.—*
	Lastwagen-Chauffeur, Kategorie C	*28.05*	*5'222.—*

📖 *Kein GAV, Dachverband Schweizerischer Müller DSM.*

▦ *Lohnempfehlungen der Provimi Kliba AG.*

🖐 Ein 13. Monatslohn ist nicht vertraglich vereinbart. Zur Ermittlung des Jahreslohnes muss mit 12 multipliziert werden.

🖐 Die Jahresteuerung wird seit 2006 aufgerechnet.

Stand 1.1.2011   ✒ www.dsm-fms.ch, www.vsf-mills.ch und www.provimi.ch

Tätigkeitsbereich *Wöchentliche Arbeitszeit*	Tätigkeit *Quelle, vertragliche Vereinbarungen*	Stunden- und Monatslohn

11   **Getränkeherstellung**

11.0   Getränkeherstellung

11.02   Herstellung von Traubenwein

Kellereiarbeiter   **NAV-Löhne, Kanton Wallis**

43½ Stunden, laut NAV

Kellereiarbeiter, selbstständig	**26.15**	**4'930.—**
Kellereiarbeiter, qualifiziert	**25.70**	**4'847.—**
Kellereiarbeiter	**24.50**	**4'614.—**
Arbeitnehmer, gelegentlicher Einsatz	**23.10**	**4'357.—**
Hilfsarbeiter und Ungelernte	**20.90**	**3'938.—**
Mechaniker	**26.15**	**4'930.—**
Maschinist und Chauffeur	**25.70**	**4'847.—**
Jugendliche, unter 20 Jahren	**21.55**	**4'062.—**

📖 *NAV des Kantons Wallis für die Kellereiarbeiter.*

⧗ *Inkraftsetzung des NAV ab 1.1.2002.*

▦ *Lohnangaben aus dem NAV des Kantons Wallis für die Kellerei-arbeiter.*

✐ *Es besteht Anspruch auf einen 13. Monatslohn im Betrag von 8,33% des Bruttojahreslohnes (Art. 8 NAV). Zur Ermittlung des Jahreslohnes muss mit 13 multipliziert werden.*

✐ *Bei Überschreitung der Höchstarbeitszeit gelten folgende Lohn-zuschläge: 25% für Überzeitarbeit an Werktagen, 50% für Nacht-arbeit zwischen 20.00 und 06.00 Uhr sowie für Sonntagsarbeit und Arbeit an gesetzlichen Feiertagen (Art. 14 NAV).*

✐ *Dem Arbeitnehmenden stehen jährlich 4 Wochen Ferien zu. Nach 15 Jahren Tätigkeit im gleichen Betrieb oder ab dem 45. Alters-jahr 22 Tage; nach 20 Jahren Tätigkeit im gleichen Betrieb oder ab dem 50. Altersjahr 25 Tage (Art. 12 NAV).*

✐ *Als bezahlte Feiertage werden deren 13 gewährt (Art. 13 NAV).*

📑 *Der Normalarbeitsvertrag gilt unmittelbar für die ihm unterstell-ten Arbeitsverhältnisse in Kellereien. Die Einzelarbeitsverträge zwischen Besitzern von Weinhandlungen und Kellereien arbeit-geberseits sowie Kellereiarbeitern arbeitnehmerseits werden laut kantonalem Normalarbeitsvertrag abgeschlossen.*

Stand 1.1.2010   ⌁ www.vs.ch

Tätigkeitsbereich *Wöchentliche Arbeitszeit*	Tätigkeit *Quelle, vertragliche Vereinbarungen*	Stunden- und Monatslohn	

11.05   Herstellung von Bier

Brauerei, Produktion	**GAV-Löhne, gesamtschweizerischer Geltungsbereich**		
41 Stunden, laut GAV	Kategorie A, ab 1. Berufsjahr	**25.10**	**4'459.—**
	ab 2. Berufsjahr	**25.45**	**4'522.—**
Gelernte Bierbrauer,	ab 4. Berufsjahr	**26.15**	**4'647.—**
Chauffeure und Mechaniker	ab 6. Berufsjahr	**26.85**	**4'772.—**
	ab 8. Berufsjahr	**27.55**	**4'897.—**
Arbeitnehmer	Kategorie A', ab 1. Berufsjahr	**23.70**	**4'211.—**
mit Berufslehre	ab 2. Berufsjahr	**24.05**	**4'274.—**
	ab 4. Berufsjahr	**24.75**	**4'399.—**
	ab 6. Berufsjahr	**25.45**	**4'524.—**
	ab 8. Berufsjahr	**26.15**	**4'649.—**
Angelernte Arbeitnehmer	Kategorie B, ab 1. Berufsjahr	**22.25**	**3'949.—**
	ab 2. Berufsjahr	**22.60**	**4'012.—**
	ab 4. Berufsjahr	**23.30**	**4'137.—**
	ab 6. Berufsjahr	**24.—**	**4'262.—**
	ab 8. Berufsjahr	**24.70**	**4'387.—**
Brauerei, Logistik	**GAV-Löhne**		
43½ Stunden	Kategorie C, ab 1. Berufsjahr	**23.40**	**4'408.—**
	ab 2. Berufsjahr	**23.70**	**4'471.—**
Chauffeure und Fuhrleute	ab 4. Berufsjahr	**24.40**	**4'596.—**
	ab 6. Berufsjahr	**25.05**	**4'721.—**
	ab 8. Berufsjahr	**25.70**	**4'846.—**
Logistiker und Magaziner	Kategorie D, ab 1. Berufsjahr	**21.25**	**4'001.—**
	ab 2. Berufsjahr	**21.55**	**4'064.—**
	ab 4. Berufsjahr	**22.20**	**4'189.—**
	ab 6. Berufsjahr	**22.90**	**4'314.—**
	ab 8. Berufsjahr	**23.55**	**4'439.—**

📖 *GAV zwischen dem Schweizerischen Bierbrauerverein und der Gewerkschaft UNIA, Zürich. Lohnbestimmungen, Art. 7.*

⧗ *Laufzeit des GAV ab 1.1.2003, ungekündigt.*

▦ *Lohnreglement des GAV, Lohnklasse 1.*

✎ *Der 13. Monatslohn ist vertraglich vereinbart (Art. 8 GAV). Zur Ermittlung des Jahreslohnes muss mit 13 multipliziert werden.*

✎ *Verpflegungsentschädigung je CHF 18 für das Mittag- und Nachtessen (Art. 11 GAV).*

Stand 1.1.2009   ⌨ www.unia.ch und www.bier.ch

Tätigkeitsbereich *Wöchentliche Arbeitszeit*	Tätigkeit *Quelle, vertragliche Vereinbarungen*	Stunden- und Monatslohn	
Brauerei	**GAV-Löhne, Grossregion Nordwestschweiz**		
41 Stunden, laut GAV	Betriebsarbeiter Füllereien, 4–6	**17.25**	**3'064.—**
	Maschinenführer Füllereien, 7–9	**19.15**	**3'403.—**
Produktion und Füllereien	Teamleiter Produktion und Füllereien, 10–13	**21.45**	**3'807.—**
	Betriebsarbeiter Produktion, 5–8	**17.85**	**3'170.—**
	Fachkräfte Produktion und Füllereien, 9–12	**20.60**	**3'661.—**
	Lebensmittel-Fachkräfte, 10–12	**21.45**	**3'807.—**
Qualitätssicherung und Labor	Mitarbeiter Qualitätssicherung Labor und Technologie, 7–9	**19.15**	**3'403.—**
	Fachkräfte Qualitätssicherung Labor und Technologie, 10–13	**21.45**	**3'807.—**
Technik und Kundendienst	Mitarbeiter Betriebsunterhalt, 8–10	**19.85**	**3'529.—**
	Fachkräfte Betriebsunterhalt, 11–14	**22.35**	**3'975.—**
	Anlagebauer, 11–13	**22.35**	**3'975.—**
	Service-Techniker, 8–11	**19.85**	**3'529.—**
	Teamleiter Technik und Kundendienst, 12–14	**23.50**	**4'178.—**
Logistik	Mitarbeiter Lager und Spedition, 6–9	**18.50**	**3'284.—**
	Teamleiter Lager und Spedition, 10–13	**21.45**	**3'807.—**
	Betriebsarbeiter Lager und Spedition, 4–6	**17.25**	**3'064.—**
	Fachkräfte Disposition, 11–13	**22.35**	**3'975.—**
	Mitfahrer, 6–8	**18.50**	**3'284.—**
	Chauffeur, 9–11	**20.60**	**3'661.—**

📖 *GAV der Feldschlösschen Getränke AG. Lohnbestimmungen, Art. 7.*

⌛ *Laufzeit des GAV ab 1.1.2005 bis 31.12.2011.*

▦ *Betriebslöhne der Feldschlösschen Getränke AG.*

✎ *Der 13. Monatslohn ist vertraglich vereinbart (Art. 20 GAV). Zur Ermittlung des Jahreslohnes muss mit 13 multipliziert werden.*

✎ *Der Ferienanspruch beträgt 4 Wochen und 3 Tage, ab dem 45. Altersjahr, beziehungsweise nach 25 Dienstjahren, 5 Wochen sowie ab dem 60. Altersjahr 6 Wochen (Art. 14 GAV).*

✋ Die Zahlen hinter den Funktionsbezeichnungen geben die mögliche Lohnbandbreite der einzelnen Tätigkeiten wieder. Obige Löhne entsprechen jeweils der untersten Lohnstufe.

Stand 1.1.2009   ⌨ www.unia.ch und www.bier.ch

Tätigkeitsbereich *Wöchentliche Arbeitszeit*	Tätigkeit *Quelle, vertragliche Vereinbarungen*	Stunden- und Monatslohn

12   **Tabakverarbeitung**

12.0   Tabakverarbeitung

12.00   Erzeugnisse aus Tabak und Tabakersatzstoffen

Zigarettenproduktion   ***Gesamtschweizerische Lohnempfehlung***

40 Stunden, berufsüblich

Tätigkeit	Stundenlohn	Monatslohn
Arbeitnehmer, ungelernt 19- bis 21-jährig	*21.—*	*3'643.—*
Arbeitnehmer, angelernt	*22.25*	*3'860.—*
Mit 5- bis 10-jähriger Berufserfahrung	*25.35*	*4'396.—*
Jugendliche, ab 16. Altersjahr	*12.35*	*2'144.—*
ab 17. Altersjahr	*14.25*	*2'466.—*
ab 18. Altersjahr	*16.10*	*2'787.—*
ab 19. Altersjahr	*17.95*	*3'108.—*
ab 20. Altersjahr	*19.75*	*3'420.—*

📖 *Kein GAV, Vereinigung der Schweizerischen Zigarettenindustrie.*

🗒 *Lohnempfehlungen der JT International AG.*

✋ 13. Monatslohn betriebsüblich, jedoch nicht vertraglich verein-
bart. Zur Ermittlung des Jahreslohnes muss mit 13 multipliziert
werden.

✋ Die Jahresteuerung wird seit 2003 aufgerechnet.

Stand 1.1.2011   🖐 www.swiss-cigarette.ch und www.jti.com

Zigarrenfabrikanten   **GAV-Lohn**

41 Stunden, laut GAV   Arbeitnehmer, ab 20 Jahren   **20.—**   **3'550.—**

📖 *GAV zwischen der Union zentralschweizerischer Zigarrenfabri-
kanten und der Gewerkschaft UNIA.*

⏳ *Laufzeit des GAV ab 1.2.2002, ungekündigt.*

✋ Im 1. Berufsjahr wird eine Gratifikation von 60%, im 2. eine von
80% und ab 3. eine von 100% entrichtet.

Stand 1.1.2011   🖐 www.unia.ch und www.swiss-cigarette.ch

Tätigkeitsbereich *Wöchentliche Arbeitszeit*	Tätigkeit *Quelle, vertragliche Vereinbarungen*	Stunden- und Monatslohn

13 **Herstellung von Textilien**

13.3 Veredlung von Textilien und Bekleidung

13.30 Bleichen, Färben und Appretieren sowie ähnliche Verfahren

---

Textilindustrie

GAV-Löhne, gesamtschweizerischer Geltungsbereich

41 Stunden, laut GAV

Berufsarbeiter, gelernt mit 3-jähriger Berufspraxis	**23.70**	4'215.—
Angelernter Arbeiter, bei Ausführung qualifizierter Arbeiten	**19.65**	3'490.—
bei Ausführung einfacher Arbeiten	**18.50**	3'285.—

📖 *Rahmenvertrag für Firmen der schweizerischen Textil- und Bekleidungsindustrie. Lohnbestimmungen, Art. 22.*

⌛ *Laufzeit des Rahmenvertrags ab 1.1.2007, ungekündigt.*

✎ *Der 13. Monatslohn ist vertraglich vereinbart (Art. 21.4 Rahmenvertrag). Zur Ermittlung des Jahreslohnes muss mit 13 multipliziert werden.*

✎ *Lohnzuschläge: Für Schichtarbeit CHF 170 pro vollen Monat oder CHF –.70 pro Stunde sowie bei Nachtschicht zusätzlich CHF 4.50 pro Stunde. Für Nachtarbeit ohne Schichtarbeit wird ein Zuschlag von 50% sowie bei Sonn- und Feiertagsarbeit einer von 75% des Lohnes entrichtet (Art. 21.3 Rahmenvertrag).*

✎ *Ferien: Ab 50. Altersjahr 5 Wochen (Art. 18.1 Rahmenvertrag).*

Stand 1.1.2010   🔖 www.swisstextiles.ch und www.sartex.ch

Tätigkeitsbereich *Wöchentliche Arbeitszeit*	Tätigkeit *Quelle, vertragliche Vereinbarungen*	Stunden- und Monatslohn

14   **Herstellung von Bekleidung**

14.1   Herstellung von Textil- und Lederbekleidung

14.13   Herstellung von Oberbekleidung

Damenschneiderin   **GAV-Löhne, gesamtschweizerischer Geltungsbereich**

42 Stunden, laut GAV

	1. Berufsjahr	**19.25**	**3'500.—**
	ab 2. Berufsjahr	**20.15**	**3'670.—**
Bekleidungsgestalter	ab 3. Berufsjahr	**21.35**	**3'890.—**
Damenfach	ab 5. Berufsjahr, mit eidgenössischem Fachausweis	**24.50**	**4'460.—**

 📖 *Rahmenvertrag für das schweizerische Modegewerbe. Lohnbestimmungen, Art. 5.*

 ⏳ *Laufzeit des Rahmenvertrags ab 1.12.2006, ungekündigt.*

 ✋ Ein 13. Monatslohn ist nicht vertraglich vereinbart. Zur Ermittlung des Jahreslohnes muss mit 12 multipliziert werden.

 ✎ *Lohnzuschläge: Für Überzeitarbeit 25%, für Nachtarbeit 50% und für Sonntagsarbeit 100% (Art. 2 GAV).*

 ✎ *Ferienanspruch: Ab 1. Dienstjahr 4 Wochen, ab 5. Dienstjahr 4½ Wochen, nach vollendetem 45. Altersjahr und mindestens 5 Dienstjahren 5 Wochen und nach vollendetem 55. Altersjahr 5½ Wochen (Art. 4 GAV).*

Stand 1.1.2010   ☞ www.smgv-usmm.ch

Damenschneiderin   *Branchenlöhne, Statistik der Grossregion Zürich, Median*

42 Stunden, laut GAV

	Un- und Angelernte, bis 20 Jahre	*17.45*	*3'173.—*
	ab 20 bis 29 Altersjahre	*19.95*	*3'634.—*
Hilfskräfte	ab 30 bis 39 Altersjahre	*21.70*	*3'946.—*
	ab 40 bis 49 Altersjahre	*22.45*	*4'088.—*
	ab 50 bis 65 Altersjahre	*23.35*	*4'249.—*

 📖 *Bundesamt für Statistik BfS, Lohnstrukturerhebung, Median nach Lebensalter.*

 ✋ Ein 13. Monatslohn ist nicht vertraglich vereinbart. Zur Ermittlung des Jahreslohnes muss mit 12 multipliziert werden.

Stand 1.1.2010   ☞ www.bfs.admin.ch/Löhne

Tätigkeitsbereich *Wöchentliche Arbeitszeit*	Tätigkeit *Quelle, vertragliche Vereinbarungen*	Stunden- und Monatslohn

Herrenschneider

43 Stunden, laut GAV

Bekleidungsgestalter
Herrenfach

GAV-Löhne, gesamtschweizerischer Geltungsbereich

Ortsklasse 0

Lohnstufe A, gelernt mit Weiterbildung	**24.10**	**4'487.—**
Lohnstufe B, gelernt	**22.60**	**4'208.—**
Lohnstufe C, angelernt	**19.—**	**3'538.—**
Lohnstufe D, ungelernt	**18.40**	**3'426.—**

Ortsklasse 1

Lohnstufe A, gelernt mit Weiterbildung	**23.55**	**4'385.—**
Lohnstufe B, gelernt	**21.65**	**4'031.—**
Lohnstufe C, angelernt	**18.20**	**3'389.—**
Lohnstufe D, ungelernt	**17.60**	**3'277.—**

📖 *GAV für das Schweizerische Schneiderhandwerk. Lohnbestimmungen, Ziffer 3.*

⏳ *Laufzeit des GAV ab 1.1.1993, ungekündigt.*

✋ Ein 13. Monatslohn ist nicht vertraglich vereinbart. Zur Ermittlung des Jahreslohnes muss mit 12 multipliziert werden.

📍 *Ortsklasse 0: Zürich; Ortsklasse 1: Basel, Bern, Biel, La Chaux-de-Fonds, Davos, Genf, Lausanne, Luzern, Winterthur.*

Stand 1.1.2010

🖥 www.schneidermeisterverband.ch

Herrenschneider

43 Stunden, laut GAV

Hilfskräfte

Branchenlöhne, Statistik der Grossregion Zürich, Median

Un- und Angelernte, bis 20 Jahre	*17.45*	*3'173.—*
ab 20 bis 29 Altersjahre	*19.95*	*3'634.—*
ab 30 bis 39 Altersjahre	*21.70*	*3'946.—*
ab 40 bis 49 Altersjahre	*22.45*	*4'088.—*
ab 50 bis 65 Altersjahre	*23.35*	*4'249.—*

📖 *Bundesamt für Statistik BfS, Lohnstrukturerhebung, Median nach Lebensalter.*

✋ Ein 13. Monatslohn ist nicht vertraglich vereinbart. Zur Ermittlung des Jahreslohnes muss mit 12 multipliziert werden.

Stand 1.1.2010

🖥 www.bfs.admin.ch/Löhne

Tätigkeitsbereich *Wöchentliche Arbeitszeit*	Tätigkeit *Quelle, vertragliche Vereinbarungen*	Stunden- und Monatslohn

Modedesignerin

42 Stunden, berufsüblich

Gesamtschweizerischer Vergleichswert

1. Berufsjahr,		***19.80***	***3'600.—***
nach abgeschlossener Ausbildung			
ab 2. Berufsjahr		***20.70***	***3'770.—***
ab 3. Berufsjahr		***21.90***	***3'990.—***
ab 5. Berufsjahr		***25.05***	***4'560.—***

📖 *Kein GAV, Textilverband Schweiz TVS.*

▦ Obige Richtlinien wurden in Anlehnung an die Löhne der Damen-schneiderinnen ermittelt.

✍ Ein 13. Monatslohn ist nicht vertraglich vereinbart. Zur Ermittlung des Jahreslohnes muss mit 12 multipliziert werden.

Stand 1.1.2010   🖰 www.swisstextiles.ch und www.modeschule-zh.ch

---

14.14   Herstellung von Wäsche

Bekleidung und Wäsche

41 Stunden, laut GAV

GAV-Löhne, gesamtschweizerischer Geltungsbereich

Berufsarbeiter, gelernt mit 3-jähriger Berufspraxis	**23.70**	**4'215.—**
Angelernter Arbeiter, bei Ausführung qualifizierter Arbeiten	**19.65**	**3'490.—**
bei Ausführung einfacher Arbeiten	**18.50**	**3'285.—**

📖 *Rahmenvertrag für Firmen der schweizerischen Textil- und Bekleidungsindustrie. Lohnbestimmungen, Art. 22.*

⧗ *Laufzeit des Rahmenvertrags ab 1.1.2007, ungekündigt.*

✎ *Der 13. Monatslohn ist vertraglich vereinbart (Art. 21.4 Rahmenvertrag). Zur Ermittlung des Jahreslohnes muss mit 13 multipliziert werden.*

✎ *Lohnzuschläge: Für Schichtarbeit CHF 170 pro vollen Monat oder CHF –.70 pro Stunde sowie bei Nachtschicht zusätzlich CHF 4.50 pro Stunde. Für Nachtarbeit ohne Schichtarbeit wird ein Zuschlag von 50 % sowie bei Sonn- und Feiertagsarbeit einer von 75 % des Lohnes entrichtet (Art. 21.3 Rahmenvertrag).*

✎ *Ferien: Ab 50. Altersjahr 5 Wochen (Art. 18.1 Rahmenvertrag).*

Stand 1.1.2010   🖰 www.swisstextiles.ch

Tätigkeit *Wöchentliche Arbeitszeit*	Berufliche Fähigkeiten *Quelle, Branchenbereich*	Stunden- und Monatslohn

15   Herstellung von Leder, Lederwaren und Schuhen

15.1 bis 15.2   Herstellung von Leder und Lederwaren

15.11 bis 15.20   Herstellung von Leder und Lederfaserstoffen,
Reiseartikeln, Leder- und Sattlerwaren
sowie Schuhen; Zurichtung und Färben von Fellen

---

42 Stunden, berufsüblich   *Branchenlöhne, Statistik der Grossregion Zürich, Median*

Hilfskräfte	Un- und Angelernte, bis 20 Jahre	16.90	3'078.—
	ab 20 bis 29 Altersjahre	19.35	3'525.—
	ab 30 bis 39 Altersjahre	21.05	3'828.—
	ab 40 bis 49 Altersjahre	21.80	3'966.—
	ab 50 bis 65 Altersjahre	22.65	4'122.—
Berufsleute, gelernt	Mit 3- oder 4-jähriger Lehre, bis 20 Jahre	23.—	4'188.—
	ab 20 bis 29 Altersjahre	27.60	5'022.—
	ab 30 bis 39 Altersjahre	34.05	6'201.—
	ab 40 bis 49 Altersjahre	35.75	6'505.—
	ab 50 bis 65 Altersjahre	36.55	6'656.—
Führungskräfte	Fach- und Betriebskader, Alter 20 bis 29	31.25	5'685.—
	ab 30 bis 39 Altersjahre	43.95	7'996.—
	ab 40 bis 49 Altersjahre	49.95	9'090.—
	ab 50 bis 65 Altersjahre	50.40	9'169.—

📖 *Kein GAV; Bundesamt für Statistik BfS, Lohnstrukturerhebung,
Median nach Lebensalter.*

✋ *Zur Ermittlung des Jahreslohnes muss mit 12 multipliziert werden.*

*Branchenbereich: Herstellung von Leder, Lederfaserstoff und
Schuhen. Lederverarbeitung sowie Zurichten und Färben von
Fellen umfassend die Ledererzeugung von der Gerberei über
die Herstellung von Chamois-, Pergament-, Lack- oder metalli-
siertem Leder sowie die Herstellung von Lederfaserstoff, Reise-
artikeln und Lederwaren aus Leder, Kunstleder oder anderen
Materialien wie Kunststofffolien, Spinnstoffen, Vulkanfiber oder
Pappe, nichtmetallischen Uhrbändern, verschiedener Artikel aus
Leder oder Kunstleder, Sattlerwaren, Schuhen aller Art sowie
von Schuhteilen wie Oberteile, Lauf- und Innensohlen, Absätze.*

✋ *Liegen im Branchenbereich allgemeinverbindlich erklärte oder
herkömmliche Gesamtarbeitsverträge vor, so hat die Einhaltung
deren Löhne Vorrang.*

Stand 1.1.2011   🖑 www.bfs.admin.ch/Löhne

Tätigkeitsbereich *Wöchentliche Arbeitszeit*	Tätigkeit *Quelle, vertragliche Vereinbarungen*	Stunden- und Monatslohn

15.12   Herstellung von Reiseartikeln, Leder- und Sattlerwaren

Reiseartikel und Lederwaren-Industrie *43 Stunden, laut GAV*	**GAV-Löhne, gesamtschweizerischer Geltungsbereich**		
	Berufs- und Facharbeitnehmer, Reiseartikelsattler, Sattler und Portefeuiller, ab 1. Beschäftigungsjahr	**20.25**	**3'770**
	ab 2. Beschäftigungsjahr	**21.35**	**3'975**
	ab 3. Beschäftigungsjahr	**24.15**	**4'496**
	Hilfsarbeiter, ab 1. Beschäftigungsjahr	**18.35**	**3'417**
	ab 2. Beschäftigungsjahr	**19.45**	**3'621**
	Jugendliche Arbeitnehmer unter 18 Jahren, in den ersten 12 Monaten	**14.25**	**2'653**
	ab dem 13. Monat	**15.35**	**2'858**

📖 *GAV für die schweizerische Reiseartikel- und Lederwaren-Industrie. Lohnbestimmungen, Art. 11.*

⌛ *Laufzeit des GAV ab 1.1.1991, ungekündigt.*

▦ Minimallöhne des Verbandes Schweizerischer Reiseartikel- und Lederwaren-Fabrikanten.

✐ *Der 13. Monatslohn ist vertraglich vereinbart (Art. 17 GAV) im 1. Dienstjahr ⅓, ab dem 2. Dienstjahr ⅔ eines Monatslohnes und ab dem 3. Dienstjahr den vollen Monatslohn. Zur Ermittlung des Jahreslohnes muss mit 13 multipliziert werden.*

✐ *Ferienanspruch: 4 Wochen bis zum vollendeten 49. Altersjahr und ab dem 50. Altersjahr 5 Wochen sowie ab dem 60. Altersjahr 5½ Wochen (Art. 22 GAV).*

Stand 1.1.2010   ✍ vsrlf@bluewin.ch

Tätigkeitsbereich *Wöchentliche Arbeitszeit*	Tätigkeit *Quelle, vertragliche Vereinbarungen*	Stunden- und Monatslohn

16   **Herstellung von Holz-, Flecht-, Korb- und Korkwaren**

16.1	Säge-, Hobel- und Holzimprägnierwerke
16.2	Holz-, Flecht-, Korb- und Korkwarenherstellung
16.10	Säge-, Hobel- und Holzimprägnierwerke sowie Holzoberflächenbehandlung
16.21	Herstellung von Furnier-, Sperrholz-, Holzfaser- und Holzspanplatten

Holzindustrie

GAV-Löhne, gesamtschweizerischer Geltungsbereich

42½ Stunden, laut GAV

Berufs- und Facharbeiter, qualifiziert	**25.55**	**4'702.—**
Arbeitnehmer, angelernt	**22.90**	**4'214.—**
Arbeitnehmer, ungelernt	**20.50**	**3'773.—**
Hilfskräfte	**19.30**	**3'552.—**

📖 *GAV für die Schweizerische Holzindustrie. Lohnbestimmungen, Art. 9.*

⏳ *Laufzeit des GAV ab 1.1.2002, ungekündigt.*

✎ *Der 13. Monatslohn ist vertraglich vereinbart (Art. 10 GAV). Zur Ermittlung des Jahreslohnes muss mit 13 multipliziert werden.*

✎ *Ferienanspruch: Nach 8 Dienstjahren und ab dem 50. Altersjahr 5 Wochen (Art. 17 GAV).*

🖱 www.holz-bois.ch/Verband/Arbeit/Zusatzvereinbarung, www.lignum.ch, www.cedotec.ch und www.unia.ch

Stand 1.1.2010

78   Herstellung von Holz-, Flecht-, Kork- und Korbwaren

Tätigkeitsbereich *Wöchentliche Arbeitszeit*	Tätigkeit *Quelle, vertragliche Vereinbarungen*	Stunden- und Monatslohn

16.23 — Herstellung von Konstruktionsteilen, Fertigbauteilen und Ausbauelementen aus Holz

Holzwaren, Drechslerei — **GAV-Löhne, gesamtschweizerischer Geltungsbereich**

41½ Stunden, laut GAV bei mehr als 600 Stellenprozenten

Tätigkeit	Stundenlohn	Monatslohn
Arbeitnehmer, gelernt ab 1. Berufsjahr	23.25	4'196.65
Arbeitnehmer, gelernt ab 2. Berufsjahr	24.25	4'377.15
Arbeitnehmer, gelernt ab 3. Berufsjahr	25.45	4'593.75
Arbeitnehmer, angelernt	23.10	4'169.55
Hilfsarbeiter	22.20	4'007.10

42 Stunden, laut GAV bei weniger als 600 Stellenprozenten

Tätigkeit	Stundenlohn	Monatslohn
Arbeitnehmer, gelernt ab 1. Berufsjahr	23.25	4'243.15
Arbeitnehmer, gelernt ab 2. Berufsjahr	24.25	4'425.65
Arbeitnehmer, gelernt ab 3. Berufsjahr	25.45	4'644.65
Arbeitnehmer, angelernt	23.10	4'215.75
Hilfsarbeiter	22.20	4'051.50

- GAV für die Holzwarenfabrikation und das Drechslergewerbe der Schweiz. Lohnbestimmungen, Art. 6.
- Laufzeit des GAV ab 1.7.2000, ungekündigt.
- Der 13. Monatslohn ist vertraglich vereinbart (Art. 7 GAV). Zur Ermittlung des Jahreslohnes muss mit 13 multipliziert werden.
- Lohnzuschläge: Für Abendarbeit bis 22.00 Uhr 50%, für Nachtarbeit zwischen 22.00 und 06.00 Uhr sowie für Sonn- und Feiertagsarbeit 100% (Art. 5 GAV).
- Ferienanspruch: Ab 1. Dienstjahr 20 Tage, ab 40. Altersjahr und 5 Dienstjahren 21 Tage, ab Alter 50 und 8 Dienstjahren 25 Tage und ab Alter 60 und 10 Dienstjahren 26 Tage (Art. 9 GAV).

Stand 1.1.2010 — www.holz-bois.ch und www.unia.ch

16.24 — Herstellung von Verpackungsmitteln, Lagerbehältern und Ladungsträgern aus Holz

Holzverpackungen — *Gesamtschweizerische Lohnempfehlung*

42½ Stunden, berufsüblich

Tätigkeit	Stundenlohn	Monatslohn
Berufs- und Facharbeiter, qualifiziert	24.75	4'559.—
Arbeitnehmer, angelernt	22.70	4'179.—
Arbeitnehmer, ungelernt	20.30	3'743.—
Hilfskräfte	19.05	3'511.—

- Kein GAV, Verband der Schweizerischen Holzverpackungs- und Palettenindustrie, VHPI.
- Die Löhne entstammen dem ausgelaufenen GAV des Verbandes.
- Zur Ermittlung des Jahreslohnes muss mit 12 multipliziert werden.
- Die Jahresteuerung wird seit 2004 aufgerechnet.

Stand 1.1.2011 — www.vhpi.ch und www.unia.ch

Tätigkeitsbereich *Wöchentliche Arbeitszeit*	Tätigkeit *Quelle, vertragliche Vereinbarungen*	Stunden- und Monatslohn

17   **Herstellung von Papier, Pappe**
und entsprechenden Erzeugnissen

17.1   Herstellung von Holz- und Zellstoff, Papier, Karton und Pappe

17.12   Herstellung von Papier, Karton und Pappe

Papierindustrie   **GAV-Löhne, gesamtschweizerischer Geltungsbereich**

42 Stunden, laut GAV

Berufsarbeiter, ab 1. Berufsjahr	**20.25**	3'690.—
Berufsarbeiter, ab 2. Berufsjahr	**22.55**	4'100.—
Facharbeiter, ab 1. Berufsjahr	**17.80**	3'240.—
Facharbeiter, ab 2. Berufsjahr	**19.80**	3'600.—
Jugendliche, ab 16. Altersjahr	**13.70**	2'495.—
ab 17. Altersjahr	**16.20**	2'952.—

📖 *GAV der Schweizer Papier- und Zellstoffindustrie. Lohnbestimmungen, Art. 13.*

⌛ *Laufzeit des GAV ab 1.1.2009, ungekündigt.*

✐ *Der 13. Monatslohn ist vertraglich vereinbart (Art. 13.2 GAV). Zur Ermittlung des Jahreslohnes muss mit 13 multipliziert werden.*

✐ *Die Schichtzulagen im Zwei- und Dreischicht- sowie im Durchlaufbetrieb betragen für die Vormittags- und Nachmittagsschicht CHF 1.50 bis 2 pro Stunde und für die Nachtschicht CHF 4 bis 5 pro Stunde (Art. 13.3 GAV).*

✐ *Allen im Durchlaufbetrieb Arbeitenden wird eine Durchlaufprämie von CHF 200 bis 240 pro Monat ausbezahlt (Art. 13. GAV).*

✐ *Jugendliche Mitarbeitende werden nach den gleichen Lohnklassen entlöhnt, wobei der Mindestlohn für Facharbeiter nach vollendetem 16. Altersjahr mit dem Faktor 0,77 sowie nach vollendetem 17. Altersjahr mit jenem von 0,80 multipliziert wird (Art. 13.1 GAV).*

✐ *Für Berufsarbeiter darf der vertraglich festgelegte Mindestlohn im 1. Berufsjahr um höchstens 10% unterschritten werden (Art. 13.1 GAV).*

✐ *Ferienanspruch: Ab 1. Dienstjahr 23½ Tage, je ab vollendetem 40. Altersjahr 26 Tage, ab 50. Altersjahr 28½ Tage und ab 60. Altersjahr 6 Wochen (Art. 10 GAV).*

Stand 1.1.2010   ✍ www.zpk.ch und www.spvinfo.info

Tätigkeitsbereich *Wöchentliche Arbeitszeit*	Tätigkeit *Quelle, vertragliche Vereinbarungen*	Stunden- und Monatslohn

17.2   Herstellung von Waren aus Papier, Karton und Pappe

17.21   Herstellung von Wellpapier und -pappe
                        sowie von Verpackungsmitteln aus Papier, Karton und Pappe

---

Verpackungs-
und Kartonageindustrie

41 Stunden, berufsüblich

Gesamtschweizerische Lohnempfehlung

Berufsarbeiter, ab 1. Berufsjahr	*23.10*	*4'102.—*
ab 2. Berufsjahr	*23.45*	*4'164.—*
ab 3. Berufsjahr	*24.10*	*4'286.—*
Arbeiter, angelernt und selbstständig	*19.55*	*3'476.—*
Arbeiter, angelernt	*17.50*	*3'110.—*
Hilfsarbeiter	*16.15*	*2'868.—*

📖 *Kein GAV, Unionpac, Union der Hersteller von Verpackungen aus Karton, Papier und Kunststoff.*

▦ *Die Löhne entstammen dem ausgelaufenen Gesamtarbeitsvertrag zwischen der Unionpac und der Gewerkschaft Syndicom.*

✋ *13. Monatslohn berufsüblich, jedoch nicht vertraglich vereinbart. Zur Ermittlung des Jahreslohnes muss mit 13 multipliziert werden.*

✋ *Die Jahresteuerung wird seit 2001 aufgerechnet.*

Stand 1.1.2011   🖐 *www.swisscarton.ch, www.svi-verpackung.ch*

Tätigkeitsbereich *Wöchentliche Arbeitszeit*	Tätigkeit *Quelle, vertragliche Vereinbarungen*	Stunden- und Monatslohn

18 | **Herstellung von Druckerzeugnissen, Vervielfältigung von bespielten Ton-, Bild- und Datenträgern**

18.1 | Herstellung von Druckerzeugnissen

18.11 bis 18.14 | Druckvorstufe, Vervielfältigung unter Anwendung sämtlicher Druckverfahren sowie Binden von Druckerzeugnissen

---

Druckerzeugnisse

40 Stunden, laut GAV

GAV-Löhne, gesamtschweizerischer Geltungsbereich

Arbeitnehmer gelernt, 4-jährige Lehre ab 1. bis 4. Berufsjahr	**23.10**	**4'000.—**
ab 5. Berufsjahr	**25.95**	**4'500.—**
Arbeitnehmer gelernt, 3-jährige Lehre ab 1. bis 4. Berufsjahr	**21.90**	**3'800.—**
ab 5. Berufsjahr	**24.80**	**4'300.—**
Betriebsarbeiter, un- und angelernt	**20.75**	**3'600.—**

☝ Ohne industrielle Weiterverarbeitung: Buchbinder, Druckausrüster und -technologe, Mediengestalter, Polygraf, Printmedienverarbeiter und Versandtechnologe.

Arbeitnehmer gelernt, 4-jährige Lehre ab 1. bis 4. Berufsjahr	**22.50**	**3'900.—**
ab 5. Berufsjahr	**25.95**	**4'500.—**
Arbeitnehmer gelernt, 3-jährige Lehre ab 1. bis 4. Berufsjahr	**21.90**	**3'800.—**
ab 5. Berufsjahr	**24.80**	**4'300.—**
Betriebsarbeiter, un- und angelernt	**20.20**	**3'500.—**

☝ In industriellen Weiterverarbeitungsbetrieben: Bindetechnologe, Buchbinder, Druckausrüster, Drucktechnologe, Mediengestalter, Polygraf, Printmedienverarbeiter und Versandtechnologe.

📖 *GAV für die grafische Industrie. Lohnbestimmungen, Art. 221.*

⧗ *Laufzeit des GAV ab 1.1.2009 bis 31.12.2012.*

✎ *Der 13. Monatslohn ist vertraglich vereinbart (Art. 222 GAV). Zur Ermittlung des Jahreslohnes muss mit 13 multipliziert werden.*

☝ Handwerkliche Buchbindereien können einen um CHF 175 tieferen Mindestlohn anwenden.

✎ *Ferienanspruch: Bis und mit 49. Altersjahr 5 Wochen und ab 50. Altersjahr 6 Wochen (Art. 208 GAV).*

✎ *Den Arbeitnehmenden stehen bis zu 10 Feiertage zu (Art. 210 GAV).*

Stand 1.1.2010 | ⌨ www.viscom.ch, www.vsd.ch und www.syndicom.ch

Tätigkeitsbereich *Wöchentliche Arbeitszeit*	Tätigkeit *Quelle, vertragliche Vereinbarungen*	Stunden- und Monatslohn

18.13

Druck- und Medienvorstufe

Reprograf

Gesamtschweizerische Lohnempfehlung

42 Stunden, berufsüblich

Reprograf, Digitaldrucker, gelernt	*18.80*	*3'424.—*
Reprograf, Digitaldrucker, gelernt	*21.05*	*3'827.—*
Reprograf gelernt, in städtischem Ballungsgebiet	*22.40*	*4'074.—*
Reprograf gelernt, in ländlichem Gebiet	*18.85*	*3'430.—*
Reprograf, angelernt	*17.65*	*3'216.—*

📖 *Kein GAV, Verband Schweizerischer Reprografie-Betriebe.*

🖽 *Lohnempfehlungen des Verbandes schweizerischer Reprografie-Betriebe.*

✋ Ein 13. Monatslohn ist nicht vertraglich vereinbart. Zur Ermittlung des Jahreslohnes muss mit 12 multipliziert werden.

✋ Lohnentwicklung: Arbeitnehmer über 25 Jahren können mehr Lohn erwarten, da ab diesem Zeitpunkt ebenfalls Berufsleute aus dem grafischen Gewerbe eine Tätigkeit als Reprograf ausüben. Siehe hierzu Kapitel 18.11 bis 18.14.

✋ Die Jahresteuerung wird seit 2003 aufgerechnet.

Stand 1.1.2011

✍ www.copyprintsuisse.ch

20

Herstellung chemischer Erzeugnisse

20.1

Herstellung chemischer Grund- und Kunststoffe, Düngemittel, Stickstoffverbindungen und synthetischen Kautschuks

20.12 und 20.16

Herstellung von Farbstoffen, Pigmenten und Kunststoffen in Primärform

---

Additive und Pigmente

Lohnempfehlung, Grossregion Nordwestschweiz

40 Stunden, laut GAV

Betriebs- und Hilfsarbeiter, ab 25. Altersjahr	*20.20*	*3'497.—*
ab 30. Altersjahr	*21.30*	*3'696.—*
Lohnstufe I, Arbeitnehmer mit geringer Ausbildung	ab 40. Altersjahr	*22.25*	*3'855.—*
	ab 50. Altersjahr	*22.45*	*3'895.—*
	ab 60. Altersjahr	*22.45*	*3'895.—*
Lohnstufe II, ungelernte Arbeitnehmer	Betriebsarbeiter, ab 25. Altersjahr	*20.95*	*3'632.—*
	ab 30. Altersjahr	*22.70*	*3'934.—*
	ab 40. Altersjahr	*24.30*	*4'212.—*
	ab 50. Altersjahr	*24.75*	*4'292.—*
	ab 60. Altersjahr	*24.75*	*4'292.—*

Tätigkeitsbereich *Wöchentliche Arbeitszeit*	Tätigkeit *Quelle, vertragliche Vereinbarungen*	Stunden- und Monatslohn	
Lohnstufe III, Angelernte, gut qualifiziert	Betriebsarbeiter, ab 25. Altersjahr	*22.—*	*3'815.—*
	ab 30. Altersjahr	*24.30*	*4'212.—*
	ab 40. Altersjahr	*26.35*	*4'570.—*
	ab 50. Altersjahr	*27.05*	*4'689.—*
	ab 60. Altersjahr	*27.05*	*4'689.—*
Lohnstufe IV, Lehrabgänger bei einfacheren und repetitiven Tätigkeiten	Laborist, Laborant mit repetitiven Aufgaben, ab 25. Altersjahr	*23.15*	*4'014.—*
	ab 30. Altersjahr	*26.15*	*4'530.—*
	ab 40. Altersjahr	*28.45*	*4'928.—*
	ab 50. Altersjahr	*29.35*	*5'087.—*
	ab 60. Altersjahr	*29.40*	*5'093.—*
Lohnstufe V, Lehrabgänger bei anspruchsvoller Tätigkeit	Laboranten, Chemikanten, Chemietechnologen, kaufmännische Angestellte, Informatiker und Handwerker, ab 25. Altersjahr	*24.55*	*4'252.—*
	ab 30. Altersjahr	*28.20*	*4'888.—*
	ab 40. Altersjahr	*31.20*	*5'405.—*
	ab 50. Altersjahr	*32.55*	*5'643.—*
	ab 60. Altersjahr	*32.80*	*5'683.—*
Lohnstufe VIII, Akademiker nach Hochschulabschluss	Chemiker, ab 30. Altersjahr	*34.85*	*6'040.—*
	ab 40. Altersjahr	*40.80*	*7'073.—*
	ab 50. Altersjahr	*42.85*	*7'431.—*
	ab 60. Altersjahr	*43.35*	*7'510.—*

📖 *Einheitsvertrag Ciba Schweiz.*

⌛ *Laufzeit GAV ab 1.1.2008 bis 31.12.2010, ungekündigt.*

📇 *Lohnempfehlungen der Ciba Schweiz.*

✐ *Der 13. Monatslohn ist laut Betriebsreglement vereinbart. Zur Ermittlung des Jahreslohnes muss mit 13 multipliziert werden.*

✐ *Für Nacht- und Wochenendarbeit werden folgende Lohnzuschläge entrichtet: Arbeit an Samstagen 25%, an Sonn- und Feiertagen 75% sowie für Abend- und Nachtarbeit, zwischen 20.00 und 06.00 Uhr, 50% (Art. 10 GAV).*

✐ *Bei Schicht- und Überstundenarbeit sowie wöchentlicher Arbeitszeit von mehr als 43 Stunden gilt ein Lohnzuschlag von 25% (Art. 10 und 11 GAV).*

✐ *Der Ferienanspruch beträgt bis zum 20. Altersjahr 27 Tage, bis zum 45. Altersjahr 25 Tage, ab 46. Altersjahr 26 Tage, ab 47. Altersjahr 27 Tage, ab 48. Altersjahr 28 Tage, ab 49. Altersjahr 29 Tage und ab 50. Altersjahr 30 Tage (Art. 13 GAV).*

🖐 Die Jahresteuerung wird seit 2007 aufgerechnet.

Stand 1.1.2011   🖢 www.ciba.com und www.basf.com

Tätigkeitsbereich *Wöchentliche Arbeitszeit*	Tätigkeit *Quelle, vertragliche Vereinbarungen*	Stunden- und Monatslohn	
20.13	Herstellung anorganischer Grundstoffe und Chemikalien		
Chemische Industrie,	*Statistik der Grossregion Nordwestschweiz, Median*		
Forschung und			
Produktentwicklung	3- oder 4-jährige Lehre, bis 30 Altersjahre	*30.25*	*5'243.—*
	31 bis 35 Altersjahre	*33.45*	*5'801.—*
40 Stunden, laut GAV	36 bis 45 Altersjahre	*36.70*	*6'358.—*
	46 bis 55 Altersjahre	*42.60*	*7'381.—*
Berufsleute	ab 56 Altersjahren	*44.40*	*7'693.—*
	Gelernt mit Spezialfach, bis 30 Altersjahre	*31.75*	*5'505.—*
	31 bis 35 Altersjahre	*35.90*	*6'219.—*
	36 bis 45 Altersjahre	*40.—*	*6'933.—*
	46 bis 55 Altersjahre	*44.75*	*7'760.—*
	ab 56 Altersjahren	*53.95*	*9'352.—*
	Mit Fachhochschulabschluss (HTL, HWV, Mittelschule), bis 30 Altersjahre	*33.35*	*5'780.—*
	31 bis 35 Altersjahre	*38.30*	*6'638.—*
	36 bis 45 Altersjahre	*43.25*	*7'496.—*
	46 bis 55 Altersjahre	*47.30*	*8'200.—*
	ab 56 Altersjahren	*56.60*	*9'811.—*
	Mit Hochschulabschluss, bis 30 Altersjahre	*37.90*	*6'569.—*
	31 bis 35 Altersjahre	*46.—*	*7'977.—*
	36 bis 45 Altersjahre	*54.15*	*9'384.—*
	46 bis 55 Altersjahre	*58.45*	*10'135.—*
	ab 56 Altersjahren	*65.75*	*11'395.—*
	Mit Hochschulabschluss und Spezialfach, bis 31 bis 45 Altersjahre	*54.80*	*9'498.—*
	46 bis 55 Altersjahre	*63.20*	*10'957.—*
	ab 56 Altersjahren	*65.55*	*11'363.—*
Fachspezialist	3- oder 4-jährige Lehre, 31 bis 45 Jahre	*38.45*	*6'664.—*
	46 bis 55 Altersjahre	*47.30*	*8'202.—*
	ab 56 Altersjahren	*50.25*	*8'712.—*
	Gelernt mit Spezialfach, 31 bis 45 Jahre	*40.80*	*7'074.—*
	46 bis 55 Altersjahre	*49.30*	*8'542.—*
	ab 56 Altersjahren	*52.35*	*9'074.—*
	Mit Fachhochschulabschluss (HTL, HWV, Mittelschule), 31 bis 45 Altersjahre	*43.90*	*7'606.—*
	46 bis 55 Altersjahre	*50.75*	*8'793.—*
	ab 56 Altersjahren	*54.35*	*9'423.—*

Tätigkeitsbereich *Wöchentliche Arbeitszeit*	Tätigkeit *Quelle, vertragliche Vereinbarungen*	Stunden- und Monatslohn	
Fachspezialist	Mit Hochschulabschluss, 31 bis 45 Jahre	*54.85*	*9'503.—*
	46 bis 55 Altersjahre	*60.85*	*10'543.—*
	ab 56 Altersjahren	*66.40*	*11'509.—*
	Mit Hochschulabschluss und Spezialfach, bis 31 bis 45 Altersjahre	*56.30*	*9'761.—*
	46 bis 55 Altersjahre	*66.—*	*11'437.—*
	ab 56 Altersjahren	*68.25*	*11'827.—*
Unteres Kader	3- oder 4-jährige Lehre, 31 bis 45 Jahre	*39.65*	*6'872.—*
	46 bis 55 Altersjahre	*48.70*	*8'443.—*
	ab 56 Altersjahren	*52.80*	*9'151.—*
	Gelernt mit Spezialfach, 31 bis 45 Jahre	*41.40*	*7'175.—*
	46 bis 55 Altersjahre	*51.30*	*8'888.—*
	ab 56 Altersjahren	*52.55*	*9'107.—*
	Mit Fachhochschulabschluss (HTL, HWV, Mittelschule), 31 bis 45 Altersjahre	*44.25*	*7'670.—*
	46 bis 55 Altersjahre	*51.75*	*8'974.—*
	ab 56 Altersjahren	*57.30*	*9'931.—*
	Mit Hochschulabschluss, 31 bis 45 Jahre	*56.35*	*9'764.—*
	46 bis 55 Altersjahre	*61.95*	*10'742.—*
	ab 56 Altersjahren	*68.95*	*11'949.—*
	Mit Hochschulabschluss und Spezialfach, bis 31 bis 45 Altersjahre	*57.80*	*10'022.—*
	46 bis 55 Altersjahre	*69.90*	*12'115.—*
	ab 56 Altersjahren	*72.40*	*12'546.—*
Mittleres und oberes Kader	Gelernt mit Spezialfach, 31 bis 45 Jahre	*50.65*	*8'775.—*
	46 bis 55 Altersjahre	*53.25*	*9'230.—*
	ab 56 Altersjahren	*58.60*	*10'153.—*
	Mit Fachhochschulabschluss (HTL, HWV, Mittelschule), 31 bis 45 Altersjahre	*53.55*	*9'281.—*
	46 bis 55 Altersjahre	*58.65*	*10'169.—*
	ab 56 Altersjahren	*59.45*	*10'307.—*
	Mit Hochschulabschluss, 31 bis 45 Jahre	*59.40*	*10'292.—*
	46 bis 55 Altersjahre	*69.05*	*11'968.—*
	ab 56 Altersjahren	*76.60*	*13'280.—*
	Mit Hochschulabschluss und Spezialfach, bis 31 bis 45 Altersjahre	*71.45*	*12'385.—*
	46 bis 55 Altersjahre	*80.10*	*13'885.—*
	ab 56 Altersjahren	*88.75*	*15'385.—*

Tätigkeitsbereich *Wöchentliche Arbeitszeit*	Tätigkeit *Quelle, vertragliche Vereinbarungen*	Stunden- und Monatslohn	
Chemische Industrie, Herstellungsvorbereitung und Produktion	*Statistik der Grossregion Nordwestschweiz, Median*		
	2-jährige Lehre, 31 bis 45 Altersjahre	20.20	3'500.—
	46 bis 55 Altersjahre	22.95	3'976.—
40 Stunden, laut GAV	ab 56 Altersjahren	25.70	4'452.—
Berufsarbeiter	3- oder 4-jährige Lehre, bis 30 Altersjahre	26.90	4'660.—
	31 bis 35 Altersjahre	27.75	4'814.—
	36 bis 45 Altersjahre	28.65	4'968.—
	46 bis 55 Altersjahre	35.—	6'068.—
	ab 56 Altersjahren	36.45	6'317.—
	Gelernt mit Spezialfach, bis 30 Altersjahre	31.—	5'370.—
	31 bis 35 Altersjahre	33.85	5'869.—
	36 bis 45 Altersjahre	36.75	6'368.—
	46 bis 55 Altersjahre	39.50	6'846.—
	ab 56 Altersjahren	45.45	7'875.—
	Mit Fachhochschulabschluss (HTL, HWV, Mittelschule), bis 30 Altersjahre	36.85	6'384.—
	31 bis 35 Altersjahre	39.95	6'926.—
	36 bis 45 Altersjahre	43.10	7'468.—
	46 bis 55 Altersjahre	43.70	7'573.—
	ab 56 Altersjahren	56.50	9'793.—
	Mit Hochschulabschluss, bis 30 Altersjahre	38.60	6'692.—
	31 bis 35 Altersjahre	43.50	7'542.—
	36 bis 45 Altersjahre	48.40	8'392.—
	46 bis 55 Altersjahre	62.90	10'906.—
	ab 56 Altersjahren	67.80	11'749.—
Fachspezialist	3- oder 4-jährige Lehre, bis 30 Altersjahre	27.65	4'789.—
	31 bis 35 Altersjahre	30.50	5'289.—
	36 bis 45 Altersjahre	33.40	5'788.—
	46 bis 55 Altersjahre	36.85	6'387.—
	ab 56 Altersjahren	39.80	6'899.—
	Gelernt mit Spezialfach, bis 30 Altersjahre	31.70	5'496.—
	31 bis 35 Altersjahre	35.20	6'100.—
	36 bis 45 Altersjahre	38.65	6'703.—
	46 bis 55 Altersjahre	41.55	7'206.—
	ab 56 Altersjahren	47.80	8'289.—

Tätigkeitsbereich *Wöchentliche Arbeitszeit*	Tätigkeit *Quelle, vertragliche Vereinbarungen*	Stunden- und Monatslohn	
Fachspezialist	Mit Fachhochschulabschluss (HTL, HWV, Mittelschule), 31 bis 45 Altersjahre	*47.40*	*8'215.—*
	46 bis 55 Altersjahre	*48.05*	*8'330.—*
	ab 56 Altersjahren	*62.15*	*10'772.—*
	Mit Hochschulabschluss, 31 bis 45 Jahre	*51.25*	*8'880.—*
	46 bis 55 Altersjahre	*66.40*	*11'512.—*
	ab 56 Altersjahren	*74.—*	*12'829.—*
Unteres Kader	3- oder 4-jährige Lehre, bis 30 Altersjahre	*28.15*	*4'881.—*
	31 bis 35 Altersjahre	*32.45*	*5'622.—*
	36 bis 45 Altersjahre	*36.70*	*6'363.—*
	46 bis 55 Altersjahre	*45.15*	*7'823.—*
	ab 56 Altersjahren	*48.30*	*8'374.—*
	Gelernt mit Spezialfach, 31 bis 45 Jahre	*40.80*	*7'070.—*
	46 bis 55 Altersjahre	*46.85*	*8'117.—*
	ab 56 Altersjahren	*48.55*	*8'415.—*
	Mit Fachhochschulabschluss (HTL, HWV, Mittelschule), 31 bis 45 Altersjahre	*47.60*	*8'250.—*
	46 bis 55 Altersjahre	*51.60*	*8'945.—*
	ab 56 Altersjahren	*63.85*	*11'070.—*
	Mit Hochschulabschluss, 31 bis 45 Jahre	*53.10*	*9'201.—*
	46 bis 55 Altersjahre	*66.85*	*11'589.—*
	ab 56 Altersjahren	*75.40*	*13'070.—*
Mittleres und oberes Kader	Gelernt mit Spezialfach, 31 bis 45 Jahre	*46.75*	*8'105.—*
	46 bis 55 Altersjahre	*60.70*	*10'523.—*
	ab 56 Altersjahren	*66.25*	*11'487.—*
	Mit Fachhochschulabschluss (HTL, HWV, Mittelschule), 31 bis 45 Altersjahre	*48.75*	*8'451.—*
	46 bis 55 Altersjahre	*63.90*	*11'077.—*
	ab 56 Altersjahren	*69.75*	*12'092.—*

Tätigkeitsbereich *Wöchentliche Arbeitszeit*	Tätigkeit *Quelle, vertragliche Vereinbarungen*	Stunden- und Monatslohn	
Chemische Industrie, Marketing, Verkauf und Vertrieb	*Statistik der Grossregion Nordwestschweiz, Median*		
	3- oder 4-jährige Lehre, bis 30 Altersjahre	*24.80*	*4'300.—*
	31 bis 35 Altersjahre	*30.70*	*5'320.—*
40 Stunden, laut GAV	36 bis 45 Altersjahre	*36.60*	*6'340.—*
	46 bis 55 Altersjahre	*38.50*	*6'672.—*
Berufs- und Sachbearbeiter	ab 56 Altersjahren	*41.55*	*7'200.—*
	Gelernt mit Spezialfach, bis 30 Altersjahre	*31.80*	*5'510.—*
	31 bis 35 Altersjahre	*35.40*	*6'133.—*
	36 bis 45 Altersjahre	*39.—*	*6'756.—*
	46 bis 55 Altersjahre	*45.10*	*7'817.—*
	ab 56 Altersjahren	*50.35*	*8'729.—*
	Mit Fachhochschulabschluss (HTL, HWV, Mittelschule), 31 bis 45 Altersjahre	*47.95*	*8'308.—*
	46 bis 55 Altersjahre	*51.90*	*9'000.—*
	ab 56 Altersjahren	*55.40*	*9'602.—*
	Mit Hochschulabschluss, 31 bis 45 Jahre	*51.80*	*8'976.—*
	46 bis 55 Altersjahre	*54.45*	*9'437.—*
	ab 56 Altersjahren	*60.95*	*10'562.—*
Fachspezialist	3- oder 4-jährige Lehre, bis 30 Altersjahre	*27.30*	*4'730.—*
	31 bis 35 Altersjahre	*34.15*	*5'915.—*
	36 bis 45 Altersjahre	*38.20*	*6'625.—*
	46 bis 55 Altersjahre	*41.70*	*7'224.—*
	ab 56 Altersjahren	*45.70*	*7'920.—*
	Gelernt mit Spezialfach, bis 30 Altersjahre	*33.45*	*5'800.—*
	31 bis 35 Altersjahre	*37.85*	*6'560.—*
	36 bis 45 Altersjahre	*42.25*	*7'319.—*
	46 bis 55 Altersjahre	*48.80*	*8'461.—*
	ab 56 Altersjahren	*53.10*	*9'207.—*
	Mit Fachhochschulabschluss (HTL, HWV, Mittelschule), bis 30 Altersjahre	*34.50*	*5'977.—*
	31 bis 35 Altersjahre	*41.85*	*7'255.—*
	36 bis 45 Altersjahre	*49.20*	*8'532.—*
	46 bis 55 Altersjahre	*54.50*	*9'450.—*
	ab 56 Altersjahren	*56.45*	*9'788.—*
	Mit Hochschulabschluss, bis 30 Altersjahre	*40.—*	*6'935.—*
	31 bis 35 Altersjahre	*46.10*	*7'994.—*
	36 bis 45 Altersjahre	*52.25*	*9'053.—*
	46 bis 55 Altersjahre	*56.25*	*9'749.—*
	ab 56 Altersjahren	*61.25*	*10'616.—*

Tätigkeitsbereich *Wöchentliche Arbeitszeit*	Tätigkeit *Quelle, vertragliche Vereinbarungen*	Stunden- und Monatslohn	
Unteres Kader	3- oder 4-jährige Lehre, 31 bis 45 Jahre	*43.10*	*7'470.—*
	46 bis 55 Altersjahre	*45.95*	*7'961.—*
	ab 56 Altersjahren	*50.50*	*8'757.—*
	Gelernt mit Spezialfach, 31 bis 45 Jahre	*47.90*	*8'300.—*
	46 bis 55 Altersjahre	*52.65*	*9'125.—*
	ab 56 Altersjahren	*54.80*	*9'497.—*
	Mit Fachhochschulabschluss (HTL, HWV, Mittelschule), 31 bis 45 Altersjahre	*52.15*	*9'038.—*
	46 bis 55 Altersjahre	*56.95*	*9'870.—*
	ab 56 Altersjahren	*58.70*	*10'177.—*
	Mit Hochschulabschluss, 31 bis 45 Jahre	*54.55*	*9'458.—*
	46 bis 55 Altersjahre	*58.25*	*10'093.—*
	ab 56 Altersjahren	*61.70*	*10'697.—*
	Mit Hochschulabschluss und Spezialfach, bis 31 bis 45 Altersjahre	*62.40*	*10'816.—*
	46 bis 55 Altersjahre	*65.05*	*11'276.—*
	ab 56 Altersjahren	*66.35*	*11'501.—*
Mittleres und oberes Kader	Gelernt mit Spezialfach, 31 bis 45 Jahre	*50.75*	*8'793.—*
	46 bis 55 Altersjahre	*55.20*	*9'569.—*
	ab 56 Altersjahren	*56.05*	*9'715.—*
	Mit Fachhochschulabschluss (HTL, HWV, Mittelschule), 31 bis 45 Altersjahre	*56.45*	*9'784.—*
	46 bis 55 Altersjahre	*58.50*	*10'138.—*
	ab 56 Altersjahren	*59.10*	*10'240.—*
	Mit Hochschulabschluss, 31 bis 45 Jahre	*58.95*	*10'219.—*
	46 bis 55 Altersjahre	*59.40*	*10'296.—*
	ab 56 Altersjahren	*62.95*	*10'909.—*
	Mit Hochschulabschluss und Spezialfach, bis 31 bis 45 Altersjahre	*65.—*	*11'267.—*
	46 bis 55 Altersjahre	*65.85*	*11'416.—*
	ab 56 Altersjahren	*69.55*	*12'056.—*

Tätigkeitsbereich *Wöchentliche Arbeitszeit*	Tätigkeit *Quelle, vertragliche Vereinbarungen*	Stunden- und Monatslohn	
Chemische Industrie, **Verwaltung** **und Administration**	*Statistik der Grossregion Nordwestschweiz, Median*		
	3- oder 4-jährige Lehre, bis 30 Altersjahre	*26.15*	*4'535.—*
	31 bis 35 Altersjahre	*30.25*	*5'242.—*
40 Stunden, laut GAV	36 bis 45 Altersjahre	*34.30*	*5'949.—*
	46 bis 55 Altersjahre	*36.40*	*6'307.—*
Sachbearbeiter	ab 56 Altersjahren	*40.50*	*7'018.—*
	Gelernt mit Spezialfach, bis 30 Altersjahre	*33.45*	*5'795.—*
	31 bis 35 Altersjahre	*35.65*	*6'182.—*
	36 bis 45 Altersjahre	*37.90*	*6'569.—*
	46 bis 55 Altersjahre	*45.45*	*7'877.—*
	ab 56 Altersjahren	*46.20*	*8'012.—*
	Mit Fachhochschulabschluss (HTL, HWV, Mittelschule), 31 bis 45 Altersjahre	*39.80*	*6'901.—*
	46 bis 55 Altersjahre	*52.65*	*9'129.—*
	ab 56 Altersjahren	*60.05*	*10'410.—*
	Mit Hochschulabschluss, 31 bis 45 Jahre	*53.15*	*9'212.—*
	46 bis 55 Altersjahre	*62.10*	*10'767.—*
	ab 56 Altersjahren	*65.40*	*11'333.—*
Fachspezialist	3- oder 4-jährige Lehre, 31 bis 45 Jahre	*40.25*	*6'979.—*
	46 bis 55 Altersjahre	*42.40*	*7'346.—*
	ab 56 Altersjahren	*44.15*	*7'650.—*
	Gelernt mit Spezialfach, 31 bis 45 Jahre	*43.80*	*7'595.—*
	46 bis 55 Altersjahre	*46.65*	*8'085.—*
	ab 56 Altersjahren	*48.45*	*8'400.—*
	Mit Fachhochschulabschluss (HTL, HWV, Mittelschule), 31 bis 45 Altersjahre	*52.65*	*9'125.—*
	46 bis 55 Altersjahre	*53.85*	*9'332.—*
	ab 56 Altersjahren	*60.55*	*10'492.—*
	Mit Hochschulabschluss, 31 bis 45 Jahre	*55.15*	*9'556.—*
	46 bis 55 Altersjahre	*62.75*	*10'876.—*
	ab 56 Altersjahren	*67.25*	*11'660.—*
	Mit Hochschulabschluss und Spezialfach, bis 31 bis 45 Altersjahre	*59.85*	*10'377.—*
	46 bis 55 Altersjahre	*60.25*	*10'442.—*
	ab 56 Altersjahren	*61.45*	*10'651.—*
Unteres Kader	3- oder 4-jährige Lehre, 31 bis 45 Jahre	*41.45*	*7'184.—*
	46 bis 55 Altersjahre	*45.05*	*7'806.—*
	ab 56 Altersjahren	*48.60*	*8'428.—*
	Gelernt mit Spezialfach, 31 bis 45 Jahre	*44.55*	*7'724.—*
	46 bis 55 Altersjahre	*48.15*	*8'350.—*
	ab 56 Altersjahren	*50.05*	*8'676.—*

Tätigkeitsbereich *Wöchentliche Arbeitszeit*	Tätigkeit *Quelle, vertragliche Vereinbarungen*	Stunden- und Monatslohn	
Unteres Kader	Mit Hochschulabschluss, 31 bis 45 Jahre	*56.15*	*9'735.—*
	46 bis 55 Altersjahre	*62.80*	*10'887.—*
	ab 56 Altersjahren	*69.90*	*12'112.—*
Mittleres und oberes Kader	Gelernt mit Spezialfach, 31 bis 45 Jahre	*52.45*	*9'090.—*
	46 bis 55 Altersjahre	*62.15*	*10'769.—*
	ab 56 Altersjahren	*66.55*	*11'538.—*
	Mit Fachhochschulabschluss (HTL, HWV, Mittelschule), 31 bis 45 Altersjahre	*66.20*	*11'472.—*
	46 bis 55 Altersjahre	*66.40*	*11'505.—*
	ab 56 Altersjahren	*68.20*	*11'825.—*
	Mit Hochschulabschluss, 31 bis 45 Jahre	*68.60*	*11'890.—*
	46 bis 55 Altersjahre	*71.65*	*12'419.—*
	ab 56 Altersjahren	*74.05*	*12'835.—*
	Mit Hochschulabschluss und Spezialfach, bis 31 bis 45 Altersjahre	*71.—*	*12'307.—*
	46 bis 55 Altersjahre	*76.90*	*13'332.—*
	ab 56 Altersjahren	*88.75*	*15'384.—*

📖 *GAV für Basler Pharma-, Chemie- und Dienstleistungsunternehmen.*

⏳ *Laufzeit des GAV ab 1.5.2008, ungekündigt.*

▦ *Gehaltserhebungen des Verbandes Angestellte Schweiz aus den Jahren 2000, 2006, 2008 und 2010. Die Löhne der Chemieberufe wurden unter Herbeizug der Gehaltserhebungen erstellt.*

✍ 13. Monatslohn berufsüblich, jedoch nicht vertraglich vereinbart. Zur Ermittlung des Jahreslohnes muss mit 13 multipliziert werden.

✎ *Der Ferienanspruch beträgt im Kalenderjahr, in welchem das entsprechende Alter vollendet wird: 27 Tage bis zum 20. Altersjahr, 25 Tage bis zum 45. Altersjahr, 26 Tage bis zum 46. Altersjahr, 27 Tage bis zum 47. Altersjahr, 28 Tage bis zum 48. Altersjahr, 29 Tage bis zum 49. Altersjahr und 30 Tage bis zum 50. Altersjahr (Art. 13 GAV).*

✍ Soweit vorhanden, wurden die Löhne der Erhebung aus dem Jahre 2010 berücksichtigt. Ergänzend hierzu wurden die Erhebungen aus den Jahren 2000, 2006 und 2008 herbeigezogen; die Jahresteuerung wird für die Erhebung 2000 seit 2001 sowie für die Erhebungen 2006 und 2008 sinngemäss ab dem entsprechenden Folgejahr aufgerechnet.

Tätigkeitsbereich *Wöchentliche Arbeitszeit*	Tätigkeit *Quelle, vertragliche Vereinbarungen*	Stunden- und Monatslohn

20.2   Herstellung von Schädlingsbekämpfungs-,
                  Pflanzenschutz- und Desinfektionsmitteln

20.20   Herstellung von Schädlingsbekämpfungs-, Keimhemmungs-
                  und Desinfektionsmitteln sowie
                  sonstigen agrochemischen Erzeugnissen

Agrochemikalien   ***Lohnempfehlung, Grossregion Nordwestschweiz***

40 Stunden, laut GAV

Akademiker	*39.30*	*6'809.—*
Chemieingenieur	*36.40*	*6'310.—*
Chemie-/Pharmatechnologe, Chemikant	*27.—*	*4'680.—*
Handwerker	*27.—*	*4'680.—*
Kaufmännischer Angestellter	*27.—*	*4'680.—*
mit 3-jähriger Lehre		
Laborant	*27.—*	*4'680.—*
Mitarbeiter, Hochschulabschluss HTL/HWV	*36.40*	*6'310.—*
Verfahrensingenieur	*36.40*	*6'310.—*
Ungelernte	*23.—*	*3'986.—*

📖 *GAV für Basler Pharma-, Chemie- und Dienstleistungsunternehmen.*

⏳ *Laufzeit des GAV ab 1.5.2008, ungekündigt.*

▦ *Mit dem Angestelltenverband ausgehandelte Lohnempfehlung der Syngenta Crop Protection.*

✋ 13. Monatslohn berufsüblich, jedoch nicht vertraglich vereinbart. Zur Ermittlung des Jahreslohnes muss mit 13 multipliziert werden.

✐ *Für Nacht- und Wochenendarbeit werden folgende Lohnzuschläge entrichtet: Arbeit an Samstagen 25%, an Sonn- und Feiertagen 75% sowie für Abend- und Nachtarbeit, zwischen 20.00 und 06.00 Uhr, 50% (Art. 10 GAV).*

✐ *Bei Schicht- und Überstundenarbeit sowie wöchentlicher Arbeitszeit von mehr als 43 Stunden gilt ein Lohnzuschlag von 25% (Art. 10 und 11 GAV).*

✐ *Der Ferienanspruch beträgt im Kalenderjahr, bei Vollendung des entsprechenden Alters: 27 Tage bis zum 20. Altersjahr, 25 Tage bis zum 45. Altersjahr, 26 Tage bis zum 46. Altersjahr, 27 Tage bis zum 47. Altersjahr, 28 Tage bis zum 48. Altersjahr, 29 Tage bis zum 49. Altersjahr und 30 Tage bis zum 50. Altersjahr (Art. 13 GAV).*

✋ Die Jahresteuerung wird seit 2003 aufgerechnet.

Stand 1.1.2011   🖑 www.syngenta.com

Tätigkeitsbereich *Wöchentliche Arbeitszeit*	Tätigkeit *Quelle, vertragliche Vereinbarungen*	Stunden- und Monatslohn	

20.3   Herstellung von Anstrichmitteln, Druckfarben und Kitten

20.30   Herstellung von Farben, Lacken,
Pigmenten, Farbstoffen und Dichtungsbestandteilen

Lack- und Farbenfabrikanten *42 Stunden, betriebsüblich*	***Gesamtschweizerischer Vergleichswert***		
	Betriebsmitarbeiter Vormischerei, Einstiegslohn	*22.15*	*4'028.—*
	Mittleres Lohnband	*27.10*	*4'934.—*
Fertigung und Versand	Betriebsmitarbeiter Mischfertigung, Einstiegslohn	*24.90*	*4'532.—*
	Mittleres Lohnband	*28.75*	*5'236.—*
	Betriebsmitarbeiter Abfüllerei, Einstiegslohn	*21.05*	*3'827.—*
	Mittleres Lohnband	*23.80*	*4'330.—*
	Betriebsmitarbeiter Spedition, Einstiegslohn	*22.70*	*4'129.—*
	Mittleres Lohnband	*27.10*	*4'934.—*
Labor und Technik	Lacklaborant, Einstiegslohn	*22.15*	*4'028.—*
	Mittleres Lohnband	*27.65*	*5'035.—*
	Mitarbeiter Anwendungstechnik, Einstiegslohn	*30.45*	*5'539.—*
	Mittleres Lohnband	*34.30*	*6'243.—*

📖 *Kein GAV, Fachverband Schweizerischer Lack- und Farben-
fabrikanten.*

🏷 *Lohnempfehlung aus der Branche.*

✋ Ein 13. Monatslohn ist nicht vertraglich vereinbart. Zur Ermitt-
lung des Jahreslohnes muss mit 12 multipliziert werden.

✋ Die Jahresteuerung wird seit 2008 aufgerechnet.

Stand 1.1.2011   ✍ www.vslf.ch und www.lacklaborant.ch

Tätigkeitsbereich *Wöchentliche Arbeitszeit*	Tätigkeit *Quelle, vertragliche Vereinbarungen*	Stunden- und Monatslohn	
20.4	Herstellung von Seifen-, Wasch-, Reinigungs- und Körperpflegemitteln sowie von Duftstoffen		
20.42	Herstellung von Körperpflegemitteln und Duftstoffen		

Kosmetika	**Lohnempfehlung, Grossregion Nordwestschweiz**		
41 Stunden, laut L-GAV	ab 20. Altersjahr	*19.70*	*3'503.—*
	ab 30. Altersjahr	*22.40*	*3'982.—*
Hilfsarbeiter	ab 40. Altersjahr	*23.—*	*4'088.—*
	ab 50. Altersjahr	*23.30*	*4'141.—*
Angelernte	ab 20. Altersjahr	*20.60*	*3'663.—*
	ab 30. Altersjahr	*25.10*	*4'459.—*
	ab 40. Altersjahr	*27.20*	*4'832.—*
	ab 50. Altersjahr	*27.50*	*4'884.—*
Berufsarbeiter	ab 20. Altersjahr	*21.50*	*3'823.—*
	ab 30. Altersjahr	*29.90*	*5'309.—*
	ab 40. Altersjahr	*32.25*	*5'734.—*
	ab 50. Altersjahr	*33.35*	*5'925.—*
Berufsarbeiter mit Zusatzausbildung	ab 20. Altersjahr	*22.70*	*4'035.—*
	ab 30. Altersjahr	*34.25*	*6'084.—*
	ab 40. Altersjahr	*38.25*	*6'795.—*
	ab 50. Altersjahr	*39.60*	*7'040.—*
	ab 60. Altersjahr	*39.80*	*7'071.—*
Mitarbeiter mit höherer Fachausbildung (ohne oder mit kleiner Führungsfunktion, wie z.B. Teamleader)	ab 25. Altersjahr	*33.45*	*5'946.—*
	ab 30. Altersjahr	*39.45*	*7'008.—*
	ab 40. Altersjahr	*45.25*	*8'038.—*
	ab 50. Altersjahr	*47.20*	*8'388.—*
	ab 60. Altersjahr	*47.80*	*8'495.—*

📖 *L-GAV für die Migros-Gruppe.*

⌛ *Laufzeit des L-GAV ab 1.1.2007, ungekündigt*

▦ *Lohnrichtlinien der Mibelle Cosmetics AG, Buchs (AG).*

✎ *Der 13. Monatslohn ist vertraglich vereinbart (Art. 37 L-GAV). Zur Ermittlung des Jahreslohnes muss mit 13 multipliziert werden.*

✎ *Ferienanspruch: 5 Wochen bis zum 20. Anstellungsjahr. Bis zum vollendeten 20. Altersjahr sowie ab 21. Anstellungs- oder 50. Altersjahr 6 Wochen. Ab 31. Anstellungs- oder 60. Altersjahr 7 Wochen (Art. 30 L-GAV).*

✋ Die Jahresteuerung wird seit 2007 aufgerechnet.

Tätigkeitsbereich *Wöchentliche Arbeitszeit*	Tätigkeit *Quelle, vertragliche Vereinbarungen*	Stunden- und Monatslohn

Kosmetika

GAV-Löhne und *Lohnempfehlung*, gesamtschweizerisch

41 Stunden, laut GAV

Angelernte, Betriebsarbeiter	**20.85**	**3'700.—**
Gelernte mit eidgenössischem Berufsattest	**21.40**	**3'800.—**
Berufsleute mit 3-jähriger Ausbildung	**22.50**	**4'000.—**
Berufsleute mit 4-jähriger Ausbildung	**23.10**	**4'100.—**

📖 *GAV Coop.*

⧗ *Laufzeit des GAV ab 1.1.2008, ungekündigt. Mindestlöhne, Art. 42.*

✎ *Der 13. Monatslohn ist vertraglich vereinbart (Art. 44 GAV). Zur Ermittlung des Jahreslohnes muss mit 13 multipliziert werden.*

✎ *Ferien: 5 Wochen bis zum 49. Altersjahr, 6 Wochen ab dem 50. Altersjahr, 7 Wochen ab dem 60. Altersjahr und 8 Wochen ab dem 63. Altersjahr (Art. 40.1 GAV).*

✎ *Feiertage: Maximal 10 jährlich (Art. 39.1 GAV).*

Stand 1.1.2011

🖱 www.coop.ch und www.cwk.ch

20.5   Herstellung von sonstigen chemischen Erzeugnissen

20.51   Herstellung von pyrotechnischen Erzeugnissen

Sprengstoffe

GAV-Löhne, Grossregion Nordwestschweiz

42½ Stunden, laut GAV

Kaufmännischer Angestellter, mit 3-jähriger Lehre	**19.80**	**3'650.—**
Chemie- und Pharmatechnologe, gelernt	**22.30**	**4'100.—**
Chemielaborant, gelernt	**21.20**	**3'900.—**

📖 *Kollektiv-Arbeitsvertrag der Dottikon Exclusive Synthesis.*

🖼 Firmeninternes Lohnregulativ.

✋ Ein 13. Monatslohn ist nicht vertraglich vereinbart. Zur Ermittlung des Jahreslohnes muss mit 12 multipliziert werden.

Stand 1.1.2009

🖱 www.dottikon.com und www.emschem.com

Tätigkeitsbereich *Wöchentliche Arbeitszeit*	Tätigkeit *Quelle, vertragliche Vereinbarungen*	Stunden- und Monatslohn

21   **Herstellung von pharmazeutischen Erzeugnissen**

21.2   Herstellung von pharmazeutischen Erzeugnissen und Spezialitäten

21.20   Herstellung pharmazeutischer Erzeugnisse, Präparate und Spezialitäten

---

Generika, Pharmazeutika   **GAV-Löhne, Grossregion Nordwestschweiz**

40 Stunden, laut GAV

Laborant	**23.10**	**4'000.—**
Pharmatechnologe und Chemikant	**25.40**	**4'400.—**
Lagerist, Logistiker, Magaziner	**24.80**	**4'300.—**
Kaufmännische Angestellte, 1. Berufsjahr	**21.90**	**3'800.—**

    📖 *GAV der Siegfried AG, Zofingen.*

    ⌛ *Laufzeit des GAV ab 1.1.2007, ungekündigt.*

    ▦ Firmeninternes Lohnregulativ.

    ✎ *13. Monatslohn: Vertraglich vereinbart (Art. 6 GAV). Zur Ermittlung des Jahreslohnes muss mit 13 multipliziert werden.*

    ✎ *Ferienanspruch: Bis zum 49. Altersjahr 24 Tage, ab 50. Altersjahr 29 Tage und ab 60. Altersjahr 34 Tage (Art. 12 GAV).*

Stand 1.1.2010   ✍ www.siegfried.ch und www.unia.ch

Pharmazeutika   *Lohnempfehlung, Grossregion Nordwestschweiz*

40 Stunden, laut GAV

Lehrabgänger, 3- oder 4-jährige Lehre	*26.25*	*4'554.—*
Mitarbeiter mit Fachhochschulabschluss	*35.65*	*6'180.—*
Akademiker	*38.45*	*6'668.—*

    📖 *GAV für Basler Pharma-, Chemie- und Dienstleistungsunternehmen.*

    ⌛ *Laufzeit des GAV ab 1.5.2008 bis 30.4.2011.*

    ▦ *Lohnempfehlungen der Novartis Pharma AG.*

    ✋ 13. Monatslohn: Berufsüblich, jedoch nicht vertraglich vereinbart. Zur Ermittlung des Jahreslohnes muss mit 13 multipliziert werden.

    ✎ *Ferienanspruch: Ab 21. bis 45. Altersjahr 25 Tage. Ab 46. Altersjahr pro Jahr je 1 zusätzlicher Ferientag bis maximal 30 Tage ab 50. Altersjahr (Art. 13 GAV).*

    ✋ Die Löhne entsprechen den Basislöhnen.

    ✋ Die Jahresteuerung wird seit 2005 aufgerechnet.

Stand 1.1.2011   ✍ www.novartis.com und www.unia.ch

Tätigkeitsbereich *Wöchentliche Arbeitszeit*	Tätigkeit *Quelle, vertragliche Vereinbarungen*	Stunden- und Monatslohn

Pharmazeutika

40 Stunden, laut GAV

Lohnempfehlung, Grossregion Nordwestschweiz

Arbeitsplatzstufe 1, angelernte	*20.65*	*3'582.—*
Arbeitsplatzstufe 2, angelernte	*22.10*	*3'830.—*
Arbeitsplatzstufe 3, angelernte	*23.65*	*4'103.—*
Arbeitsplatzstufe 4, Berufsleute	*25.30*	*4'387.—*
Arbeitsplatzstufe 5, Berufsleute	*27.10*	*4'698.—*
Arbeitsplatzstufe 6, Berufsleute	*29.—*	*5'026.—*
Arbeitsplatzstufe 7, Berufsleute und Spezialisten	*31.—*	*5'372.—*
Arbeitsplatzstufe 8, Spezialisten	*33.20*	*5'751.—*
Arbeitsplatzstufe 9, Spezialisten	*35.50*	*6'154.—*

📖 *GAV für Basler Pharma-, Chemie- und Dienstleistungsunternehmen. Lohnbestimmungen, Art. 30.*

⏳ *Laufzeit des GAV ab 1.5.2008 bis 30.4.2011.*

⊞ *Die Löhne und Arbeitsplatzstufen werden im firmeninternen Lohnregulativ, im Einvernehmen mit der Arbeiterkommission, festgelegt.*

✋ 13. Monatslohn: Berufsüblich, jedoch nicht vertraglich vereinbart. Zur Ermittlung des Jahreslohnes muss mit 13 multipliziert werden.

✒ *Ferienanspruch: Ab 21. bis 45. Altersjahr 25 Tage. Ab 46. Altersjahr pro Jahr je 1 zusätzlicher Ferientag bis maximal 30 Tage ab 50. Altersjahr (Art. 13 GAV).*

✋ Die Jahresteuerung wird seit 2010 aufgerechnet.

Stand 1.1.2011   ✍ www.roche.com und www.unia.ch

Tätigkeitsbereich *Wöchentliche Arbeitszeit*	Tätigkeit *Quelle, vertragliche Vereinbarungen*	Stunden- und Monatslohn

Vitaminherstellung

40 Stunden, laut GAV

Lohnempfehlung, Grossregion Nordwestschweiz

Stufe 1: Ungelernte und Angelernte	*23.—*	*3'984.—*
Stufe 2: Anlage- und Apparateführer Chemielaborant, Elektroniker, Logistic Operator, Mechaniker	*25.25*	*4'378.—*
Stufe 3: Administrative Assistant, Customer Service Operator, Human Resources Administrator, Senior Anlage- und Apparateführer	*27.75*	*4'811.—*
Stufe 4: Buchhalter, Executive Assistant, Senior Chemielaborant	*30.50*	*5'286.—*
Stufe 5: Associate Scientist, Controller, Höherer Sachbearbeiter, Ingenieur, Logistic Supervisor, Schichtleiter	*33.50*	*5'809.—*

📖 *GAV für Basler Pharma-, Chemie- und Dienstleistungsunternehmen.*

⌛ *Laufzeit des GAV ab 1.5.2008 bis 30.4.2011.*

⊞ *Lohnempfehlungen der DSM Nutritional Products AG, Sisseln.*

✋ 13. Monatslohn: Berufsüblich, jedoch nicht vertraglich vereinbart. Zur Ermittlung des Jahreslohnes muss mit 13 multipliziert werden.

✏ *Ferienanspruch: Ab 21. bis 45. Altersjahr 25 Tage. Ab 46. Altersjahr pro Jahr je 1 zusätzlicher Ferientag bis maximal 30 Tage ab 50. Altersjahr (Art. 13 GAV).*

🖱 www.dsm.com/DSM websites/Nutritional Products
und www.unia.ch

Stand 1.1.2010

Tätigkeit *Wöchentliche Arbeitszeit*	Tätigkeit *Quelle, vertragliche Vereinbarungen*	Stunden- und Monatslohn

22   **Herstellung von Gummi- und Kunststoffwaren**

22.1   Herstellung von Gummiwaren

22.19   Herstellung von Erzeugnissen aus nichtvulkanisiertem oder vulkanisiertem sowie aus gehärtetem, natürlichem oder synthetischem Kautschuk

---

Gummi- und Thermoplastindustrie

41 Stunden, berufsüblich

Lohnempfehlung, Grossregion Nordwestschweiz

Kunststofftechnologe, Minimalansatz	**20.05**	**3'559.—**
Maximalansatz	**26.15**	**4'646.—**
Polymechaniker, Minimalansatz	**21.30**	**3'782.—**
Maximalansatz	**26.15**	**4'646.—**

📖 *Kein GAV, Kunststoff-Verband Schweiz.*

🗟 *Lohnempfehlungen der Lonstroff-BTR AG.*

✋ Ein 13. Monatslohn ist nicht vertraglich vereinbart. Zur Ermittlung des Jahreslohnes muss mit 12 multipliziert werden.

✋ Die Jahresteuerung wird seit 2002 aufgerechnet.

Stand 1.1.2011   ✍ www.kvs.ch und www.kunststofftechnologe.ch

---

Gummi- und Thermoplastindustrie

41 Stunden, berufsüblich

Hilfskräfte

Branchenlöhne, Statistik der Grossregion Zürich, Median

Un- und Angelernte, bis 20 Jahre	*18.20*	*3'230.—*
ab 20 bis 29 Altersjahre	*20.80*	*3'699.—*
ab 30 bis 39 Altersjahre	*22.60*	*4'017.—*
ab 40 bis 49 Altersjahre	*23.40*	*4'162.—*
ab 50 bis 65 Altersjahre	*24.35*	*4'325.—*

📖 *Bundesamt für Statistik BfS, Lohnstrukturerhebung, Median nach Lebensalter.*

✋ Zur Ermittlung des Jahreslohnes muss mit 12 multipliziert werden.

Stand 1.1.2011   ✍ www.bfs.admin.ch/Löhne

Tätigkeitsbereich *Wöchentliche Arbeitszeit*	Tätigkeit *Quelle, vertragliche Vereinbarungen*	Stunden- und Monatslohn

23   **Herstellung von Glas und Glaswaren, Keramik sowie Verarbeitung von Steinen und Erden**

23.3   Herstellung keramischer Baumaterialien

23.32   Herstellung von Ziegeln und sonstiger Baukeramik

Ziegelindustrie   **AVE-GAV-Löhne laut Geltungsbereich und *Empfehlung***

42 Stunden, laut GAV

Tätigkeit	Stundenlohn	Monatslohn
Arbeitnehmer bis 19 Jahre, ohne Berufslehre und Berufserfahrung	**20.—**	**3'650.—**
Arbeitnehmer von 19 bis 22 Jahren, ohne Berufslehre und Berufserfahrung	**21.10**	**3'850.—**
Arbeitnehmer ab 23 Jahren, ohne Berufslehre und Berufserfahrung	**22.20**	**4'050.—**
Arbeiter gelernt und im erlernten Beruf arbeitend	*24.15*	*4'395.—*
Berufsarbeiter, gelernt sowie im Zweischichtbetrieb	*24.25*	*4'415.—*
Berufsarbeiter, gelernt sowie im durchgehenden Drei-Schichtbetrieb	*23.45*	*4'270.—*

▤ *AVE GAV für die Schweizerische Ziegelindustrie. Mindestlöhne, Art. 4.*

⧗ *Grundbeschluss AVE vom 2.5.2002, gültig bis 30.6.2010.*

▭ *AVE aus dem GAV für die Schweizerische Ziegelindustrie. Laufzeit ab 1.11.2007, ungekündigt.*

✎ *13. Monatslohn: Vertraglich vereinbart (Art. 4 C, AVE GAV). Zur Ermittlung des Jahreslohnes muss mit 13 multipliziert werden.*

✋ Junge Arbeitnehmer unter 19 Jahren, welche vollständig in den Arbeitsprozess eingeschaltet sind und die gleiche Arbeitsleistung wie über 19-Jährige erbringen müssen, sind entsprechend den Lohnsätzen für jene über 19 Jahren zu entlöhnen.

✎ *Ferienanspruch: Ab 1. Dienstjahr 4 Wochen, nach 20 Dienstjahren oder zurückgelegtem 39. Altersjahr sowie 5 Anstellungsjahren 4½ Wochen und nach zurückgelegtem 49. Altersjahr 5 Wochen (Art. 5 AVE GAV).*

▣ *Die Allgemeinverbindlicherklärung gilt für die ganze Schweiz, mit Ausnahme des Kantons Tessin und der italienischsprachigen Gebiete des Kantons Graubünden. Die allgemeinverbindlich erklärten Bestimmungen des GAV gelten unmittelbar für alle Arbeitgeber und -nehmer in Betrieben, die Ziegelprodukte – insbesondere Dachziegel und Backsteine – herstellen.*

▣ *Ausgenommen sind Arbeitnehmende in leitender Funktion sowie das technische und kaufmännische Personal.*

Tätigkeitsbereich *Wöchentliche Arbeitszeit*	Tätigkeit *Quelle, vertragliche Vereinbarungen*	Stunden- und Monatslohn

23.5　　　　　　　　　　　Herstellung von Zement, Kalk und gebranntem Gips

23.51　　　　　　　　　　Herstellung von Zement

Zementindustrie　　　　**GAV-Löhne, gesamtschweizerischer Geltungsbereich**

41 Stunden, laut GAV	Ungelernte Arbeitnehmer, ab 20. Altersjahr	**24.95**	**4'430.—**
	Angelernte Arbeitnehmer, ab 23. Altersjahr	**27.30**	**4'852.—**
	Berufsarbeiter, gelernt und mit eidgenössischem Fähigkeitszeugnis EFZ, ab 25. Altersjahr	**30.80**	**5'475.—**

Arbeitnehmende der Sand- und Kiesgewinnung, ab 20. Altersjahr	Ungelernte Arbeitnehmer	**24.95**	**4'430.—**
	Angelernte Arbeitnehmer	**27.30**	**4'852.—**
	Berufsarbeiter, gelernt und mit eidgenös- sischem Fähigkeitszeugnis EFZ	**30.80**	**5'475.—**

📖 *Kollektiv-Arbeitsvertrag zwischen der Holcim (Schweiz) AG sowie der Unia und Syna. Lohnbestimmungen, Ziffer 18.*

⧗ *Laufzeit des Kollektiv-Arbeitsvertrags ab 1.1.2006, ungekündigt.*

▦ Lohnvereinbarung der Holcim (Schweiz) AG.

✎ *Der 13. Monatslohn ist vertraglich vereinbart (Ziffer 18.2 GAV). Zur Ermittlung des Jahreslohnes muss mit 13 multipliziert werden.*

✎ *Lohnzuschläge: Zwischen 22.00 bis 06.00 Uhr 30%. Dies sofern in den entsprechenden Nächten mehr als 15 Minuten gearbeitet wurde. Für Arbeiten am Samstag wird ein Zuschlag von 20% entrichtet. Für Sonntags- und Feiertagsarbeit zwischen 00.00 bis 24.00 Uhr 75%.*

✎ *Ferienanspruch: Bis zum vollendeten 20. Altersjahr 27 Tage, bis zum vollendeten 49. Altersjahr 25 Tage und für das mittlere und obere Kader 27 Tage. Ab dem 50. Altersjahr oder nach 20 Dienstjahren stehen den Mitarbeitenden zusätzlich je 5 Ferientage zu (Ziffer 17 GAV).*

Stand 1.1.2011　　　🖱 www.holcim.ch, www.unia.ch und www.syna.ch

Tätigkeitsbereich *Wöchentliche Arbeitszeit*	Tätigkeit *Quelle, vertragliche Vereinbarungen*	Stunden- und Monatslohn

23.6   Herstellung von Erzeugnissen aus Beton, Zement und Gips

23.61   Herstellung von Erzeugnissen
                 aus Beton, Zement und Kalksandstein für den Bau

---

Betonwaren-Industrie   **AVE-GAV-Löhne, gesamtschweizerischer Geltungsbereich**

42 Stunden, laut GAV	Berufsarbeiter, über 19 Jahre	**23.65**	**4'300.—**
	Angelernter	**22.—**	**4'000.—**
	Ungelernter, im 1. Dienstjahr	**20.35**	**3'700.—**
	Ungelernter, ab 2. Dienstjahr	**21.45**	**3'900.—**

📰 *AVE GAV der Schweizerischen Betonwaren-Industrie. Mindest-*
   löhne, Art. 4.

⌛ *Grundbeschluss AVE vom 10.7.2003, gültig bis 31.12.2010.*

📖 *AVE aus dem GAV für die Schweizerische Betonwaren-Industrie.*
   Laufzeit ab 1.1.2002, ungekündigt.

✎ *Der 13. Monatslohn ist vertraglich vereinbart (Art. 4b AVE GAV).*
   Zur Ermittlung des Jahreslohnes muss mit 13 multipliziert wer-
   den.

✎ *Zuschlag für Zweischichtbetrieb: CHF 1.20 pro Stunde (Art. 4c*
   AVE GAV).

✎ *Ferienanspruch: 25 Tage, nach 15 Dienstjahren 27½ Tage.*
   Bis zum vollendeten 20. und ab zurückgelegtem 50. Altersjahr
   30 Tage (Art. 5 AVE GAV).

📫 *Die Allgemeinverbindlicherklärung gilt für die ganze Schweiz.*
   Die allgemeinverbindlich erklärten Bestimmungen gelten für alle
   Arbeitgeber, welche zement- oder kunststoffgebundene Beton-
   produkte und vorfabrizierte Betonfertigteile herstellen, sowie die
   von ihnen beschäftigten Arbeitnehmenden; dies unabhängig
   der Entlöhnungsart. Ausgenommen sind: Arbeitnehmende in
   leitender Funktion, das kaufmännische Personal und das tech-
   nische Personal.

Stand 1.8.2009   🖱 www.swissbeton.ch, www.betonmontagebau.ch, www.unia.ch

---

Tätigkeitsbereich *Wöchentliche Arbeitszeit*	Tätigkeit *Quelle, vertragliche Vereinbarungen*	Stunden- und Monatslohn

23.7 — Be- und Verarbeitung von Naturwerksteinen und Natursteinen

23.70 — Verarbeitung von Natursteinen für das Baugewerbe

Bildhauer- und Steinmetzgewerbe	**GAV-Löhne, gesamtschweizerischer Geltungsbereich**	
41 ½ Stunden, laut GAV	Bildhauer und Steinmetze, gelernt	**24.79 4'455.—**
	Steinhauer, gelernt	**24.27 4'361.—**
	Berufsarbeiter, angelernt Fräser, Granit- und Steinhauer, Marmoristen, Polisseure, Säger und Steinmetze	**23.88 4'291.—**
	Hilfsarbeiter	**20.51 3'686.—**

📖 *GAV für das Schweizerische Bildhauer-und Steinmetzgewerbe. Lohnbestimmungen, Art. 10.*

⧖ *Laufzeit des GAV ab 1.4.2001, ungekündigt.*

✎ *Der 13. Monatslohn ist vertraglich vereinbart (Art. 7 GAV). Zur Ermittlung des Jahreslohnes muss mit 13 multipliziert werden.*

✎ *Ferien: Ab 1. bis 10. Dienstjahr 20 Tage und ab 11. Dienstjahr oder 50. Altersjahr sowie 5 Dienstjahren 22 ½ Tage (Art. 14 GAV).*

Stand 1.4.2010   🖰 www.vsbs.ch und www.unia.ch

Tätigkeitsbereich *Wöchentliche Arbeitszeit*	Tätigkeit *Quelle, vertragliche Vereinbarungen*	Stunden- und Monatslohn

**Marmor-
und Granitgewerbe**

41 ½ Stunden, laut GAV

AVE-GAV-Löhne laut Geltungsbereich

Werkmeister (W)	**34.95**	**6'285.—**
Vorarbeiter mit höherer Fachprüfung (V)	**30.—**	**5'419.—**
Berufsarbeiter: Steinbildhauer, Steinhauer,	**27.25**	**4'925.—**
Steinmetze, -werker und -spalter,		
Natursteinversetzer und -verleger sowie		
Marmoristen (A)		
Steinwerker, ab 1. Berufsjahr	**24.55**	**4'435.—**
Facharbeiter, angelernt: Marmor- und	**25.95**	**4'684.—**
Granitpolisseure, Fräser und Säger (B)		
Hilfsarbeiter (C)	**22.90**	**4'143.—**

📄 *AVE GAV für das Schweizerische Marmor- und Granitgewerbe. Mindestlöhne, Art. 10.*

⏳ *Grundbeschluss AVE vom 7.8.2002, gültig bis 30.6.2011.*

📖 *AVE aus dem GAV für das Schweizerische Marmor- und Granitgewerbe. Laufzeit ab 1.1.2002, ungekündigt.*

✎ *13. Monatslohn: Vertraglich vereinbart (Art. 12 AVE GAV). Zur Ermittlung des Jahreslohnes muss mit 13 multipliziert werden.*

✎ *Lohnzuschläge: Für Samstagsarbeit zwischen 12.00 und 17.00 Uhr ist ein Lohnzuschlag von 50% zu entrichten. Für ganztägige Sonntags- sowie Nachtarbeit zwischen 20.00 und 06.00 Uhr und samstags ab 17.00 Uhr wird ein Lohnzuschlag von 100% geschuldet (Art. 9 AVE GAV).*

✎ *Ferienanspruch: Ab 1. bis 3. Arbeitsjahr 4 Wochen, vom 4. bis 12. Arbeitsjahr 4½ Wochen. Ab dem 13. Arbeitsjahr oder 50. Altersjahr 5 Wochen (Art. 23 AVE GAV).*

📍 *Die Allgemeinverbindlicherklärung gilt für die Kantone Zürich, Bern (ausgenommen die Amtsbezirke Courtelary, Moutier [Münster] und La Neuveville [Neuenstadt]), Luzern, Uri, Schwyz, Obwalden, Nidwalden, Glarus, Solothurn, Basel-Landschaft, Zug, Schaffhausen, Appenzell Ausser- und Innerrhoden, St. Gallen, Graubünden (ausgenommen die italienischsprachigen Gebiete), Aargau, Thurgau und die Bezirke Goms, Visp, Brig, Raron und Leuk des Kantons Wallis sowie die Bezirke Sarine (Sense) und Lac (See) des Kantons Freiburg.*

📍 *Die allgemeinverbindlich erklärten Bestimmungen gelten für alle Betriebe und Betriebsteile, die vorwiegend Natursteine bearbeiten, verlegen, versetzen, montieren, lagern und/oder mit Natursteinen Handel treiben, sowie für alle selbstständigen Akkordanten, Versetz- und Verlegerkolonnen. Ausgenommen sind reine Natursteinbrüche, Schotterwerke und Pflastersteinfabrikanten sowie Betriebe, die Bildhauer- und Steinmetzarbeiten ausführen.*

Tätigkeitsbereich *Wöchentliche Arbeitszeit*	Tätigkeit *Quelle, vertragliche Vereinbarungen*	Stunden- und Monatslohn

24   **Metallerzeugung und Bearbeitung**

24.5   Giessereien

24.51 bis 24.54   Eisen-, Stahl-, Leichtmetall- und Buntmetallgiessereien

---

Giesserei-Industrie   ***Gesamtschweizerische Lohnempfehlung***

40 Stunden, laut GAV

Tätigkeit	Stundenlohn	Monatslohn
Ungelernte, 18 bis 20 Altersjahre	*21.70*	*3'761.—*
ab 25. Altersjahr	*24.10*	*4'178.—*
ab 35. Altersjahr	*25.30*	*4'386.—*
Angelernte	*22.90*	*3'970.—*
Gusstechnologe, vierjährige Lehre	*24.10*	*4'178.—*
Gussformer, 3-jährige Lehrzeit	*22.90*	*3'970.—*
Modellbauer, mit Berufsrichtung Schreiner oder Polymechaniker	*27.10*	*4'701.—*
Maschinenführer und Schichtleiter, ab 40 Altersjahren	*30.15*	*5'222.—*
Meister mit Führungsaufgaben	*39.15*	*6'790.—*
Techniker HF ab 30. Altersjahr	*30.15*	*5'222.—*

📖 *Vereinbarung in der Maschinen-, Elektro- und Metallindustrie.*

⧖ *Laufzeit der Vereinbarung ab 1.1.2006 bis zum 31.12.2010.*

🔳 *Lohnrichtlinien der Von Roll Casting AG.*

✎ *Der 13. Monatslohn ist vertraglich vereinbart (Art. 16 der Vereinbarung). Zur Ermittlung des Jahreslohnes muss mit 13 multipliziert werden.*

✎ *Der Ferienanspruch beträgt nach dem zurückgelegten 20. Altersjahr 25 Tage und sinngemäss nach dem 40. Altersjahr 27 Tage und nach dem 50. Altersjahr 30 Tage (Art. 13 der Vereinbarung).*

👉 *Die Vereinbarung gilt für alle Arbeitnehmenden, die von den Mitgliedfirmen des Arbeitgeberverbandes der Schweizerischen Metallindustrie ASM (Swissmem) in der Schweiz, ungeachtet des Arbeitspensums, befristet oder unbefristet beschäftigt werden.*

👉 *Auf Arbeitnehmende in Heimarbeit, Aushilfen ab drei Monaten Anstellungsdauer, Praktikanten sowie auf Arbeitnehmende von Temporärfirmen sollen die Bestimmungen der Vereinbarung sinngemäss angewendet werden; sie unterstehen jener jedoch nicht.*

✋ Die Jahresteuerung wird seit 2006 aufgerechnet.

Stand 1.1.2011   🖱 www.giesserei-verband.ch und www.vonroll-casting.ch

| Tätigkeitsbereich | Tätigkeit | Stunden- |
| *Wöchentliche Arbeitszeit* | *Quelle, vertragliche Vereinbarungen* | und Monatslohn |

25   **Herstellung von Metallerzeugnissen**

25.1   Stahl- und Leichtmetallbau

25.11 und 25.12   Herstellung von Metallkonstruktionen sowie Ausbauelementen aus Metall

Metallbauer   **AVE-GAV-Löhne laut Geltungsbereich**

40 Stunden, laut L-GAV	20 bis 21 Altersjahre	**22.40**	**3'900.—**
	22 bis 24 Altersjahre	**23.55**	**4'100.—**
Facharbeiter EFZ	25 bis 29 Altersjahre	**25.55**	**4'450.—**
	30 bis 39 Altersjahre	**26.45**	**4'600.—**
	ab 40 Altersjahren	**27.—**	**4'700.—**
Metallbaupraktiker EBA	ab 18 Altersjahren	**18.95**	**3'300.—**
	ab 19 Altersjahren	**19.55**	**3'400.—**
	20 bis 21 Altersjahre	**20.70**	**3'600.—**
	22 bis 24 Altersjahre	**21.85**	**3'800.—**
	ab 25 Altersjahren	**22.40**	**3'900.—**
Angelernte	20 bis 21 Altersjahre	**20.10**	**3'500.—**
im Fachbereich	22 bis 24 Altersjahre	**20.70**	**3'600.—**
	25 bis 29 Altersjahre	**21.85**	**3'800.—**
	30 bis 39 Altersjahre	**22.70**	**3'950.—**
	ab 40 Altersjahren	**23.55**	**4'100.—**

▤ *AVE L-GAV für das Schweizerische Metallgewerbe. Mindestlöhne, Art. 37.*

⧖ *Grundbeschluss AVE vom 18.8.2006, gültig bis 30.6.2012.*

▱ *AVE aus dem L-GAV im Branchenbereich der schweizerischen Metall-Union. Laufzeit ab 1.1.2006, ungekündigt.*

✎ *Der 13. Monatslohn ist vertraglich vereinbart (Art. 38 AVE L-GAV). Zur Ermittlung des Jahreslohnes muss mit 13 multipliziert werden.*

✎ *Für Um- und Wiedereinsteiger sind die Mindestlöhne nach einer Karenzzeit von 3 Monaten verbindlich (Anhang 10 AVE L-GAV).*

✎ *Ist der Arbeitsort mehr als 15 Wegkilometer von der Werkstatt entfernt, so wird für auswärtige Arbeit eine Mittagszulage von CHF 15 ausgerichtet (Art. 42 AVE L-GAV).*

✎ *Ferienanspruch: Ab vollendetem 20. Altersjahr 21 Tage, ab vollendetem 45. Altersjahr 22 Tage, ab vollendetem 50. Altersjahr 25 Tage, ab vollendetem 60. Altersjahr 30 Tage (Art. 28 AVE L-GAV).*

🔖 Metallbaugewerbe: *Umfassend die Verarbeitung von Blech und Metall zur Herstellung und Montage folgender Produkte: Türen, Tore, Brandschutzeinrichtungen, Fenster, Fassaden, Sonnen- und Wetterschutzsysteme, Rollläden, Storen, Metallmöbel, Ladeneinrichtungen, Tanks, Behälter, Apparate, Bühnen, Metallbaufertigteile, sicherheitstechnische Systeme, Zäune, Schweissprodukte und Metallbauprodukte für den Tiefbau. Hierzu zählen ebenso das Schlosser- und Stahlbaugewerbe.*

🔖 Schmiedegewerbe: *Umfassend Schmieden, Huf- und Fahrzeugschmieden sowie Kunstschmieden.*

🔖 *AVE L-GAV: Die Allgemeinverbindlicherklärung wird für die ganze Schweiz ausgesprochen, mit Ausnahme des Kantons Basel-Landschaft und der Schlosser-, Metallbau- und Stahlbaugewerbe in den Kantonen Waadt, Wallis und Genf. Die allgemeinverbindlich erklärten Bestimmungen des L-GAV gelten unmittelbar für alle Arbeitgeber und Arbeitnehmenden in Betrieben mit bis zu höchstens 70 der Allgemeinverbindlicherklärung unterstellten Arbeitnehmenden folgenden Gewerbes:*

🔖 *Der AVE L-GAV gilt für alle Arbeitgeber und -nehmer der Branche des Schlosser-, Metallbau-, und Stahlbaugewerbes; ebenso für alle verwandten Betriebszweige der Branchen, die nicht ausdrücklich einem anderen L-GAV unterstellt sind. Er gilt für alle Mitglieder der Schweizerischen Metall-Union, sofern diese nicht ausdrücklich einem anderen L-GAV unterstellt sind.*

🔖 *Ausgenommen sind Betriebe des Heizungs-, Klima-, Lüftungs-, Spenglerei- und Sanitärinstallationsgewerbes (siehe hierzu Kapitelziffer 43.22) sowie diejenigen Betriebe der Maschinen-, Elektro- und Metallindustrie, die Mitglied des Arbeitgeberverbandes der Schweizerischen Maschinenindustrie (ASM) sind (siehe dazu Kapitelziffer 28.00). Ausgenommen sind ebenfalls höhere Vorgesetzte, kaufmännische Angestellte sowie das technische Betriebspersonal.*

Tätigkeit	Berufliche Fähigkeiten	Stunden-
Wöchentliche Arbeitszeit	*Quelle, vertragliche Vereinbarungen*	und Monatslohn

25.5   Herstellung von Schmiede-,
              Press-, Zieh- und Stanzteilen, gewalzten Ringen
              sowie pulvermetallurgischen Erzeugnissen

25.50   Herstellung von Schmiede-, Press-, Zieh- und Stanzteilen
              sowie Pulvermetallurgie

Décolletage   *Branchenlöhne, Statistik der Grossregion Zürich, Median*

40 Stunden, berufsüblich	Un- und Angelernte, bis 20 Jahre	*20.05*	*3'651.—*
	ab 20 bis 29 Altersjahre	*23.—*	*4'182.—*
Hilfskräfte	ab 30 bis 39 Altersjahre	*24.95*	*4'541.—*
	ab 40 bis 49 Altersjahre	*25.85*	*4'704.—*
	ab 50 bis 65 Altersjahre	*26.85*	*4'890.—*
Berufsleute, gelernt	Mit 3- oder 4-jähriger Lehre, bis 20 Jahre	*24.65*	*4'487.—*
	ab 20 bis 29 Altersjahre	*29.55*	*5'380.—*
	ab 30 bis 39 Altersjahre	*36.50*	*6'643.—*
	ab 40 bis 49 Altersjahre	*38.30*	*6'969.—*
	ab 50 bis 65 Altersjahre	*39.20*	*7'131.—*
Führungskräfte	Fach- und Betriebskader, Alter 20 bis 29	*33.15*	*6'029.—*
	ab 30 bis 39 Altersjahre	*46.60*	*8'480.—*
	ab 40 bis 49 Altersjahre	*52.95*	*9'640.—*
	ab 50 bis 65 Altersjahre	*53.40*	*9'723.—*

📖 *GAV der Schweizerischen Drehteile-Industrie.*

⌛ *Laufzeit des GAV ab 1.1.2006, ungekündigt.*

▦ *Lohnstrukturerhebung, Bundesamt für Statistik BfS, Median nach
Lebensalter.*

✐ *Der 13. Monatslohn ist vertraglich vereinbart (Art. 37 GAV). Zur
Ermittlung des Jahreslohnes muss mit 13 multipliziert werden.*

✐ *Ferien: Bis und mit vollendetem 20. Altersjahr 25 Tage, nach
zurückgelegtem 20. Altersjahr 24 Tage, ab 40. Altersjahr 25 Tage
und ab 50. Altersjahr 27 Tage (Art. 38 GAV).*

🏷 www.swiss-precision.ch, www.unia.ch
Stand 1.1.2011   und www.bfs.admin.ch/Löhne

Tätigkeitsbereich *Wöchentliche Arbeitszeit*	Tätigkeit *Quelle, vertragliche Vereinbarungen*	Stunden- und Monatslohn	
Schmied, Hufschmied sowie Land-maschinenmechaniker	**AVE-GAV-Löhne laut Geltungsbereich**		
	20 bis 21 Altersjahre	**22.40**	**3'900.—**
	22 bis 24 Altersjahre	**23.55**	**4'100.—**
40 Stunden, laut GAV	25 bis 29 Altersjahre	**25.—**	**4'350.—**
	30 bis 39 Altersjahre	**26.15**	**4'550.—**
Facharbeiter EFZ	ab 40 Altersjahren	**26.45**	**4'600.—**
Metallbaupraktiker EBA	ab 18 Altersjahren	**18.95**	**3'300.—**
	ab 19 Altersjahren	**19.55**	**3'400.—**
	20 bis 21 Altersjahre	**20.70**	**3'600.—**
	22 bis 24 Altersjahre	**21.85**	**3'800.—**
	ab 25 Altersjahren	**22.40**	**3'900.—**
Angelernte im Fachbereich	20 bis 21 Altersjahre	**20.10**	**3'500.—**
	22 bis 24 Altersjahre	**20.70**	**3'600.—**
	25 bis 29 Altersjahre	**21.85**	**3'800.—**
	30 bis 39 Altersjahre	**22.70**	**3'950.—**
	ab 40 Altersjahren	**23.55**	**4'100.—**

📄 *AVE L-GAV für das Schweizerische Metallgewerbe. Mindest-löhne, Art. 37.*

⏳ *Grundbeschluss AVE vom 18.8.2006, gültig bis 30.6.2012.*

📖 *AVE aus dem L-GAV im Branchenbereich der schweizerischen Metall-Union. Laufzeit ab 1.1.2006, ungekündigt.*

✎ *Der 13. Monatslohn ist vertraglich vereinbart (Art. AVE 38 L-GAV). Zur Ermittlung des Jahreslohnes muss mit 13 multipliziert wer-den.*

✎ *Für Um- und Wiedereinsteiger sind die Mindestlöhne nach einer Karenzzeit von 3 Monaten verbindlich (Anhang 10 AVE L-GAV).*

✎ *Sofern der Arbeitsort mehr als 15 Wegkilometer von der Werk-statt entfernt ist, wird für auswärtige Arbeit eine Mittagszulage von CHF 15 ausgerichtet (Art. 42 AVE L-GAV).*

✎ *Ferienanspruch: Ab vollendetem 20. Altersjahr 21 Tage, ab voll-endetem 45. Altersjahr 22 Tage, ab vollendetem 50. Altersjahr 25 Tage, ab vollendetem 60. Altersjahr 30 Tage (Art. 28 AVE L-GAV).*

꘎ Landtechnikgewerbe: *Umfassend den Bau sowie die Reparatur von Land-, Kommunal-, Forst- und Hofmaschinen, Motorgeräte für die Land- und Gartenpflege, Bau sowie Reparatur von Einrichtungen für die Tierhaltung und Milchgewinnung und -verwertung sowie Stalleinrichtungen.*

꘎ Metallbaugewerbe: *Umfassend die Verarbeitung von Blech und Metall zur Herstellung und Montage folgender Produkte: Türen, Tore, Brandschutzeinrichtungen, Fenster, Fassaden, Sonnen- und Wetterschutzsysteme, Rollladen, Storen, Metallmöbel, Ladeneinrichtungen, Tanks, Behälter, Apparate, Bühnen, Metallbaufertigteile, sicherheitstechnische Systeme, Zäune, Schweissprodukte und Metallbauprodukte für den Tiefbau. Hierzu zählen ebenso das Schlosser- und Stahlbaugewerbe.*

꘎ AVE L-GAV: *Die Allgemeinverbindlicherklärung wird für die ganze Schweiz ausgesprochen, mit Ausnahme des Kantons Basel-Landschaft und der Schlosser-, Metallbau- und Stahlbaugewerbe in den Kantonen Waadt, Wallis und Genf. Die allgemeinverbindlich erklärten Bestimmungen des L-GAV gelten unmittelbar für alle Arbeitgeber und Arbeitnehmenden in Betrieben mit bis zu höchstens 70 der Allgemeinverbindlicherklärung unterstellten Arbeitnehmenden folgenden Gewerbes:*

꘎ *Der AVE L-GAV gilt für alle Arbeitgeber und -nehmer der Branche des Landmaschinen-, Schmiede- und Stahlbaugewerbes; ebenso für alle verwandten Betriebszweige der Branchen, die nicht ausdrücklich einem anderen L-GAV unterstellt sind. Der L-GAV gilt für alle Mitglieder der Schweizerischen Metall-Union, sofern diese nicht ausdrücklich einem anderen L-GAV unterstellt sind.*

꘎ *Ausgenommen sind Betriebe des Heizungs-, Klima-, Lüftungs-, Spenglerei- und Sanitärinstallationsgewerbes (siehe hierzu Kapitelziffer 43.22) sowie diejenigen Betriebe der Maschinen-, Elektro- und Metallindustrie, die Mitglied des Arbeitgeberverbandes der Schweizerischen Maschinenindustrie (ASM) sind (siehe dazu Kapitelziffer 28.00). Ausgenommen sind ebenfalls höhere Vorgesetzte, kaufmännische Angestellte sowie das technische Betriebspersonal.*

꘎ Schmiedegewerbe: *Umfassend Schmieden, Huf- und Fahrzeugschmieden sowie Kunstschmieden.*

Tätigkeitsbereich *Wöchentliche Arbeitszeit*	Tätigkeit *Quelle, vertragliche Vereinbarungen*	Stunden- und Monatslohn

25.6 Oberflächenveredlung, Wärmebehandlung und Mechanik

25.61 Oberflächenveredlung und Wärmebehandlung

Industrielackierer

43 ¾ Stunden, berufsüblich

Gesamtschweizerischer Vergleichswert

Industrielackierer, ungelernt	**19.60**	**3'719.—**
Gelernter Industrielackierer, mit	**23.—**	**4'357.—**
zunehmender Erfahrung		
Mit Erfahrung	**25.85**	**4'902.—**
Mit viel Erfahrung	**28.75**	**5'446.—**

📖 *Kein GAV, Schweizerische Vereinigung der Industrielackier-meister SVILM.*

🗗 *Lohnempfehlung der Zollinger AG, Lackierwerke.*

✋ Ein 13. Monatslohn ist nicht vertraglich vereinbart. Zur Ermittlung des Jahreslohnes muss mit 12 multipliziert werden.

✋ Die Jahresteuerung wird seit 2001 aufgerechnet.

Stand 1.1.2011   ✍ www.svilm.ch und www.srtechnics.com

Korrosionsschutz

42 Stunden, berufsüblich

Gesamtschweizerischer Vergleichswert

Lehrabgänger im 1. Berufsjahr,	**21.95**	**3'996.—**
Galvaniker, Lackierer, Maler, Sandstrahler		
Lehrabgänger, ab 2. Berufsjahr	**23.25**	**4'231.—**
Lehrabgänger, ab 3. Berufsjahr	**24.70**	**4'495.—**
Berufsarbeiter	**24.—**	**4'372.—**
Berufsarbeiter, ab 3 Jahren Berufserfahrung	**26.—**	**4'731.—**
Vorarbeiter	**29.80**	**5'424.—**
Hilfsarbeiter	**21.45**	**3'902.—**
Hilfsarbeiter, ab 2. Anstellungsjahr	**23.—**	**4'184.—**

📖 *Kein GAV, Lohnempfehlung gestützt auf den GAV für das Maler- und Gipsergewerbe (Kapitelziffer 43.34).*

✋ Ein 13. Monatslohn ist nicht vertraglich vereinbart. Zur Ermittlung des Jahreslohnes muss mit 12 multipliziert werden.

Stand 1.1.2011   ✍ www.vskf.ch und www.sgk.ch

Tätigkeitsbereich *Wöchentliche Arbeitszeit*	Tätigkeit *Quelle, vertragliche Vereinbarungen*	Stunden- und Monatslohn

25.62	Mechanische Werkstätten, Schlossereien und Schmieden		

Gas-, Lichtbogenhand-, Metall- und Wolfram-schutzgasschweissen

42 Stunden, berufsüblich

Gesamtschweizerische Lohnempfehlung

Schweisser, mit einer Fachrichtung	*27.40*	*4'987.—*
ab 2 Fachrichtungen	*30.40*	*5'529.—*
ab 3 Fachrichtungen oder mit Spezial-ausbildung	*33.35*	*6'072.—*

📖 *Kein GAV, Schweizerischer Verein für Schweisstechnik.*

▦ *Lohnempfehlung des Schweizerischen Vereins für Schweisstechnik.*

✋ Ein 13. Monatslohn ist nicht vertraglich vereinbart. Zur Ermittlung des Jahreslohnes muss mit 12 multipliziert werden.

✋ Das Schweissen ist Teil einer Berufsausbildung, wie beispielsweise jene des Automechanikers. Der Schweizerische Verein für Schweisstechnik bietet Ausbildungen in folgenden 4 Fachrichtungen an: Gasschweissen, Elektroden-Handschweissen, MAG-Schweissen (ein Schutzgasverfahren) und TIK-Schweissen (ein Schutzgasverfahren unter Anwendung einer Fremdelektrode). Nach Abschluss der Ausbildung muss der Schweisser das jeweils erlernte Verfahren mindestens alle 6 Monate anwenden, damit der erworbene Fachausweis seine Gültigkeit 2 Jahre lang behält. Zudem muss die Qualität der Arbeit periodisch durch ihre zerstörungsfreie Prüfung nachgewiesen werden. Bei vorgenannter Voraussetzung wird der Fachausweis um weitere 2 Jahre verlängert. Die Prüfung muss somit spätestens alle 4 Jahre wiederholt werden.

✋ Die Jahresteuerung wird seit 2002 aufgerechnet.

Stand 1.1.2011   🖥 www.svsxass.ch

Tätigkeitsbereich *Wöchentliche Arbeitszeit*	Tätigkeit *Quelle, vertragliche Vereinbarungen*	Stunden- und Monatslohn	
Mechanisches Gewerbe	*Gesamtschweizerische Statistik, Durchschnittswerte*		
42 Stunden, berufsüblich	Arbeiter ungelernt, bis 25 Altersjahre	*21.75*	*3'961.—*
	bis 30 Altersjahre	*23.15*	*4'213.—*
Hilfskraft, Betriebsarbeiter	31 bis 40 Altersjahre	*24.65*	*4'482.—*
	41 bis 50 Altersjahre	*26.35*	*4'791.—*
	ab 51 Altersjahren	*27.45*	*4'992.—*
Angelernte	Arbeiter angelernt, bis 25 Altersjahre	*23.15*	*4'215.—*
	bis 30 Altersjahre	*25.50*	*4'640.—*
	31 bis 40 Altersjahre	*27.30*	*4'973.—*
	41 bis 50 Altersjahre	*29.10*	*5'293.—*
	ab 51 Altersjahren	*30.20*	*5'500.—*
Automatiker, Schaltanlagenmonteur, Elektromechaniker	Automatiker mit 4-jähriger Lehre, bis 25 Altersjahre	*27.50*	*5'003.—*
	bis 30 Altersjahre	*30.90*	*5'622.—*
	31 bis 40 Altersjahre	*32.95*	*5'998.—*
	41 bis 50 Altersjahre	*35.95*	*6'543.—*
	ab 51 Altersjahren	*37.35*	*6'795.—*
Elektroniker	Elektroniker mit 4-jähriger Lehre, bis 25 Altersjahre	*24.55*	*4'468.—*
	bis 30 Altersjahre	*26.70*	*4'856.—*
	31 bis 40 Altersjahre	*30.30*	*5'510.—*
	41 bis 50 Altersjahre	*33.90*	*6'167.—*
	ab 51 Altersjahren	*35.30*	*6'421.—*
Konstrukteur, Schlosser	Konstrukteur mit 4-jähriger Lehre, bis 25 Altersjahre	*24.35*	*4'430.—*
	bis 30 Altersjahre	*27.75*	*5'047.—*
	31 bis 40 Altersjahre	*32.—*	*5'823.—*
	41 bis 50 Altersjahre	*36.65*	*6'666.—*
	ab 51 Altersjahren	*39.80*	*7'239.—*
Mechapraktiker	Mechapraktiker mit 2- oder 3-jähriger Lehre, bis 25 Altersjahre	*24.55*	*4'469.—*
	bis 30 Altersjahre	*26.95*	*4'905.—*
	31 bis 40 Altersjahre	*28.75*	*5'232.—*
	41 bis 50 Altersjahre	*32.50*	*5'912.—*
	ab 51 Altersjahren	*34.25*	*6'229.—*
Polymechaniker	Polymechaniker mit 4-jähriger Lehre, bis 25 Altersjahre	*27.30*	*4'966.—*
	bis 30 Altersjahre	*30.75*	*5'595.—*
	31 bis 40 Altersjahre	*33.60*	*6'113.—*
	41 bis 50 Altersjahre	*35.80*	*6'512.—*
	ab 51 Altersjahren	*37.25*	*6'780.—*

Tätigkeitsbereich *Wöchentliche Arbeitszeit*	Tätigkeit *Quelle, vertragliche Vereinbarungen*	Stunden- und Monatslohn	
Spezialisierte Fachkraft	Fachkraft mit 4-jähriger Lehre und Zusatzausbildung, bis 30 Altersjahre	*32.55*	*5'924.—*
	31 bis 40 Altersjahre	*36.95*	*6'723.—*
	41 bis 50 Altersjahre	*39.85*	*7'251.—*
	ab 51 Altersjahren	*40.30*	*7'331.—*
Vorarbeiter	Fachkraft mit 4-jähriger Lehre und Führungsaufgaben, bis 25 Altersjahre	*29.15*	*5'301.—*
	26 bis 30 Altersjahre	*33.70*	*6'136.—*
	31 bis 40 Altersjahre	*37.20*	*6'773.—*
	41 bis 50 Altersjahre	*39.85*	*7'253.—*
	ab 51 Altersjahren	*40.05*	*7'293.—*
Betriebsfachmann	Betriebs- oder Bereichsleiter, bis 30 Altersjahre	*35.45*	*6'450.—*
	31 bis 40 Altersjahre	*39.60*	*7'209.—*
	41 bis 50 Altersjahre	*42.05*	*7'654.—*
	ab 51 Altersjahren	*44.55*	*8'104.—*
Techniker HF, Höhere Fachschule	Mittleres Kader, bis 30 Altersjahre	*35.40*	*6'447.—*
	31 bis 40 Altersjahre	*40.90*	*7'447.—*
	41 bis 50 Altersjahre	*43.10*	*7'846.—*
	ab 51 Altersjahren	*45.50*	*8'278.—*
Mechanikermeister, diplomiert	Oberes Kader, bis 30 Altersjahre	*39.05*	*7'103.—*
	31 bis 40 Altersjahre	*43.—*	*7'827.—*
	41 bis 50 Altersjahre	*45.50*	*8'277.—*
	ab 51 Altersjahren	*48.15*	*8'761.—*
Ingenieur HTL, Fachhochschule	Ingenieur HTL, bis 30 Altersjahre	*39.45*	*7'184.—*
	31 bis 40 Altersjahre	*45.95*	*8'361.—*
	41 bis 50 Altersjahre	*49.10*	*8'938.—*
	ab 51 Altersjahren	*51.75*	*9'419.—*

📖 *L-GAV im Branchenbereich der Schweizerischen Metall-Union.*

⌛ *Laufzeit des GAV ab 1.1.2006, ungekündigt.*

▦ *Lohnerhebung 2003 der Swissmechanic, Dachorganisation.*

✋ Zur Ermittlung des Jahreslohnes muss mit 12 multipliziert werden.

🔖 *Der L-GAV gilt für alle Arbeitgeber und -nehmer der Branche des Schlosser-, Metallbau-, Landmaschinen-, Schmiede- und Stahlbaugewerbes. Der L-GAV gilt für alle Mitglieder der Schweizerischen Metall-Union, sofern diese nicht ausdrücklich einem anderen GAV unterstellt sind.*

✋ Die Jahresteuerung wird seit 2004 aufgerechnet.

Tätigkeit Wöchentliche Arbeitszeit	Berufliche Fähigkeiten Quelle, Branchenbereich	Stunden- und Monatslohn

26   **Herstellung von Datenverarbeitungsgeräten, elektronischen und optischen Erzeugnissen**

26.1 bis 26.8   Datenverarbeitungsgeräte, feinmechanische und medizinische Geräte, elektronische und optische Erzeugnisse sowie magnetische und optische Datenträger

26.11 bis 26.80   Herstellung von elektronischen und optischen Erzeugnissen

---

42 Stunden, berufsüblich   *Branchenlöhne, Statistik der Grossregion Zürich, Median*

Hilfskräfte	Un- und Angelernte, bis 20 Jahre	19.95	3'645.—
	ab 20 bis 29 Altersjahre	22.80	4'175.—
	ab 30 bis 39 Altersjahre	24.80	4'533.—
	ab 40 bis 49 Altersjahre	25.65	4'696.—
	ab 50 bis 65 Altersjahre	26.70	4'882.—
Berufsleute, gelernt	Mit 3- oder 4-jähriger Lehre, bis 20 Jahre	23.30	4'266.—
	ab 20 bis 29 Altersjahre	27.95	5'116.—
	ab 30 bis 39 Altersjahre	34.55	6'317.—
	ab 40 bis 49 Altersjahre	36.25	6'626.—
	ab 50 bis 65 Altersjahre	37.05	6'781.—
Führungskräfte	Fach- und Betriebskader, Alter 20 bis 29	33.90	6'196.—
	ab 30 bis 39 Altersjahre	47.65	8'715.—
	ab 40 bis 49 Altersjahre	54.15	9'907.—
	ab 50 bis 65 Altersjahre	54.65	9'993.—

📖 *Kein GAV, Bundesamt für Statistik BfS, Lohnstrukturerhebung, Median nach Lebensalter.*

✍ Zur Ermittlung des Jahreslohnes muss mit 12 multipliziert werden.

📖 *Branchenbereich: Herstellung elektronischer Bauelemente, bestückter Leiterplatten, von Datenverarbeitungsgeräten und peripheren Geräten, von Geräten und Einrichtungen der Telekommunikationstechnik sowie der Unterhaltungselektronik, von Mess-, Kontroll- und Navigationsinstrumenten und Vorrichtungen, von Uhren, Uhrenbestandteilen und -werken, von Bestrahlungs- und Elektrotherapiegeräten sowie elektromedizinischen Geräten, optischer und fotografischer Instrumente und Geräte sowie magnetischer und optischer Datenträger.*

✍ Liegen im Branchenbereich allgemeinverbindlich erklärte oder herkömmliche GAV vor, so hat die Einhaltung deren Löhne Vorrang.

Stand 1.1.2011   👆 www.bfs.admin.ch/Löhne

Tätigkeitsbereich *Wöchentliche Arbeitszeit*	Tätigkeit *Quelle, vertragliche Vereinbarungen*	Stunden- und Monatslohn

26.5 Herstellung von Mess-, Kontroll- und
Navigationsinstrumenten, Vorrichtungen und Uhren

26.52 Herstellung von Uhren

Uhrenindustrie	**GAV-Löhne, Geltungsbereich deutsche Schweiz**		
40 Stunden, laut GAV	Uhrmacher, ab 20 Jahren, ungelernt	**20.25**	**3'510.—**
	nach 5 Erfahrungsjahren, ungelernt	**21.70**	**3'760.—**
Kanton Bern	Uhrmacher, mit 3-jähriger Lehre	**22.85**	**3'960.—**
	Uhrmacher, mit 4-jähriger Lehre	**24.60**	**4'260.—**

 📖 *GAV der Deutschschweizerischen Unternehmen der Uhren- und
Mikrotechnik. Lohnbestimmungen, Art. 6.*

 ⏳ *Laufzeit des GAV ab 1.1.2003, ungekündigt.*

 ✐ *Der 13. Monatslohn ist vertraglich vereinbart (Art. 11.1 GAV). Zur
Ermittlung des Jahreslohnes muss mit 13 multipliziert werden.*

 ✐ *Die Arbeitnehmer haben Anspruch auf 5 Wochen Ferien, ab
dem zurückgelegten 50. Altersjahr 6 Wochen (Art. 37.1 GAV).*

Stand 1.1.2010 ✍ www.cpih.ch/documentation/documents à télécharger/
salaires minimaux d'embauche und www.vdu.ch

Uhrenindustrie	**GAV-Löhne, Geltungsbereich deutsche Schweiz**		
40 Stunden, laut GAV	Uhrmacher, ab 20. Altersjahr, ungelernt und nach sechsmonatiger Anstellung	**18.50**	**3'210.—**
Kantone Basel-Landschaft, Basel-Stadt und Solothurn	Uhrmacher, ab 20. Altersjahr bei 4-jähriger Lehre und nach 6-monatiger Anstellung	**22.50**	**3'900.—**
	Uhrmacher, ab 20. Altersjahr bei 3-jähriger Lehre und nach 6-monatiger Anstellung	**20.50**	**3'550.—**

 📖 *GAV der Deutschschweizerischen Unternehmen der Uhren- und
Mikrotechnik. Lohnbestimmungen, Art. 6.*

 ⏳ *Laufzeit des GAV ab 1.1.2003, ungekündigt.*

 ✐ *Der 13. Monatslohn ist vertraglich vereinbart (Art. 11.1 GAV). Zur
Ermittlung des Jahreslohnes muss mit 13 multipliziert werden.*

 ✐ *Die Arbeitnehmer haben Anspruch auf 5 Wochen Ferien, ab
dem zurückgelegten 50. Altersjahr 6 Wochen (Art. 37.1 GAV).*

Stand 1.1.2010 ✍ www.ciph.ch/documentation/documents à télécharger/
salaires minimaux d'embauche und www.vdu.ch

Tätigkeitsbereich *Wöchentliche Arbeitszeit*	Tätigkeit *Quelle, vertragliche Vereinbarungen*	Stunden- und Monatslohn

26.7   Herstellung von optischen sowie fotografischen Instrumenten
              und Geräten

26.70   Herstellung optischer Instrumente und Linsen
              sowie fotografischer Geräte

Herstellung   *Lohnempfehlung, Grossregion Ostschweiz*
von optischem Glas

Optiker, gelernt, Bereich optisches Atelier	*26.45*	*4'701.—*
41 Stunden, berufsüblich und Brillenfertigung, minimal		
Obere Bandbreite	*29.40*	*5'222.—*
Betriebsmechaniker, minimal	*29.40*	*5'222.—*
Obere Bandbreite	*32.35*	*5'746.—*
Feinschleifer, Betriebsmitarbeiter	*20.60*	*3'656.—*
angelernt, Bereich Schleiferei minimal		
Obere Bandbreite	*21.15*	*3'761.—*

📖 *Kein GAV, betriebsinterne Lohnrichtlinien der Knecht & Müller,
Stein am Rhein, SH.*

✋ Ein 13. Monatslohn ist nicht vertraglich vereinbart. Zur Ermitt-
lung des Jahreslohnes muss mit 12 multipliziert werden.

✋ Die Jahresteuerung wird seit 2006 aufgerechnet.

Stand 1.1.2011   ☞ www.knecht-vision.ch

Herstellung   *Lohnempfehlung, Grossregion Nordwestschweiz*
von optischem Glas

Instrumentenoptiker, gelernt,	*26.45*	*4'701.—*
41 Stunden, berufsüblich Bereich Arbeitsvorbereitung und Kontrolle		
Augenoptiker, gelernt,	*25.85*	*4'596.—*
Bereich Kundenberatung		
Optolaborist, gelernt,	*28.20*	*5'014.—*
Bereich Einschleifwerkstatt		
Betriebsmitarbeiter, ungelernt	*20.60*	*3'656.—*
Schleifer, ungelernt	*23.50*	*4'178.—*

📖 *Kein GAV, betriebsinterne Lohnrichtlinien der Reize Optik, Trim-
bach, SO.*

✋ Ein 13. Monatslohn ist nicht vertraglich vereinbart. Zur Ermitt-
lung des Jahreslohnes muss mit 12 multipliziert werden.

✋ Die Jahresteuerung wird seit 2006 aufgerechnet.

Stand 1.1.2011   ☞ www.reize.ch

Tätigkeitsbereich *Wöchentliche Arbeitszeit*	Tätigkeit *Quelle, vertragliche Vereinbarungen*	Stunden- und Monatslohn	

Feinwerk-Optiker

42 Stunden, berufsüblich

Lohnempfehlung, Grossregion Ostschweiz

Tätigkeit	Stundenlohn	Monatslohn
Ungelernter Arbeitnehmer	*18.95*	*3'447.—*
Oberes Lohnband	*28.40*	*5'170.—*
Feinwerk-Optiker, gelernt	*20.65*	*3'761.—*
Oberes Lohnband	*31.—*	*5'640.—*
Fertigungstechniker Optomechanik	*22.40*	*4'074.—*
Oberes Lohnband	*33.55*	*6'110.—*
Servicemonteur und Verkäufer	*25.85*	*4'701.—*
Oberes Lohnband	*38.75*	*7'050.—*
Bereiche Entwicklung und Informatik	*29.85*	*5'432.—*
Oberes Lohnband	*44.75*	*8'148.—*
Fachspezialist	*33.30*	*6'058.—*
Oberes Lohnband	*49.95*	*9'088.—*

📖 *Kein GAV, betriebsinterne Lohnrichtlinien der Swissoptic, Heerbrugg, SG.*

✋ Ein 13. Monatslohn ist nicht vertraglich vereinbart. Zur Ermittlung des Jahreslohnes muss mit 12 multipliziert werden.

✋ Für die Erreichung der oberen Lohnbandbreite werden entweder eine 10-jährige Berufserfahrung oder 5 Jahre Erfahrung sowie der Abschluss entsprechender Weiterbildung vorausgesetzt.

✋ Die Jahresteuerung wird seit 2006 aufgerechnet.

Stand 1.1.2011   ✒ www.swissoptic.com und www.wzw.ch

Tätigkeit	Berufliche Fähigkeiten	Stunden-
Wöchentliche Arbeitszeit	*Quelle, Branchenbereich*	und Monatslohn

27   **Herstellung von elektrischen Ausrüstungen**

27.1 bis 27.9   Herstellung von Elektromotoren, Generatoren,
                     Transformatoren, Verteilungs- und- schalteinrichtungen,
                     Batterien, Akkumulatoren, Kabeln
                     und elektrischem Installationsmaterial; Herstellung von
                     elektrischen Lampen, Leuchten, Haushaltgeräten
                     sowie sonstigen elektrischen Ausrüstungen und Geräten

27.11 bis 27.90   Herstellung elektrischer Ausrüstungen

---

42 Stunden berufsüblich   *Branchenlöhne, Statistik der Grossregion Zürich, Median*

Hilfskräfte	Un- und Angelernte, bis 20 Jahre	*21.85*	*3'980.—*
	ab 20 bis 29 Altersjahre	*25.05*	*4'558.—*
	ab 30 bis 39 Altersjahre	*27.20*	*4'950.—*
	ab 40 bis 49 Altersjahre	*28.20*	*5'128.—*
	ab 50 bis 65 Altersjahre	*29.30*	*5'330.—*
Berufsleute, gelernt	Mit 3- oder 4-jähriger Lehre, bis 20 Jahre	*31.40*	*5'714.—*
	ab 20 bis 29 Altersjahre	*37.65*	*6'852.—*
	ab 30 bis 39 Altersjahre	*46.50*	*8'460.—*
	ab 40 bis 49 Altersjahre	*48.75*	*8'874.—*
	ab 50 bis 65 Altersjahre	*49.90*	*9'081.—*
Führungskräfte	Fach- und Betriebskader, Alter 20 bis 29	*46.40*	*8'440.—*
	ab 30 bis 39 Altersjahre	*65.25*	*11'872.—*
	ab 40 bis 49 Altersjahre	*74.15*	*13'496.—*
	ab 50 bis 65 Altersjahre	*74.80*	*13'612.—*

📖 *Kein GAV, Bundesamt für Statistik BfS, Lohnstrukturerhebung, Median nach Lebensalter.*

✍ Zur Ermittlung des Jahreslohnes muss mit 12 multipliziert werden.

🖐 *Branchenbereich: Herstellung von Akkumulatoren, Batterien, Elektrizitätsverteilungseinrichtungen, Elektromotoren, Generatoren, Glasfaserkabeln, Haushaltgeräten, Lampen, Leuchten, Schalteinrichtungen und Transformatoren. Herstellung sonstiger elektrischer Ausrüstungen, Drähte und Kabel sowie von Installationsmaterial.*

✍ Liegen im Branchenbereich allgemeinverbindlich erklärte oder herkömmliche GAV vor, so hat die Einhaltung deren Löhne Vorrang.

Stand 1.1.2011   🖐 www.swisst.net und www.bfs.admin.ch/Löhne

Tätigkeitsbereich *Wöchentliche Arbeitszeit*	Tätigkeit *Quelle, vertragliche Vereinbarungen*	Stunden- und Monatslohn	

28

Maschinenbau

28.1 bis 28.9

Herstellung von land- und forstwirtschaftlichen
Maschinen sowie Werkzeug-
und sonstigen Maschinen für andere Wirtschaftszweige

28.00

Maschinen-, Elektro- und Metallindustrie, Grossregion Zürich

Maschinenindustrie, Forschung, Entwicklung und Konstruktion	*Statistik der Grossregion Zürich, Median*		
	2-jährige Lehre, bis 30 Altersjahre	*18.45*	*3'200.—*
	31 bis 35 Altersjahre	*18.60*	*3'225.—*
40 Stunden, laut GAV	36 bis 45 Altersjahre	*18.75*	*3'250.—*
	46 bis 55 Altersjahre	*21.70*	*3'765.—*
Berufsarbeiter	ab 56 Altersjahren	*28.—*	*4'849.—*
	3- oder 4-jährige Lehre, bis 30 Altersjahre	*27.60*	*4'783.—*
	31 bis 35 Altersjahre	*31.60*	*5'476.—*
	36 bis 45 Altersjahre	*35.60*	*6'169.—*
	46 bis 55 Altersjahre	*37.50*	*6'497.—*
	ab 56 Altersjahren	*38.75*	*6'719.—*
	Gelernt mit Spezialfach, bis 30 Altersjahre	*29.70*	*5'150.—*
	31 bis 35 Altersjahre	*35.50*	*6'152.—*
	36 bis 45 Altersjahre	*41.25*	*7'154.—*
	46 bis 55 Altersjahre	*42.15*	*7'309.—*
	ab 56 Altersjahren	*43.80*	*7'592.—*
Berufs- und Sachbearbeiter	Mit Fachhochschulabschluss (HTL, HWV, Mittelschule), bis 30 Altersjahre	*35.85*	*6'210.—*
	31 bis 35 Altersjahre	*39.80*	*6'901.—*
	36 bis 45 Altersjahre	*43.80*	*7'592.—*
	46 bis 55 Altersjahre	*45.30*	*7'854.—*
	ab 56 Altersjahren	*45.85*	*7'947.—*
	Mit Hochschulabschluss, bis 30 Altersjahre	*40.70*	*7'054.—*
	31 bis 35 Altersjahre	*42.40*	*7'345.—*
	36 bis 45 Altersjahre	*44.05*	*7'635.—*
	46 bis 55 Altersjahre	*45.30*	*7'855.—*
	ab 56 Altersjahren	*46.60*	*8'075.—*
	Mit Hochschulabschluss und Spezialfach, bis 30 Altersjahre	*41.35*	*7'166.—*
	31 bis 35 Altersjahre	*43.35*	*7'510.—*
	36 bis 45 Altersjahre	*45.30*	*7'854.—*
	46 bis 55 Altersjahre	*47.35*	*8'204.—*
	ab 56 Altersjahren	*49.35*	*8'554.—*

Tätigkeitsbereich *Wöchentliche Arbeitszeit*	Tätigkeit *Quelle, vertragliche Vereinbarungen*	Stunden- und Monatslohn	
Fachspezialist	3- oder 4-jährige Lehre, bis 30 Altersjahre	30.60	5'300.—
	31 bis 35 Altersjahre	33.50	5'806.—
	36 bis 45 Altersjahre	36.40	6'311.—
	46 bis 55 Altersjahre	42.65	7'396.—
	ab 56 Altersjahren	44.55	7'724.—
	Gelernt mit Spezialfach, bis 30 Altersjahre	36.80	6'380.—
	31 bis 35 Altersjahre	39.40	6'826.—
	36 bis 45 Altersjahre	41.95	7'272.—
	46 bis 55 Altersjahre	47.—	8'147.—
	ab 56 Altersjahren	45.70	7'920.—
	Mit Fachhochschulabschluss (HTL, HWV, Mittelschule), bis 30 Altersjahre	38.30	6'639.—
	31 bis 35 Altersjahre	41.65	7'222.—
	36 bis 45 Altersjahre	45.—	7'804.—
	46 bis 55 Altersjahre	46.40	8'046.—
	ab 56 Altersjahren	49.20	8'528.—
	Mit Hochschulabschluss und Spezialfach, bis 30 Altersjahre	43.65	7'565.—
	31 bis 35 Altersjahre	44.55	7'726.—
	36 bis 45 Altersjahre	45.50	7'886.—
	46 bis 55 Altersjahre	46.95	8'138.—
	ab 56 Altersjahren	50.05	8'676.—
Unteres Kader	3- oder 4-jährige Lehre, bis 30 Altersjahre	36.20	6'274.—
	31 bis 35 Altersjahre	37.85	6'560.—
	36 bis 45 Altersjahre	39.50	6'845.—
	46 bis 55 Altersjahre	48.80	8'462.—
	ab 56 Altersjahren	51.30	8'888.—
	Gelernt mit Spezialfach, bis 30 Altersjahre	38.—	6'588.—
	31 bis 35 Altersjahre	42.80	7'418.—
	36 bis 45 Altersjahre	47.60	8'247.—
	46 bis 55 Altersjahre	50.55	8'761.—
	ab 56 Altersjahren	53.05	9'195.—
	Mit Fachhochschulabschluss (HTL, HWV, Mittelschule), bis 30 Altersjahre	43.—	7'453.—
	31 bis 35 Altersjahre	45.35	7'861.—
	36 bis 45 Altersjahre	47.70	8'268.—
	46 bis 55 Altersjahre	51.—	8'843.—
	ab 56 Altersjahren	52.70	9'135.—

Tätigkeitsbereich *Wöchentliche Arbeitszeit*	Tätigkeit *Quelle, vertragliche Vereinbarungen*	Stunden- und Monatslohn	
Unteres Kader	Mit Hochschulabschluss, 31 bis 45 Jahre	*49.10*	*8'511.—*
	46 bis 55 Altersjahre	*52.65*	*9'130.—*
	ab 56 Altersjahren	*53.90*	*9'340.—*
	Mit Hochschulabschluss und Spezialfach, 31 bis 35 Altersjahre	*53.40*	*9'253.—*
	46 bis 55 Altersjahre	*54.25*	*9'400.—*
	ab 56 Altersjahren	*55.05*	*9'545.—*
Mittleres und oberes Kader	Mit Fachhochschulabschluss (HTL, HWV, Mittelschule), 31 bis 45 Altersjahre	*51.35*	*8'898.—*
	46 bis 55 Altersjahre	*56.95*	*9'868.—*
	ab 56 Altersjahren	*57.55*	*9'973.—*
	Mit Hochschulabschluss, 31 bis 45 Jahre	*59.25*	*10'271.—*
	46 bis 55 Altersjahre	*64.—*	*11'096.—*
	ab 56 Altersjahren	*69.15*	*11'983.—*
Maschinenindustrie, **Planung und Fertigung**	*Statistik der Grossregion Zürich, Median*		
40 Stunden, laut GAV	3- oder 4-jährige Lehre, bis 30 Altersjahre	*28.75*	*4'986.—*
	31 bis 35 Altersjahre	*33.—*	*5'720.—*
	36 bis 45 Altersjahre	*37.25*	*6'454.—*
Berufsarbeiter	46 bis 55 Altersjahre	*39.20*	*6'798.—*
	ab 56 Altersjahren	*34.95*	*6'058.—*
	Gelernt mit Spezialfach, bis 30 Altersjahre	*31.35*	*5'438.—*
	31 bis 35 Altersjahre	*34.65*	*6'009.—*
	36 bis 45 Altersjahre	*37.95*	*6'579.—*
	46 bis 55 Altersjahre	*40.70*	*7'054.—*
	ab 56 Altersjahren	*41.05*	*7'119.—*
	Mit Hochschulabschluss und Spezialfach, bis 30 Altersjahre	*35.40*	*6'137.—*
	31 bis 35 Altersjahre	*38.75*	*6'714.—*
	36 bis 45 Altersjahre	*40.30*	*6'983.—*
	46 bis 55 Altersjahre	*41.35*	*7'166.—*
	ab 56 Altersjahren	*43.15*	*7'475.—*

Tätigkeitsbereich *Wöchentliche Arbeitszeit*	Tätigkeit *Quelle, vertragliche Vereinbarungen*	Stunden- und Monatslohn	
Fachspezialist	3- oder 4-jährige Lehre, bis 30 Altersjahre	28.60	4'953.—
	31 bis 35 Altersjahre	33.05	5'729.—
	36 bis 45 Altersjahre	37.55	6'505.—
	46 bis 55 Altersjahre	40.30	6'986.—
	ab 56 Altersjahren	42.75	7'407.—
	Gelernt mit Spezialfach, bis 30 Altersjahre	32.35	5'604.—
	31 bis 35 Altersjahre	35.70	6'187.—
	36 bis 45 Altersjahre	39.05	6'770.—
	46 bis 55 Altersjahre	42.25	7'322.—
	ab 56 Altersjahren	44.35	7'689.—
	Mit Hochschulabschluss und Spezialfach, bis 30 Altersjahre	36.90	6'400.—
	31 bis 35 Altersjahre	38.20	6'622.—
	36 bis 45 Altersjahre	39.50	6'844.—
	46 bis 55 Altersjahre	43.95	7'618.—
	ab 56 Altersjahren	45.70	7'920.—
Unteres Kader	3- oder 4-jährige Lehre, bis 30 Altersjahre	31.35	5'433.—
	31 bis 35 Altersjahre	34.80	6'035.—
	36 bis 45 Altersjahre	38.30	6'637.—
	46 bis 55 Altersjahre	42.10	7'301.—
	ab 56 Altersjahren	42.75	7'407.—
	Mit Fachhochschulabschluss (HTL, HWV, Mittelschule), bis 30 Altersjahre	38.60	6'691.—
	31 bis 35 Altersjahre	41.30	7'160.—
	36 bis 45 Altersjahre	44.—	7'629.—
	46 bis 55 Altersjahre	46.65	8'083.—
	ab 56 Altersjahren	44.20	7'663.—
	Mit Hochschulabschluss, bis 30 Altersjahre	46.65	8'083.—
	31 bis 35 Altersjahre	48.10	8'341.—
	36 bis 45 Altersjahre	49.60	8'598.—
	46 bis 55 Altersjahre	50.05	8'675.—
	ab 56 Altersjahren	50.25	8'713.—
Mittleres und oberes Kader	Gelernt mit Spezialfach, bis 31 bis 45 Jahre	48.25	8'359.—
	46 bis 55 Altersjahre	60.70	10'523.—
	ab 56 Altersjahren	66.25	11'487.—
	Mit Fachhochschulabschluss (HTL, HWV, Mittelschule), 31 bis 45 Altersjahre	48.75	8'451.—
	46 bis 55 Altersjahre	63.90	11'077.—
	ab 56 Altersjahren	69.75	12'092.—

Tätigkeitsbereich *Wöchentliche Arbeitszeit*	Tätigkeit *Quelle, vertragliche Vereinbarungen*	Stunden- und Monatslohn	
Maschinenindustrie, Projektierung, Verkauf und Vertrieb	*Statistik der Grossregion Zürich, Median*		
	3- oder 4-jährige Lehre, bis 30 Altersjahre	*25.—*	*4'331.—*
40 Stunden, laut GAV	31 bis 35 Altersjahre	*30.95*	*5'367.—*
	36 bis 45 Altersjahre	*36.95*	*6'403.—*
	46 bis 55 Altersjahre	*38.55*	*6'681.—*
Sachbearbeiter	ab 56 Altersjahren	*40.95*	*7'100.—*
	Gelernt mit Spezialfach, bis 30 Altersjahre	*27.50*	*4'764.—*
	31 bis 35 Altersjahre	*33.15*	*5'749.—*
	36 bis 45 Altersjahre	*38.85*	*6'734.—*
	46 bis 55 Altersjahre	*40.30*	*6'983.—*
	ab 56 Altersjahren	*45.55*	*7'893.—*
	Mit Fachhochschulabschluss (HTL, HWV, Mittelschule), bis 30 Altersjahre	*34.65*	*6'010.—*
	31 bis 35 Altersjahre	*40.05*	*6'941.—*
	36 bis 45 Altersjahre	*45.40*	*7'872.—*
	46 bis 55 Altersjahre	*47.35*	*8'209.—*
	ab 56 Altersjahren	*50.05*	*8'675.—*
	Mit Hochschulabschluss, bis 30 Altersjahre	*43.—*	*7'453.—*
	31 bis 35 Altersjahre	*44.90*	*7'780.—*
	36 bis 45 Altersjahre	*46.75*	*8'106.—*
	46 bis 55 Altersjahre	*48.15*	*8'350.—*
	ab 56 Altersjahren	*50.85*	*8'818.—*
	Mit Hochschulabschluss und Spezialfach, bis 30 Altersjahre	*43.15*	*7'476.—*
	31 bis 35 Altersjahre	*45.05*	*7'811.—*
	36 bis 45 Altersjahre	*47.—*	*8'146.—*
	46 bis 55 Altersjahre	*49.15*	*8'522.—*
	ab 56 Altersjahren	*52.35*	*9'071.—*
Fachspezialist	3- oder 4-jährige Lehre, bis 30 Altersjahre	*27.15*	*4'708.—*
	31 bis 35 Altersjahre	*33.40*	*5'792.—*
	36 bis 45 Altersjahre	*39.65*	*6'875.—*
	46 bis 55 Altersjahre	*41.50*	*7'194.—*
	ab 56 Altersjahren	*43.35*	*7'513.—*
	Gelernt mit Spezialfach, bis 30 Altersjahre	*28.60*	*4'956.—*
	31 bis 35 Altersjahre	*35.45*	*6'145.—*
	36 bis 45 Altersjahre	*42.30*	*7'333.—*
	46 bis 55 Altersjahre	*45.15*	*7'830.—*
	ab 56 Altersjahren	*46.55*	*8'071.—*

Tätigkeitsbereich *Wöchentliche Arbeitszeit*	Tätigkeit *Quelle, vertragliche Vereinbarungen*	Stunden- und Monatslohn	
Fachspezialist	Mit Fachhochschulabschluss (HTL, HWV, Mittelschule), bis 30 Altersjahre	*40.60*	*7'033.—*
	31 bis 35 Altersjahre	*42.45*	*7'354.—*
	36 bis 45 Altersjahre	*44.25*	*7'674.—*
	46 bis 55 Altersjahre	*47.45*	*8'223.—*
	ab 56 Altersjahren	*50.95*	*8'834.—*
	Mit Hochschulabschluss und Spezialfach, bis 30 Altersjahre	*44.10*	*7'644.—*
	31 bis 35 Altersjahre	*46.30*	*8'028.—*
	36 bis 45 Altersjahre	*48.55*	*8'413.—*
	46 bis 55 Altersjahre	*48.45*	*8'402.—*
	ab 56 Altersjahren	*51.70*	*8'959.—*
Unteres Kader	3- oder 4-jährige Lehre, bis 30 Altersjahre	*30.30*	*5'249.—*
	31 bis 35 Altersjahre	*39.05*	*6'766.—*
	36 bis 45 Altersjahre	*47.80*	*8'282.—*
	46 bis 55 Altersjahre	*51.10*	*8'853.—*
	ab 56 Altersjahren	*52.45*	*9'092.—*
	Mit Fachhochschulabschluss (HTL, HWV, Mittelschule), bis 30 Altersjahre	*39.15*	*6'784.—*
	31 bis 35 Altersjahre	*43.85*	*7'601.—*
	36 bis 45 Altersjahre	*48.55*	*8'417.—*
	46 bis 55 Altersjahre	*53.10*	*9'203.—*
	ab 56 Altersjahren	*54.70*	*9'484.—*
	Mit Hochschulabschluss, 31 bis 45 Jahre	*50.85*	*8'818.—*
	46 bis 55 Altersjahre	*55.65*	*9'650.—*
	ab 56 Altersjahren	*56.35*	*9'763.—*
Mittleres und oberes Kader	Gelernt mit Spezialfach, bis 30 Altersjahre	*37.55*	*6'508.—*
	31 bis 35 Altersjahre	*45.—*	*7'804.—*
	36 bis 45 Altersjahre	*52.50*	*9'100.—*
	46 bis 55 Altersjahre	*54.90*	*9'515.—*
	ab 56 Altersjahren	*55.30*	*9'583.—*
	Mit Fachhochschulabschluss (HTL, HWV, Mittelschule), 31 bis 45 Altersjahre	*55.60*	*9'639.—*
	46 bis 55 Altersjahre	*58.10*	*10'068.—*
	ab 56 Altersjahren	*60.55*	*10'497.—*
	Mit Hochschulabschluss, 31 bis 45 Jahre	*58.65*	*10'165.—*
	46 bis 55 Altersjahre	*63.90*	*11'075.—*
	ab 56 Altersjahren	*67.55*	*11'705.—*

Tätigkeitsbereich *Wöchentliche Arbeitszeit*	Tätigkeit *Quelle, vertragliche Vereinbarungen*	Stunden- und Monatslohn	
Maschinenindustrie, **Montage, Inbetriebnahme** **und Service**	*Statistik der Grossregion Zürich, Median*		
	3- oder 4-jährige Lehre, bis 30 Altersjahre	*26.15*	*4'535.—*
	31 bis 35 Altersjahre	*30.35*	*5'259.—*
40 Stunden, laut GAV	36 bis 45 Altersjahre	*34.50*	*5'983.—*
	46 bis 55 Altersjahre	*37.05*	*6'423.—*
Berufsarbeiter	ab 56 Altersjahren	*37.55*	*6'509.—*
	Gelernt mit Spezialfach, bis 30 Altersjahre	*27.50*	*4'770.—*
	31 bis 35 Altersjahre	*31.95*	*5'535.—*
	36 bis 45 Altersjahre	*36.35*	*6'299.—*
	46 bis 55 Altersjahre	*37.50*	*6'503.—*
	ab 56 Altersjahren	*38.70*	*6'707.—*
	Mit Fachhochschulabschluss (HTL, HWV, Mittelschule), 31 bis 45 Altersjahre	*40.30*	*6'981.—*
	46 bis 55 Altersjahre	*41.75*	*7'240.—*
	ab 56 Altersjahren	*43.25*	*7'499.—*
Fachspezialist	3- oder 4-jährige Lehre, bis 30 Altersjahre	*33.45*	*5'800.—*
	31 bis 35 Altersjahre	*35.50*	*6'150.—*
	36 bis 45 Altersjahre	*37.50*	*6'500.—*
	46 bis 55 Altersjahre	*38.75*	*6'719.—*
	ab 56 Altersjahren	*41.50*	*7'195.—*
	Gelernt mit Spezialfach, bis 30 Altersjahre	*35.15*	*6'089.—*
	31 bis 35 Altersjahre	*36.65*	*6'352.—*
	36 bis 45 Altersjahre	*38.15*	*6'614.—*
	46 bis 55 Altersjahre	*39.50*	*6'850.—*
	ab 56 Altersjahren	*42.10*	*7'299.—*
	Mit Fachhochschulabschluss (HTL, HWV, Mittelschule), bis 30 Altersjahre	*36.05*	*6'245.—*
	31 bis 35 Altersjahre	*38.85*	*6'733.—*
	36 bis 45 Altersjahre	*41.65*	*7'220.—*
	46 bis 55 Altersjahre	*43.60*	*7'558.—*
	ab 56 Altersjahren	*45.55*	*7'896.—*
	Mit Hochschulabschluss, bis 30 Altersjahre	*38.15*	*6'614.—*
	31 bis 35 Altersjahre	*41.40*	*7'173.—*
	36 bis 45 Altersjahre	*44.60*	*7'731.—*
	46 bis 55 Altersjahre	*50.60*	*8'773.—*
	ab 56 Altersjahren	*56.65*	*9'815.—*

Tätigkeitsbereich _Wöchentliche Arbeitszeit_	Tätigkeit _Quelle, vertragliche Vereinbarungen_	Stunden- und Monatslohn	
Unteres Kader	3- oder 4-jährige Lehre, 31 bis 45 Jahre	_40.30_	_6'983.—_
	46 bis 55 Altersjahre	_42.60_	_7'380.—_
	ab 56 Altersjahren	_44.25_	_7'671.—_
	Gelernt mit Spezialfach, 31 bis 45 Jahre	_42.20_	_7'317.—_
	46 bis 55 Altersjahre	_43.30_	_7'506.—_
	ab 56 Altersjahren	_45.80_	_7'936.—_
	Mit Fachhochschulabschluss (HTL, HWV, Mittelschule), bis 30 Altersjahre	_43.30_	_7'506.—_
	31 bis 35 Altersjahre	_45.70_	_7'917.—_
	36 bis 45 Altersjahre	_48.05_	_8'328.—_
	46 bis 55 Altersjahre	_50.95_	_8'828.—_
	ab 56 Altersjahren	_52.20_	_9'050.—_
	Mit Hochschulabschluss, 31 bis 45 Jahre	_50.—_	_8'667.—_
	46 bis 55 Altersjahre	_50.85_	_8'818.—_
	ab 56 Altersjahren	_52.80_	_9'149.—_
Mittleres und oberes Kader	Mit Hochschulabschluss, 31 bis 45 Jahre	_50.—_	_8'667.—_
	46 bis 55 Altersjahre	_60.55_	_10'497.—_
	ab 56 Altersjahren	_63.60_	_11'022.—_

Maschinenindustrie, Verwaltung und Administration	_Statistik der Grossregion Zürich, Median_		
	3- oder 4-jährige Lehre, bis 30 Altersjahre	_27.75_	_4'814.—_
	31 bis 35 Altersjahre	_28.65_	_4'962.—_
40 Stunden, laut GAV	36 bis 45 Altersjahre	_29.50_	_5'109.—_
	46 bis 55 Altersjahre	_33.15_	_5'748.—_
Sachbearbeiter	ab 56 Altersjahren	_37.85_	_6'560.—_
	Gelernt mit Spezialfach, bis 30 Altersjahre	_30.80_	_5'335.—_
	31 bis 35 Altersjahre	_33.35_	_5'778.—_
	36 bis 45 Altersjahre	_35.90_	_6'220.—_
	46 bis 55 Altersjahre	_37.40_	_6'482.—_
	ab 56 Altersjahren	_36.45_	_6'318.—_
Fachspezialist	Gelernt mit Spezialfach, bis 30 Altersjahre	_31.75_	_5'500.—_
	31 bis 35 Altersjahre	_34.05_	_5'899.—_
	36 bis 45 Altersjahre	_36.35_	_6'298.—_
	46 bis 55 Altersjahre	_39.75_	_6'890.—_
	ab 56 Altersjahren	_43.30_	_7'505.—_
	Mit Fachhochschulabschluss (HTL, HWV, Mittelschule), 31 bis 45 Altersjahre	_45.—_	_7'798.—_
	46 bis 55 Altersjahre	_46.65_	_8'085.—_
	ab 56 Altersjahren	_48.30_	_8'372.—_

Tätigkeitsbereich *Wöchentliche Arbeitszeit*	Tätigkeit *Quelle, vertragliche Vereinbarungen*	Stunden- und Monatslohn	
Unteres Kader	3- oder 4-jährige Lehre, 31 bis 45 Jahre	*38.75*	*6'718.—*
	46 bis 55 Altersjahre	*42.75*	*7'407.—*
	ab 56 Altersjahren	*54.35*	*9'417.—*
Mittleres und oberes Kader	Mit Hochschulabschluss, 31 bis 45 Jahre	*54.05*	*9'366.—*
	46 bis 55 Altersjahre	*61.85*	*10'720.—*
	ab 56 Altersjahren	*69.65*	*12'072.—*

📖 *Vereinbarung in der Maschinen-, Elektro- und Metallindustrie.*

⏳ *Laufzeit der Vereinbarung ab 1.1.2006, bis zum 30.6.2013 verlängert.*

▦ *Gehaltserhebungen 2003 und 2010 der Angestellten Schweiz. Die Löhne der Maschinen-, Elektro- und Metallindustrie wurden unter Herbeizug der Gehaltserhebungen erstellt.*

✎ *Der 13. Monatslohn ist vertraglich vereinbart (Art. 16 der Vereinbarung). Zur Ermittlung des Jahreslohnes muss mit 13 multipliziert werden.*

✎ *Der Ferienanspruch beträgt nach dem zurückgelegten 20. Altersjahr 25 Tage sowie sinngemäss nach dem 40. Altersjahr 27 Tage und nach dem 50. Altersjahr 30 Tage (Art. 13 der Vereinbarung).*

📇 *Die Vereinbarung gilt für alle Arbeitnehmenden, die von den Mitgliedfirmen des Arbeitgeberverbandes der Schweizerischen Metallindustrie ASM (Swissmem) in der Schweiz, ungeachtet des Arbeitspensums, befristet oder unbefristet beschäftigt werden.*

📇 *Auf Arbeitnehmende in Heimarbeit, Aushilfen ab 3 Monaten Anstellungsdauer, Praktikanten sowie auf Arbeitnehmende von Temporärfirmen sollen die Bestimmungen der Vereinbarung sinngemäss angewendet werden; sie unterstehen der Vereinbarung jedoch nicht.*

✋ Soweit vorhanden wurden die Löhne der Erhebung aus dem Jahre 2010 berücksichtigt. Ergänzend hierzu wurde die Erhebung aus dem Jahre 2003 herbeigezogen; die Jahresteuerung wird für Letztere seit 2004 aufgerechnet.

✍ www.angestellte.ch/Arbeit & Recht/Löhne & Salärerhebungen, www.metallunion.ch, www.swissmem.ch,
Stand 1.1.2010   www.swissmechanic.zh.ch und www.unia.ch

Tätigkeitsbereich *Wöchentliche Arbeitszeit*	Tätigkeit *Quelle, vertragliche Vereinbarungen*	Stunden- und Monatslohn	

28.00   Maschinen-, Elektro- und Metallindustrie,
                     Stadt Zürich und Umgebung

Maschinenindustrie   *Statistik der Grossregion Zürich, Durchschnittswerte*

40 Stunden, laut GAV			
	Anreisser	35.80	6'203.—
Werkstattpersonal	Automaten- und Revolverdreher	32.65	5'660.—
	Bau- und Konstruktionsschlosser	32.85	5'694.—
	Betriebshandwerker	33.50	5'804.—
	Bieger	32.75	5'672.—
	Bohrer	33.80	5'861.—
	Chauffeur	32.60	5'648.—
	Detailmonteur	31.85	5'516.—
	Detailschlosser	32.60	5'648.—
	Dreher, kleine Maschinen	33.90	5'872.—
	Einrichter	33.80	5'861.—
	Elektromonteur	32.60	5'648.—
	Elektroniker	31.70	5'493.—
	Endkontrolleur	33.70	5'838.—
	Fabrikationskontrolleur	35.55	6'159.—
	Fräser	33.35	5'781.—
	Giessereiarbeiter	27.65	4'789.—
	Giesser, Former	35.60	6'170.—
	Grossapparateschlosser	33.10	5'737.—
	Grossmaschinenoperateur	36.20	6'271.—
	Gummi- und Kunststoffarbeiter	30.35	5'262.—
	Gussputzer	38.85	6'737.—
	Haus- und Platzdienst	27.75	4'811.—
	Heizungs- und Rohrschlosser	34.45	5'971.—
	Hilfspersonal	29.20	5'060.—
	Hobler	33.35	5'781.—
	Industriespengler	33.10	5'737.—
	Instruktor	37.85	6'563.—
	Instrumentenoptiker	32.—	5'550.—
	Kernmacher	35.55	6'159.—
	Kistenmacher	31.65	5'483.—
	Konstruktions- und Bauschlosser	32.85	5'694.—
	Kontrolleur	23.35	4'050.—
	Kunststoff- und Gummiarbeiter	30.35	5'262.—
	Magaziner	27.60	4'782.—
	Maschinenformer	39.90	6'913.—
	Maschinenmonteur	33.35	5'781.—
	Materialvergüter	34.40	5'960.—

Tätigkeitsbereich *Wöchentliche Arbeitszeit*	Tätigkeit *Quelle, vertragliche Vereinbarungen*	Stunden- und Monatslohn	
	Mechaniker im Versuchslabor	31.75	5'504.—
	Möbelschreiner	32.90	5'706.—
	Modellbauer	33.10	5'737.—
	Montagearbeiter	21.95	3'806.—
	Montagekontrolleur	35.85	6'214.—
	Oberflächenbearbeiter	32.85	5'694.—
	Ofenarbeiter	33.15	5'749.—
	Packer	31.65	5'483.—
	Presser	32.75	5'672.—
	Revolver- und Automatendreher	32.65	5'660.—
	Rohr- und Heizungsschlosser	34.45	5'971.—
	Schleifer	34.45	5'971.—
	Schmied	33.90	5'872.—
	Schweisser	33.75	5'849.—
	Servicemonteur im Aussendienst	33.35	5'781.—
	Spanabhebende Bearbeitung	23.25	4'027.—
	Spanlose Bearbeitung	22.—	3'817.—
	Stanzer	32.75	5'672.—
	Transporte, interne	28.65	4'966.—
	Unterhaltsdienst, Maschinen	33.50	5'804.—
	Unterhalt und Betreuung, Maschinen	33.70	5'839.—
	Verdrahter	28.65	4'966.—
	Verlader	31.65	5'483.—
	Vervielfältigung	30.20	5'238.—
	Vorarbeiter	33.95	5'888.—
	Vorrichtungsbauer	32.45	5'626.—
	Wächter	33.95	5'882.—
	Walzer	31.95	5'537.—
	Werkportier	33.95	5'882.—
	Werkstattschreiber	29.05	5'038.—
	Werkzeugmacher	32.45	5'626.—
	Werkzeugschärfer	32.20	5'582.—
	Wickler	29.75	5'160.—
	Zieher	32.75	5'672.—
Betriebs- und technisches Personal, Hochschulabsolventen	Beratungs- und Verkaufsingenieur	54.15	9'388.—
	Forschungs- und Entwicklungsingenieur	49.90	8'646.—
	Gruppenleiter	58.15	10'077.—
	Gruppenleiter, mehrere Bürobereiche	65.90	11'419.—
	Hochschulabsolvent	47.75	8'273.—
	Leiter, mehrere Meisterbereiche	63.75	11'052.—

Tätigkeitsbereich *Wöchentliche Arbeitszeit*	Tätigkeit *Quelle, vertragliche Vereinbarungen*	Stunden- und Monatslohn	
Betriebs- und technisches Personal, Techniker HTL	Beratungs- und Verkaufstechniker	50.20	8'701.—
	Betriebsfachleute	45.50	7'891.—
	Forschungs- und Entwicklungstechniker	44.05	7'635.—
	Gruppenleiter, Büro	54.05	9'366.—
	Gruppenleiter, mehrere Bürobereiche	61.65	10'686.—
	Konstrukteur	44.05	7'635.—
	Leiter, mehrere Meisterbereiche	57.80	10'022.—
	Techniker	45.45	7'878.—
	Technikum- oder Mittelschulabsolvent	40.10	6'947.—
Betriebs- und technisches Personal, Berufsleute	Beratungs- und Verkaufsangestellter	42.70	7'401.—
	Betriebsfachleute	39.30	6'812.—
	Betriebsmittelkonstrukteur	38.95	6'748.—
	Chefkontrolleur	43.45	7'535.—
	Detailkonstrukteur	33.50	5'804.—
	Forschungs- und Entwicklungsangestellte	38.30	6'637.—
	Gruppenleiter, Büro	47.75	8'278.—
	Gruppenleiter, mehrere Bürobereiche	54.35	9'422.—
	Konstrukteur	40.90	7'091.—
	Laborant	33.15	5'744.—
	Leiter einer Betriebsfachgruppe	46.80	8'111.—
	Leiter, mehrere Meisterbereiche	51.15	8'868.—
	Meister	43.45	7'535.—
	Zeichner	31.55	5'467.—
Betriebs- und technisches Personal, ungelernt	Betriebsfachleute	31.65	5'482.—
	Gruppenleiter	39.—	6'759.—
	Laborant	29.90	5'183.—
	Meister	40.—	6'936.—
	Zeichner	29.10	5'044.—

📖 *Vereinbarung in der Maschinen-, Elektro- und Metallindustrie.*

⌛ *Laufzeit der Vereinbarung ab 1.1.2006 bis zum 31.6.2013.*

▦ *Lohnerhebung der Gewerkschaft Unia im Grossraum Zürich 2001.*

✐ *13. Monatslohn: Vertraglich vereinbart (Art. 16 der Vereinbarung). Zur Ermittlung des Jahreslohnes muss mit 13 multipliziert werden.*

✐ *Der Ferienanspruch beträgt nach dem zurückgelegten 20. Alters- jahr 25 Tage sowie sinngemäss nach dem 40. Altersjahr 27 Tage und nach dem 50. Altersjahr 30 Tage (Art. 13 der Vereinbarung).*

👆 *Die Vereinbarung gilt für alle Arbeitnehmenden, die von den Mitgliedfirmen des Arbeitgeberverbandes der Schweizerischen Metallindustrie ASM (Swissmem) in der Schweiz, ungeachtet des Arbeitspensums, befristet oder unbefristet beschäftigt werden.*

✋ Die Jahresteuerung wird seit 2002 aufgerechnet.

Tätigkeitsbereich *Wöchentliche Arbeitszeit*	Tätigkeit *Quelle, vertragliche Vereinbarungen*	Stunden- und Monatslohn

28.00   Maschinen-, Elektro- und Metallindustrie
                                          Ausbildung und Funktionen, gesamte Schweiz

Forschung, Entwicklung   *Gesamtschweizerische Statistik, Median*
und Konstruktion

	3- oder 4-jährige Berufslehre	38.65	6'703.—
40 Stunden, laut GAV	Berufslehre sowie Spezialausbildung	42.80	7'420.—
	Fachhochschulabschluss	49.05	8'506.—
	Universitäts- oder ETH-Abschluss	49.35	8'558.—
	Hochschulabschluss und Spezialfach	53.85	9'336.—
	Berufs- und Sachbearbeiter	41.30	7'157.—
	Spezialist ohne Führungsfunktion	47.45	8'221.—
	Unteres Kader	52.55	9'113.—
	Mittleres oder oberes Kader	58.45	10'133.—

Planung, Fertigung   *Gesamtschweizerische Statistik, Median*
und Produktion

	Ohne Berufsabschluss	28.—	4'854.—
40 Stunden, laut GAV	Mit 2-jähriger Berufslehre	31.20	5'404.—
	3- oder 4-jährige Berufslehre	36.85	6'384.—
	Berufslehre sowie Spezialausbildung	41.90	7'261.—
	Fachhochschulabschluss	47.30	8'202.—
	Universitäts- oder ETH-Abschluss	49.95	8'657.—
	Berufs- und Sachbearbeiter	34.15	5'923.—
	Spezialist ohne Führungsfunktion	42.20	7'313.—
	Unteres Kader	45.35	7'859.—
	Mittleres oder oberes Kader	54.70	9'479.—

Projektierung, Verkauf   *Gesamtschweizerische Statistik, Median*
und Vertrieb

	Mit 2-jähriger Berufslehre	36.60	6'343.—
40 Stunden, laut GAV	3- oder 4-jährige Berufslehre	40.30	6'982.—
	Berufslehre sowie Spezialausbildung	46.20	8'008.—
	Fachhochschulabschluss	51.55	8'936.—
	Universitäts- oder ETH-Abschluss	53.85	9'336.—
	Hochschulabschluss und Spezialfach	54.35	9'419.—
	Berufs- und Sachbearbeiter	39.50	6'846.—
	Spezialist ohne Führungsfunktion	48.80	8'458.—
	Unteres Kader	52.35	9'076.—
	Mittleres oder oberes Kader	64.45	11'170.—

Tätigkeitsbereich *Wöchentliche Arbeitszeit*	Tätigkeit *Quelle, vertragliche Vereinbarungen*	Stunden- und Monatslohn	
Montage, Inbetriebnahme und Service	*Gesamtschweizerische Statistik, Median*		
	3- oder 4-jährige Berufslehre	*33.15*	*5'745.—*
40 Stunden, laut GAV	Berufslehre sowie Spezialausbildung	*36.85*	*6'384.—*
	Fachhochschulabschluss	*43.45*	*7'529.—*
	Universitäts- oder ETH-Abschluss	*46.25*	*8'015.—*
	Hochschulabschluss und Spezialfach	*50.25*	*8'713.—*
	Berufs- und Sachbearbeiter	*31.10*	*5'394.—*
	Spezialist ohne Führungsfunktion	*38.60*	*6'688.—*
	Unteres Kader	*42.30*	*7'336.—*
	Mittleres oder oberes Kader	*50.25*	*8'713.—*
Verwaltung und Administration	*Gesamtschweizerische Statistik, Median*		
	Ohne Berufsabschluss	*30.55*	*5'297.—*
40 Stunden, laut GAV	Mit 2-jähriger Berufslehre	*34.70*	*6'016.—*
	3- oder 4-jährige Berufslehre	*35.90*	*6'224.—*
	Berufslehre sowie Spezialausbildung	*41.90*	*7'261.—*
	Fachhochschulabschluss	*49.95*	*8'661.—*
	Universitäts- oder ETH-Abschluss	*55.25*	*9'576.—*
	Hochschulabschluss und Spezialfach	*57.55*	*9'974.—*
	Berufs- und Sachbearbeiter	*34.10*	*5'909.—*
	Spezialist ohne Führungsfunktion	*44.95*	*7'788.—*
	Unteres Kader	*45.05*	*7'806.—*
	Mittleres oder oberes Kader	*58.25*	*10'094.—*
Informatik und Netzwerksupport	*Gesamtschweizerische Statistik, Median*		
	3- oder 4-jährige Berufslehre	*44.80*	*7'763.—*
40 Stunden, laut GAV	Berufslehre sowie Spezialausbildung	*47.95*	*8'315.—*
	Fachhochschulabschluss	*50.65*	*8'777.—*
	Universitäts- oder ETH-Abschluss	*54.45*	*9'436.—*
	Hochschulabschluss und Spezialfach	*58.—*	*10'054.—*
	Berufs- und Sachbearbeiter	*46.40*	*8'039.—*
	Spezialist ohne Führungsfunktion	*49.65*	*8'609.—*
	Unteres Kader	*52.35*	*9'076.—*
	Mittleres oder oberes Kader	*59.40*	*10'293.—*

| Tätigkeitsbereich | Tätigkeit | Stunden- |
| *Wöchentliche Arbeitszeit* | *Quelle, vertragliche Vereinbarungen* | und Monatslohn |

Rechnungswesen und Controlling

40 Stunden, laut GAV

Gesamtschweizerische Statistik, Median

Tätigkeit	Std.	Lohn
Mit 2-jähriger Berufslehre	*33.60*	*5'825.—*
3- oder 4-jährige Berufslehre	*37.60*	*6'518.—*
Berufslehre sowie Spezialausbildung	*44.90*	*7'780.—*
Fachhochschulabschluss	*48.75*	*8'454.—*
Universitäts- oder ETH-Abschluss	*56.40*	*9'775.—*
Berufs- und Sachbearbeiter	*36.65*	*6'350.—*
Spezialist ohne Führungsfunktion	*45.35*	*7'857.—*
Unteres Kader	*49.05*	*8'506.—*
Mittleres oder oberes Kader	*60.35*	*10'460.—*

📖 *Vereinbarung in der Maschinen-, Elektro- und Metallindustrie.*

⌛ *Laufzeit der Vereinbarung ab 1.1.2006 bis zum 31.6.2013.*

▦ *Gehaltserhebungen 2003 und 2010 der Angestellten Schweiz. Die Löhne der Maschinen-, Elektro- und Metallindustrie wurden unter Herbeizug der Gehaltserhebungen erstellt.*

✎ *Der 13. Monatslohn ist vertraglich vereinbart (Art. 16 der Vereinbarung). Zur Ermittlung des Jahreslohnes muss mit 13 multipliziert werden.*

✎ *Der Ferienanspruch beträgt nach dem zurückgelegten 20. Altersjahr 25 Tage sowie sinngemäss nach dem 40. Altersjahr 27 Tage und nach dem 50. Altersjahr 30 Tage (Art. 13 der Vereinbarung).*

📖 *Die Vereinbarung gilt für alle Arbeitnehmenden, die von den Mitgliedfirmen des Arbeitgeberverbandes der Schweizerischen Metallindustrie ASM (Swissmem) in der Schweiz, ungeachtet des Arbeitspensums, befristet oder unbefristet beschäftigt werden.*

📖 *Auf Arbeitnehmende in Heimarbeit, Aushilfen ab 3 Monaten Anstellungsdauer, Praktikanten sowie auf Arbeitnehmende von Temporärfirmen sollen die Bestimmungen der Vereinbarung sinngemäss angewendet werden; sie unterstehen der Vereinbarung jedoch nicht.*

Stand 1.1.2010

🖑 www.angestellte.ch/Arbeit & Recht/Löhne & Salärerhebungen, www.metallunion.ch, www.swissmem.ch, www.swissmechanic.zh.ch und www.unia.ch

| Tätigkeit | Berufliche Fähigkeiten | Stunden- |
| *Wöchentliche Arbeitszeit* | *Quelle, Branchenbereich* | und Monatslohn |

29   **Herstellung von Automobilen und Automobilteilen**

29.1 bis 29.3   Herstellung von Automobilen und Motoren, von Karosserien,
                          Aufbauten und Anhängern
                          sowie von Teilen und Zubehör für Automobile

29.10 bis 29.32   Herstellung von Motorfahrzeugen, Automobilteilen
                          und Anhängern

---

42 Stunden, berufsüblich   *Branchenlöhne, Statistik der Grossregion Zürich, Median*

Hilfskräfte	Un- und Angelernte, bis 20 Jahre	*21.05*	*3'834.—*
	ab 20 bis 29 Altersjahre	*24.15*	*4'392.—*
	ab 30 bis 39 Altersjahre	*26.20*	*4'769.—*
	ab 40 bis 49 Altersjahre	*27.15*	*4'940.—*
	ab 50 bis 65 Altersjahre	*28.20*	*5'135.—*
Berufsleute, gelernt	Mit 3- oder 4-jähriger Lehre, bis 20 Jahre	*27.70*	*5'038.—*
	ab 20 bis 29 Altersjahre	*33.20*	*6'041.—*
	ab 30 bis 39 Altersjahre	*41.—*	*7'459.—*
	ab 40 bis 49 Altersjahre	*43.—*	*7'825.—*
	ab 50 bis 65 Altersjahre	*44.—*	*8'007.—*
Führungskräfte	Fach- und Betriebskader, Alter 20 bis 29	*35.75*	*6'510.—*
	ab 30 bis 39 Altersjahre	*50.30*	*9'156.—*
	ab 40 bis 49 Altersjahre	*57.20*	*10'408.—*
	ab 50 bis 65 Altersjahre	*57.70*	*10'498.—*

📖 *Kein GAV; Bundesamt für Statistik BfS, Lohnstrukturerhebung,
Median nach Lebensalter.*

✋ Zur Ermittlung des Jahreslohnes muss mit 12 multipliziert werden.

🏭 *Branchenbereich: Herstellung von Anhängern, Aufbauten, Auto-
mobilen, Automobilmotoren, Karosserien sowie Fertigung elek-
trischer und elektronischer Ausrüstungsgegenstände, von Teilen
und Zubehör für Automobile.*

✋ Liegen im Branchenbereich allgemeinverbindlich erklärte oder
herkömmliche GAV vor, so hat die Einhaltung deren Löhne Vor-
rang.

Stand 1.1.2011   🖱 www.bfs.admin.ch/Löhne

Tätigkeit	Berufliche Fähigkeiten	Stunden-
Wöchentliche Arbeitszeit	*Quelle, Branchenbereich*	und Monatslohn

30   **Sonstiger Fahrzeugbau**

30.1 bis 30.9   Schiff- und Bootsbau, Schienen-, Luft- und Raumfahrzeugbau; Herstellung von militärischen Kampffahrzeugen und sonstigen Fahrzeugen

30.11 bis 30.99   Herstellung von Schiffen, Booten, Schienen-, Luft- und Raumfahrzeugen

---

42 Stunden, berufsüblich   *Branchenlöhne, Statistik der Grossregion Zürich, Median*

Hilfskräfte	Un- und Angelernte, bis 20 Jahre	*20.65*	*3'758.—*
	ab 20 bis 29 Altersjahre	*23.65*	*4'304.—*
	ab 30 bis 39 Altersjahre	*25.70*	*4'674.—*
	ab 40 bis 49 Altersjahre	*26.60*	*4'842.—*
	ab 50 bis 65 Altersjahre	*27.65*	*5'033.—*
Berufsleute, gelernt	Mit 3- oder 4-jähriger Lehre, bis 20 Jahre	*27.15*	*4'937.—*
	ab 20 bis 29 Altersjahre	*32.55*	*5'920.—*
	ab 30 bis 39 Altersjahre	*40.15*	*7'310.—*
	ab 40 bis 49 Altersjahre	*42.15*	*7'668.—*
	ab 50 bis 65 Altersjahre	*43.10*	*7'847.—*
Führungskräfte	Fach- und Betriebskader, Alter 20 bis 29	*35.05*	*6'379.—*
	ab 30 bis 39 Altersjahre	*49.30*	*8'973.—*
	ab 40 bis 49 Altersjahre	*56.05*	*10'200.—*
	ab 50 bis 65 Altersjahre	*56.55*	*10'288.—*

📖 *Kein GAV; Bundesamt für Statistik BfS, Lohnstrukturerhebung, Median nach Lebensalter.*

✋ Zur Ermittlung des Jahreslohnes muss mit 12 multipliziert werden.

🏷 *Branchenbereich: Bau von Behindertenfahrzeugen, Booten, Fahrrädern, Luftfahrzeugen, Motorrädern, Raum- und Schienenfahrzeugen, Schiffen, Yachten sowie militärischer Kampffahrzeuge.*

✋ Liegen im Branchenbereich allgemeinverbindlich erklärte oder herkömmliche GAV vor, so hat die Einhaltung deren Löhne Vorrang.

Stand 1.1.2011   🔖 www.bfs.admin.ch/Löhne

Tätigkeitsbereich *Wöchentliche Arbeitszeit*	Tätigkeit *Quelle, vertragliche Vereinbarungen*	Stunden- und Monatslohn

31   **Herstellung von Möbeln**

31.0   Herstellung von Möbeln

31.01 bis 31.09   Herstellung von Badezimmer-, Büro-, Küchen-,
                           Laden-, Sitz- und sonstigen Möbeln

---

Möbelindustrie   **AVE-GAV-Löhne laut Geltungsbereich**

41 Stunden, laut GAV   Spezialisten: Abteilungsleiter, Vorarbeiter, **29.25**   **5'207.—**
                           Maschinenmeister, Polstermeister
                           Berufsarbeiter, gelernt (A)   **26.—**   **4'628.—**
                           Berufsleute mit branchenspezifischem
                           Lehrabschluss und 3-jähriger Lehre
                           Berufsarbeiter, angelernt (B)   **23.15**   **4'121.—**
                           Arbeitnehmer mit 2 Jahren Anlernzeit
                           Hilfskräfte, an- und ungelernt (C)   **20.50**   **3'649.—**

📄 *AVE GAV für die schweizerische Möbelindustrie. Mindestlöhne,
Art. 6.*

⧗ *Grundbeschluss AVE vom 12.3.1999, gültig bis 31.12.2010.*

📖 *AVE aus dem GAV Schweizerische Möbelindustrie. Laufzeit ab
1.1.1999, ungekündigt.*

✎ *13. Monatslohn: Vertraglich vereinbart (Art. 8 AVE GAV). Zur
Ermittlung des Jahreslohnes muss mit 13 multipliziert werden.*

✎ *Bei Arbeit an auswärtigen Arbeitsorten haben Arbeitnehmende
Anspruch auf folgende Pauschalen: Morgenessen CHF 9,
Mittag- und Nachtessen je CHF 19, Übernachtung CHF 50;
Total CHF 97 (Art. 17.1 AVE GAV).*

✎ *Ferienanspruch: Ab 1. Dienstjahr 20 Tage, ab 40. bis 50. Alters-
jahr 21 Tage, ab 50. Altersjahr 25 Tage und ab 60. Altersjahr
30 Tage (Art. 20 AVE GAV).*

📕 *Die Allgemeinverbindlichkeit wird, mit Ausnahme des Kantons
Freiburg, für die ganze Schweiz ausgesprochen. Sie findet An-
wendung auf die Arbeitsverhältnisse zwischen Betrieben, die
Möbel und Polstermöbel im weitesten Sinne, Büromöbel und
Betten industriell herstellen, und ihren gelernten, an- und unge-
lernten Arbeitnehmenden.*

📕 *Ausgenommen sind: Betriebsleiter und Mitarbeiter, die durch
ihre Stellung und Verantwortung über weitreichende Entschei-
dungsbefugnisse über den Betrieb verfügen oder auf Entscheide
massgeblich Einfluss nehmen können.*

🖥 www.sem.ch, www.vssm.ch, www.schreiner.ch
Stand 1.4.2010   und www.unia.ch

Tätigkeit	Berufliche Fähigkeiten	Stunden-
Wöchentliche Arbeitszeit	*Quelle, Branchenbereich*	und Monatslohn

32   **Herstellung sonstiger Waren**

32.1 bis 32.9   Herstellung von Münzen, Schmuck und
                       ähnlichen Erzeugnissen, Musikinstrumenten, Sportgeräten,
                       Spielwaren, medizinischen sowie
                       zahnmedizinischen Apparaten und sonstiger Erzeugnisse

32.11 bis 32.99   Herstellung sonstiger Waren
                       unter Anwendung unterschiedlichster Verfahren

42 Stunden, berufsüblich   *Branchenlöhne, Statistik der Grossregion Zürich, Median*

Hilfskräfte	Un- und Angelernte, bis 20 Jahre	*17.90*	*3'258.—*
	ab 20 bis 29 Altersjahre	*20.50*	*3'731.—*
	ab 30 bis 39 Altersjahre	*22.25*	*4'052.—*
	ab 40 bis 49 Altersjahre	*23.05*	*4'198.—*
	ab 50 bis 65 Altersjahre	*23.95*	*4'363.—*
Berufsleute, gelernt	Mit 3- oder 4-jähriger Lehre, bis 20 Jahre	*22.—*	*4'003.—*
	ab 20 bis 29 Altersjahre	*26.35*	*4'800.—*
	ab 30 bis 39 Altersjahre	*32.55*	*5'926.—*
	ab 40 bis 49 Altersjahre	*34.15*	*6'217.—*
	ab 50 bis 65 Altersjahre	*34.95*	*6'362.—*
Führungskräfte	Fach- und Betriebskader, Alter 20 bis 29	*32.80*	*5'969.—*
	ab 30 bis 39 Altersjahre	*46.15*	*8'396.—*
	ab 40 bis 49 Altersjahre	*52.45*	*9'545.—*
	ab 50 bis 65 Altersjahre	*52.90*	*9'627.—*

📖 *Kein GAV, Bundesamt für Statistik BfS, Lohnstrukturerhebung, Median nach Lebensalter.*

✍ Zur Ermittlung des Jahreslohnes muss mit 12 multipliziert werden.

📙 *Branchenbereich: Herstellung von Besen, Brillen, Bürsten, Fantasieschmuck, Goldschmiedwaren, Münzen, Musikinstrumenten, Schmuck, Silberschmiedwaren, Spielwaren und Sportgeräten. Fertigung medizinischer und zahnmedizinischer Apparate und Materialien sowie orthopädischer und prothetischer Erzeugnisse. Bearbeitung von Edel- und Schmucksteinen; zahntechnische Laboratorien.*

✍ Liegen im Branchenbereich allgemeinverbindlich erklärte oder herkömmliche GAV vor, so hat die Einhaltung deren Löhne Vorrang.

Stand 1.1.2011   ✍ www.bfs.admin.ch/Löhne

Tätigkeitsbereich *Wöchentliche Arbeitszeit*	Tätigkeit *Quelle, vertragliche Vereinbarungen*	Stunden- und Monatslohn

32.2   Herstellung von Musikinstrumenten

32.20   Herstellung von Saiten-, Blas- und Schlaginstrumenten

---

Klavierbauer und -stimmer   **GAV-Lohn gesamtschweizerisch und *Lohnempfehlung***

42 Stunden, laut GAV	Klavierbauer und -stimmer, nach Lehrabschluss	**19.80**	**3'600.—**
	Arbeitnehmer, ab 1. Berufsjahr	*20.45*	*3'726.—*
	ab 2. Berufsjahr	*21.45*	*3'908.—*
	ab 3. Berufsjahr	*22.50*	*4'093.—*
	ab 4. Berufsjahr	*23.50*	*4'279.—*
	ab 5. Berufsjahr	*25.65*	*4'667.—*
	Qualifizierter Arbeitnehmer, ab 5. Berufsjahr	*30.35*	*5'527.—*

📖 *GAV für die Klavierbranche zwischen dem Schweizer Verband der Klavierfabrikanten und -händler und dem Schweizerischen Verband der Klavierbauer und -stimmer.*

⧗ *Laufzeit des GAV ab 1.6.1982, ungekündigt.*

🏥 *Mindestsalär nach Lehrabschluss laut Anpassung an den GAV vom 18.4.1998. Die Lohnempfehlungen fussen auf einst durch den Verband erlassenen.*

✍ 13. Monatslohn: Berufsüblich, jedoch nicht vertraglich vereinbart. Zur Ermittlung des Jahreslohnes muss mit 13 multipliziert werden.

✎ *Bei auswärtiger Arbeit gilt eine Verpflegungsentschädigung für das Mittag- und Nachtessen von je CHF 20. Für allfällige Übernachtungen sowie das Frühstück werden die tatsächlichen Kosten geschuldet (Art. 9 GAV).*

✎ *Ferienanspruch: Nach vollendetem 50. Altersjahr und 10 Dienstjahren stehen dem Arbeitnehmer 5 Wochen Ferien zu (Art. 10 GAV).*

✍ Die Jahresteuerung wird seit 1998 aufgerechnet.

📖 www.svks.ch, www.musikinstrumentenbauer.ch
Stand 1.1.2011   und www.suissemusic.ch

Tätigkeitsbereich *Wöchentliche Arbeitszeit*	Tätigkeit *Quelle, vertragliche Vereinbarungen*	Stunden- und Monatslohn

Orgelbauer

42 Stunden, berufsüblich

Gesamtschweizerische Lohnempfehlung

Berufsarbeiter, gelernt im 1. Berufsjahr	**20.30**	**3'700.—**
Berufsarbeiter, ab 2. Berufsjahr	**21.40**	**3'900.—**
Berufsarbeiter, ab 3. Berufsjahr	**22.50**	**4'100.—**
Berufsarbeiter, ab 4. Berufsjahr	**24.15**	**4'400.—**
Berufsarbeiter, ab 5. Berufsjahr	**25.80**	**4'700.—**
Hilfskraft, un- und angelernt	**19.80**	**3'600.—**

📖 *GAV Schweizerisches Orgelbaugewerbe.*

⧗ *Laufzeit des GAV ab 1.1.2004, ungekündigt.*

⊞ *Zusatzvereinbarung des Schweizerischen Orgelbaugewerbes 2007.*

✐ *Der 13. Monatslohn ist vertraglich vereinbart (Art. 9 GAV). Zur Ermittlung des Jahreslohnes muss mit 13 multipliziert werden.*

✐ *Verpflegungsentschädigung: Auswärtiges Frühstück CHF 10, Mittagessen CHF 24 und Nachtessen CHF 26. Auswärtsentschädigung bei auswärtiger Übernachtung CHF 8 (Art. 19.1 GAV).*

✐ *Erfolgt die Ankunft am Wohnort des Arbeitnehmenden nach mehr als 12 Stunden Abwesenheit bei eintägiger oder nach 20.00 Uhr am Heimreisetag nach mehrtägiger Abwesenheit, so ist eine Entschädigung von CHF 5 für die Zwischenverpflegung zu zahlen (Art. 19.2 GAV).*

✐ *Kommt am auswärtigen Arbeitsort der Auftraggeber für Unterkunft und Verpflegung auf, so haben die Arbeitnehmenden Anspruch auf eine tägliche Zulage von CHF 5. Sofern die Heimreise über das Wochenende nicht erfolgt, wird die Entschädigung laut Art. 19.1 GAV entrichtet (Art. 19.3 GAV).*

✐ *Die Arbeitnehmenden haben ab 1. Dienstjahr Anspruch auf 23 Tage Ferien; ab 15. Dienstjahr im gleichen Betrieb oder ab 50. Altersjahr 28 Tage (Art. 22 GAV).*

Tätigkeitsbereich *Wöchentliche Arbeitszeit*	Tätigkeit *Quelle, vertragliche Vereinbarungen*	Stunden- und Monatslohn

32.5   Herstellung medizinischer
                  sowie zahnmedizinischer Apparate und Materialien

32.50   Herstellung orthopädischer und prothetischer Erzeugnisse,
                  medizinischer Apparate, Instrumente und Geräte

---

Orthopädietechniker   ***Gesamtschweizerische Lohnempfehlung***

42½ Stunden, berufsüblich	Berufsarbeiter nach Lehrabschluss, in ländlicher Gegend	**19.85**	**3'657.—**
	in städtischer Agglomeration	**22.85**	**4'210.—**

             📖   *Kein GAV, Schweizerischer Verband der Orthopädietechniker.*

             ▦   *Lohnempfehlungen des Berufsverbandes.*

             ✋   Zur Ermittlung des Jahreslohnes muss mit 12 multipliziert werden.

             ✋   Die Jahresteuerung wird seit 1999 aufgerechnet.

Stand 1.1.2010   ✍   www.svot.ch

**Schuhmacher und
Orthopädieschuhmacher**   **GAV-Löhne, *gesamtschweizerische Lohnempfehlung***

42 Stunden, laut GAV	Orthopädist, Prothetiker und Orthetiker, gelernt, ab 1. Berufsjahr	**24.45**	**4'446.—**
Orthopädieschuhmacher, in Orten mit 100'000 und mehr Einwohnern	ab 2. Berufsjahr	**26.—**	**4'728.—**
	ab 3. Berufsjahr	**26.85**	**4'883.—**
	An- und ungelernte Arbeitnehmer	**21.—**	**3'819.—**
Orthopädieschuhmacher, in Orten mit 2'000 bis 99'000 Einwohnern	Orthopädist, Prothetiker und Orthetiker, gelernt, ab 1. Berufsjahr	**21.30**	**3'877.—**
	2. Berufsjahr	**23.50**	**4'274.—**
	3. Berufsjahr	**25.30**	**4'601.—**
	An- und ungelernte Arbeitnehmer	**20.80**	**3'783.—**
Schuhmacher	Gelernter Schuhmacher, ab 1. Berufsjahr	**22.10**	**4'019.—**
	2. Berufsjahr	**24.45**	**4'446.—**
	3. Berufsjahr	**25.10**	**4'565.—**
	An- und ungelernte Arbeitnehmer	**21.—**	**3'819.—**

             📖   *GAV für das Schweizerische Schuhmacher- und Orthopädie-*
                   schuhmacher-Gewerbe. Lohnbestimmungen, Art. 4.

             ⏳   *Laufzeit des GAV ab 1.1.1990, ungekündigt.*

             ▦   *Die Lohnempfehlungen fussen auf einst durch den Verband*
                   erlassenen.

             ✋   Zur Ermittlung des Jahreslohnes muss mit 12 multipliziert werden.

             ✎   *Ferienanspruch: Ab 41. Altersjahr 4½ Wochen, ab 51. Alters-*
                   jahr 5 Wochen und ab 61. Altersjahr 5½ Wochen (Art. 6 GAV).

Stand 1.1.2010   ✍   www.osm-schuhtechnik.ch und www.schuhmacher.ch

Tätigkeitsbereich *Wöchentliche Arbeitszeit*	Tätigkeit *Quelle, vertragliche Vereinbarungen*	Stunden- und Monatslohn

Zahntechniker

AVE-GAV-Löhne laut Geltungsbereich und *Empfehlung*

42 Stunden, laut GAV

Zahntechniker, 1. Berufsjahr	**19.80**	**3'600.—**
ab 2. Berufsjahr	*20.90*	*3'800.—*
ab 3. Berufsjahr	*22.—*	*4'000.—*
Zahntechniker-Gehilfen, ab 20. Altersjahr sowie ab 2. Dienstjahr	**16.05**	**2'920.—**

📋 *AVE GAV für die zahntechnischen Laboratorien der Schweiz. Mindestlöhne, Anhang 1.*

⌛ *Grundbeschluss AVE vom 27.4.2004, gültig bis 31.12.2012.*

📖 *AVE aus dem GAV Zahntechnik. Laufzeit ab 1.6.2004, ungekündigt.*

🎴 *Die Lohnempfehlungen fussen auf einst durch den Verband erlassenen.*

✐ *Der 13. Monatslohn ist vertraglich vereinbart (Art. 4 Abs. 2 AVE GAV). Zur Ermittlung des Jahreslohnes muss mit 13 multipliziert werden.*

✋ Für Arbeitnehmende, welche älter als 20 Jahre sind und Hilfsarbeiten in zahntechnischen Labors ausführen, beträgt der Mindestlohn ab dem 2. Dienstjahr mindestens 80% jenes der gelernten Zahntechniker.

🏷 *Die Allgemeinverbindlicherklärung wird für die ganze Schweiz ausgesprochen. Die allgemeinverbindlich erklärten Bestimmungen des Gesamtarbeitsvertrages gelten für alle Betriebe, die zahntechnische Laborarbeiten ausführen. Jene gelten für alle in den Betrieben beschäftigten Zahntechniker mit Fähigkeitsausweis oder gleichwertigem Diplom sowie für Arbeitnehmende, welche zahntechnische Hilfsarbeiten ausführen und das 20. Altersjahr vollendet haben.*

✐ *Ferienanspruch: Ab vollendetem 20. Altersjahr 4 Wochen, ab 50. Altersjahr 5 Wochen (Art. 6 Abs. 7 AVE GAV).*

Stand 1.4.2010   ✐ www.vzls.ch und www.syna.ch

Tätigkeitsbereich *Wöchentliche Arbeitszeit*	Tätigkeit *Quelle, vertragliche Vereinbarungen*	Stunden- und Monatslohn

| 32.9 | Herstellung sonstiger Erzeugnisse | |
| 32.91 | Herstellung von Besen und Bürsten | |

**Bürsten-
und Pinselindustrie**

42 Stunden, berufsüblich

Gesamtschweizerische Lohnempfehlung

Vorarbeiter, Schichtführer und Gruppenleiter	*27.30*	*4'968.—*
Gelernter Berufsarbeiter, selbstständig	*23.55*	*4'287.—*
Angelernter, ab 2. Dienstjahr	*19.75*	*3'594.—*
Hilfsarbeiter	*17.10*	*3'109.—*

📖 *Kein GAV, Swiss Brush, Verband Schweizerischer Bürsten- und Pinselfabrikanten.*

🗒 *Lohnempfehlungen des Verbandes Swiss Brush.*

✋ 13. Monatslohn: Berufsüblich, jedoch nicht vertraglich vereinbart. Zur Ermittlung des Jahreslohnes muss mit 13 multipliziert werden.

✋ Die Jahresteuerung wird seit 2001 aufgerechnet.

Stand 1.1.2011   ✒ www.ebnat.ch

Tätigkeit *Wöchentliche Arbeitszeit*	Berufliche Fähigkeiten *Quelle, Branchenbereich*	Stunden- und Monatslohn

33 **Reparatur und Installation von Maschinen und Ausrüstungen**

33.1 bis 33.2 — Reparatur von Metallerzeugnissen, Maschinen und Ausrüstungen sowie deren Installation

33.11 bis 33.20 — Reparatur von Metallerzeugnissen, Geräten und Fahrzeugen sowie Maschinen und Ausrüstungen einschliesslich deren Installation

42 Stunden, berufsüblich — *Branchenlöhne, Statistik der Grossregion Zürich, Median*

Hilfskräfte	Un- und Angelernte, bis 20 Jahre	20.60	3'751.—
	ab 20 bis 29 Altersjahre	23.60	4'296.—
	ab 30 bis 39 Altersjahre	25.65	4'665.—
	ab 40 bis 49 Altersjahre	26.55	4'833.—
	ab 50 bis 65 Altersjahre	27.60	5'024.—
Berufsleute, gelernt	Mit 3- oder 4-jähriger Lehre, bis 20 Jahre	25.85	4'701.—
	ab 20 bis 29 Altersjahre	31.—	5'638.—
	ab 30 bis 39 Altersjahre	38.25	6'961.—
	ab 40 bis 49 Altersjahre	40.10	7'302.—
	ab 50 bis 65 Altersjahre	41.05	7'472.—
Führungskräfte	Fach- und Betriebskader, Alter 20 bis 29	35.55	6'471.—
	ab 30 bis 39 Altersjahre	50.—	9'101.—
	ab 40 bis 49 Altersjahre	56.85	10'346.—
	ab 50 bis 65 Altersjahre	57.35	10'435.—

📖 *Kein GAV, Bundesamt für Statistik BfS, Lohnstrukturerhebung, Median nach Lebensalter.*

✍ Zur Ermittlung des Jahreslohnes muss mit 12 multipliziert werden.

🔖 *Branchenbereich: Reparatur und Instandhaltung von Booten, Fahrzeugen, Luftfahrzeugen, Maschinen, Metallerzeugnissen, Raumfahrzeugen, Schiffen und Yachten. Reparatur elektronischer und optischer Geräte, elektrischer Ausrüstungen sowie sonstiger Ausrüstungen. Installation von Maschinen und Ausrüstungen.*

✍ Liegen im Branchenbereich allgemeinverbindlich erklärte oder herkömmliche GAV vor, so hat die Einhaltung deren Löhne Vorrang.

Stand 1.1.2011   🖱 www.bfs.admin.ch/Löhne

Tätigkeitsbereich *Wöchentliche Arbeitszeit*	Tätigkeit *Quelle, vertragliche Vereinbarungen*	Stunden- und Monatslohn	

33.16   Reparatur und Instandhaltung von Luftfahrzeugen

Flugzeugtechniker	**GAV-Löhne, Grossregion Zürich**		
40 Stunden, laut GAV	Aircraft Mechanic (3)	**22.50**	**3'896.—**
	Certifying Aircraft		
Wartung und Unterhalt	– Engineer (6)	**29.90**	**5'186.—**
	– Lead Egineer (7)	**32.90**	**5'704.—**
	– Mechanic (4)	**24.75**	**4'286.—**
	– Technician (5)	**27.20**	**4'714.—**
	Fachmann Elektronik (3–7)	**22.50**	**3'896.—**
	Polymechaniker (3–7)	**22.50**	**3'896.—**
	Service-/Kabinenmechaniker (2–5)	**20.45**	**3'542.—**
	Triebwerk-/Prüfstandmechaniker (3–7)	**22.50**	**3'896.—**
	Trouble Shooter (7–10)	**32.90**	**5'704.—**
Produktionstechnik und -planung	Betriebsarbeiter (2–5)	**20.45**	**3'542.—**
	Fachmann		
	– Holz, Textil und Leder (2–5)	**20.45**	**3'542.—**
	– Kunststoff (3–6)	**22.50**	**3'896.—**
	– Metall (3–6)	**22.50**	**3'896.—**
	– Oberflächenbearbeitung (2–6)	**20.45**	**3'542.—**
	– Qualitätssicherung (2–7)	**20.45**	**3'542.—**
	Methodiker (4–9)	**24.75**	**4'286.—**
	Produktionsplaner (4–9)	**24.75**	**4'286.—**
Quality Management und Ausbildung	Auditor (6–9)	**29.90**	**5'186.—**
	Engineer (8–12)	**36.20**	**6'275.—**
	Training-Spezialist (6–9)	**29.90**	**5'186.—**
Beschaffung und Logistik	Einkäufer (4–11)	**24.75**	**4'286.—**
	Logistik-Assistent (2–3)	**20.45**	**3'542.—**
	Logistiker (4–11)	**24.75**	**4'286.—**

   📖 *GAV zwischen der SR Technics Switzerland AG sowie dem VPOD, dem KV Schweiz und dem Push Personalverband. Lohnbestimmungen Art. 5.*

   ⏳ *Laufzeit des GAV ab 1.1.2001, ungekündigt.*

   🗐 *Funktionsraster SR Technics; die in Klammern gesetzten Zahlen entsprechen der Erfahrungsstufe 0.*

   ✎ *Der 13. Monatslohn ist vertraglich vereinbart (Art. 5.1.1 GAV). Zur Ermittlung des Jahreslohnes muss mit 13 multipliziert werden.*

⌀ *Lohnzuschläge: Für vorübergehende Nachtarbeit, zwischen 19.00 und 06.00 Uhr und an jährlich bis zu 25 Nächten, 25% (Art. 6.2.1 GAV). Für vorübergehende Sonntagsarbeit, zwischen 06.00 und 20.00 Uhr und an jährlich bis zu 6 Sonntagen, 50% (Art. 6.2.2 GAV). Zwischen 08.00 und 18.00 Uhr wird die Einsatzbereitschaft für Tagespikett mit CHF 3 und im gleichen Zeitraum an Sonn- und Feiertagen mit CHF 4.50 pro Stunde abgegolten. Für Nachtpikett zwischen 18.00 und 08.00 Uhr wird CHF 1.80 pro Stunde ausgerichtet (Art. 6.2.4 GAV).*

⌀ *Lohnzuschläge für Arbeitnehmende mit dauernden unregelmässigen Dienstzeiten: Von Montag bis Sonntag zwischen 00.00 und 06.00 Uhr sowie zwischen 20.00 und 24.00 Uhr, beträgt der stündliche Zuschlag CHF 9. Von Montag bis Samstag, zwischen 19.00 und 20.00 Uhr, beträgt jener CHF 3.60 sowie an Samstagen zwischen 06.00 und 19.00 Uhr CHF 1.80. Sonntags, zwischen 06.00 und 20.00 Uhr, gilt ein Zuschlag von CHF 7.20 (Art. 4 im Anhang zum GAV).*

⌀ *Werden Arbeitnehmende im Kalenderjahr an über 30 Sonn- und Feiertagen zur Arbeit herbeigezogen, wird zusätzlich eine pauschale Vergütung ausgerichtet: Vom 31. bis 35. Sonn- und Feiertag CHF 10, vom 36. bis 40 Sonn- und Feiertag CHF 15 sowie für weitere Sonn- und Feiertage CHF 20 (Art. 6.2.2 GAV).*

⌀ *An die Gesundheitskosten trägt der Arbeitgeber monatlich mit CHF 78 am Arbeitsort Zürich und mit CHF 120 in Genf bei (Art. 6.1.2 GAV).*

⌀ *Ferienanspruch: Ab 21. Altersjahr 4 Wochen. Nach Vollendung des 41. Altersjahres 21 Tage sowie für jedes weitere vollendete Altersjahr, bis und mit vollendetem 44. Altersjahr, jährlich 1 zusätzlicher Tag. Ab vollendetem 45. Altersjahr 25 Tage sowie ab vollendetem 51. Lebensjahr 26 Tage. Nach Vollendung des 61. Altersjahres 31 Tage (Art. 4.4 GAV).*

Tätigkeit *Wöchentliche Arbeitszeit*	Berufliche Fähigkeiten *Quelle, Branchenbereich*	Stunden- und Monatslohn

D   **Energieversorgung**

35   **Energieversorgung**

35.1 bis 35.3   Elektrizitäts-, Gas-, Wärme- und Kälteversorgung

35.11 bis 35.30   Energieerzeugung, -übertragung und -verteilung
sowie Wärme- und Kälteversorgung

---

42 Stunden, berufsüblich   *Branchenlöhne, Statistik der Grossregion Zürich, Median*

Hilfskräfte	Un- und Angelernte, bis 20 Jahre	*19.85*	*3'612.—*
	ab 20 bis 29 Altersjahre	*22.75*	*4'137.—*
	ab 30 bis 39 Altersjahre	*24.70*	*4'493.—*
	ab 40 bis 49 Altersjahre	*25.55*	*4'654.—*
	ab 50 bis 65 Altersjahre	*26.60*	*4'838.—*
Berufsleute, gelernt	Mit 3- oder 4-jähriger Lehre, bis 20 Jahre	*24.40*	*4'438.—*
	ab 20 bis 29 Altersjahre	*29.25*	*5'322.—*
	ab 30 bis 39 Altersjahre	*36.10*	*6'572.—*
	ab 40 bis 49 Altersjahre	*37.90*	*6'894.—*
	ab 50 bis 65 Altersjahre	*38.75*	*7'054.—*
Führungskräfte	Fach- und Betriebskader, Alter 20 bis 29	*36.35*	*6'617.—*
	ab 30 bis 39 Altersjahre	*51.15*	*9'307.—*
	ab 40 bis 49 Altersjahre	*58.15*	*10'581.—*
	ab 50 bis 65 Altersjahre	*58.65*	*10'672.—*

📖 *Kein GAV; Bundesamt für Statistik BfS, Lohnstrukturerhebung, Median nach Lebensalter.*

✋ Zur Ermittlung des Jahreslohnes muss mit 12 multipliziert werden.

📄 *Branchenbereich: Elektrizitätserzeugung, -übertragung, -verteilung und -handel. Gaserzeugung, -verteilung und -handel durch Rohrleitungen; Wärme- und Kälteversorgung.*

✋ Liegen im Branchenbereich allgemeinverbindlich erklärte oder herkömmliche GAV vor, so hat die Einhaltung deren Löhne Vorrang.

Stand 1.1.2011   ✍ www.bfs.admin.ch/Löhne

Tätigkeitsbereich *Wöchentliche Arbeitszeit*	Tätigkeit *Quelle, vertragliche Vereinbarungen*	Stunden- und Monatslohn	

35.1 Elektrizitätsversorgung

35.11 Elektrizitätserzeugung, Betriebspersonal
mit 3-jähriger Berufslehre

Elektrizitätsversorgung, Kernkraftwerke: **Berufsleute mit 3-jähriger Lehre**
Anlagenoperateur, Strahlenschutzfachkraft, Unterhaltspersonal

Haustechnik   *Gesamtschweizerischer Vergleichswert*

41 Stunden, betriebsüblich	Spengler, Heizungs- und Sanitärmonteur sowie Lüftungsanlagebauer, gelernt	*22.50*	*4'000.—*
	ab 2. Berufsjahr	*23.35*	*4'150.—*
	ab 3. Berufsjahr	*24.20*	*4'300.—*
	ab 4. Berufsjahr	*25.05*	*4'450.—*
	ab 5. Berufsjahr	*25.90*	*4'600.—*
	ab 6. Berufsjahr	*26.75*	*4'750.—*

⊞ *Aus dem GAV in der Schweizerischen Gebäudetechnikbranche, Kapitelziffer 43.22.*

Isolierspengler   *Gesamtschweizerischer Vergleichswert*

41 Stunden, betriebsüblich	Isolierspengler, nach Lehrabschluss 20 bis 25 Altersjahre	*23.50*	*4'175.—*
	26 bis 30 Altersjahre	*26.90*	*4'775.—*
	31 bis 35 Altersjahre	*28.40*	*5'050.—*
	36 bis 40 Altersjahre	*30.10*	*5'350.—*
	ab 41 Altersjahren	*30.55*	*5'425.—*

⊞ *Aus dem GAV im Schweizerischen Isoliergewerbe, Kapitelziffer 43.29.*

Maler   *Gesamtschweizerischer Vergleichswert*

41 Stunden, betriebsüblich	Lehrabgänger, im 1. Berufsjahr	*23.05*	*4'096.—*
	ab 2. Berufsjahr	*24.40*	*4'331.—*
	ab 3. Berufsjahr	*25.85*	*4'595.—*
	Berufsarbeiter mit Erfahrung	*27.20*	*4'831.—*
	Vorarbeiter	*31.10*	*5'524.—*

⊞ *Aus dem GAV für das Maler und Gipsergewerbe, Kapitelziffer 43.34.*

Tätigkeitsbereich *Wöchentliche Arbeitszeit*	Tätigkeit *Quelle, vertragliche Vereinbarungen*	Stunden- und Monatslohn

Mechapraktiker

Gesamtschweizerische Statistik, Median

41 Stunden, betriebsüblich

Mechapraktiker, nach Lehrabschluss	*25.15*	*4'469.—*
ab 30. Altersjahr	*27.60*	*4'905.—*
31 bis 40 Altersjahre	*29.45*	*5'232.—*
41 bis 50 Altersjahre	*33.30*	*5'912.—*
ab 51 Altersjahren	*35.05*	*6'229.—*

⊞ *Aus der Lohnerhebung der Swissmechanic Schweizerischer Verband mechanisch-technischer Betriebe, Kapitelziffer 25.62.*

Montage-Elektriker

Gesamtschweizerischer Vergleichswert

41 Stunden, betriebsüblich

Lehrabgänger nach Lehrabschluss	***21.65***	***3'850.—***
ab 2. Berufsjahr	***22.50***	***4'000.—***
ab 25. Altersjahr	***24.20***	***4'300.—***
ab 30. Altersjahr	***25.60***	***4'550.—***

⊞ *Aus dem GAV des Schweizerischen Elektro- und Telekommunikations-Installationsgewerbes, Kapitelziffer 43.21.*

Mitarbeiter Reinigung

Gesamtschweizerischer Vergleichswert

41 Stunden, betriebsüblich

Reiniger II, gelernt oder mit eidgenössischem Fähigkeitsausweis	***23.15***	***4'110.—***
Reiniger III, gelernt mit eidgenössischem Fachausweis oder 2 Jahre nach Lehrabschluss	***27.70***	***4'919.—***

⊞ *Aus dem GAV für die Reinigungsbranche in der Deutschschweiz, Kapitelziffer 81.21.*

✍ Kein GAV des Bereichs Kernkraftwerke, Verband Schweizerischer Elektrizitätsunternehmen.

✍ Ein 13. Monatslohn ist nicht vertraglich vereinbart. Zur Ermittlung des Jahreslohnes muss mit 12 multipliziert werden.

✍ www.strom.ch, www.vpe.ch und www.vse-online.ch
Stand 1.1.2011   www.kkg.ch, www.kkl.ch, www.axpo.ch und www.bkw-fmb.ch

Tätigkeitsbereich *Wöchentliche Arbeitszeit*	Tätigkeit *Quelle, vertragliche Vereinbarungen*	Stunden- und Monatslohn

35.11 Elektrizitätserzeugung, Betriebspersonal
mit 4-jähriger Berufslehre

Elektrizitätsversorgung, Kernkraftwerke:	**Berufsleute mit 4-jähriger Lehre** Anlagenoperateur BBT, Reaktoroperateur, Strahlenschutztechniker und Unterhaltspersonal		
Elektromonteur	***Gesamtschweizerischer Vergleichswert***		
41 Stunden, betriebsüblich	Elektromonteur, Elektroplaner und Elektrozeichner sowie Netzwerkelektriker, im 1. Berufsjahr	*24.20*	*4'300.—*
	ab 2. Berufsjahr	*24.75*	*4'400.—*
	ab 25. Altersjahr	*25.60*	*4'550.—*
	ab 30. Altersjahr	*27.60*	*4'900.—*
	Telematiker, ab 1. Berufsjahr	*25.05*	*4'450.—*
	ab 2. Berufsjahr	*26.15*	*4'650.—*
	ab 25. Altersjahr	*27.30*	*4'850.—*

⊞ *Aus dem GAV des Schweizerischen Elektro- und Telekommunikations-Installationsgewerbes, Kapitelziffer 43.21.*

Schaltanlagenmonteur	*Gesamtschweizerische Statistik, Median*		
41 Stunden, betriebsüblich	Gelernt, bis 25 Altersjahre	*28.15*	*5'003.—*
	bis 30 Altersjahre	*31.65*	*5'622.—*
Automatiker,	31 bis 40 Altersjahre	*33.75*	*5'998.—*
Elektromechaniker	41 bis 50 Altersjahre	*36.85*	*6'543.—*
	ab 51 Altersjahren	*38.25*	*6'795.—*
Elektroniker	Gelernt, bis 25 Altersjahre	*25.15*	*4'468.—*
	bis 30 Altersjahre	*27.35*	*4'856.—*
	31 bis 40 Altersjahre	*31.—*	*5'510.—*
	41 bis 50 Altersjahre	*34.70*	*6'167.—*
	ab 51 Altersjahren	*36.15*	*6'421.—*
Polymechaniker	Gelernt, bis 25 Altersjahre	*27.95*	*4'966.—*
	bis 30 Altersjahre	*31.50*	*5'595.—*
	31 bis 40 Altersjahre	*34.40*	*6'113.—*
	41 bis 50 Altersjahre	*36.65*	*6'512.—*
	ab 51 Altersjahren	*38.15*	*6'780.—*

⊞ *Aus der Lohnerhebung der Swissmechanic, Schweizerischer Verband mechanisch-technischer Betriebe, Kapitelziffer 25.62.*

Tätigkeitsbereich *Wöchentliche Arbeitszeit*	Tätigkeit *Quelle, vertragliche Vereinbarungen*	Stunden- und Monatslohn	

Metallbaukonstrukteur   *Gesamtschweizerischer Vergleichswert*

41 Stunden, betriebsüblich	Facharbeiter, 20 bis 21 Altersjahre	*22.50*	*4'000.—*
	22 bis 24 Altersjahre	*23.65*	*4'200.—*
	25 bis 29 Altersjahre	*25.60*	*4'550.—*
	30 bis 39 Altersjahre	*26.45*	*4'700.—*
	ab 40 Altersjahren	*27.—*	*4'800.—*
Un- und Angelernte	Ungelernter, ab 20. Altersjahr	*20.25*	*3'600.—*
	Angelernter, 20 bis 21 Altersjahre	*20.85*	*3'700.—*
	22 bis 24 Altersjahre	*21.95*	*3'900.—*
	25 bis 29 Altersjahre	*22.80*	*4'050.—*
	ab 30 Altersjahren	*23.65*	*4'200.—*

⊞ *Aus dem L-GAV im Branchenbereich der schweizerischen Metall-Union, Kapitelziffern 25.11 und 25.12.*

Schweisstechniker   *Gesamtschweizerischer Vergleichswert*

41 Stunden, betriebsüblich	Schweisser, mit einer Fachrichtung	*27.85*	*4'952.—*
	ab 2 Fachrichtungen	*30.90*	*5'491.—*
	ab 3 Fachrichtungen oder mit Spezialausbildung	*33.95*	*6'030.—*

⊞ *Aus der Lohnempfehlung des Schweizerischen Vereins für Schweisstechnik, Kapitelziffer 25.62.*

✋ Kein GAV des Bereichs Kernkraftwerke, Verband Schweizerischer Elektrizitätsunternehmen.

✋ Ein 13. Monatslohn ist nicht vertraglich vereinbart. Zur Ermittlung des Jahreslohnes muss mit 12 multipliziert werden.

Stand 1.1.2011

🖰 www.strom.ch, www.vpe.ch und www.vse-online.ch
www.kkg.ch, www.kkl.ch, www.axpo.ch und www.bkw-fmb.ch

Tätigkeitsbereich *Wöchentliche Arbeitszeit*	Tätigkeit *Quelle, vertragliche Vereinbarungen*	Stunden- und Monatslohn

35.11   Elektrizitätserzeugung, Techniker HF (Höhere Fachschule)

Elektrizitätsversorgung, Kernkraftwerke:	**Techniker Höhere Fachschule (HF)** Schichtleiter, Techniker HF Fachrichtung Kernkraftwerktechnik		
Techniker HF	*Gesamtschweizerische Statistik, Median*		
41 Stunden, betriebsüblich	bis 25 Altersjahre	*32.35*	*5'748.—*
	ab 26 bis 30 Altersjahre	*38.75*	*6'886.—*
Betriebswirtschafter	ab 31 bis 35 Altersjahre	*46.60*	*8'281.—*
	ab 36 bis 40 Altersjahre	*50.25*	*8'924.—*
	ab 41 bis 45 Altersjahre	*58.50*	*10'395.—*
	ab 46 bis 50 Altersjahre	*59.85*	*10'636.—*
	über 50 Altersjahren	*60.45*	*10'737.—*
Elektroniker, Automatiker und Energietechniker	bis 25 Altersjahre	*31.85*	*5'662.—*
	ab 26 bis 30 Altersjahre	*33.45*	*5'941.—*
	ab 31 bis 35 Altersjahre	*40.65*	*7'219.—*
	ab 36 bis 40 Altersjahre	*45.60*	*8'102.—*
	ab 41 bis 45 Altersjahre	*49.05*	*8'715.—*
	ab 46 bis 50 Altersjahre	*61.50*	*10'930.—*
	über 50 Altersjahren	*54.40*	*9'667.—*
Elektrotechniker	ab 26 bis 30 Altersjahre	*33.25*	*5'910.—*
	ab 31 bis 35 Altersjahre	*43.85*	*7'792.—*
	ab 36 bis 40 Altersjahre	*46.85*	*8'327.—*
	ab 41 bis 45 Altersjahre	*51.75*	*9'195.—*
	ab 46 bis 50 Altersjahre	*54.25*	*9'636.—*
	über 50 Altersjahren	*53.90*	*9'573.—*
Informatiker und Informatik-Techniker	bis 25 Altersjahre	*35.50*	*6'306.—*
	ab 26 bis 30 Altersjahre	*36.20*	*6'430.—*
	ab 31 bis 35 Altersjahre	*42.55*	*7'561.—*
	ab 36 bis 40 Altersjahre	*49.—*	*8'707.—*
	ab 41 bis 45 Altersjahre	*54.70*	*9'714.—*
	ab 46 bis 50 Altersjahre	*55.40*	*9'845.—*
	über 50 Altersjahren	*56.15*	*9'977.—*
Telematiker	ab 26 bis 30 Altersjahre	*34.45*	*6'120.—*
	ab 31 bis 35 Altersjahre	*41.65*	*7'397.—*
	ab 36 bis 40 Altersjahre	*49.95*	*8'877.—*

☝ Kein GAV des Bereichs Kernkraftwerke, Verband Schweizerischer Elektrizitätsunternehmen.

▦ *Aus der Gehaltserhebung 2009/2010 der diplomierten Absolventen HF, Kapitelziffer 70.22.*

☝ Zur Ermittlung des Jahreslohnes muss mit 12 multipliziert werden.

☞ www.strom.ch, www.vpe.ch und www.vse-online.ch
www.kkg.ch, www.kkl.ch, www.axpo.ch und www.bkw-fmb.ch

Tätigkeitsbereich *Wöchentliche Arbeitszeit*	Tätigkeit *Quelle, vertragliche Vereinbarungen*	Stunden- und Monatslohn

35.11	Elektrizitätserzeugung, Hochschulabsolventen	

Elektrizitätsversorgung, Kernkraftwerke: / **Hochschulabsolventen**
Pikettingenieure und Strahlenschutzsachverständige mit Hochschulausbildung Fachhochschule FH oder Höhere Technische Lehranstalt HTL

Hochschulabsolventen — *Statistik der Grossregion Zürich, Median*

41 Stunden, betriebsüblich

Tätigkeit	Std	Monat
Fachspezialist mit Spezialfach, bis 30 Altersjahre	31.55	5'604.—
31 bis 35 Altersjahre	34.80	6'187.—
36 bis 45 Altersjahre	38.10	6'770.—
46 bis 55 Altersjahre	41.20	7'322.—
ab 56 Altersjahren	43.30	7'689.—
Unteres Kader, mit Fachhochschulabschluss (HTL, HWV), bis 30 Altersjahre	37.65	6'691.—
31 bis 35 Altersjahre	40.30	7'160.—
36 bis 45 Altersjahre	42.95	7'629.—
46 bis 55 Altersjahre	45.50	8'083.—
ab 56 Altersjahren	43.15	7'663.—
Unteres Kader, mit Fachhochschulabschluss (HTL, HWV), 31 bis 45 Altersjahre	47.55	8'451.—
46 bis 55 Altersjahre	62.35	11'077.—
ab 56 Altersjahren	68.05	12'092.—

Kein GAV des Bereichs Kernkraftwerke, Verband Schweizerischer Elektrizitätsunternehmen.

Aus den Gehaltserhebungen 2003 und 2010 der Angestellten Schweiz. Maschinenindustrie des Grossraums Zürich: Planung und Fertigung, Kapitelziffer 28.00.

Ein 13. Monatslohn ist nicht vertraglich vereinbart. Zur Ermittlung des Jahreslohnes muss mit 12 multipliziert werden.

Tätigkeitsbereich *Wöchentliche Arbeitszeit*	Tätigkeit *Quelle, vertragliche Vereinbarungen*	Stunden- und Monatslohn	
Ingenieure FH/HTL	*Gesamtschweizerische Statistik, Median*		
41 Stunden, betriebsüblich	ab 23 Jahren	*32.30*	*5'739.—*
	25 bis 30 Jahre	*33.70*	*5'986.—*
Dienstleistung und Industrie	31 bis 35 Jahre	*40.25*	*7'148.—*
	36 bis 40 Jahre	*46.75*	*8'310.—*
	41 bis 45 Jahre	*52.50*	*9'331.—*
	46 bis 50 Jahre	*56.70*	*10'070.—*
	50 bis 55 Jahre	*59.45*	*10'563.—*
	55 bis 60 Jahre	*61.05*	*10'844.—*
	über 60 Jahre	*61.05*	*10'848.—*
Berufserfahrung	ab 23. Altersjahr	*29.75*	*5'284.—*
	ab 25. Altersjahr	*34.15*	*6'064.—*
	ab 30. Altersjahr	*40.50*	*7'195.—*
	ab 35. Altersjahr	*46.40*	*8'243.—*
	ab 40. Altersjahr	*50.90*	*9'046.—*
	ab 45. Altersjahr	*54.70*	*9'717.—*
	ab 50. Altersjahr	*57.70*	*10'251.—*
	ab 55. Altersjahr	*61.30*	*10'891.—*
	ab 60. Altersjahr	*64.85*	*11'518.—*
Führungsfunktionen	Kader ohne Mitarbeitende	*49.35*	*8'770.—*
	bis 5 Mitarbeitende	*53.90*	*9'579.—*
	5 bis 10 Mitarbeitende	*58.35*	*10'365.—*
	11 bis 20 Mitarbeitende	*58.70*	*10'428.—*
	20 bis 100 Mitarbeitende	*67.70*	*12'027.—*
	mehr als 100 Mitarbeitende	*80.85*	*14'367.—*

☝ Kein GAV des Bereichs Kernkraftwerke, Verband Schweizerischer Elektrizitätsunternehmen.

⊞ *Saläre für Ingenieure und Architekten, Gehaltserhebung 2009/2010 des Verbandes Swiss Engineering STV.*

☝ Ein 13. Monatslohn ist nicht vertraglich vereinbart. Zur Ermittlung des Jahreslohnes muss mit 12 multipliziert werden.

🖥 www.strom.ch, www.vpe.ch und www.vse-online.ch
www.kkg.ch, www.kkl.ch, www.axpo.ch und www.bkw-fmb.ch

Stand 1.1.2011

Tätigkeitsbereich *Wöchentliche Arbeitszeit*	Tätigkeit *Quelle, vertragliche Vereinbarungen*	Stunden- und Monatslohn

35.11   Elektrizitätserzeugung, chemische Untersuchung und Bewachung

Elektrizitätsversorgung Kernkraftwerke:

Labortätigkeit und Bewachung
Laboranten, Chemikanten, Chemietechnologen und Betriebswächter

Laboranten, Chemikanten *Gesamtschweizerischer Vergleichswert*

41 Stunden, betriebsüblich			
	ab 25. Altersjahr	*24.35*	*4'322.—*
	ab 30. Altersjahr	*27.90*	*4'954.—*
	ab 40. Altersjahr	*30.75*	*5'467.—*
	ab 50. Altersjahr	*32.10*	*5'704.—*
	ab 60. Altersjahr	*32.30*	*5'743.—*

☞ Kein GAV des Bereichs Kernkraftwerke, Verband Schweizerischer Elektrizitätsunternehmen.

⊞ *Aus den Lohnempfehlungen der Nordwestschweizer chemischen Industrie, Kapitelziffer 20.12 und 20.16.*

☞ Ein 13. Monatslohn ist nicht vertraglich vereinbart. Zur Ermittlung des Jahreslohnes muss mit 12 multipliziert werden.

Tätigkeitsbereich *Wöchentliche Arbeitszeit*	Tätigkeit *Quelle, vertragliche Vereinbarungen*	Stunden- und Monatslohn	

Elektrizitätsversorgung,
Kernkraftwerke:

Gesamtschweizerischer Vergleichswert

Betriebswächter

41 Stunden, betriebsüblich

Tätigkeit	Stundenlohn	Monatslohn
Wachmann, im 1. Dienstjahr	*23.75*	*4'219.—*
ab 2. Dienstjahr	*24.50*	*4'353.—*
ab 4. Dienstjahr	*25.90*	*4'601.—*
ab 6. Dienstjahr	*26.65*	*4'738.—*
ab 8. Dienstjahr	*27.—*	*4'799.—*
ab 10. Dienstjahr	*27.35*	*4'860.—*
ab 12. Dienstjahr	*27.70*	*4'921.—*

☝ Kein GAV des Bereichs Kernkraftwerke, Verband Schweizerischer Elektrizitätsunternehmen.

☝ Ein 13. Monatslohn ist nicht vertraglich vereinbart. Zur Ermittlung des Jahreslohnes muss mit 12 multipliziert werden.

▦ *Aus dem GAV für die private Sicherheitsdienstleistungsbranche, Kapitelziffer 80.10.*

☝ *Betriebsfunktionen Kernkraftwerke:* Reaktoroperateure arbeiten hauptsächlich im Kommandoraum. Sie bedienen die Gesamtanlage und überwachen die betrieblichen Vorgänge und Abläufe. Anlagenoperateure hingegen überwachen die Anlage und die Hilfsanlagen auf Rundgängen: Aussen-, Wasseraufbereitungs- und Lüftungsanlagen sowie Anlageteile, die nur vor Ort bedient werden können, sowie im Turbingebäude und den primären Nebenanlagen das einwandfreie Funktionieren der Apparaturen. Der Anlagenoperateur meldet Werte an den Kommandoraum und nimmt die notwendigen Schalthandlungen vor. Schichtleiter und deren Stellvertreter, Reaktoroperateure und Pikettingenieure benötigen zur Ausübung ihrer Arbeit eine Lizenz. Diese wird durch die Hauptabteilung für die Sicherheit der Kernanlagen (HSK) erteilt. Zusätzlich zu den automatischen Überwachungseinrichtungen werden für genau definierte Aufgaben Strahlenschutzassistenten, -fachkräfte und -techniker eingesetzt. Die Strahlenschutzfachkraft überwacht das Personal und die Arbeiten sowie die Anlage und deren Umgebung auf mögliche Strahlenbelastung. Der Strahlenschutztechniker bearbeitet gesamtheitliche Strahlenschutzaufgaben. Dazu gehören die Strahlenschutzplanung, die strahlenschutztechnische Unterstützung des Fachpersonals bei der Arbeitsvorbereitung und -durchführung. Ebenso nimmt er die amtliche Überwachung des beruflich strahlenexponierten Personals mittels Dosimetrie wahr. Der Strahlenschutzsachverständige sorgt für einen gesetzeskonformen Strahlenschutz.

✍ www.strom.ch, www.vpe.ch und www.vse-online.ch
www.kkg.ch, www.kkl.ch, www.axpo.ch und www.bkw-fmb.ch

Tätigkeitsbereich *Wöchentliche Arbeitszeit*	Tätigkeit *Quelle, vertragliche Vereinbarungen*	Stunden- und Monatslohn

| 35.11 | Elektrizitätserzeugung,
Betriebspersonal von Wasserkraftwerken | |

Elektrizitätsversorgung, **Wasserkraftwerke:**	***Gesamtschweizerischer Vergleichswert***		
	Kraftwerkmeister (13)	*31.30*	*5'560.—*
Betriebspersonal	Kraftwerksangestellter (1)	*19.65*	*3'493.—*
	Projektleiter (15)	*34.—*	*6'040.—*
41 Stunden, betriebsüblich	Servicemitarbeiter (6)	*23.80*	*4'226.—*
	Spezialmonteur (6)	*23.80*	*4'226.—*
	Technischer Assistent (7)	*24.70*	*4'390.—*
	Technischer Sachbearbeiter (11)	*28.85*	*5'129.—*
	Techniker (13)	*31.30*	*5'560.—*
	Technischer Fachspezialist (15)	*34.—*	*6'040.—*
	Wissenschaftlicher Assistent (19)	*40.35*	*7'169.—*
	Wissenschaftlicher Fachspezalist (21)	*44.10*	*7'836.—*
	Zentralenoperateur (8)	*25.70*	*4'562.—*

Kein GAV des Bereichs Wasserkraftwerke, Verband Schweizerischer Elektrizitätsunternehmen.

Basislöhne laut GAV SBB und GAV SBB Cargo AG, Art. 89–99 und Anhang 7, Kapitelziffer 49.10. Die ursprünglichen Lohnstufen der SBB-Funktionen für deren Kraftwerkbetriebe werden in Klammern wiedergegeben.

Ein 13. Monatslohn ist nicht vertraglich vereinbart. Zur Ermittlung des Jahreslohnes muss mit 12 multipliziert werden.

Den Kernkraftwerken gleich sind die durch Wasserkraft sowie andere kinetische und fossile Energie betriebenen Werke ebenfalls auf gelernte Berufsleute und Mitarbeiter mit Hochschulbildung angewiesen. In diesem Sinne gelten obige Ansätze für Kernkraftwerke ebenso für die Wasserkraftwerke.

Stand 1.1.2010   www.strom.ch, www.vpe.ch und www.vse-online.ch

Tätigkeitsbereich *Wöchentliche Arbeitszeit*	Tätigkeit *Quelle, vertragliche Vereinbarungen*	Stunden- und Monatslohn	

35.13 Elektrizitätsverteilung

Elektrizitätsverteilung	***Lohnempfehlung der Grossregion Zürich***		
41 Stunden, laut Reglement Planung und Entwicklung	Projektplanung und Disposition, mit Berufslehre oder gleichwertiger Ausbildung (e)	*29.95*	*5'322.—*
	Konstruktion, mit Berufslehre oder gleichwertiger Ausbildung (d)	*26.75*	*4'752.—*
	Zeichner, mit systematischer 2-jähriger Ausbildung (c)	*24.10*	*4'281.—*
	Entwicklung, Konstruktion und Planung, Ausbildung an der Technikerschule TS mit Fachrichtung Konstruktionstechnik (f)	*33.85*	*6'014.—*
	Projektierung und Engineering, Fachhochschule mit Zusatzausbildung oder Hochschulbildung (h)	*44.40*	*7'885.—*
Bau, Montage, Betrieb und Instandhaltung	Montage, mit systematischer halbjähriger Ausbildung (b)	*21.90*	*3'892.—*
	Fachmontage und Instandhaltung, mit 4-jähriger Berufsausbildung oder gleichwertiger Ausbildung (d)	*26.75*	*4'752.—*
	Steuerung und Überwachung, mit 4-jähriger Berufsausbildung oder gleichwertiger Ausbildung (e)	*29.95*	*5'322.—*
	Teamleitung, mit 3- oder 4-jähriger Berufsausbildung und Berufserfahrung (f)	*33.85*	*6'014.—*
Support	Mitarbeiter Logistik und Support, mit systematischer und halbjähriger Ausbildung (a)	*20.10*	*3'571.—*
	Betriebsarbeiten, mit 2-jähriger Berufslehre oder gleichwertiger Ausbildung (b)	*21.90*	*3'892.—*
	IT-Technik-Support, mit 4-jähriger Berufs- lehre oder gleichwertiger Ausbildung (e)	*29.95*	*5'322.—*
	Spezial-Support, mit Ausbildung an der Technikerschule TS oder gleichwertiger Ausbildung (f)	*33.85*	*6'014.—*
	Spezialist Energiewirtschaft, Fachhochschule mit Zusatzausbildung oder Hochschulbildung (h)	*44.40*	*7'885.—*

Tätigkeitsbereich *Wöchentliche Arbeitszeit*	Tätigkeit *Quelle, vertragliche Vereinbarungen*	Stunden- und Monatslohn	
Support	Büroassistenz, mit systematischer 2-jähriger Ausbildung (b)	*21.90*	*3'892.—*
	Sachbearbeitung, mit 3-jähriger kauf- männischer Ausbildung (d)	*26.75*	*4'752.—*
	Fachbearbeitung, mit Fachhochschul- bildung oder entsprechendem Wissen (g)	*38.60*	*6'856.—*
	Spezialisierte Fachbearbeitung, mit Fachhochschulbildung sowie vertiefter Ausbildung oder Hochschulbildung mit Zusatzausbildung (i)	*51.05*	*9'067.—*
	Teamleitung Support, mit 3- oder 4-jähriger Berufsbildung sowie Zusatzausbildung (f)	*33.85*	*6'014.—*

📖 *Allgemeine Anstellungsbedingungen der EKZ. Lohnbestimmun-gen Ziffer 5 der Anstellungsbedingungen.*

⧗ *Laufzeit der Anstellungsbedingungen ab 1.7.2002.*

▦ *Löhne des Kerngeschäftes laut Kompetenzraster. Der Monats-lohn zum entsprechenden, in Klammern gesetzten, Buchstaben stellt den tiefsten Punkt des jeweiligen Lohnbandes dar.*

✐ *Der 13. Monatslohn ist vertraglich vereinbart (Ziffer 5.2 Anstel-lungsbedingungen). Zur Ermittlung des Jahreslohnes muss mit 13 multipliziert werden.*

✐ *Lohnzulagen: Die im Kerngeschäft tätigen Arbeitnehmenden haben, bei Bereitschaftsdienst zwischen Montag und Freitag, Anspruch auf eine Tagespauschale von CHF 50 und an Sams-tagen, Sonn-, Feier- und Brückentagen auf eine Tagespau-schale von CHF 80. Dies ergibt eine Wochenpauschale von CHF 410 (Ziffer 1.2 Anhang 1 zum Zeitreglement).*

✐ *Ferienanspruch: Bis zur Vollendung des 20. Altersjahres 30 Tage. Ab dem Kalenderjahr, in dem das 21. Altersjahr vollendet wird, 22 Tage. Sinngemäss ab vollendetem 40. Altersjahr 25 Tage, ab vollendetem 50. Altersjahr 27 Tage und ab jenem Jahr, in dem das 57. Altersjahr vollendet wird, 30 Tage (Ziffer 4.1 Anstellungs-bedingungen).*

✐ *Feiertage: Die Arbeitnehmenden haben Anspruch auf jährlich 11½ Feiertage (Ziffer 4.2 Anstellungsbedingungen).*

Tätigkeitsbereich *Wöchentliche Arbeitszeit*	Tätigkeit *Quelle, vertragliche Vereinbarungen*	Stunden- und Monatslohn	

| 35.2 | Gasversorgung | | |
| 35.22 | Gasverteilung durch Rohrleitungen | | |

Gasverteilung, **Montage-, Unterhalts- und** **Verwaltungspersonal**	**GAV-Löhne, Grossregion Zürich**		
	Assistent Einkauf (6)	**33.35**	**6'066.—**
	Assistent Netz (7)	**36.10**	**6'572.—**
42 Stunden, laut GAV	Beauftragter Strategie & Nachhaltigkeit (11)	**52.80**	**9'608.—**
	Bereichsleiter (14)	**77.35**	**14'082.—**
	– Energiedienstleistungen (13)	**67.50**	**12'281.—**
	– erneuerbare Energien (13)	**67.50**	**12'281.—**
	Chief Executive Officer (16)	**102.25**	**18'610.—**
	Chief Financial Officer (15)	**88.10**	**16'031.—**
	Controller (9)	**42.30**	**7'701.—**
	Customer Relationship Manager (11)	**52.80**	**9'608.—**
	Direktionsassistent (7)	**36.10**	**6'572.—**
	Disponent (6)	**33.35**	**6'066.—**
	Empfangspersonal (3)	**26.65**	**4'846.—**
	Energieberater (7–9)	**36.10**	**6'572.—**
	Energiewirtschafter (11)	**52.80**	**9'608.—**
	Fachspezialist		
	– Inkasso (7)	**36.10**	**6'572.—**
	– Netz-Service (6)	**33.35**	**6'066.—**
	Finanzbuchhalter (11)	**52.80**	**9'608.—**
	Geomatiker Netzdokumentation (4–5)	**28.60**	**5'203.—**
	Informatik und Organisation (9)	**42.30**	**7'701.—**
	Installations- und Apparatekontrolle (9–10)	**42.30**	**7'701.—**
	Instandhaltungsfachmann (6)	**33.35**	**6'066.—**
	Junior-Controller (6)	**33.35**	**6'066.—**
	Kundenbetreuer, Kundenservice (6)	**33.35**	**6'066.—**
	Leiter		
	– Accountmanagement (12)	**59.50**	**10'828.—**
	– Anlagebetrieb (9)	**42.30**	**7'701.—**
	– Einkauf (10)	**46.80**	**8'521.—**
	– Informatik und Organisation (13)	**67.50**	**12'281.—**
	– Installations- und Apparatekontrolle (12)	**59.50**	**10'828.—**
	– Kundenservice (12)	**59.50**	**10'828.—**
	– Marketing und Kommunikation (12)	**59.50**	**10'828.—**
	– Netzbetrieb (12)	**59.50**	**10'828.—**
	– Netzdokumentation (10)	**46.80**	**8'521.—**
	– Netzprojekte (12)	**56.50**	**10'281.—**
	– Rechnungswesen und Controlling (12)	**56.50**	**10'281.—**
	– Strategische Projekte (14)	**77.35**	**14'082.—**

Tätigkeitsbereich *Wöchentliche Arbeitszeit*	Tätigkeit *Quelle, vertragliche Vereinbarungen*	Stunden- und Monatslohn	
	Magaziner Einkauf (5)	30.90	5'625.—
	Marketingplaner (5–7)	30.90	5'625.—
	Netzbetrieb/DRM		
	– Fachspezialist (5–7)	30.90	5'625.—
	– Fachspezialist Eichstelle (8)	39.20	7'132.—
	– Sanitärmonteur (6)	33.35	6'066.—
	Netzingenieur Zähl- und Messwesen (10)	46.80	8'521.—
	Netzmeister, Netz-Service (9)	42.30	7'701.—
	Netzmeister, Planung und Bauleitung (8–9)	39.20	7'132.—
	Netz-Montage, Chefmonteur (7)	36.10	6'572.—
	Netzmonteur, Netz-Montage (4–7)	28.60	5'203.—
	Netzmonteur, Netz-Service (5–7)	30.90	5'625.—
	Netzüberwacher (6)	33.35	6'066.—
	PC-Supporter (9)	42.30	7'701.—
	Personalassistent (7)	36.10	6'572.—
	Personalberater (8)	39.20	7'132.—
	Produkt-Manager Marketing (11)	52.80	9'608.—
	Produkt-Manager Treibstoff (7)	36.10	6'572.—
	Projektingenieur Netz (12)	59.50	10'828.—
	Projektleiter (8–11)	39.20	7'132.—
	Sachbearbeiter		
	– Dienstbarkeiten (6)	33.35	6'066.—
	– Fakturierung (4–6)	28.60	5'203.—
	– Installations- und Apparatekontrolle (5–7)	30.90	5'625.—
	– Kundenservice (5)	30.90	5'625.—
	– Netz (5)	30.90	5'625.—
	– Netzdokumentation (5)	30.90	5'625.—
	– Rechnungswesen (6)	33.35	6'066.—
	Sonderaufgaben und Beratung (14)	77.35	14'082.—
	Systemspezialist Informatik (11)	52.80	9'608.—
	Techniker Zähl- und Messwesen (8)	39.20	7'132.—
	Technischer Sachbearbeiter (7)	36.10	6'572.—
	– Zähl- und Messwesen (6–8)	33.35	6'066.—
	Telefonist (3)	26.65	4'846.—
	Verbrauchsdatenerfasser (3)	26.65	4'846.—
	Verkaufskoordinator (9)	42.30	7'701.—
	Wirtschaftsinformatiker (10)	46.80	8'521.—
	Zählermonteur (6)	33.35	6'066.—

📖 *GAV für die Mitarbeitenden der Erdgas Zürich. Abgeschlossen zwischen der Erdgas Zürich AG und dem Schweizerischen Verband des Personals öffentlicher Dienste (VPOD), Sektion Zürich Stadt und Institutionen. Lohnbestimmungen, Ziffer 7.*

⏳ *Laufzeit des GAV: 1.1.2004, ungekündigt.*

🗒 *Anstellungsreglement für die Mitarbeitenden der Erdgas Zürich. Die in Klammern gesetzten Zahlen bezeichnen die für die einzelnen Funktionen festgelegten Lohnstufen. Es wird jeweils die unterste angegeben.*

✏ *Der 13. Monatslohn ist vertraglich vereinbart (Ziffer 8 des Anstellungsreglements). Zur Ermittlung des Jahreslohnes muss mit 13 multipliziert werden.*

✏ *Entschädigung des Bereitschaftsdienstes laut Anhang 1 des Anstellungsreglements:*
– Rückruf innert 15 bis 30 Minuten und innert 90 Minuten am Einsatzort, wöchentlich CHF 250.
– Rückruf innert 15 Minuten und innert 60 Minuten am Einsatzort, wöchentlich CHF 300.
– Rückruf innert 5 Minuten und innert 30 Minuten am Einsatzort, wöchentlich CHF 350.
– Direkte Rufannahme erwartet oder Rückruf sofort und innert 30 Minuten am Einsatzort, wöchentlich CHF 400.

✏ *Ferien: Ab 20. Altersjahr 20 Arbeitstage. Vor Vollendung des 20. Altersjahres und ab vollendetem 50. Altersjahr 25 sowie ab 60. Altersjahr 30 Arbeitstage (Ziffer 6 des Anstellungsreglements).*

Tätigkeitsbereich *Wöchentliche Arbeitszeit*	Berufliche Fähigkeiten *Quelle, vertragliche Vereinbarungen*	Stunden- und Monatslohn

E **Wasserversorgung, Abwasser- und Abfallentsorgung sowie Beseitigung von Umweltverschmutzungen**

36 **Wasserversorgung**

36.0 Wasserversorgung

36.00 Versorgung von Haushalten und Industrie mit Wasser

Wasserversorgung, Technisches und Verwaltungspersonal *41 Stunden, laut AB PR, Art. 157*	**Löhne laut Personalrecht, Stadt Zürich**		
	Abteilungsleitung (11–12)	43.80	7'777.80
	Betriebsaufseher (8)	33.30	5'920.55
	Betriebsbuchhaltung (10)	40.—	7'109.35
	Betriebsdisponent (8)	33.30	5'920.55
	Brunnenplanung (8)	33.30	5'920.55
	Brunnenwärter, ungelernt (4)	23.15	4'115.50
	Controlling (10)	40.—	7'109.35
	Elektromonteur (7)	30.35	5'393.10
	Elektroplaner (8)	33.30	5'920.55
	Ingenieur (9)	36.55	6'492.65
	IT-Systembetreuung (10)	40.—	7'109.35
	Laborant (6–7)	27.70	4'917.70
	Laborleitung (9–10)	36.55	6'492.65
	Lagerist (4)	23.15	4'115.50
	Lagerist-Chauffeur (5–6)	25.30	4'494.35
	Leitung Verbrauchskontrolle (9)	36.55	6'492.65
	Mechaniker-Meister (9)	36.55	6'492.65
	Mitarbeiter		
	– Empfang (5)	25.30	4'494.35
	– Werkservice, ungelernt (4)	23.15	4'115.50
	Personalverantwortliche (9)	36.55	6'492.65
	Projektleitung		
	– Elektroplanung (9)	36.55	6'492.65
	– Informatik (10)	40.—	7'109.35
	Pumpenmonteur (6–7)	27.70	4'917.70
	Rohrnetz-Meister (9)	36.55	6'492.65
	Rohrnetz-Monteur, ohne Weiterbildung (5)	25.30	4'494.35
	Sachbearbeiter		
	– Arbeitsvorbereitung (8)	33.30	5'920.55
	– Bestellbüro (6)	27.70	4'917.70
	– Geomatik (6)	27.70	4'917.70
	– Kommunikation (7)	30.35	5'393.10
	– Kreditoren/Debitoren (5)	25.30	4'494.35
	– Planbüro (7)	30.35	5'393.10

Tätigkeitsbereich *Wöchentliche Arbeitszeit*	Tätigkeit *Quelle, vertragliche Vereinbarungen*	Stunden- und Monatslohn	
	Sekretariat Hauptabteilung (7)	**30.35**	**5'393.10**
	Speziallaborant (8)	**33.30**	**5'920.55**
	Technische Sachbearbeitung Haustechnik (8)	**33.30**	**5'920.55**
	Telefonist (5)	**25.30**	**4'494.35**
	Wasserzählerableser (5)	**25.30**	**4'494.35**

📖 *Personalrecht der Stadt Zürich, Verordnung über das Arbeitsverhältnis des städtischen Personals (PR, AS 177.100) und Ausführungsbestimmungen zur Verordnung über das Arbeitsverhältnis des städtischen Personals (AB PR, AS 177.101). Lohnbestimmungen, Art. 47 ff. PR und Art. 57 ff AB PR.*

⧗ *Laufzeit des Personalrechts ab 1.7.2002.*

▦ *SLS Lohnskala der Stadt Zürich. Die in Klammern gesetzten Zahlen bezeichnen die Lohnstufen. Die Monatslöhne entsprechen der Erfahrungsstufe 0 des tiefen Lohnbandes.*

✐ *Die Besoldung erfolgt in 13 Teilzahlungen (Art. 69 AB PR).*

✐ *Für ordentliche Arbeitsleistungen in der Nacht zwischen 20.00 und 06.00 Uhr sowie an Sonntagen zwischen 06.00 und 20.00 Uhr wird eine Vergütung von CHF 7.35 je Stunde ausgerichtet (Art. 176 Abs.1 AB PR).*

✐ *Für dauernde Nachtarbeit zwischen 20.00 und 06.00 Uhr wird eine Vergütung von CHF 5.25 je Stunde ausgerichtet. Es besteht kein Anspruch auf zusätzliche Vergütung an Sonntagen (Art. 176 Abs. 2 AB PR).*

✐ *Ferienguthaben: Vom Beginn des Kalenderjahres, in dem das 21. Altersjahr vollendet wird, 4 Wochen. 5 Wochen vom Beginn des Kalenderjahres an, in dem das 50. Altersjahr vollendet wird, und sinngemäss 6 Wochen ab vollendetem 60. Altersjahr (Art. 113 AB PR).*

✎ www.stadt-zuerich/nach Organisation/
Departemente & Dienstabteilungen/
Departement der Industriellen Betriebe/Wasserversorgung

Stand 1.4.2010

Tätigkeit *Wöchentliche Arbeitszeit*	Berufliche Fähigkeiten *Quelle, Branchenbereich*	Stunden- und Monatslohn

37 **Abwasserentsorgung**

37.0 Abwasserentsorgung

37.00 Betrieb von Kanalnetzen und Kläranlagen

42 Stunden, berufsüblich   *Branchenlöhne, Statistik der Grossregion Zürich, Median*

Hilfskräfte	Un- und Angelernte, bis 20 Jahre	19.90	3'622.—
	ab 20 bis 29 Altersjahre	22.80	4'148.—
	ab 30 bis 39 Altersjahre	24.75	4'504.—
	ab 40 bis 49 Altersjahre	25.65	4'666.—
	ab 50 bis 65 Altersjahre	26.65	4'850.—
Berufsleute, gelernt	Mit 3- oder 4-jähriger Lehre, bis 20 Jahre	23.75	4'326.—
	ab 20 bis 29 Altersjahre	28.50	5'187.—
	ab 30 bis 39 Altersjahre	35.20	6'405.—
	ab 40 bis 49 Altersjahre	36.90	6'719.—
	ab 50 bis 65 Altersjahre	37.80	6'875.—
Führungskräfte	Fach- und Betriebskader, Alter 20 bis 29	31.40	5'711.—
	ab 30 bis 39 Altersjahre	44.15	8'032.—
	ab 40 bis 49 Altersjahre	50.15	9'131.—
	ab 50 bis 65 Altersjahre	50.60	9'210.—

📖 *Kein GAV; Bundesamt für Statistik BfS, Lohnstrukturerhebung, Median nach Lebensalter.*

✋ Zur Ermittlung des Jahreslohnes muss mit 12 multipliziert werden.

🔁 *Branchenbereich: Betrieb von Kanalnetzen oder Kläranlagen. Sammlung von Abwässern aus Haushalt und Industrie sowie von Regenwasser. Abtransport in Kanalisationsnetzen, Sammelbecken, Behältern und Transportmitteln wie Abwassertankwagen. Leeren und Reinigen von Senkgruben, Faulbecken und Sickergruben sowie chemischen Toiletten. Behandlung und Entsorgung von Abwässern durch physikalische, chemische und biologische Verfahren wie Verdünnen, Sieben, Filtern oder mittels Absetzverfahren. Wartung und Reinigung von Abwasserkanälen.*

✋ Liegen im Branchenbereich allgemeinverbindlich erklärte oder herkömmliche GAV vor, so hat die Einhaltung deren Löhne Vorrang.

Stand 1.1.2011   ✍ www.bfs.admin.ch/Löhne

Tätigkeit *Wöchentliche Arbeitszeit*	Berufliche Fähigkeiten *Quelle, Branchenbereich*	Stunden- und Monatslohn

38   **Sammlung, Behandlung und Beseitigung**
von Abfällen sowie Rückgewinnung

39   **Beseitigung von Umweltverschmutzungen**
und sonstige Entsorgung

38.1 bis 38.3; 39.0   Sammlung von Abfällen, deren Behandlung und Beseitigung
sowie Rückgewinnung; Beseitigung von
Umweltverschmutzungen und sonstige Entsorgung

38.11 bis 38.32; 39.00   Sammlung, Behandlung und Beseitigung von Abfällen;
Beseitigung von Umweltverschmutzungen und Entsorgung

---

42 Stunden, berufsüblich   *Branchenlöhne, Statistik der Grossregion Zürich, Median*

Hilfskräfte	Un- und Angelernte, bis 20 Jahre	19.50	3'549.—
	ab 20 bis 29 Altersjahre	22.35	4'065.—
	ab 30 bis 39 Altersjahre	24.25	4'414.—
	ab 40 bis 49 Altersjahre	25.15	4'573.—
	ab 50 bis 65 Altersjahre	26.10	4'753.—
Berufsleute, gelernt	Mit 3- oder 4-jähriger Lehre, bis 20 Jahre	23.30	4'239.—
	ab 20 bis 29 Altersjahre	27.95	5'083.—
	ab 30 bis 39 Altersjahre	34.50	6'276.—
	ab 40 bis 49 Altersjahre	36.20	6'584.—
	ab 50 bis 65 Altersjahre	37.—	6'737.—
Führungskräfte	Fach- und Betriebskader, Alter 20 bis 29	30.75	5'597.—
	ab 30 bis 39 Altersjahre	43.25	7'872.—
	ab 40 bis 49 Altersjahre	49.15	8'949.—
	ab 50 bis 65 Altersjahre	49.60	9'026.—

📖 *Kein GAV; Bundesamt für Statistik BfS, Lohnstrukturerhebung,*
Median nach Lebensalter.

✋ Zur Ermittlung des Jahreslohnes muss mit 12 multipliziert wer-
den.

🔖 *Branchenbereich: Sammlung, Behandlung und Beseitigung*
nicht gefährlicher und gefährlicher Abfälle. Zerlegen von Schiffs-
und Fahrzeugwracks und anderer Altwaren sowie Rückgewin-
nung sortierter Werkstoffe.

✋ Liegen im Branchenbereich allgemeinverbindlich erklärte oder
herkömmliche GAV vor, so hat die Einhaltung deren Löhne Vor-
rang.

Stand 1.1.2011   ✍ www.bfs.admin.ch/Löhne

Tätigkeitsbereich *Wöchentliche Arbeitszeit*	Tätigkeit *Quelle, vertragliche Vereinbarungen*	Stunden- und Monatslohn

F   **Baugewerbe**

41   **Allgemeiner Hoch- und Tiefbau**

41.2   Bau von Gebäuden

41.20   Allgemeiner Hoch- und Tiefbau, Kanton Zürich

Bauhauptgewerbe	**AVE-GAV-Löhne laut Geltungsbereich**		
40½ Stunden, laut LMV	Vorarbeiter (V)	**33.90**	**5'966.—**
	Baufacharbeiter, gelernt (Q): Bauschreiner, Chefmonteur im Gerüstbau, Elektromechaniker, Grundbauer, Lastwagenführer, Maurer, Mechaniker, Pflästerer, Rohrschlosser, Steinhauer, Steinmetz und Zimmermann	**31.40**	**5'449.—**
	Baufacharbeiter ohne Berufsausweis (A): Baumaschinenführer, Betonierer, Betonbohrer und -schneider, Kranführer, Schaler und Spriesser	**30.25**	**5'248.—**
	Maschinenführer leichter Kräne und für Erdarbeiten bis zu 6 Tonnen, Mindestlohn B, erhöht um 5%	**29.20**	**5'128.—**
	Bauarbeiter mit Fachkenntnissen (B)	**28.50**	**4'884.—**
	Bau- und Hilfsarbeiter ohne Fachkennt- nisse (C)	**25.35**	**4'393.—**

📖 *AVE LMV für das Schweizerische Bauhauptgewerbe.*

𝕀 *Grundbeschluss AVE vom 10.11.1998, gültig bis 31.12.2011.*

📖 *AVE aus dem LMV für das Schweizerische Bauhauptgewerbe. Laufzeit ab 1.5.2008, ungekündigt.*

✎ *Der 13. Monatslohn ist vertraglich vereinbart (Art. 49 AVE LMV). Zur Ermittlung des Jahreslohnes muss mit 13 multipliziert werden.*

✎ *Mittagessenentschädigung CHF 14 (Art. 60 Abs. 2 AVE LMV).*

✎ *Ferienanspruch: Ab vollendetem 20. bis 50. Altersjahr 5 Wochen; bis zum vollendeten 20. Altersjahr und ab zurückgelegtem 50. Altersjahr 6 Wochen (Art. 34 AVE LMV).*

✍ Bei einem Stellenwechsel in einen anderen Baubetrieb behält der Baufacharbeiter ohne Berufsausweis dessen Lohnklassen- einteilung A und der Bauarbeiter mit Fachkenntnissen die Lohn- klasseneinteilung B.

✍ Anerkennung ausländischer Fachausweise gelernter Baufach-arbeiter: Als gleichwertig anerkannte, bestehende Qualifikation gilt für Deutschland und Österreich die Ausbildung in einem Lehrberuf des Bauhauptgewerbes. Für Italien gelten der Ausweis der Scuola tecnica und ein Jahr Praxisnachweis auf Schweizer Baustellen als gleichwertig. Für Dänemark wird die Ausbildung als Maurer mit Gesellenbrief (Murerfagets Fællesudvalg) des Unterrichtsministeriums als gleichwertig anerkannt.

📖 *Die Allgemeinverbindlicherklärung gilt für die ganze Schweiz. Ausgenommen sind die Zimmereibetriebe der Kantone Frei-burg, Graubünden, Waadt, Wallis, Neuenburg, Genf, Jura und des Berner Juras. Ebenfalls ausgenommen sind: Betriebe des Kantons Genf, die Abdichtungen ausführen; das Marmorge-werbe des Kantons Genf; Betriebe des Kantons Waadt, die Asphaltierungen, Abdichtungen und Spezialarbeiten mit Kunst-harzen ausführen; die Berufe der Steinbearbeitung im Kanton Waadt; die Industrie- und Unterlagsböden-Betriebe des Kantons Zürich und des Bezirks Baden (AG).*

📖 *Die allgemeinverbindlich erklärten Bestimmungen des im An-hang wiedergegebenen LMV gelten für die Betriebe, Betriebs-teile und selbstständigen Akkordanten des Hochbaus, Tiefbaus, Strassenbaus (einschliesslich Belagseinbau), Untertagbaus so-wie des Zimmerei-, Steinhauer- und Steinbruchgewerbes und für die Pflästereibetriebe, für die Betriebe der Sand- und Kies-gewinnung, die Aushub-, die Abbruchbetriebe, Fassadenbau-und Fassadenisolations-Betriebe, die Abdichtungs- und Isola-tionsbetriebe für Arbeiten an der Gebäudehülle im weiteren Sinn und analoge Arbeiten im Tief- und Untertagsbereich, die Betoninjektions- und Betonsanierungsbetriebe, Betonbohr- und Betonschneidunternehmen, die Deponie- und Recylingbetriebe. Die Bestimmungen sind auch anwendbar auf Betriebe, die Asphaltierungen ausführen und Unterlagsböden erstellen.*

📖 *Die allgemeinverbindlich erklärten Bestimmungen gelten für die in den vorgenannten Betrieben beschäftigten Arbeitnehmer (unabhängig ihrer Entlöhnungsart und ihres Anstellungsortes), welche auf Baustellen und in Hilfsbetrieben der Baubetriebe tätig sind. Ausgenommen sind: Poliere und Werkmeister, das technische und administrative Personal sowie das Kantinen-und Reinigungspersonal.*

✍ www.baumeister.ch, www.sfhf.ch, www.baudoc.ch und www.unia.ch

Tätigkeitsbereich *Wöchentliche Arbeitszeit*	Tätigkeit *Quelle, vertragliche Vereinbarungen*	Stunden- und Monatslohn

Poliere, Werkmeister

40½ Stunden, laut GAV

Gesamtschweizerische Lohnempfehlung

Polier, Bauführer, Werkmeister	**36.75**	**6'450.—**
bei zunehmender Erfahrung	**38.45**	**6'750.—**
mit Erfahrung	**41.—**	**7'200.—**
mit viel Erfahrung	**45.60**	**8'000.—**

Poliere und Werkmeister weisen eine erfolgreich abgeschlossene Berufsprüfung vor oder werden vom Arbeitgeber, aufgrund ihrer Fähigkeiten, ausdrücklich als solche ernannt.

📖 *GAV für Poliere und Werkmeister.*

⏳ *Laufzeit des GAV ab 1.1.2007, ungekündigt.*

🗓 *Lohnempfehlungen der UNIA für die Bauplanungsbranche und für das Baukader (ehemals GBI-Impuls).*

✎ *13. Monatslohn: Vertraglich vereinbart (Art. 17.4 GAV). Zur Ermittlung des Jahreslohnes muss mit 13 multipliziert werden.*

✎ *Verpflegungsentschädigung CHF 14 (Art. 60.2 LMV des Bauhauptgewerbes).*

✎ *Ferienanspruch: Ab vollendetem 20. Altersjahr 5 Wochen und ab zurückgelegtem 50. Altersjahr 6 Wochen (Art. 23 GAV).*

📌 *Der Poliervertrag gilt für das ganze Gebiet der schweizerischen Eidgenossenschaft. Ausgenommen sind der Kanton Genf sowie die Zimmereibetriebe der Kantone Freiburg, Waadt, Wallis, Neuenburg, Jura und der Berner Jura.*

📌 *Der Poliervertrag gilt für alle in- und ausländischen in der Schweiz tätigen Betriebe und deren Betriebsteile sowie Immobilienfirmen mit entsprechenden Abteilungen, für Subunternehmer und selbstständige Akkordanten, die Poliere und Werkmeister beschäftigen, welche im Hoch-, Tief-, Untertag-, Strassen- und Belagseinbau, im Zimmereigewerbe sowie in der Pflästerei gewerblich tätig sind. Hierzu gehören:*

– *das Marmor-, Granit- sowie das Steinhauergewerbe;*

– *die Abteilungen in Gärtnereien sowie die Gartenbaufirmen, soweit mehrheitlich Bauarbeiten wie Planierungen oder Maurerarbeiten ausgeführt werden;*

– *Betriebe, welche Steinhauerarbeiten, Asphaltierungen und Abdichtungsarbeiten und Isolationen ausführen oder Unterlagsböden erstellen;*

– *die Betriebe oder Betriebsteile der Sand- und Kiesgewinnung;*

– *Gerüst- und Fassadenbau;*

– *Transport von und zu Baustellen sowie Herstellung und Transport von lagerfähigen Baustoffen mit eigenen Mitarbeitern oder Chauffeuren, sofern sie nicht einem anderen GAV unterstehen.*

Tätigkeitsbereich	Tätigkeit	Stunden-
Wöchentliche Arbeitszeit	*Quelle, vertragliche Vereinbarungen*	und Monatslohn

42   **Tiefbau**

42.1   Bau von Strassen und Bahnverkehrsstrecken

42.11   Bau von Strassen

Strassenbau   **AVE-GAV-Löhne laut Geltungsbereich**

40½ Stunden, laut LMV

Vorarbeiter	**33.90**	**5'966.—**
Baufacharbeiter, gelernt	**31.40**	**5'449.—**
Baufacharbeiter ohne Berufsausweis	**30.25**	**5'248.—**
Strassenbauarbeiter mit Fachkenntnissen	**28.50**	**4'884.—**
Hilfsarbeiter ohne Fachkenntnisse	**25.35**	**4'393.—**

📄 *AVE LMV für das Schweizerische Bauhauptgewerbe.*

🕮 *Geltungsbereich siehe Kapitelziffer 41.20, Bauhauptgewerbe.*

⧗ *Grundbeschluss AVE vom 10.11.1998, gültig bis 31.12.2011.*

📖 *AVE aus dem LMV für das Schweizerische Bauhauptgewerbe. Laufzeit ab 1.5.2008, ungekündigt.*

✐ *13. Monatslohn: Vertraglich vereinbart (Art. 49 AVE LMV). Zur Ermittlung des Jahreslohnes muss mit 13 multipliziert werden.*

✐ *Verpflegungsentschädigung CHF 14 (Art. 60.2 AVE LMV).*

✐ *Ferienanspruch: Ab vollendetem 20. bis und mit 50. Altersjahr 5 Wochen; bis zum vollendeten 20. Altersjahr und ab zurückgelegtem 50. Altersjahr 6 Wochen (Art. 34 AVE LMV).*

Stand 1.1.2010   ⧓ www.vestra.ch und www.unia.ch

42.12   Bau von Bahnverkehrsstrecken

Gleisbau   **AVE-GAV-Löhne, gesamtschweizerischer Geltungsbereich**

40½ Stunden, laut GAV

Vorarbeiter (V)	**33.90**	**5'966.—**
Verkehrswegebauer, Fachrichtung	**30.95**	**5'449.—**
Gleisbauer mit anerkanntem Berufsausweis (Q)		
Facharbeiter, Gruppenführer, Sicherheitswärter und angelernter Maschinist (A)	**29.80**	**5'248.—**
Gleisbauarbeiter mit Fachkenntnissen (B)	**27.75**	**4'884.—**
Gleisbauarbeiter ohne Fachkenntnisse (C)	**24.95**	**4'393.—**

📄 *AVE GAV für den Gleisbau. Mindestlöhne, Art. 17.*

⧗ *Grundbeschluss AVE vom 3.10.2000, gültig bis 31.12.2011.*

📖 *AVE aus dem GAV für den Gleisbau. Laufzeit ab 1.11.2008, ungekündigt.*

✎ *Der 13. Monatslohn ist vertraglich vereinbart (Art. 17 Abs. 10 AVE GAV). Zur Ermittlung des Jahreslohnes muss mit 13 multipliziert werden.*

✎ *Als Verpflegungsentschädigung steht allen Gleisbauarbeitern eine Zulage von CHF 14.50 pro Tag zu (Art. 19 Abs. 3 AVE GAV).*

✎ *Für Arbeiten in Tunnels von mehr als 200 Metern Länge wird eine Vergütung von CHF 15 entrichtet (Art. 19 Abs. 6 AVE GAV).*

✎ *Nachtschichtarbeit: Bei dauernder Nachtschichtarbeit wird in der Zeit zwischen 20.00 und 05.00 Uhr im Sommer, beziehungsweise 06.00 Uhr im Winter, eine Zulage von CHF 48 bezahlt. Für einzelne Stunden wird bis zu einem Maximum von 5 Stunden CHF 6 pro Stunde vergütet (Art. 19 Abs. 1 AVE GAV).*

✎ *Ferienanspruch: Ab vollendetem 20. bis und mit 50. Altersjahr 5 Wochen. Bis zum vollendeten 20. Altersjahr und ab zurückgelegtem 50. Altersjahr 6 Wochen (Art. 13 Abs. 1 AVE GAV).*

📖 *Die Allgemeinverbindlicherklärung gilt für die ganze Schweiz. Die allgemeinverbindlich erklärten Bestimmungen des GAV für den Gleisbau gelten für alle Arbeitgeber und deren Arbeitnehmende, die Gleisbauarbeiten ausführen. Ausgebildete Sicherheitswärter unterstehen der Allgemeinverbindlichkeitserklärung, soweit sie für die Sicherheit von Gleisbauarbeiten oder für Arbeiten im Gefährdungsbereich der Bahn eingesetzt werden.*

📖 *Als Gleisbauarbeiten gelten Arbeiten im Bereich des Baus und Unterhalts von Gleis- oder Gleistiefbauanlagen sowie Arbeiten, welche direkt mit der Sicherheit von Gleisbauarbeiten in Verbindung stehen oder die im Gefährdungsbereich der Bahn stattfinden.*

📖 *Ausgenommen sind Betriebe, die ausschliesslich Fahrleitungs- und Stromkreislaufarbeiten sowie Arbeitnehmende und Maschinisten, welche Schienenschweiss- und Schienenschleifarbeiten ausführen. Ebenfalls ausgenommen sind Poliere und Werkmeister sowie leitendes, technisches und administratives Personal.*

✋ Bei einem Stellenwechsel in einen anderen Baubetrieb behält der Baufacharbeiter ohne Berufsausweis dessen Lohnklasseneinteilung A und der Bauarbeiter mit Fachkenntnissen die Lohnklasseneinteilung B.

Tätigkeitsbereich *Wöchentliche Arbeitszeit*	Tätigkeit *Quelle, vertragliche Vereinbarungen*	Stunden- und Monatslohn

42.13   Brücken- und Tunnelbau

Untertagbau	**AVE-GAV-Löhne laut Geltungsbereich**		
40½ Stunden, laut LMV	Vorarbeiter	**35.35**	**6'219.—**
	Baufacharbeiter, gelernt (Q): Tunnelbauer, Guniteur, TBM-Fahrer, Jumbist sowie gelerntes Werkstattpersonal (Schlosser, Mechaniker, Elektriker, Maschinist, Lastwagenfahrer)	**31.40**	**5'528.—**
	Baufacharbeiter ohne Berufsausweis (A): Mineur, Tunnelfacharbeiter, Guniteur, Jumbist, Maschinist sowie ungelerntes Werkstattpersonal (Hilfsmechaniker und -elektriker sowie entsprechende, weitere Funktionen)	**30.25**	**5'322.—**
	Bauarbeiter mit Fachkenntnissen (B)	**28.50**	**5'016.—**
	Hilfsarbeiter ohne Fachkenntnisse (C)	**25.35**	**4'462.—**

AVE LMV für das Schweizerische Bauhauptgewerbe.

Geltungsbereich siehe Kapitelziffer 41.20, Bauhauptgewerbe.

Grundbeschluss AVE vom 3.10.2000, gültig bis 31.12.2010.

Zusatzvereinbarung für den Untertagbau (AVE LMV Anhang 12).

Die Zusatzvereinbarung gilt für alle Betriebe nach LMV, die Untertagbauten im Geltungsbereich des LMV ausführen.

AVE aus dem LMV für das Schweizerische Bauhauptgewerbe. Laufzeit ab 1.5.2008, ungekündigt.

13. Monatslohn: Vertraglich vereinbart (Art. 49 AVE LMV). Zur Ermittlung des Jahreslohnes muss mit 13 multipliziert werden.

Verpflegungsentschädigung CHF 14 (Art. 60 Abs. 2 AVE LMV).

Für dauernde Nachtschichtarbeit zwischen 20.00 und 05.00 Uhr im Sommer, beziehungsweise 06.00 Uhr im Winter – wie sie auf Kraftwerkbaustellen und Stollenbauten üblich ist –, sowie auf Baustellen, wo für die Belegschaft Unterkunfts- und Verpflegungsmöglichkeiten bestehen, haben Arbeitnehmende Anspruch auf eine Zulage von CHF 2 pro Stunde (Art. 57 LMV).

Auf Baustellen mit ununterbrochenem Schichtbetrieb hat jeder Arbeitnehmende Anspruch auf einen täglichen Verpflegungszuschlag von CHF 3 (Art. 17 Abs. 2 Anhang 12 LMV).

🖉 Die Zuschläge für den Untertagbau betragen:
- CHF 5 je Arbeitsstunde für folgende Arbeitsgattungen: Ausbruch-, Aushub und Sicherungsarbeiten, einschliesslich Tübbingen, Abdichtungen, Entwässerungen und Injektionen, Arbeiten in Ortsbeton für die äussere und innere Verkleidung und der damit zusammenhängenden Konstruktionen;
- CHF 3 je Arbeitsstunde für die Ausbauarbeiten, falls für das Bauwerk keine Verkleidung erforderlich ist. Als Ausbauarbeiten gelten insbesondere: Fundationsschicht, Randabschlüsse, Beläge, Einbauten von vorfabrizierten Elementen und Fertigteilen, innere, von der Verkleidung unabhängige Ausbauten von Kavernen sowie, bei Strassentunnels, nach der inneren Verkleidung ausgeführte Injektionen und gleichzeitig mit der Fundationsschicht erstellte Entwässerungen (Art. 16 Anhang 12 LMV).
- Bei ununterbrochenem Schichtbetrieb beträgt der Zuschlag CHF 1.50 pro Stunde (Art. 17 Anhang 12 LMV).

🖉 Bei nicht täglicher Rückkehr vom Arbeitsort an den Wohnsitz hat der Arbeitnehmende Anspruch auf Unterkunft und Verpflegung. Jedem Arbeitnehmenden sind das Morgenessen und eine Hauptmahlzeit in Naturalien geschuldet. Die Höhe der Auszahlung für die Unterkunft entspricht dem Preis für die Benützung eines Einzelzimmers in der temporären Unterkunft. Die Benützung einer vom Arbeitgeber betriebenen, temporären Unterkunft und die Konsumation der zweiten Hauptmahlzeit werden mit dem Lohn verrechnet. Bei einem Arbeitsunterbruch von weniger als 48 Stunden hat der Arbeitnehmende während des Unterbruchs ebenfalls Anspruch auf Unterkunft und Verpflegung.

🖉 Anspruch auf Entschädigung der Reisezeit: Bei wöchentlicher Heimkehr CHF 90 pro Hin- und Rückweg. Dies entspricht der pauschalen Abgeltung von durchschnittlich 3 Stunden. Bei ununterbrochenem Schichtbetrieb CHF 120 pro Hin- und Rückweg zusammen. Dies entspricht der pauschalen Abgeltung von durchschnittlich 4 Stunden. Bei Unterbrüchen von mehr als 48 Stunden werden die effektiven Bahnkosten der 2. Klasse zum Wohnort, jedoch höchstens bis zur Landesgrenze vergütet (Art. 14 Anhang 12 LMV).

🖉 Ferienanspruch: Ab vollendetem 20. bis und mit 50. Altersjahr 5 Wochen; bis zum vollendeten 20. Altersjahr und ab zurückgelegtem 50. Altersjahr 6 Wochen (Art. 34 AVE LMV).

🖐 Als Untertagbauten gelten Tunnel, Stollen, Schächte und Kavernen, die bergmännisch unter der Erdoberfläche erstellt, erweitert oder rekonstruiert werden. Im Sinne dieser Regelung werden Vertikalschächte, die abgeteuft werden und deren Schafttiefe mehr als 20 Meter aufweist, den Untertagbauten gleichgestellt. Der Zuschlag für Untertagbauten wird ab 20 Metern Tiefe bezahlt.

Tätigkeitsbereich *Wöchentliche Arbeitszeit*	Tätigkeit *Quelle, vertragliche Vereinbarungen*	Stunden- und Monatslohn

43 **Vorbereitende Baustellenarbeiten, Bauinstallation und sonstiges Ausbaugewerbe**

43.1   Abbrucharbeiten und vorbereitende Baustellenarbeiten

43.12   Vorbereitende Baustellenarbeiten

Baugewerbe, Maschinenführer

NAV-Löhne, Kanton Wallis

46 Stunden laut NAV

Ungelernte, welche in Begleitung fahren	**25.—**	4'684.—
Angelernte, allein fahrend	**25.75**	4'828.—
nach 1 Jahr Fahrpraxis	**25.90**	4'879.—
nach 3 Jahren Fahrpraxis	**26.10**	4'915.—
nach 5 Jahren Fahrpraxis	**26.30**	4'935.—
Fahrer, mit eidgenössischem Fähigkeitszeugnis, im 1. Jahr	**26.30**	4'935.—
Führer von Pneuladern, nach 1 Jahr Fahrpraxis	**25.85**	4'864.—
nach 3 Jahren Fahrpraxis	**26.30**	4'935.—
Führer von Pneu- und Raupentrax sowie von Bulldozern, nach 1 Jahr Fahrpraxis	**26.10**	4'910.—
nach 3 Jahren Fahrpraxis	**26.70**	5'038.—
Baggerführer, nach 1 Jahr Fahrpraxis	**26.90**	5'079.—
nach 3 Jahren Fahrpraxis	**27.30**	5'156.—
Mechaniker	**26.70**	5'038.—

📖 *NAV für das Personal der Autotransportunternehmungen, Erdbewegungsarbeiten und Sachentransporte des Kantons Wallis.*

▦ *Lohnangaben aus dem NAV des Kantons Wallis für das Personal der Autotransportunternehmungen (Art. 12 NAV).*

✋ Ein 13. Monatslohn ist nicht vertraglich vereinbart. Zur Ermittlung des Jahreslohnes muss mit 12 multipliziert werden.

🖉 *Ferienanspruch: Ab 1. Dienstjahr 4 Wochen. Ab 45. Altersjahr und 5 Dienstjahren oder 15 Jahren Tätigkeit in der Unternehmung 4 Wochen und 3 Tage und ab 50. Altersjahr 5 Wochen (Art. 10 NAV).*

🖉 *Lohnzuschläge: Überzeitarbeit, die nicht innerhalb von 3 Monaten mit Freizeit von gleicher Dauer ausgeglichen wird, ist mit einem Zuschlag von 25% abzugelten. Für Nacht- und Sonntagsarbeit im Sinne des Arbeitsgesetzes gilt ein Lohnzuschlag von 50%.*

Tätigkeitsbereich *Wöchentliche Arbeitszeit*	Tätigkeit *Quelle, vertragliche Vereinbarungen*	Stunden- *und Monatslohn*

🗂 *Der Normalarbeitsvertrag ist auf das ganze Gebiet des Kantons Wallis sowie auf die Arbeitsverträge zwischen den Autotransportunternehmungen und den von ihnen beschäftigten Arbeitnehmenden anwendbar. Er ist ebenfalls auf Unternehmungen anwendbar, die Erdbewegungsarbeiten ausführen, soweit sie nicht bereits einem Gesamtarbeitsvertrag unterstehen.*

Stand 1.1.2010   🖳 www.baumeister.ch, www.sfhf.ch, www.baudoc.ch

---

Betontrenngewerbe

40 Stunden, laut LMV

AVE-GAV-Löhne laut Geltungsbereich

Vorarbeiter	**33.90**	**5'966.—**
Betontrennfachmann und Bauwerktrenner mit eidgenössischem Fachausweis	**31.40**	**5'449.—**
Betontrenner	**30.25**	**5'248.—**
Betontrenner ohne Fachausweis	**28.50**	**4'884.—**
Bauarbeiter	**25.35**	**4'393.—**

📄 *AVE LMV für das Schweizerische Bauhauptgewerbe.*

🗓 *Grundbeschluss AVE vom 10.11.1998, gültig bis 31.12.2011.*

🗂 *Geltungsbereich siehe Kapitelziffer 41.20, Bauhauptgewerbe.*

📄 *Zusatzvereinbarung des Betontrenngewerbes (AVE LMV Anhang 17).*

🗂 *Die Zusatzvereinbarung gilt räumlich für alle Betriebe im Gebiet der Schweizerischen Eidgenossenschaft. Betrieblich gilt diese für alle Betriebe, welche mehrheitlich Betontrennarbeiten verrichten.*

📖 *AVE aus dem LMV für das Schweizerische Bauhauptgewerbe. Laufzeit ab 1.5.2008, ungekündigt.*

✐ *13. Monatslohn: Vertraglich vereinbart (Art. 49 AVE LMV). Zur Ermittlung des Jahreslohnes muss mit 13 multipliziert werden.*

✐ *Verpflegungsentschädigung CHF 15, laut Art. 7 der Zusatzvereinbarung des AVE LMV für das Betontrenngewerbe.*

✐ *Die Wegzeit wird pauschal entschädigt. Als Distanz zwischen Betrieb und Einsatzort gilt die Luftlinie. Die Entschädigung beträgt: Unter 10 km CHF 6, 10 bis 15 km CHF 12, 15 bis 25 km CHF 18, 25 bis 50 km CHF 24. Bei Hin- und Rückfahrt für dieselbe Strecke gelten die doppelten Ansätze. In Berg- und Randgebieten kann die wirkliche Wegstrecke herbeigezogen werden. Entfernungen über 50 km gelten als Sollarbeitszeit.*

✐ *Ferienanspruch: Ab vollendetem 20. bis und mit 50. Altersjahr 5 Wochen); bis zum vollendeten 20. Altersjahr und ab zurückgelegtem 50. Altersjahr 6 Wochen (Art. 34 AVE LMV).*

Stand 1.1.2010   🖳 www.baumeister.ch und www.unia.ch

Tätigkeitsbereich *Wöchentliche Arbeitszeit*	Tätigkeit *Quelle, vertragliche Vereinbarungen*	Stunden- und Monatslohn
43.2	Bauinstallation	
43.21	Elektroinstallation	

	AVE-GAV-Löhne laut Geltungsbereich		
Elektro- und Telekommunikations- Installationsgewerbe			
	Elektromonteur und Elektroinstallateur EFZ, gelernt, im 1. Berufsjahr	**24.14**	**4'200.—**
40 Stunden, laut GAV	ab 2. Berufsjahr	**24.71**	**4'300.—**
	ab vollendetem 25. Altersjahr	**25.57**	**4'450.—**
	ab vollendetem 30. Altersjahr	**27.59**	**4'800.—**
	Montage-Elektriker EFZ, gelernt, im 1. Berufsjahr	**21.55**	**3'750.—**
	ab 2. Berufsjahr	**22.41**	**3'900.—**
	ab vollendetem 25. Altersjahr	**24.14**	**4'200.—**
	ab vollendetem 30. Altersjahr	**25.57**	**4'450.—**
	Telematiker EFZ, gelernt, im 1. Berufsjahr	**25.—**	**4'350.—**
	ab 2. Berufsjahr	**26.15**	**4'550.—**
	ab vollendetem 25. Altersjahr	**27.30**	**4'750.—**
	Mitarbeiter mit artverwandtem Berufs- abschluss: Elektrotechniker, Telematiker, Mess-, Steuer- und Regeltechniker, Automatiker, Mechaniker und Metallarbeiter ab 20. Altersjahr	**24.14**	**4'200.—**
	ab 22. Altersjahr	**24.71**	**4'300.—**
	ab 25. Altersjahr	**25.57**	**4'450.—**
	ab 30. Altersjahr	**27.59**	**4'800.—**
	Mitarbeiter mit artverwandtem, nur schulischem Abschluss; mit artfremdem oder ohne Berufsabschluss ab 20. Altersjahr	**20.52**	**3'570.—**
	ab 22. Altersjahr	**21.01**	**3'655.—**
	ab 25. Altersjahr	**23.02**	**4'005.—**
	ab 30. Altersjahr	**24.83**	**4'320.—**

AVE GAV des Schweizerischen Elektro- und Telekommunika-tions-Installationsgewerbes. Mindestlöhne, Art. 35.

Grundbeschluss AVE vom 11.11.2004, gültig bis 30.6.2013.

AVE aus dem GAV des Schweizerischen Elektro- und Telekom-munikations-Installationsgewerbes. Laufzeit ab 1.1.2005, unge-kündigt.

🖉 *Der 13. Monatslohn ist vertraglich vereinbart (Art. 37 AVE GAV).*
Zur Ermittlung des Jahreslohnes muss mit 13 multipliziert wer-
den.

🖉 *Lohnzuschläge: Für Arbeiten an Samstagen zwischen 13.00 und*
23.00 Uhr 25%, von Montag bis Samstag zwischen 00.00 und
06.00 Uhr sowie zwischen 23.00 und 24.00 Uhr 50% und für
Sonntagsarbeit zwischen 00.00 und 24.00 Uhr 100% (Art. 40.1
AVE GAV).

🖉 *Verpflegungszulage: Ein Anspruch auf Ersatz der Mehrkosten*
für die Verpflegung von CHF 12 entsteht, sofern über Mittag eine
Rückkehr an den Anstellungsort nicht möglich ist oder der Arbeit-
nehmer angewiesen wird, über Mittag am auswärtigen Arbeitsort
zu verbleiben (Art. 41.1 AVE GAV).

🖉 *Ferienanspruch: Ab 21. Altersjahr 23 Tage, ab 36. Altersjahr*
25 Tage und ab 56. Altersjahr 30 Tage (Art. 27 AVE GAV).

🏳 *Die Allgemeinverbindlicherklärung wird für die ganze Schweiz*
ausgesprochen, mit Ausnahme der Kantone Wallis und Genf.
Die allgemeinverbindlich erklärten Bestimmungen des GAV
gelten unmittelbar für alle Arbeitgeber und Arbeitnehmenden
von Betrieben oder Betriebsteilen, die elektrische und fernmelde-
sowie kommunikationstechnische Anlagen installieren oder an-
dere Installationen ausführen, welche dem Elektrizitätsgesetz
sowie der Niederspannungs-Installationsverordnung unterstellt
sind. Ebenso gelten Tätigkeiten, welche mit elektrischen Instal-
lationen im Zusammenhang stehen: Trassemontagen, Schlitz-
arbeiten, pneumatische und hydraulische Leitungen im MSR-
Bereich (Messen, Steuern, Regeln), EDV-, IT- und Glasfaser-
installationen sowie elektrische Teile von Fotovoltaik-Anlagen
bis zum Niederspannungs-Einspeisepunkt.
Ausgenommen sind Kader, soweit jenen Personal unterstellt
ist und Arbeitnehmende, die überwiegend administrative Auf-
gaben wie Korrespondenz, Lohnwesen, Buchhaltung und Per-
sonalwesen wahrnehmen oder in Ladengeschäften arbeiten,
sowie Arbeitnehmende, die vorwiegend mit Planung, Projektie-
rung, Kalkulation und Offerten beschäftigt sind.

| Tätigkeitsbereich | Tätigkeit | Stunden- |
| *Wöchentliche Arbeitszeit* | *Quelle, vertragliche Vereinbarungen* | und Monatslohn |

43.22   Sanitär-, Heizungs- und Lüftungsinstallation

Gebäudetechnik	**AVE-GAV-Löhne laut Geltungsbereich**		
40 Stunden, laut GAV	Monteur 1, gelernt und mit eidgenössischem Fähigkeitsausweis	**22.50**	**3'900.—**
	ab 2. Jahr nach Lehrabschluss	**23.37**	**4'050.—**
	ab 3. Jahr nach Lehrabschluss	**24.24**	**4'200.—**
	ab 4. Jahr nach Lehrabschluss	**25.10**	**4'350.—**
	ab 5. Jahr nach Lehrabschluss	**25.97**	**4'500.—**
	ab 6. Jahr nach Lehrabschluss	**26.83**	**4'650.—**
	Monteur 2a, gelernt und mit eidgenössischem Berufsattest, ab 1. Berufsjahr	**20.77**	**3'600.—**
	ab 2. Jahr nach Lehrabschluss	**21.64**	**3'750.—**
	ab 3. Jahr nach Lehrabschluss	**22.50**	**3'900.—**
	ab 4. Jahr nach Lehrabschluss	**23.37**	**4'050.—**
	Monteur 2b, angelernte Arbeitnehmende, ab vollendetem 20. Altersjahr im 1. Jahr der Anstellung	**20.20**	**3'500.—**
	im 2. Jahr der Anstellung	**20.77**	**3'600.—**
	im 3. Jahr der Anstellung	**21.35**	**3'700.—**
	im 4. Jahr der Anstellung	**21.93**	**3'800.—**

📄 *AVE GAV in der Schweizerischen Gebäudetechnikbranche. Mindestlöhne, Art. 39 und Anhang 7.1.*

⧗ *Grundbeschluss AVE vom 20.10.2009, gültig bis 30.6.2013.*

📖 *AVE aus dem GAV in der Schweizerischen Gebäudetechnikbranche. Laufzeit ab 1.9.2004, ungekündigt.*

✐ *Der 13. Monatslohn ist vertraglich vereinbart (Art. 40 AVE GAV). Zur Ermittlung des Jahreslohnes muss mit 13 multipliziert werden.*

✐ *Lohnzuschläge für Nacht- und Sonntagsarbeit: Für Sonn- und Feiertage zwischen 00.00 und 24.00 Uhr 100%; für Abendarbeit, sofern an mehr als 8 Stunden gearbeitet wurde, zwischen 20.00 und 23.00 Uhr 25% und für Nachtarbeit zwischen 23.00 und 06.00 Uhr 50% (Art. 43 AVE GAV).*

✐ *Spesenabgeltung: Eine Mittagsentschädigung von CHF 15 wird ausgerichtet (Art. 44.3 und Anhang 7 AVE GAV).*

✐ *Ferienanspruch: Bis zum vollendeten 20. Altersjahr 27 Tage. Ab 20. Altersjahr 24 Tage, ab 36. Altersjahr 25 Tage, ab 50. Altersjahr 27 Tage, ab 55. Altersjahr 28 Tage und ab 61. Altersjahr 30 Tage (Art. 29 AVE GAV).*

▯ *Die Allgemeinverbindlichkeit gilt für die ganze Schweiz, mit Ausnahme der Kantone Genf, Waadt und Wallis. Die allgemeinverbindlich erklärten Bestimmungen des GAV gelten unmittelbar für alle Arbeitgeber und Arbeitnehmer in Betrieben, die Installations-, Reparatur- und Servicearbeiten in den Bereichen Heizung, Kälte, Klima, Lüftung, Rohrleitungs- und Werkleitungsbau, Sanitär sowie Spenglerei an der Gebäudehülle ausführen. Ausgenommen sind Fabrikations- und Handelsunternehmen, sofern sich die Lieferung, Montage und Wartung ausschliesslich auf die selbst hergestellten oder unter ihrem Namen gelieferten Komponenten und Produkte beschränkt. Ausgenommen sind weiter: Vorgesetzte ab Stufe Abteilungsleiter, denen Mitarbeitende unterstellt sind oder die geschäftsleitende Funktionen haben; kaufmännisches Personal sowie Arbeitnehmende, die vorwiegend eine Tätigkeit auf dem Gebiet der technischen Planung, Projektierung oder Kalkulation ausführen.*

Stand 1.1.2010   ⌂ www.suissetec.ch und www.unia.ch

Tätigkeitsbereich *Wöchentliche Arbeitszeit*	Tätigkeit *Quelle, vertragliche Vereinbarungen*	Stunden- und Monatslohn

43.29	Dämmung gegen Kälte, Wärme, Schall und Erschütterung sowie sonstige Bauinstallationen	

Decken- und Innenausbausysteme

40 Stunden, laut GAV

AVE-GAV-Löhne laut Geltungsbereich

Deckenmonteur, gelernt mit Berufsausweis oder gleichwertiger Qualifikation wie Schreiner oder Zimmermann (A)	**29.20**	**5'080.—**
Deckenmonteur, angelernt (B)	**26.60**	**4'630.—**
Hilfsarbeiter (C)	**24.10**	**4'190.—**

▤ *AVE GAV für das Schweizerische Gewerbe für Decken- und Innenausbausysteme. Mindestlöhne, Art. 8.*

⧗ *Grundbeschluss AVE vom 21.4.2009, gültig bis 31.12.2012.*

▣ *AVE aus dem GAV für das Schweizerische Gewerbe für Decken- und Innenausbausysteme. Laufzeit ab 1.1.2004, ungekündigt.*

✍ *13. Monatslohn: Vertraglich vereinbart (Art. 9 AVE GAV). Zur Ermittlung des Jahreslohnes muss mit 13 multipliziert werden.*

✍ *Lohnzuschläge: Für Arbeiten zwischen 20.00 und 23.00 Uhr gilt ein Zuschlag von 25% und für Arbeiten am Samstag einer von 50%. Für vorübergehende Nachtarbeit, zwischen 23.00 und 06.00 Uhr, sowie für Sonntagsarbeit, zwischen 00.00 und 24.00 Uhr, wird ein Zuschlag von 100% vergütet (Art. 7 AVE GAV).*

✍ *Versetzungszulagen bei Arbeiten ausserhalb des Geschäftsdomizils: Bis zu einer Entfernung von 25 km mit Firmenfahrzeug CHF 16 sowie ohne CHF 26; bis 50 km mit Firmenfahrzeug CHF 22 sowie ohne CHF 42; über 50 km mit Firmenfahrzeug CHF 34 und ohne CHF 66 (Art. 10.1 AVE GAV).*

✍ *Versetzungszulage bei auswärtigen Arbeiten mit Übernachten: Tagespauschale CHF 107: Morgen- und Mittagessen je CHF 10, Nachtessen CHF 20 und Übernachtung CHF 67 (Art. 10.2 AVE GAV).*

✍ *Für Servicemonteure gilt die Reisezeit als Arbeitszeit (Art. 10.1.6. AVE GAV). Somit sind diese von der Versetzungszulage befreit.*

✍ *Verpflegungszulage: Eine tägliche Zulage von CHF 10 wird nur ausbezahlt, sofern an einem Tag wenigstens 7 Stunden gearbeitet wird (Art. 10.1.4 AVE GAV).*

✍ *Ferienanspruch: 4½ Wochen ab dem 5. Arbeitsjahr und ab dem 50. Altersjahr 5 Wochen (Art. 17 AVE GAV).*

ꔍ *Der allgemeinverbindlich erklärte GAV gilt für die ganze Schweiz, mit Ausnahme der Kantone Tessin, Jura, Genf, Neuenburg und Waadt. Ausgenommen sind die Bezirke La Sarine (Saanebezirk), La Broye, La Gruyère (Bezirk Greyerz), La Veveyse und La Glâne des Kantons Freiburg sowie die Bezirke Sierre, Sion, Herens, St. Maurice, Martigny, Conthey, Entre-Mont und Monthey des Kantons Wallis sowie die Bezirke Courtelary, Moutier und La Neuveville des Kantons Bern. Des Weitern sind die italienischsprachigen Gebiete des Kantons Graubünden ausgenommen.*

ꔍ *Der GAV gilt für alle Betriebe und Betriebsteile sowie für alle selbstständigen Akkordanten, die sich mit der Montage von vorfabrizierten Decken- und Wandverkleidungen beschäftigen. Als Decken- und Wandverkleidungen gelten alle montierbaren Elemente aus Metall, Holz, Gips, Mineralfaser oder anderen Materialien. Davon ausgenommen sind Schreinerbetriebe, die Wand-, Deckenverkleidungen und Isolationen herstellen und montieren (Innenausbau, siehe dazu Kapitelziffer 43.32, Schreiner-Monteur), sowie Montageunternehmen, die im Auftrag Schreinererzeugnisse montieren. Ebenso ausgenommen sind das kaufmännische Personal und Berufsangehörige in höherer, leitender Stellung).*

Stand 1.5.2010   ꕤ www.vsd-innenausbau.ch und www.unia.ch

Tätigkeitsbereich *Wöchentliche Arbeitszeit*	Tätigkeit *Quelle, vertragliche Vereinbarungen*	Stunden- und Monatslohn	

Isoliergewerbe   **AVE-GAV-Löhne laut Geltungsbereich**

40 Stunden, laut GAV	Isolierspengler gelernt, 20 bis 25 Altersjahre	23.51	4'075.—
	26. bis 30. Altersjahr	**26.97**	**4'675.—**
Isolierspengler	31. bis 35. Altersjahr	**28.56**	**4'950.—**
mit abgeschlossener Lehre	36. bis 40. Altersjahr	**30.29**	**5'250.—**
	ab 41. Altersjahr	**30.72**	**5'325.—**
Isolierspengler und Isoleure	Isolierspengler, Bau- und Lüftungsspengler,	**22.94**	**3'975.—**
mit Lehrabschluss	Brandschutzmonteur, Maurer,		
in artverwandten Berufen	Maler und Gipser, 20. bis 25. Altersjahr		
	26. bis 30. Altersjahr	**26.11**	**4'525.—**
	31. bis 35. Altersjahr	**27.98**	**4'850.—**
	36. bis 40. Altersjahr	**29.14**	**5'050.—**
	ab 41. Altersjahr	**29.57**	**5'125.—**
Facharbeiter, angelernt	20. bis 25. Altersjahr	**21.93**	**3'800.—**
	26. bis 30. Altersjahr	**24.52**	**4'250.—**
	31. bis 35. Altersjahr	**25.82**	**4'475.—**
	36. bis 40. Altersjahr	**26.97**	**4'675.—**
	ab 41. Altersjahr	**27.98**	**4'850.—**

🗐   *AVE GAV für das Schweizerische Isoliergewerbe. Mindestlöhne, Anhang 9, Art. 1 und 2.*

⌛   *Grundbeschluss AVE vom 4.3.2008, gültig bis 30.6.2013.*

📖   *AVE aus dem GAV im Schweizerischen Isoliergewerbe. Laufzeit ab 1.1.2008, ungekündigt.*

✎   *Der 13. Monatslohn ist vertraglich vereinbart (Art. 42 AVE GAV). Zur Ermittlung des Jahreslohnes muss mit 13 multipliziert werden.*

✎   *Lohnzuschläge für Nacht- und Sonntagsarbeit: Für Sonn- und Feiertage zwischen Samstag, 23.00 und Sonntag, 23.00 Uhr 100%; für Abend- und Nachtarbeit zwischen 20.00 und 06.00 Uhr 50% und samstags zwischen 12.00 und 20.00 Uhr 50% (Art. 45 AVE GAV).*

✎   *Ferienanspruch: Jugendliche bis zum zurückgelegten 20. Altersjahr 25 Tage, ab zurückgelegtem 20. Altersjahr 25 Tage und ab zurückgelegtem 50. Altersjahr 27 Tage (Art. 32 AVE GAV).*

Tätigkeitsbereich	Tätigkeit	Stunden-
Wöchentliche Arbeitszeit	*Quelle, vertragliche Vereinbarungen*	und Monatslohn

📖 *Die Allgemeinverbindlicherklärung gilt für die ganze Schweiz, mit Ausnahme der Kantone Genf, Waadt und Wallis, und für alle Arbeitgeber sowie Arbeitnehmenden in Betrieben, die folgende Wärme-, Kälte-, Schall- und Brandschutzarbeiten ausführen:*

– *Ausführen von Isolierungen an Leitungen, Armaturen, Apparaten und Kanälen gegen Wärme, Kälte und Schall in der Industrie- und Haustechnik in konventioneller wie auch in Elementbautechnik;*
– *Erstellen und Installieren von Kühl- und Tiefkühlräumen inklusive Montage der dazugehörigen Türen und Tore sowie Unterfrierschutz und Druckausgleich;*
– *Montage von Schallschutzverkleidungen in Industrie- und Haustechnik;*
– *Erstellen und Montieren von passiven Brandschutzsystemen aller Art, wie Abschottung von Wand, Decken und Stahlträgern aller Art sowie Montieren von Brandschutztüren.*

📖 *Ausgenommen sind das kaufmännische Personal, Arbeitnehmende, die vorwiegend eine Tätigkeit auf dem Gebiet der technischen Planung, Projektierung und/oder Kalkulation ausführen.*

Stand 1.4.2010   📖 www.pavidensa.ch und www.vsiu-asesi.ch

Storenmonteur	**AVE-GAV-Löhne laut Geltungsbereich**		
40 Stunden, laut GAV	20 bis 21 Altersjahre	**22.40**	**3'900.—**
	22 bis 24 Altersjahre	**23.55**	**4'100.—**
Facharbeiter EFZ	25 bis 29 Altersjahre	**25.55**	**4'450.—**
	30 bis 39 Altersjahre	**26.45**	**4'600.—**
	ab 40 Altersjahren	**27.—**	**4'700.—**
Metallbaupraktiker EBA	ab 18 Altersjahren	**18.95**	**3'300.—**
	ab 19 Altersjahren	**19.55**	**3'400.—**
	20 bis 21 Altersjahre	**20.70**	**3'600.—**
	22 bis 24 Altersjahre	**21.85**	**3'800.—**
	ab 25 Altersjahren	**22.40**	**3'900.—**
Arbeiter,	20 bis 21 Altersjahre	**20.10**	**3'500.—**
im Fachbereich angelernt	22 bis 24 Altersjahre	**20.70**	**3'600.—**
	25 bis 29 Altersjahre	**21.85**	**3'800.—**
	30 bis 39 Altersjahre	**22.70**	**3'950.—**
	ab 40 Altersjahren	**23.55**	**4'100.—**

📋 *AVE L-GAV für das Schweizerische Metallgewerbe.*

⧖ *Grundbeschluss AVE vom 18.8.2006, gültig bis 31.12.2009.*

📖 *AVE aus dem L-GAV im Branchenbereich der Schweizerischen Metall-Union. Laufzeit ab 1.1.2006, ungekündigt.*

🖉 *Der 13. Monatslohn ist vertraglich vereinbart (Art. 38 AVE L-GAV). Zur Ermittlung des Jahreslohnes muss mit 13 multipliziert werden.*

🖉 *Ist der Arbeitsort mehr als 15 Wegkilometer von der Werkstatt entfernt, so wird für auswärtige Arbeit eine Mittagszulage von CHF 15 ausgerichtet (Art. 42 AVE GAV).*

🖉 *Ferienanspruch: Ab vollendetem 20. Altersjahr 21 Tage, ab vollendetem 45. Altersjahr 22 Tage, ab vollendetem 50. Altersjahr 25 Tage, ab vollendetem 60. Altersjahr 30 Tage (Art. 28 AVE GAV).*

📖 *Die Allgemeinverbindlicherklärung wird für die ganze Schweiz ausgesprochen, mit Ausnahme des Kantons Basel-Landschaft und der Branchenbereiche der Schlosser und Metallbauer in den Kantonen Wallis, Waadt und Genf. Die allgemeinverbindlich erklärten Bestimmungen des GAV gelten unmittelbar für alle Arbeitgeber und Arbeitnehmenden in Betrieben mit bis zu höchstens 70 der Allgemeinverbindlicherklärung unterstellten Arbeitnehmenden folgenden Gewerbes:*

📖 *Der AVE L-GAV gilt für alle Arbeitgeber und -nehmer der Branche des Schlosser-, Metallbau-, und Stahlbaugewerbes; ebenso für alle verwandten Betriebszweige der Branchen, die nicht ausdrücklich einem anderen L-GAV unterstellt sind. Er gilt für alle Mitglieder der Schweizerischen Metall-Union, sofern diese nicht ausdrücklich einem anderen L-GAV unterstellt sind.*

📖 *Metallbaugewerbe: Umfassend die Verarbeitung von Blech und Metall zur Herstellung und Montage folgender Produkte: Türen, Tore, Brandschutzeinrichtungen, Fenster, Fassaden, Sonnen- und Wetterschutzsysteme, Rollläden, Storen, Metallmöbel, Ladeneinrichtungen, Tanks, Behälter, Apparate, Bühnen, Metallbaufertigteile, sicherheitstechnische Systeme, Zäune, Schweissprodukte, Metallbauprodukte für den Tiefbau.*

📖 *Ausgenommen sind höhere Vorgesetzte, kaufmännische Angestellte sowie das technische Betriebspersonal.*

Tätigkeitsbereich	Tätigkeit	Stunden-
Wöchentliche Arbeitszeit	*Quelle, vertragliche Vereinbarungen*	und Monatslohn

43.3   Ausbaugewerbe

43.31   Anbringen von Stuckaturen, Gipserei und Verputzerei

Gipser

40 Stunden, laut GAV

AVE-GAV-Löhne laut Geltungsbereich

Lehrabgänger im 1. Berufsjahr	**24.—**	**4'157.—**
ab 2. Berufsjahr	**25.35**	**4'391.—**
ab 3. Berufsjahr	**27.15**	**4'710.—**
Berufsarbeiter, gelernt (A)	**28.55**	**4'946.—**
Vorarbeiter (V)	**32.50**	**5'635.—**
Berufsarbeiter, angelernt (B)	**26.20**	**4'545.—**
Hilfsarbeiter, im 1. Jahr der Anstellung (C 1)	**23.15**	**4'012.—**
Hilfsarbeiter, im 2. Jahr der Anstellung (C 2)	**25.05**	**4'344.—**

📄 *AVE GAV für das Maler- und Gipsergewerbe. Mindestlöhne, Art. 9.*

📖 *Grundbeschluss AVE vom 30.6.2008, gültig bis 30.9.2010.*

📖 *AVE aus dem GAV für das Maler- und Gipsergewerbe. Laufzeit ab 1.6.2005, ungekündigt.*

✎ *13. Monatslohn: Vertraglich vereinbart (Art. 9.6 AVE GAV). Zur Ermittlung des Jahreslohnes muss mit 13 multipliziert werden.*

✎ *Verpflegungsentschädigung: Maximal CHF 20 je Mahlzeit oder monatlich CHF 262 pauschal (Art. 10.1 AVE GAV).*

✎ *Ferienanspruch: 4 Wochen zwischen den vollendeten 20. und 50. Altersjahren; ab dem 50. Altersjahr 5 Wochen (Art. 12.1 AVE GAV).*

📌 *Die Allgemeinverbindlicherklärung gilt für das Gipsergewerbe der Kantone Zürich (ausgenommen Zürich-Stadt), Bern, Luzern, Uri, Schwyz, Obwalden, Nidwalden, Glarus, Zug, Solothurn, Schaffhausen, Appenzell Ausser- und Innerrhoden, St. Gallen, Graubünden, Aargau, Thurgau und Jura. Die Allgemeinverbindlicherklärung gilt für alle Betriebe und Betriebsteile sowie Liegenschaftsverwaltungen mit eigener Gipserabteilung, die Gipserarbeiten ausführen oder ausführen lassen und zum Berufsbild des Gipsers gehören.*

✋ Gipserarbeiten: Wand-, Decken- und Bodenkonstruktionen, Verkleidungen, Isolationen aller Art, Innen- und Aussenputze und Stuckaturen, Sanierung von Bauten und Schützen von Bauteilen sowie von Werkstücken gegen physikalische und chemische Einflüsse und gefährliche Werkstoffe.

Tätigkeitsbereich *Wöchentliche Arbeitszeit*	Tätigkeit *Quelle, vertragliche Vereinbarungen*	Stunden- und Monatslohn

Gipser, Stadt Zürich

40 Stunden, laut GAV

AVE-GAV-Löhne, Geltungsbereich Stadt Zürich

Meister, mit Fähigkeitsausweis (M)	**39.63**	**6'896.25**
Poliere (P)	**36.46**	**6'344.55**
Vorarbeiter (V)	**34.88**	**6'068.70**
Berufsarbeiter im 1. Berufsjahr (A1)	**26.95**	**4'689.45**
Berufsarbeiter im 2. Berufsjahr (A2)	**28.54**	**4'965.30**
Gelernter Berufsarbeiter, ab 3. Berufsjahr (A)	**31.71**	**5'517.—**
Berufsarbeiter, angelernt (B)	**28.54**	**4'965.30**
Hilfsarbeiter über 20 Jahre (C), ohne Berufserfahrung während der ersten 36 Monate Tätigkeit in der Branche	**25.37**	**4'413.60**
Hilfsarbeiter über 20 Jahre (C), vor dem 1. April 2008 eingestellt, Minimallohn bis 31. März 2011	**26.95**	**4'689.45**
Hilfsarbeiter 16 bis 20 Jahre (C1)	**25.37**	**4'413.60**

📋 *AVE GAV, Beschluss des Regierungsrates über die Allgemeinverbindlicherklärung des GAV sowie der Zusatzvereinbarung für das Gipsergewerbe der Stadt Zürich (OS 821.112).*

⧗ *Grundbeschluss AVE vom 25.10.2000, verlängert bis 31.3.2011 (OS 821.112.8).*

📖 *Zusatzvereinbarung zwischen dem Gipsermeisterverband Zürich und Umgebung und der Gewerkschaft Unia, Sektion Zürich.*

✎ *Der 13. Monatslohn ist vertraglich vereinbart (Art. 11 GAV). Zur Ermittlung des Jahreslohnes muss mit 13 multipliziert werden.*

✎ *Spesenentschädigung: Die Tagespauschale, als Entschädigung für Verpflegungs- und Geschirrabnützungskosten sowie als Fahrkostenentschädigung auf Stadtgebiet, beträgt CHF 14. Wird ein Firmenfahrzeug für den Transport zur und von der Baustelle zur Verfügung gestellt, so beträgt die Tagespauschale für die transportierten Arbeitnehmer CHF 11 (Art. 13 GAV).*

✎ *Zur Berechnung des Stundenlohnes ist laut Art. 7.6.1 des GAV der Monatslohn durch die durchschnittliche monatliche Stundenzahl zu dividieren (174 Stunden).*

✐ *Ferienanspruch: Alle Arbeitnehmer haben Anspruch auf jährlich 24 Arbeitstage Ferien, darin sind auch die Feiertagsbrücken laut Art. 9.1.2 GAV inbegriffen. Arbeitnehmer im Stundenlohn erhalten als Ferienlohn 8,9% vom Bruttolohn.*

✐ *Für ältere Arbeitnehmer ab dem 50. Altersjahr und 5 Dienstjahren im gleichen Betrieb beträgt der Ferienanspruch 26 Arbeitstage. Arbeitnehmer im Stundenlohn erhalten als Ferienlohn 10,92% vom Bruttolohn (Art. 9 GAV).*

✐ *Feier- und Ruhetage: Neujahr, Berchtoldstag, Karfreitag, Ostermontag, 1. Mai, Auffahrt, Pfingstmontag, 1. August, Weihnachten und Stephanstag. Arbeitnehmer im Stundenlohn erhalten als Feiertagslohn 3% des Bruttolohnes ausbezahlt (Art. 10 GAV).*

📖 *Die Minimallöhne der Zusatzvereinbarung (OS 821.112.8) zum GAV für das Gipsergewerbe der Stadt Zürich werden allgemeinverbindlich erklärt. Die allgemeinverbindlich erklärten Bestimmungen gelten für alle Betriebe und Betriebsteile (einschliesslich Immobilienfirmen mit entsprechenden Abteilungen), Subunternehmer und selbstständigen Akkordanten, die Arbeitnehmende beschäftigen und die in der Stadt Zürich Gipserarbeiten ausführen oder ausführen lassen.*

✋ Zum Gipsergewerbe zählen die Berufe: Gipser, Verputzer, Stuckateur, Grundeur, Trockenbauer (Leichtbausysteme), Fassadenisoleur. Ausgenommen sind: Das kaufmännische Personal, Berufsangehörige in höherer leitender Stellung (beispielsweise Geschäftsführer und Laufpoliere) und Berufschauffeure.

✋ Zu den Berufsarbeiten des Gipsers gehören: Wand-, Decken- und Bodenkonstruktionen, Verkleidungen, Isolationen aller Art, Innen- und Aussenputze und Stuckaturen, Sanieren von Bauten und Schützen von Bauteilen sowie Werkstücken gegen physikalische und chemische Einflüsse und gefährliche Werkstoffe.

✋ Nach Ablauf von 36 Monaten Tätigkeit in der Branche wechseln die Hilfsarbeiter C und C1 automatisch in die Kategorie B.

Tätigkeitsbereich *Wöchentliche Arbeitszeit*	Tätigkeit *Quelle, vertragliche Vereinbarungen*	Stunden- und Monatslohn	

43.32 Einbau von Schreinerwaren

Schreiner **AVE-GAV-Löhne laut Geltungsbereich**

41½ Stunden, laut GAV	Schreiner, gelernt ab 20. Altersjahr	**21.30**	**3'845.—**
	ab 21. Altersjahr	**22.65**	**4'085.—**
Schreiner, gelernt	ab 22. Altersjahr	**24.—**	**4'325.—**
	ab 23. Altersjahr	**25.30**	**4'565.—**
	ab 24. Altersjahr	**26.65**	**4'806.—**
Sachbearbeiter Planung, Schreiner, gelernt	Ab 24. Altersjahr sowie mehr als 50% für die Arbeitsvorbereitung tätig	**29.30**	**5'284.—**
Schreiner-Monteur	Monteur, gelernt ab 20. Altersjahr	**22.30**	**4'018.—**
	ab 21. Altersjahr	**23.65**	**4'269.—**
	ab 22. Altersjahr	**25.05**	**4'520.—**
	ab 23. Altersjahr	**26.45**	**4'771.—**
	ab 24. Altersjahr	**27.85**	**5'022.—**
	Hilfsmonteur, ab 20. Altersjahr	**19.55**	**3'527.—**
	ab 21. Altersjahr	**20.80**	**3'748.—**
	ab 22. Altersjahr	**22.—**	**3'968.—**
	ab 23. Altersjahr	**23.25**	**4'189.—**
	ab 24. Altersjahr	**24.45**	**4'409.—**
Schreinerpraktiker EBA	Schreinerpraktiker, ab 18. bis 20. Altersjahr	**18.70**	**3'372.—**
	ab 21. Altersjahr	**19.85**	**3'580.—**
	ab 22. Altersjahr	**21.—**	**3'787.—**
	ab 23. Altersjahr	**22.20**	**4'003.—**
	ab 24. Altersjahr	**23.35**	**4'211.—**
Hilfsschreiner	Hilfsschreiner, ab 18. bis 20. Altersjahr	**18.45**	**3'327.—**
	ab 21. Altersjahr	**18.85**	**3'399.—**
	ab 22. Altersjahr	**19.25**	**3'471.—**
	ab 23. Altersjahr	**19.65**	**3'544.—**
	ab 24. Altersjahr	**20.05**	**3'616.—**

▤ *AVE GAV für das Schreinergewerbe. Mindestlöhne, Anhang 1.*

⧗ *Grundbeschluss AVE vom 13.3.2006, gültig bis 31.12.2010.*

▭ *AVE aus dem GAV für das Schreinergewerbe. Laufzeit ab 1.7.2005, ungekündigt.*

✎ *Der 13. Monatslohn ist vertraglich vereinbart (Art. 18 AVE GAV). Zur Ermittlung des Jahreslohnes muss mit 13 multipliziert werden.*

✎ *Entschädigungen: Morgenessen CHF 10, Mittags- und Nacht-essen je CHF 18, Übernachtung CHF 75; Tagespauschale CHF 121 (Art. 29 Abs. 1 AVE GAV).*

✎ *Der Anspruch auf Ferien beträgt 22 Tage, für Arbeitnehmende bis und mit vollendetem 20. Altersjahr sowie ab vollendetem 50. Altersjahr 27 Ferientage (Art. 32 AVE GAV).*

🗎 *Die Allgemeinverbindlicherklärung gilt für die Kantone Zürich, Bern (ausgenommen die Bezirke Courtelary, Moutier, La Neuve-ville), Luzern, Uri, Schwyz, Obwalden, Nidwalden, Glarus, Zug, Solothurn, Basel-Stadt, Basel-Landschaft, Schaffhausen, Appen-zell Ausserrhoden, Appenzell Innerrhoden, St. Gallen, Graubün-den, Aargau, Thurgau und Tessin.*

🗎 *Die allgemeinverbindlich erklärten Bestimmungen gelten für Betriebe, Betriebsteile und Montagegruppen, die Schreinerer-zeugnisse oder Erzeugnisse verwandter Berufszweige herstel-len, montieren oder reparieren.*
Als Betriebe, die Schreinerarbeiten oder Arbeiten verwandter Berufszweige ausführen, gelten Bau- und Möbelschreinereien, Innenausbaubetriebe, Laden- und Laborbaubetriebe, Fenster-hersteller (Holz, Holz-Metall und Kunststoff), Möbelfabriken, Küchenmöbelfabriken, Saunabau-Betriebe, Betriebe der Holz-oberflächenbehandlung, Betriebe, die Wand- und Deckenver-kleidungen sowie Isolationen ausführen, sowie Betriebe, die Schreinerarbeiten nur montieren (Montageunternehmungen), Wagnereien, Holzgeräte- und Skihersteller, Glasereien, Holz-beizereien, Antikschreinereien.

🗎 *Die allgemeinverbindlich erklärten Bestimmungen des GAV gelten namentlich auch für Arbeitsvorbereiter, Sachbearbeiter Planung, Kalkulatoren, CAD-Planer und Schreiner-Techniker.*

🗎 *Ausgenommen sind: Die in geschäftsleitender Funktion tätigen diplomierten Schreinermeister, Betriebsleiter, Werkmeister und Schreiner-Techniker sowie weitere Mitarbeitende, die aufgrund ihrer Stellung und Verantwortung über weitreichende Entschei-dungsbefugnisse über den Betrieb verfügen oder auf Entscheide massgeblich Einfluss nehmen können; das kaufmännische und das Verkaufspersonal.*

🖑 www.vssm.ch, www.schreiner.ch, www.szff.ch und www.fensterverband.ch

Tätigkeitsbereich *Wöchentliche Arbeitszeit*	Tätigkeit *Quelle, vertragliche Vereinbarungen*	Stunden- und Monatslohn

43.33   Fussboden-, Fliesen- und Plattenlegerei sowie Kachelofenbau

Boden- und Teppichleger *Gesamtschweizerische Lohnempfehlung*

42 Stunden, berufsüblich

Bodenleger, 1. Berufsjahr	*20.10*	*3'660.—*
mit Berufserfahrung	*23.—*	*4'183.—*
Chefbodenleger, eidgenössisch geprüft	*28.75*	*5'229.—*
Bodenlegermeister, diplomiert	*34.45*	*6'274.—*
Hilfsbodenleger	*17.25*	*3'137.—*

📖 *Kein GAV, Verband Schweizerischer Fachgeschäfte für Linoleum, Spezialbodenbeläge, Teppiche und Parkett.*

🗒 *Lohnrichtlinien des Verbandes Boden Schweiz, zuletzt im Jahre 2001 erlassen.*

✋ Ein 13. Monatslohn ist nicht vertraglich vereinbart. Zur Ermittlung des Jahreslohnes muss mit 12 multipliziert werden.

✋ Die Jahresteuerung wird seit 2002 aufgerechnet.

Stand 1.1.2011   📖 www.bodenschweiz.ch

Cheminée- und Kachelofenbauer   *Gesamtschweizerischer Vergleichswert*

42 Stunden, berufsüblich

Cheminéebauer, ab 1. Berufsjahr	*24.55*	*4'471.—*
Cheminéebauer, ab 2. Berufsjahr	*25.15*	*4'577.—*
Hilfsarbeiter	*23.55*	*4'288.—*

📖 *GAV für das Hafner- und Plattenlegergewerbe; Lohnempfehlung gestützt auf diesen (Kapitelziffer 43.33).*

⧗ *Laufzeit des GAV ab 1.1.2000, ungekündigt.*

✋ Ein 13. Monatslohn ist nicht vertraglich vereinbart. Zur Ermittlung des Jahreslohnes muss mit 12 multipliziert werden.

✋ Die Jahresteuerung wird seit 2004 aufgerechnet.

Stand 1.1.2011   📖 www.vhp.ch

Tätigkeitsbereich *Wöchentliche Arbeitszeit*	Tätigkeit *Quelle, vertragliche Vereinbarungen*	Stunden- und Monatslohn	
Plattenleger und Hafner	**AVE-GAV-Löhne laut Geltungsbereich**		
40 Stunden, laut GAV	Plattenleger, ab 1. Berufsjahr (D 1)	**24.95**	4'327.—
	Plattenleger, ab 2. Berufsjahr (D 2)	**25.55**	4'430.—
Zone 1	Plattenleger, ab 3. Berufsjahr (D 3)	**27.60**	4'785.—
	Plattenleger, selbstständig und mit eidgenössischem Fähigkeitsausweis (A)	**29.35**	5'091.—
	Plattenleger und Hafner, angelernt (B)	**26.55**	4'600.—
	Plattenarbeiter, ab 18. Altersjahr (C)	**23.95**	4'150.—

🏠 *Lokaler Geltungsbereich: Kantone Zürich sowie Bezirk Baden des Kantons Aargau.*

41½ Stunden, laut GAV	Plattenleger, ab 1. Berufsjahr (D 1)	**23.65**	4'250.—
	Plattenleger, ab 2. Berufsjahr (D 2)	**24.20**	4'350.—
Zone 2	Plattenleger, ab 3. Berufsjahr (D 3)	**26.15**	4'700.—
	Plattenleger, selbstständig und mit eidgenössischem Fähigkeitsausweis (A)	**27.80**	5'000.—
	Plattenleger und Hafner, angelernt (B)	**25.25**	4'540.—
	Plattenarbeiter, ab 18. Altersjahr (C)	**22.25**	4'000.—

🏠 *Lokaler Geltungsbereich: Kantone Aargau (ohne Bezirk Baden), Glarus, Luzern, Nidwalden, Obwalden Uri, Schwyz, Solothurn und Zug.*

40¾ Stunden, laut GAV	Plattenleger, ab 1. Berufsjahr (D 1)	**24.50**	4'327.—
	Plattenleger, ab 2. Berufsjahr (D 2)	**25.10**	4'430.—
Kanton Bern	Plattenleger, ab 3. Berufsjahr (D 3)	**27.10**	4'785.—
	Plattenleger, selbstständig und mit eidgenössischem Fähigkeitsausweis (A)	**28.85**	5'091.—
	Plattenleger und Hafner, angelernt (B)	**26.05**	4'600.—
	Plattenarbeiter, ab 18. Altersjahr (C)	**23.50**	4'150.—

🏠 *Lokaler Geltungsbereich: Kanton Bern.*

📄 *AVE GAV für das Plattenlegergewerbe der Gebiete Bern, Zentralschweiz, Zürich und Bezirk Baden des Kantons Aargau. Mindestlöhne, Art. 7 und Anhang 1.*

⏳ *Grundbeschluss AVE vom 20.11.2009, gültig bis 31.3.2012.*

📖 *AVE aus dem GAV für das Plattenlegergewerbe der Gebiete Bern, Zentralschweiz, Zürich und Bezirk Baden des Kantons Aargau. Laufzeit ab 1.6.2004, ungekündigt.*

✎ *Der 13. Monatslohn ist vertraglich vereinbart (Art. 7.3 AVE GAV). Zur Ermittlung des Jahreslohnes muss mit 13 multipliziert werden.*

⌀ *Lohnzuschläge: Bei einer wöchentlichen Arbeitszeit von mehr als 47 Stunden 25%. Für Arbeitseinsätze ab 20.00 Uhr oder im Mehrschichtbetrieb ab 5 Tagen sowie an Samstagen von 15.00 bis 20.00 Uhr 50%. Für Nachtarbeit an Wochentagen, zwischen 20.00 und 06.00 Uhr, und für Arbeit an Sonn- und Feiertagen 100% (Art. 6.1.9 AVE GAV).*

⌀ *Verpflegungsentschädigung, Zone I: Kanton Zürich und Bezirk Baden des Kantons Aargau CHF 18 pro Mahlzeit oder pauschal CHF 250 monatlich; Kanton Bern CHF 18 pro Mahlzeit. Zone II: CHF 15 pro Mahlzeit (Anhang 1 zum AVE GAV).*

⌀ *Ferienanspruch ab dem 21. Altersjahr 20 Tage und ab dem zurückgelegten 50. Altersjahr 25 Tage (Art. 6.2.1 GAV).*

🖰 *Die Allgemeinverbindlicherklärung gilt für die Kantone Aargau, Bern, Glarus, Luzern, Nidwalden, Obwalden, Schwyz, Solothurn, Uri, Zug und Zürich. Die allgemeinverbindlich erklärten Bestimmungen des GAV gelten für alle Betriebe und Betriebsteile, die Plattenarbeiten, keramische Wand- und Bodenbeläge, Mosaik- sowie Natur- und Kunststeinbeläge ausführen.*

🖰 *Die allgemeinverbindlich erklärten Bestimmungen gelten für die in den Betrieben beschäftigten Arbeitnehmenden. Ausgenommen sind: Das kaufmännische und technische Personal, höhere leitende Angestellte mit Budgetverantwortung sowie mitarbeitende Familienangehörige des Arbeitgebers.*

Stand 1.1.2010   ✍ www.vhp.ch, www.plattenverband.ch und www.unia.ch

Tätigkeitsbereich *Wöchentliche Arbeitszeit*	Tätigkeit *Quelle, vertragliche Vereinbarungen*	Stunden- und Monatslohn	

Plattenleger und Hafner **GAV-Löhne, Geltungsbereich übrige Schweiz**

41½ Stunden

Plattenleger, ab 1. Berufsjahr	**21.80**	**3'920.—**
Plattenleger, ab 2. Berufsjahr	**22.30**	**4'010.—**
Plattenleger, ab 5. Berufsjahr	**25.30**	**4'550.—**
Plattenleger, selbstständig	**27.80**	**5'000.—**
und mit eidgenössischem Fachausweis		
Plattenarbeiter	**22.25**	**4'000.—**

📖 *GAV für das Hafner- und Plattenlegergewerbe. Lohnbestimmungen, Art. 12.*

⧗ *Laufzeit des GAV ab 1.1.2000, ungekündigt.*

✐ *13. Monatslohn: Vertraglich vereinbart (Art. 13 GAV). Zur Ermittlung des Jahreslohnes muss mit 13 multipliziert werden.*

✐ *Verpflegungsentschädigung: Bei ganztägiger Abwesenheit mit täglicher Heimkehr CHF 15. Ist eine tägliche Heimkehr nicht möglich oder nicht zumutbar, so sind die gesamten Auslagen für Fahrt, Verköstigung und Übernachtung gegen Einreichung der Belege vom Arbeitgeber zu bezahlen. Ausserdem ist wöchentlich eine Hin- und Rückfahrt zu vergüten (Art. 15 GAV).*

✐ *Ferienanspruch: Ab 20. bis 49. Altersjahr 21 Tage und ab dem zurückgelegten 50. Altersjahr 26 Tage (Art. 17 GAV).*

🏠 *Lokaler Geltungsbereich: Übrige Gebiete der Schweiz, welche nicht durch den AVE GAV abgedeckt werden.*

Stand 1.4.2010 🖥 www.vhp.ch, www.plattenverband.ch und www.unia.ch

43.34 Malergewerbe und Glaserei

Glaser ***Gesamtschweizerischer Vergleichswert***

40 Stunden, berufsüblich

Lehrabgänger, im 1. Berufsjahr	**23.05**	**3'996.—**
ab 2. Berufsjahr	**24.40**	**4'231.—**
ab 3. Berufsjahr	**25.95**	**4'495.—**
Berufsarbeiter, gelernt	**27.30**	**4'731.—**
Vorarbeiter	**31.30**	**5'424.—**
Berufsarbeiter, angelernt	**25.20**	**4'372.—**
Hilfsarbeiter, im 1. Jahr der Anstellung	**22.50**	**3'902.—**
Hilfsarbeiter, im 2. Jahr der Anstellung	**24.15**	**4'184.—**

📖 *Kein GAV, Lohnempfehlung gestützt auf den GAV für das Maler- und Gipsergewerbe (Kapitelziffer 43.34).*

☝ *Ein 13. Monatslohn ist nicht vertraglich vereinbart. Zur Ermittlung des Jahreslohnes muss mit 12 multipliziert werden.*

Stand 1.1.2011 🖥 www.maler-gipser.com

Tätigkeitsbereich *Wöchentliche Arbeitszeit*	Tätigkeit *Quelle, vertragliche Vereinbarungen*	Stunden- und Monatslohn

Maler

AVE-GAV-Löhne laut Geltungsbereich

40 Stunden, laut GAV

Lehrabgänger, im 1. Berufsjahr	23.05	3'996.—
Lehrabgänger, ab 2. Berufsjahr	24.40	4'231.—
Lehrabgänger, ab 3. Berufsjahr	25.95	4'495.—
Berufsarbeiter, gelernt (A)	27.30	4'731.—
Vorarbeiter (V)	31.30	5'424.—
Berufsarbeiter, angelernt (B)	25.20	4'372.—
Hilfsarbeiter, im 1. Jahr der Anstellung (C 1)	22.50	3'902.—
Hilfsarbeiter, im 2. Jahr der Anstellung (C 2)	24.15	4'184.—

▤ *AVE GAV für das Maler- und Gipsergewerbe. Mindestlöhne, Art. 9.*

⌛ *Grundbeschluss AVE vom 30.6.2008, gültig bis 30.9.2010.*

▭ *AVE aus dem GAV für das Maler- und Gipsergewerbe. Laufzeit ab 1.6.2005, ungekündigt.*

🖉 *Der 13. Monatslohn ist vertraglich vereinbart (Art. 9.6 AVE GAV). Zur Ermittlung des Jahreslohnes muss mit 13 multipliziert werden.*

🖉 *Verpflegungsentschädigung: Maximal CHF 20 je Mahlzeit oder monatlich CHF 262 pauschal (Art. 10.1 AVE GAV).*

🖉 *Ferienanspruch: 4 Wochen zwischen den vollendeten 20. und 50. Altersjahren; ab dem 50. Altersjahr 5 Wochen (Art. 12.1 AVE GAV).*

👆 *Die Allgemeinverbindlicherklärung gilt für das Malergewerbe der Kantone Zürich, Bern, Luzern, Uri, Schwyz, Obwalden, Nidwalden, Glarus, Zug, Solothurn, Schaffhausen, Appenzell Ausser- und Innerrhoden, St. Gallen, Graubünden, Aargau, Thurgau, Jura und Tessin. Die Allgemeinverbindlicherklärung gilt für alle Betriebe und Betriebsteile sowie Liegenschaftsverwaltungen mit eigener Malerabteilung, die Malerarbeiten ausführen oder ausführen lassen und zum Berufsbild des Malers gehören.*

✋ Malerarbeiten: Auftragen von Anstrich-, Beschichtungs- und Strukturmaterialien sowie Aufziehen von Tapeten, Belägen und Geweben aller Art. Verschönern und Erhalten von Bauten und Bauteilen, Einrichtungen und Gegenständen sowie Schützen gegen Witterungs- und andere Einflüsse.

✋ Arbeitnehmende mit anderen Lehrabschlüssen, wie beispielsweise Vergolder, gelten nicht zwangsläufig als gelernte Berufsarbeiter.

Tätigkeitsbereich *Wöchentliche Arbeitszeit*	Tätigkeit *Quelle, vertragliche Vereinbarungen*	Stunden- und Monatslohn

43.9 · · · Sonstige spezialisierte Bautätigkeiten

43.91 · · · Dachdeckerei, Dachspenglerei und Abdichtung sowie Zimmerei

Dachdeckergewerbe	**AVE-GAV-Löhne laut Geltungsbereich**		
42 Stunden, laut GAV	Polybauer EFZ sowie gelernte Berufsleute aus dem Baugewerbe, im 1. Berufsjahr	**24.40**	**4'446.—**
	Polybauer, ab 2. Berufsjahr	**25.—**	**4'555.—**
	ab 3. Berufsjahr	**25.60**	**4'667.—**
	ab 4. Berufsjahr	**26.30**	**4'782.—**
	ab 5. Berufsjahr	**26.90**	**4'900.—**
	Polybauer mit Berufsattest EBA, im 1. Berufsjahr	**22.—**	**4'002.—**
	ab 2. Berufsjahr	**22.50**	**4'100.—**
	ab 3. Berufsjahr	**23.10**	**4'201.—**
	ab 4. Berufsjahr	**23.60**	**4'304.—**
	ab 5. Berufsjahr	**24.20**	**4'410.—**
	Dacharbeiter, angelernt ab 1. Erfahrungsjahr	**20.80**	**3'779.—**
	ab 2. Erfahrungsjahr	**21.30**	**3'872.—**
	ab 3. Erfahrungsjahr	**21.80**	**3'967.—**
	ab 4. Erfahrungsjahr	**22.30**	**4'065.—**
	ab 5. Erfahrungsjahr	**22.90**	**4'165.—**

AVE GAV im Schweizerischen Dach- und Wandgewerbe. Mindestlöhne, Art. 27, Anhang 6.

Grundbeschluss AVE vom 1.11.2004; gültig bis zum 30.6.2010.

AVE aus dem GAV im Bereich des Schweizerischen Dach- und Wandgewerbes. Laufzeit ab 1.1.2004, ungekündigt.

13. Monatslohn: Vertraglich vereinbart (Art. 28 AVE GAV). Zur Ermittlung des Jahreslohnes muss mit 13 multipliziert werden.

Lohnzuschläge: Für Arbeiten am Samstag, zwischen 06.00 und 12.00 Uhr 25%. Ein Zuschlag von 50% wird für Samstagsarbeit zwischen 12.00 und 20.00 Uhr, für Abendarbeit zwischen 20.00 und 23.00 Uhr sowie für Nachtarbeit zwischen 23.00 und 06.00 Uhr vergütet. Für Arbeiten an Sonn- und Feiertagen gilt ein Zuschlag von 100% (Art. 26 AVE GAV).

Bei auswärtiger Arbeit gilt eine Mittagszulage von CHF 16 (Art. 29 AVE GAV und Art. 5, Anhang 6 zum GAV).

Ferienanspruch: Bis zum zurückgelegten 20. Altersjahr 25 Tage, bis zum vollendeten 50. Altersjahr 23 Tage, bis zum vollendeten 60. Altersjahr 25 Tage und ab zurückgelegtem 60. Altersjahr 30 Tage (Art. 36 AVE GAV).

🎔 *Die Allgemeinverbindlicherklärung gilt für die ganze Schweiz, mit Ausnahme der Kantone Basel-Landschaft, Basel-Stadt, Genf, Waadt und Wallis.*

🎔 *Die allgemeinverbindlich erklärten Bestimmungen des GAV gelten unmittelbar für alle Arbeitgeber sowie Arbeitnehmenden in Betrieben des Dach- und Wandgewerbes.*

🎔 *Ausgenommen sind: Das kaufmännische Personal, Lehrlinge, Betriebsinhaber, welche das Unternehmen als Einzelfirma oder Kollektivgesellschaft betreiben, in der Geschäftsleitung mitarbeitende Aktionäre und Gesellschafter von Aktiengesellschaften und Gesellschaften mit beschränkter Haftung, sofern ihr Anteil mindestens 10% am Gesamtkapital beträgt, sowie Poliere mit eidgenössischem Diplom.*

🎔 *Zum Dach- und Wandgewerbe gehören Betriebe, die in den folgenden Bereichen tätig sind:*
– *geneigte Dächer und Unterdächer ab Sparrenlage;*
– *Flachdächer ab der statischen Unterkonstruktion und Wandabdichtungen in Zusammenhang mit dem Flachdach;*
– *vorgehängte und hinterlüftete Fassadenbekleidungen und die damit zusammenhängenden Isolierungen. Namentlich eingeschlossen sind Materialien zur Fassadenbekleidung wie folgt: Blech (Aluminium-, Trapez- und Wellbleche), Faserzement, Keramikplatten, Kunststoffplatten, Schiefer, Schindeln, Steinplatten und Ziegel.*

Stand 1.9.2010   ✍ www.svdw.ch und www.unia.ch

Dachdeckergewerbe   **GAV-Bestimmungen für das Verleihpersonal**

42 Stunden, laut GAV   ✐ *Um die in Art. 4.6 GAV festgelegten Mindestansätze zu erfüllen, sind für das Verleihpersonal aus Arbeitsvermittlungs- und Personalverleihfirmen folgende Prozentsätze aufzurechnen: Bei einem Ferienanspruch von 22 Tagen 9,24%, bei einer Dauer von 23 Tagen 9,66%, bei 25 Tagen 10,63% und bei 30 Tagen 13,04% (Art. 4.6. GAV und Anhang 8 GAV).*

✐ *Absenz- oder Feiertage sind mit je 0,42% abzugelten (Anhang 8 GAV).*

✐ *Zur Abgeltung des vereinbarten 13. Monatslohnes sind 8,33% zu entrichten. Überstunden sind mit 25% sowie Sonn- und Feiertage mit 100% Lohnzuschlag abzugelten (Anhang 8 GAV).*

Stand 1.1.2010   ✍ www.svdw.ch und www.unia.ch

Tätigkeitsbereich *Wöchentliche Arbeitszeit*	Tätigkeit *Quelle, vertragliche Vereinbarungen*	Stunden- und Monatslohn	
Zimmereigewerbe	**AVE-GAV-Löhne laut Geltungsbereich**		
42 Stunden, laut GAV	Berufsarbeiter, gelernt	21.05	3'832.—
	ab 1. Erfahrungsjahr	22.50	4'091.—
Holzbauarbeiter	ab 2. Erfahrungsjahr	23.20	4'220.—
	ab 4. Erfahrungsjahr	24.35	4'436.—
	ab 6. Erfahrungsjahr	25.35	4'610.—
	ab 8. Erfahrungsjahr	26.05	4'738.—
	ab 10. Erfahrungsjahr	26.75	4'866.—
Holzbaufachmann und Zimmermann	Berufsarbeiter, gelernt	24.—	4'369.—
	ab 1. Erfahrungsjahr	25.45	4'628.—
	ab 2. Erfahrungsjahr	26.15	4'757.—
	ab 4. Erfahrungsjahr	27.30	4'973.—
	ab 6. Erfahrungsjahr	28.30	5'147.—
	ab 8. Erfahrungsjahr	29.—	5'275.—
	ab 10. Erfahrungsjahr	29.70	5'404.—
Holzbauvorarbeiter ohne Fortbildung	Vorarbeiter, gelernt	26.45	4'815.—
	ab 1. Erfahrungsjahr	27.85	5'073.—
	ab 2. Erfahrungsjahr	28.60	5'203.—
	ab 4. Erfahrungsjahr	29.75	5'419.—
	ab 6. Erfahrungsjahr	30.75	5'592.—
	ab 8. Erfahrungsjahr	31.45	5'721.—
	ab 10. Erfahrungsjahr	32.15	5'849.—
Holzbauvorarbeiter mit Fortbildung	Vorarbeiter, gelernt	28.15	5'125.—
	ab 1. Erfahrungsjahr	29.60	5'383.—
	ab 2. Erfahrungsjahr	30.30	5'513.—
	ab 4. Erfahrungsjahr	31.50	5'729.—
	ab 6. Erfahrungsjahr	32.45	5'902.—
	ab 8. Erfahrungsjahr	33.15	6'031.—
	ab 10. Erfahrungsjahr	33.85	6'159.—
Holzbaupolier ohne Fortbildung	Polier, gelernt	30.05	5'471.—
	ab 1. Erfahrungsjahr	31.50	5'730.—
	ab 2. Erfahrungsjahr	32.20	5'859.—
	ab 4. Erfahrungsjahr	33.40	6'075.—
	ab 6. Erfahrungsjahr	34.35	6'249.—
	ab 8. Erfahrungsjahr	35.05	6'377.—
	ab 10. Erfahrungsjahr	35.75	6'505.—

Tätigkeitsbereich *Wöchentliche Arbeitszeit*	Tätigkeit *Quelle, vertragliche Vereinbarungen*	Stunden- und Monatslohn	
Holzbaupolier	Polier, gelernt	31.75	5'781.—
mit Fortbildung	ab 1. Erfahrungsjahr	33.20	6'040.—
	ab 2. Erfahrungsjahr	33.90	6'169.—
	ab 4. Erfahrungsjahr	35.10	6'385.—
	ab 6. Erfahrungsjahr	36.05	6'559.—
	ab 8. Erfahrungsjahr	36.75	6'687.—
	ab 10. Erfahrungsjahr	37.45	6'815.—
Techniker HF Holzbau	Techniker HF, bei bestandener Ausbildung	33.55	6'107.—
	ab 1. Erfahrungsjahr	35.—	6'366.—
	ab 2. Erfahrungsjahr	35.70	6'495.—
	ab 4. Erfahrungsjahr	36.85	6'711.—
	ab 6. Erfahrungsjahr	37.85	6'885.—
	ab 8. Erfahrungsjahr	38.55	7'013.—
	ab 10. Erfahrungsjahr	39.25	7'142.—
Holzbauingenieur FH	Holzbauingenieur FH, bei abgeschlossener Ausbildung	37.25	6'779.—
	ab 1. Erfahrungsjahr	38.65	7'038.—
	ab 2. Erfahrungsjahr	39.40	7'167.—
	ab 4. Erfahrungsjahr	40.55	7'383.—
	ab 6. Erfahrungsjahr	41.50	7'557.—
	ab 8. Erfahrungsjahr	42.25	7'685.—
	ab 10. Erfahrungsjahr	42.95	7'813.—
Holzbau-Meister	Holzbau-Meister, gelernt	36.05	6'557.—
	ab 1. Erfahrungsjahr	37.45	6'815.—
	ab 2. Erfahrungsjahr	38.15	6'945.—
	ab 4. Erfahrungsjahr	39.35	7'161.—
	ab 6. Erfahrungsjahr	40.30	7'335.—
	ab 8. Erfahrungsjahr	41.—	7'463.—
	ab 10. Erfahrungsjahr	41.70	7'591.—
Kaufmännisches Personal	Kaufmännische Angestellte, 3-jährige Lehre	22.—	4'000.—
	Übriges kaufmännisches Personal	20.40	3'710.—

📋 *AVE GAV für das Holzbaugewerbe. Vereinfachtes Lohnmodell bei gleichmässiger Ausschüttung der betrieblichen Leistungslohnsumme, Anhang 1.*

⧗ *Grundbeschluss AVE vom 1.10.2007, gültig bis 31.12.2010.*

📖 *AVE aus dem GAV für das Holzbaugewerbe. Laufzeit ab 1.11.2007, ungekündigt.*

✎ *13. Monatslohn: Vertraglich vereinbart (Art. 31 AVE GAV). Zur Ermittlung des Jahreslohnes muss mit 13 multipliziert werden.*

✎ *Verpflegungsentschädigung: Morgenessen CHF 10, Mittag- und Abendessen CHF 16 sowie Übernachtung CHF 75. Tagespauschale CHF 117 (Anhang 4 AVE GAV).*

🖉 *Lohnzuschläge: Bei vorübergehender Abendarbeit von 20.00 und 23.00 Uhr gilt im Einvernehmen der Parteien ein Lohnzuschlag von 25%. Bei vorübergehender Nachtarbeit, zwischen 23.00 bis 06.00 Uhr, ist ein Lohnzuschlag von 50% zu vergüten. Davon ausgeschlossen wird Schichtarbeit (Art. 21 AVE GAV).*

🖉 *Ferienanspruch: Bis zum vollendeten 50. Altersjahr 5 Wochen. Bis zum vollendeten 20. Altersjahr und ab dem 51. Altersjahr 6 Wochen (Art. 14 AVE GAV).*

📖 *Die Allgemeinverbindlicherklärung gilt für die ganze Schweiz, mit Ausnahme der Kantone Freiburg, Waadt, Wallis, Neuenburg, Genf, Jura und des Berner Juras.*

📖 *Die allgemeinverbindlich erklärten Bestimmungen des GAV gelten für die Arbeitgeber und die Arbeitnehmenden des Holzbaugewerbes. Dazu gehören Holzbaubetriebe, Betriebsteile und Montagegruppen, die Holzbauarbeiten wie Zimmerei- und industrielle Holzsystembauarbeiten herstellen und montieren oder reparieren. Dies schliesst folgende Tätigkeiten ein: Holzbaugewerbliche Boden-, Wand- und Dachkonstruktionen, vorfabrizierte Holzbausysteme sowie holzbaugewerbliche Abbundleistungen, Unterkonstruktionen, Wärmedämmungen, äussere und innere Bekleidungen, Treppen und holzbaugewerbliche Oberflächenbehandlungen auf Tragkonstruktionen und Bekleidungen.*

📖 *Der GAV Holzbau gilt für alle Arbeitnehmenden, die in den vorgenannten Betrieben oder Betriebsteilen beschäftigt sind: Holzbau-Arbeiter, -Fachmann, -Zimmermann, -Vorarbeiter und -Polier, Techniker HF Holzbau, Holzbauingenieur FH, Holzbaumeister und das kaufmännische Personal. Ausgenommen sind Geschäftsführer und höhere Kadermitarbeitende, die im Handelsregister eingetragen sind und/oder aufgrund ihrer Anstellungsfunktion über gleichwertige betriebliche Entscheidungsbefugnisse verfügen.*

📖 *Ausgenommen sind Betriebe und Betriebsteile, die ausschliesslich mit Herstellung, Verkauf, Montage oder Verlegung von Sägereiprodukten, Doppel- und Hohlraumböden und Parkettböden beschäftigt sind. Ebenfalls ausgenommen sind Betriebe und Betriebsteile, welche reine Handelsprodukte, wie Sägereiprodukte, Hobelwaren, verleimtes Konstruktionsholz und Holzwerkstoffplatten, Boden-, Wand- und Dachbauteile herstellen und verkaufen.*

Tätigkeitsbereich *Wöchentliche Arbeitszeit*	Tätigkeit *Quelle, vertragliche Vereinbarungen*	Stunden- und Monatslohn

43.99   Sonstige spezialisierte Bautätigkeiten

Gerüstbau   **AVE-GAV-Löhne, gesamtschweizerischer Geltungsbereich**

42 Stunden, laut GAV	Gerüstbauarbeiter, *Lohnklasse C*	**22.21**	**4'053.—**
	Gerüstmonteur mit eidgenössischem Berufsattest EBA und Polybaupraktiker Fachrichtung Gerüstbau, *Lohnklasse B 2*	**23.35**	**4'261.—**
	Gerüstmonteur mit eidgenössischem Fähigkeitszeugnis EFZ, *Lohnklasse B 1*	**25.30**	**4'617.—**
	Gruppenleiter Gerüstbau, *Lohnklasse A*	**27.01**	**4'929.—**
	Chef-Monteur, *Lohnklasse Q*	**28.15**	**5'138.—**

📄 *AVE GAV für den Gerüstbau. Mindestlöhne, Art. 17.*

⧗ *Grundbeschluss AVE vom 9.12.1999, gültig bis 31.3.2011.*

📖 *AVE aus dem GAV für den schweizerischen Gerüstbau. Laufzeit ab 1.4.2008, ungekündigt.*

✎ *Der 13. Monatslohn ist vertraglich vereinbart (Art. 17 Abs. 12 AVE GAV). Zur Ermittlung des Jahreslohnes muss mit 13 multipliziert werden.*

✎ *Zulagen und Auslagenersatz: Für Nachtarbeit zwischen 20.00 und 06.00 Uhr wird ein Zuschlag von 50% bezahlt. Als Verpflegungsentschädigung wird den Arbeitnehmenden eine Zulage von CHF 15.50 pro Tag und Mahlzeit vergütet (Art. 19 AVE GAV).*

✎ *Ferien: Ab vollendetem 20. und bis zum vollendeten 50. Altersjahr 5 Wochen. Bis zum vollendeten 20. und ab zurückgelegtem 50. Altersjahr 6 Wochen (Art. 13 AVE GAV).*

� *Die Allgemeinverbindlicherklärung gilt für die ganze Schweiz. Die allgemeinverbindlich erklärten Bestimmungen des GAV gelten für die Betriebe und Betriebsteile, welche im Gerüstbau tätig sind, sowie Betriebe anderer Branchen, die Gerüste für Dritte montieren. Nicht unterstellt sind Betriebe anderer Branchen, welche für den Eigenbedarf Gerüste erstellen. Die allgemeinverbindlich erklärten Bestimmungen gelten für alle in den Betrieben beschäftigten Arbeitnehmenden.*

✋ *Der Stundenlohn wird mittels Teilung des Monatslohns durch 182,5 ermittelt.*

Stand 1.2.2011   ✍ www.sguv.ch und www.unia.ch

| Tätigkeitsbereich | Tätigkeit | Stunden- |
| *Wöchentliche Arbeitszeit* | *Quelle, vertragliche Vereinbarungen* | und Monatslohn |

**Industrie-
und Unterlagsböden**

40½ Stunden, laut GAV

AVE-GAV-Löhne laut Geltungsbereich

Tätigkeit		
Vorarbeiter (V)	**33.90**	**5'966.—**
Baufacharbeiter, gelernt, 1. Berufsjahr (Q)	**31.40**	**5'449.—**
Baufacharbeiter ohne Berufsausweis (A)	**30.25**	**5'248.—**
Bauarbeiter mit Fachkenntnissen (B)	**28.50**	**4'884.—**
Hilfsarbeiter (C)	**25.35**	**4'393.—**

▤ *AVE LMV für das Schweizerische Bauhauptgewerbe.*

▣ *Lokaler Geltungsbereich: Übrige Gebiete der Schweiz. Ausgenommen sind Betriebe des Kantons Zürich sowie jene des Bezirks Baden des Kantons Aargau.*

⧗ *Grundbeschluss AVE vom 10.11.1998, gültig bis 31.12.2011.*

▭ *AVE aus dem LMV für das Schweizerische Bauhauptgewerbe. Laufzeit ab 1.5.2008, ungekündigt.*

⧗ *Laufzeit LMV ab 1.5.2008 bis 31.12.2010. Siehe auch unter Kapitelziffer 41.20.*

✎ *Der 13. Monatslohn ist vertraglich vereinbart (Art. 49 AVE LMV). Zur Ermittlung des Jahreslohnes muss mit 13 multipliziert werden.*

✎ *Verpflegungsentschädigung CHF 14, laut Art. 60 Abs. 2 AVE LMV.*

✎ *Ferienanspruch: Ab vollendetem 20. bis zum 50. Altersjahr 5 Wochen; bis zum vollendeten 20. Altersjahr und ab zurückgelegtem 50. Altersjahr 6 Wochen (Art. 34 AVE LMV).*

Stand 1.1.2010   ✍ www.veras.ch und www.pavidensa.ch

Sektor III	Dienstleistungen

Tätigkeitsbereich *Wöchentliche Arbeitszeit*	Tätigkeit *Quelle, vertragliche Vereinbarungen*	Stunden- und Monatslohn

G   **Handel, Instandhaltung und Reparatur von Motorfahrzeugen**

45   **Handel mit Motorfahrzeugen sowie deren Instandhaltung und Reparatur**

45.2   Instandhaltung und Reparatur von Automobilen

45.20   Reparatur und Wartungsdienst

Autogewerbe	GAV-Löhne, Grossregion Zürich und *Lohnempfehlung*		
42 Stunden, laut GAV	Automobil-Mechatroniker, Automechaniker oder Fahrzeug-Elektriker/Elektroniker	**23.10**	**4'200.—**
Berufsleute, gelernt	mit 4-jähriger Lehre, im 1. Berufsjahr		
	ab 4. Berufsjahr	**25.25**	**4'600.—**
	Automobil-Fachmann, Automonteur, 3-jährige Lehre, im 1. Berufsjahr	**22.—**	**4'000.—**
	ab 2. Berufsjahr	*23.10*	*4'200.—*
	Automobildiagnostiker, 1. Berufsjahr	*27.45*	*5'000.—*
	ab 2. Berufsjahr	*28.55*	*5'200.—*
Hilfsfunktionen	Automobilassistent, 2-jährige Lehre	**19.25**	**3'500.—**
	ab 2. Berufsjahr	*20.35*	*3'700.—*
	Hilfsarbeiter, ab 20. Altersjahr	**20.35**	**3'700.—**

📖 *GAV für das Autogewerbe im Kanton Zürich. Lohnbestimmungen, Art. 9.*

⧗ *Laufzeit des GAV ab 1.1.2001, ungekündigt.*

▦ *Obige Lohnempfehlungen entstammen jenen für das 2. Berufsjahr im GAV einst festgelegten, jedoch nicht mehr verhandelten Mindestlöhnen.*

✎ *13. Monatslohn: Vertraglich vereinbart (Art. 12.1 GAV). Zur Ermittlung des Jahreslohnes muss mit 13 multipliziert werden.*

✎ *Ferien: Ab 50. Altersjahr und 5 Jahren Betriebszugehörigkeit stehen dem Arbeitnehmenden 5 Wochen und ab 60. Altersjahr sinngemäss 6 Wochen Ferien zu (Art. 15 GAV).*

✎ *Den Arbeitnehmenden stehen 10 Feiertage zu (Art. 16 GAV).*

Stand 1.1.2010   🖳 www.agvs-zh.ch und www.agvs.ch

Tätigkeitsbereich *Wöchentliche Arbeitszeit*	Tätigkeit *Quelle, vertragliche Vereinbarungen*	Stunden- und Monatslohn

Karosseriegewerbe

41 Stunden, laut GAV

AVE-GAV-Löhne laut Geltungsbereich und *Empfehlung*

Karossier und Dellen-Drücker mit Fähigkeitsausweis, bei 4-jähriger Lehre, im 1. Jahr nach Lehrabschlussprüfung	**22.51**	**4'000.—**
Karossier mit Fähigkeitsausweis, bei 3-jähriger Lehre, im 1. Jahr nach Lehrabschlussprüfung	*21.38*	*3'800.—*
Karossier, mit Berufsattest, bei 2-jähriger Lehre, im 1. Jahr nach Lehrabschlussprüfung	**20.26**	**3'600.—**
Arbeitnehmer ohne Lehrabschluss der Karosseriebranche, ab 20 Jahren	**20.26**	**3'600.—**

🗎 *AVE GAV für das Schweizerische Carosseriegewerbe. Mindest-löhne, Anhang 9.*

⌛ *Grundbeschluss AVE vom 19.6.2006, gültig bis 30.6.2012.*

📖 *AVE aus dem GAV für das Carosseriegewerbe. Laufzeit ab 1.1.2006, ungekündigt.*

🖾 *Die Lohnempfehlung für den Karossier mit 3-jähriger Lehre wurde ehemals im GAV für das Carosseriegewerbe vereinbart.*

✎ *13. Monatslohn: Vertraglich vereinbart (Art. 38 AVE GAV). Zur Ermittlung des Jahreslohnes muss mit 13 multipliziert werden.*

✎ *Ferienanspruch: 25 Tage bis zum vollendeten 20. Altersjahr und ab zurückgelegtem 49. Altersjahr. 20 Tage ab zurückgelegtem 20. Altersjahr und 30 Tage ab zurückgelegtem 59. Altersjahr und mindestens 5 Dienstjahren im Betrieb (Art. 27 AVE GAV).*

🏳 *Die Allgemeinverbindlicherklärung gilt für die ganze Schweiz, mit Ausnahme der Kantone Waadt, Wallis, Neuenburg, Jura und Freiburg.*

🏳 *Die Allgemeinverbindlicherklärung gilt für alle Arbeitgeber und -nehmer der Karosseriebranche. Dazu gehören Betriebe, die in den folgenden Bereichen tätig sind: Karosserie- und Fahrzeug-bau, Karosseriesattlerei, Karosseriespenglerei, Autospritzwerk und Autolackiererei, Firmen, welche spezielle Karosseriear-beiten ausführen (beispielsweise Tuning, Drücktechnik, Fahr-zeugglasarbeiten und alternative Reparaturen), selbstständige Waschanlagenbetreiber und Fahrzeugpflege sowie Karosserie-abteilungen in gemischten Betrieben. Ausgenommen sind: Lei-tende Angestellte, Techniker, Ingenieure und Verkäufer sowie Arbeitnehmende mit einem Beschäftigungsgrad unter 40 Prozent.*

Tätigkeitsbereich *Wöchentliche Arbeitszeit*	Tätigkeit *Quelle, vertragliche Vereinbarungen*	Stunden- und Monatslohn	

Karosseriesattler

42 Stunden, berufsüblich

Gesamtschweizerische Lohnempfehlung

Sattler mit 3-jähriger Lehre, Minimalansatz	*19.85*	*3'610.—*
Maximalansatz	*21.05*	*3'833.—*

📖 *Kein GAV, Verband Schweizerischer Karosseriesattler.*

▦ *Lohnempfehlungen des Verbandes Schweizerischer Karosseriesattler.*

🖑 Ein 13. Monatslohn ist nicht vertraglich vereinbart. Zur Ermittlung des Jahreslohnes muss mit 12 multipliziert werden.

🖑 Die Jahresteuerung wird seit 1999 aufgerechnet.

Stand 1.1.2011   🖳 www.vscs.ch

Reifenfachmann und -praktiker

42½ Stunden, berufsüblich

Gesamtschweizerische Lohnempfehlung

Reifenpraktiker mit eidgenössischem Berufsattest, bei 2-jähriger Lehre	*17.40*	*3'200.—*
Obere Bandbreite	*18.45*	*3'400.—*
Reifenfachmann, mit 3-jähriger Lehre oder Reifenpraktiker ab 5. Berufsjahr	*19.55*	*3'600.—*
Mit zunehmender Erfahrung	*24.45*	*4'500.—*
Mit Erfahrung sowie Weiterbildung	*29.85*	*5'500.—*

📖 *Kein GAV, Reifen-Verband der Schweiz RVS.*

▦ *Lohnempfehlungen des Reifen-Verbandes der Schweiz RVS.*

🖑 Ein 13. Monatslohn ist nicht vertraglich vereinbart. Zur Ermittlung des Jahreslohnes muss mit 12 multipliziert werden.

Stand 1.1.2010   🖳 www.swisspneu.ch

Tätigkeitsbereich *Wöchentliche Arbeitszeit*	Tätigkeit *Quelle, vertragliche Vereinbarungen*	Stunden- und Monatslohn

45.4	Handel mit Motorrädern und Zubehör sowie deren Instandhaltung und Reparatur		
45.40	Reparatur von Motor- und Kleinkrafträdern		

Fahrrad-, Motorfahrrad- und Motorradmechaniker

43 Stunden, berufsüblich

Lohnempfehlung der Grossregion Zürich

Zweiradmechaniker, im 1. Berufsjahr	**17.70**	**3'300.—**
Obere Bandbreite	**20.40**	**3'800.—**
Bis zu 5 Jahren Berufserfahrung	**20.40**	**3'800.—**
Obere Bandbreite	**23.10**	**4'300.—**
Ab 5. Berufsjahr mindestens	**23.10**	**4'300.—**
Motorradmechaniker, im 1. Berufsjahr	**19.30**	**3'600.—**
Obere Bandbreite	**21.45**	**4'000.—**
Bis zu 5 Jahren Berufserfahrung	**21.45**	**4'000.—**
Obere Bandbreite	**24.15**	**4'500.—**
Ab 5. Berufsjahr mindestens	**24.15**	**4'500.—**

📖 *Kein GAV, Fahrrad- und Motorrad-Gewerbe-Verband des Kantons Zürich FMGVZ.*

⊞ *Lohnempfehlungen des Fahrrad- und Motorrad-Gewerbe-Verbandes des Kantons Zürich FMGVZ*

✋ Ein 13. Monatslohn ist nicht vertraglich vereinbart. Zur Ermittlung des Jahreslohnes muss mit 12 multipliziert werden.

Stand 1.1.2010   ✍ www.fmgvz.ch

Tätigkeitsbereich *Wöchentliche Arbeitszeit*	Tätigkeit *Quelle, vertragliche Vereinbarungen*	Stunden- und Monatslohn	

46   **Grosshandel**

46.1   Handelsvermittlung

46.19   Handelsvermittlung durch Handelsvertreter und -makler

Handelsreisende	*Lohnempfehlung* und *Statistik der Grossregion Zürich, Median*		
42 Stunden, berufsüblich	Handelsreisender, ab 1. Berufsjahr	***21.40***	***3'900.—***
	bis 20 Altersjahre	*24.55*	*4'466.—*
Mit Zulassungsprüfung	bis 25 Altersjahre	*28.65*	*5'216.—*
	bis 30 Altersjahre	*31.65*	*5'757.—*
	bis 35 Altersjahre	*32.30*	*5'879.—*
	bis 40 Altersjahre	*32.80*	*5'973.—*
	bis 45 Altersjahre	*33.40*	*6'080.—*
	bis 50 Altersjahre	*33.55*	*6'107.—*
	bis 55 Altersjahre	*33.60*	*6'116.—*
	bis 59 Altersjahre	*33.70*	*6'135.—*
	ab 60 bis 65 Altersjahre	*33.85*	*6'160.—*
Eidgenössisch diplomiert	Handelsreisender, bis 23 Altersjahre	*30.30*	*5'518.—*
	bis 25 Altersjahre	*32.65*	*5'939.—*
	bis 30 Altersjahre	*36.40*	*6'622.—*
	bis 35 Altersjahre	*38.35*	*6'984.—*
	bis 40 Altersjahre	*39.30*	*7'152.—*
	bis 45 Altersjahre	*40.—*	*7'279.—*
	bis 50 Altersjahre	*40.30*	*7'338.—*
	bis 55 Altersjahre	*40.40*	*7'352.—*
	bis 59 Altersjahre	*40.40*	*7'356.—*
	ab 60 bis 65 Altersjahre	*40.45*	*7'363.—*

📖 *GAV für die Handelsreisenden.*

🖼 *Obige Lohnempfehlungen entsprechen den Lohnstufen W des Schweizerischen Kaufmännischen Verbandes für den Handelsreisenden mit Zulassungsprüfung sowie X für den eidgenössisch diplomierten (aus Kapitelziffer 47.19).*

✋ 13. Monatslohn: Berufsüblich, jedoch nicht vertraglich vereinbart. Zur Ermittlung des Jahreslohnes muss mit 13 multipliziert werden.

✋ Spesen: Zum Grundlohn, welcher nach allgemeiner Praxis mehr als dem Existenzminimum genügen muss, sind zusätzlich Spesen geschuldet. Die Spesenvergütung gilt nicht als Teil der Entlöhnung und ist in den Art. 327 bis 327c sowie 349d OR geregelt.

✏ *Ferienanspruch: 5 Wochen. Vom Beginn des Kalenderjahres an, in dem das 60. Altersjahr vollendet wird, wird je ein weiterer Ferientag geschuldet und anschliessend jedes Jahr ein weiterer, bis zum Erreichen von höchstens 30 Ferientagen (Art. 24.1 GAV).*

Tätigkeitsbereich *Wöchentliche Arbeitszeit*	Tätigkeit *Quelle, vertragliche Vereinbarungen*	Stunden- und Monatslohn

47 Detailhandel

47.1 Detailhandel mit Waren verschiedener Art

47.11 Detailhandel, Hauptrichtung Nahrungsmittel

Detailhandel	**GAV-Löhne, gesamtschweizerischer Geltungsbereich**		
41 Stunden, laut GAV	Un- und Angelernte, ab 20. Altersjahr	**20.85**	**3'700.—**
	Verkäufer, 2-jährige Berufslehre	**21.40**	**3'800.—**
Verkaufsangestellte	Detailhandelsangestellte, 3-jährige Lehre	**22.50**	**4'000.—**
	Verwaltungsangestellte, 4-jährige Lehre	**23.10**	**4'100.—**

📖 *GAV Coop.*

⌛ *Laufzeit des GAV ab 1.1.2008, ungekündigt. Mindestlöhne, Art. 42.*

✏ *Der 13. Monatslohn ist vertraglich vereinbart (Art. 44 GAV). Zur Ermittlung des Jahreslohnes muss mit 13 multipliziert werden.*

✏ *Ferien: 5 Wochen bis zum 49. Altersjahr, 6 Wochen ab dem 50. Altersjahr, 7 Wochen ab dem 60. Altersjahr und 8 Wochen ab dem 63. Altersjahr (Art. 40.1 GAV).*

✏ *Feiertage: Maximal 10 jährlich (Art. 39.1 GAV).*

Stand 1.1.2011   🖥 www.coop.ch und www.veledes.ch

Detailhandel	**GAV-Löhne, gesamtschweizerischer Geltungsbereich**		
41 Stunden, laut GAV	Ungelernte, ab 20. Altersjahr	**21.40**	**3'800.—**
	Verkäufer, mit 2-jähriger Berufslehre	**22.25**	**3'950.—**
Verkaufsangestellte	Detailhandelsangestellte,	**23.10**	**4'100.—**
	mit 3-oder 4-jähriger Berufslehre		

📖 *GAV Lidl vereinbart mit dem Schweizerischen Kaufmännischen Verband und der Syna. Lohnbestimmungen (Art. 4.2 GAV).*

⌛ *Laufzeit des GAV ab 1.3.2011, ungekündigt.*

✏ *Der 13. Monatslohn ist vertraglich vereinbart (Art. 4.3 GAV). Zur Ermittlung des Jahreslohnes muss mit 13 multipliziert werden.*

✏ *Lohnzuschläge: Bei regelmässiger Nachtarbeit 25% und bei regelmässiger Sonntagsarbeit 50% (Art. 4.4 GAV).*

✏ *Ferien: 5 Wochen ab dem 1. Dienstjahr und ab dem 50. Altersjahr 6 Wochen (Art. 5.3 GAV).*

Stand 1.3.2011   🖥 www.lidl.ch, www.kvschweiz.ch und www.syna.ch

---

Tätigkeitsbereich *Wöchentliche Arbeitszeit*	Tätigkeit *Quelle, vertragliche Vereinbarungen*	Stunden- und Monatslohn	

Detailhandel

GAV-Löhne, gesamtschweizerischer Geltungsbereich

41 Stunden, laut GAV	Un- und Angelernte, ab 20 Jahren	**21.40**	**3'800.—**
	Verkäufer, angelernt	**21.40**	**3'800.—**
Verkaufsangestellte	Verkäufer, 2-jährige Berufslehre	**21.40**	**3'800.—**
	Detailhandelsangestellte, 3-jährige Lehre	**21.95**	**3'900.—**
	Mitarbeiter mit 4-jähriger Berufslehre	**23.10**	**4'100.—**
Jugendliche	ab 19. Altersjahr	**18.75**	**3'330.—**
	ab 18. Altersjahr	**17.70**	**3'145.—**
	ab 17. Altersjahr	**16.65**	**2'960.—**
	ab 16. Altersjahr	**15.60**	**2'775.—**
	ab 15. Altersjahr	**14.60**	**2'590.—**
Inventurlöhne	Migros-Angestellte	**27.—**	–
	Externe Mitarbeitende	**20.85**	–

📖 *L-GAV für die Migros-Gruppe. Lohnbestimmungen, Art. 36.*

⌛ *Laufzeit des L-GAV ab 1.1.2007, ungekündigt*

✎ *Der 13. Monatslohn ist vertraglich vereinbart (Art. 37 L-GAV). Zur Ermittlung des Jahreslohnes muss mit 13 multipliziert werden.*

✎ *Ferien: 5 Wochen bis zum 20. Anstellungsjahr. Bis vollendetem 20. und ab 50. Altersjahr sowie ab 21. Anstellungsjahr 6 Wochen. Ab 31. Anstellungs- oder 60. Altersjahr 7 Wochen (Art. 30 L-GAV).*

Stand 1.1.2011   🔖 www.migros.ch

Tätigkeitsbereich *Wöchentliche Arbeitszeit*	Tätigkeit *Quelle, vertragliche Vereinbarungen*	Stunden- und Monatslohn	
47.19	Detail- und Fachdetailhandel, Hauptrichtung Nichtnahrungsmittel		

Detailhandel	*Lohnempfehlung* und *Statistik der Grossregion Zürich, Median*		
42 Stunden, berufsüblich	Verkäufer, angelernt bis 18 Altersjahre	**20.30**	**3'700.—**
	bis 20 Altersjahre	*21.60*	*3'929.—*
Angelernte	bis 25 Altersjahre	*21.85*	*3'976.—*
Verkaufsangestellte	bis 30 Altersjahre	*22.10*	*4'018.—*
(Stufe U)	bis 35 Altersjahre	*22.25*	*4'052.—*
	bis 40 Altersjahre	*22.40*	*4'074.—*
	bis 45 Altersjahre	*22.50*	*4'092.—*
	bis 50 Altersjahre	*22.60*	*4'110.—*
	bis 55 Altersjahre	*22.70*	*4'127.—*
	bis 59 Altersjahre	*22.90*	*4'171.—*
	ab 60 bis 65 Altersjahre	*23.15*	*4'215.—*

☙ Stufe U: Einfache Verkaufsarbeiten, die nur eine schnelle Aus-
bildung auf Basis einer allgemeinen Grundausbildung benötigen.

Detailhandelsassistent EBA,	Verkäufer, ab 1. Berufsjahr	**20.90**	**3'800.—**
2-jährige Verkaufslehre	bis 20 Altersjahre	*22.15*	*4'036.—*
(Stufe V)	bis 25 Altersjahre	*23.—*	*4'187.—*
	bis 30 Altersjahre	*23.90*	*4'353.—*
	bis 35 Altersjahre	*24.40*	*4'442.—*
	bis 40 Altersjahre	*24.75*	*4'505.—*
	bis 45 Altersjahre	*25.25*	*4'593.—*
	bis 50 Altersjahre	*25.70*	*4'680.—*
	bis 55 Altersjahre	*26.20*	*4'768.—*
	bis 59 Altersjahre	*26.45*	*4'812.—*
	ab 60 bis 65 Altersjahre	*26.70*	*4'856.—*

☙ Stufe V: Die Anforderungen dieser Funktion verlangen das Aus-
bildungsniveau einer 2-jährigen Lehre als Detailhandelsas-
sistent, der ehemaligen Verkaufslehre. Die Tätigkeit umfasst
vielseitige, relativ einfache Arbeiten, die mit einiger Autonomie
ausgeführt werden. Funktionen auf dieser Stufe beinhalten oft
eine zusätzliche Verantwortung. In einer kleinen Filiale kann die
Stellvertretung der Filialleitung oder in einer grossen Filiale jene
der Rayonleitung wahrgenommen werden.

Tätigkeitsbereich *Wöchentliche Arbeitszeit*	Tätigkeit *Quelle, vertragliche Vereinbarungen*	Stunden- und Monatslohn	
Detailhandels-fachfrau/-mann EFZ mit 3-jähriger Detailhandelslehre (Stufe W)	Detailhandelsangestellter, ab 1. Berufsjahr	*21.40*	*3'900.—*
	bis 20 Altersjahre	*24.55*	*4'466.—*
	bis 25 Altersjahre	*28.65*	*5'216.—*
	bis 30 Altersjahre	*31.65*	*5'757.—*
	bis 35 Altersjahre	*32.30*	*5'879.—*
	bis 40 Altersjahre	*32.80*	*5'973.—*
	bis 45 Altersjahre	*33.40*	*6'080.—*
	bis 50 Altersjahre	*33.55*	*6'107.—*
	bis 55 Altersjahre	*33.60*	*6'116.—*
	bis 59 Altersjahre	*33.70*	*6'135.—*
	ab 60 bis 65 Altersjahre	*33.85*	*6'160.—*

☝ Stufe W: Das Ausbildungsniveau (Verkaufstechnik und Personalführung) dieser Funktion verlangt eine Lehre als Detailhandelsangestellter. Im Allgemeinen sind Arbeitnehmende in dieser Funktion verantwortlich für die Leitung einer kleinen Filiale oder des Rayons einer grossen Filiale.

Leitender Angestellter (Stufe X)	Filialleiter, bis 23 Altersjahre	*30.30*	*5'518.—*
	bis 25 Altersjahre	*32.65*	*5'939.—*
	bis 30 Altersjahre	*36.40*	*6'622.—*
	bis 35 Altersjahre	*38.35*	*6'984.—*
	bis 40 Altersjahre	*39.30*	*7'152.—*
	bis 45 Altersjahre	*40.—*	*7'279.—*
	bis 50 Altersjahre	*40.30*	*7'338.—*
	bis 55 Altersjahre	*40.40*	*7'352.—*
	bis 59 Altersjahre	*40.40*	*7'356.—*
	ab 60 bis 65 Altersjahre	*40.45*	*7'363.—*

☝ Stufe X: Leitung einer mittleren Filiale. Diese Stufe entspricht etwa der Stufe D der Funktionen der kaufmännischen Angestellten im Büro. Höhere leitende Funktionen im Verkauf, wie beispielsweise Marketingleiter, sind bei den Funktionen der Stufen E und F der Büroangestellten zu finden. Siehe hierzu Kapitelziffer 65.00, Kredit- und Versicherungsgewerbe.

📖 *Empfehlung über die Arbeitsbedingungen der Angestellten des Schweizerischen Arbeitgeberverbandes.*

⌛ *Laufzeit der Empfehlung seit 1.1.1997.*

⊞ *Salärempfehlungen 2011, Infoschrift des SKV.*

☝ Zur Ermittlung des Jahreslohnes muss mit 13 multipliziert werden.

☝ Die regionalen Lohnunterschiede gegenüber obigen Salären betragen für die Region 1 (Genf, Stadt und Kanton Zürich) +6,2%, für die Region 2 (Basel, Mittelland, Ost-, West- und Zentralschweiz −2,5% und für die Region 3 (Graubünden, Tessin und Wallis −9%. Obige Löhne entsprechen jenen der Region 1.

Tätigkeitsbereich *Wöchentliche Arbeitszeit*	Tätigkeit *Quelle, vertragliche Vereinbarungen*	Stunden- und Monatslohn

Detailhandel

GAV-Löhne, Grossregion Zürich

42 Stunden, berufsüblich

Verkaufspersonal des Detailhandels	**21.50**	**3'917.—**
Kaufmännische und kaufmännisch-technische Angestellte	**22.90**	**4'167.—**

📖 *GAV für die kaufmännischen und kaufmännisch-technischen Angestellten und das Verkaufspersonal im Detailhandel, Verband Zürcher Handelsfirmen. Löhne, Art. 20.*

⏳ *Laufzeit des GAV ab 1.1.2009, ungekündigt.*

▦ *Salärregulativ, Bestandteil des GAV.*

🖉 *Der jährliche Anspruch auf Ferien beträgt 25 Arbeitstage. Vom Beginn des Kalenderjahres an, in dem das 60. Altersjahr vollendet wird, wird ein weiterer Ferientag und anschliessend jedes Jahr ein zusätzlicher Ferientag, bis zum Erreichen von höchstens 30 Ferientagen, gewährt (Art. 18.1 GAV).*

📖 *Der GAV regelt die Arbeitsverhältnisse zwischen Firmen, die Mitglied des Verbandes Zürcher Handelsfirmen sind und keine schriftliche Erklärung abgegeben haben, wonach sie sich diesem GAV nicht unterstellen. Er gilt für jene von diesen Firmen beschäftigten, gelernten kaufmännischen und kaufmännisch-technischen Angestellten, das gelernte Verkaufspersonal im Detailhandel, die Pharma-Assistentinnen sowie die akademisch ausgebildeten Arbeitnehmer aller Fakultäten.*

✋ Zur Ermittlung des Jahreslohnes muss mit 12 multipliziert werden.

Stand 1.1.2011   ✍ www.vzh.ch und www.kvz.ch

Detailhandel

GAV-Löhne und *Empfehlung*, gesamtschweizerisch

41 Stunden, laut GAV

Verkaufsangestellte

Mindestlohn, ab 20 Jahren	**19.70**	**3'700.—**
Verkäufer, angelernt	**19.70**	**3'700.—**
Verkäufer, gelernt, 2-jährige Lehrzeit	***20.80***	***3'800.—***
Detailhandelsangestellter, mit 3-jähriger Lehrzeit	***21.40***	***3'900.—***
Mit 4-jähriger Lehrzeit (Dekorateure)	***21.95***	***4'000.—***

📖 *GAV Globus-Gruppe. Lohnbestimmungen, Art. 33.*

⏳ *Laufzeit des GAV ab 1.1.2005, ungekündigt.*

🖉 *13. Monatslohn: Vertraglich vereinbart (Art. 34 GAV). Zur Ermittlung des Jahreslohnes muss mit 13 multipliziert werden.*

🖉 *Ferienanspruch: Bis zum 49. Altersjahr 5 Wochen sowie bis zum 20. Altersjahr und ab 60. Altersjahr 6 Wochen (Art. 26 GAV).*

Stand 1.3.2010   ✍ www.globus.ch

Tätigkeitsbereich *Wöchentliche Arbeitszeit*	Tätigkeit *Quelle, vertragliche Vereinbarungen*	Stunden- und Monatslohn

| 47.2 | Detailhandel mit Nahrungsmitteln, Getränken und Tabakwaren |
| 47.22 | Detailhandel mit Fleisch und Fleischwaren |

Metzger

43 Stunden, laut GAV

Charcuterie-
und Fleischverkäufer

AVE-GAV-Löhne laut Geltungsbereich und *Empfehlung*

Detailhandelsfachfrau/-fachmann, mit 3-jähriger Lehre, im 1. Berufsjahr	**20.15**	**3'750.—**
Ab 2. Berufsjahr im Metzgereigewerbe	**21.45**	**4'000.—**
Detailhandelsfachleute, selbstständig	**22.25**	**4'150.—**
Detailhandelsassistent, 2-jährige Lehre	**19.05**	**3'550.—**
Detailhandelsassistent, selbstständig	**20.65**	**3'850.—**
Filialleiter in mittlerem Betrieb	***26.30***	***4'900.—***
Aushilfen, angelernte Verkäufer	***18.—***	***3'350.—***

▤ *AVE GAV für das schweizerische Metzgereigewerbe. Mindestlöhne Anhang, Ziffer 2.*

⧗ *Grundbeschluss AVE vom 18.2.2002, gültig bis 31.12.2011.*

▤ *AVE aus dem GAV für das schweizerische Metzgereigewerbe. Laufzeit ab 1.1.1994, ungekündigt.*

✎ *Im 1. Anstellungsjahr gilt eine Treueprämie von 50% sowie ab 2. Dienstjahr eine in voller Höhe des Dezemberlohnes (Art. 43 AVE GAV).*

✎ *Jeder Arbeitnehmer hat bis zum 5. Dienstjahr Anspruch auf 4 Wochen Ferien, ab 6. bis 25. Dienstjahr 5 Wochen und ab 26. Dienstjahr 6 Wochen (Art. 28a AVE GAV).*

☞ *Die Allgemeinverbindlicherklärung wird für die ganze Schweiz ausgesprochen. Die allgemeinverbindlich erklärten Bestimmungen des GAV gelten unmittelbar für alle Betriebe des Metzgereigewerbes und der Fleischwirtschaft sowie für die in diesen Betrieben beschäftigten Arbeitnehmenden, einschliesslich Teilzeitarbeitnehmende sowie Aushilfen. Hierunter fallen insbesondere Betriebe, die überwiegend folgende Tätigkeiten ausüben: Gewinnung, Verarbeitung und Veredelung von Fleisch, Herstellung von Fleischerzeugnissen sowie Gross- und Detailhandel mit Fleisch und Fleischerzeugnissen*

☞ *Ausgenommen sind Mitarbeiter mit höherer leitender Funktion und Schüler von Fachschulen während des Schulbetriebs sowie Mitarbeiter, die überwiegend in einem Nebenbetrieb oder im Haushalt beschäftigt sind. Ebenso Grossverteiler des Detailhandels einschliesslich ihrer Filialen sowie der mit ihnen wirtschaftlich verbundenen Betriebe.*

☞ Herstellung von Fleischerzeugnissen (Metzger) siehe unter Kapitelziffer 10.13.

Stand 1.6.2010   ☞ www.carnasuisse.ch

Tätigkeitsbereich *Wöchentliche Arbeitszeit*	Tätigkeit *Quelle, vertragliche Vereinbarungen*	Stunden- und Monatslohn

47.24	Detailhandel mit Brot-, Back- und Süsswaren		

Bäckerei-Konditorei **und Confiserie**	**GAV-Löhne, gesamtschweizerischer Geltungsbereich**		
42 Stunden, laut GAV	Detailhandelsassistent, mit eidgenössischem Berufsattest, branchenintern und branchenfremd	**18.15**	3'300.—
	Detailhandelsassistent, branchenintern, bei fortgesetzter Tätigkeit im Lehrbetrieb	**18.40**	3'350.—
	Detailhandelsfachfrau/-fachmann, mit eidgenössischem Fähigkeitszeugnis, branchenintern	**19.25**	3'500.—
	Detailhandelsfachfrau/-fachmann, branchenintern, bei fortgesetzter Tätigkeit im Lehrbetrieb	**19.50**	3'550.—
	Detailhandelsfachfrau/-fachmann, branchenfremd, nach 6-monatiger Beschäftigung in der Branche	**19.25**	3'500.—
	Verkaufs- oder Filialleiter, mit eidgenössischem Fachausweis	**21.95**	3'995.—
	Maximaler Tariflohn	**23.35**	4'250.—

📖 *GAV für das Schweizerische Bäcker-, Konditoren- und Confiseurgewerbe. Lohnbestimmungen, Art. 11.*

⧗ *Laufzeit des GAV ab 1.1.2009, ungekündigt.*

⊞ *Lohnregulativ für Verkaufspersonal.*

✐ *Der 13. Monatslohn wird ab 2. Dienstjahr entrichtet (Art. 13 GAV).*

✐ *Ferien: Vom 1. bis 10. Dienstjahr 4 Wochen, ab 11. Dienstjahr oder 50. Altersjahr 5 Wochen und nach vollendetem 60. Altersjahr und zusätzlichen 10 Dienstjahren 5 Wochen und 2 Tage Art. 22 GAV).*

✍ Herstellung von Backwaren (Bäcker) siehe unter Kapitelziffer 10.71.

🖱 www.swissbaker.ch/
Verband/Downloads/GAV, Löhne, Recht/Lohnregulative

Stand 1.1.2010

Tätigkeitsbereich *Wöchentliche Arbeitszeit*	Tätigkeit *Quelle, vertragliche Vereinbarungen*	Stunden- und Monatslohn

| 47.3 | Detailhandel mit Motorenkraftstoffen | |
| 47.30 | Detailhandel mit Motorenkraftstoffen, Tankstellenshops | |

Tankstellenshop, Verkauf **AVE-GAV-Löhne, Kanton Luzern**

42 Stunden, laut GAV	Personal, ohne Verkaufs-Lehrabschluss	**18.90**	**3'434.—**
	Personal, mit Verkaufs-Lehrabschluss	**20.05**	**3'636.—**

📰 *Allgemeinverbindlicherklärung des GAV Tankstellenshops Kanton Luzern (SRL 853a).*

⧖ *Laufzeit des GAV ab 1. April 2005, ungekündigt.*

▦ *Mindestlöhne des GAV Tankstellenshops des Kantons Luzern (Anhang 1 GAV).*

✎ *Der 13. Monatslohn ist vertraglich vereinbart (Art. 23 GAV). Zur Ermittlung des Jahreslohnes muss mit 13 multipliziert werden.*

✎ *Lohnzuschlag: Zwischen 20.00 und 22.00 haben die Arbeitnehmenden Anspruch auf einen Zuschlag von CHF 4.50 pro Stunde (Art. 16 GAV).*

✎ *Ferienanspruch: Ab 21. Altersjahr 20 Tage, ab 41. Altersjahr 22 Tage und ab 50. Altersjahr 25 Tage (Art. 19 GAV).*

✎ *Feiertage: Der Arbeitnehmende hat Anspruch jährlich auf 10 bezahlte Feiertage.*

🖐 *Die Allgemeinverbindlicherklärung gilt für das gesamte Gebiet des Kantons Luzern und für alle Tankstellenshops.*

🖐 Tankstellenshops sind Verkaufsgeschäfte, die an eine Tankstelle angegliedert sind und die über das Sortiment mit Kioskartikeln und/oder Autozubehör hinaus ein Angebot mit Food- oder Nonfood-Artikeln aufweisen, die nicht für den Verbrauch vor Ort bestimmt sind.

Stand 1.4.2010   🖐 www.lu.ch

Tätigkeitsbereich	Tätigkeit	Stunden-
Wöchentliche Arbeitszeit	*Quelle, vertragliche Vereinbarungen*	und Monatslohn

Tankstellenshop, Verkauf **AVE-GAV-Löhne, Kanton St. Gallen**

42 Stunden, laut GAV

Personal, ohne Verkaufs-Lehrabschluss	**18.15**	**3'300.—**
Personal, mit Verkaufs-Lehrabschluss	**19.25**	**3'400.—**

📄 *Allgemeinverbindlicherklärung des GAV für die Tankstellenshops des Kantons St. Gallen (sGS 514.21). Lohnbestimmungen, Ziffer 2.5.*

⧗ *Laufzeit des GAV ab 1.7.2004, ab 1.11.2010 erneut in Kraft gesetzt.*

▦ *Mindestlöhne des GAV für die Tankstellenshops des Kantons St. Gallen (Art. 2.5.2 GAV).*

✎ *Der 13. Monatslohn ist vertraglich vereinbart (Ziffer 2.5.4 GAV). Zur Ermittlung des Jahreslohnes muss mit 13 multipliziert werden.*

✎ *Ferienanspruch: Ab 21. Altersjahr 21 Tage, ab 41. Altersjahr 22 Tage und ab 50. Altersjahr 25 Tage (Art. 2.4.2 GAV).*

📕 *Die Allgemeinverbindlicherklärung gilt für das gesamte Gebiet des Kantons St. Gallen und für alle Tankstellenshops.*

✋ *Tankstellenshops sind Verkaufsgeschäfte, die an eine Tankstelle angegliedert sind und die über das Sortiment mit Kioskartikeln und/oder Autozubehör hinaus ein Angebot mit Food- oder Nonfood-Artikeln aufweisen, die nicht für den Verbrauch vor Ort bestimmt sind.*

Stand 1.1.2011   🖱 www.sg.ch

Tätigkeitsbereich *Wöchentliche Arbeitszeit*	Tätigkeit *Quelle, vertragliche Vereinbarungen*	Stunden- und Monatslohn	

47.4   Detailhandel mit Geräten der Informations-
                               und Kommunikationstechnik

47.43   Detailhandel mit Geräten der Unterhaltungselektronik

Radio- und Fernsehhandel	*Gesamtschweizerische Statistik, Median*		
	Radio/TV-Verkäufer, Minimalansatz	*20.40*	*3'714.—*
42 Stunden, berufsüblich	bis 25 Altersjahre	*21.50*	*3'913.—*
	25 bis 30 Altersjahre	*23.35*	*4'246.—*
Verkaufspersonal	30 bis 40 Altersjahre	*25.—*	*4'546.—*
in städtischen Gebieten	ab 40 Altersjahren	*27.40*	*4'988.—*
	Vorgesetzter, 25 bis 30 Altersjahre	*25.15*	*4'574.—*
	30 bis 40 Altersjahre	*27.50*	*5'002.—*
	ab 40 Altersjahren	*26.45*	*4'812.—*
	Filialleiter, 30 bis 40 Altersjahre	*37.40*	*6'810.—*
	ab 40 Altersjahren	*39.—*	*7'097.—*
Verkaufspersonal	Radio/TV-Verkäufer, Minimalansatz	*19.60*	*3'570.—*
in ländlichen Gebieten	bis 25 Altersjahre	*20.65*	*3'757.—*
	25 bis 30 Altersjahre	*21.40*	*3'896.—*
	30 bis 40 Altersjahre	*26.10*	*4'746.—*
	ab 40 Altersjahren	*26.45*	*4'816.—*
	Vorgesetzter, bis 25 Altersjahre	*21.50*	*3'912.—*
	25 bis 30 Altersjahre	*22.75*	*4'139.—*
	30 bis 40 Altersjahre	*26.60*	*4'842.—*
	ab 40 Altersjahren	*30.45*	*5'545.—*
	Filialleiter, 25 bis 30 Altersjahre	*27.80*	*5'060.—*
	30 bis 40 Altersjahre	*33.65*	*6'121.—*
	ab 40 Altersjahren	*35.05*	*6'379 —*

📖 *Kein GAV, Verband Schweizerischer Radio- und Televisions-Fachgeschäfte.*

▦ *Lohnumfrage 2002 des Verbandes Schweizerischer Radio- und Televisions-Fachgeschäfte.*

✍ Ein 13. Monatslohn ist nicht vertraglich vereinbart. Zur Ermittlung des Jahreslohnes muss mit 12 multipliziert werden.

✍ Reparatur von Geräten der Unterhaltungselektronik siehe unter Kapitelziffer 95.21.

✍ Die Jahresteuerung wird seit 2003 aufgerechnet.

Stand 1.1.2011   ✍ www.vsrt.ch

Tätigkeitsbereich *Wöchentliche Arbeitszeit*	Tätigkeit *Quelle, vertragliche Vereinbarungen*	Stunden- und Monatslohn

| 47.5 | Detailhandel mit sonstigen Haushaltgeräten, Textilien, Heimwerker- und Einrichtungsbedarf | |
| 47.53 | Detailhandel mit Vorhängen, Teppichen, Fussbodenbelägen und Tapeten | |

Teppichhandel

42 Stunden, berufsüblich

Gesamtschweizerische Lohnempfehlung

Tätigkeit	Stundenlohn	Monatslohn
Verkäufer, 1. Berufsjahr	*17.25*	*3'137.—*
Verkäufer, mit Berufserfahrung	*20.10*	*3'660.—*
Detailhandelsangestellter	*18.40*	*3'346.—*
Kaufmann, mit Diplom des Detailhandels	*27.—*	*4'915.—*
Berater, diplomiert VSLT	*23.—*	*4'183.—*
Branchenspezialist, eidgenössisch geprüft	*27.—*	*4'915.—*
Orientteppich-Fachberater, diplomiert SOV/IGOT/VSLT	*27.—*	*4'915.—*
Kaufmännische Angestellte	*19.55*	*3'555.—*

📖 *Kein GAV, Verband Schweizerischer Fachgeschäfte für Linoleum, Spezialbodenbeläge, Teppiche und Parkett.*

▦ *Lohnrichtlinien des Verbandes Boden Schweiz, zuletzt im Jahre 2001 erlassen.*

✋ Ein 13. Monatslohn ist nicht vertraglich vereinbart. Zur Ermittlung des Jahreslohnes muss mit 12 multipliziert werden.

✋ Die Jahresteuerung wird seit 2002 aufgerechnet.

Stand 1.1.2011   ✍ www.bodenschweiz.ch

Tätigkeitsbereich	Tätigkeit	Stunden-
Wöchentliche Arbeitszeit	*Quelle, vertragliche Vereinbarungen*	und Monatslohn

47.54   Detailhandel mit elektrischen Haushaltgeräten

Haushaltgeräteverkauf   ***Gesamtschweizerische Lohnempfehlung***

41 Stunden, laut Reglement	Verkauf Fachgeschäfte, mit 2-jähriger Lehre als Detailhandelsperson (c)	*20.90*	*3'714.—*
	Leitung Fachgeschäfte, mit 3-jähriger Detailhandelslehre oder gleichwertiger Ausbildung (d)	*23.20*	*4'123.—*
	Leiter Verkaufsgebiete, mit 3- oder 4-jähriger Berufsausbildung oder gleichwertiger Ausbildung mit Zusatzausbildung (g)	*34.40*	*6'118.—*

📖 *Allgemeine Anstellungsbedingungen der EKZ. Lohnbestimmungen Ziffer 5.*

⌛ *Laufzeit der Anstellungsbedingungen ab 1.7.2002.*

▦ *Löhne der Eltop-Fachgeschäfte laut Kompetenzraster. Der Monatslohn zum entsprechenden, in Klammern gesetzten, Buchstaben stellt den tiefsten Punkt des jeweiligen Lohnbandes dar.*

✎ *Der 13. Monatslohn ist vertraglich vereinbart (Ziffer 5.2 Anstellungsbedingungen). Zur Ermittlung des Jahreslohnes muss mit 13 multipliziert werden.*

✎ *Ferienanspruch: Bis zur Vollendung des 20. Altersjahres 30 Tage. Ab dem Kalenderjahr, in dem das 21. Altersjahr vollendet wird, 22 Tage. Sinngemäss ab vollendetem 40. Altersjahr 25 Tage, ab vollendetem 50. Altersjahr 27 Tage und ab jenem Jahr, in dem das 57. Altersjahr vollendet wird, 30 Tage (Ziffer 4.1 Anstellungsbedingungen).*

✎ *Feiertage: Die Arbeitnehmenden haben Anspruch auf jährlich 11½ Feiertage (Ziffer 4.2 Anstellungsbedingungen).*

Stand 1.1.2010   ⌂ www.ekz.ch

Tätigkeitsbereich *Wöchentliche Arbeitszeit*	Tätigkeit *Quelle, vertragliche Vereinbarungen*	Stunden- und Monatslohn

47.59

Detailhandel mit Möbeln,
Einrichtungsgegenständen und Hausrat

**Innendekorations-
und Sattlergewerbe,
Möbelfachhandel**

42 Stunden, laut GAV

Gesamtschweizerische Lohnempfehlung

Innendekorateur, gelernt, im 1. Berufsjahr	*20.30*	*3'692.—*
ab 2. Berufsjahr	*24.30*	*4'419.—*
ab 3. Berufsjahr	*26.10*	*4'747.—*
Innendekorateur, angelernt sowie Montagepersonal	*20.60*	*3'746 —*
Innendekorateur mit Fachausweis	*32.85*	*5'692.—*
Chefbodenleger mit Fachausweis	*31.30*	*5'422.—*
Fachpolsterer mit Fachausweis	*31.30*	*5'422.—*
Wohntextilgestalter mit Fachausweis	*30.70*	*5'320.—*
Innendekorateur, eidgenössisch diplomiert	*36.70*	*6'363.—*
Innendekorations-Näherin, gelernt im 1. Berufsjahr	*20.—*	*3'637.—*
ab 2. Berufsjahr	*22.15*	*4'028.—*
ab 3. Berufsjahr	*23.75*	*4'319.—*
Innendekorations-Näherin, angelernt mit eidgenössischem Diplom	*18.70*	*3'401.—*
Sattler, gelernt, im 1. Berufsjahr	*19.50*	*3'546.—*
ab 2. Berufsjahr	*24.20*	*4'401.—*
eidgenössisch diplomiert	*32.55*	*5'639.—*
Branchen-Verkäuferin, angelernt	*20.95*	*3'632.—*
Wohnberater, geprüft	*26.05*	*4'511.—*
Einrichtungsberater mit Fachausweis	*30.70*	*5'320.—*

📖 *GAV für das Innendekorations- und Sattlergewerbe sowie für den Möbelfachhandel.*

⌛ *Laufzeit des GAV ab 1.1.2005, ungekündigt.*

▦ *Lohnempfehlungen des schweizerischen Verbandes der Innendekorateure, des Möbelfachhandels und der Sattler Interieursuisse.*

✋ 13. Monatslohn: Berufsüblich, jedoch nicht vertraglich vereinbart. Zur Ermittlung des Jahreslohnes muss mit 13 multipliziert werden.

Stand 1.1.2010   ✍ www.interieursuisse.ch

Tätigkeitsbereich *Wöchentliche Arbeitszeit*	Tätigkeit *Quelle, vertragliche Vereinbarungen*	Stunden- und Monatslohn

47.6 — Detailhandel mit Verlagsprodukten, Sportausrüstungen und Spielwaren

47.61 — Detailhandel mit Büchern

Buchhändler

40 Stunden, laut GAV

GAV-Löhne und *Lohnempfehlung*, gesamtschweizerisch

Buchhändler, 1. Berufsjahr	**22.50**	**3'900.—**
ab 2. Berufsjahr	*22.80*	*3'950.—*
ab 3. Berufsjahr	*23.10*	*4'000.—*
ab 4. Berufsjahr	**23.95**	**4'150.—**
ab 5. Berufsjahr	*24.25*	*4'200.—*
Berufsfremde, 1. bis 3. Praxisjahr	**21.05**	**3'650.—**
ab 4. Praxisjahr	*22.50*	*3'900.—*

📖 *GAV für den Buchhandel der deutschsprachigen Schweiz. Lohnbestimmungen, Art. 25.*

⧗ *Laufzeit des GAV 1.7.2003, unbefristet.*

✎ *13. Monatslohn: Vertraglich vereinbart (Art. 27 GAV). Zur Ermittlung des Jahreslohnes muss mit 13 multipliziert werden.*

✎ *Unterstützungspflichtige Haushaltvorstände, welche für Ehepartner, eigene Kinder oder zu unterstützende Personen unter 20 Jahren zu sorgen haben, erhalten auf das Mindestgehalt einen monatlichen Zuschlag von CHF 200 (GAV Anhang 4).*

✎ *Ferienanspruch: Dem Arbeitnehmenden stehen ab vollendetem 40. Altersjahr 5 Wochen und ab 55. Altersjahr 6 Wochen Ferien zu (Art. 24 GAV).*

Stand 1.1.2011 — 🖱 www.swissbooks.ch und www.syndicom.ch

Buchhändler

40 Stunden, laut GAV

Gesamtschweizerische Statistik, Median

Buchhändler	*24.05*	*4'166.—*
Stellvertretender Abteilungsleiter	*24.60*	*4'264.—*
Abteilungsleiter	*26.05*	*4'514.—*
Stellvertretender Geschäftsleiter	*27.35*	*4'743.—*
Geschäftsleiter	*28.25*	*4'900.—*
Buchhandel, allgemeines Sortiment	*23.75*	*4'116.—*
Spezialbuchhandel	*24.90*	*4'317.—*
Versandbuchhandel	*25.25*	*4'380.—*

📊 *Lohnerhebung 2007 der paritätischen Kommission des SBVV und der Syndicom.*

Stand 1.3.2008 — 🖱 www.swissbooks.ch und www.syndicom.ch

Tätigkeitsbereich *Wöchentliche Arbeitszeit*	Tätigkeit *Quelle, vertragliche Vereinbarungen*	Stunden- und Monatslohn

47.62   Detailhandel mit Zeitschriften und Zeitungen, Kioske

Handel mit   **GAV-Löhne, gesamtschweizerischer Geltungsbereich**
Presseerzeugnissen

43 Stunden, laut GAV			
Mitarbeitende ohne Berufsausbildung	**19.32**	**3'600.—**
Mitarbeitende mit 2-jähriger Berufsausbildung	**19.86**	**3'700.—**
Mitarbeitende mit 3-jähriger Berufsausbildung	**20.39**	**3'800.—**
Mitarbeitende mit 4-jähriger Berufsausbildung	**21.47**	**4'000.—**

📖 *GAV Valora. Lohnbestimmungen Art. 4.*

⧗ *Laufzeit des GAV 1.1.2009, ungekündigt.*

✎ *Der 13. Monatslohn ist vertraglich vereinbart (Art. 4.3 GAV). Zur Ermittlung des Jahreslohnes muss mit 13 multipliziert werden.*

✎ *Lohnzuschläge: Für reguläre Abendarbeit, zwischen 20.00 und 23.00 Uhr, und Nachtarbeit, zwischen 23.00 und 06.00 Uhr, wird ein Zuschlag von CHF 3.50 pro Stunde ausgerichtet. Mitarbeitende im Stundenlohn, welche regelmässig sonntags arbeiten, erhalten an gesetzlichen Feiertagen einen Zuschlag von CHF 7 pro Stunde (Art. 4.4 GAV).*

✎ *Ferienanspruch: Mitarbeitende bis zum 49. Altersjahr 5 Wochen und ab 50. Altersjahr 6 Wochen. Kadermitarbeitende haben Anspruch auf jährlich 6 Wochen Ferien (Art. 5.5 GAV).*

✋ Für das Verkaufspersonal gilt eine wöchentliche Arbeitszeit von 43 Stunden, für das Logistikpersonal eine von 42½ Stunden und für die übrigen Bereiche eine von 40½ Stunden.

✋ Für die Lohnberechnung von Mitarbeitenden im Stundenlohn wird, bei einer wöchentlichen Arbeitszeit von 43 Stunden, von 186,33 Stunden pro Monat, bei einer von 42½ Stunden von 184 Stunden und bei einer von 40½ Stunden pro Woche von 175,5 Stunden monatlicher Arbeitszeit ausgegangen.

Stand 1.4.2010   ✍ www.valora.com

Tätigkeitsbereich *Wöchentliche Arbeitszeit*	Tätigkeit *Quelle, vertragliche Vereinbarungen*	Stunden- und Monatslohn

47.7   Detailhandel mit sonstigen Gütern

47.73   Detailhandel mit Arzneimitteln

Apotheker   ***Gesamtschweizerische Lohnempfehlung***

42 Stunden, berufsüblich   Apotheker   **29.90**   **5'446.—**
                               mittlere Entlöhnung   **35.90**   **6'534.—**

📖 *Kein GAV, Schweizerischer Apotheker-Verband.*

🎟 *Erfahrungswert des Schweizerischen Apotheker-Verbandes, im Jahre 2000 ermittelt.*

✋ Ein 13. Monatslohn ist nicht vertraglich vereinbart. Zur Ermittlung des Jahreslohnes muss mit 12 multipliziert werden.

✋ Die Jahresteuerung wird seit 2001 aufgerechnet.

Stand 1.1.2011   ✍ www.sphin.ch und www.pharmasuisse.org

Pharma-Assistentin   ***Lohnempfehlung der Grossregion Zürich***

		Stundenlohn	Monatslohn
42 Stunden, berufsüblich	1. Praxisjahr	**22.—**	**4'000.—**
	ab 3. Praxisjahr	**23.10**	**4'200.—**
Pharma-Assistentin EFZ	ab 6. Praxisjahr	**25.—**	**4'550.—**
	ab 9. Praxisjahr	**26.90**	**4'900.—**
	ab 12. Praxisjahr	**29.10**	**5'300.—**
Pharma- Betriebsassistentin PBA	1. Praxisjahr	**23.65**	**4'300.—**
	ab 3. Praxisjahr	**24.75**	**4'500.—**
	ab 6. Praxisjahr	**26.65**	**4'850.—**
	ab 9. Praxisjahr	**28.55**	**5'200.—**
	ab 12. Praxisjahr	**30.75**	**5'600.—**

📖 *Kein GAV, Kaufmännischer Verband Zürich.*

🎟 *Empfehlungen des KV Zürich für Pharma-Assistentinnen.*

✋ Ein 13. Monatslohn ist nicht vertraglich vereinbart. Zur Ermittlung des Jahreslohnes muss mit 12 multipliziert werden.

✋ Zusatzqualifikationen werden mit mindestens CHF 100 monatlich abgegolten.

✋ Zur einjährigen Zusatzausbildung als Pharma-Betriebsassistentin wird zugelassen:
 – wer über das Fähigkeitszeugnis als Pharma-Assistentin verfügt und mindestens 3 Jahre Praxis in einer Apotheke, wovon 2 Jahre in einer öffentlichen Apotheke, nachweist,
 – wer das Fähigkeitszeugnis als Drogistin besitzt und mindestens 4 Jahre Praxis in einer Apotheke nachweist, wovon 3 Jahre in einer öffentlichen Apotheke.

Stand 1.1.2010   ✍ www.kvz.ch und www.pharma-betriebsass.ch

Tätigkeitsbereich *Wöchentliche Arbeitszeit*	Tätigkeit *Quelle, vertragliche Vereinbarungen*	Stunden- und Monatslohn

47.75 Detailhandel mit kosmetischen Erzeugnissen und Körperpflegemitteln

---

Drogist	***Gesamtschweizerische Lohnempfehlung***		
42 Stunden, laut GAV	Diplomierter Drogist, in wirtschaftlich schwächerer Region	*20.40*	*3'708.—*
	in wirtschaftlich stärkerer Region	*23.20*	*4'225.—*
	Drogist HF (Höhere Fachschule), Drogerie-Kader, verantwortlicher Geschäftsführer	*35.95*	*6'542.—*

📖 *GAV abgeschlossen zwischen dem Schweizerischen Drogistenverband und dem Schweizerischen Verband Angestellter Drogistinnen und Drogisten.*

⏳ *Laufzeit des GAV ab 1.1.2006, ungekündigt.*

▦ *Empfehlung der Mindestlöhne des Schweizerischen Drogistenverbandes.*

✋ Zur Ermittlung des Jahreslohnes muss mit 12 multipliziert werden.

✏ *Ferien: Bei 42 Stunden wöchentlicher Arbeitszeit 4 Wochen; bei 43 Stunden 5 Wochen. Nach 10 Dienstjahren oder ab vollendetem 50. Altersjahr sinngemäss 5 Wochen beziehungsweise bei einer wöchentlichen Arbeitszeit von 43 Stunden 6 Wochen (Art. 31 GAV).*

Stand 1.2.2010   📑 www.drogistenverband.ch/Beruf/Berufsbild/Löhne, www.droga-helvetica.ch und www.esd.ch

---

47.76 Detailhandel mit Blumen, Pflanzen und Haustieren sowie zoologischem Bedarf

---

Floristin	***Gesamtschweizerische Lohnempfehlung***		
44 Stunden, berufsüblich	Floristin, im 1. Berufsjahr	*17.80*	*3'380.—*
	Floristin, ab 2. Berufsjahr	*18.55*	*3'520.—*
	Floristin, ab 5. Berufsjahr	*20.60*	*3'920.—*
	1. Floristin, mit Betriebsverantwortung und abgeschlossener Berufsprüfung	*22.80*	*4'330.—*
	Aushilfen	*18.35*	–

📖 *Kein GAV, Schweizerischer Floristenverband.*

▦ *Durch den Sektionenrat des Schweizerischen Floristenverbandes festgelegte Mindestlöhne.*

✋ Zur Ermittlung des Jahreslohnes muss mit 12 multipliziert werden.

Stand 1.1.2010   📑 www.florist.ch

Tätigkeitsbereich *Wöchentliche Arbeitszeit*	Tätigkeit *Quelle, vertragliche Vereinbarungen*	Stunden- und Monatslohn	

Zoofachhandel   ***Gesamtschweizerische Lohnempfehlung***

44 Stunden, berufsüblich

Tierpfleger, ohne Verkaufslehre	*12.60*	*2'400.—*
Zoofachverkäufer, 2-jährige Lehre	*17.30*	*3'300.—*
Zoofachverkäufer, mit Tierpflegerausweis	*18.35*	*3'500.—*
Mit 3-jähriger Ausbildung	*18.35*	*3'500.—*
Mit 3-jähriger Lehre, Tierpflegerausweis	*19.95*	*3'800.—*
Vorbereitungs- und Diplomkursteilnehmende	*2.90*	*550.—*
Obere Bandbreite	*3.40*	*650.—*

Tierpflegerkurs-Teilnehmer

Aus Vorbereitungs- oder Diplomkurs	*3.40*	*650.—*
Obere Bandbreite	*3.90*	*750.—*
Mit 2- oder 3-jähriger Zoofachlehre	*10.—*	*1'900.—*
Obere Bandbreite	*13.10*	*2'500.—*
Teilnehmer ohne Vorbildung	*4.20*	*800.—*
Obere Bandbreite	*6.30*	*1'200.—*

📖 *Kein GAV, Verband Zoologischer Fachgeschäfte der Schweiz.*

🗓 *Lohnempfehlungen des Verbandes Zoologischer Fachgeschäfte der Schweiz VZFS.*

✍ Zur Ermittlung des Jahreslohnes muss mit 12 multipliziert werden.

Stand 1.1.2011   ✍ www.vzfs.ch / arche

47.78   Detailhandel mit Brillen und fotografischen Artikeln

Brillen, optische Geräte *Gesamtschweizerische Statistik, Durchschnittswerte*

42 Stunden, berufsüblich

Augenoptiker, gelernt mit Fachausweis 20 bis 25 Altersjahre	*22.70*	*4'130.—*
26 bis 30 Altersjahre	*26.70*	*4'861.—*
31 bis 40 Altersjahre	*30.50*	*5'551.—*
41 bis 50 Altersjahre	*34.30*	*6'243.—*
ab 51 Altersjahren	*36.50*	*6'639.—*
Augenoptiker, diplomiert, Alter 26 bis 30	*33.45*	*6'084.—*
31 bis 40 Altersjahre	*41.50*	*7'555.—*
41 bis 50 Altersjahre	*45.75*	*8'322.—*
ab 51 Altersjahren	*47.55*	*8'657.—*

📖 *Kein GAV, statistische Erhebung des Schweizerischen Optiker-
verbandes 2008.*

✍ 13. Monatslohn: Berufsüblich, jedoch nicht vertraglich vereinbart.
Zur Ermittlung des Jahreslohnes muss mit 13 multipliziert werden.

✍ Die Jahresteuerung wird seit 2009 aufgerechnet.

Stand 1.1.2011   ✍ www.sov.ch

Tätigkeitsbereich *Wöchentliche Arbeitszeit*	Tätigkeit *Quelle, vertragliche Vereinbarungen*	Stunden- und Monatslohn	
Fotofachhandel	***Gesamtschweizerische Lohnempfehlung***		
43 Stunden, berufsüblich	Fotoverkäufer mit 2-jähriger Lehre, ab 1. Berufsjahr	*16.20*	*3'021.—*
In ländlicher Gegend	ab 5. Berufsjahr	*21.10*	*3'927.—*
	Fotofinisher mit 2-jähriger Lehre, ab 1. Berufsjahr	*16.20*	*3'021.—*
	ab 5. Berufsjahr	*20.55*	*3'827.—*
	Detailhandelsangestellter mit 3-jähriger Lehre, 1. Berufsjahr	*16.20*	*3'021.—*
	ab 5. Berufsjahr	*21.10*	*3'927.—*
	Fotofachangestellter mit 3-jähriger Lehre, ab 1. Berufsjahr	*16.20*	*3'021.—*
	ab 5. Berufsjahr	*20.55*	*3'827.—*
Fotofachhandel	***Gesamtschweizerische Lohnempfehlung***		
43 Stunden, berufsüblich	Fotoverkäufer mit 2-jähriger Lehre, ab 1. Berufsjahr	*17.85*	*3'323.—*
In Grossstädten	ab 5. Berufsjahr	*22.70*	*4'229.—*
	Fotofinisher mit 2-jähriger Lehre, ab 1. Berufsjahr	*17.85*	*3'323.—*
	ab 5. Berufsjahr	*23.25*	*4'330.—*
	Detailhandelsangestellter mit 3-jähriger Lehre, 1. Berufsjahr	*17.85*	*3'323.—*
	ab 5. Berufsjahr	*24.30*	*4'532.—*
	Fotofachangestellter mit 3-jähriger Lehre, ab 1. Berufsjahr	*17.85*	*3'323.—*
	ab 5. Berufsjahr	*23.25*	*4'330.—*

📖 *Kein GAV, Verband Fotohandel Schweiz.*

▦ *Lohnempfehlungen des Verbandes Fotohandel Schweiz.*

✋ Zur Ermittlung des Jahreslohnes muss mit 12 multipliziert werden.

✋ Nach abgeschlossener Berufsprüfung wird in ländlichen Gegenden das Gehalt um monatlich CHF 300 und in Grossstädten um CHF 500 erhöht. Bei Abschluss der Höheren Fachprüfung wird der Lohn um monatlich CHF 500 in ländlichen Gegenden sowie um CHF 800 in städtischen Gegenden erhöht. Alle Lohnangaben gelten als ortsabhängige Mittelwerte.

✋ Die Jahressteuerung wird seit 2005 aufgerechnet.

Tätigkeitsbereich *Wöchentliche Arbeitszeit*	Tätigkeit *Quelle, vertragliche Vereinbarungen*	Stunden- und Monatslohn

H **Verkehr und Lagerei**

49 **Landverkehr und Transport in Rohrfernleitungen**

49.1   Personenbeförderung im Eisenbahnverkehr
49.2   Güterbeförderung im Eisenbahnverkehr

49.10   Personenbeförderung
        auf Hauptstrecken des Schienenverkehrs, Fernverkehr
49.20   Güterbeförderung im Eisenbahnverkehr

Eisenbahnfernverkehr *41 Stunden, laut GAV*	**GAV-Löhne, gesamtschweizerischer Geltungsbereich**		
	Architekt (19–20)	**40.35**	**7'169.—**
	Bahnhofassistent (15–17)	**34.—**	**6'040.—**
	Bahnhofvorstand (7–18)	**24.70**	**4'390.—**
	Bereichsleiter (15–29)	**34.—**	**6'040.—**
	Betriebsangestellter (1–9)	**19.65**	**3'493.—**
	Betriebsdisponent (7–11)	**24.70**	**4'390.—**
	Betriebssekretär (7–12)	**24.70**	**4'390.—**
	Büroangestellter (1–6)	**19.65**	**3'493.—**
	Chauffeur (3–7)	**21.20**	**3'767.—**
	Chefmonteur (9–13)	**26.70**	**4'739.—**
	Chef Stichpersonal (17)	**37.—**	**6'571.—**
	Chef Zugpersonal (15)	**34.—**	**6'040.—**
	Disponent Zugpersonal (11)	**28.85**	**5'129.—**
	Fachangestellter (1)	**19.65**	**3'493.—**
	Fachspezialist (15–29)	**34.—**	**6'040.—**
	Fahrdienstleiter (12–15)	**30.05**	**5'339.—**
	Gleismonteur (1–5)	**19.65**	**3'493.—**
	Gruppenleiter (9–14)	**26.70**	**4'739.—**
	Handwerkmeister (7–10)	**24.70**	**4'390.—**
	Hausmeister (3–11)	**21.20**	**3'767.—**
	Ingenieur (19–20)	**40.35**	**7'169.—**
	Kondukteur (8)	**25.70**	**4'562.—**
	Kraftwerkangestellter (1)	**19.65**	**3'493.—**
	Kraftwerkmeister (13–16)	**31.30**	**5'560.—**
	Logistiker (6–8)	**23.80**	**4'226.—**
	Logistikmitarbeiter (2–5)	**20.40**	**3'628.—**
	Lokomotivführer (14)	**32.60**	**5'794.—**
	Lokomotivführer Brünig Berg (12)	**30.05**	**5'339.—**
	Lokomotivführer Brünig Tal (10)	**27.75**	**4'929.—**
	Lokomotivführer Z-140 (12)	**30.05**	**5'339.—**
	Magazinangestellter (1)	**19.65**	**3'493.—**
	Magaziner (2–5)	**20.40**	**3'628.—**
	Magazinleiter (4–9)	**22.05**	**3'914.—**

Tätigkeitsbereich *Wöchentliche Arbeitszeit*	Tätigkeit *Quelle, vertragliche Vereinbarungen*	Stunden- und Monatslohn	
	Meister (7–10)	24.70	4'390.—
	Monteur (2–6)	20.40	3'628.—
	Projektleiter (15–22)	34.—	6'040.—
	Rangierangestellter (4–5)	22.05	3'914.—
	Rangierdisponent (9)	26.70	4'739.—
	Rangiergruppenleiter (5–7)	22.90	4'067.—
	Rangierlokomotivführer (7–8)	24.70	4'390.—
	Rangierlokomotivführer Cargo (9–11)	26.70	4'739.—
	Rangiermeister (6–9)	23.80	4'226.—
	Rangiermitarbeiter (5)	22.90	4'067.—
	Rangierspezialist (7–9)	24.70	4'390.—
	Reisezugbegleiter (8)	25.70	4'562.—
	Reisezugbegleiter International (10)	27.75	4'929.—
	Sachbearbeiter (12–14)	30.05	5'339.—
	Schaltwärter (2–5)	20.40	3'628.—
	Schichtleiter (4–7)	22.05	3'914.—
	Schienenfahrzeugführer (3–8)	21.20	3'767.—
	Sekretär (7–11)	24.70	4'390.—
	Servicemitarbeiter Zug (6)	23.80	4'226.—
	Sozialberater (18–19)	38.60	6'860.—
	Spezialhandwerker (2–6)	20.40	3'628.—
	Spezialist Stichkontrolle (12)	30.05	5'339.—
	Spezialmonteur (6–13)	23.80	4'226.—
	Stellwerkangestellter (4–9)	22.05	3'914.—
	Teamleiter (6–18)	23.80	4'226.—
	Techniker (13–14)	31.30	5'560.—
	Technischer Assistent (7–14)	24.70	4'390.—
	Technischer Fachspezialist (15–20)	34.—	6'040.—
	Technischer Sachbearbeiter (11–14)	28.85	5'129.—
	Übersetzer (15–20)	34.—	6'040.—
	Verkaufsassistent (13–14)	31.30	5'560.—
	Visiteur (10–11)	27.75	4'929.—
	Wagenkontrolleur (4–8)	22.05	3'914.—
	Werkstätteangestellter (1)	19.65	3'493.—
	Wissenschaftlicher Assistent (19–20)	40.35	7'169.—
	Wissenschaftlicher Fachspezialist (21–29)	44.10	7'836.—
	Zeichner (2–9)	20.40	3'628.—
	Zeichner-Kopist (1)	19.65	3'493.—
	Zentralenoperateur (8–11)	25.70	4'562.—
	Zolldeklarant (13–14)	31.30	5'560.—
	Zugchef S-Bahn (7–8)	24.70	4'390.—
	Zugführer (9–10)	26.70	4'739.—

Tätigkeitsbereich *Wöchentliche Arbeitszeit*	Tätigkeit *Quelle, vertragliche Vereinbarungen*	Stunden- und Monatslohn

📖 *GAV SBB sowie GAV SBB Cargo AG Art. 89–99 und Anhang 7. Lohnbestimmungen, Ziffer 89.*

⧗ *Laufzeit des GAV ab 1.1.2007, ungekündigt.*

✎ *Der 13. Monatslohn ist vertraglich vereinbart (Art. 112 GAV). Zur Ermittlung des Jahreslohnes muss mit 13 multipliziert werden.*

✎ *Ferienanspruch: 6 Wochen und 1 Tag bis zum 20. Altersjahr. In der Folge, ab Beginn des Kalenderjahres, in dem das entsprechende Alter vollendet wird: 5 Wochen und 1 Tag ab 21. Altersjahr; 6 Wochen und 1 Tag ab 50. Altersjahr sowie 7 Wochen und 1 Tag ab 60. Altersjahr (Art. 82 GAV).*

☞ Die in Klammern gesetzten Zahlen bezeichnen die für die einzelnen Funktionen festgelegten Lohnstufen. Es wird jeweils die unterste angegeben (Basiswert).

Stand 1.1.2010	✍ www.sbb.ch und www.sev-online.ch	
Nachtzulage	Zulage zwischen 20.00 und 06.00 Uhr und samstags ab 18.00 Uhr, für die Arbeitsschichten zwischen 20.00 und 06.00 Uhr	**6.—** –
Sonntagszulage	Funktionsstufe 1 bis 5	**10.—** –
	Funktionsstufe 6 bis 10	**12.—** –
	Funktionsstufe 11 und höher	**15.—** –

☞ An Sonntagen und 9 bezeichneten Feiertagen wird eine Vergütung für die Arbeitsschichten zwischen 00.00 und 24.00 Uhr entrichtet.

📖 *GAV SBB und GAV SBB Cargo AG, Art. 105 sowie Anhang 8.*

Stand 1.1.2010   ✍ www.sbb.ch und www.sev-online.ch

Tätigkeitsbereich	Tätigkeit	Stunden-
Wöchentliche Arbeitszeit	*Quelle, vertragliche Vereinbarungen*	und Monatslohn

Eisenbahnfernverkehr   **GAV-Löhne, gesamtschweizerischer Geltungsbereich**

40 Stunden, laut GAV	ab 1. und 2. Arbeitsjahr	**19.95**	**3'545.—**
	ab 3. und 4. Arbeitsjahr	**20.75**	**3'686.—**
Besondere	ab 5. und 6. Arbeitsjahr	**21.55**	**3'827.—**
Personalgruppen	ab 7. und 8. Arbeitsjahr	**22.35**	**3'969.—**
	ab 9. und 10. Arbeitsjahr	**23.15**	**4'110.—**
	ab 11. Arbeitsjahr	**23.95**	**4'251.—**

Funktionen

Küchenpersonal: Zubereitung der Mahlzeiten sowie Pflege der Teamküchen des Bereiches Unterhalt und Führen der Küchenrechnung. Der Beschäftigungsgrad wird aufgrund der täglich durchschnittlich zubereiteten Mahlzeiten festgelegt: Über 30 Mahlzeiten 100 %; 26 bis 30, 94 %; 21 bis 25, 88 %; 16 bis 20, 83 %; 11 bis 15, 76 % sowie 8 bis 10, 70 % einer Vollzeitstelle.

Personal in Zweitausbildung: Arbeitnehmende mit abgeschlossener Ausbildung, welche eine zusätzliche, SBB-interne Ausbildung zum Lokomotivführer, Visiteur oder Zugbegleiter durchlaufen.

Personal mit eingeschränkter Leistungsfähigkeit: Personen mit geistiger oder körperlicher Behinderung, die aus sozialen Überlegungen angestellt werden.

Praktikanten: Studierende einer Hoch-, Fachhochschule, höheren Fachschule oder vergleichbaren Einrichtung, welche ein Praktikum von längstens 12 Monaten im Rahmen ihrer Ausbildung durchlaufen. Jenen gleichgestellt sind Personen, welche aus sozialen Überlegungen unmittelbar im Anschluss an die Berufslehre bei der SBB, befristet für 12 Monate sowie ohne SBB-seitigen Bedarf, zum Zweck des Einstiegs in das Berufsleben angestellt werden.

Reiseleiter: Personen, welche für tage- oder wochenweise Reiseleitung und Betreuung von Teilnehmern an organisierten Fahrten angestellt werden.

Rentenbezüger, Beschäftigte: Laut Reglement der Pensionskasse SBB oder einer gleichwertigen Vorsorgeeinrichtung Pensionierte sowie Personen im AHV-Alter.

Studierende und Mittelschüler zur Aushilfe: Besucher einer Hoch- oder Fachhochschule, einer höheren Fach-, Mittelschule oder einer vergleichbaren Einrichtung und die für einige Wochen angestellt werden.

Zugreiniger sowie Hausangestellte: Personen mit Tätigkeiten in den Bereichen Gebäudereinigung, Waschen, Flicken sowie Ausführen kleinerer Reinigungsarbeiten.

Stand 1.1.2010   📖 *GAV SBB und GAV SBB Cargo AG (Anhang 1, GAV SBB).*

Tätigkeitsbereich *Wöchentliche Arbeitszeit*	Tätigkeit *Quelle, vertragliche Vereinbarungen*	Stunden- und Monatslohn	
49.3	Sonstige Personenbeförderung im Landverkehr		
49.31	Personenbeförderung im Nahverkehr zu Lande		

Nahverkehr Stadtgebiet, **Tramführer** **und Buschauffeur**	**Löhne laut Personalrecht, Stadt Zürich**		
	Aspirant Bus und Tram, mit Fahrausweis Kategorie B, 20 bis 29 Altersjahre	**28.40**	**5'043.—**
41 Stunden,	30 bis 39 Altersjahre	**29.80**	**5'297.—**
laut AB PR, Art. 157	40 bis 49 Altersjahre	**30.90**	**5'487.—**
	50 bis 59 Altersjahre	**32.10**	**5'707.—**
	Aspirant Bus und Tram, mit Fahrausweis Kategorie B und 2-jähriger Fahrerfahrung, 20 bis 29 Altersjahre	**29.15**	**5'179.—**
	30 bis 39 Altersjahre	**30.45**	**5'412.—**
	40 bis 49 Altersjahre	**31.30**	**5'560.—**
	50 bis 59 Altersjahre	**32.65**	**5'803.—**
	Aspirant Bus und Tram, mit Fahrausweis Kategorie C, 20 bis 29 Altersjahre	**29.15**	**5'179.—**
	30 bis 39 Altersjahre	**30.45**	**5'412.—**
	40 bis 49 Altersjahre	**31.30**	**5'560.—**
	50 bis 59 Altersjahre	**32.55**	**5'782.—**
	Aspirant Bus und Tram, mit Fahrausweis Kategorie C und 2-jähriger Fahrerfahrung, 20 bis 29 Altersjahre	**29.80**	**5'297.—**
	30 bis 39 Altersjahre	**30.90**	**5'487.—**
	40 bis 49 Altersjahre	**31.70**	**5'635.—**
	50 bis 59 Altersjahre	**32.90**	**5'844.—**
	Aspirant Bus und Tram, mit Fahrausweis Kategorie D ohne Fahrerfahrung Linienbus, 20 bis 29 Altersjahre	**30.20**	**5'368.—**
	30 bis 39 Altersjahre	**31.35**	**5'570.—**
	40 bis 49 Altersjahre	**32.35**	**5'751.—**
	50 bis 59 Altersjahre	**33.25**	**5'903.—**
	Aspirant Bus und Tram, mit Fahrausweis Kategorie D und 2-jähriger Fahrerfahrung Linienbus, 20 bis 29 Altersjahre	**30.45**	**5'412.—**
	30 bis 39 Altersjahre	**31.70**	**5'635.—**
	40 bis 49 Altersjahre	**32.90**	**5'844.—**
	50 bis 59 Altersjahre	**33.55**	**5'961.—**

📖 *Personalrecht der Stadt Zürich, Verordnung über das Arbeitsverhältnis des städtischen Personals (PR, AS 177.100) und Ausführungsbestimmungen zur Verordnung über das Arbeitsverhältnis des städtischen Personals (AB PR, AS 177.101). Lohnbestimmungen, Art. 47 ff. PR und Art. 57 ff. AB PR.*

⌛ *Laufzeit des Personalrechts ab 1.7.2002.*

🗓 *Aspirantenlöhne und SLS Lohnskala der Stadt Zürich.*

✐ *Die Besoldung erfolgt in 13 Teilzahlungen (Art. 69 AB PR).*

✐ *Für ordentliche Arbeitsleistungen in der Nacht, zwischen 20.00 und 06.00 Uhr sowie an Sonntagen zwischen 06.00 und 20.00 Uhr wird eine Vergütung von CHF 7.35 je Stunde ausgerichtet (Art. 176 Abs. 1 AB PR).*

✐ *Für dauernde Nachtarbeit zwischen 20.00 und 06.00 Uhr wird eine Vergütung von CHF 5.25 je Stunde ausgerichtet. Es besteht kein Anspruch auf zusätzliche Vergütung an Sonntagen (Art. 176 Abs. 2 AB PR).*

✐ *Ferienguthaben: Vom Beginn des Kalenderjahres, in dem das 21. Altersjahr vollendet wird, 4 Wochen. 5 Wochen vom Beginn des Kalenderjahres an, in dem das 50. Altersjahr vollendet wird und sinngemäss 6 Wochen ab vollendetem 60. Altersjahr (Art. 113 AB PR).*

✋ Sowohl Bus- als auch Tramfahrer werden im 1. Anstellungsjahr zu Fixlöhnen als Aspiranten angestellt. Obige Löhne entsprechen für das 1. Dienstjahr den Aspirantenlöhnen. Ab dem 2. Dienstjahr gilt für Bus- und Tramfahrer die Funktionsstufe 6 laut *SLS Lohnskala* der Stadt Zürich.

Tätigkeitsbereich *Wöchentliche Arbeitszeit*	Tätigkeit *Quelle, vertragliche Vereinbarungen*	Stunden- und Monatslohn

Nahverkehr Überland, Buschauffeur Linienbus

Lohnempfehlung der Region Aargau

	Tätigkeit		
42 Stunden, laut GAV	Busfahrer, Anfangslohn	26.60	4'839.25
	Lohnstufe 1	27.20	4'947.25
	Lohnstufe 2	27.80	5'055.25
	Lohnstufe 3	28.35	5'163.30
	Lohnstufe 4	28.95	5'271.30
	Lohnstufe 5	29.55	5'379.30
	Lohnstufe 6	30.15	5'487.30
	Lohnstufe 7	30.75	5'595.40
	Lohnstufe 8	31.35	5'703.30
	Lohnstufe 9	31.95	5'811.40
	Lohnstufe 10	32.50	5'919.40
	Lohnstufe 11	33.10	6'027.40
	Lohnstufe 12	33.70	6'135.40
	Lohnstufe 13	34.30	6'243.45
	Höchste Lohnstufe	34.90	6'351.45

Nahverkehr Überland, Reinigungskraft

Lohnempfehlung der Region Aargau

	Tätigkeit		
42 Stunden, laut GAV	Reinigungskraft, Spetter, Stundenlohn inklusive Ferienanteil	*25.—*	*4'167.80*

📖 *GAV für das Buspersonal der BDWM AG und Limmatbus AG.*

⧖ *Laufzeit des GAV ab 1.1.2006, ungekündigt.*

▦ *Lohnempfehlung der BDWM AG und Limmatbus AG.*

✎ *Die Besoldung erfolgt in 13 Teilzahlungen (Art. 5.1 GAV).*

✎ *Lohnzulagen: Für Nachtarbeit zwischen 20.00 und 06.00 Uhr wird eine Zulage von CHF 4.65 pro Stunde entrichtet (Art. 5.3 GAV). Sonntags- und Feiertagsarbeit wird mit einer Pauschalzulage von CHF 8.55 pro Stunde abgegolten. Zulagen für Nacht- und Sonntagsarbeit werden kumuliert ausgerichtet (Art. 5.4 GAV).*

Stand 1.1.2011   ✍ www.bdwm.ch

Tätigkeitsbereich *Wöchentliche Arbeitszeit*	Tätigkeit *Quelle, vertragliche Vereinbarungen*	Stunden- und Monatslohn

49.32   Betrieb von Taxis

Taxifahrer   ***Lohnempfehlung der Grossregion Zürich***

53 Stunden, laut ARV 2	Taxifahrer, 1. und 2. Anstellungsjahr	**13.—**	**2'989.—**
	im 3. und 4. Anstellungsjahr	**13.45**	**3'090.—**
Fahrausweis Kategorie B 1	ab 5. Anstellungsjahr	**13.70**	**3'152.—**
Taglohn	Taxifahrer, 1. und 2. Anstellungsjahr	–	**124.—**
	im 3. und 4. Anstellungsjahr	–	**129.—**
	ab 5. Anstellungsjahr	–	**131.—**

📖 *Kein GAV, Transportgewerbe im Gebiet der Stadt Zürich und Umgebung. Die Fahrzeiten werden laut Verordnung über die Arbeits- und Ruhezeit der berufsmässigen Führer von leichten Personentransportfahrzeugen und schweren Personenwagen (ARV 2, SR 822.222) geregelt.*

▦ *Obige Löhne wurden dem Lohnregulativ des ausgelaufenen GAV für das Transportgewerbe der Stadt Zürich und Umgebung entnommen.*

✋ 13. Monatslohn: Berufsüblich, jedoch nicht vertraglich vereinbart. Zur Ermittlung des Jahreslohnes muss mit 13 multipliziert werden.

✋ Nacht- und Feiertagszulagen: Bei durchgehendem Nachtdienst bis 6 Uhr morgens vergütet der Arbeitgeber dem Taxichauffeur eine Sonderzulage von CHF 5 pro Nacht. Ab 242 Arbeitstagen pro Jahr wird dem Chauffeur für jeden zusätzlichen Arbeitstag eine Feiertagszulage des durchschnittlichen Tagesverdienstes bezahlt.

✋ Dem Taxifahrer steht auf obigem Grundlohn eine Beteiligung von mindestens 20% der monatlichen Fahrgeldeinnahmen zu.

✋ Die Jahresteuerung wird seit 2006 aufgerechnet.

Stand 1.1.2011   ✋ www.unia.ch

Tätigkeitsbereich *Wöchentliche Arbeitszeit*	Tätigkeit *Quelle, vertragliche Vereinbarungen*	Stunden- und Monatslohn

49.39 Personenbeförderung im Regional- und Fernverkehr zu Lande

Carchauffeur

GAV-Löhne, gesamtschweizerischer Geltungsbereich

48 Stunden, laut ARV 1	Chauffeur, 1. Berufsjahr	**20.35**	**4'230.—**
	2. bis 3. Berufsjahr	**21.30**	**4'430.—**
Fahrausweis Kategorie D	ab 4. Berufsjahr	**21.80**	**4'530.—**

📖 *Landesvereinbarung zwischen dem Schweizerischen Nutzfahrzeugverband ASTAG und dem Berufsfahrerverband Les Routiers Suisses.*

🖾 *Lohnregulativ ASTAG/Les Routiers Suisses.*

📖 *Verordnung über die Arbeits- und Ruhezeit der berufsmässigen Motorfahrzeugführer und -führerinnen (Chauffeurverordnung ARV 1, SR 822.221).*

✋ Zur Ermittlung des Jahreslohnes muss mit 12 multipliziert werden.

✒ *Ferienanspruch: Ab zurückgelegtem 50. Altersjahr sowie 5-jähriger Tätigkeit im gleichen Betrieb oder nach 20 vollendeten Dienstjahren 5 Wochen.*

Stand 1.1.2010

📖 www.astag.ch und www.routiers.ch

Carchauffeur

Lohnempfehlung der Grossregion Zürich

48 Stunden, laut ARV 1	1. Anstellungsjahr	*21.70*	*4'518.—*
	2. Anstellungsjahr	*21.95*	*4'571.—*
Fahrausweis Kategorie D	3. Anstellungsjahr	*22.25*	*4'624.—*
	4. Anstellungsjahr	*22.50*	*4'678.—*
Monatslohn	5. Anstellungsjahr	*22.75*	*4'731.—*
	6. Anstellungsjahr	*23.—*	*4'783.—*
	7. Anstellungsjahr	*23.25*	*4'838.—*
	8. Anstellungsjahr	*23.75*	*4'943.—*
	9. Anstellungsjahr	*24.05*	*4'998.—*
	10. Anstellungsjahr	*24.30*	*5'050.—*
Taglohn	1. Anstellungsjahr	–	*205.40*
	2. Anstellungsjahr	–	*207.75*
	3. Anstellungsjahr	–	*210.20*
	4. Anstellungsjahr	–	*212.60*
	5. Anstellungsjahr	–	*215.05*
	6. Anstellungsjahr	–	*217.40*
	7. Anstellungsjahr	–	*219.90*
	8. Anstellungsjahr	–	*224.70*
	9. Anstellungsjahr	–	*227.20*
	10. Anstellungsjahr	–	*229.55*

Tätigkeitsbereich *Wöchentliche Arbeitszeit*	Tätigkeit *Quelle, vertragliche Vereinbarungen*	Stunden- und Monatslohn	
Aushilfen, Kategorie D im 4. Anstellungsjahr	Carchauffeur-Aushilfe Tagesansatz Halbtagesansatz (66% des Tagesansatzes)	*22.50* – –	*4'677.52* *212.60* *140.30*

📖 *Kein GAV, Transportgewerbe im Gebiet der Stadt Zürich und Umgebung.*

📖 *Verordnung über die Arbeits- und Ruhezeit der berufsmässigen Motorfahrzeugführer und -führerinnen (Chauffeurverordnung ARV 1, SR 822.221).*

⊞ *Obige Löhne wurden dem Lohnregulativ des ausgelaufenen GAV für das Transportgewerbe der Stadt Zürich und Umgebung entnommen.*

✋ 13. Monatslohn: Berufsüblich, jedoch nicht vertraglich vereinbart. Zur Ermittlung des Jahreslohnes muss mit 13 multipliziert werden.

✋ Spesen: Übernachtung inklusive Frühstück CHF 60, Frühstück CHF 10, Mittagessen CHF 19 und Nachtessen CHF 19.

✋ Bei Zweckfahrten, wie beispielsweise Ski-Express usw., wird dem Chauffeur als Abgeltung für Trinkgeld und Verpflegung pro Tag eine Entschädigung von CHF 35 vergütet. Für die Trinkgeldgarantie gelten folgende Ansätze: In den Monaten November bis April CHF 300 pro Monat, im Zeitraum Mai bis Oktober CHF 750 pro Monat; Total pro Jahr CHF 6'300.

✋ Bei Carfahrten, die länger als bis 21 Uhr dauern, wird im Cargewerbe ab jenem Zeitpunkt bis 5 Uhr morgens beziehungsweise bis zur endgültigen Entlassung des Fahrzeugs ein Nachtzuschlag von CHF 25 pro Stunde entrichtet. Ausgenommen von dieser Regelung sind mehrtägige Reisen.

✋ Taglohn: Der Monatslohn wird zur Ermittlung des Taglohnes durch 22 Arbeitstage dividiert.

✋ Die Jahresteuerung wird seit 2004 aufgerechnet.

Stand 1.1.2011   ✍ www.unia.ch

Tätigkeitsbereich *Wöchentliche Arbeitszeit*	Tätigkeit *Quelle, vertragliche Vereinbarungen*	Stunden- und Monatslohn	
Postauto-Chauffeur	**GAV-Löhne, gesamtschweizerischer Geltungsbereich**		
41 Stunden, laut GAV	Stadt- und Ortsverkehr, Minimalansatz (3)	**25.68**	**4'089.—**
	Üblicher Anfangslohn (4)	**31.35**	**4'992.—**
Fahrausweis Kategorie D	Überland-, und Fernverkehr (5)	**30.80**	**4'904.—**
	Üblicher Anfangslohn (6)	**36.55**	**5'820.—**
Lohnstufen,	Erfahrungsstufe 0	**34.22**	**5'449.—**
Leistungsprognose 100%	Erfahrungsstufe 1	**34.91**	**5'558.—**
	Erfahrungsstufe 2	**35.59**	**5'667.—**
	Erfahrungsstufe 3	**36.28**	**5'776.—**
	Erfahrungsstufe 4	**36.62**	**5'831.—**
	Erfahrungsstufe 5	**36.96**	**5'885.—**
	Erfahrungsstufe 6	**37.30**	**5'940.—**
	Erfahrungsstufe 7	**37.64**	**5'994.—**
	Erfahrungsstufe 8	**37.99**	**6'049.—**
	Erfahrungsstufe 9	**38.33**	**6'103.—**
	Erfahrungsstufe 10	**38.67**	**6'158.—**
	Erfahrungsstufe 11	**39.01**	**6'212.—**
	Erfahrungsstufe 12	**39.36**	**6'267.—**

📖 *GAV KG für ausgegliederte Geschäftseinheiten der Schweizerischen Post (Konzerngesellschaften). Lohnbestimmungen, Ziffer 30.*

⧗ *Laufzeit des GAV ab 1.7.2005, ungekündigt.*

✎ *Der 13. Monatslohn ist vertraglich vereinbart (Ziffer 300 GAV). Zur Ermittlung des Jahreslohnes muss mit 13 multipliziert werden.*

✎ *Lohnzuschläge: Für regelmässige Nachtarbeit (Ziffer 351 GAV) wird je Stunde eine Zulage von CHF 5.80 und für Sonntagsarbeit (Ziffer 352 GAV) eine von CHF 10.55 entrichtet. Bei Bereitschaftsdienst (Pikettzulage) gilt ein Stundenansatz von CHF 5 (Ziffer 353 GAV).*

✎ *Jährliche, versicherte Pauschalzulage: Wagenführer im Transportdienst mit mindestens 2-jähriger Tätigkeit in diesem Bereich CHF 2'400 (Ziffer 303 GAV).*

✎ *Ferienanspruch: 5 Wochen bis und mit 49. Altersjahr. Zwischen 50. bis und mit 59. Altersjahr 5 Wochen und 3 Tage sowie ab 60. Altersjahr 6 Wochen und 1 Tag (Ziffer 430 GAV).*

✋ Zur Umrechnung des Jahreslohnes auf den Stundenlohn gilt ein vereinbarter Divisor von 2070.

✋ Die in Klammern gesetzten Zahlen entsprechen den im GAV Post KG festgelegten Lohnstufen. Die Postauto-Chauffeure werden der Funktionsstufe 5 zugeteilt.

Tätigkeitsbereich *Wöchentliche Arbeitszeit*	Tätigkeit *Quelle, vertragliche Vereinbarungen*	Stunden- und Monatslohn	
Luftseil-, Sesselbahnen und Skilifte	**NAV-Löhne, Kanton Wallis**		
	Patrouilleur A	**21.70**	**3'946.—**
42 Stunden, laut NAV	ab 4. Dienstjahr oder 8. Saison	**25.10**	**4'569.—**
Technischer Bereich	Patrouilleur B Chauffeur, Maschinist und technische Angestellte ohne Fähigkeitsausweis	**22.25**	**4'045.—**
	ab 4. Dienstjahr oder 8. Saison	**26.05**	**4'739.—**
	Patrouilleur B sowie Chauffeur und Maschinist mit Erfahrung, Patrouilleur C und technischer Angestellter mit Fähigkeitsausweis	**22.85**	**4'160.—**
	ab 5. Dienstjahr oder 10. Saison	**27.10**	**4'934.—**
	Technischer Angestellter mit Fähigkeits- ausweis und Erfahrung sowie Stellvertreter des Pisten- und Rettungschefs	**23.45**	**4'272.—**
	ab 5. Dienstjahr oder 10. Saison	**28.35**	**5'158.—**
	Pisten- und Rettungschef sowie Stellvertreter des technischen Leiters	**25.25**	**4'593.—**
	ab 5. Dienstjahr oder 10. Saison	**29.55**	**5'382.—**
	Technischer Leiter	**26.10**	**4'751.—**
	ab 5. Dienstjahr oder 10. Saison	**32.05**	**5'837.—**
Betrieb	Jugendlicher, ab 15. Altersjahr	**14.25**	**2'591.—**
	Jugendlicher, ab 16. Altersjahr	**14.80**	**2'692.—**
	Jugendlicher, ab 17. Altersjahr	**15.45**	**2'814.—**
	Jugendlicher, ab 18. Altersjahr	**16.70**	**3'037.—**
	Jugendlicher, ab 19. Altersjahr	**17.90**	**3'260.—**
	Angehender Betriebsangestellter	**19.40**	**3'529.—**
	ab 2. Dienstjahr oder 5. Saison	**21.05**	**3'829.—**
	Betriebsangestellter	**21.05**	**3'829.—**
	ab 2. Dienstjahr oder 5. Saison	**23.—**	**4'189.—**
	ab 4. Dienstjahr oder 8. Saison	**25.10**	**4'566.—**
	Kassier	**21.70**	**3'946.—**
	ab 4. Dienstjahr oder 8. Saison	**25.10**	**4'569.—**
	Kassier, mit einer Fremdsprache	**22.25**	**4'045.—**
	ab 4. Dienstjahr oder 8. Saison	**26.05**	**4'739.—**
	Kassier, mit mehreren Fremdsprachen	**22.85**	**4'160.—**
	ab 5. Dienstjahr oder 10. Saison	**27.10**	**4'934.—**
	Chefkassier, Leiter eines Teilbereichs	**23.45**	**4'272.—**
	ab 5. Dienstjahr oder 10. Saison	**28.35**	**5'158.—**

Tätigkeitsbereich *Wöchentliche Arbeitszeit*	Tätigkeit *Quelle, vertragliche Vereinbarungen*	Stunden- und Monatslohn	
Betrieb	Kontrolleur	**21.05**	**3'829.—**
	ab 3. Dienstjahr oder 7. Saison	**24.—**	**4'365.—**
	Stellvertreter des Betriebsleiters	**25.25**	**4'593.—**
	ab 5. Dienstjahr oder 10. Saison	**29.55**	**5'382.—**
	Betriebsleiter	**26.10**	**4'751.—**
	ab 5. Dienstjahr oder 10. Saison	**32.05**	**5'837.—**
Administration	Sekretär	**21.70**	**3'946.—**
	ab 4. Dienstjahr oder 8. Saison	**25.10**	**4'569.—**
	Kaufmännischer Angestellter mit Fähigkeitsausweis	**22.25**	**4'045.—**
	ab 4. Dienstjahr oder 8. Saison	**26.05**	**4'739.—**
	Kaufmännischer Angestellter mit Fähigkeitsausweis und Erfahrung	**22.85**	**4'160.—**
	ab 5. Dienstjahr oder 10. Saison	**27.10**	**4'934.—**
	Verantwortlicher mit Fähigkeitszeugnis	**23.45**	**4'272.—**
	ab 5. Dienstjahr oder 10. Saison	**28.35**	**5'158.—**
	Verantwortlicher mit Fähigkeitszeugnis und Berufserfahrung	**25.25**	**4'593.—**
	ab 5. Dienstjahr oder 10. Saison	**29.55**	**5'382.—**
	Kaufmännischer Leiter	**26.10**	**4'751.—**
	ab 5. Dienstjahr oder 10. Saison	**32.05**	**5'837.—**

📖 *NAV des Kantons Wallis für das Personal der Luftseilbahnen, Sesselbahnen, Skilifte und ähnlicher Betriebe.*

⧗ *Inkraftsetzung NAV ab 1.1.2002.*

📖 *Bundesgesetz über die Arbeit in Unternehmen des öffentlichen Verkehrs AZG, Arbeitszeitgesetz (SR 822.21).*

✎ *13. Monatslohn: Vertraglich vereinbart (Art. 14.1 NAV). Zur Ermittlung des Jahreslohnes muss mit 13 multipliziert werden.*

✎ *Versetzungsentschädigungen: Frühstück CHF 5, Mittag- und Nachtessen je CHF 12 sowie Übernachtung CHF 25 (Art. 15 NAV).*

✎ *Bis und mit 20. und ab 50. Altersjahr stehen dem Arbeitnehmer 5 Wochen und ab vollendetem 60. Altersjahr 6 Wochen Ferien zu (Art. 13.1 NAV).*

✎ *Der Stundenlohn wird mittels Teilung des Monatslohnes durch 176,15 ermittelt (Art. 14.2 NAV).*

📌 *Der NAV ist auf das ganze Gebiet des Kantons Wallis anwendbar. Er regelt die Arbeitsverhältnisse zwischen Arbeitgebern der Luftseil- und Sesselbahnen sowie der Skilifte und ähnlicher Betriebe und ihren Mitarbeitern. Die Einzelarbeitsverträge werden laut kantonalem NAV abgeschlossen.*

Tätigkeitsbereich *Wöchentliche Arbeitszeit*	Tätigkeit *Quelle, vertragliche Vereinbarungen*	Stunden- und Monatslohn

49.4   Güterbeförderung im Strassenverkehr, Umzugstransporte

49.41   Güterbeförderung im Strassenverkehr

Lastwagenchauffeur   **GAV-Löhne, gesamtschweizerischer Geltungsbereich**

48 Stunden, laut ARV 1	bis 21. Altersjahr	**18.90**	3'930.—
	ab 1. Berufsjahr	**19.85**	4'130.—
Fahrausweis Kategorie C	ab 2. bis 3. Berufsjahr	**20.80**	4'330.—
	ab 4. Berufsjahr	**21.30**	4'430.—
Fahrausweis Kategorie C/E	bis 21. Altersjahr	**19.40**	4'030.—
	ab 1. Berufsjahr	**20.35**	4'230.—
	ab 2. bis 3. Berufsjahr	**21.30**	4'430.—
	ab 4. Berufsjahr	**21.80**	4'530.—

     📖 *Landesvereinbarung zwischen dem Schweizerischen Nutzfahrzeugverband ASTAG, Sektion Zürich, und dem Berufsfahrerverband Les Routiers Suisses.*

     ⧗ *Laufzeit des GAV ab 1.1.2006, ungekündigt.*

     ▦ *Lohnregulativ ASTAG/Les Routiers Suisses.*

     📖 *Verordnung über die Arbeits- und Ruhezeit der berufsmässigen Motorfahrzeugführer und -führerinnen (Chauffeurverordnung ARV 1, SR 822.221).*

     ✋ Ein 13. Gehalt kann vereinbart werden (Art. 4.4. Vereinbarung).

     ✎ *Spesen und Verpflegungsentschädigung: Frühstück CHF 6, Mittag- und Abendessen CHF 17 sowie auswärtige Übernachtung CHF 24 (Art. 4 Vereinbarung, Lohnregulativ).*

     ✎ *Im Sachentransport wird Nachtarbeit im Zeitraum zwischen 22.00 und 05.00 Uhr mit einem Lohnzuschlag von 25 % abgegolten. Sonntagsarbeit wird im Zeitraum von Samstag, 18.00 bis Sonntag, 24.00 Uhr mit einem Lohnzuschlag von 50 % abgegolten (Art. 13.8 und 13.9. Vereinbarung).*

     ✋ Die Entschädigung der Nacht-, Sonntags- und Feiertagsarbeit, laut Art. 13.8 und 13.9 Landesvereinbarung, kann mit einer Pauschale von mindestens CHF 300 für Milchtransporte und CHF 200 für Vieh- und Lebensmitteltransporte abgegolten werden. Die entsprechende Vereinbarung ist im Einzelvertrag festzuhalten.

     ✎ *Ferienanspruch: Ab zurückgelegtem 50. Altersjahr sowie 5-jähriger Tätigkeit im gleichen Betrieb oder nach 20 vollendeten Dienstjahren 5 Wochen (Art. 15.1 Vereinbarung).*

Stand 1.1.2010   🖰 www.astag.ch und www.routiers.ch

Tätigkeitsbereich Wöchentliche Arbeitszeit	Tätigkeit Quelle, vertragliche Vereinbarungen	Stunden- und Monatslohn

Lieferwagenchauffeur   **GAV-Löhne, gesamtschweizerischer Geltungsbereich**

48 Stunden, laut ARV 1	bis 21. Altersjahr	**17.45**	3'630.—
	ab 1. Berufsjahr	**17.95**	3'730.—
Fahrausweis Kategorie B	ab 2. bis 3. Berufsjahr	**18.65**	3'880.—
	ab 4. Berufsjahr	**18.90**	3'930.—
Fahrausweis Kategorie B/E	bis 21. Altersjahr	**17.95**	3'730.—
	ab 1. Berufsjahr	**18.40**	3'830.—
	ab 2. bis 3. Berufsjahr	**19.15**	3'980.—
	ab 4. Berufsjahr	**19.40**	4'030.—

📖 *Landesvereinbarung zwischen dem Schweizerischen Nutzfahrzeugverband ASTAG, Sektion Zürich, und dem Berufsfahrerverband Les Routiers Suisses.*

⧖ *Laufzeit des GAV ab 1.1.2006, ungekündigt.*

▦ *Lohnregulativ ASTAG/Les Routiers Suisses.*

📖 *Verordnung über die Arbeits- und Ruhezeit der berufsmässigen Motorfahrzeugführer und -führerinnen (Chauffeurverordnung ARV 1, SR 822.221).*

✋ *Ein 13. Gehalt kann vereinbart werden (Art. 4.4. Vereinbarung).*

✏ *Spesen und Verpflegungsentschädigung: Frühstück CHF 6, Mittag- und Abendessen CHF 17 sowie auswärtige Übernachtung CHF 24 (Art. 4 Vereinbarung, Lohnregulativ).*

✏ *Im Sachentransport wird Nachtarbeit im Zeitraum zwischen 22.00 und 05.00 Uhr mit einem Lohnzuschlag von 25% abgegolten. Sonntagsarbeit wird im Zeitraum von Samstag 18.00, bis Sonntag, 24.00 Uhr mit einem Lohnzuschlag von 50% abgegolten (Art. 13.8 und 13.9. Vereinbarung).*

✋ *Die Entschädigung der Nacht-, Sonntags- und Feiertagsarbeit, laut Art. 13.8 und 13.9 Landesvereinbarung, kann mit einer Pauschale von mindestens CHF 300 für Milchtransporte und CHF 200 für Vieh- und Lebensmitteltransporte abgegolten werden. Die entsprechende Vereinbarung ist im Einzelvertrag festzuhalten.*

✏ *Ferienanspruch: Ab zurückgelegtem 50. Altersjahr sowie 5-jähriger Tätigkeit im gleichen Betrieb oder nach 20 vollendeten Dienstjahren 5 Wochen (Art. 15.1 Vereinbarung).*

Stand 1.1.2010   ✍ www.astag.ch und www.routiers.ch

Tätigkeitsbereich *Wöchentliche Arbeitszeit*	Tätigkeit *Quelle, vertragliche Vereinbarungen*	Stunden- und Monatslohn	
49.42	Umzugstransporte		
Transportpersonal	**GAV-Löhne, gesamtschweizerischer Geltungsbereich**		
43 Stunden, berufsüblich	Möbellagerist, bis 21. Altersjahr	20.55	3'830.—
	ab 1. Berufsjahr	21.10	3'930.—
Möbeltransport	ab 2. bis 3. Berufsjahr	21.90	4'080.—
	ab 4. Berufsjahr	22.15	4'130.—
	Möbelpacker, bis 21. Altersjahr	20.55	3'830.—
	ab 1. Berufsjahr	21.10	3'930.—
	ab 2. bis 3. Berufsjahr	21.90	4'080.—
	ab 4. Berufsjahr	22.15	4'130.—
	Möbelträger, bis 21. Altersjahr	19.50	3'630.—
	ab 1. Berufsjahr	20.—	3'730.—
	ab 2. bis 3. Berufsjahr	20.80	3'880.—
	ab 4. Berufsjahr	21.10	3'930.—
	Umzugsleiter, bis 21. Altersjahr	21.10	3'930.—
	ab 1. Berufsjahr	22.15	4'130.—
	ab 2. bis 3. Berufsjahr	23.25	4'330.—
	ab 4. Berufsjahr	23.75	4'430.—
Lagerhaltung	Lagerist, bis 21. Altersjahr	18.40	3'430.—
	ab 1. Berufsjahr	18.95	3'530.—
	ab 2. bis 3. Berufsjahr	19.75	3'680.—
	ab 4. Berufsjahr	20.—	3'730.—
	Staplerfahrer, bis 21. Altersjahr	18.95	3'530.—
	ab 1. Berufsjahr	20.—	3'730.—
	ab 2. bis 3. Berufsjahr	20.80	3'880.—
	ab 4. Berufsjahr	21.10	3'930.—
48 Stunden, laut ARV 1	Chauffeur Schwertransport, bis 21. Altersjahr	19.40	4'030.—
Spezialfunktionen	ab 1. Berufsjahr	20.35	4'230.—
	ab 2. bis 3. Berufsjahr	21.30	4'430.—
	ab 4. Berufsjahr	21.80	4'530.—
	Hilfstransportleiter Schwertransport, bis 21. Altersjahr	18.90	3'930.—
	ab 1. Berufsjahr	19.85	4'130.—
	ab 2. bis 3. Berufsjahr	20.80	4'330.—
	ab 4. Berufsjahr	21.30	4'430.—

Tätigkeitsbereich *Wöchentliche Arbeitszeit*	Tätigkeit *Quelle, vertragliche Vereinbarungen*	Stunden- und Monatslohn	
43 Stunden, berufsüblich	Kehrichtbelader, bis 21. Altersjahr	**19.50**	**3'630.—**
	ab 1. Berufsjahr	**20.—**	**3'730.—**
Spezialfunktionen	ab 2. bis 3. Berufsjahr	**20.80**	**3'880.—**
	ab 4. Berufsjahr	**21.10**	**3'930.—**
	Mechaniker, bis 21. Altersjahr	**21.65**	**4'030.—**
	ab 1. Berufsjahr	**22.70**	**4'230.—**
	ab 2. bis 3. Berufsjahr	**23.75**	**4'430.—**
	ab 4. Berufsjahr	**24.30**	**4'530.—**

📖 *Landesvereinbarung zwischen dem Schweizerischen Nutzfahrzeugverband ASTAG und dem Berufsfahrerverband Les Routiers Suisses.*

⌛ *Laufzeit des GAV ab 1.1.2006, ungekündigt.*

▦ *Lohnregulativ ASTAG/Les Routiers Suisses.*

📖 *Verordnung über die Arbeits- und Ruhezeit der berufsmässigen Motorfahrzeugführer und -führerinnen (Chauffeurverordnung ARV 1, SR 822.221).*

✋ Ein 13. Gehalt kann vereinbart werden (Art. 4.4. Vereinbarung).

🖉 *Spesen und Verpflegungsentschädigung: Frühstück CHF 6, Mittag- und Abendessen CHF 17 sowie auswärtige Übernachtung CHF 24 (Art. 4 Vereinbarung, Lohnregulativ).*

🖉 *Im Sachentransport wird Nachtarbeit im Zeitraum zwischen 22.00 und 05.00 Uhr mit einem Lohnzuschlag von 25% abgegolten. Sonntagsarbeit wird im Zeitraum von Samstag, 18.00 bis Sonntag, 24.00 Uhr mit einem Lohnzuschlag von 50% abgegolten (Art. 13.8 und 13.9. Vereinbarung).*

✋ Die Entschädigung der Nacht-, Sonntags- und Feiertagsarbeit, laut Art. 13.0 und 13.9 Landesvereinbarung, kann mit einer Pauschale von mindestens CHF 300 für Milchtransporte und CHF 200 für Vieh- und Lebensmitteltransporte abgegolten werden. Die entsprechende Vereinbarung ist im Einzelvertrag festzuhalten.

🖉 *Ferienanspruch: Ab zurückgelegtem 50. Altersjahr sowie 5-jähriger Tätigkeit im gleichen Betrieb oder nach 20 vollendeten Dienstjahren 5 Wochen (Art. 15.1 Vereinbarung).*

Tätigkeit *Wöchentliche Arbeitszeit*	Berufliche Fähigkeiten *Quelle, Branchenbereich*	Stunden- und Monatslohn

49   **Landverkehr und Transport in Rohrfernleitungen**

49.1 bis 49.5   Personen- und Güterbeförderung im Eisenbahn-
und Landverkehr, Güterbeförderung im Strassenverkehr und
Umzugstransporte; Transport in Rohrfernleitungen

49.10 bis 49.50   Personen- und Güterbeförderung im Landverkehr
sowie Transport in Rohrfernleitungen

---

42 Stunden, berufsüblich   *Branchenlöhne, Statistik der Grossregion Zürich, Median*

Hilfskräfte	Un- und Angelernte, bis 20 Jahre	20.05	3'647.—
	ab 20 bis 29 Altersjahre	22.95	4'177.—
	ab 30 bis 39 Altersjahre	24.90	4'535.—
	ab 40 bis 49 Altersjahre	25.80	4'699.—
	ab 50 bis 65 Altersjahre	26.85	4'884.—
Berufsleute, gelernt	Mit 3- oder 4-jähriger Lehre, bis 20 Jahre	24.95	4'543.—
	ab 20 bis 29 Altersjahre	29.95	5'448.—
	ab 30 bis 39 Altersjahre	36.95	6'727.—
	ab 40 bis 49 Altersjahre	38.75	7'056.—
	ab 50 bis 65 Altersjahre	39.65	7'221.—
Führungskräfte	Fach- und Betriebskader, Alter 20 bis 29	30.80	5'603.—
	ab 30 bis 39 Altersjahre	43.30	7'881.—
	ab 40 bis 49 Altersjahre	49.20	8'959.—
	ab 50 bis 65 Altersjahre	49.65	9'036.—

📖 *Kein GAV, Bundesamt für Statistik BfS, Lohnstrukturerhebung,
Median nach Lebensalter.*

✋ Zur Ermittlung des Jahreslohnes muss mit 12 multipliziert werden.

🗩 *Branchenbereich: Personen- und Güterbeförderung im Eisen-
bahnfernverkehr, Personenbeförderung im Nah-, Regional- und
Fernverkehr zu Lande sowie Betrieb von Taxis. Personenbe-
förderung mittels Zahnrad- und Seilbahnen sowie Skiliften.
Güterbeförderung im Strassenverkehr und Umzugstransporte.
Transport in Rohrfernleitungen.*

✋ Liegen im Branchenbereich allgemeinverbindlich erklärte oder
herkömmliche GAV vor, so hat die Einhaltung deren Löhne Vor-
rang.

Stand 1.1.2011   🖑 www.bfs.admin.ch/Löhne

Tätigkeitsbereich *Wöchentliche Arbeitszeit*	Tätigkeit *Quelle, vertragliche Vereinbarungen*	Stunden- und Monatslohn

50   **Schifffahrt**

50.2   Güterbeförderung in der See- und Küstenschifffahrt

50.20   Güterbeförderung im Linien- und Gelegenheitsverkehr sowie
                        Betrieb von Schlepp- und Schubschiffen

Seeschifffahrt	**GAV-Löhne, gesamtschweizerischer Geltungsbereich**		
44 Stunden, laut	Maschinenoffizier, erster, Chief Engineer	**23.70**	**4'516.85**
Seeschifffahrtsverordnung	Deckoffizier, erster, Chief Officer	**16.95**	**3'235.95**
	Maschinenoffizier, zweiter, 2nd Engineer	**16.95**	**3'235.95**
Offiziere	Deckoffizier, zweiter, 2nd Officer	**13.50**	**2'572.20**
	Maschinenoffizier, dritter, 3rd Engineer	**13.50**	**2'572.20**
	Deckoffizier, dritter, 3rd Officer	**11.95**	**2'278.10**
	Offizier-Elektriker, Electrician Officer	**13.50**	**2'572.20**
	Maschinenoffizier, vierter, 4th Engineer	**11.95**	**2'278.10**
	Funker, Radio Officer	**13.50**	**2'572.20**
Mannschaft	Bootsmann, *Bosun*	**8.60**	**1'637.10**
	Pumpenmann, *Pumpman*	**8.60**	**1'637.10**
	Monteur, *Fitter*	**8.60**	**1'637.10**
	Alleinkoch, *Cook*	**8.60**	**1'637.10**
	Matrose mit Erfahrung, *Able Seaman*	**7.25**	**1'379.30**
	Schmierer, *Motorman, Oiler*	**7.25**	**1'379.30**
	Steward, *Steward*	**7.25**	**1'379.30**
	Matrose, *Ordinary Seaman*	**5.60**	**1'070.70**
	Reiniger, *Wiper*	**5.60**	**1'070.70**
	Messboy I, über 20-jährig, *Messboy I*	**5.60**	**1'070.70**
	Messman, *Messman*	**5.60**	**1'070.70**
	Deckhand, *Deckhand*	**4.30**	**817.—**
	Messboy II, unter 20-jährig, *Messboy II*	**4.30**	**817.—**
	Messboy, *Messhand*	**4.30**	**817.—**

Tätigkeitsbereich *Wöchentliche Arbeitszeit*	Tätigkeit *Quelle, vertragliche Vereinbarungen*	Stunden- und Monatslohn

Überstundenansätze

Bootsmann, Pumpenmann, Monteur und Alleinkoch	**4.93**	–
Matrose mit Erfahrung, Schmierer und Steward	**4.11**	–
Matrose, Reiniger und Messboy I	**3.13**	–
Deckhand und Messboy II	**2.32**	–

📖 *GAV zwischen dem Verband Schweizerischer Seereedereien VSS und der Gewerkschaft UNIA (Collective Agreement of Employment CAE Concluded between the Swiss Shipowners Association SSA/AAS/VSS, Renens, and the Trade Union UNIA, Basel).*

⧗ *Laufzeit des GAV ab 1.1.2008, ungekündigt.*

▦ *Obige Heuern laut Annex I to the Unia Collective Agreement, Wages Scale.*

🖉 *Feste Zuschläge (Allowances) für allgemeine Auslagen oder Vergütungen (Sozialabgaben, Treueprämien, Feiertagsentschädigungen, Arbeitslosenversicherung) sind in den Heuern ebenfalls enthalten. Die Heuer der Offiziere enthält Pauschalabgeltungen für Überstunden.*

🖉 *Abgeltung der Ruhezeiten: Während der Ferien und bei Abgeltung oder Bezug von freien Tagen ohne Verpflegung an Bord beträgt die Entschädigung USD 15 (CHF 15.53) pro Tag. Den Offizieren stehen monatlich 6 Tage Ferien (Leaves) sowie der Mannschaft 5 Tage zu. Die Ferien werden an Bord verbracht und somit in Geldleistungen abgegolten. Sie sind in obigen Heuern enthalten.*

🖉 *Besondere Abgeltungen: Nach mindestens 2-jähriger Fahrzeit werden bewährte Funkoffiziere mit entsprechender technischer Ausbildung in Bezug auf Heuer und sonstige Vergütungen dem zweiten Deckoffizier gleichgestellt. Der Koch, welcher die Kontrolle des Proviantes innehat, erhält eine Prämie von CHF 120 pro Monat.*

🖉 Die wöchentliche Arbeitszeit gilt laut Seeschifffahrtsverordnung, Art. 23 bis 27, vom 20. November 1956, SR 747.301.

Stand 1.1.2010   🖐 www.unia.ch

Tätigkeitsbereich *Wöchentliche Arbeitszeit*	Tätigkeit *Quelle, vertragliche Vereinbarungen*	Stunden- und Monatslohn

50.3   Personenbeförderung in der Binnenschifffahrt

50.30   Personenbeförderung auf Flüssen, Kanälen, Seen
                 sowie innerhalb von Häfen

Binnenschifffahrt,
Nautik- und Hotelpersonal

Saisonale Anstellung

Gesamtschweizerische Lohnempfehlung

Chef der Partie	–	**1'993.50**
Chef der Partie, oberes Lohnband	–	**2'591.50**
Kabinen-Steward	–	**1'236.—**
Kabinen-Steward, oberes Lohnband	–	**1'395.40**
Service-Steward	–	**1'395.40**
Service-Steward, oberes Lohnband	–	**1'794.10**
Küchenhilfe	–	**1'236.—**
Küchenhilfe, oberes Lohnband	–	**1'395.40**

📖 *Grundsatzerklärung schweizerischer Flusskreuzfahrten-Reedereien in Bezug auf die Anstellung und Beschäftigung von Schiffspersonal (Hotel- und Nautikpersonal) zwischen der Basilisk Treuhand AG und der Gewerkschaft UNIA.*

⌛ *Laufzeit des Grundsatzerklärung ab 5.3.2003, ungekündigt.*

📖 *Verkehrsordnung laut Rheinschifffahrtspolizeiverordnung vom 1. Dezember 1993 (SR 747.224.111).*

▦ *Lohnempfehlungen der Reederei Basel AG, Basel.*

✎ *Die Arbeits- und Ruhezeiten gelten laut Rheinschiffsuntersuchungsordnung vom 18. Mai 1994, Kapitel 23, § 23.05 bis 23.07: Betriebsformen, Mindestruhezeit sowie Wechsel oder Wiederholung der Betriebsform (SR 747.224.131).*

✋ Die Mannschaft verbringt 30 Tage an Bord. Danach hat diese Anspruch auf 4 Sonn- und 2 Ferientage, insgesamt 6 Tagessätze. Berechnung des Tagessatzes: Nettolohn mal 3 dividiert durch 13 mal 6. Die 6 Tagessätze sind in obigen Löhnen eingerechnet.

✋ Dem Hotel- und Nautikpersonal ist, ohne Lohnabzug, eine angemessene und gesunde Verpflegung an Bord zu gewährleisten.

✋ Der Naturallohn wird laut Merkblatt N2/2007 *Naturalbezüge von Arbeitnehmenden* der Eidgenössischen Steuerverwaltung ab 1.1.2007 wie folgt bewertet: Pro Tag CHF 33 (Frühstück CHF 3.50, Mittagessen CHF 10, Nachtessen CHF 8 und Logis CHF 11.50), pro Monat CHF 990 (Kost CHF 645 und Logis CHF 345) sowie pro Jahr insgesamt CHF 11'880.

✋ Die Jahressteuerung wird seit 2006 aufgerechnet.

Tätigkeitsbereich *Wöchentliche Arbeitszeit*	Tätigkeit *Quelle, vertragliche Vereinbarungen*	Stunden- und Monatslohn	
Binnenschifffahrt, Personenbeförderung	**Gehaltsschema, Zürichsee-Schifffahrt**		
	Bootsführer II (5)	29.50	5'373.—
42 Stunden, betriebsüblich	Bootsführer I (6)	30.70	5'589.—
	Chefkapitän (12)	38.95	7'088.—
Fahrdienst	Chefmaschinist (9)	34.60	6'295.—
	Hauptkassier (7)	31.95	5'816.—
	Hauptkassier-Stellvertreter (6)	30.70	5'589.—
	Kaptiän II (8)	33.25	6'052.—
	Kapitän I (9)	34.60	6'295.—
	Kapitän mit besonderen Aufgaben (10)	36.—	6'549.—
	Kassier II (4)	27.85	5'066.—
	Kassier I (5)	29.50	5'373.—
	Kassier/Motorist (5)	29.50	5'373.—
	Maschinist II (6)	30.70	5'589.—
	Maschinist I (7)	31.95	5'816.—
	Matrose II (1)	23.30	4'237.—
	Matrose I (2)	24.70	4'494.—
	Motorist (4)	27.85	5'066.—
	Schiffsführer (7)	31.95	5'816.—
	Spezialmaschinist (8)	33.25	6'052.—
Werftdienst	Berufsarbeiter, angelernt (3)	26.20	4'771.—
	Hafenwart (5)	29.50	5'373.—
	Handwerker II (4)	27.85	5'066.—
	Handwerker I (5)	29.50	5'373.—
	Handwerker-Gehilfe (2)	24.70	4'494.—
	Meister II (10)	36.—	6'549.—
	Meister I (11)	37.45	6'814.—
	Spezialhandwerker II (6)	30.70	5'589.—
	Spezialhandwerker I (7)	31.95	5'816.—
	Vorarbeiter (8)	33.25	6'052.—
	Werftarbeiter (1)	23.30	4'237.—
	Werftmeister (12)	38.95	7'088.—
Verwaltung	Assistent (9)	34.60	6'295.—
	Büroangestellte (4)	27.85	5'066.—
	Dienstchef (11)	37.45	6'814.—
	Verwaltungsangestellte (6)	30.70	5'589.—
	Verwaltungsbeamter (8)	33.25	6'052.—

📖 *Dienstordnung vom 1.1.2010. Lohnbestimmungen Ziffer 7.*

▦ *Gehaltsschema der Zürichsee Schifffahrtsgesellschaft, unterste Erfahrungsstufe.*

🖉 *Der 13. Monatslohn ist vertraglich vereinbart (Ziffer 7.2 Dienstordnung). Er wird je hälftig mit dem Juni- und Novemberlohn ausbezahlt. Zur Ermittlung des Jahreslohnes muss mit 13 multipliziert werden.*

🖉 *Lohnzulagen: Für Dienste, welche zwischen 20.00 und 06.00 Uhr stattfinden, wird ein Zuschlag von CHF 6.60 je Stunde entrichtet (Ziffer 3 Dienstordnung). An Sonn- und Feiertagen wird Mitarbeitern mit einem Jahresvertrag ein Zuschlag von 25% ausgerichtet (Ziffer 2 Dienstordnung).*

🖉 *Ferienanspruch: Ab dem 21. Altersjahr 4 Wochen. Ab vollendetem 50. Altersjahr 5 Wochen sowie ab vollendetem 60. Altersjahr 6 Wochen (Ziffer 6.4 Dienstordnung).*

Stand 1.1.2010   🖐 www.zsg.ch

Tätigkeitsbereich *Wöchentliche Arbeitszeit*	Tätigkeit *Quelle, vertragliche Vereinbarungen*	Stunden- und Monatslohn	
50.4	Güterbeförderung in der Binnenschifffahrt		
50.40	Güterbeförderung auf Flüssen, Kanälen, Seen sowie innerhalb von Häfen		
Binnenschifffahrt, **Güterbeförderung**	**GAV-Löhne, gesamtschweizerischer Geltungsbereich ,** **System 2:1 mit Zuschlägen**		
44 Stunden, laut	Schiffsführer	**24.65**	**4'700.—**
Rheinschifffahrtsverordnung	Steuermann mit Patent	**18.35**	**3'500.—**
Frachtschifffahrt, Stückgut	Matrosen	**15.20**	**2'900.—**
Fahrtzulage	Schiffsführer	**7.70**	**1'470.—**
	Steuermann mit Patent	**4.80**	**916.50**
	Matrosen	**4.80**	**916.50**
Continue-Zulage	Schiffsführer	**7.65**	**1'455.—**
	Steuermann mit Patent	**4.75**	**907.50**
	Matrosen	**4.75**	**907.50**
Reisepauschale	Monatlich, 12 Mal pro Jahr	–	**160.—**
Sonn- und	Schiffsführer	**217.—**	–
Feiertagszuschlag	Steuermann mit Patent	**161.—**	–
	Matrosen	**131.—**	–
Bordwache	Schiffsführer	**107.—**	–
	Steuermann mit Patent	**79.—**	–
	Matrosen	**79.—**	–

📖 *GAV zwischen Danser Switzerland und Contargo Alpin AG und der Gewerkschaft UNIA. Lohnbestimmungen, Art. 7.*

⌛ *Laufzeit des GAV ab 1.1.2006, ungekündigt.*

📖 *Verkehrsordnung laut Rheinschifffahrtspolizeiverordnung vom 1. Dezember 1993 (SR 747.224.111).*

📖 *Die Arbeits- und Ruhezeiten gelten laut Rheinschiffsuntersuchungsordnung vom 18. Mai 1994, Kapitel 23, § 23.05 bis 23.07: Betriebsformen, Mindestruhezeit sowie Wechsel oder Wiederholung der Betriebsform (SR 747.224.131).*

✎ *Der 13. Monatslohn ist vertraglich vereinbart (Art. 7 GAV). Zur Ermittlung des Jahreslohnes muss mit 13 multipliziert werden.*

✋ System 2:1 bedeutet, dass jeweils 20 Tage an Bord und anschliessend 10 Tage zu Hause verbracht werden. Es werden folgende Lohnzuschläge entrichtet: Die Fahrtzulage, die in den Monaten, in denen sich das Besatzungsmitglied laut Ablöserplan an Bord befindet, ganz ausbezahlt wird. Die Continue-Zulage wird ausbezahlt, wenn das Schiff zur B-Fahrt eingeteilt ist, über die entsprechende Besatzung laut Rheinschiffsuntersuchungsordnung verfügt und länger in Betrieb als bei A2-Fahrt ist. Betriebsform B bedeutet ständige Fahrt bis zu 24 Stunden. Bei A1 und A2 gilt eine halbständige Fahrt bis zu 14 beziehungsweise 18 Stunden innerhalb jeweils deren 24.

✋ Fahrdienst: Als Fahrdienst gelten alle Tätigkeiten, welche mit dem Betrieb des Schiffes, vom Beginn der Fahrt am Morgen bis zum sicheren Stilllegen am Abend, unmittelbar zusammenhängen. Insbesondere sind dies das Erstellen der Fahrbereitschaft, Ankuppeln und Abkuppeln von Schubleichtern, Arbeiten nach Erreichung des Tageszieles im Zusammenhang mit dem Anlegen, Bedienung des Steuers und der Motoren, Arbeiten im Zusammenhang mit Schleusungen, Verholarbeiten auf der Strecke vor Erreichung des Lade- oder Löschhafens.

✋ Bordarbeiten: Als solche gelten insbesondere sämtliche Unterhaltsarbeiten, Wartungs- und Reparaturarbeiten an maschinellen Anlagen und Geräten, Reinigungsarbeiten, Tätigkeiten zu Schutz und Erhaltung von Ladung und Schiff vor Schäden bei Havarien und dergleichen, Fassen von Material, Ausgabe und Einholen von Schleppsträngen auf Motorschiffen ohne Motorstrangwinden und auf Schleppbooten, Kupplungsmanöver, Tankreinigungen und Entgasen bei Tankschiffen. Bordarbeiten dürfen ausschliesslich in der Zeit von Montag bis Freitag zwischen 07.00 und 17.00 Uhr, unter Einhaltung einer 2-stündigen Pause, angeordnet werden.

✋ Laden und Löschen: Als solche Arbeiten gelten insbesondere die Überwachung der Ladung oder deren Löschung, Erstellen von Stauplänen, Auf- und Zulegen der Luken, Beilegen loser Ladung und von schweren Heizölen auf Tankschiffen sowie Montieren von Leitungsanschlüssen und damit verbundene Sonderarbeiten, Verholarbeiten am Leichterplatz im Lade- oder Löschhafen.

Tätigkeitsbereich *Wöchentliche Arbeitszeit*	Tätigkeit *Quelle, vertragliche Vereinbarungen*	Stunden- und Monatslohn

Binnenschifffahrt,
Güterbeförderung

Continuefahrt, gesamtschweizerische *Lohnempfehlung*

44 Stunden, laut	Schiffsführer 1	*25.85*	*4'925.—*
Rheinschifffahrtsverordnung	Schiffsführer 2	*24.75*	*4'720.—*
	Steuermann mit Patent	*20.75*	*3'960.—*
Frachtschifffahrt, Container	Steuermann ohne Patent	*16.90*	*3'220.—*
Mindestansatz	Matrosen	*16.25*	*3'095.—*
Durchschnittliche Heuer	Schiffsführer 1	*30.35*	*5'788.—*
	Schiffsführer 2	*29.10*	*5'550.—*
	Steuermann mit Patent	*24.40*	*4'655.—*
	Steuermann ohne Patent	*19.90*	*3'790.—*
	Matrosen	*19.10*	*3'640.—*
Maximalansatz	Schiffsführer 1	*34.90*	*6'655.—*
	Schiffsführer 2	*33.50*	*6'385.—*
	Steuermann mit Patent	*28.10*	*5'355.—*
	Steuermann ohne Patent	*22.85*	*4'360.—*
	Matrosen	*21.95*	*4'185.—*

📖 *GAV zwischen Danser Switzerland und Contargo Alpin AG und der Gewerkschaft UNIA. Mindestlöhne, Art. 7.*

⌛ *Laufzeit des GAV ab 1.1.2006, ungekündigt.*

📖 *Verkehrsordnung laut Rheinschifffahrtspolizeiverordnung vom 1. Dezember 1993 (SR 747.224.111).*

✎ *13. Monatslohn: Vertraglich vereinbart (Art. 7 GAV). Zur Ermittlung des Jahreslohnes muss mit 13 multipliziert werden.*

✎ *Die Arbeits- und Ruhezeiten gelten laut Rheinschiffsuntersuchungsordnung vom 18. Mai 1994 Kapitel 23, § 23.05 bis 23.07: Betriebsformen, Mindestruhezeit sowie Wechsel oder Wiederholung der Betriebsform (SR 747.224.131).*

✋ *Tagesansatz: Für die Berechnung des Tagesansatzes wird der Monatslohn durch 30 dividiert und anschliessend 25% hinzugerechnet. Es wird eine monatliche Reisepauschale von CHF 160 ausgerichtet.*

✋ *Bei Continuefahrt – dies bedeutet 24 Stunden Präsenzzeit der Mannschaft auf dem Schiff – gelten jährlich 183 Arbeits- und 182 freie Tage. Durchschnittlich werden 3 Wochen an Bord und 3 Wochen zu Hause verbracht. Wie auf vorhergehender Seite aufgeführt, gelten betreffend Arbeitszeit und Bordarbeit dieselben Grundsätze.*

Tätigkeit *Wöchentliche Arbeitszeit*	Berufliche Fähigkeiten *Quelle, Branchenbereich*	Stunden- und Monatslohn	

51   **Luftfahrt**

51.1 und 51.2   Personen- und Güterbeförderung in der Luftfahrt
sowie Raumtransport

51.10 bis 51.22   Personen- und Güterbeförderung mittels Luft- und Raumfahrt

---

42 Stunden berufsüblich   *Branchenlöhne, Statistik der Grossregion Zürich, Median*

Hilfskräfte	Un- und Angelernte, bis 20 Jahre	*24.75*	*4'505.—*
	ab 20 bis 29 Altersjahre	*28.35*	*5'160.—*
	ab 30 bis 39 Altersjahre	*30.80*	*5'603.—*
	ab 40 bis 49 Altersjahre	*31.90*	*5'805.—*
	ab 50 bis 65 Altersjahre	*33.15*	*6'034.—*
Berufsleute, gelernt	Mit 3- oder 4-jähriger Lehre, bis 20 Jahre	*27.25*	*4'961.—*
	ab 20 bis 29 Altersjahre	*32.70*	*5'949.—*
	ab 30 bis 39 Altersjahre	*40.35*	*7'345.—*
	ab 40 bis 49 Altersjahre	*42.35*	*7'706.—*
	ab 50 bis 65 Altersjahre	*43.30*	*7'885.—*
Führungskräfte	Fach- und Betriebskader, Alter 20 bis 29	*36.50*	*6'645.—*
	ab 30 bis 39 Altersjahre	*51.35*	*9'347.—*
	ab 40 bis 49 Altersjahre	*58.40*	*10'625.—*
	ab 50 bis 65 Altersjahre	*58.90*	*10'717.—*

📖 *Kein GAV, Bundesamt für Statistik BfS, Lohnstrukturerhebung,
Median nach Lebensalter.*

✋ *Zur Ermittlung des Jahreslohnes muss mit 12 multipliziert werden.*

📑 *Branchenbereich: Personenbeförderung im Linienflugverkehr,
Charter- und Rundflüge. Güterbeförderung im Linien- und
Gelegenheitsflugverkehr sowie Vermietung von Luftfahrzeugen
zur Güterbeförderung mit Bedienungspersonal. Raumtransport
umfassend Starten von Satelliten und Raumfahrzeugen sowie
Personen- und Güterbeförderung in der Raumfahrt.*

✋ *Liegen im Branchenbereich allgemeinverbindlich erklärte oder
herkömmliche GAV vor, so hat die Einhaltung deren Löhne Vor-
rang.*

Stand 1.1.2011   🖐 www.bfs.admin.ch/Löhne

Tätigkeitsbereich *Wöchentliche Arbeitszeit*	Tätigkeit *Quelle, vertragliche Vereinbarungen*	Stunden- und Monatslohn	
51.1	Personenbeförderung in der Luftfahrt		
51.10	Personenbeförderung im Linienflugverkehr sowie Charter- und Rundflüge		

Luftfahrt, **Kabinenpersonal**	**GAV-Löhne, gesamtschweizerischer Geltungsbereich**		
42 Stunden, berufsüblich	Flight Attendant A, 2-sprachig, im 1. Salärdienstjahr	**19.50**	**3'550.—**
Flight Attendant B, 3-sprachig	im 1. Salärdienstjahr	**20.35**	**3'700.—**
	ab 3. Salärdienstjahr	**21.45**	**3'900.—**
	ab 6. Salärdienstjahr	**23.10**	**4'200.—**
	ab 9. Salärdienstjahr	**25.10**	**4'568.—**
	ab 12. Salärdienstjahr	**27.30**	**4'970.—**
	ab 15. Salärdienstjahr	**29.50**	**5'372.—**
	ab 18. Salärdienstjahr	**31.75**	**5'774.—**
	ab 21. Salärdienstjahr	**33.95**	**6'176.—**
	ab 24. Salärdienstjahr	**36.15**	**6'578.—**
Flight Attendant C, Instruktor	im 1. Salärdienstjahr	**22.—**	**4'000.—**
	ab 3. Salärdienstjahr	**23.10**	**4'200.—**
	ab 6. Salärdienstjahr	**24.75**	**4'500.—**
	ab 9. Salärdienstjahr	**26.75**	**4'868.—**
	ab 12. Salärdienstjahr	**28.95**	**5'270.—**
	ab 15. Salärdienstjahr	**31.25**	**5'687.—**
	ab 18. Salärdienstjahr	**33.55**	**6'104.—**
	ab 21. Salärdienstjahr	**35.85**	**6'521.—**
	ab 24. Salärdienstjahr	**38.15**	**6'939.—**
Maître de Cabine D, Short-Haul, Europa	im 1. Salärdienstjahr	**25.25**	**4'600.—**
	ab 3. Salärdienstjahr	**26.35**	**4'800.—**
	ab 6. Salärdienstjahr	**28.—**	**5'100.—**
	ab 9. Salärdienstjahr	**30.05**	**5'468.—**
	ab 12. Salärdienstjahr	**32.25**	**5'870.—**
	ab 15. Salärdienstjahr	**34.75**	**6'326.—**
	ab 18. Salärdienstjahr	**37.25**	**6'782.—**
	ab 21. Salärdienstjahr	**39.75**	**7'238.—**
	ab 24. Salärdienstjahr	**42.25**	**7'692.—**

Tätigkeitsbereich *Wöchentliche Arbeitszeit*	Tätigkeit *Quelle, vertragliche Vereinbarungen*	Stunden- und Monatslohn	
Maître de Cabine E, Long-Haul, intercontinental	im 1. Salärdienstjahr	**26.90**	**4'900.—**
	ab 3. Salärdienstjahr	**28.—**	**5'100.—**
	ab 6. Salärdienstjahr	**29.65**	**5'400.—**
	ab 9. Salärdienstjahr	**31.70**	**5'768.—**
	ab 12. Salärdienstjahr	**33.90**	**6'170.—**
	ab 15. Salärdienstjahr	**36.45**	**6'632.—**
	ab 18. Salärdienstjahr	**39.—**	**7'094.—**
	ab 21. Salärdienstjahr	**41.50**	**7'556.—**
	ab 24. Salärdienstjahr	**44.05**	**8'019.—**

📖 *GAV Cabin Crew Members, zwischen der Swiss und kapers. Lohnbestimmungen, Art. 43.*

⧗ *Laufzeit des GAV ab 1.5.2009, ungekündigt.*

✋ Ein 13. Monatslohn ist nicht vertraglich vereinbart. Zur Ermittlung des Jahreslohnes muss mit 12 multipliziert werden.

✐ *Die Cabin Crew Members haben Anspruch auf folgende Ferien: Bis zu 5 Dienstjahren 28 Tage, ab 6 bis 9 Dienstjahre 35 Tage, ab 10 bis 13 Dienstjahre 37 Tage, ab 14 bis 16 Dienstjahre 39 Tage und ab 17 Dienstjahren 42 Tage (Art. 37 GAV).*

✋ Einstufung im Salärband: Mit Beginn der Anstellung werden Flight Attendants ins 1. Salärdienstjahr eingestuft. Bei Zweisprachigkeit (Englisch verbunden mit Deutsch, Französisch oder Italienisch) werden diese ab Anstellungsdatum im Salärband A eingereiht, bei Dreisprachigkeit (Deutsch, Französisch, Englisch) entsprechend in das Salärband B. Flight Attendants mit Instruktionstätigkeit (Übernahme von Einführungen), welche nicht über den eidgenössischen Fachausweis verfügen, werden laut deren Salärband um CHF 250 monatlich gekürzt und im Salärband C eingestuft. Mit Beginn der Ausbildung zum Maître de Cabine Short-Haul erfolgt die Einstufung ins Salärband D. Maîtres de Cabine, welche einen selbstständigen Einsatz auf dem ganzen Swiss-Streckennetz wahrnehmen, werden nach Abschluss ihrer Ausbildung im Salärband E eingereiht.

✋ Die Flugleistungen der Cabin Crew Members belaufen sich auf eine maximale Flugzeit (Blockhours) von 900 Stunden jährlich sowie eine monatliche maximale Flugzeit von 100 Stunden (Anhang VII des GAV).

Tätigkeitsbereich	Tätigkeit	Stunden-
Wöchentliche Arbeitszeit	*Quelle, vertragliche Vereinbarungen*	und Monatslohn

Luftfahrt, Kabinen-   **GAV-Löhne, gesamtschweizerischer Geltungsbereich**
personal teilzeitangestellt

42 Stunden, berufsüblich	Cabin Crew Member CCM I, 1. Dienstjahr	**17.75**	**3'235.—**
	ab 2. Dienstjahr	**17.75**	**3'235.—**
Cabin Crew	Cabin Crew Member CCM II	**18.90**	**3'438.—**
	ab 1. bis 5. Dienstjahr		
	ab 6. Dienstjahr	**22.90**	**4'166.—**

📖 *GAV für Cabin Crew Members mit befristetem Vertrag zwischen der Swiss und Swiss European und der kapers. Lohnbestimmungen, Art. 44.*

⧗ *Laufzeit des GAV ab 1.5.2009, ungekündigt.*

✐ *Zulagen: Bei Dreisprachigkeit (Deutsch, Französisch, Englisch) wird eine monatliche Salärzulage von CHF 100 entrichtet. Nach erfolgreich bestandener Berufsprüfung wird eine entsprechende monatliche Zulage von CHF 200 ausbezahlt. Mit Beginn der Ausbildung zum Maître de Cabine Short-Haul (M/C-SH) wird eine monatliche Salärzulage von CHF 300 entrichtet.*

✋ *Einstufung:* Mit Beginn der befristeten Anstellung werden die Cabin Crew Members in der Regel ins 1. Salärdienstjahr für CCM I eingestuft. Nach 2 vollendeten Salärdienstjahren erfolgt der Wechsel ins 3. Dienstjahr als CCM II.

✋ *Vertragsdauer:* Das Arbeitsverhältnis eines Cabin Crew Members mit befristetem Vertrag ist ab Anstellung auf 5 Jahre begrenzt. Es endet nach Ablauf automatisch ohne Kündigung. Danach hat das Cabin Crew Member Anspruch auf den Abschluss eines unbefristeten Arbeitsverhältnisses. Dies vorausgesetzt, dass es über den Eidgenössischen Fachausweis für Flight Attendant verfügt und die Commercial Qualification erfolgreich bestanden hat. Bei einem Übertritt wird die Hälfte der Salärdienstjahre angerechnet, wobei das Bruttomonatssalär bei vollem Arbeitspensum mindestens CHF 4'120 beträgt.

✋ Die maximale Flugzeit beträgt jährlich 900 Stunden; jene pro Monat höchstens 100 Stunden. Zur Berechnung der Stundenlöhne wurde – in Anlehnung an die Flugdienstregelung der Flight Attendants – von einer wöchentlichen Arbeitszeit von 42 Stunden ausgegangen.

Stand 1.2.2010   ✍ www.kapers.ch

Tätigkeitsbereich *Wöchentliche Arbeitszeit*	Tätigkeit *Quelle, vertragliche Vereinbarungen*	Stunden- und Monatslohn	
Luftfahrt, **Piloten, Long-Haul**	**GAV-Löhne, gesamtschweizerischer Geltungsbereich**		
45 Stunden, berufsüblich	First Officer, ab 1. Dienstjahr	28.95	5'642.—
	ab 2. Dienstjahr	30.45	5'933.—
	ab 3. Dienstjahr	31.90	6'225.—
	ab 4. Dienstjahr	33.45	6'525.—
	ab 5. Dienstjahr	35.05	6'833.—
	ab 6. Dienstjahr	36.60	7'134.—
	Senior First Officer, ab 7. Dienstjahr	43.55	8'492.—
	ab 8. Dienstjahr	45.15	8'805.—
	ab 9. Dienstjahr	46.75	9'116.—
	ab 10. Dienstjahr	48.35	9'427.—
	ab 11. Dienstjahr	49.95	9'738.—
	ab 12. Dienstjahr	51.55	10'049.—
	ab 13. Dienstjahr	52.60	10'256.—
	ab 14. Dienstjahr	53.60	10'457.—
	ab 15. Dienstjahr	54.65	10'652.—
	ab 16. Dienstjahr	56.20	10'954.—
	ab 17. Dienstjahr	57.15	11'142.—
	ab 18. Dienstjahr	58.05	11'324.—
	Captain, ab 1. Dienstjahr	43.20	8'423.—
	ab 2. Dienstjahr	44.90	8'756.—
	ab 3. Dienstjahr	46.60	9'087.—
	ab 4. Dienstjahr	48.30	9'418.—
	ab 5. Dienstjahr	50.—	9'749.—
	ab 6. Dienstjahr	51.15	9'978.—
	ab 7. Dienstjahr	52.30	10'201.—
	ab 8. Dienstjahr	54.—	10'525.—
	ab 9. Dienstjahr	55.65	10'849.—
	ab 10. Dienstjahr	57.30	11'174.—
	ab 11. Dienstjahr	58.95	11'498.—
	ab 12. Dienstjahr	60.60	11'822.—
	ab 13. Dienstjahr	61.65	12'023.—
	ab 14. Dienstjahr	62.65	12'219.—
	Senior Captain, ab 15. Dienstjahr	70.70	13'784.—
	ab 16. Dienstjahr	72.30	14'095.—
	ab 17. Dienstjahr	73.15	14'260.—
	ab 18. Dienstjahr	73.95	14'419.—
	ab 19. Dienstjahr	74.75	14'574.—
	ab 20. Dienstjahr	76.30	14'876.—
	ab 21. Dienstjahr	77.85	15'177.—
	ab 22. Dienstjahr	79.40	15'478.—
	ab 23. Dienstjahr	80.95	15'780.—

Tätigkeitsbereich *Wöchentliche Arbeitszeit*	Tätigkeit *Quelle, vertragliche Vereinbarungen*	Stunden- und Monatslohn

Senior Captain, ab 24. Dienstjahr   **82.45**   **16'082.—**
ab 25. Dienstjahr   **83.40**   **16'267.—**
ab 26. Dienstjahr   **84.35**   **16'452.—**
ab 27. Dienstjahr   **85.30**   **16'637.—**
ab 28. Dienstjahr und folgende   **85.30**   **16'637.—**

📖 *GAV zwischen Swiss International Air Lines Ltd. und aeropers für die Beschäftigung der Pilotinnen und Piloten bei Swiss International Air Lines Ltd.*

⌛ *Laufzeit des GAV ab 1.4.2006, ungekündigt.*

🖽 *Löhne, Einstufungsbestimmungen und dazugehörige Regelungen Art. 33 GAV und Anhang 1 zum GAV.*

✋ Ein 13. Monatslohn ist nicht vertraglich vereinbart. Zur Ermittlung des Jahreslohnes muss mit 12 multipliziert werden.

✎ *Ferienanspruch: Vom 1. bis und mit 4. Dienstjahr 32 Tage, ab 5. bis und mit 8. Dienstjahr 35 Tage und ab 9. Dienstjahr 42 Tage. Flight Crew Members, welche das 49. Altersjahr vollendet haben, stehen zusätzlich 2 Tage und jenen, die das 54. Altersjahr vollendet haben, sinngemäss 4 zusätzliche Tage zum jeweiligen Anspruch gemäss Dienstjahr zu. Der Lebensalterszuschlag erfolgt nicht kumulativ (Art. 25 GAV).*

✎ *Die Beförderung vom First Officer zum Senior First Officer erfolgt nach dem vollendeten 6. Dienstjahr in der Funktion eines Piloten (Anhang 1 zum GAV, Abs. 1 Ziff. 7). Ein Captain bezieht den Captains-Lohn bis zur Vollendung des 14. Dienstjahres als Pilot. Ab dem 15. Dienstjahr in der Funktion eines Piloten wird er zum Senior Captain befördert (Anhang 1 zum GAV, Abs. 1 Ziff. 9).*

✋ Die wöchentliche Arbeitszeit eines Piloten ist von verschiedenen Faktoren abhängig und starken Schwankungen unterworfen. Die Blockstunden beinhalten die reine Flugzeit; Flugvorbereitung und Nacharbeiten sind darin nicht eingeschlossen. Schulungskurse, die verbrachte Zeit am Flugsimulator, jene zur Flugvorbereitung (Briefing), Übernachtungen im Ausland sowie der Ausgleich von Zeit- und Klimadifferenzen (Jet-Lag) und Reservedienst gelten ebenfalls als Arbeitszeit. Für die Berechnung der Stundenlöhne wird bei Long-Haul-Einsätzen von einer mittleren wöchentlichen Einsatzzeit von etwa 45 Stunden ausgegangen.

✋ Flugstunden: Ein Pilot fliegt jährlich zwischen 500 und 600 Stunden. Die maximal zulässigen Flugstunden betragen, inklusive Militär- und Privatflugfahrt, 1'000 pro Jahr.

Tätigkeitsbereich *Wöchentliche Arbeitszeit*	Tätigkeit *Quelle, vertragliche Vereinbarungen*	Stunden- und Monatslohn	

Luftfahrt, Piloten, Short-Haul

42 Stunden, berufsüblich

GAV-Löhne, gesamtschweizerischer Geltungsbereich

Tätigkeit	Stundenlohn	Monatslohn
First Officer, im 1. Dienstjahr	**26.20**	**4'768.—**
ab 2. Dienstjahr	**28.—**	**5'097.—**
ab 3. Dienstjahr	**28.90**	**5'260.—**
Senior First Officer, ab 4. Dienstjahr	**32.20**	**5'862.—**
ab 6. Dienstjahr	**34.30**	**6'245.—**
ab 8. Dienstjahr	**36.10**	**6'577.—**
ab 10. Dienstjahr	**37.90**	**6'900.—**
ab 12. Dienstjahr	**39.70**	**7'230.—**
ab 14. Dienstjahr	**41.50**	**7'550.—**
ab 16. Dienstjahr	**43.15**	**7'855.—**
ab 18. Dienstjahr	**44.90**	**8'172.—**
ab 20. Dienstjahr	**46.70**	**8'503.—**
Captain, ab 3. Dienstjahr	**39.20**	**7'142.—**
ab 4. Dienstjahr	**40.15**	**7'309.—**
ab 6. Dienstjahr	**42.—**	**7'648.—**
ab 8. Dienstjahr	**47.10**	**8'576.—**
ab 10. Dienstjahr	**49.20**	**8'962.—**
ab 11. Dienstjahr	**50.30**	**9'161.—**
Senior Captain, ab 12. Dienstjahr	**55.20**	**10'049.—**
ab 14. Dienstjahr	**57.45**	**10'457.—**
ab 16. Dienstjahr	**59.50**	**10'836.—**
ab 18. Dienstjahr	**61.70**	**11'229.—**
ab 20. Dienstjahr	**64.10**	**11'667.—**

📖 *GAV zwischen Swiss International Air Lines Ltd. und dem Pilotenverband Swiss European.*

⏳ *Laufzeit des GAV ab 1.7.2007, ungekündigt.*

✋ Zur Ermittlung des Jahreslohnes muss mit 12 multipliziert werden.

✋ Die Beförderung vom First Officer zum Senior First Officer erfolgt nach dem vollendeten 3. Dienstjahr. Jene vom Captain zum Senior Captain erfolgt nach 12 Dienstjahren. Bei einer Direktanstellung als Pilot in Command erfolgt die Beförderung zum Senior Captain nach vollendeten 5 Dienstjahren.

✋ Ein Pilot fliegt jährlich zwischen etwa 500 und 600 Stunden. Laut Bundesamt für Luftfahrt betragen die maximal zulässigen Flugstunden, inklusive Militär- und Privatflugfahrt, 1'000 pro Jahr. Die verbrachte Zeit am Flugsimulator, zur Flugvorbereitung (Briefing) sowie bei Übernachtung im In- und Ausland gilt als Arbeitszeit.

Tätigkeit *Wöchentliche Arbeitszeit*	Berufliche Fähigkeiten *Quelle, Branchenbereich*	Stunden- und Monatslohn

52   **Lagerei sowie Erbringung**
                sonstiger Dienstleistungen für den Verkehr

52.1 und 52.2   Lagerei und Erbringung sonstiger Dienst- und Nebenleistungen
                 für den Verkehr

52.10 bis 52.29 Lagerung von Waren sowie Erbringung sonstiger
                 Dienstleistungen für den Verkehr

---

42 Stunden, berufsüblich   *Branchenlöhne, Statistik der Grossregion Zürich, Median*

Hilfskräfte	Un- und Angelernte, bis 20 Jahre	22.80	4'151.—
	ab 20 bis 29 Altersjahre	26.10	4'754.—
	ab 30 bis 39 Altersjahre	28.35	5'162.—
	ab 40 bis 49 Altersjahre	29.40	5'348.—
	ab 50 bis 65 Altersjahre	30.55	5'559.—
Berufsleute, gelernt	Mit 3- oder 4-jähriger Lehre, bis 20 Jahre	27.90	5'079.—
	ab 20 bis 29 Altersjahre	33.45	6'091.—
	ab 30 bis 39 Altersjahre	41.30	7'520.—
	ab 40 bis 49 Altersjahre	43.35	7'889.—
	ab 50 bis 65 Altersjahre	44.35	8'073.—
Führungskräfte	Fach- und Betriebskader, Alter 20 bis 29	42.25	7'690.—
	ab 30 bis 39 Altersjahre	59.45	10'817.—
	ab 40 bis 49 Altersjahre	67.55	12'296.—
	ab 50 bis 65 Altersjahre	68.15	12'403.—

📖 *Kein GAV, Bundesamt für Statistik BfS, Lohnstrukturerhebung,
   Median nach Lebensalter.*

✋ Zur Ermittlung des Jahreslohnes muss mit 12 multipliziert werden.

🔖 *Branchenbereich: Lagerung und Erbringung sonstiger Dienst-
   leistungen für den Landverkehr, der Schiff- und Luftfahrt sowie
   Frachtumschlag.*

✋ Liegen im Branchenbereich allgemeinverbindlich erklärte oder
   herkömmliche GAV vor, so hat die Einhaltung deren Löhne Vor-
   rang.

Stand 1.1.2011   ✍ www.bfs.admin.ch/Löhne

Tätigkeitsbereich *Wöchentliche Arbeitszeit*	Tätigkeit *Quelle, vertragliche Vereinbarungen*	Stunden- und Monatslohn	
52.1	Frachtumschlag und Lagerung		
52.10	Lagerung		
Logistikgewerbe	*Statistik der Grossregion Zürich, Median*		
42 Stunden, berufsüblich	ab 1. Berufsjahr	22.30	4'056.—
	bis 20 Altersjahre	23.30	4'237.—
Lagerist, Logistiker	bis 25 Altersjahre	26.20	4'768.—
und Magaziner, gelernt	bis 30 Altersjahre	28.15	5'122.—
	bis 35 Altersjahre	29.20	5'316.—
	bis 40 Altersjahre	29.90	5'442.—
	bis 45 Altersjahre	30.20	5'493.—
	bis 50 Altersjahre	30.25	5'509.—
	bis 55 Altersjahre	30.40	5'537.—
	bis 59 Altersjahre	30.55	5'558.—
	ab 60 bis 65 Altersjahre	30.65	5'580.—
Lagerist, Logistiker	bis 18 Altersjahre	20.35	3'700.—
und Magaziner,	bis 20 Altersjahre	21.60	3'929.—
an- und ungelernt	bis 25 Altersjahre	21.85	3'976.—
	bis 30 Altersjahre	22.10	4'018.—
	bis 35 Altersjahre	22.25	4'052.—
	bis 40 Altersjahre	22.40	4'074.—
	bis 45 Altersjahre	22.50	4'092.—
	bis 50 Altersjahre	22.60	4'110.—
	bis 55 Altersjahre	22.70	4'127.—
	bis 59 Altersjahre	22.90	4'171.—
	ab 60 bis 65 Altersjahre	23.15	4'215.—

📖 *Kein GAV, Schweizerische Vereinigung für die Berufsbildung in der Logistik, SVBL.*

📇 Obige Löhne entstammen der Salärempfehlung des Schweizerischen Kaufmännischen Verbandes (Kapitelziffern 47.19 und 65.00).

✋ Ein 13. Monatslohn ist nicht vertraglich vereinbart. Zur Ermittlung des Jahreslohnes muss mit 12 multipliziert werden.

✋ Die Schweizerische Vereinigung für die Berufsbildung in der Logistik empfiehlt für den gelernten Logistiker die Stufe B, abgeschlossene 2-jährige Bürolehre, sowie für den Angelernten die Stufe U, angelernte Verkäufer, des Kaufmännischen Verbandes.

Stand 1.1.2011   ✍ www.gs1.ch, www.svbl.ch und www.spedlogswiss.ch

Tätigkeitsbereich *Wöchentliche Arbeitszeit*	Tätigkeit *Quelle, vertragliche Vereinbarungen*	Stunden- und Monatslohn	
Logistikgewerbe	*Gesamtschweizerische Statistik, Median*		
47 Stunden, berufsüblich	Höhere Fachprüfung	*46.05*	*9'380.—*
	Höhere Fachschule (HF/TS)	*44.50*	*9'064.—*
Führungsfunktionen,	Fachhochschule (FH/HTL)	*54.50*	*11'099.—*
ab 1. Berufsjahr	NDS Fachhochschule (Nachdiplom, NDS)	*54.50*	*11'099.—*
	Universität/Master of Business Administration, MBA	*60.60*	*12'342.—*
Supply Chain Management,	bis 30 Altersjahre	*32.70*	*6'660.—*
unteres Kader	ab 30 bis 40 Altersjahre	*38.25*	*7'792.—*
	ab 40 bis 50 Altersjahre	*38.35*	*7'806.—*
	ab 50 Altersjahre	*45.15*	*9'196.—*
Supply Chain Management,	bis 30 Altersjahre	*33.20*	*6'765.—*
oberes Kader	ab 30 bis 40 Altersjahre	*45.15*	*9'196.—*
	ab 40 bis 50 Altersjahre	*49.95*	*10'175.—*
	ab 50 Altersjahre	*49.85*	*10'157.—*
Geschäftsleitung	ab 30 bis 40 Altersjahre	*50.35*	*10'251.—*
	ab 40 bis 50 Altersjahre	*61.85*	*12'593.—*
	ab 50 Altersjahre	*62.30*	*12'685.—*
Führungsfunktionen	Geschäftsleitung, unteres Lohnband	*57.40*	*11'694.—*
	Oberes Lohnband	*64.80*	*13'194.—*
	Oberes Kader, unteres Lohnband	*45.95*	*9'355.—*
	Oberes Lohnband	*49.10*	*9'996.—*
	Unteres Kader, unteres Lohnband	*34.95*	*7'115.—*
	Oberes Lohnband	*36.05*	*7'339.—*
Durchschnittliches	Supply Chain Management, Geschäftsleitung	*57.50*	*11'709.—*
Einkommen	Oberes Kader	*46.50*	*9'472.—*
	Unteres Kader	*37.90*	*7'717.—*

📖 *Kein GAV, Schweizerische Gesellschaft für Logistik SGL.*

▦ *Lohnstudie 2004 der Schweizerischen Gesellschaft für Logistik.*

✋ Zur Ermittlung des Jahreslohnes muss mit 12 multipliziert werden.

✋ Supply Chain Management (SCM) umschreibt Planung, Steuerung und Kontrolle von Prozessen und entsprechender Informationen über laufende oder geplante Geschäftsaktivitäten innerhalb der Lieferkette. Die Supply Chain erstreckt sich auf die Gesamtheit aller geschäftlichen Tätigkeiten und dient der Prozessoptimierung. Supply Chain Management ist ein unternehmensübergreifendes Organisationsgebilde und bedeutet weit mehr als blosse Lagerhaltung, Distribution und Transport.

✋ Die Jahresteuerung wird seit 2005 aufgerechnet.

Stand 1.1.2011   📖 www.gs1.com und www.logistikmarkt.ch

Tätigkeitsbereich _Wöchentliche Arbeitszeit_	Tätigkeit _Quelle, vertragliche Vereinbarungen_	Stunden- und Monatslohn

52.2   Erbringung sonstiger Dienstleistungen für den Verkehr

52.23   Erbringung sonstiger Dienstleistungen für die Luftfahrt

---

Bodenpersonal, Swiss   **GAV-Löhne, gesamtschweizerischer Geltungsbereich**

42 Stunden, laut GAV	Tätigkeit	Stundenlohn	Monatslohn
	Abteilungssekretärin (4)	**23.35**	**4'250.—**
	Aircraft Damages, Sachbearbeiter (4)	**23.35**	**4'250.—**
	Aircraft Mechanic Apprentice (1/2)	**18.50**	**3'369.—**
	Aircraft Structural Technician (3)	**19.95**	**3'628.—**
	Analysis Support, Sachbearbeiter (6)	**30.75**	**5'597.—**
	Applikationsbetreuer (6)	**30.75**	**5'597.—**
	Applikationsentwickler, Sachbearbeiter (5)	**26.75**	**4'871.—**
	Assistant Embraer (5)	**26.75**	**4'871.—**
	Assistent EVP Network (5)	**26.75**	**4'871.—**
	Assistent Flotte (5)	**26.75**	**4'871.—**
	Betriebsarbeiter (1/2)	**18.50**	**3'369.—**
	Betriebsarbeiter Flugzeugreinigung (1/2)	**18.50**	**3'369.—**
	Call-Center (3)	**19.95**	**3'628.—**
	Call-Center, Administration (3)	**19.95**	**3'628.—**
	Call-Center, Administrationsmitarbeiter (1/2)	**18.50**	**3'369.—**
	Call-Center, Sachbearbeiter (4)	**23.35**	**4'250.—**
	Casserolier (1/2)	**18.50**	**3'369.—**
	Chauffeur (1/2)	**18.50**	**3'369.—**
	Check Prepare, Mitarbeiter (1/2)	**18.50**	**3'369.—**
	Coordinator Distribution, Sachbearbeiter (5)	**26.75**	**4'871.—**
	Copy-Center, Mitarbeiter (1/2)	**18.50**	**3'369.—**
	Crew Planner (4)	**23.35**	**4'250.—**
	Customer Relations, Sachbearbeiter I (4)	**23.35**	**4'250.—**
	Customer Relations, Sachbearbeiter II (5)	**26.75**	**4'871.—**
	Customer Support, Sachbearbeiter (3)	**19.95**	**3'628.—**
	Datatypist (1/2)	**18.50**	**3'369.—**
	Data Warehouse Developer (6)	**30.75**	**5'597.—**
	Debitoren, Sachbearbeiter I (3)	**19.95**	**3'628.—**
	Debitoren, Sachbearbeiter II (4)	**23.35**	**4'250.—**
	Direct Sales Services (6)	**30.75**	**5'597.—**
	Direct Sales Training Manager (6)	**30.75**	**5'597.—**
	Distribution, Sachbearbeiter (5)	**26.75**	**4'871.—**
	Dokumentation, Mitarbeiter (1/2)	**18.50**	**3'369.—**
	Dokumentation, Sachbearbeiter (3)	**19.95**	**3'628.—**
	Einkauf Logistik und Inflight Products (5)	**26.75**	**4'871.—**
	Einkauf, Sachbearbeiter (4)	**23.35**	**4'250.—**

Tätigkeitsbereich *Wöchentliche Arbeitszeit*	Tätigkeit *Quelle, vertragliche Vereinbarungen*	Stunden- und Monatslohn	
	Engine Records, Administration (3)	**19.95**	**3'628.—**
	Engine Records, Administrator (4)	**23.35**	**4'250.—**
	Facharbeiter Hausreinigung (4)	**23.35**	**4'250.—**
	Facharbeiter Haustechnik (4)	**23.35**	**4'250.—**
	Fachspezialist Applikationsentwickler I (6)	**30.75**	**5'597.—**
	Fachspezialist Applikationsentwickler II (7)	**34.75**	**6'323.—**
	Fachspezialist Internet (6)	**30.75**	**5'597.—**
	Fachspezialist Pricing (6)	**30.75**	**5'597.—**
	Financial Accounting, Sachbearbeiter (4)	**23.35**	**4'250.—**
	Flight Operations Support, Sachbearbeiter (4)	**23.35**	**4'250.—**
	Flight Planning, Sachbearbeiter (6)	**30.75**	**5'597.—**
	F&B Inflight Product Development (5)	**26.75**	**4'871.—**
	Flugzeugelektriker (3)	**19.95**	**3'628.—**
	Flugzeugmaler (1/2)	**18.50**	**3'369.—**
	Flugzeugmechaniker (3)	**19.95**	**3'628.—**
	Flugzeugreinigung, Mitarbeiter (1/2)	**18.50**	**3'369.—**
	Flugzeugreinigung, Schichtleiter (1/2)	**18.50**	**3'369.—**
	Gruppenleiter Call-Center (3)	**19.95**	**3'628.—**
	Gruppenleiter Crew Planning (5)	**26.75**	**4'871.—**
	Gruppenleiter Haustechnik (5)	**26.75**	**4'871.—**
	Gruppenleiter Réception (5)	**26.75**	**4'871.—**
	Gruppenleiter Revenue Accounting (4)	**23.35**	**4'250.—**
	Gruppenleiter Technical Accounting (5)	**26.75**	**4'871.—**
	Gruppenleiter Ticketing Team (3)	**19.95**	**3'628.—**
	Hangar Ground Equipment Support, Sachbearbeiter (3)	**19.95**	**3'628.—**
	Hausdienst (3)	**19.95**	**3'628.—**
	Hausdienst, Mitarbeiter (1/2)	**18.50**	**3'369.—**
	Hausreinigung, Mitarbeiter (1/2)	**18.50**	**3'369.—**
	Hilfskoch (1/2)	**18.50**	**3'369.—**
	Hilfsmechaniker (1/2)	**18.50**	**3'369.—**
	Instruktion und Dokumentation, Sachbearbeiter (3)	**19.95**	**3'628.—**
	Internet Projektkoordinator (6)	**30.75**	**5'597.—**
	IT-Backoffice System Engineer (6)	**30.75**	**5'597.—**
	IT-Koordinator I (6)	**30.75**	**5'597.—**
	IT-Koordinator II (7)	**34.75**	**6'323.—**
	Informatik, Sachbearbeiter (4)	**23.35**	**4'250.—**
	Instruktion und Dokumentation, Sachbearbeiter I (4)	**23.35**	**4'250.—**
	Instruktion und Dokumentation, Sachbearbeiter II (5)	**26.75**	**4'871.—**
	Intercompany, Sachbearbeiter (4)	**23.35**	**4'250.—**

Tätigkeitsbereich *Wöchentliche Arbeitszeit*	Tätigkeit *Quelle, vertragliche Vereinbarungen*	Stunden- und Monatslohn	
	Interior Mechaniker (1/2)	18.50	3'369.—
	Interline Accounting, Mitarbeiter (1/2)	18.50	3'369.—
	Interline Accounting, Sachbearbeiter (3)	19.95	3'628.—
	Invoice Control, Sachbearbeiter (3)	19.95	3'628.—
	Junior Crew Planner (4)	23.35	4'250.—
	Kassiererin (1/2)	18.50	3'369.—
	Kioskleiterin (1/2)	18.50	3'369.—
	Koch (3)	19.95	3'628.—
	Kreditoren, Sachbearbeiter I (3)	19.95	3'628.—
	Kreditoren, Sachbearbeiter II (4)	23.35	4'250.—
	Küchenchef (5)	26.75	4'871.—
	Kurierdienst, Mitarbeiter (1/2)	18.50	3'369.—
	Kurierdienst, Sachbearbeiter (3)	19.95	3'628.—
	Lagerist (3)	19.95	3'628.—
	Lager Mitarbeiter, ungelernt (1/2)	18.50	3'369.—
	Lead Aircraft Structural Technician (5)	26.75	4'871.—
	Lead Flugzeugelektriker (5)	26.75	4'871.—
	Lead Interior Mechaniker I (3)	19.95	3'628.—
	Lead Interior Mechaniker II (4)	23.35	4'250.—
	Lead Mechaniker (5)	26.75	4'871.—
	Lead Service Mechanic (3)	19.95	3'628.—
	Leiter Hauptbuch (6)	30.75	5'597.—
	Leiter Staff Ticketing (6)	30.75	5'597.—
	Lizenzierter Aircraft Structural Technician (5)	26.75	4'871.—
	Lizenzierter Flugzeugelektriker (5)	26.75	4'871.—
	Lizenzierter Flugzeugmechaniker (5)	26.75	4'871.—
	Lizenzierter Interior Mechaniker (3)	19.95	3'628.—
	Lizenzierter Triebwerkmechaniker (5)	26.75	4'871.—
	Logistic and Store Leader Engine Shop (5)	26.75	4'871.—
	Long Term Planning, Sachbearbeiter (4)	23.35	4'250.—
	Maintenance Engineer (7)	34.75	6'323.—
	Maintenance Programme Administrator (5)	26.75	4'871.—
	Maintenance Programme and Project Coordinator (6)	30.75	5'597.—
	Maintenance Reliability (6)	30.75	5'597.—
	Manager Customer Relations (6)	30.75	5'597.—
	Manager Customer Support Engine Shop (6)	30.75	5'597.—
	Marketing, Sachbearbeiter (5)	26.75	4'871.—
	Mitarbeiter Ablage (1/2)	18.50	3'369.—
	Mitarbeiter Autowerkstatt (3)	19.95	3'628.—
	MRO Development (5)	26.75	4'871.—
	Netzwerk Administrator (6)	30.75	5'597.—
	Netzwerk Planung (6)	30.75	5'597.—

Tätigkeitsbereich *Wöchentliche Arbeitszeit*	Tätigkeit *Quelle, vertragliche Vereinbarungen*	Stunden- und Monatslohn	
	PC Support, Mitarbeiter (1/2)	**18.50**	3'369.—
	PC Support, Sachbearbeiter I (3)	**19.95**	3'628.—
	PC Support, Sachbearbeiter II (4)	**23.35**	4'250.—
	Personaladministration Technik, Sachbearbeiter (4)	**23.35**	4'250.—
	Personalrestaurant, Mitarbeiter (1/2)	**18.50**	3'369.—
	Pilotenadministration, Sachbearbeiter (4)	**23.35**	4'250.—
	Planung & Administration, Mitarbeiter (1/2)	**18.50**	3'369.—
	Planung & Administration, Sachbearbeiter (3)	**19.95**	3'628.—
	Production Controller/Engineer (6)	**30.75**	5'597.—
	Réception (3)	**19.95**	3'628.—
	Réception, an- und ungelernt (1/2)	**18.50**	3'369.—
	Revenue Accounting, Mitarbeiter (1/2)	**18.50**	3'369.—
	Revenue Accounting, Sachbearbeiter I (3)	**19.95**	3'628.—
	Revenue Accounting, Sachbearbeiter II (4)	**23.35**	4'250.—
	Revenue Accounting, Sachbearbeiter III (5)	**26.75**	4'871.—
	Revenue Analyst, Sachbearbeiter (6)	**30.75**	5'597.—
	Sales Accounting, Mitarbeiter (1/2)	**18.50**	3'369.—
	Sales Accounting, Sachbearbeiter (3)	**19.95**	3'628.—
	Schedule Planning, Server Systems Administrator (6)	**30.75**	5'597.—
	Sekretärin (3)	**19.95**	3'628.—
	Sekretärin Betriebsleitung (5)	**26.75**	4'871.—
	Senior Crew Planner (4)	**23.35**	4'250.—
	Senior Supervisor Lager (5)	**26.75**	4'871.—
	Server Systems Operator (3)	**19.95**	3'628.—
	Servicefachangestellte, Schichtleiter (1/2)	**18.50**	3'369.—
	Service Mechanic, Schichtleiter (1/2)	**18.50**	3'369.—
	Short Term Planning, Sachbearbeiter (4)	**23.35**	4'250.—
	Software-Entwickler Java (5)	**26.75**	4'871.—
	Supervisor Call-Center/Group Desk (5)	**26.75**	4'871.—
	Supervisor Dokumentation (4)	**23.35**	4'250.—
	Supervisor Hangar (6)	**30.75**	5'597.—
	Supervisor Interior Shop (6)	**30.75**	5'597.—
	Supervisor Planning and Administration (6)	**30.75**	5'597.—
	Supervisor Rostering (4)	**23.35**	4'250.—
	Supervisor Warehouse (6)	**30.75**	5'597.—
	Technical Damages, Sachbearbeiter (4)	**23.35**	4'250.—
	Technical Engineering, Sachbearbeiter (3)	**19.95**	3'628.—
	Technical Purchasing, Sachbearbeiter (4)	**23.35**	4'250.—
	Training Coordinator (6)	**30.75**	5'597.—
	Training Instructor (6)	**30.75**	5'597.—
	Training Planner (4)	**23.35**	4'250.—

Tätigkeitsbereich *Wöchentliche Arbeitszeit*	Tätigkeit *Quelle, vertragliche Vereinbarungen*	Stunden- und Monatslohn
	Triebwerkmechaniker (3)	**19.95** 3'628.—
	Webdesigner (6)	**30.75** 5'597.—
	Zolldeklarant (4)	**23.35** 4'250.—
	Zoll, Sachbearbeiter Verzollung (4)	**23.35** 4'250.—

📖 *GAV Bodenpersonal Swiss Air Lines AG. Mindestlöhne, Art. 28.*

⧗ *Laufzeit des GAV ab 1.4.2005, ungekündigt.*

✐ *Der 13. Monatslohn ist vertraglich vereinbart, je hälftig im Juni und November (Art. 28 GAV). Zur Ermittlung des Jahreslohnes muss mit 13 multipliziert werden.*

✐ *Lohnzulagen: Mitarbeitende mit Wohnsitz in der Schweiz sowie mit Dienstort Zürich und Genf erhalten eine monatliche Ortszulage von CHF 300 (Zürich) und CHF 400 (Genf), je 13 Mal jährlich. Bei Nachtarbeit, zwischen 20.00 und 06.00 Uhr, beträgt der stündliche Zuschlag CHF 7.50 und bei Sonntagsarbeit, zwischen 06.00 und 20.00 Uhr, CHF 10 sowie sonntags zwischen 00.00 und 06.00 Uhr und 20.00 und 24.00 Uhr CHF 12.50 (Art. 30.1.GAV).*

✐ *Ferienanspruch: Ab vollendetem 20. Altersjahr 20 Tage sowie ab 50. Lebensjahr 27 Tage (Art. 27.2 GAV).*

✋ Die in Klammern gesetzten Zahlen entsprechen dem Salärband der jeweiligen Funktion.

Stand 1.1.2011   ✍ www.gata.ch und www.sev-online.ch

Bodenpersonal, Swissport GAV-Löhne, Grossregion Zürich

Stundenweise Arbeitszeit	Begleitpersonal, Belader, Flugzeug- betanker, Kontrollpersonal, Lagerarbeiter, Logistik- und Luftverkehrsangestellter, Special Assistance, Magaziner sowie Sicherheitsdienstleute; Einsatzbereitschaft bei tiefer Flexibilität	**18.40** –
	Einsatzbereitschaft bei höherer Flexibilität	**21.10** –

📖 *GAV Swissport International AG, Station Zürich (Teilzeitangestellte im Stundenlohn). Lohnbestimmungen, Ziffer 5 und Anhang 3 des GAV.*

⧗ *Laufzeit der Anstellungsbedingungen ab 1.1.2009, ungekündigt.*

✋ Bei tiefer Flexibilität müssen von 10 vereinbarten Einsätzen mindestens 6 sowie bei höherer Flexibilität von 14 vereinbarten wenigstens deren 9 tatsächlich gearbeitet werden.

Stand 1.1.2010   ✍ www.swissport.com

Tätigkeitsbereich *Wöchentliche Arbeitszeit*	Tätigkeit *Quelle, vertragliche Vereinbarungen*	Stunden- und Monatslohn	
Flugsicherungspersonal, **Administration,** **Operation und Technik**	**GAV-Löhne, gesamtschweizerischer Geltungsbereich**		
	Assistent I (C)	**24.15**	**4'295.—**
	Assistent II (D)	**26.20**	**4'656.—**
41 Stunden, laut GAV	Assistent III (E)	**28.70**	**5'096.—**
	Disponent I (G)	**34.60**	**6'144.—**
Disposition	Disponent II (H)	**38.50**	**6'841.—**
Experte OPS,	Junior Experte OPS (E)	**28.70**	**5'096.—**
(Administration, Operation	Experte OPS I (G)	**34.60**	**6'144.—**
und Technik)	Experte OPS II (H)	**38.50**	**6'841.—**
	Experte OPS III (I)	**42.80**	**7'601.—**
	Fachspezialist (J)	**47.10**	**8'371.—**
Fachingenieur	Junior Fachingenieur (E)	**28.70**	**5'096.—**
	Fachingenieur I (F)	**31.70**	**5'632.—**
	Fachingenieur II (H)	**38.50**	**6'841.—**
	Fachingenieur III (J)	**47.10**	**8'371.—**
Finanzen	Contract Manager I (G)	**34.60**	**6'144.—**
	Contract Manager II (H)	**38.50**	**6'841.—**
	Contract Manager III (I)	**42.80**	**7'601.—**
	Controller I (G)	**34.60**	**6'144.—**
	Controller II (H)	**38.50**	**6'841.—**
	Controller III (I)	**42.80**	**7'601.—**
	Sachbearbeiter Rechnungswesen I (D)	**26.20**	**4'656.—**
	Sachbearbeiter Rechnungswesen II (E)	**28.70**	**5'096.—**
	Sachbearbeiter Rechnungswesen III (F)	**31.70**	**5'632.—**
Flugdaten-Operateur	Flugdaten-Operateur OGA II (D)	**26.20**	**4'656.—**
	Flugdaten-Operateur OGA III (E)	**28.70**	**5'096.—**
	Stellvertreter/Gruppenchef (F)	**31.70**	**5'632.—**
Flugsicherungs-Assistent	Controller-Assistant I (C)	**24.15**	**4'295.—**
	Controller-Assistant II (D)	**26.20**	**4'656.—**
	Controller-Assistant III (E)	**28.70**	**5'096.—**
	Flugberater I (C)	**24.15**	**4'295.—**
	Flugberater II (D)	**26.20**	**4'656.—**
	Flugberater III (E)	**28.70**	**5'096.—**
	Senior Controller-Assistant (F)	**31.70**	**5'632.—**
	Senior Flugberater (F)	**31.70**	**5'632.—**
Informatik FSA-GDA	OGA I (D)	**26.20**	**4'656.—**
	Junior Informatiker (D)	**26.20**	**4'656.—**
	Informatiker I (E)	**28.70**	**5'096.—**
	Informatiker II (G)	**34.60**	**6'144.—**
	Informatiker III (H)	**38.50**	**6'841.—**

Tätigkeitsbereich *Wöchentliche Arbeitszeit*	Tätigkeit *Quelle, vertragliche Vereinbarungen*	Stunden- und Monatslohn	
Ingenieur	Technischer Mitarbeiter SIM (E)	**28.70**	**5'096.—**
Simulationsanlagen SIM	Ingenieur SIM I (F)	**31.70**	**5'632.—**
	Ingenieur SIM II (H)	**38.50**	**6'841.—**
	Ingenieur SIM III (J)	**47.10**	**8'371.—**
Personal	Sachbearbeiter I (D)	**26.20**	**4'656.—**
	Sachbearbeiter II (E)	**28.70**	**5'096.—**
	Sachbearbeiter III (F)	**31.70**	**5'632.—**
Project Engineering	Project Manager I (F)	**31.70**	**5'632.—**
	Project Manager II (H)	**38.50**	**6'841.—**
	Project Manager III (J)	**47.10**	**8'371.—**
Systemadministration	Systemadministrator I (E)	**28.70**	**5'096.—**
Syma	Systemadministrator II (F)	**31.70**	**5'632.—**
	Systemadministrator III (G)	**34.60**	**6'144.—**
	Gruppenchef Systemadministration (H)	**38.50**	**6'841.—**
Techniker	Techniker II (E)	**28.70**	**5'096.—**
	Techniker III (F)	**31.70**	**5'632.—**
	Techniker spezialisiert (G)	**34.60**	**6'144.—**
	Gruppenchef Unterhalt (H)	**38.50**	**6'841.—**
Unternehmensentwicklung	Experte internationaler Beziehungen I (H)	**38.50**	**6'841.—**
und Projekte	Experte internationaler Beziehungen II (I)	**42.80**	**7'601.—**
	Experte internationaler Beziehungen III (J)	**47.10**	**8'371.—**

📖 *Firmen-GAV für das bei der Skyguide beschäftigte administrative, operationelle und technische Personal zwischen der Skyguide, Schweizerische Aktiengesellschaft für zivile und militärische Flugsicherung in Meyrin, und der Gewerkschaft Syndicom, Sektion Flugsicherung, sowie dem Verband des Personals öffentlicher Dienste (VPOD), Gruppe Luftverkehr. Mindestlöhne, Art.16.*

⧗ *Laufzeit des GAV ab 1. Juli 1997, ungekündigt.*

✎ *Der 13. Monatslohn ist vertraglich vereinbart (GAV Art. 16.7). Zur Ermittlung des Jahreslohnes muss mit 13 multipliziert werden.*

✎ *Ferien: Bis zum vollendeten 56. Altersjahr hat der Angestellte Anspruch auf 26 Tage, ab 57. Altersjahr auf 28 Tage und ab 58. Altersjahr auf 30 Tage Ferien. Ab dem 59. Altersjahr hat der Angestellte Anspruch auf 31 Ferientage (Art. 26 GAV).*

✋ Jährliche Ortszulagen: Agno CHF 2'210, Belpmoos CHF 4'070, Bern CHF 5'190, Genève-Cointrin CHF 5'190 und Zürich-Kloten CHF 5'190.

✋ Die Buchstaben in Klammern entsprechen dem Lohnband-Minimum für die jeweilige Funktionsgruppe.

Stand 1.3.2010   ✍ www.vkb-acc.ch und www.syndicom.ch

Tätigkeitsbereich *Wöchentliche Arbeitszeit*	Tätigkeit *Quelle, vertragliche Vereinbarungen*	Stunden- und Monatslohn	
Flugsicherungspersonal, Flugverkehrsleiter	**GAV-Löhne, gesamtschweizerischer Geltungsbereich**		
	1. Ausbildungsjahr	33.95	5'594.—
38 Stunden, laut GAV	2. Ausbildungsjahr	37.85	6'236.—
	ab 1. Lizenzjahr	41.75	6'879.—
Einsatz an regionalen	ab 3. Lizenzjahr	45.70	7'529.—
Flugplätzen	ab 5. Lizenzjahr	49.65	8'179.—
	ab 7. Lizenzjahr	53.60	8'828.—
	ab 9. Lizenzjahr	57.55	9'478.—
	ab 11. Lizenzjahr	59.20	9'751.—
	ab 13. Lizenzjahr	60.90	10'024.—
	ab 15. Lizenzjahr	62.55	10'297.—
	ab 17. Lizenzjahr	62.75	10'329.—
	ab 19. Lizenzjahr	62.90	10'361.—
	ab 21. Lizenzjahr	63.10	10'393.—
	ab 23. Lizenzjahr	63.30	10'424.—
	ab 25 Lizenzjahren und mehr	63.50	10'456.—
38 Stunden, laut GAV	1. Ausbildungsjahr	33.95	5'594.—
	2. Ausbildungsjahr	40.50	6'666.—
Angestellte	ab 1. Lizenzjahr	47.—	7'739.—
der Einsatzzentralen	ab 3. Lizenzjahr	51.45	8'470.—
	ab 5. Lizenzjahr	55.90	9'201.—
	ab 7. Lizenzjahr	60.30	9'932.—
	ab 9. Lizenzjahr	64.75	10'663.—
	ab 11. Lizenzjahr	66.60	10'970.—
	ab 13. Lizenzjahr	68.50	11'277.—
	ab 15. Lizenzjahr	70.35	11'585.—
	ab 17. Lizenzjahr	70.55	11'620.—
	ab 19. Lizenzjahr	70.80	11'656.—
	ab 21. Lizenzjahr	71.—	11'692.—
	ab 23. Lizenzjahr	71.20	11'728.—
	ab 25 Lizenzjahren und mehr	71.45	11'763.—

✎ *Flugverkehrsleiter an obigen Arbeitsorten haben bei Nachtarbeit zwischen 20.00 und 06.00 Uhr Anspruch auf 25% und bei Sonn- und Feiertagsarbeit auf 50% Zulage für die geleisteten Arbeitsstunden (Art. 7, Anhang 2 zum GAV).*

✎ *Für besondere Verantwortung haben Flugverkehrsleiter obiger Einsatzorte Anspruch auf eine jährliche Zulage: Bei Arbeitsort an der Einsatzzentrale CHF 28'000 und jenem an Regionalflugplätzen CHF 17'700 (Art. 6, Anhang 2 zum GAV).*

✎ *Ferienanspruch: Grundsätzlich 26 Ferientage und ab dem Jahr, in welchem das 45. Altersjahr vollendet wird, 30 Ferientage (Art. 30, Anhang 2 zum GAV).*

Tätigkeitsbereich *Wöchentliche Arbeitszeit*	Tätigkeit *Quelle, vertragliche Vereinbarungen*	Stunden- und Monatslohn	
35 Stunden, laut GAV	1. Ausbildungsjahr	**36.90**	**5'594.—**
	2. Ausbildungsjahr	**46.80**	**7'096.—**
Einsatz	ab 1. Lizenzjahr	**56.70**	**8'598.—**
in den Betriebszentren	ab 3. Lizenzjahr	**62.05**	**9'411.—**
der Flughäfen	ab 5. Lizenzjahr	**67.40**	**10'223.—**
Genf und Zürich	ab 7. Lizenzjahr	**72.75**	**11'036.—**
	ab 9. Lizenzjahr	**78.10**	**11'848.—**
	ab 11. Lizenzjahr	**80.35**	**12'189.—**
	ab 13. Lizenzjahr	**82.60**	**12'530.—**
	ab 15. Lizenzjahr	**84.85**	**12'872.—**
	ab 17. Lizenzjahr	**85.15**	**12'911.—**
	ab 19. Lizenzjahr	**85.40**	**12'951.—**
	ab 21. Lizenzjahr	**85.65**	**12'991.—**
	ab 23. Lizenzjahr	**85.90**	**13'031.—**
	ab 25 Lizenzjahren und mehr	**86.20**	**13'070.—**

📖 *Firmen-GAV zwischen der Skyguide, Schweizerische Aktienge-sellschaft für zivile und militärische Flugsicherung in Genf, und den Personalverbänden der Flugverkehrsleiter der Skyguide. Lohnbestimmungen, Art. 2 ff., Anhang 1 und 2 zum GAV.*

⏳ *Laufzeit des GAV ab 1.1.2010, ungekündigt.*

▦ *Anhänge 1 und 2 zum GAV Skyguide, Grundlohn.*

✎ *Der 13. Monatslohn ist vertraglich vereinbart (Art. 10, Anhang 1 zum GAV). Zur Ermittlung des Jahreslohnes muss mit 13 multi-pliziert werden.*

✎ *Lohnzulagen: Für Nachtarbeit zwischen 20.00 und 06.00 Uhr werden pro voll geleistete Stunde CHF 6 bezahlt sowie an Sonn-tagen und offiziellen Feiertagen sinngemäss CHF 26 vergütet (Art. 7, Anhang 1 zum GAV).*

✎ *Die Flugverkehrsleiter mit Arbeitsort in Zürich, Genf, Bern und Lugano erhalten je nach Dienstort eine jährliche Zulage für besondere Verantwortung: Genf und Zürich CHF 28'000, Bern CHF 21'500 und Lugano CHF 17'700 (Art. 6, Anhang 1 zum GAV).*

✋ Als Lizenzjahre zählen jene seit dem Abschluss der Ausbildung und Erhalt des Einzelarbeitsvertrags als Flugverkehrsleiter so-wie dem Erhalt der Arbeitsplatzberechtigung bei der Skyguide oder deren Rechtsvorgängerinnen geleisteten Jahre. Lizenz-jahre ausserhalb der Skyguide werden gebührend berücksich-tigt.

Tätigkeitsbereich *Wöchentliche Arbeitszeit*	Tätigkeit *Quelle, vertragliche Vereinbarungen*	Stunden- und Monatslohn	
Luftverkehrsangestellte	**GAV-Löhne, Grossregion Zürich**		
39 Stunden, laut GAV	Luftverkehrsangestellter 1: Einstiegsfunktion, ab Eintritt 1 Jahr; Arrival Services, Check-in, Gate, Lounge, Special Assistance (Z 510)	**24.35**	**4'115.—**
Betriebsangestellte	Luftverkehrsangestellter 2: Arrival Services, Check-in, Gate, Lounge, Special Assistance, Telefoninformation (Z 520)	**25.—**	**4'225.—**
	Luftverkehrsangestellter 3: Check-in/Gate mit Security-Funktion, Flex, Staco, Transit (Z 530)	**25.60**	**4'325.—**
	Luftverkehrsangestellter 4: Spezialist Ticket-Center und Air Traffic Operator; Fachkraft Gate, Lounge, Staco, Transit (Z 540)	**27.50**	**4'650.—**
	Luftverkehrsangestellter 5: Fachkraft Air Traffic Operator (Agent in Charge) und Security Operation Center (Z 545)	**28.45**	**4'805.—**
	Air Traffic Operator, Coordinator (Z 538)	**26.55**	**4'485.—**
	Betreuer Very Important Person (VIP) mit Kenntnissen des Abfertigungssystems und Tarmacfahren (Z 530)	**25.60**	**4'325.—**
	Core Customer Team (Z 530)	**25.60**	**4'325.—**
	Dienstplaner (Z 540)	**27.50**	**4'650.—**
	Disponent – Arrival Services (Z 538) – Check-in, Fachkraft (Z 538) – Check-in/Gate (Z 538) – Special Assistance (Z 538) – Very Important Person (Z 538)	 **26.55** **26.55** **26.55** **26.55** **26.55**	 **4'485.—** **4'485.—** **4'485.—** **4'485.—** **4'485.—**
	Einstiegsfunktion, ab Eintritt 1 Jahr – Air Traffic Operator (Z 530) – Check-in/Gate, Security-Funktion (Z 520) – Coordinator (Z 530) – Ticket-Center (Z 530)	 **25.60** **25.—** **25.60** **25.60**	 **4'325.—** **4'225.—** **4'325.—** **4'325.—**
	Floorwalker Check-in/Gate (Z 538)	**26.55**	**4'485.—**
	Kundenbetreuer, ohne Kenntnis des Abfertigungssystems (Z 505)	**23.45**	**3'960.—**

Tätigkeitsbereich *Wöchentliche Arbeitszeit*	Tätigkeit *Quelle, vertragliche Vereinbarungen*	Stunden- und Monatslohn	
Betriebsangestellte	Loadplanner (Z 540)	**27.50**	4'650.—
	Passenger-Coordinator (Z 538)	**26.55**	4'485.—
	Tagesverantwortlicher Dedications (Z 530)	**25.60**	4'325.—
	Ticket Center, Angestellter (Z 538)	**26.55**	4'485.—
	Wegleitung Transit (Z 510)	**24.35**	4'115.—
Betriebsarbeiter	Betriebsarbeiter		
	– in Grundausbildung (Z 610)	**22.85**	3'860.—
	– mit Zusatzausbildung (Z 620)	**23.45**	3'965.—
	– mit allen Geräten vertraut (Z 630)	**24.10**	4'075.—
	Disponent Transport (Z 650)	**26.—**	4'395.—
	GSE-Elektriker (Z 650)	**26.—**	4'395.—
	– Einstiegsstufe (Z 630)	**24.10**	4'075.—
	– mit Zusatzausbildung (Z 651)	**26.65**	4'500.—
	GSE-Mechaniker (Z 650)	**26.—**	4'395.—
	– Einstiegsstufe (Z 630)	**24.10**	4'075.—
	– mit Zusatzausbildung (Z 651)	**26.65**	4'500.—
	Magaziner (Z 650)	**26.—**	4'395.—
	Mitarbeiter Zollhalle (Z 630)	**24.10**	4'075.—
	Pushbackfahrer		
	– in Grundausbildung (Z 635)	**24.75**	4'185.—
	– mit Move-Ausbildung (Z 651)	**26.65**	4'500.—
	– Werftarealinstruktor & Disponent (Z 570)	**24.10**	4'075.—
	Supervisor Ramp (Z 650)	**26.—**	4'395.—
	Werkstatt-Einkäufer (651)	**26.65**	4'500.—
Kaderfunktionen	Customer Service Manager, Arrival Services und Passenger Services, Load Control (Z 560)	**30.65**	5'180.—
	Teamleiter, Ramp & Logistics (Z 660)	**29.75**	5'030.—

Tätigkeitsbereich *Wöchentliche Arbeitszeit*	Tätigkeit *Quelle, vertragliche Vereinbarungen*	Stunden- und Monatslohn	
Spezialfunktionen	Kassier (Z 570)	**24.10**	**4'075.—**
	Mitarbeiter Unit Load Device-Control ULD, Gepäckabfertigung (Z 570)	**24.10**	**4'075.—**
	Station Allrounder (Z 575)	**27.50**	**4'650.—**
	Werkstatt-Spezialist: Mechaniker oder Elektriker mit Zusatzausbildung (Z 570)	**24.10**	**4'075.—**

📖 *GAV Swissport International AG, Station Zürich.*

⏳ *Laufzeit des GAV ab 1.1.2003, ungekündigt.*

▦ *Anhang zum GAV der Swissport International AG, Station Zürich (Ziff. 5 GAV sowie Ziff 3.2.1, 3.2.2 und 3.2.3 Anhang zum GAV). Die Z-Nummern in Klammern bezeichnen den Funktionscode der einzelnen Tätigkeiten.*

✎ *Der 13. Monatslohn ist vertraglich vereinbart (Ziff. 5.2 GAV). Zur Ermittlung des Jahreslohnes muss mit 13 multipliziert werden.*

✎ *Lohnzuschläge für Nacht- und Sonntagsarbeit: Von Montag bis Freitag, zwischen 22.00 und 24.00 Uhr, CHF 8 und von 00.00 und 06.00 Uhr CHF 9.60. An Samstagen, zwischen 00.00 und 04.00 Uhr, CHF 9.60 und von 04.00 bis 06.00 Uhr CHF 12.80 sowie zwischen 06.00 und 22.00 Uhr CHF 4.80 (Ziff. 6.2.1 GAV und Ziff. 4.1 Anhang GAV). An Sonntagen, zwischen 22.00 und 06.00 Uhr, CHF 12.80 und von 06.00 bis 22.00 Uhr CHF 6.40 (Ziff. 6.2.2 GAV und Ziff. 4.1 Anhang GAV).*

✎ *Ferienanspruch: 25 Tage bis zur Vollendung des 42. Altersjahres, 26 Tage ab dem 43. Lebensjahr, 27 Tage ab dem 44. Lebensjahr und 28 Tage ab dem 45. Lebensjahr. Ab dem 50. Lebensjahr 29 Tage und in der Folge je 1 Tag mehr pro Lebensjahr bis zum Maximum von 33 Tagen nach Vollendung des 55. Lebensjahres (Ziff. 4.6 GAV).*

Stand 1.1.2010   ⬛ www.swissport.com

Tätigkeitsbereich *Wöchentliche Arbeitszeit*	Tätigkeit *Quelle, vertragliche Vereinbarungen*	Stunden- und Monatslohn	
52.24	Frachtumschlag		

Hafenarbeiter

GAV-Löhne, Kanton Basel-Stadt

44 Stunden, berufsüblich	Betriebsangestellter	**18.35**	**3'500.—**
	Betriebsangestellter, qualifiziert	**22.—**	**4'200.—**
	Vorgesetzter	**22.—**	**4'200.—**

📖 *GAV für die Betriebsangestellten der Basler Rheinhäfen, abgeschlossen zwischen der Basel MultiTerminal AG, Navis Schifffahrt AG, Rhenus Alpina AG und der Ultra-Brag AG sowie der Gewerkschaft UNIA.*

⧗ *Laufzeit des GAV ab 1.1.2004, ungekündigt.*

✍ 13. Monatslohn: Berufsüblich, jedoch nicht vertraglich vereinbart. Zur Ermittlung des Jahreslohnes muss mit 13 multipliziert werden.

✍ Inkonvenienzzulagen: Für das Arbeiten in starkem Staub wird eine Inkonvenienzzulage von CHF 1.60 pro Arbeitsstunde ausbezahlt. Bei Mitarbeitern, die fest einem Silo zugeteilt sind, ist die Staubzulage im Lohn inbegriffen. Die Zulage wird nur an Mitarbeitende ausgerichtet, welche der Belästigung tatsächlich ausgesetzt sind und die persönliche Schutzausrüstung tragen.

✍ Schichtarbeitenden wird ein Zuschlag von CHF 110 pro Monat, pro rata jedoch mindestens CHF 30, ausgerichtet.

Stand 1.1.2008   ⌨ www.unia.ch

Luftfracht

GAV-Löhne, gesamtschweizerischer Geltungsbereich

40 Stunden, laut GAV	Fachspezialist	**30.—**	**5'200.—**
	Kaufmännischer Mitarbeiter I	**20.20**	**3'500.—**
Administration	Kaufmännischer Mitarbeiter II	**24.25**	**4'200.—**
	Kaufmännischer Mitarbeiter III	**27.10**	**4'700.—**
	System Support I, mit Berufslehre und Anwenderkenntnissen im IT-Bereich	**24.25**	**4'200.—**
	System Support II, mit technischer Berufsausbildung sowie vertieften Kenntnissen im IT-Bereich	**27.10**	**4'700.—**
	System Support III, mit technischer Berufsausbildung und Erfahrung als Mitarbeiter System-Support II	**30.—**	**5'200.—**
	System Support IV, mit Lehrabschluss als Informatiker oder Elektrotechniker und Erfahrung im System-Support III	**32.90**	**5'700.—**

Tätigkeitsbereich *Wöchentliche Arbeitszeit*	Tätigkeit *Quelle, vertragliche Vereinbarungen*	Stunden- und Monatslohn	
Betrieb und Unterhalt	Betriebsarbeiter 1	**20.20**	**3'500.—**
	Betriebsarbeiter 2, mit vertieften Anwenderkenntnissen der eingesetzten IT-Systeme	**21.90**	**3'800.—**
	Betriebsarbeiter 3, mit Erfahrung und Abschluss des IATA DG-Kurses	**24.25**	**4'200.—**
	Duty Officer	**32.90**	**5'700.—**
	Instandhaltungs-Techniker I	**24.25**	**4'200.—**
	Instandhaltungs-Techniker II	**27.10**	**4'700.—**
	Instandhaltungs-Techniker III	**30.—**	**5'200.—**
	Instandhaltungs-Techniker IV	**32.90**	**5'700.—**
	Koordinator, Schichtleiter-Stellvertretung	**30.—**	**5'200.—**
	Schichtleiter I	**30.—**	**5'200.—**
	Schichtleiter II	**32.90**	**5'700.—**
	Supervisor, operative Teamführung	**27.10**	**4'700.—**

📖 *GAV Cargologic. Lohnbestimmungen Art. 5 und Art. 3.2 Anhang zum GAV.*

⧗ *Laufzeit des GAV ab 1.1.2003, ungekündigt.*

🗠 *Salärsystem und Funktionen, Anhang 4 zum GAV.*

✐ *Der 13. Monatslohn ist vertraglich vereinbart (Art. 5.1.1 GAV). Zur Ermittlung des Jahreslohnes muss mit 13 multipliziert werden.*

✐ *Lohnzuschläge: Bei Nachtarbeit, von Montag bis Freitag zwischen 20.00 und 06.00 Uhr, beträgt der stündliche Zuschlag CHF 6.25 und an Samstagen, zwischen 20.00 und 06.00 Uhr, beträgt jener CHF 7.50 sowie sonntags, zwischen 00.00 und 24.00 Uhr, CHF 7.50 (Art. 8 Anhang zum GAV).*

✐ *Pikettentschädigung: Bei Pikettdienst unter 5 Stunden CHF 20 sowie bei einem Einsatz über 5 Stunden CHF 40 pauschal (Art. 6.2.4 GAV).*

✐ *Ferienanspruch: Ab 20. Altersjahr 4 Wochen. Nach Vollendung des 41. Lebensjahres 4 Wochen und 1 Tag sowie ab vollendetem 42. Altersjahr bis zum 44. Lebensjahr jährlich je 1 zusätzlicher Tag. Bis zur Vollendung des 20. Lebensjahres und ab vollendetem 45. Lebensjahr 5 Wochen. Nach Vollendung des 55. Lebensjahres 5 Wochen und 1 Tag sowie ab vollendetem 56. Altersjahr bis zum 58. Lebensjahr jährlich je 1 zusätzlicher Tag. Nach Vollendung des 59. Altersjahres 6 Wochen (Art. 4.4 GAV).*

Tätigkeitsbereich *Wöchentliche Arbeitszeit*	Tätigkeit *Quelle, vertragliche Vereinbarungen*	Stunden- und Monatslohn	

52.29   Güterversendung mittels Frachtverkehr sowie Zollspedition

Internationale Logistik	**GAV-Löhne, gesamtschweizerischer Geltungsbereich**		
41 Stunden, laut GAV	Betriebsfachleute Logistik, Transport (3–5)	**27.54**	**4'385.—**
	Betriebsfachleute Finanzberatung (3–6)	**27.54**	**4'385.—**
Betrieb und Produktion	Betriebsmitarbeiter (1–3)	**21.83**	**3'476.—**
	Kundenberater (5–6)	**33.02**	**5'259.—**
	Lagermitarbeiter/-fachleute (2–4)	**24.87**	**3'960.—**
	Leitung		
	– Organisationseinheit (8–11)	**42.06**	**6'697.—**
	– Organisationseinheit Unterhalt und Handwerk (7–10)	**38.47**	**6'126.—**
	– Sachbereich Logistik und Transport (6–9)	**35.27**	**5'616.—**
	Sortierung (1–3)	**21.83**	**3'476.—**
	Teamleitung Logistik, Transport (4–7)	**30.26**	**4'818.—**
	Teamleitung Finanzberatung (5–7)	**33.02**	**5'259.—**
	Wagenführung Sachentransport (2–4)	**24.87**	**3'960.—**
	Zustellung (1–4)	**21.83**	**3'476.—**
Unterhalt und Handwerk	Betriebsfachleute und -mitarbeitende Wartung/Unterhalt/Handwerk (1–4)	**21.83**	**3'476.—**
	Reinigung und Hausdienst (1–3)	**21.83**	**3'476.—**
	Team-/Sachbereichsleitung Unterhalt und Handwerk (4–8)	**30.26**	**4'818.—**
Verkauf	Frontoffice (3–6)	**27.54**	**4'385.—**
	Kundenbetreuung klein/mittel (7–9)	**38.47**	**6'126.—**
	Kundenbetreuung mittel/gross (9–12)	**46.18**	**7'354.—**
	Sachbereichsleitung Verkauf (7–9)	**38.47**	**6'126.—**
	Sales Support/Sachbearbeitung Verkaufsstellen (5–8)	**33.02**	**5'259.—**
Informatik	Produktion Informatik (2–5)	**24.87**	**3'960.—**
	Sachbereichsleitung Informatik (10–13)	**50.84**	**8'096.—**
	Spezialist Informatik (10–13)	**50.84**	**8'096.—**
	Support (5–7)	**33.02**	**5'259.—**
	Systembetreuung (7–10)	**38.47**	**6'126.—**
	Systementwicklung (5–8)	**33.02**	**5'259.—**
	Systementwicklung, anspruchsvoll (8–10)	**42.06**	**6'697.—**
	Teamleitung Informatik (7–10)	**38.47**	**6'126.—**

Tätigkeitsbereich *Wöchentliche Arbeitszeit*	Tätigkeit *Quelle, vertragliche Vereinbarungen*	Stunden- und Monatslohn	
Sachbearbeitung	Administrative Hilfsfunktionen (1–3)	**21.83**	**3'476.—**
	Büroassistenz (2–5)	**24.87**	**3'960.—**
	Sachbearbeitung (5–7)	**33.02**	**5'259.—**
	Sachbearbeitung, anspruchsvoll (7–10)	**38.47**	**6'126.—**
	Sachbearbeitung, qualifiziert (10–12)	**50.84**	**8'096.—**
	Sachbereichsleitung (10–13)	**50.84**	**8'096.—**
	Teamleitung (7–10)	**38.47**	**6'126.—**
Führung, Management und Spezialisten	Konzernweite Spezialisten (11–14)	**56.03**	**8'922.—**
	Leitung Fachbereich klein (10–12)	**50.84**	**8'096.—**
	Regionenleitung klein/mittel (9–11)	**46.18**	**7'354.—**
	Regionenleitung gross (12–14)	**61.86**	**9'849.—**

📖 *GAV KG für ausgegliederte Geschäftseinheiten der Schweizerischen Post (Konzerngesellschaften). Lohnbestimmungen, Ziffer 30.*

⌛ *Laufzeit des GAV ab 1.7.2005, ungekündigt.*

✐ *Der 13. Monatslohn ist vertraglich vereinbart (Ziffer 300 GAV). Zur Ermittlung des Jahreslohnes muss mit 13 multipliziert werden.*

✐ *Lohnzuschläge: Für regelmässige Nachtarbeit (Ziffer 351 GAV) wird je Stunde eine Zulage von CHF 5.80 und für Sonntagsarbeit (Ziffer 352 GAV) eine von CHF 10.55 entrichtet. Bei Bereitschaftsdienst (Pikettzulage) gilt ein Stundenansatz von CHF 5 (Ziffer 353 GAV).*

✐ *Jährliche, versicherte Pauschalzulage: Primus im Zustelldienst CHF 4'800, Equipenchef CHF 2'400 und Wagenführer im Sachentransportdienst mit mindestens 2-jähriger Tätigkeit in diesem Bereich CHF 2'400 (Ziffer 303 GAV).*

✐ *Ferienanspruch: 5 Wochen bis und mit 49. Altersjahr. Zwischen 50. bis und mit 59. Altersjahr 5 Wochen und 3 Tage sowie ab 60. Altersjahr 6 Wochen und 1 Tag (Ziffer 430 GAV).*

✋ Zur Umrechnung des Jahreslohnes auf den Stundenlohn gilt ein vereinbarter Divisor von 2070.

✋ Die in Klammern gesetzten Zahlen bezeichnen die für die einzelnen Funktionen festgelegten Lohnstufen; es wird jeweils die unterste angegeben.

Stand 1.1.2009   ✍ www.syndicom.ch und www.post.ch

Tätigkeitsbereich *Wöchentliche Arbeitszeit*	Tätigkeit *Quelle, vertragliche Vereinbarungen*	Stunden- und Monatslohn	
53	**Post-, Kurier- und Expressdienste**		
53.1	Postdienste von Universaldienstleistungsanbietern		
53.10	Postdienste mittels umfassender Infrastruktur		

Postdienste	**GAV-Löhne, gesamtschweizerischer Geltungsbereich**		
41 Stunden, laut GAV	Administrative Hilfsfunktionen (1–3)	**20.30**	**3'609.—**
	Büroassistenz (2–5)	**23.15**	**4'111.—**
Administration und Technik	Sachbearbeitung (5–7)	**30.75**	**5'459.—**
	Sachbearbeitung, anspruchsvoll (7–10)	**35.80**	**6'360.—**
	Sachbearbeitung, qualifiziert (10–12)	**47.30**	**8'405.—**
	Sachbereichsleitung (10–13)	**47.30**	**8'405.—**
	Teamleitung (7–10)	**35.80**	**6'360.—**
Betrieb und Produktion	Betriebsfachleute Logistik (3–5)	**25.60**	**4'552.—**
	Betriebsfachleute Postfinance (3–6)	**25.60**	**4'552.—**
	Betriebsfachleute Transport (3–5)	**25.60**	**4'552.—**
	Betriebsmitarbeiter Logistik (1–3)	**20.30**	**3'609.—**
	Betriebsmitarbeiter Postfinance (1–3)	**20.30**	**3'609.—**
	Betriebsmitarbeiter Transport (1–3)	**20.30**	**3'609.—**
	Kundenberater Postfinance (5–6)	**30.75**	**5'459.—**
	Leiter Einheit Logistik (8–11)	**39.15**	**6'953.—**
	Leiter Einheit Postfinance (8–11)	**39.15**	**6'953.—**
	Leiter Einheit Transport (8–11)	**39.15**	**6'953.—**
	Sachbereichsleiter Logistik (6–9)	**32.80**	**5'831.—**
	Sachbereichsleiter Transport (6–9)	**32.80**	**5'831.—**
	Sortierer (1–3)	**20.30**	**3'609.—**
	Teamleiter Logistik (4–7)	**28.15**	**5'002.—**
	Teamleiter Postfinance (5–7)	**30.75**	**5'459.—**
	Teamleiter Transport (4–7)	**28.15**	**5'002.—**
	Wagenführer Personentransport (3–6)	**25.60**	**4'552.—**
	Wagenführer Sachentransport (2–4)	**23.15**	**4'111.—**
	Zustellung (1–4)	**20.30**	**3'609.—**
Führung, Management sowie Spezialisten	Konzernweite Spezialisten (11–14)	**52.15**	**9'263.—**
	Leiter Fachbereich klein (10–12)	**47.30**	**8'405.—**
	Regionenleitung gross (12–14)	**57.55**	**10'226.—**
	Regionenleitung klein/mittel (9–11)	**42.95**	**7'635.—**
Informatik	Produktion Informatik (2–5)	**23.15**	**4'111.—**
	Sachbereichsleiter Informatik (10–13)	**47.30**	**8'405.—**
	Spezialist Informatik (10–13)	**47.30**	**8'405.—**
	Supporter (5–7)	**30.75**	**5'459.—**
	Systembetreuer (7–10)	**35.80**	**6'360.—**
	Systementwicklung (5–8)	**30.75**	**5'459.—**
	Systementwicklung, anspruchsvoll (8–10)	**39.15**	**6'953.—**
	Teamleiter Informatik (7–10)	**35.80**	**6'360.—**

Tätigkeitsbereich *Wöchentliche Arbeitszeit*	Tätigkeit *Quelle, vertragliche Vereinbarungen*	Stunden- und Monatslohn	
Unterhalt und Handwerk	Fachleute Wartung und Unterhalt (4–6)	**28.15**	**5'002.—**
	Mitarbeiter Wartung und Unterhalt (1–4)	**20.30**	**3'609.—**
	Hausdienst (1–3)	**20.30**	**3'609.—**
	Lagerfachleute (2–4)	**23.15**	**4'111.—**
	Lagermitarbeitende (2–4)	**23.15**	**4'111.—**
	Leiter Unterhalt und Handwerk (7–10)	**35.80**	**6'360.—**
	Reinigung (1–3)	**20.30**	**3'609.—**
	Sachbereichsleiter Unterhalt (4–8)	**28.15**	**5'002.—**
	Teambereichsleiter Handwerk (4–8)	**28.15**	**5'002.—**
Verkauf	Call-Center, Kundendienst (4–6)	**28.15**	**5'002.—**
	Frontoffice (3–6)	**25.60**	**4'552.—**
	Kundenbetreuung klein / mittel (7–9)	**35.80**	**6'360.—**
	Kundenbetreuung mittel / gross (9–12)	**42.95**	**7'635.—**
	Kundendienst (4–6)	**28.15**	**5'002.—**
	Leitung Hauptpoststelle (9–10)	**42.95**	**7'635.—**
	Leitung Betrieb Hauptpoststelle (8–9)	**39.15**	**6'953.—**
	Leitung Zweigpoststelle (6–8)	**32.80**	**5'831.—**
	Poststellenleitung (5–10)	**30.75**	**5'459.—**
	Sachbearbeitung Verkaufsstellen (5–8)	**30.75**	**5'459.—**
	Sachbereichsleitung Verkauf (7–9)	**35.80**	**6'360.—**
	Sales Support (5–8)	**30.75**	**5'459.—**
	Teamleiter Kundendienst (6–9)	**32.80**	**5'831.—**
	Teamleiter Verkauf (6–9)	**32.80**	**5'831.—**

📖 *GAV Post abgeschlossen zwischen der Schweizerischen Post und der Gewerkschaft Syndicom sowie der transfair, Christliche Gewerkschaft Service public und Dienstleistungen. Lohnbestimmungen, Ziffer 30.*

⌛ *Laufzeit des GAV ab 1.1.2002, ungekündigt.*

✏ *Der 13. Monatslohn ist vertraglich vereinbart (Ziffer 300 GAV). Zur Ermittlung des Jahreslohnes muss mit 13 multipliziert werden.*

✏ *Lohnzuschläge laut Anhang zum GAV: Für regelmässige Nachtarbeit (Ziffer 351 GAV) wird je Stunde eine Zulage von CHF 5.80 und für Sonntagsarbeit (Ziffer 352 GAV) eine von CHF 10.55 entrichtet. Bei Bereitschaftsdienst (Pikettzulage) gilt ein Stundenansatz von CHF 5 (Ziffer 353 GAV).*

✏ *Jährliche, versicherte Pauschalzulage: Primus im Zustelldienst CHF 4'800, Equipenchef CHF 2'400 und Wagenführer im Sachentransportdienst mit mindestens 2-jähriger Tätigkeit in diesem Bereich CHF 2'400 (Ziffer 303 GAV).*

✎ Für auswärtige Mahlzeiten gilt eine pauschale Vergütung von CHF 15 bei einer Abwesenheit von über 5 Stunden vom Arbeitsort, bei einer von über 11 Stunden CHF 33 und bei Abwesenheiten von über 14 Stunden CHF 40 (Ziffer 80, Anhang 1 GAV).

✎ Laut Ziffer 320 GAV wird eine jährliche, fixe und versicherte Arbeitsmarktzulage für folgende Arbeitsorte entrichtet:
Stufe 3, CHF 4'800: Basel, Bern, Carouge (GE), Chêne-Bougeries, Chêne-Bourg, Genf, Genf-Flughafen, Le Grand-Saconnex, Lancy, Lausanne, Meyrin, Thônex, Vernier, Zürich, Zürich-Flughafen, Zürich-Mülligen.
Stufe 2, CHF 2'400: Allschwil, Belmont-sur-Lausanne, Binningen, Birsfelden, Bussigny-près-Lausanne, Chavannes-près-Renens, Crissier, Dietikon, Dübendorf, Epalinges, Glattbrugg, Ittigen, Kloten, Köniz (nur Köniz, Wabern, Liebefeld, Spiegel bei Bern; der Rest der Gemeinde Köniz ist ausgenommen), Luzern, Le Mont-sur-Lausanne, Meyrin, Münchenstein, Muri bei Bern, Muttenz, Onex, Ostermundigen, Prilly, Pully, Regensdorf, Reinach (BL), Renens (VD), Riehen, St. Gallen, Schlieren (exklusive Mülligen), Wallisellen, Winterthur, Zollikofen.
Stufe 1, CHF 1'200: Aarau, Adelboden, Adliswil, Aesch (BL), Arlesheim, Arosa, Baden, Bassersdorf, Bellevue, Belp, Bernex, Biel/Bienne, Bolligen, Bottmingen, Bremgarten bei Bern, Bülach, La Chaux-de-Fonds, Cologny, Collonge-Bellerive, Commugny, Coppet, Davos, Dietlikon, Dornach, Ecublens (VD), Effretikon, Embrach, Emmen, Emmenbrücke, Erlenbach (ZH), Freiburg, Genthod, Gland, Grindelwald, Gstaad, Herrliberg, Horgen, Jouxtens-Mézery, Kehrsatz, Kilchberg (ZH), Kriens, Küsnacht (ZH), Lenk, Locarno, Lugano, Lutry, Männedorf, Meilen, Mies, Montana, Montreux, Moosseedorf, Morges, Münchenbuchsee, Münsingen, Neuenburg, Nyon, Oberengstringen, Oberwil (BL), Olten, Opfikon, Paudex, Perly-Certoux, Plan-les-Ouates, Prangins, Pratteln, Pragny-Chambésy, Rheinfelden, Rubigen, Rümlang, St. Moritz, Schuls (Scuol), Schwerzenbach, Sion, Spreitenbach, Stäfa, Stettlen, Tannay, Thalwil, Therwil, Urdorf, Urtenen, Uster, Vandœuvres, Vechigen, Versoix, Vevey, Veyrier, Volketswil, Wädenswil, Wangen-Brüttisellen, Wohlen bei Bern, Worb, Zermatt, Zollikon, Zug, Zumikon.

✎ Ferienanspruch: 5 Wochen bis und mit 49. Altersjahr. Zwischen 50. bis und mit 59. Altersjahr 5 Wochen und 3 Tage sowie ab 60. Altersjahr 6 Wochen und 1 Tag (Ziffer 430 GAV).

☞ Die in Klammern gesetzten Zahlen bezeichnen die für die einzelnen Funktionen festgelegten Lohnstufen; es wird jeweils die unterste angegeben.

Tätigkeitsbereich *Wöchentliche Arbeitszeit*	Tätigkeit *Quelle, vertragliche Vereinbarungen*	Stunden- und Monatslohn	
Postdienste, Aushilfen	**GAV-Löhne, gesamtschweizerischer Geltungsbereich**		
41 Stunden, laut GAV	Administrative Hilfsfunktionen (1–3)	**20.20**	**3'361.—**
	Büroassistenz (2–5)	**22.35**	**3'643.—**
Lohnklasse A:	Call-Center, Kundendienst (4–6)	**26.90**	**4'427.—**
Aushilfs-Mitarbeitende	Fachleute Logistik und Transport (3–5)	**24.60**	**3'980.—**
	Fachleute Postfinance (3–6)	**24.60**	**3'980.—**
	Fachleute Wartung und Unterhalt (4–6)	**26.90**	**4'427.—**
	Handwerker (7–10)	**35.20**	**5'604.—**
	Hausdienst (1–3)	**20.20**	**3'361.—**
	Kundendienst (4–6)	**26.90**	**4'427.—**
	Lagerfachleute (2–4)	**22.35**	**3'643.—**
	Lagermitarbeitende (2–4)	**22.35**	**3'643.—**
	Mitarbeiter Frontoffice (3–6)	**24.60**	**3'980.—**
	Mitarbeiter Logistik und Transport (1–3)	**20.20**	**3'361.—**
	Mitarbeiter Postfinance (1–3)	**20.20**	**3'361.—**
	Mitarbeiter Wartung und Unterhalt (1–4)	**20.20**	**3'361.—**
	Reinigungspersonal (1–3)	**20.20**	**3'361.—**
	Sachbearbeitung (5–7)	**30.20**	**4'819.—**
	Sachbearbeitung, anspruchsvoll (7–10)	**35.20**	**5'604.—**
	Sachbearbeitung Verkaufsstellen (5–8)	**30.20**	**4'819.—**
	Sales Support (5–8)	**30.20**	**4'819.—**
	Sortierer (1–3)	**20.20**	**3'361.—**
	Zustellung (1–4)	**20.20**	**3'361.—**
Lohnklasse B: Schüler und Studenten, 18. bis 25. Altersjahr und Einzelarbeitsverträge	Funktionsstufe 1	**18.20**	**3'025.—**
	Funktionsstufe 2	**20.20**	**3'279.—**
	Funktionsstufe 3	**22.15**	**3'580.—**
	Funktionsstufe 4	**24.15**	**3'985.—**
Lohnklasse C: Mitarbeitende bis zum 18. Altersjahr	Funktionsstufe 1	**16.15**	**2'690.—**
	Funktionsstufe 2	**17.90**	**2'913.—**
	Funktionsstufe 3	**19.75**	**3'182.—**
	Funktionsstufe 4	**21.55**	**3'541.—**

📖 *GAV Aushilfen der Post. Lohnbestimmungen, Ziffer 30.*

⧗ *Laufzeit des GAV ab 1.1.2002, ungekündigt.*

✐ *13. Monatslohn: Vertraglich vereinbart (Ziffer 3000 GAV). Zur Ermittlung des Jahreslohnes muss mit 13 multipliziert werden. In den Stundenlöhnen ist jener bereits enthalten (Anhang 1 GAV).*

✐ *Ferien: 4 Wochen bis und mit 49. Altersjahr. Ab 50. Altersjahr 5 Wochen und ab 60. Altersjahr 6 Wochen (Ziffer 4500 GAV).*

✋ Die in Klammern gesetzten Zahlen geben die Lohnstufen wieder. Es wird jeweils die unterste angegeben.

Stand 1.1.2010   ⌨ www.post.ch und www.syndicom.ch

Tätigkeitsbereich *Wöchentliche Arbeitszeit*	Tätigkeit *Quelle, vertragliche Vereinbarungen*	Stunden- und Monatslohn

53.2 — Sonstige Post-, Kurier- und Expressdienste

53.20 — Abholung, Sortierung, Beförderung und Zustellung von Sendungen

Kurierdienste	**GAV-Löhne, gesamtschweizerischer Geltungsbereich**		
42 Stunden, laut GAV	Teamleiter, minimal	**27.80**	5'058.—
	maximal	**41.85**	7'621.—
Verwaltung	Sachbearbeiter mit Erfahrung, minimal	**24.80**	4'517.—
	maximal	**30.10**	5'477.—
	Sachbearbeiter, minimal	**20.45**	3'722.—
	maximal	**26.40**	4'807.—
Depotpersonal	Depotleiter, minimal	**27.90**	5'075.—
	maximal	**41.85**	7'621.—
	Disponent und Schichtführer, minimal	**27.80**	5'058.—
	maximal	**35.25**	6'415.—
	Depotmitarbeiter, Pusher, Scanner und Verlader, minimal	**19.50**	3'553.—
	maximal	**24.95**	4'540.—
43 Stunden, laut GAV	Fahrer mit Erfahrung, minimal	**21.35**	3'976.—
	maximal	**26.95**	5'025.—
Tourenfahrer	Fahrer ohne Erfahrung, minimal	**20.45**	3'807.—
	maximal	**26.95**	5'025.—

📖 *GAV DPD (Schweiz) AG. Lohnbestimmungen, Art. 26.*

⏳ *Laufzeit des GAV ab 1.1.2005, ungekündigt.*

✎ *Lohnzuschläge: Für vorübergehende Nachtarbeit, zwischen 22.00 und 05.00 Uhr sowie an weniger als jährlich 25 Nächten, wird ein Zuschlag von 25% entrichtet. Sonntagsarbeit, an bis zu jährlich 6 Sonntagen, wird mit einem Lohnzuschlag von 50% abgegolten.*

✎ *Verpflegungsentschädigung: Frühstück CHF 8, Mittag- und Nachtessen je CHF 17 (Anhang 5, Art. 4 GAV).*

✎ *Ferienanspruch: Bis zum vollendeten 60. Altersjahr 5 Wochen, Ab 61. Altersjahr 6 Wochen (Art. 53 GAV).*

📖 *Der GAV gilt ebenfalls für Subunternehmer der DPD. Insbesondere muss bei einer Vollzeitbeschäftigung der jährliche Mindestlohn von CHF 42'420 eingehalten werden (Anhang 1 GAV).*

✋ *Ein 13. Monatslohn ist nicht vertraglich vereinbart. Zur Ermittlung des Jahreslohnes muss mit 12 multipliziert werden.*

Stand 1.1.2011   ✍ www.syndicom.ch und www.dpd.com

Tätigkeitsbereich *Wöchentliche Arbeitszeit*	Tätigkeit *Quelle, vertragliche Vereinbarungen*	Stunden- und Monatslohn

Kuriere

Gesamtschweizerische Lohnempfehlung

43 Stunden, berufsüblich	Disponent, angelernt und im 1. Anstellungsjahr	**22.35**	**4'162.—**
Dispositions-Personal	ab 2. bis 3. Anstellungsjahr	**23.35**	**4'349.—**
	ab 4. Anstellungsjahr	**24.20**	**4'505.—**
Kurierfahrer,	Kurierfahrer, im 1. Anstellungsjahr	**19.80**	**3'694.—**
Fahrausweis Kategorie B	Kurierfahrer, ab 2. bis 3. Anstellungsjahr	**21.10**	**3'933.—**
	Kurierfahrer, ab 4. Anstellungsjahr	**22.45**	**4'183.—**

    📖 *Kein GAV, CH-Kurierverband.*

    📖 *Lohnempfehlungen des CH-Kurierverbandes.*

    ✍ Zur Ermittlung des Jahreslohnes muss mit 12 multipliziert werden.

    ✍ Die Jahresteuerung wird seit 2008 aufgerechnet.

Stand 1.1.2011   ☝ www.ruebli-kurier.ch

Pressevertrieb

GAV-Lohn, gesamtschweizerischer Geltungsbereich

41 Stunden, laut GAV	Zeitungs- und Zeitschriftenverträger	**30.20**	**5'361.—**

    📖 *GAV Aushilfen, abgeschlossen zwischen der Schweizerischen Post und der Gewerkschaft Syndicom sowie der transfair, Christliche Gewerkschaft Service public und Dienstleistungen.*

    ⧗ *Laufzeit des GAV ab 1.1.2002, ungekündigt.*

    ✎ *Der Mindestlohn des Verträgers ist gestützt auf Ziffer 11 c des GAV Aushilfen der Post, Anhang I, Lohnklasse A, Lohnstufe 5, entnommen; im Stundenlohn ist der 13. Monatslohn bereits enthalten.*

Stand 1.1.2010   ☝ www.post.ch und www.syndicom.ch

Pressevertrieb

Lohnvereinbarung, Grossregion Zürich

Stundenweise Arbeitszeit	Zeitungs- und Zeitschriftenverträger, auf dem Gebiet des Kantons Zürich	**23.90**	–
	Zeitungs- und Zeitschriftenverträger, ausserhalb des Kantons Zürich	**22.25**	–
	Zeitungs- und Zeitschriftenverträger, bei Austragung am Sonntag	**31.80**	–

    📖 *Kein GAV, Vereinbarung zwischen der ZUVO, Zustell- und Vertriebsorganisation AG und der Gewerkschaft Syndicom.*

    ▦ *In obigen Stundenlöhnen der ZUVO, Zustell- und Vertriebsorganisation, ist der Ferienanteil inbegriffen.*

Stand 1.1.2008   ☝ www.post.ch/presto und www.syndicom.ch

Tätigkeitsbereich *Wöchentliche Arbeitszeit*	Tätigkeit *Quelle, vertragliche Vereinbarungen*	Stunden- und Monatslohn	
Postdienste	**GAV-Löhne, gesamtschweizerischer Geltungsbereich**		
41 Stunden, laut GAV	Betriebsfachleute Logistik (3–5)	**24.78**	3'946.—
	Betriebsfachleute *PostFinance* (3–6)	**24.78**	3'946.—
Betrieb und Produktion	Betriebsmitarbeitende Logistik (1–3)	**21.68**	3'453.—
	Betriebsmitarbeitende *PostFinance* (1–3)	**21.68**	3'453.—
	Betriebsmitarbeitende Transport (3–5)	**24.78**	3'946.—
	Kundenberatung *PostFinance* (5–6)	**29.72**	4'733.—
	Lagermitarbeitende/-fachleute (2–4)	**22.38**	3'564.—
	Leitung betriebliche Organisationseinheit		
	– Logistik (8–11)	**37.85**	6'028.—
	– *PostFinance* (8–11)	**37.85**	6'028.—
	– Transport (8–11)	**37.85**	6'028.—
	– Unterhalt und Handwerk (7–10)	**34.62**	5'513.—
	Sachbereichsleitung Logistik (6–9)	**31.74**	5'054.—
	Sachbereichsleitung Transport (6–9)	**31.74**	5'054.—
	Sortierung (1–3)	**21.68**	3'453.—
	Teamleitung Logistik (4–7)	**27.23**	4'336.—
	Teamleitung *PostFinance* (5–7)	**29.72**	4'733.—
	Teamleitung Transport (4–7)	**27.23**	4'336.—
	Wagenführung Personentransport (3–6)	**24.78**	3'946.—
	Wagenführung Sachentransport (2–4)	**22.38**	3'564.—
	Zustellung (1–4)	**21.68**	3'453.—
Unterhalt und Handwerk	Betriebsfachleute Wartung/Unterhalt/Handwerk (1–4)	**21.68**	3'453.—
	Betriebsmitarbeitende Wartung/Unterhalt/Handwerk (1–4)	**21.68**	3'453.—
	Reinigung und Hausdienst (1–3)	**21.68**	3'453.—
	Team-/Sachbereichsleitung Unterhalt und Handwerk (4–8)	**27.23**	4'336.—
Verkauf	Frontoffice (3–6)	**24.78**	3'946.—
	Kundenbetreuung klein/mittel (7–9)	**34.62**	5'513.—
	Kundenbetreuung mittel/gross (9–12)	**41.57**	6'619.—
	Poststellenleitung (5–10)	**29.72**	4'733.—
	Sachbereichsleitung Verkauf (7–9)	**34.62**	5'513.—
	Sales Support/Sachbearbeitung Verkaufsstellen (5–8)	**29.72**	4'733.—

Tätigkeitsbereich *Wöchentliche Arbeitszeit*	Tätigkeit *Quelle, vertragliche Vereinbarungen*	Stunden- und Monatslohn	
Informatik	Produktion Informatik (2–5)	**22.38**	**3'564.—**
	Sachbereichsleitung Informatik (10–13)	**45.76**	**7'286.—**
	Spezialist Informatik (10–13)	**45.76**	**7'286.—**
	Support (5–7)	**29.72**	**4'733.—**
	Systembetreuung (7–10)	**34.62**	**5'513.—**
	Systementwicklung (5–8)	**29.72**	**4'733.—**
	Systementwicklung, anspruchsvoll (8–10)	**37.85**	**6'028.—**
	Teamleitung Informatik (7–10)	**34.62**	**5'513.—**
Sachbearbeitung, administrativ und technisch	Administrative Hilfsfunktionen (1–3)	**21.68**	**3'453.—**
	Büroassistenz (2–5)	**22.38**	**3'564.—**
	Qualifizierte Sachbearbeitung (10–12)	**45.76**	**7'286.—**
	Sachbearbeitung (5–7)	**29.72**	**4'733.—**
	Sachbearbeitung, anspruchsvoll (7–10)	**34.62**	**5'513.—**
	Sachbereichsleitung (10–13)	**45.76**	**7'286.—**
	Teamleitung (7–10)	**34.62**	**5'513.—**
Führung, Management und Spezialisten	Konzernweite Spezialisten (11–14)	**50.43**	**8'030.—**
	Leitung Fachbereich klein (10–12)	**45.76**	**7'286.—**
	Regionenleitung klein/mittel (9–11)		
	Regionenleitung gross (12–14)	**55.67**	**8'864.—**

📖 *GAV KG für ausgegliederte Geschäftseinheiten der Schweizerischen Post (Konzerngesellschaften). Lohnbestimmungen, Ziffer 30.*

⧗ *Laufzeit des GAV ab 1.7.2005, ungekündigt.*

✎ *13. Monatslohn: Vertraglich vereinbart (Ziffer 300 GAV). Zur Ermittlung des Jahreslohnes muss mit 13 multipliziert werden.*

✎ *Lohnzuschläge: Für regelmässige Nachtarbeit (Ziffer 351 GAV) wird je Stunde eine Zulage von CHF 5.80 und für Sonntagsarbeit (Ziffer 352 GAV) eine von CHF 10.55 entrichtet. Bei Bereitschaftsdienst gilt ein Stundenansatz von CHF 5 Pikettzulage (Ziffer 353 GAV).*

✎ *Jährliche, versicherte Pauschalzulage: Primus im Zustelldienst CHF 4'800, Equipenchef CHF 2'400, Wagenführer im Sachentransportdienst, mit abgeschlossener Lehre als Postangestellter und mindestens 2-jähriger Tätigkeit in diesem Bereich, CHF 2'400 und Poststellenleitende, bei Überschreiten des für die Funktionsstufe 10 vorgesehenen Höchstwertes, CHF 4'800 (Ziffer 303 GAV und Ziffer 13, Anhang 1, GAV).*

✎ *Ferienanspruch: 5 Wochen bis und mit 49. Altersjahr. Zwischen 50. bis und mit 59. Altersjahr 5 Wochen und 3 Tage sowie ab 60. Altersjahr 6 Wochen und 1 Tag (Ziffer 430 GAV).*

🖉 *Arbeitsmarktzulage:* Laut Ziffer 320 GAV wird eine jährliche, versicherte Arbeitsmarktzulage bei folgenden Arbeitsorten entrichtet:

Stufe 3, CHF 4'800: Basel, Bern, Carouge (GE), Chêne-Bougeries, Chêne-Bourg, Genf, Genf-Flughafen, Le Grand-Saconnex, Lancy, Lausanne, Meyrin, Thônex, Vernier, Zürich, Zürich-Flughafen, Zürich-Mülligen.

Stufe 2, CHF 2'400: Allschwil, Belmont-sur-Lausanne, Binningen, Birsfelden, Bussigny-près-Lausanne, Chavannes-près-Renens, Crissier, Dietikon, Dübendorf, Epalinges, Glattbrugg, Ittigen, Kloten, Köniz (nur Köniz, Wabern, Liebefeld, Spiegel bei Bern; der Rest der Gemeinde Köniz ist ausgenommen), Luzern, Le Mont-sur-Lausanne, Meyrin, Münchenstein, Muri bei Bern, Muttenz, Onex, Ostermundigen, Prilly, Pully, Regensdorf, Reinach (BL), Renens (VD), Riehen, St. Gallen, Schlieren (exklusive Mülligen), Wallisellen, Winterthur, Zollikofen

Stufe 1, CHF 1'200: Aarau, Adelboden, Adliswil, Aesch (BL), Arlesheim, Arosa, Baden, Bassersdorf, Bellevue, Belp, Bernex, Biel/Bienne, Bolligen, Bottmingen, Bremgarten bei Bern, Bülach, La Chaux-de-Fonds, Cologny, Collonge-Bellerive, Commugny, Coppet, Davos, Dietlikon, Dornach, Ecublens (VD), Effretikon, Embrach, Emmen, Emmenbrücke, Erlenbach (ZH), Freiburg, Genthod, Gland, Grindelwald, Gstaad, Herrliberg, Horgen, Jouxtens-Mézery, Kehrsatz, Kilchberg (ZH), Kriens, Küsnacht (ZH), Lenk, Locarno, Lugano, Lutry, Männedorf, Meilen, Mies, Montana, Montreux, Moosseedorf, Morges, Münchenbuchsee, Münsingen, Neuenburg, Nyon, Oberengstringen, Oberwil (BL), Olten, Opfikon, Paudex, Perly-Certoux, Plan-les-Ouates, Prangins, Pratteln, Pragny-Chambésy, Rheinfelden, Rubigen, Rümlang, St. Moritz, Schuls (Scuol), Schwerzenbach, Sion, Spreitenbach, Stäfa, Stettlen, Tannay, Thalwil, Therwil, Urdorf, Urtenen, Uster, Vandœuvres, Vechigen, Versoix, Vevey, Veyrier, Volketswil, Wädenswil, Wangen-Brüttisellen, Wohlen bei Bern, Worb, Zermatt, Zollikon, Zug, Zumikon.

🖐 Zur Umrechnung des Jahreslohnes auf den Stundenlohn gilt ein vereinbarter Divisor von 2070.

🖐 *Anfangslöhne:* Für Arbeitnehmer unter dem 18. Altersjahr kann für Beschäftigte ohne abgeschlossene Berufslehre der Anfangslohn bis zu 10 % herabgesetzt werden.

🖐 Die in Klammern gesetzten Zahlen bezeichnen die für die einzelnen Funktionen festgelegten Lohnstufen; es wird jeweils die unterste angegeben.

🖎 www.post.ch, www.syndicom.ch, www.espacemedia.ch/Produkte/Dienstleistung/Bevo AG, www.edsag.ch und www.epsilon-sa.ch

Tätigkeitsbereich *Wöchentliche Arbeitszeit*	Tätigkeit *Quelle, vertragliche Vereinbarungen*	Stunden- und Monatslohn

I   **Gastgewerbe, Beherbergung und Gastronomie**

55   **Beherbergung**

55.1   Hotels, Gasthöfe und Pensionen

55.10   Hotels, Gasthöfe, Pensionen und Motels
                             mit und ohne Restaurant

Gastgewerbe   **AVE-GAV-Löhne, gesamtschweizerischer Geltungsbereich**

42 Stunden, laut GAV   Mitarbeiter ohne Berufslehre,   **18.59**   **3'383.—**
                             Ausführung von Hilfsarbeiten und
Funktionsstufe I   qualifizierter Berufsarbeit

                             Mitarbeiter, welche keine qualifizierte   **17.66**   **3'213.85**
                             Berufsarbeit ausführen, während der ersten
                             6 Monate

                             Funktionsstufe I: Als qualifizierte Berufsarbeit gilt eine regel-
                             mässige Tätigkeit oder Funktion in einem Bereich oder Teilbe-
                             reich, die üblicherweise von Berufsleuten ausgeübt wird oder
                             die nicht als Hilfsarbeit zu werten ist. Im Bereich Küche fällt dar-
                             unter namentlich der Einsatz von Mitarbeitern ohne Berufs-
                             lehre für die Bereitstellung und die Herstellung von Speisen in
                             Teilbereichen, die ordentlicherweise in den Aufgabenbereich
                             eines Kochs oder Patissiers fallen. Ebenso fällt darunter die
                             Tätigkeit im Service.

Funktionsstufe II a   Mitarbeiter mit 2-jähriger Lehre sowie   **19.60**   **3'567.—**
                             eidgenössischem Berufsattest

Funktionsstufe II b   Mitarbeiter, gelernt, mit 3- oder   **21.01**   **3'823.—**
                             4-jähriger Lehre sowie eidgenössischem
                             Fähigkeitsausweis oder 7 Jahren
                             Berufspraxis einschliesslich der 2-jährigen
                             Lehre

                             Funktionsstufe II: Mitarbeiter mit Berufslehre oder gleichwer-
                             tiger Ausbildung.

Funktionsstufe III a   Mitarbeiter, gelernt, mit 3- oder   **22.92**   **4'172.—**
                             4-jähriger Lehre sowie eidgenössischem
                             Fähigkeitsausweis und 7 Jahren
                             Berufspraxis, einschliesslich der Lehre

Tätigkeitsbereich *Wöchentliche Arbeitszeit*	Tätigkeit *Quelle, vertragliche Vereinbarungen*	Stunden- und Monatslohn	
Funktionsstufe III b	Mitarbeiter, gelernt, mit 3- oder 4-jähriger Lehre sowie eidgenössischem Fähigkeitsausweis und 10 Jahren Berufspraxis, einschliesslich der Lehre	**25.26**	**4'597.—**
Funktionsstufe III c	Kader, regelmässige Führungsfunktion	**25.26**	**4'597.—**
Funktionsstufe III d	Mitarbeiter mit Berufsprüfung	**26.30**	**4'787.—**

Funktionsstufe III: Mitarbeiter mit höherer Ausbildung, besonderer Verantwortung oder langjähriger Berufspraxis, welche eine Berufsprüfung nach Art. 27 lit. a des Berufsbildungsgesetzes (BBG, SR 412.10) abgelegt haben oder eine Berufslehre, mit anschliessender 7-jähriger Berufspraxis einschliesslich Lehrzeit, aufweisen. Kader, denen regelmässig mindestens ein Mitarbeiter, Lehrling oder Teilzeitmitarbeiter eingeschlossen, unterstellt ist, sowie Mitarbeiter mit gleichwertiger Ausbildung oder Kaderfunktion. Als Kader gilt jener, welcher dem Mitarbeiter die Arbeit zuweist, überwacht, bewertet und Ansprechperson für diesen sowie Disziplinarvorgesetzter ist.

Funktionsstufe IV a	Kader bei regelmässiger Führung oder gleichwertiger Kaderfunktion	**31.54**	**5'740.—**

Funktionsstufe IV a: Kader, denen regelmässig mindestens die folgende Anzahl Mitarbeiter, einschliesslich Lehrlinge, unterstellt sind: Bereich Küche 4, Bereich Service 6, Bereich Halle/Réception 3, Bereich Hauswirtschaft 6 sowie übrige Bereiche 3 oder die eine gleichwertige Kaderfunktion ausüben.

Funktionsstufe IV b	Kader mit höherer Fachprüfung oder regelmässigem Führen von Mitarbeitern während mindestens 5 Jahren oder gleich- wertiger Kaderfunktion oder Ausbildung	**38.02**	**6'919.—**

Funktionsstufe IV b: Kader, die eine höhere Fachprüfung nach Art. 27 lit. a des Berufsbildungsgesetzes (BBG, SR 412.10) abgelegt haben oder denen regelmässig, während mindestens 5 Jahren, die folgende Anzahl Mitarbeiter, inklusive Lehrlinge, unterstellt sind: Bereich Küche 4, Bereich Service 6, Bereich Halle/Réception 3, Bereich Hauswirtschaft 6 sowie übrige Bereiche 3. Vorgenanntes gilt ebenfalls für jene, die eine gleichwertige Kaderfunktion ausüben oder entsprechende Ausbildung aufweisen.

📃 *AVE L-GAV des Gastgewerbes. Mindestlöhne, Art. 10.*

⚜ *Grundbeschluss AVE vom 19.11.1998, gültig bis 31.12.2013.*

📖 *AVE aus dem L-GAV des Gastgewerbes. Laufzeit ab 1.1.2010, ungekündigt.*

✎ *Auf Ende des Jahres werden ab dem 7. Anstellungsmonat 50% und ab Beginn des 2. Anstellungsjahres 75% des 13. Monatslohnes sowie ab Beginn des 3. Anstellungsjahres ein volles Monatsgehalt entrichtet. Bei unterjähriger Betriebszugehörigkeit wird jener anteilmässig ausbezahlt (Art. 12 AVE L-GAV).*

✎ *Der Mitarbeitende hat Anspruch auf jährlich 5 Wochen Ferien, entsprechend 35 Tagen pro Jahr und monatlich 2,92 Tagen (Art. 17 AVE L-GAV).*

✎ *Der Mitarbeitende hat Anspruch auf jährlich 6 Feiertage, entsprechend 0,5 Feiertagen monatlich (Art. 18 AVE L-GAV).*

📠 *Die Allgemeinverbindlichkeit wird für die ganze Schweiz ausgesprochen. Die allgemeinverbindlich erklärten Bestimmungen des L-GAV gelten für alle Arbeitgeber sowie Arbeitnehmenden (Teilzeitarbeitnehmende sowie Aushilfen inbegriffen) in Betrieben, die gastgewerbliche Leistungen anbieten. Darunter fallen insbesondere Betriebe, die gegen Entgelt Personen beherbergen oder Speisen oder Getränke zum Genuss an Ort und Stelle abgeben. Gastbetrieben gleichgestellt sind jene, die fertig zubereitete Speisen ausliefern. Gewinnorientierung wird hierbei nicht vorausgesetzt.*

📠 *Ausgenommen sind Kantinen und Personalrestaurants, die ausschliesslich dem betriebseigenen Personal dienen, sowie die mit Verkaufsgeschäften des Detailhandels räumlich verbundenen Restaurationsbetriebe mit in der Regel gleichen Öffnungszeiten und gleichen Arbeitsbedingungen wie im Verkaufsgeschäft. Ausgenommen sind weiter: Betriebsleiter, Direktoren; Musiker, Artisten, Discjockeys; Schüler von Fachschulen während des Schulbetriebes; Mitarbeiter, die überwiegend in einem Nebenbetrieb oder im Haushalt beschäftigt sind, sowie im Bahnbetrieb beschäftigtes Personal.*

✋ Bei Angestellten im Service kann für eine Einführungszeit von höchstens 6 Monaten ein um 5% tieferer Mindestlohn vereinbart werden, sofern dies schriftlich in einem Einzelarbeitsvertrag festgehalten wird.

🖐 www.union-helvetia.ch, www.gastronews.ch, www.gastroline.ch, www.hotelleriesuisse.ch;
www.l-gav.ch: Aktueller Vertragstext des L-GAV
www.gastrofacts.ch/Wissen/Personal

Tätigkeitsbereich *Wöchentliche Arbeitszeit*	Tätigkeit *Quelle, vertragliche Vereinbarungen*	Stunden- und Monatslohn

Gastgewerbe:
Praktikanten, Stagiaires
und Kurzaufenthalter

AVE-GAV-Löhne, gesamtschweizerischer Geltungsbereich

	Gastgewerblicher Angestellter, ohne Berufslehre	**18.59**	**3'383.—**
Kurzaufenthalter	Hilfsarbeiten und qualifizierte Berufsarbeit mit Berufslehre	**21.01**	**3'823.—**
Praktikanten und Hotelfachschüler	Praktikant (laut Art. 22 AuG und Art. 11, L-GAV)	**11.90**	**2'168.—**
	Praktikant (laut Art. 20, 22 und 32 AuG sowie Art. 19 VZAE)	**21.01**	**3'823.—**
Stagiaires	Mit Berufslehre (laut Art. 22 und 30, Abs. 1, lit. g, AuG sowie Art. 42 VZAE)	**21.01**	**3'823.—**
	Ungelernte Mitarbeiter, bis vollendetem 17. Altersjahr und entsprechend 80% der Funktionsstufe I (Art. 10 Abs. 3 L-GAV)	**14.87**	**2'706.40**

AVE L-GAV des Gastgewerbes. Mindestlöhne, Art. 10 und 11.

AVE aus dem L-GAV des Gastgewerbes. Laufzeit ab 1.1.2010, ungekündigt.

Bundesgesetz über die Ausländerinnen und Ausländer (AuG, SR 142.20) und Verordnung über Zulassung, Aufenthalt und Erwerbstätigkeit (VZAE, SR 142.201).

Der Mitarbeitende hat Anspruch auf jährlich 5 Wochen Ferien: Entspricht 35 Kalendertagen pro Jahr und monatlich 2,92 Tagen (Art. 17 AVE L-GAV).

Der Mitarbeitende hat Anspruch auf jährlich 6 Feiertage, entsprechend 0,5 Feiertagen monatlich (Art. 18 AVE L-GAV).

Stagiaires aus dem EU-Raum: Aufgrund der bilateralen Verträge der Schweiz mit der Europäischen Union geniessen junge ausländische Berufsleute aus den Staaten der EG-17/EFTA sowie Malta und Zypern in der Schweiz seit 1. Juni 2004 bessere Aufenthalts- und Arbeitsbedingungen als jene, für welche die Stagiaires-Abkommen gelten. Diese werden nicht gekündigt, bleiben aber seit dem Wegfall der EU-Übergangsbestimmungen ohne praktische Anwendung. Staatsangehörige der EU-Staaten Bulgarien, Polen, Rumänien, Slowakei, Tschechien und Ungarn benötigen nach wie vor eine Arbeitsbewilligung. Für diese bleiben die Stagiaires-Abkommen vorläufig die einfachste Möglichkeit, zu einer Schweizer Aufenthalts- und Arbeitsbewilligung zu gelangen. Stagiaires aus diesen Ländern unterstehen der Visumspflicht.

☝ *Stagiaires aus aller Welt:* Die Schweiz hat im Sinne von Art. 100 Abs. 2 lit. e AuG mit einigen Staaten Stagiaires-Abkommen geschlossen. Dies, um jungen Berufsleuten eine Erweiterung ihrer beruflichen und sprachlichen Kenntnisse in unserem Land zu ermöglichen. Stagiaires sind Personen zwischen 18 und 30 bis 35 Jahren mit abgeschlossener Berufsausbildung von mindestens 2 Jahren, die im Partnerstaat für beschränkte Zeit während höchstens 18 Monaten ihre beruflichen und sprachlichen Kenntnisse erweitern. Als solche werden Staatsangehörige folgender Länder zugelassen: Argentinien, Australien, Kanada, Monaco, Neuseeland, Philippinen, Russland, Südafrika, Ukraine und USA. Das Berufspraktikum muss im erlernten Beruf erfolgen. Teilzeitarbeit ist im Rahmen der Stagiaires-Programme nicht möglich, die Ausübung einer selbstständigen Tätigkeit ist nicht gestattet. Die Entlöhnung muss den orts- und berufsüblichen Ansätzen entsprechen.

☝ *Praktikanten:* Als Praktikant im Sinne von Art. 11 des L-GAV für das Gastgewerbe gelten jene, die ein Praktikum durchlaufen, welches Bestandteil des Lehrgangs einer in der Schweiz ansässigen, gastgewerblichen Fachschule bildet.

Als gastgewerblicher Praktikant im Sinne des Bundesgesetzes über die Ausländerinnen und Ausländer AuG (SR 142.20) gelten Angehörige aus dem EU-/EFTA-Raum mit Hotelfachabschluss. Diese haben die Möglichkeit, ein Weiterbildungsprogramm zu durchlaufen, welches in Zusammenarbeit mit den Branchenverbänden erarbeitet wurde. Im Betrieb, in welchem das Programm durchgeführt wird, darf hierbei höchstens ein Viertel der Stellen von Personen in Ausbildung besetzt sein. Die Angestellten des Betriebs müssen zusammen wenigstens 500 Stellenprozente ausmachen. Dieser muss zudem über mindestens 40 Innenplätze verfügen. Die Aufenthalte der Praktikanten sind jeweils grundsätzlich auf 12 Monate beschränkt, und diese dürfen höchstens 30 Jahre alt sein. Der Lohn muss mindestens jenem des L-GAV des Gastgewerbes, Funktionsstufe IIb, entsprechen.

☜ www.union-helvetia.ch, www.gastronews.ch, www.gastroline.ch
www.l-gav.ch: Aktueller Vertragstext des L-GAV
www.hotelleriesuisse.ch
www.gastrofacts.ch/Wissen/Personal

Stand 1.1.2010

Tätigkeitsbereich *Wöchentliche Arbeitszeit*	Tätigkeit *Quelle, vertragliche Vereinbarungen*	Stunden- und Monatslohn	
56	**Gastronomie**		
56.1	Restaurants, Gaststätten, Imbissstuben, Cafés und Eissalons		
56.10	Gastronomie, Speisewagen		

Bahnstewards	**GAV-Löhne, gesamtschweizerischer Geltungsbereich**		
42 Stunden, berufsüblich	Steward	**19.05**	**3'470.—**
	Obersteward	**20.15**	**3'670.—**
Speisewagen und Railbar	Chef de Service, Chefsteward	**21.80**	**3'970.—**
	Koch, gelernt	**21.80**	**3'970.—**
	Koch, ohne Lehrabschluss	**20.15**	**3'670.—**
	WR-Gehilfe (Speisewagen-Gehilfe)	**19.05**	**3'470.—**
Nachtzug	Nachtzugbegleiter	**19.60**	**3'570.—**
	Teamleiter Nachtzug	**21.25**	**3'870.—**
Stationäre Bahnhofgastronomie	Steward	**19.05**	**3'470.—**
	Obersteward	**20.70**	**3'770.—**
	Magaziner, Produktionsmitarbeiter	**19.90**	**3'620.—**
	Wagenreiniger	**19.90**	**3'620.—**
Aushilfen	Steward	**22.75**	–
	Nachtzugbegleiter	**22.45**	–
	Steward, stationäre Bahnhofgastronomie	**23.45**	–
	Magaziner, Produktionsmitarbeiter	**22.45**	–
	Wagenreiniger	**22.45**	–

Tätigkeitsbereich *Wöchentliche Arbeitszeit*	Tätigkeit *Quelle, vertragliche Vereinbarungen*	Stunden- und Monatslohn

Bahnstewards,
Überzeitzuschläge

GAV-Löhne, gesamtschweizerischer Geltungsbereich

Fest angestellte	Steward	**26.65**	–
	Obersteward	**28.25**	–
	Chef de Service, Chefsteward	**30.55**	–
	Koch, gelernt	**30.55**	–
	Koch, ohne Lehrabschluss	**28.25**	–
	WR-Gehilfe (Speisewagen-Gehilfe)	**26.65**	–
Nachtzug	Nachtzugbegleiter	**27.45**	–
	Teamleiter Nachtzug	**29.75**	–
Stationäre	Steward	**26.65**	–
Bahnhofgastronomie	Obersteward	**28.95**	–
Logistik	Magaziner, Produktionsmitarbeiter	**27.85**	–
	Wagenreiniger	**27.85**	–
Aushilfen	Steward	**28.45**	–
	Nachtzugbegleiter	**28.05**	–
	Steward, stationäre Bahnhofgastronomie	**29.35**	–
	Magaziner, Produktionsmitarbeiter	**28.05**	–
	Wagenreiniger	**28.05**	–

📖 *GAV Elvetino. Lohnbestimmungen, Art. 23.*

⧗ *Laufzeit des GAV ab 1.1.2006, ungekündigt.*

✎ *13. Monatslohn: Vertraglich vereinbart (Art. 22 GAV). Zur Ermittlung des Jahreslohnes muss mit 13 multipliziert werden.*

✎ *Zulagen für Zugbegleiter: Pro Dienstreise ins Ausland CHF 50 zur Abgeltung aller dienstbedingten Auslagen. Sofern die Reisezeit mehr als 15 Stunden pro Weg dauert, beträgt jene CHF 65. Couplage: Dem Mitarbeiter, der mehr als einen Wagen betreuen muss, wird eine Zulage von CHF 50 pro zusätzlich bedientem Wagen und pro Weg ausgerichtet; sofern die reguläre Reisezeit mehr als 15 Stunden pro Weg beträgt: CHF 75 (Art. 24 GAV).*

✎ *Reinigung: Dem im Ausland in der Wagenbegleitung eingesetzten Reinigungsmitarbeiter für Schlaf- oder Liegewagen wird eine Entschädigung von CHF 55 pro gereinigtem Wagen ausgerichtet (Art. 24, 26 und 28 GAV).*

✎ *Ferienanspruch: Bis zum 20. Altersjahr 36 Tage. Ab jeweils vollendetem 21. Altersjahr 30 Tage, 50. Altersjahr 36 Tage und 60. Altersjahr 42 Tage (Art. 18 GAV).*

✋ Stewards und Railbar-Angestellten stehen 3% des Umsatzes zu.

Stand 1.1.2010   📖 www.elvetino.ch

Tätigkeitsbereich *Wöchentliche Arbeitszeit*	Tätigkeit *Quelle, vertragliche Vereinbarungen*	Stunden- und Monatslohn	

56.2   Caterer und Erbringung sonstiger Verpflegungsdienstleistungen

56.21   Event-Caterer

Caterer und Traiteure   **GAV-Löhne, Grossregion Zürich**

42 Stunden, laut GAV	ab 20. Altersjahr	17.30	3'150.—
	ab 25. Altersjahr	17.80	3'248.—
Betriebsangestellte und	ab 30. und 31. Altersjahr	17.95	3'272.—
Magaziner,	ab 36. und 37. Altersjahr	18.10	3'296.—
Salärgruppe A	ab 40. Altersjahr	18.20	3'313.—
	Betriebsangestellter, Salärbandmaximum	20.60	3'756.—
	Magaziner, Salärbandmaximum	20.90	3'800.—
Angelernte	ab 20. Altersjahr	18.70	3'400.—
Kaufmännische Angestellte,	ab 25. Altersjahr	19.20	3'498.—
Hilfskoch	ab 30. und 31. Altersjahr	19.35	3'522.—
und Transportarbeiter,	ab 36. und 37. Altersjahr	19.50	3'546.—
Salärgruppe B	ab 40. Altersjahr	19.60	3'563.—
	Salärbandmaximum	22.25	4'050.—
Kurszusammensteller,	ab 20. Altersjahr	20.30	3'700.—
Salärgruppe B	ab 25. Altersjahr	20.85	3'798.—
	ab 30. und 31. Altersjahr	21.—	3'822.—
	ab 36. und 37. Altersjahr	21.15	3'846.—
	ab 40. Altersjahr	21.25	3'863.—
	Salärbandmaximum	23.90	4'350.—
Lagerist,	ab 20. Altersjahr	21.20	3'863.—
Lastwagen-Chauffeur	ab 25. Altersjahr	21.75	3'961.—
mit internationalem	ab 30. und 31. Altersjahr	21.90	3'985.—
Führerausweis,	ab 36. und 37. Altersjahr	22.05	4'009.—
Salärgruppe C	ab 40. Altersjahr	22.15	4'026.—
	Salärbandmaximum	25.30	4'590.—
Jungkoch,	ab 20. Altersjahr	20.—	3'645.—
Salärgruppe D	ab 24. Altersjahr	20.—	3'645.—
	ab 25. Altersjahr	20.55	3'743.—
Bäcker, Koch, Patissier,	ab 20. Altersjahr	22.10	4'026.—
kaufmännische Angestellte	ab 25. Altersjahr	22.65	4'124.—
und Lastwagen-Chauffeur	ab 30. und 31. Altersjahr	22.80	4'148.—
mit Fahrausweis C,	ab 36. und 37. Altersjahr	22.95	4'172.—
Salärgruppe C	ab 40. Altersjahr	23.05	4'189.—
	Salärbandmaximum	27.20	4'954.—

Tätigkeitsbereich *Wöchentliche Arbeitszeit*	Tätigkeit *Quelle, vertragliche Vereinbarungen*	Stunden- und Monatslohn	
Metzger, Salärgruppe D	ab 20. Altersjahr	22.70	4'135.—
	ab 25. Altersjahr	23.25	4'233.—
	ab 30. und 31. Altersjahr	23.40	4'257.—
	ab 36. und 37. Altersjahr	23.55	4'281.—
	ab 40. Altersjahr	23.65	4'298.—
	Salärbandmaximum	27.90	5'077.—
Sachbearbeiter, Salärgruppe E	ab 20. Altersjahr	23.—	4'190.—
	ab 25. Altersjahr	23.55	4'288.—
	ab 30. und 31. Altersjahr	23.70	4'312.—
	ab 36. und 37. Altersjahr	23.85	4'336.—
	ab 40. Altersjahr	23.95	4'353.—
	Salärbandmaximum	31.60	5'750.—
Buffetkontrolleur, Salärgruppe E	ab 20. Altersjahr	23.30	4'242.—
	ab 25. Altersjahr	23.85	4'340.—
	ab 30. und 31. Altersjahr	24.—	4'364.—
	ab 36. und 37. Altersjahr	24.10	4'388.—
	ab 40. Altersjahr	24.20	4'405.—
	Salärbandmaximum	28.70	5'219.—
Angestellte mit Spezialfunktionen und Einkäufer, Salärgruppe E	ab 20. Altersjahr	23.60	4'298.—
	ab 25. Altersjahr	24.15	4'396.—
	ab 30. und 31. Altersjahr	24.30	4'420.—
	ab 36. und 37. Altersjahr	24.45	4'444.—
	ab 40. Altersjahr	24.55	4'461.—
	Salärbandmaximum	31.60	5'750.—
Assistent, Instruktor und Systemspezialist, Salärgruppe E	ab 20. Altersjahr	24.20	4'407.—
	ab 25. Altersjahr	24.75	4'505.—
	ab 30. und 31. Altersjahr	24.90	4'529.—
	ab 36. und 37. Altersjahr	25.05	4'553.—
	ab 40. Altersjahr	25.10	4'570.—
	Salärbandmaximum	31.60	5'750.—
	Supervisor, Salärbandmaximum	31.60	5'219.—
Chef de Partie, Salärgruppe F	ab 20. Altersjahr	23.40	4'624.—
	ab 25. Altersjahr	25.95	4'722.—
	ab 30. und 31. Altersjahr	26.10	4'746.—
	ab 36. und 37. Altersjahr	26.20	4'770.—
	ab 40. Altersjahr	26.30	4'787.—
	Salärbandmaximum	30.10	5'485.—

📖 GAV zwischen der Gate-Gourmet Catering, Zürich, und der Gate-Gourmet Switzerland GmbH, GGZ, einerseits sowie dem VPOD, Schweizerischer Verband des Personals öffentlicher Dienste, Sektion Luftverkehr, andererseits. Mindestlöhne, Art. 6.

⌛ Laufzeit des GAV ab 1.1.2007, ungekündigt.

Tätigkeitsbereich _Wöchentliche Arbeitszeit_	Tätigkeit _Quelle, vertragliche Vereinbarungen_	Stunden- und Monatslohn

✎ *Der 13. Monatslohn ist vertraglich vereinbart (Art. 6.3 GAV). Zur Ermittlung des Jahreslohnes muss mit 13 multipliziert werden.*

✎ *Der Ferienanspruch beträgt ab dem 20. Altersjahr 20 Tage, nach Vollendung des 45. Lebensjahres und mindestens 5 Dienstjahren, oder nach 20 Dienstjahren, 25 Tage sowie 28 Tage nach Vollendung des 60. Lebensjahres (Art. 4.4 GAV).*

✋ Dienstaltersschritt: Für Betriebsangestellte beträgt jener CHF 8.15, für Berufsangestellte und Spezialisten der Lohnkategorie C CHF 10.15 und für jene der Lohnkategorie D, E und F CHF 12.25 jährlich sowie über einen Zeitraum von maximal 18 Jahren. Für dauernde, unregelmässige Arbeitszeiten wird monatlich ein Zuschlag von CHF 111 entrichtet.

✋ Bei jugendlichen Angestellten liegen die Löhne in der Regel 10 % unter dem jeweiligen Funktions-Minimum.

Stand 1.1.2010   ☞ www.gategourmet.com und www.vpod.ch

56.29	Betrieb von Kantinen und Cafeterias

Kantinenangestellte   **L-GAV-Löhne, gesamtschweizerischer Geltungsbereich**

42 Stunden, laut L-GAV	Mitarbeiter ohne Berufslehre, Ausführung von Hilfsarbeiten und	**18.59**	**3'383.—**
Funktionsstufe I	qualifizierter Berufsarbeit		
	Mitarbeiter, welche keine qualifizierte Berufsarbeit ausführen, während der ersten 6 Monate im Gastgewerbe	**17.66**	**3'213.85**

Funktionsstufe I: Als qualifizierte Berufsarbeit gilt eine regelmässige Tätigkeit oder Funktion in einem Bereich, die üblicherweise von Berufsleuten ausgeübt wird oder nicht als Hilfsarbeit zu werten ist. Im Bereich Küche fällt hierunter der Einsatz von Mitarbeitern ohne Berufslehre für die Bereitstellung und die Herstellung von Speisen in Teilbereichen, die üblicherweise in den Aufgabenbereich eines Kochs oder Patissiers fallen, sowie eine Tätigkeit im Service.

Tätigkeitsbereich *Wöchentliche Arbeitszeit*	Tätigkeit *Quelle, vertragliche Vereinbarungen*	Stunden- und Monatslohn	
Funktionsstufe II a	Mitarbeiter mit 2-jähriger Lehre sowie eidgenössischem Berufsattest	**19.60**	**3'567.—**
Funktionsstufe II b	Mitarbeiter gelernt, mit 3- bis 4-jähriger Lehre, eidgenössischem Fähigkeitsausweis oder 7 Jahren Berufspraxis, bei 2-jähriger Lehre, einschliesslich dieser	**21.01**	**3'823.—**
	Funktionsstufe II: Mitarbeiter mit Berufslehre oder gleichwertiger Ausbildung.		
Funktionsstufe III a	Mitarbeiter gelernt, mit 3- bis 4-jähriger Lehre sowie eidgenössischem Fähigkeitsausweis und 7 Jahren Berufspraxis, einschliesslich der Lehre	**22.92**	**4'172.—**
Funktionsstufe III b	Mitarbeiter gelernt, mit 3- bis 4-jähriger Lehre sowie eidgenössischem Fähigkeitsausweis und 10 Jahren Berufspraxis, einschliesslich der Lehre	**25.26**	**4'597.—**
Funktionsstufe III c	Kader, regelmässige Führungsfunktion	**25.26**	**4'597.—**
Funktionsstufe III d	Mitarbeiter mit Berufsprüfung	**26.30**	**4'787.—**
	Funktionsstufe III: Mitarbeiter mit höherer Ausbildung, besonderer Verantwortung oder langjähriger Berufspraxis, welche eine Berufsprüfung nach Art. 27 lit. a des Berufsbildungsgesetzes (BBG, SR 412.10) abgelegt haben oder eine Berufslehre, mit anschliessender 7-jähriger Berufspraxis einschliesslich Lehrzeit, aufweisen. Kader, denen regelmässig mindestens ein Mitarbeiter, Lehrling oder Teilzeitmitarbeiter eingeschlossen, unterstellt ist, sowie Mitarbeiter mit gleichwertiger Ausbildung oder Kaderfunktion. Als Kader gilt jener, welcher dem Mitarbeiter die Arbeit zuweist, überwacht, bewertet und Ansprechperson für diesen sowie Disziplinarvorgesetzter ist.		

Tätigkeitsbereich *Wöchentliche Arbeitszeit*	Tätigkeit *Quelle, vertragliche Vereinbarungen*	Stunden- und Monatslohn
Funktionsstufe IV a	Kader bei regelmässiger Führung oder gleichwertiger Kaderfunktion	**31.54 5'740.—**

Funktionsstufe IVa: Kader, denen regelmässig mindestens die folgende Anzahl Mitarbeiter, einschliesslich Lehrlinge, unterstellt ist: Bereich Küche 4, Bereich Service 6, Bereich Halle/ Réception 3, Bereich Hauswirtschaft 6 sowie übrige Bereiche 3 oder die eine gleichwertige Kaderfunktion ausüben.

Funktionsstufe IV b	Kader mit höherer Fachprüfung oder regelmässigem Führen von Mitarbeitern während mindestens 5 Jahren oder gleichwertiger Kaderfunktion oder Ausbildung	**38.02 6'919.—**

Funktionsstufe IVb: Kader, die eine höhere Fachprüfung nach Art. 27 lit. a des Berufsbildungsgesetzes (BBG, SR 412.10) abgelegt haben oder denen regelmässig, während mindestens 5 Jahren, die folgende Anzahl Mitarbeiter, inklusive Lehrlinge, unterstellt ist: Bereich Küche 4, Bereich Service 6, Bereich Halle/Réception 3, Bereich Hauswirtschaft 6 sowie übrige Bereiche 3. Vorgenanntes gilt ebenfalls für jene, die eine gleichwertige Kaderfunktion ausüben oder eine entsprechende Ausbildung aufweisen.

📖 *L-GAV des Gastgewerbes abgeschlossen zwischen den Arbeitnehmerverbänden Hotel & Gastro Union, Unia und Syna sowie den Arbeitgeberverbänden SCA Swiss Catering Association, GastroSuisse und der Hotelleriesuisse. Mindestlöhne, Art. 10.*

⏳ *Laufzeit des GAV ab 1.1.2010, ungekündigt.*

✏ *Auf Ende des Jahres werden ab dem 7. Anstellungsmonat 50% und ab Beginn des 2. Anstellungsjahres 75% des 13. Monatslohnes sowie ab Beginn des 3. Anstellungsjahres ein volles Monatsgehalt entrichtet. Bei unterjähriger Betriebszugehörigkeit wird jener anteilmässig ausbezahlt (Art. 12 AVE GAV).*

✏ *Der Mitarbeitende hat Anspruch auf jährlich 5 Wochen Ferien, entsprechend 35 Tagen pro Jahr und monatlich 2,92 Tagen (Art. 17 AVE GAV).*

✏ *Der Mitarbeitende hat Anspruch auf jährlich 6 Feiertage, entsprechend 0,5 Feiertagen monatlich (Art. 18 AVE GAV).*

🖳 www.union-helvetia.ch, www.gastronews.ch, www.gastroline.ch
www.l-gav.ch: Aktueller Vertragstext des L-GAV
www.hotelleriesuisse.ch

www.gastrofacts.ch/Wissen/Personal

Tätigkeitsbereich Wöchentliche Arbeitszeit	Tätigkeit *Quelle, vertragliche Vereinbarungen*	Stunden- und Wochengage

J   **Information und Kommunikation**

59   **Herstellung, Verleih und Vertrieb von Filmen und Fernsehprogrammen; Kinos, Tonstudios und Musikverlage**

59.1   Herstellung von Film- und Fernsehprogrammen, deren Verleih und Vertrieb sowie Kinos

59.11   Herstellung von Filmen, Videos und Fernsehprogrammen

Filmtechniker   *Gesamtschweizerische Lohnempfehlung, Wochenengagement*

Tätigkeit	Stundengage	Wochengage
50 Stunden, berufsüblich Aufnahmeleiter	*18.65*	*1'510.—*
Aufnahmeleiterassistent	*13.25*	*1'075.—*
Spiel- und Ausstatter	*18.50*	*1'500.—*
Dokumentarfilme Ausstattungsassistent	*15.20*	*1'230.—*
Ausstattungsleiter	*23.10*	*1'870.—*
Beleuchter	*17.45*	*1'415.—*
Beleuchter, Chef	*20.25*	*1'640.—*
Coiffeur, Hair-Stylist	*15.75*	*1'275.—*
Continuity	*18.65*	*1'510.—*
Decorbau	*17.15*	*1'390.—*
Editor (Cutter)	*18.15*	*1'470.—*
Editor-Assistant (Cutter-Assistent)	*15.75*	*1'275.—*
Editor (Cutter), Chef	*20.60*	*1'670.—*
Focus-Puller	*19.65*	*1'590.—*
Garderobe	*17.15*	*1'390.—*
Grip, Maschinist	*17.45*	*1'415.—*
Kamera-Assistent, zweiter	*14.70*	*1'190.—*
Kameramann, Chef	*45.10*	*3'655.—*
Kameramann, bei kleinen Projekten	*32.40*	*2'625.—*
Key Grip	*20.25*	*1'640.—*
Kostümassistent	*15.20*	*1'230.—*
Kostümbildner	*21.60*	*1'750.—*
Maschinist	*17.45*	*1'415.—*
Maschinist, Chef	*20.25*	*1'640.—*
Maskenbildner	*17.80*	*1'440.—*
Maskenbildnerassistent	*13.70*	*1'110.—*
Maskenbildner, Chef	*20.60*	*1'670.—*

Tätigkeitsbereich *Wöchentliche Arbeitszeit*	Tätigkeit *Quelle, vertragliche Vereinbarungen*	Stunden- und Wochengage	
	Perchman	*18.15*	*1'470.—*
	Produktionsassistent	*15.20*	*1'230.—*
	Produktionsleiter	*26.—*	*2'105.—*
	Produktionsleiter, kleine Projekte	*21.10*	*1'710.—*
	Produktions-Sekretär	*13.25*	*1'075.—*
	Regieassistent	*21.10*	*1'710.—*
	Regieassistent, zweiter	*15.45*	*1'250.—*
	Requisiteur	*17.15*	*1'390.—*
	Schwenker	*23.10*	*1'870.—*
	Set-Aufnahmeleiter	*15.45*	*1'250.—*
	Ton-Editor	*18.15*	*1'470.—*
	Tonmeister	*23.10*	*1'870.—*
	Tonoperateur	*18.50*	*1'500.—*
	Video-Techniker	*19.65*	*1'590.—*

📖 *Schweizer Syndikat Film und Video, Allgemeine Anstellungsbedingungen für freie technische und künstlerische Mitarbeiterinnen und Mitarbeiter der Film- und Audiovisionsproduktion.*

⧗ *Laufzeit der Anstellungsbedingungen ab 1.1.2007, ungekündigt.*

▦ *Lohnempfehlungen des Schweizer Syndikats Film und Video.*

✎ *Arbeitszeit: Bei einem Arbeitsverhältnis von mehr als 4 Tagen gilt für Arbeiten im Schneideraum die 5-Tage-Woche zu 40 Stunden. Der Überstundenzuschlag ist erst ab der 50. Stunde geschuldet. Die tägliche Transportzeit von mehr als 1 Stunde, von einem zumutbaren Besammlungsort zum Drehort, gilt als Arbeitszeit; die Transportzeit zwischen auswärtigen Besammlungsorten ebenso. Bei Dreharbeiten im Ausland gilt die reine Reisezeit zur Hälfte als Arbeitszeit (Art. 11 GAV).*

✎ *Die Ferienentschädigung beträgt 8,33% des vereinbarten Grundlohnes; für Mitarbeiter unter 20 oder über 50 Jahren beträgt sie 10,6%. Für Spesen gelten folgende Ansätze: Frühstück CHF 10, Hauptmahlzeit CHF 26 und ab dem 6. Drehtag ein tägliches Wäschegeld von CHF 7.50 (Art. 17 GAV).*

🖐 Lohnstufe I: 1. bis 4. langer Film und 1. bis 3. Berufsjahr, ab 1.6.2009 unverändert.

🖑 www.ssfv.ch, www.swissfilm.org, www.swissfilmproducers.ch und www.garp-cinema.ch

Tätigkeitsbereich *Wöchentliche Arbeitszeit*	Tätigkeit *Quelle, vertragliche Vereinbarungen*	Stunden- und Tagesgage	
Filmtechniker	***Gesamtschweizerische Lohnempfehlung,*** ***Tagesengagement***		
9 Stunden täglich,	Aufnahmeleiter	*52.80*	*475.—*
berufsüblich	Aufnahmeleiterassistent	*32.80*	*295.—*
	Ausstatter	*56.65*	*510.—*
Werbe-	Ausstattungsassistent	*36.10*	*325.—*
und Auftragsfilme	Beleuchter	*43.35*	*390.—*
	Coiffeur, Hair-Stylist	*52.80*	*475.—*
	Continuity	*52.80*	*475.—*
	Decorbau	*42.20*	*380.—*
	Editor (Cutter)	*55.—*	*495.—*
	Editor-Assistant (Cutter-Assistent)	*36.10*	*325.—*
	Focus-Puller	*48.90*	*440.—*
	Garderobe	*37.20*	*335.—*
	Grip, Maschinist	*43.35*	*390.—*
	Kamera-Assistent	*48.90*	*440.—*
	Kamera-Assistent, zweiter	*32.80*	*295.—*
	Kameramann, bei kleinen Projekten	*78.90*	*710.—*
	Kostümassistent	*36.10*	*325.—*
	Kostümbildner	*66.10*	*595.—*
	Maskenbildner	*52.80*	*475.—*
	Maskenbildnerassistent	*32.20*	*290.—*
	Perchman	*37.20*	*335.—*
	Produktionsassistent	*32.80*	*295.—*
	Produktionsleiter	*67.20*	*605.—*
	Produktionsleiter, kleine Projekte	*62.20*	*560.—*
	Produktions-Sekretär	*28.35*	*255.—*
	Regieassistent	*56.65*	*510.—*
	Regieassistent, zweiter	*32.80*	*295.—*
	Requisiteur	*42.20*	*380.—*
	Schwenker	*55.55*	*500.—*
	Set-Aufnahmeleiter	*38.35*	*345.—*
	Ton-Editor	*46.10*	*415.—*
	Tonoperateur	*41.65*	*375.—*
	Video-Techniker	*50.55*	*455.—*

📖 *Schweizer Syndikat Film und Video, Arbeitsbedingungen für freie technische und künstlerische Mitarbeiterinnen und Mitarbeiter der Film- und Audiovisionsproduktion.*

⌛ *Laufzeit der Anstellungsbedingungen ab 1.1.2007, ungekündigt.*

🎞 *Lohnempfehlungen des Schweizer Syndikats Film und Video.*

✏ *Fernsehproduktionen: Für Auftrags- oder Koproduktionen mit Fernsehanstalten gelten in der Regel die Ansätze für Spiel- und Dokumentarfilme oder um 25% reduzierte Tagesansätze (Art. 15.4 GAV).*

✏ *Entschädigungen: Die Tagesgage bildet die Berechnungsgrundlage für die Lohnzahlungen und Zuschläge. Der Stundenansatz für Über- und Nachtstunden beträgt ⅑ der Tagesgage. Für angeordnete Nachtarbeit zwischen 23.00 und 05.00 Uhr ist ein Zuschlag von 25% zu bezahlen. Die Zuschläge für Überstunden betragen: Für die 10. und 11. Stunde 25%, für die 12. und 13. Stunde 50%, für die 14. und 15. Stunde 100% sowie ab der 16. Stunde 150%. Nacht- und Überstundenzuschläge werden kumuliert. Vorbereitungs- und Aufräumarbeiten an zusätzlichen Tagen werden bis zu 5 Stunden mit 60% der Tagesgage vergütet (Art. 15 und 16 GAV).*

✏ *Die Ferienentschädigung beträgt 8,33% des vereinbarten Grundlohnes; für Mitarbeiter unter 20 oder über 50 Jahren beträgt sie 10,6%. Für Spesen gelten folgende Ansätze: Frühstück CHF 10, Hauptmahlzeit CHF 26 und ab dem 6. Drehtag ein tägliches Wäschegeld von CHF 7.50 (Art. 17 GAV).*

✋ Die 1 Stunde übersteigende, tägliche Transportzeit ab Produktionssitz gilt als Arbeitszeit; das Lenken von Fahrzeugen im Auftrag der Produktion ebenso.

✋ Lohnstufe I: 1. bis 4. langer Film und 1. bis 3. Berufsjahr, ab 1.6.2009 unverändert.

✍ www.ssfv.ch, www.swissfilm.org, www.swissfilmproducers.ch und www.garp-cinema.ch

Stand 1.1.2011

Tätigkeitsbereich *Wöchentliche Arbeitszeit*	Tätigkeit *Quelle, vertragliche Vereinbarungen*	Stunden- und Monatslohn

59.14 | Kinos

Kinopersonal | ***Lohnempfehlung der Grossregion Zürich***

43 Stunden, berufsüblich	Kassen-, Kiosk- und Garderobepersonal	*22.20*	*4'139.—*
	sowie Placeure	*17.85*	*3'323.—*
	Operateur mit Fachausweis, 1. Dienstjahr	*23.15*	*4'318.—*
	ab 2. Dienstjahr	*24.05*	*4'477.—*
	ab 3. Dienstjahr	*24.65*	*4'597.—*
	ab 4. Dienstjahr	*25.30*	*4'711.—*
	ab 5. Dienstjahr	*26.20*	*4'884.—*
	ab 10. Dienstjahr	*29.85*	*5'566.—*
	Ablöser	*24.65*	*4'589.—*
	Visionen und Sonntag-Matinéen,	*95.20*	–
	bis 3 Stunden Vorführdauer, pauschal		
	Operateur ohne Fachausweis, 1. Dienstjahr	*21.60*	*4'029.—*
	ab 2. Dienstjahr	*22.40*	*4'176.—*
	ab 3. Dienstjahr	*23.10*	*4'307.—*
	ab 4. Dienstjahr	*23.80*	*4'438.—*
	ab 5. Dienstjahr	*24.80*	*4'623.—*

📖 *GAV für die Kinobranche im Kanton Zürich.*

⧖ *Laufzeit des GAV ab 1.1.2004, ungekündigt.*

▦ *Ehemals im GAV für Operateure vereinbarte Löhne.*

✋ 13. Monatslohn: Berufsüblich, jedoch nicht vertraglich verein-
bart. Zur Ermittlung des Jahreslohnes muss mit 13 multipliziert
werden.

✐ *Ab 20. Dienstjahr stehen dem Mitarbeiter 5 Wochen Ferien zu
(Art. 9.1 GAV).*

✋ Die Jahresteuerung wird seit 2001 aufgerechnet.

Stand 1.1.2011 | ✍ www.procinema.ch, www.ssfv.ch und www.unia.ch

Tätigkeitsbereich *Wöchentliche Arbeitszeit*	Tätigkeit *Quelle, vertragliche Vereinbarungen*	Stunden- und Monatslohn	
60	**Rundfunkveranstalter**		
60.1	Radioveranstalter		
60.10	Übertragung von Tonsignalen durch Rundfunkstudios		
Radioveranstalter	**GAV-Löhne, gesamtschweizerischer Geltungsbereich**		
40 Stunden, laut GAV	Redaktor mit Spezialgebiet 1	**42.40**	**7'353.—**
	Redaktor mit Spezialgebiet 2	**40.—**	**6'937.—**
Fachredaktion	Korrespondent, Ausland 1	**45.50**	**7'884.—**
	Korrespondent, Ausland 2	**41.70**	**7'225.—**
	Musikregisseur	**37.75**	**6'545.—**
Redaktion Wort und Musik	Fachredaktor 1	**36.70**	**6'358.—**
	Fachredaktor 2	**32.65**	**5'659.—**
	Fachredaktor 1 mit Moderation	**37.55**	**6'507.—**
	Fachredaktor Sport 1	**38.20**	**6'622.—**
	Fachredaktor Sport 2	**34.60**	**5'998.—**
	Journalier	**37.55**	**6'507.—**
	Journalist 1	**35.40**	**6'140.—**
	Journalist 2	**29.75**	**5'157.—**
	Korrespondent Inland 1	**37.10**	**6'432.—**
	Korrespondent Inland 2	**34.60**	**5'998.—**
	Musikredaktor 1	**35.65**	**6'175.—**
	Musikredaktor 2	**30.25**	**5'247.—**
	Musikredaktor 1 mit Fachgebiet	**37.10**	**6'432.—**
	Musikredaktor 2 mit Moderation	**32.10**	**5'562.—**
	Nachrichtenredaktor	**35.—**	**6'069.—**
	Nachrichtenredaktor News	**38.90**	**6'738.—**
	Redaktions-Assistent	**29.40**	**5'097.—**
	Redaktor Presseschau	**31.15**	**5'402.—**
	Redaktor Rubrik	**32.65**	**5'659.—**
	Web-Redaktor	**33.05**	**5'726.—**
Senderedaktion	Senderedaktor 1	**39.35**	**6'817.—**
	Senderedaktor 2	**38.20**	**6'622.—**
	Senderedaktor 3	**33.60**	**5'826.—**
	Senderedaktor 4	**29.90**	**5'187.—**
	Senderedaktor mit Fachgebiet 1	**42.40**	**7'353.—**
	Senderedaktor mit Fachgebiet 2	**40.50**	**7'018.—**
Moderation	Moderator 1	**40.50**	**7'018.—**
	Moderator 2	**37.10**	**6'432.—**
	Moderator 3	**33.05**	**5'726.—**
	Moderator 4	**29.40**	**5'097.—**
	Nachrichtensprecher	**28.25**	**4'894.—**
Regie	Regisseur-Dramaturg	**39.35**	**6'817.—**

Tätigkeitsbereich *Wöchentliche Arbeitszeit*	Tätigkeit *Quelle, vertragliche Vereinbarungen*	Stunden- und Monatslohn	
Dokumentation und Information	Dokumentar 1	**36.05**	**6'248.—**
	Dokumentar 2	**31.70**	**5'497.—**
	Dokumentar 3	**27.75**	**4'809.—**
	Dokumentar-Recherche mit Fachbereich	**37.10**	**6'432.—**
	Redaktions-Dokumentar	**33.05**	**5'726.—**
Audiotechnik	Mitarbeiter zentrale Aussenproduktion	**36.45**	**6'321.—**
	Produktionstechniker 1	**36.05**	**6'248.—**
	Produktionstechniker 2	**28.55**	**4'951.—**
Public Relations	Spezialist Unternehmenskommunikation	**39.35**	**6'817.—**
	Kommunikationsassistent 1	**35.—**	**6'069.—**
	Kommunikationsassistent 2	**31.15**	**5'402.—**
	Redaktor Medieninformation 1	**35.—**	**6'069.—**
	Redaktor Medieninformation 2	**31.15**	**5'402.—**
Sachbearbeitung	Assistent mit Fachgebiet	**34.60**	**5'998.—**
	Sachbearbeiter-Assistent	**32.65**	**5'659.—**
	Redaktion, Bereich 1	**30.25**	**5'247.—**
	Redaktion, Bereich 2	**26.65**	**4'617.—**
	Web-Editor	**28.55**	**4'951.—**
	Zeitwirtschaft	**24.70**	**4'281.—**
Ausbildung	Praktikant	**14.40**	**2'492.—**
	Stagiaire	**14.40**	**2'492.—**

📖 *GAV SRG SSR idée suisse. Lohnbestimmungen, Art. 6.*

⧗ *Laufzeit des GAV ab 1.1.2009 bis 31.12.2012.*

✎ *Der 13.Monatslohn ist vertraglich vereinbart (Art. 6.4 GAV). Zur Ermittlung des Jahreslohnes muss mit 13 multipliziert werden.*

✎ *Lohnzulagen: Für Abendarbeit, zwischen 20.00 und 23.00 Uhr, pro Stunde CHF 13, für Nachtarbeit, von 23.00 bis 06.00 Uhr, CHF 15 pro Stunde und für Arbeit an Sonn- und Feiertagen, zwischen 00.00 und 24.00, CHF 13 pro Stunde (Art. 1.16, Anhang I, GAV).*

✎ *Als Ferienanspruch gelten grundsätzlich 27 Tage. Jeweils im Kalenderjahr, in welchem das entsprechende Alter erreicht wird: Ab 45. Altersjahr sowie mit 15 Dienstjahren oder ab 50. Altersjahr 32 Tage, ab 55. Altersjahr 37 Tage (Art. 33.1 GAV).*

✋ Die Minimallöhne betragen 75% des Richtlohnes der jeweiligen Schlüsselfunktion (Art. 7.2 GAV).

Stand 1.1.2010   ✍ www.drs.ch und www.ssm-site.ch

Tätigkeitsbereich *Wöchentliche Arbeitszeit*	Tätigkeit *Quelle, vertragliche Vereinbarungen*	Stunden- und Monatslohn

60.2   Fernsehveranstalter

60.20   Herstellung vollständiger Fernsehprogramme

Fernsehveranstalter   **GAV-Löhne, gesamtschweizerischer Geltungsbereich**

40 Stunden, laut GAV	Angestellter Dienstleistungen	**18.75**	3'249.—
	Dokumentalist	**28.95**	5'020.—
Sendebetrieb	Fachspezialist	**25.65**	4'447.—
	Handwerker	**23.35**	4'050.—
	Kaufmännischer Mitarbeiter	**22.60**	3'919.—
	Mitarbeiter Ausbildung, Hilfskräfte	**13.75**	2'387.—
	Mitarbeiter Informatik	**25.95**	4'496.—
	Programmgestalterische Mitarbeiter	**26.65**	4'622.—
	Redaktioneller Mitarbeiter	**28.95**	5'020.—
	Redaktor	**27.40**	4'751.—
	Vorgesetzte, Führungskräfte ohne Kadervertrag	**27.40**	4'751.—

📖 *GAV SRG SSR idée suisse. Lohnbestimmungen, Art. 6.*

⧗ *Laufzeit des GAV ab 1.1.2009 bis 31.12.2012.*

✐ *Der 13. Monatslohn ist vertraglich vereinbart (Art. 6.4 GAV). Zur Ermittlung des Jahreslohnes muss mit 13 multipliziert werden.*

✐ *Lohnzulagen: Für Abendarbeit, zwischen 20.00 und 23.00 Uhr, pro Stunde CHF 13, für Nachtarbeit, von 23.00 bis 06.00 Uhr, CHF 15 pro Stunde und für Arbeit an Sonn- und Feiertagen, zwischen 00.00 und 24.00, CHF 13 pro Stunde (Art. 1.16, Anhang I, GAV).*

✐ *Als Ferienanspruch gelten grundsätzlich 27 Tage. Jeweils im Kalenderjahr, in welchem das entsprechende Alter erreicht wird: Ab 45. Altersjahr sowie mit 15 Dienstjahren oder ab 50. Altersjahr 32 Tage, ab 55. Altersjahr 37 Tage (Art. 33.1 GAV).*

✋ Die Minimallöhne betragen 75% des Richtlohnes der jeweiligen Schlüsselfunktion (Art. 7.2 GAV).

Stand 1.1.2009   ⌨ www.sfdrs.ch und www.ssm-site.ch

Tätigkeitsbereich *Wöchentliche Arbeitszeit*	Tätigkeit *Quelle, vertragliche Vereinbarungen*	Stunden- und Monatslohn

Fernsehveranstalter

GAV-Löhne und *Lohnempfehlung*, Grossregion Zürich

40 Stunden, laut GAV	Audio-/Video-Editor	27.20	4'706.70
	Aufnahmeleiter	30.—	5'197.30
Produktion	Beleuchter III, Studio	23.10	3'989.80
	Bildmischer II	24.80	4'286.—
	Bühnenmonteur	24.40	4'215.80
	Chauffeur/Monteur	24.40	4'215.80
	Diskothekar	*30.20*	*5'238.75*
	Elektriker-Beleuchter	24.40	4'215.80
	Elektroniker, Bild-Unterhalt	27.20	4'706.70
	Fernseh-Maskenbildner	23.10	3'989.80
	Kameramann, Aktualitätenstudios	23.20	4'011.90
	Kameramann, Studio- und Aussenproduktion	27.20	4'706.70
	Operateur	23.20	4'011.90
	Operateur, Spezialist	27.70	4'785.20
	Requisiteur	27.20	4'706.70
	Schneiderin/Garderobiere	24.40	4'215.80
	Script	*30.80*	*5'342.50*
	Spezialhandwerker II, Ausstattung	23.10	3'989.80
	Technischer Mitarbeiter, Planung	30.40	5'255.—
	Teleprompter	19.10	3'308.40
	Tonoperateur Aussenproduktion	22.20	3'838.90
	Tonregisseur	30.90	5'342.50

📖 *GAV TPC, TV-Productioncenter Zürich AG, abgeschlossen zwischen dem TV-Productioncenter und dem Schweizer Syndikat Medienschaffender SSM. Lohnbestimmungen, Art. 5.*

⏳ *Laufzeit des GAV ab 1.1.2001, ungekündigt.*

▦ *Löhne der TPC, TV-Productioncenter Zürich AG.*

✎ *Der 13. Monatslohn ist vertraglich vereinbart (Art. 17.2 GAV). Zur Ermittlung des Jahreslohnes muss mit 13 multipliziert werden.*

✎ *Spesen werden entweder pauschal oder mittels Beleg im Sinne von Art. 327a OR abgegolten (Art. 23 GAV).*

✎ *Der Ferienanspruch beträgt 25 Arbeitstage, ab vollendetem 50. Altersjahr 30 Tage und ab vollendetem 55. Altersjahr 35 Tage (Art. 40 GAV).*

Stand 1.1.2009   ☞ www.tpcag.ch und www.ssm-site.ch

Tätigkeitsbereich *Wöchentliche Arbeitszeit*	Tätigkeit *Quelle, vertragliche Vereinbarungen*	Stunden- und Monatslohn	

61   **Telekommunikation**

61.1   Leitungsgebundene Telekommunikation

61.10   Betrieb von Einrichtungen
zur Übertragung analoger und digitaler Signale

Telekommunikation	**GAV-Löhne, landesweiter Geltungsbereich, Anfangslöhne**		
40 Stunden, laut GAV	Bereichsleitung (9–13)	**39.80**	**6'899.—**
	Büroassistenz (3–5)	**23.60**	**4'094.—**
General Management	Büroassistenz, anspruchsvoll (5–8)	**28.20**	**4'886.—**
	Hilfsfunktionen (3–5)	**23.60**	**4'094.—**
	Projektleiter (10–13)	**43.50**	**7'544.—**
	Sachbearbeitung (5–9)	**28.20**	**4'886.—**
	Sachbearbeitung, anspruchsvoll (9–13)	**39.80**	**6'899.—**
	Teamleiter (9–13)	**39.80**	**6'899.—**
Sales, Marketing und Customer Care	Account Management, Sachbearbeiter (7–9)	**33.20**	**5'750.—**
	Account Manager (10–13)	**43.50**	**7'544.—**
	Bereichsleiter (9–13)	**39.80**	**6'899.—**
	Client Support (4–7)	**26.40**	**4'573.—**
	Client Support, anspruchsvoll (7–10)	**33.20**	**5'750.—**
	Marketing Manager (9–13)	**39.80**	**6'899.—**
	Marketing, Sachbearbeiter (5–8)	**28.20**	**4'886.—**
	Product Manager (9–13)	**39.80**	**6'899.—**
	Sales Assistant, Shops (4–7)	**26.40**	**4'573.—**
	Service Spezialist (5–8)	**28.20**	**4'886.—**
	Teamleiter (9–13)	**39.80**	**6'899.—**
Finanzen und Controlling	Controller (9–13)	**39.80**	**6'899.—**
	Sachbearbeiter (5–8)	**28.20**	**4'886.—**
	Sachbearbeitung, anspruchsvoll (9–13)	**39.80**	**6'899.—**
Human Resources	Consultant (9–13)	**39.80**	**6'899.—**
	Sachbearbeitung (5–8)	**28.20**	**4'886.—**
	Sachbearbeitung, anspruchsvoll (9–13)	**39.80**	**6'899.—**
ICT, Informatik	Bereichsleitung (9–13)	**39.80**	**6'899.—**
	Operation Betrieb (5–7)	**28.20**	**4'886.—**
	Operation Betrieb, anspruchsvoll (7–10)	**33.20**	**5'750.—**
	Support (4–7)	**26.40**	**4'573.—**
	Support, anspruchsvoll (7–11)	**33.20**	**5'750.—**
	Systementwicklung (7–10)	**33.20**	**5'750.—**
	Systementwicklung, anspruchsvoll (11–13)	**33.20**	**5'750.—**
	Teamleiter (9–13)	**39.80**	**6'899.—**

Tätigkeitsbereich *Wöchentliche Arbeitszeit*	Tätigkeit *Quelle, vertragliche Vereinbarungen*	Stunden- und Monatslohn	
Planung und Entwicklung	Business Administrator (8–12)	**36.20**	**6'275.—**
	Business Developer (10–13)	**43.50**	**5'744.—**
	Organisation Administrator (8–12)	**36.20**	**6'275.—**
	Strategy Developer (10–13)	**43.50**	**5'744.—**
Telecom	Bereichsleitung (9–13)	**39.80**	**6'899.—**
	Netzbau		
	– Hilfsfunktionen (4–7)	**26.40**	**4'573.—**
	– Sachbearbeiter (6–9)	**31.—**	**5'377.—**
	– Sachbearbeitung, anspruchsvoll (7–9)	**33.20**	**5'750.—**
	Netzbetrieb		
	– Sachbearbeiter (5–7)	**28.20**	**4'886.—**
	– Sachbearbeitung, anspruchsvoll (9–12)	**39.80**	**6'899.—**
	Netzplanung (11–13)	**47.90**	**8'300.—**
	Teamleiter (9–13)	**39.80**	**6'899.—**

📖 *GAV Swisscom. Lohnbestimmungen Ziffer 2.3.*

⧗ *Laufzeit des GAV ab 1.1.2006, ungekündigt.*

✐ *Der 13. Monatslohn ist vertraglich vereinbart (Art. 6, Anhang 1, GAV). Zur Ermittlung des Jahreslohnes muss mit 13 multipliziert werden.*

✐ *Für regelmässige Nacht- und Sonntagsarbeit tagsüber wird pro Stunde ein Zuschlag von CHF 8 bei Nacht- und einer von CHF 11 bei Sonntagsarbeit nachts entrichtet. Bei Leistung von Bereitschaftsdienst gilt ein Stundenansatz von CHF 5 (Art. 4.2 und 4.4, Anhang 1, GAV).*

✐ *Ferienanspruch: 5 Wochen bis und mit vollendetem 59. Altersjahr sowie 6 Wochen ab Beginn des Kalenderjahres, in dem das 60. Altersjahr vollendet wird (Art. 2.6.1 GAV).*

✐ *Der Arbeitnehmende hat Anspruch auf jährlich 10 bezahlte Feiertage (Art. 2.6.2 GAV).*

✋ Die in Klammern gesetzten Zahlen bezeichnen die für die einzelnen Funktionen festgelegten Lohnstufen; es wird jeweils die unterste angegeben.

Stand 1.1.2011   ✍ www.swisscom.ch und www.syndicom.ch

Tätigkeitsbereich *Wöchentliche Arbeitszeit*	Tätigkeit *Quelle, vertragliche Vereinbarungen*	Stunden- und Monatslohn

62   **Erbringung von Dienstleistungen
der Informationstechnologie**

62.0   Erbringung von Informatikdienstleistungen

62.01   Programmierungstätigkeiten, Softwareentwicklung
und Dokumentation

Informatiker, **Individual Computing**	*Gesamtschweizerische Statistik, Median*		
	bis 25 Altersjahre	26.65	4'853.—
42 Stunden, betriebsüblich	ab 25 bis 29 Altersjahre	30.80	5'608.—
	ab 30 bis 34 Altersjahre	37.25	6'779.—
Webmaster	ab 35 bis 39 Altersjahre	43.70	7'950.—
	ab 40 bis 44 Altersjahre	44.15	8'039.—
	ab 45 bis 49 Altersjahre	44.65	8'127.—
	ab 49 Altersjahren	38.85	7'073.—

☞ *Webmaster:* Planen, Bereitstellen, Betreuen und Ausbauen der technischen Infrastruktur der Web-Auftritte. Mitarbeiten beim Entwerfen und Verwirklichen von Web-Auftritten und -Lösungen.

Webpublisher	bis 25 Altersjahre	24.15	4'394.—
	ab 25 bis 29 Altersjahre	31.30	5'697.—
	ab 30 bis 34 Altersjahre	35.15	6'398.—
	ab 35 bis 39 Altersjahre	38.85	7'067.—
	ab 40 bis 44 Altersjahre	41.40	7'537.—
	ab 45 bis 49 Altersjahre	40.85	7'434.—
	ab 49 Altersjahren	40.70	7'405.—

☞ *Webpublisher:* Planen, Gestalten, Verwirklichen und Einführen von Internet-Auftritten im Unternehmen sowie Warten und Weiterentwickeln der bestehenden Systeme.

Tätigkeitsbereich *Wöchentliche Arbeitszeit*	Tätigkeit *Quelle, vertragliche Vereinbarungen*	Stunden- und Monatslohn	
Informatiker, **System-Entwicklung**	*Gesamtschweizerische Statistik, Median*		
	bis 25 Altersjahre	29.60	5'385.—
42 Stunden, berufsüblich	ab 25 bis 29 Altersjahre	32.95	6'000.—
	ab 30 bis 34 Altersjahre	37.20	6'770.—
Applikations-Entwickler	ab 35 bis 39 Altersjahre	40.45	7'365.—
	ab 40 bis 44 Altersjahre	40.65	7'400.—
	ab 45 bis 49 Altersjahre	44.15	8'040.—
	ab 49 Altersjahren	45.70	8'316.—

☝ *Applikations-Entwickler:* Durchführen analytischer Tätigkeiten sowie alle mit der Software-Entwicklung im Zusammenhang stehenden Arbeiten, vorwiegend in den Phasen Spezifikation und Implementation. Umsetzen der fachlichen und betrieblichen Anforderungen in Bezug auf Informatiklösungen.

ICT-Qualitätsmanager	ab 30 bis 34 Altersjahre	46.30	8'428.—
	ab 35 bis 39 Altersjahre	47.85	8'709.—
	ab 40 bis 44 Altersjahre	48.40	8'805.—
	ab 45 bis 49 Altersjahre	48.90	8'901.—
	ab 49 Altersjahren	49.45	8'997.—

☝ *ICT-Qualitätsmanager:* Entwickeln und Einführen sowie Weiterentwickeln einer auf die Ziele ausgerichteten ICT-Qualitätsstrategie. Errichten eines wirkungsvollen Qualitätsmanagements. Planen, Gestalten, Umsetzen und Messen von Qualitätsmassnahmen, um die Produkte-/Servicequalität zu gewährleisten.

ICT-Test-Ingenieur	ab 25 bis 29 Altersjahre	31.20	5'680.—
	ab 30 bis 34 Altersjahre	35.30	6'427.—
	ab 35 bis 39 Altersjahre	36.60	6'659.—
	ab 40 bis 44 Altersjahre	37.75	6'869.—
	ab 45 bis 49 Altersjahre	37.85	6'891.—
	ab 49 Altersjahren	39.85	7'253.—

☝ *ICT-Test-Ingenieur:* Entwickeln, Dokumentieren und Durchführen von Testfällen auf Basis der Teststrategie und Anforderungs- und Spezifikationsdokumenten.

ICT-Testmanager	ab 30 bis 34 Altersjahre	38.40	6'992.—
	ab 35 bis 39 Altersjahre	39.55	7'200.—
	ab 40 bis 44 Altersjahre	40.30	7'338.—
	ab 45 bis 49 Altersjahre	41.50	7'550.—
	ab 49 Altersjahren	42.70	7'768.—

☝ *ICT-Testmanager:* Ausarbeiten der Teststrategie, -pläne und -spezifikationen sowie Testkonzepte. Sicherstellen der Planung und Durchführung von Testaktivitäten. Überwachen der Testaktivitäten bezüglich Qualität, Termine und Kosten.

Tätigkeitsbereich *Wöchentliche Arbeitszeit*	Tätigkeit *Quelle, vertragliche Vereinbarungen*	Stunden- und Monatslohn	
Schnittstellen-Spezialist	bis 25 Altersjahre	*29.05*	*5'289.—*
	ab 25 bis 29 Altersjahre	*40.60*	*7'390.—*
	ab 30 bis 34 Altersjahre	*41.15*	*7'490.—*
	ab 35 bis 39 Altersjahre	*41.70*	*7'591.—*
	ab 40 bis 44 Altersjahre	*42.05*	*7'649.—*
	ab 45 bis 49 Altersjahre	*42.50*	*7'739.—*
	ab 49 Altersjahren	*42.95*	*7'821.—*

✋ *Schnittstellen-Spezialist:* Analysieren der funktionalen und technischen Schnittstellen sowie Ausarbeiten der notwendigen Interface-Programme (API).

Software-Ingenieur	bis 25 Altersjahre	*33.80*	*6'154.—*
	ab 25 bis 29 Altersjahre	*35.70*	*6'500.—*
	ab 30 bis 34 Altersjahre	*36.25*	*6'600.—*
	ab 35 bis 39 Altersjahre	*42.05*	*7'650.—*
	ab 40 bis 44 Altersjahre	*45.—*	*8'191.—*
	ab 45 bis 49 Altersjahre	*46.—*	*8'373.—*
	ab 49 Altersjahren	*47.85*	*8'707.—*

✋ *Software-Ingenieur:* Spezifizieren, Gestalten, Entwickeln und Einführen von Software für hardwarenahe Systeme aus der Steuerungs- und Regelungstechnik oder Robotik. Analysieren der funktionalen und technischen Schnittstellen sowie Ausarbeiten der notwendigen Interface-Programme (API). Erstellen von komplexen Algorithmen, zum Beispiel für parallele oder verteilte Prozesse in zeitkritischen Systemen.

Wirtschafts-Informatiker	bis 25 Altersjahre	*30.70*	*5'589.—*
	ab 25 bis 29 Altersjahre	*33.75*	*6'142.—*
	ab 30 bis 34 Altersjahre	*41.20*	*7'496.—*
	ab 35 bis 39 Altersjahre	*42.20*	*7'682.—*
	ab 40 bis 44 Altersjahre	*46.35*	*8'437.—*
	ab 45 bis 49 Altersjahre	*46.50*	*8'462.—*
	ab 49 Altersjahren	*43.85*	*7'983.*

✋ *Wirtschafts-Informatiker:* Gestalten, Verwirklichen, Betreiben und Unterhalten von Informatik-Anwendungen unter dem Gesichtspunkt ihrer Wirtschaftlichkeit und Durchführbarkeit.

📖 *Kein GAV; Swiss ICT, Schweizerischer Verband der Informations- und Kommunikationstechnologie.*

📖 *Die Funktionsbeschreibungen entstammen dem Buch Berufe der ICT.*

▦ *ICT-Saläre 2010. Die Löhne der Informatikberufe wurden unter Herbeizug der Werte der Salärumfrage erstellt.*

✋ 13. Monatslohn: Berufsüblich, jedoch nicht vertraglich vereinbart. Zur Ermittlung des Jahreslohnes muss mit 13 multipliziert werden.

Tätigkeitsbereich *Wöchentliche Arbeitszeit*	Tätigkeit *Quelle, vertragliche Vereinbarungen*	Stunden- und Monatslohn

62.02   Erbringung von Beratungsleistungen
                    auf dem Gebiet der Informationstechnologie

Informatiker,   *Gesamtschweizerische Statistik, Median*
Projekt-Management

		Std.	Lohn
42 Stunden, berufsüblich	bis 25 Altersjahre	*26.65*	*4'846.—*
	ab 25 bis 29 Altersjahre	*30.95*	*5'631.—*
	ab 30 bis 34 Altersjahre	*36.95*	*6'728.—*
Projektassistent	ab 35 bis 39 Altersjahre	*38.45*	*7'001.—*
	ab 40 bis 44 Altersjahre	*39.95*	*7'273.—*
	ab 45 bis 49 Altersjahre	*39.15*	*7'128.—*
	ab 49 Altersjahren	*38.35*	*6'982.—*

☝ *Projektassistent:* Support im Projektmanagement durch aktive Unterstützung der Projektverantwortlichen sowie Durchführen des Projektcontrollings.

Projektleiter	bis 25 Altersjahre	*31.55*	*5'746.—*
	ab 25 bis 29 Altersjahre	*35.—*	*6'369.—*
	ab 30 bis 34 Altersjahre	*37.80*	*6'879.—*
	ab 35 bis 39 Altersjahre	*41.50*	*7'555.—*
	ab 40 bis 44 Altersjahre	*44.55*	*8'106.—*
	ab 45 bis 49 Altersjahre	*45.35*	*8'253.—*
	ab 49 Altersjahren	*46.70*	*8'497.—*

☝ *Projektleiter:* Leiten von Einzelprojekten oder grossen Teilprojekten. Sicherstellung der Leistungserbringung bezüglich Kosten, Qualität und Termine. Fachliche und personelle Teamführung.

Projektmanager	ab 25 bis 29 Altersjahre	*39.90*	*7'262.—*
	ab 30 bis 34 Altersjahre	*41.80*	*7'609.—*
	ab 35 bis 39 Altersjahre	*43.95*	*7'996.—*
	ab 40 bis 44 Altersjahre	*45.45*	*8'271.—*
	ab 45 bis 49 Altersjahre	*46.95*	*8'545.—*
	ab 49 Altersjahren	*48.45*	*8'820.—*

☝ *Projektmanager:* Leiten von Programmen beziehungsweise Projekten unterschiedlichster Grösse, Fachgebiete und Komplexität als Multiprojektmanagement. Sicherstellung der Leistungserbringung bezüglich Kosten, Qualität und Termine. Interdisziplinäre fachliche und personelle Teamführung.

Tätigkeitsbereich *Wöchentliche Arbeitszeit*	Tätigkeit *Quelle, vertragliche Vereinbarungen*	Stunden- und Monatslohn

Informatiker,
Informatik-Revision

Gesamtschweizerische Statistik, Median

42 Stunden, berufsüblich

ICT-Revisor

Tätigkeit	Stunden	Monatslohn
ab 25 bis 29 Altersjahre	31.05	5'654.—
ab 30 bis 34 Altersjahre	35.60	6'475.—
ab 35 bis 39 Altersjahre	39.75	7'233.—
ab 40 bis 44 Altersjahre	42.30	7'701.—
ab 45 bis 49 Altersjahre	41.80	7'604.—
ab 49 Altersjahren	39.30	7'157.—

☞ *ICT-Revisor:* Prüfen von bestehenden und in Entwicklung befindlichen Anwendungen der Informationsverarbeitung und von Kommunikationssystemen. Überwachen der Ordnungsmässigkeit und Sicherheit von ICT-Anwendungen und -Infrastrukturen.

Informatiker,
Informatik-Controlling

Gesamtschweizerische Statistik, Median

42 Stunden, berufsüblich

ICT-Controller

Tätigkeit	Stunden	Monatslohn
bis 25 Altersjahre	29.80	5'427.—
ab 25 bis 29 Altersjahre	39.05	7'107.—
ab 30 bis 34 Altersjahre	40.25	7'324.—
ab 35 bis 39 Altersjahre	42.90	7'807.—
ab 40 bis 44 Altersjahre	43.70	7'951.—
ab 45 bis 49 Altersjahre	44.50	8'095.—
ab 49 Altersjahren	45.25	8'238.—

☞ *ICT-Controller:* Unterstützen der Entscheidungsorgane bei Informatikvorhaben hinsichtlich Wirtschaftlichkeit, Qualität und Ressourcen. Beurteilen der kritischen Erfolgsfaktoren von Informatik-Anwendungen zur Erreichung der Unternehmensziele.

Informatiker,
Individual Computing

Gesamtschweizerische Statistik, Median

42 Stunden, berufsüblich

ICT-Systemspezialist

Tätigkeit	Stunden	Monatslohn
bis 25 Altersjahre	26.05	4'004.—
ab 25 bis 29 Altersjahre	35.65	6'491.—
ab 30 bis 34 Altersjahre	39.40	7'174.—
ab 35 bis 39 Altersjahre	41.40	7'531.—
ab 40 bis 44 Altersjahre	42.70	7'774.—
ab 45 bis 49 Altersjahre	40.35	7'348.—
ab 49 Altersjahren	38.25	6'961.—

☞ *ICT-Systemspezialist:* Erarbeiten technischer und fachlicher Grundlagen zur Sicherstellung der dezentralen ICT-Hard- und Software-Infrastruktur (LAN-, Arbeitsplatz- und Serversysteme); Leisten von Unterstützung bei Evaluationsüberlegungen.

Tätigkeitsbereich *Wöchentliche Arbeitszeit*	Tätigkeit *Quelle, vertragliche Vereinbarungen*	Stunden- und Monatslohn	
Informatiker, **Systemtechnik**	*Gesamtschweizerische Statistik, Median*		
	bis 25 Altersjahre	20.70	3'767.—
42 Stunden, berufsüblich	ab 25 bis 29 Altersjahre	27.35	4'975.—
	ab 30 bis 34 Altersjahre	32.20	5'858.—
ICT-Planer	ab 35 bis 39 Altersjahre	37.05	6'741.—
	ab 40 bis 44 Altersjahre	37.60	6'840.—
	ab 45 bis 49 Altersjahre	37.—	6'739.—
	ab 49 Altersjahren	35.90	6'530.—

☝ *ICT-Planer:* Planen, Evaluieren und Beschaffen von Hard- und Software sowie Kommunikationskomponenten. Überwachen des Mitteleinsatzes in Bezug auf benötigte Leistung, optimale Verfügbarkeit, Kapazität und Qualität. Planen, Gestalten und Umsetzen der Service-Continuity-Politik und -Prozesse.

System-Ingenieur	bis 25 Altersjahre	28.95	5'269.—
	ab 25 bis 29 Altersjahre	34.80	6'331.—
	ab 30 bis 34 Altersjahre	38.—	6'920.—
	ab 35 bis 39 Altersjahre	40.70	7'408.—
	ab 40 bis 44 Altersjahre	41.85	7'619.—
	ab 45 bis 49 Altersjahre	44.50	8'100.—
	ab 49 Altersjahren	45.25	8'239.—

☝ *System-Ingenieur:* Planen, Beschaffen oder Inbetriebnehmen, Testen und Abnehmen von Plattformen in Bezug auf Hard- und Software für den Betrieb von ICT-Systemen. Festlegen der Betriebsanforderungen.

System-Spezialist	bis 25 Altersjahre	27.45	5'000.—
	ab 25 bis 29 Altersjahre	33.40	6'079.—
	ab 30 bis 34 Altersjahre	35.10	6'385.—
	ab 35 bis 39 Altersjahre	40.—	7'279.—
	ab 40 bis 44 Altersjahre	41.55	7'561.—
	ab 45 bis 49 Altersjahre	43.35	7'888.—
	ab 49 Altersjahren	45.15	8'214.—

☝ *System-Spezialist:* Bearbeiten von Aufgaben auf verschiedenen technischen Plattformen in den Bereichen Middleware, Betriebs-, Standard-, Universal- und Kommunikationssoftware nach Vorgaben.

Tätigkeitsbereich *Wöchentliche Arbeitszeit*	Tätigkeit *Quelle, vertragliche Vereinbarungen*	Stunden- und Monatslohn	

**Informatiker,
Informatik-Sicherheit**

Gesamtschweizerische Statistik, Median

42 Stunden, berufsüblich	bis 25 Altersjahre	*28.—*	*5'096.—*
	ab 25 bis 29 Altersjahre	*39.—*	*7'096.—*
	ab 30 bis 34 Altersjahre	*43.65*	*7'944.—*
ICT-Sicherheitsbeauftragter	ab 35 bis 39 Altersjahre	*48.80*	*8'881.—*
	ab 40 bis 44 Altersjahre	*49.40*	*8'987.—*
	ab 45 bis 49 Altersjahre	*51.55*	*9'381.—*
	ab 49 Altersjahren	*50.50*	*9'191.—*

🖐 *ICT-Sicherheitsbeauftragter:* Beraten und Unterstützen in Fragen der Informationssicherheit. Ermitteln und Bewerten von Risiken im ICT-Bereich. Vorschlagen und Umsetzen von Sicherheitsmassnahmen sowie Kontrollieren von deren Einhaltung.

Informatiker, Datenschutz *Gesamtschweizerische Statistik, Median*

42 Stunden, berufsüblich	ab 30 bis 34 Altersjahre	*32.75*	*5'964.—*
	ab 35 bis 39 Altersjahre	*38.75*	*7'054.—*
Datenschutz-Koordinator	ab 40 bis 44 Altersjahre	*39.10*	*7'120.—*
	ab 45 bis 49 Altersjahre	*39.50*	*7'188.—*
	ab 49 Altersjahren	*39.85*	*7'255.—*

🖐 *Datenschutz-Koordinator:* Koordinieren der Vorkehrungen zum Schutz der Persönlichkeit und der Grundrechte von Personen, deren Daten bearbeitet werden; Umsetzen der rechtlichen Vorgaben des Datenschutzes.

**Informatiker,
Informatik-Beratung**

Gesamtschweizerische Statistik, Median

42 Stunden, berufsüblich	bis 25 Altersjahre	*25.85*	*4'708.—*
	ab 25 bis 29 Altersjahre	*35.70*	*6'500.—*
	ab 30 bis 34 Altersjahre	*38.45*	*7'000.—*
ICT-Berater	ab 35 bis 39 Altersjahre	*42.05*	*7'650.—*
	ab 40 bis 44 Altersjahre	*46.25*	*8'413.—*
	ab 45 bis 49 Altersjahre	*50.95*	*9'269.—*
	ab 49 Altersjahren	*50.95*	*9'277.—*

🖐 *ICT-Berater:* Beraten und Unterstützen der Anwender individueller ICT-Lösungen hinsichtlich Analyse, Zieldefinition, Konzeptentwicklung, Mitteleinsatz und Umsetzung.

Tätigkeitsbereich *Wöchentliche Arbeitszeit*	Tätigkeit *Quelle, vertragliche Vereinbarungen*	Stunden- und Monatslohn	
ICT-Kundenberater	bis 25 Altersjahre	*25.95*	*4'726.—*
	ab 25 bis 29 Altersjahre	*28.60*	*5'205.—*
	ab 30 bis 34 Altersjahre	*35.55*	*6'470.—*
	ab 35 bis 39 Altersjahre	*39.40*	*7'173.—*
	ab 40 bis 44 Altersjahre	*41.55*	*7'560.—*
	ab 45 bis 49 Altersjahre	*46.70*	*8'496.—*

🖑 *ICT-Kundenberater:* Verantwortlich für alle Verkaufsaktivitäten in Bezug auf ICT-Produkte und -Lösungen. Erfassen der Markt- und Kundenbedürfnisse und Erstellen von Marktpräsentationen. Koordinieren und Begleiten der Verkaufsprozesse.

📖 *Kein GAV; Swiss ICT, Schweizerischer Verband der Informations- und Kommunikationstechnologie.*

📖 *Die Funktionsbeschreibungen entstammen dem Buch Berufe der ICT.*

▦ *ICT-Saläre 2010. Die Löhne der Informatikberufe wurden unter Herbeizug der Werte der Salärumfrage erstellt.*

🖑 13. Monatslohn: Berufsüblich, jedoch nicht vertraglich vereinbart. Zur Ermittlung des Jahreslohnes muss mit 13 multipliziert werden.

Stand 1.5.2010	🖑 www.swissict.ch und www.i-s.ch

62.03	Betrieb von Datenverarbeitungsanlagen		

Informatiker, Betrieb **(Rechenzentrum)**	*Gesamtschweizerische Statistik, Median*		
	bis 25 Altersjahre	*27.95*	*5'086.—*
42 Stunden, berufsüblich	ab 25 bis 29 Altersjahre	*30.20*	*5'500.—*
	ab 30 bis 34 Altersjahre	*37.05*	*6'743.—*
Applikations-Manager	ab 35 bis 39 Altersjahre	*38.80*	*7'062.—*
	ab 40 bis 44 Altersjahre	*42.10*	*7'667.—*
	ab 45 bis 49 Altersjahre	*41.55*	*7'558.—*
	ab 49 Altersjahren	*40.95*	*7'450.—*

🖑 *Applikations-Manager:* Sicherstellen des Betriebs mittels Applikationen, welche für die Unterstützung der Geschäftsprozesse eingesetzt werden. Gewährleisten, dass die gewünschten Anforderungen durch die Applikationen erfüllt werden.

Tätigkeitsbereich *Wöchentliche Arbeitszeit*	Tätigkeit *Quelle, vertragliche Vereinbarungen*	Stunden- und Monatslohn	
Benutzer-Supporter	bis 25 Altersjahre	*25.75*	*4'688.—*
	ab 25 bis 29 Altersjahre	*31.35*	*5'702.—*
	ab 30 bis 34 Altersjahre	*35.—*	*6'367.—*
	ab 35 bis 39 Altersjahre	*39.20*	*7'136.—*
	ab 40 bis 44 Altersjahre	*38.65*	*7'034.—*
	ab 45 bis 49 Altersjahre	*38.25*	*6'958.—*
	ab 49 Altersjahren	*38.20*	*6'951.—*

☝ *Benutzer-Supporter:* Betreuen, Unterstützen und Unterweisen der Anwender bei Störungen und Fragen im Zusammenhang mit der Informationsverarbeitung.

Datentypist	bis 25 Altersjahre	*22.10*	*4'022.—*
	ab 25 bis 29 Altersjahre	*22.95*	*4'181.—*
	ab 30 bis 34 Altersjahre	*23.85*	*4'337.—*
	ab 35 bis 39 Altersjahre	*28.—*	*5'093.—*
	ab 40 bis 44 Altersjahre	*27.—*	*4'912.—*
	ab 45 bis 49 Altersjahre	*26.—*	*4'730.—*
	ab 49 Altersjahren	*25.35*	*4'610.—*

☝ *Datentypist:* Erfassen und Prüfen von Daten und Informationen ab Belegen.

Helpdesk-Mitarbeiter	bis 25 Altersjahre	*27.75*	*5'054.—*
	ab 25 bis 29 Altersjahre	*29.35*	*5'346.—*
	ab 30 bis 34 Altersjahre	*33.30*	*6'060.—*
	ab 35 bis 39 Altersjahre	*35.05*	*6'377.—*
	ab 40 bis 44 Altersjahre	*35.50*	*6'462.—*
	ab 45 bis 49 Altersjahre	*36.25*	*6'600.—*
	ab 49 Altersjahren	*36.50*	*6'642.—*

☝ *Helpdesk-Mitarbeiter:* Entgegennehmen von Fragen und Störungsmeldungen. Unterstützen der Anwender sowie Beheben einfacher Störungen und Weiterleiten betrieblicher Meldungen an die Benützer.

ICT-Change-Manager	bis 25 Altersjahre	*25.20*	*4'583.—*
	ab 25 bis 29 Altersjahre	*32.95*	*6'000.—*
	ab 30 bis 34 Altersjahre	*35.25*	*6'420.—*
	ab 35 bis 39 Altersjahre	*37.60*	*6'840.—*
	ab 40 bis 44 Altersjahre	*37.10*	*6'751.—*
	ab 45 bis 49 Altersjahre	*36.60*	*6'663.—*
	ab 49 Altersjahren	*36.10*	*6'574.—*

☝ *ICT-Change-Manager:* Gestalten und Umsetzen von Massnahmen im Bereich Konfigurations-, Change- und Release-Management sowie -Prozesse. Einführen und Pflegen der benötigten Methoden, Standards, Systeme und Tools.

Tätigkeitsbereich *Wöchentliche Arbeitszeit*	Tätigkeit *Quelle, vertragliche Vereinbarungen*	Stunden- und Monatslohn	
ICT-Service-Manager	bis 25 Altersjahre	*23.10*	*4'200.—*
	ab 25 bis 29 Altersjahre	*34.15*	*6'212.—*
	ab 30 bis 34 Altersjahre	*38.45*	*7'000.—*
	ab 35 bis 39 Altersjahre	*43.80*	*7'967.—*
	ab 40 bis 44 Altersjahre	*46.30*	*8'430.—*
	ab 45 bis 49 Altersjahre	*47.70*	*8'683.—*
	ab 49 Altersjahren	*50.35*	*9'166.—*

🖐 *ICT-Service-Manager:* Gestalten und Umsetzen der Service-Level-Management-Politik und -Prozesse. Einführen und Pflegen der benötigten Standards, Methoden und Tools. Gestalten und Umsetzen von Verfügbarkeits- und Performance-Management-Prozessen, -Standards, -Methoden und -Tools.

Operator	bis 25 Altersjahre	*25.15*	*4'575.—*
	ab 25 bis 29 Altersjahre	*31.05*	*5'652.—*
	ab 30 bis 34 Altersjahre	*36.35*	*6'615.—*
	ab 35 bis 39 Altersjahre	*37.15*	*6'758.—*
	ab 40 bis 44 Altersjahre	*37.90*	*6'900.—*
	ab 45 bis 49 Altersjahre	*41.40*	*7'538.—*
	ab 49 Altersjahren	*38.85*	*7'067.—*

🖐 *Operator:* Bedienen und Überwachen von Geräten eines Datenverarbeitungssystems sowie von Subsystemen (Drucksysteme, Versandstrassen, Archivierungssysteme usw.).

Produktionsplaner	bis 25 Altersjahre	*23.75*	*4'324.—*
	ab 25 bis 29 Altersjahre	*28.30*	*5'151.—*
	ab 30 bis 34 Altersjahre	*31.15*	*5'670.—*
	ab 35 bis 39 Altersjahre	*34.60*	*6'300.—*
	ab 40 bis 44 Altersjahre	*36.60*	*6'660.—*
	ab 45 bis 49 Altersjahre	*38.60*	*7'020.—*
	ab 49 Altersjahren	*31.30*	*5'698.—*

🖐 *Produktionsplaner:* Planen, Vorbereiten und Überwachen der Rechenzentrums-Produktion mit Hilfe von Planungs-, Steuerungs- und Überwachungs-Tools.

Tätigkeitsbereich *Wöchentliche Arbeitszeit*	Tätigkeit *Quelle, vertragliche Vereinbarungen*	Stunden- und Monatslohn	
Rechenzentrums- Koordinator Systementwicklung	bis 25 Altersjahre	*30.15*	*5'485.—*
	ab 25 bis 29 Altersjahre	*33.35*	*6'071.—*
	ab 30 bis 34 Altersjahre	*37.30*	*6'786.—*
	ab 35 bis 39 Altersjahre	*40.40*	*7'355.—*
	ab 40 bis 44 Altersjahre	*41.45*	*7'545.—*
	ab 45 bis 49 Altersjahre	*44.40*	*8'083.—*
	ab 49 Altersjahren	*50.35*	*8'704.—*

☝ *Rechenzentrums-Koordinator Systementwicklung:* Wahren der Interessen des Rechenzentrums bei der Systementwicklung. Koordinieren, Abnehmen, Einführen und Überwachen von Applikationen in Zusammenarbeit mit der Systementwicklung.

Tätigkeitsbereich	Tätigkeit	Stunden-/Monatslohn	
Rechenzentrums- Systemspezialist	bis 25 Altersjahre	*32.45*	*5'905.—*
	ab 25 bis 29 Altersjahre	*33.45*	*6'085.—*
	ab 30 bis 34 Altersjahre	*34.40*	*6'264.—*
	ab 35 bis 39 Altersjahre	*38.45*	*6'997.—*
	ab 40 bis 44 Altersjahre	*41.05*	*7'472.—*
	ab 45 bis 49 Altersjahre	*41.55*	*7'560.—*
	ab 49 Altersjahren	*47.80*	*8'030.—*

☝ *Rechenzentrums-Systemspezialist:* Unterstützen des Rechenzentrums in systemtechnischen Belangen.

Tätigkeitsbereich	Tätigkeit	Stunden-/Monatslohn	
System-Administrator	bis 25 Altersjahre	*28.75*	*5'231.—*
	ab 25 bis 29 Altersjahre	*33.95*	*6'183.—*
	ab 30 bis 34 Altersjahre	*36.25*	*6'600.—*
	ab 35 bis 39 Altersjahre	*43.65*	*7'942.—*
	ab 40 bis 44 Altersjahre	*44.90*	*8'167.—*
	ab 45 bis 49 Altersjahre	*46.10*	*8'392.—*
	ab 49 Altersjahren	*43.80*	*7'969.—*

☝ *System-Administrator:* Planen, Gestalten und Betreiben von IT-Services für den plattformübergreifenden, operativen Betrieb. Steuern, Überwachen sowie Sicherstellen des Betriebs der Datenverarbeitungs-, Netzwerk- und Serversysteme.

Tätigkeitsbereich	Tätigkeit	Stunden-/Monatslohn	
System-Controller	bis 25 Altersjahre	*28.75*	*5'231.—*
	ab 25 bis 29 Altersjahre	*31.—*	*5'640.—*
	ab 30 bis 34 Altersjahre	*35.65*	*6'487.—*
	ab 35 bis 39 Altersjahre	*36.20*	*6'589.—*
	ab 40 bis 44 Altersjahre	*36.55*	*6'651.—*
	ab 45 bis 49 Altersjahre	*36.90*	*6'712.—*
	ab 49 Altersjahren	*39.20*	*7'131.—*

☝ *System-Controller:* Bedienen, Steuern und Überwachen der ICT-Systeme. Durchführen aller operationellen Prozesse und Prozeduren. Sicherstellen, dass alle ICT-Services und -Infrastrukturen gemäss den Service-Vereinbarungen (SLA) betrieben werden.

Tätigkeitsbereich *Wöchentliche Arbeitszeit*	Tätigkeit *Quelle, vertragliche Vereinbarungen*	Stunden- und Monatslohn	

Informatiker,
Individual Computing

Gesamtschweizerische Statistik, Median

42 Stunden, berufsüblich	bis 25 Altersjahre	27.05	4'922.—
	ab 25 bis 29 Altersjahre	29.85	5'431.—
	ab 30 bis 34 Altersjahre	36.75	6'686.—
System-Betreuer	ab 35 bis 39 Altersjahre	40.—	7'277.—
	ab 40 bis 44 Altersjahre	41.15	7'488.—
	ab 45 bis 49 Altersjahre	37.10	6'748.—
	ab 49 Altersjahren	36.70	6'675.—

☞ *System-Betreuer:* Betreuen, Bedienen sowie Verwalten von dezentralen Systemen oder Subsystemen.

Informatiker, Organisation *Gesamtschweizerische Statistik, Median*
und Betriebswirtschaft

42 Stunden, berufsüblich	bis 25 Altersjahre	28.—	5'092.—
	ab 25 bis 29 Altersjahre	35.20	6'408.—
	ab 30 bis 34 Altersjahre	35.95	6'538.—
Business-Analyst	ab 35 bis 39 Altersjahre	38.75	7'054.—
	ab 40 bis 44 Altersjahre	39.70	7'227.—
	ab 45 bis 49 Altersjahre	40.65	7'400.—
	ab 49 Altersjahren	41.15	7'492.—

☞ *Business-Analyst:* Erarbeiten von fachspezifischen und organisatorischen Lösungen. Bearbeiten entsprechender Problemstellungen mit Schwergewicht auf Ablauforganisation und Teilaufgaben.

Business-Architekt	ab 30 bis 34 Altersjahre	39.55	7'195.—
	ab 35 bis 39 Altersjahre	45.25	8'240.—
	ab 40 bis 44 Altersjahre	47.45	8'635.—
	ab 45 bis 49 Altersjahre	48.25	8'780.—
	ab 49 Altersjahren	49.70	9'047.—

☞ *Business-Architekt:* Beraten und Unterstützen des Unternehmens hinsichtlich Strategie, Organisation, Ressourceneinsatz, Projektmanagement und Betriebswirtschaft.

Tätigkeitsbereich *Wöchentliche Arbeitszeit*	Tätigkeit *Quelle, vertragliche Vereinbarungen*	Stunden- und Monatslohn	
Business-Engineer	bis 25 Altersjahre	29.70	5'402.—
	ab 25 bis 29 Altersjahre	33.05	6'013.—
	ab 30 bis 34 Altersjahre	37.10	6'754.—
	ab 35 bis 39 Altersjahre	40.15	7'304.—
	ab 40 bis 44 Altersjahre	41.20	7'495.—
	ab 45 bis 49 Altersjahre	45.85	8'342.—
	ab 49 Altersjahren	44.25	8'057.—

☞ *Business-Engineer:* Ganzheitliches Gestalten informatikunterstützter, betrieblicher Prozesse und organisatorischer Strukturen nach betriebswirtschaftlichen Grundsätzen, unter Berücksichtigung von Wirtschaftlichkeit, Qualität und Umsetzbarkeit. Erstellen konzeptioneller Lösungen zu betriebswirtschaftlichen und funktionalen Problemstellungen.

Organisations-Berater	bis 25 Altersjahre	27.65	5'031.—
	ab 25 bis 29 Altersjahre	38.10	6'938.—
	ab 30 bis 34 Altersjahre	44.10	8'022.—
	ab 35 bis 39 Altersjahre	51.30	9'333.—
	ab 40 bis 44 Altersjahre	52.20	9'499.—
	ab 45 bis 49 Altersjahre	54.25	9'870.—
	ab 49 Altersjahren	55.20	10'049.—

☞ *Organisations-Berater:* Beraten und Unterstützen des Unternehmens hinsichtlich Strategie, Organisation, Ressourceneinsatz, Projektmanagement und betriebswirtschaftlicher Gesichtspunkte.

Organisations-Spezialist	ab 25 bis 29 Altersjahre	33.25	6'051.—
	ab 30 bis 34 Altersjahre	40.45	7'364.—
	ab 35 bis 39 Altersjahre	42.75	7'784.—
	ab 40 bis 44 Altersjahre	43.80	7'972.—
	ab 45 bis 49 Altersjahre	44.30	8'060.—
	ab 49 Altersjahren	44.75	8'148.—

☞ *Organisations-Spezialist:* Erarbeiten fachspezifischer, organisatorischer Lösungen.

Tätigkeitsbereich *Wöchentliche Arbeitszeit*	Tätigkeit *Quelle, vertragliche Vereinbarungen*	Stunden- und Monatslohn	
Organisator	bis 25 Altersjahre	24.30	4'427.—
	ab 25 bis 29 Altersjahre	32.15	5'848.—
	ab 30 bis 34 Altersjahre	34.60	6'301.—
	ab 35 bis 39 Altersjahre	37.75	6'869.—
	ab 40 bis 44 Altersjahre	38.55	7'020.—
	ab 45 bis 49 Altersjahre	39.—	7'095.—
	ab 49 Altersjahren	39.55	7'198.—

☜ *Organisator:* Mitarbeiten bei organisatorischen Aufgaben und in Teilprojekten.

Programm-Manager	ab 30 bis 34 Altersjahre	54.25	9'875.—
	ab 35 bis 39 Altersjahre	66.30	12'064.—
	ab 40 bis 44 Altersjahre	69.45	12'644.—
	ab 45 bis 49 Altersjahre	59.90	10'906.—

☜ *Programm-Manager:* Ganzheitliches Gestalten informatikunter-stützter, betrieblicher Prozesse und organisatorischer Struktu-ren nach betriebswirtschaftlichen Grundsätzen, unter Berück-sichtigung von Wirtschaftlichkeit, Qualität und Umsetzbarkeit. Erstellen konzeptioneller Lösungen zu betriebswirtschaftlichen und funktionalen Problemstellungen.

Senior-Organisator	ab 30 bis 34 Altersjahre	55.—	10'010.—
	ab 35 bis 39 Altersjahre	60.90	11'084.—
	ab 40 bis 44 Altersjahre	61.90	11'270.—
	ab 45 bis 49 Altersjahre	61.40	11'177.—
	ab 49 Altersjahren	60.90	11'083.—

☜ *Senior-Organisator:* Organisatorisches Beurteilen und Gestal-ten von komplexen betrieblichen Prozessen und Strukturen; konzeptionelles Bearbeiten von betriebswirtschaftlichen und technischen Problemstellungen.

Wirtschaftsorganisator	bis 25 Altersjahre	24.65	4'487.—
	ab 25 bis 29 Altersjahre	35.65	6'491.—
	ab 30 bis 34 Altersjahre	39.20	7'135.—
	ab 35 bis 39 Altersjahre	41.15	7'492.—
	ab 40 bis 44 Altersjahre	42.20	7'679.—
	ab 45 bis 49 Altersjahre	43.20	7'866.—
	ab 49 Altersjahren	44.25	8'052.—

☜ *Wirtschaftsorganisator:* Organisatorisches Gestalten betrieb-licher Prozesse und Strukturen nach betriebswirtschaftlichen Grundsätzen sowie Mitarbeiten in Qualitätssicherungs- und Informatikprojekten.

| Tätigkeitsbereich | Tätigkeit | Stunden- |
| *Wöchentliche Arbeitszeit* | *Quelle, vertragliche Vereinbarungen* | und Monatslohn |

Informatiker,
System-Entwicklung

Gesamtschweizerische Statistik, Median

	ab 25 bis 29 Altersjahre	37.45	6'817.—
42 Stunden, berufsüblich	ab 30 bis 34 Altersjahre	43.40	7'901.—
	ab 35 bis 39 Altersjahre	47.35	8'617.—
Business Process Engineer	ab 40 bis 44 Altersjahre	48.15	8'763.—
	ab 45 bis 49 Altersjahre	48.95	8'909.—

☝ *Business Process Engineer:* Ganzheitliches Gestalten informatikunterstützter Geschäftsprozesse unter Berücksichtigung von Wirtschaftlichkeit, Qualität und Umsetzbarkeit.

ICT-Architekt			
	ab 25 bis 29 Altersjahre	28.45	5'180.—
	ab 30 bis 34 Altersjahre	47.30	8'611.—
	ab 35 bis 39 Altersjahre	52.60	9'577.—
	ab 40 bis 44 Altersjahre	53.15	9'676.—
	ab 45 bis 49 Altersjahre	53.70	9'775.—
	ab 49 Altersjahren	56.45	10'277.—

☝ *ICT-Architekt:* Planen und Gestalten von Informationssystem-Architekturen (Hardware, Software, Informationssysteme und Kommunikationsnetze) unter Berücksichtigung von Wirtschaftlichkeit, Qualität und Umsetzbarkeit.

Informatiker, Telematik
und Telekommunikation

Gesamtschweizerische Statistik, Median

	bis 25 Altersjahre	29.10	5'299.—
42 Stunden, berufsüblich	ab 25 bis 29 Altersjahre	29.55	5'381.—
	ab 30 bis 34 Altersjahre	31.95	5'814.—
Netzwerk-Administrator	ab 35 bis 39 Altersjahre	34.90	6'354.—
	ab 40 bis 44 Altersjahre	38.25	6'965.—
	ab 45 bis 49 Altersjahre	39.30	7'151.—
	ab 49 Altersjahren	40.30	7'338.—

☝ *Netzwerk-Administrator:* Betreuen der Kommunikationsnetze und -dienste. Sicherstellen des einwandfreien Funktionierens des Kommunikationsnetzes sowie Einhalten von Massnahmen bei Störungen.

Tätigkeitsbereich *Wöchentliche Arbeitszeit*	Tätigkeit *Quelle, vertragliche Vereinbarungen*	Stunden- und Monatslohn	
Netzwerk-Spezialist	bis 25 Altersjahre	*29.80*	*5'428.—*
	ab 25 bis 29 Altersjahre	*33.20*	*6'043.—*
	ab 30 bis 34 Altersjahre	*36.40*	*6'622.—*
	ab 35 bis 39 Altersjahre	*39.55*	*7'200.—*
	ab 40 bis 44 Altersjahre	*42.20*	*7'685.—*
	ab 45 bis 49 Altersjahre	*42.40*	*7'712.—*
	ab 49 Altersjahren	*43.20*	*7'865.—*

☝ *Netzwerk-Spezialist Junior:* Sicherstellen einer einwandfreien und wirtschaftlichen Netzwerk-Infrastruktur unter Einsatz von modernen und betriebserprobten Technologien. Installieren und Unterhalten von Netzwerkkomponenten.

Telematiker	bis 25 Altersjahre	*26.80*	*4'880.—*
	ab 25 bis 29 Altersjahre	*36.40*	*6'625.—*
	ab 30 bis 34 Altersjahre	*37.55*	*6'837.—*
	ab 35 bis 39 Altersjahre	*38.70*	*7'048.—*
	ab 40 bis 44 Altersjahre	*40.35*	*7'340.—*
	ab 45 bis 49 Altersjahre	*41.95*	*7'631.—*
	ab 49 Altersjahren	*41.35*	*7'522.—*

☝ *Telematiker:* Planen und Implementieren von Telekommunikationseinrichtungen für Bild, Ton, Text und Daten. Sicherstellen eines einwandfreien Betriebs.

Informatiker, Methodik	*Gesamtschweizerische Statistik, Median*		
	ab 25 bis 29 Altersjahre	*33.20*	*6'047.—*
42 Stunden, berufsüblich	ab 30 bis 34 Altersjahre	*44.75*	*8'141.—*
	ab 35 bis 39 Altersjahre	*49.15*	*8'947.—*
Informatik-Methodiker	ab 40 bis 44 Altersjahre	*50.30*	*9'151.—*
	ab 45 bis 49 Altersjahre	*51.40*	*9'354.—*
	ab 49 Altersjahren	*44.90*	*8'173.—*

☝ *Informatik-Methodiker:* Erproben und Einführen von Verfahren, Techniken und Werkzeugen für Teilbereiche der Systementwicklung und für die Projektbearbeitung (Analyse, Design, Systembau, Dokumentation, Qualitätssicherung usw.).

📖 *Kein GAV; Swiss ICT, Schweizerischer Verband der Informations- und Kommunikationstechnologie.*

📖 *Die Funktionsbeschreibungen entstammen dem Buch Berufe der ICT.*

🖼 *ICT-Saläre 2010. Die Löhne der Informatikberufe wurden unter Herbeizug der Werte der Salärumfrage erstellt.*

☝ 13. Monatslohn: Berufsüblich, jedoch nicht vertraglich vereinbart. Zur Ermittlung des Jahreslohnes muss mit 13 multipliziert werden.

Stand 1.5.2010   ✍ www.swissict.ch und www.i-s.ch

Tätigkeitsbereich *Wöchentliche Arbeitszeit*	Tätigkeit *Quelle, vertragliche Vereinbarungen*	Stunden- und Monatslohn	

62.09   Erbringung sonstiger Dienstleistungen der Informationstechnologie, Einrichten von Computern, Softwareinstallation und Datenwiederherstellung

Informatiker, **Individual Computing**	*Gesamtschweizerische Statistik, Median*		
	bis 25 Altersjahre	25.70	4'681.—
42 Stunden, berufsüblich	ab 25 bis 29 Altersjahre	28.80	5'240.—
	ab 30 bis 34 Altersjahre	31.45	5'720.—
ICT-Supporter	ab 35 bis 39 Altersjahre	34.05	6'200.—
	ab 40 bis 44 Altersjahre	39.15	7'124.—
	ab 45 bis 49 Altersjahre	38.30	6'971.—
	ab 49 Altersjahren	37.45	6'818.—

🖐 *ICT-Supporter:* Installieren, Betreuen und Warten von Arbeitsplatz-, Server- und LAN-Systemen; Beheben von Fehlern, Beraten, Anleiten und Unterstützen der Anwender bei auftretenden Problemen.

ICT-Techniker	bis 25 Altersjahre	25.55	4'650.—
	ab 25 bis 29 Altersjahre	30.40	5'532.—
	ab 30 bis 34 Altersjahre	31.70	5'767.—
	ab 35 bis 39 Altersjahre	35.90	6'537.—
	ab 40 bis 44 Altersjahre	40.15	7'308.—
	ab 45 bis 49 Altersjahre	40.25	7'329.—
	ab 49 Altersjahren	40.40	7'350.—

🖐 *ICT-Techniker:* Evaluieren, Installieren und Warten von Arbeitsplatz- und Serversystemen (Hardware, Software und lokale Netzwerke) im Bereich der individuellen Informationsverarbeitung.

Informatiker, **System-Entwicklung**	*Gesamtschweizerische Statistik, Median*		
	bis 25 Altersjahre	26.50	4'824.—
42 Stunden, berufsüblich	ab 25 bis 29 Altersjahre	31.05	5'656.—
	ab 30 bis 34 Altersjahre	39.40	7'174.—
Applikations-Integrator	ab 35 bis 39 Altersjahre	43.70	7'949.—
	ab 40 bis 44 Altersjahre	47.35	8'618.—
	ab 45 bis 49 Altersjahre	46.80	8'525.—
	ab 49 Altersjahren	46.30	8'431.—

🖐 *Applikations-Integrator:* Einführen von Standardsoftware im Rahmen einer betriebswirtschaftlichen und branchenspezifischen Gesamtkonzeption.

Tätigkeitsbereich	Tätigkeit	Stunden-
Wöchentliche Arbeitszeit	*Quelle, vertragliche Vereinbarungen*	und Monatslohn

📖 *Kein GAV; Swiss ICT, Schweizerischer Verband der Informations- und Kommunikationstechnologie.*

📖 *Die Funktionsbeschreibungen entstammen dem Buch Berufe der ICT.*

▦ *ICT-Saläre 2010. Die Löhne der Informatikberufe wurden unter Herbeizug der Werte der Salärumfrage erstellt.*

✋ 13. Monatslohn: Berufsüblich, jedoch nicht vertraglich vereinbart. Zur Ermittlung des Jahreslohnes muss mit 13 multipliziert werden.

Stand 1.5.2010   ☞ www.swissict.ch und www.i-s.ch

---

63   **Informationsdienstleistungen**

63.1   Datenverarbeitung, Web-Hosting und damit verbundene Tätigkeiten sowie Web-Portale

63.11   Datenverarbeitungs- und Streamingdienste sowie Hosting

---

Informatiker, Datenbanken und Web-Suchdienste	GAV-Löhne, gesamtschweizerischer Geltungsbereich		
	Betriebsfachleute Logistik, Transport (3–5)	27.54	4'385.—
	Betriebsfachleute Finanzberatung (3–6)	27.54	4'385.—
41 Stunden, laut GAV	Betriebsmitarbeiter (1–3)	21.83	3'476.—
	Kundenberater (5–6)	33.02	5'259.—
Betrieb und Produktion	Lagermitarbeiter/-fachleute (2–4)	24.87	3'960.—
	Leitung Logistik und Transport (6–9)	35.27	5'616.—
	Leitung Organisationseinheit (8–11)	42.06	6'697.—
	Leitung Unterhalt und Handwerk (7–10)	38.47	6'126.—
	Sortierung (1–3)	21.83	3'476.—
	Teamleitung Logistik, Transport (4–7)	30.26	4'818.—
	Teamleitung Finanzberatung (5–7)	33.02	5'259.—
	Wagenführung Sachentransport (2–4)	24.87	3'960.—
	Zustellung (1–4)	21.83	3'476.—
Unterhalt und Handwerk	Betriebsfachleute und -mitarbeitende Wartung/Unterhalt/Handwerk (1–4)	21.83	3'476.—
	Reinigung und Hausdienst (1–3)	21.83	3'476.—
	Team-/Sachbereichsleitung Unterhalt und Handwerk (4–8)	30.26	4'818.—
Verkauf	Frontoffice (3–6)	27.54	4'385.—
	Kundenbetreuung klein/mittel (7–9)	38.47	6'126.—
	Kundenbetreuung mittel/gross (9–12)	46.18	7'354.—
	Sachbereichsleitung Verkauf (7–9)	38.47	6'126.—
	Sales Support/Sachbearbeitung Verkaufsstellen (5–8)	33.02	5'259.—

Tätigkeitsbereich *Wöchentliche Arbeitszeit*	Tätigkeit *Quelle, vertragliche Vereinbarungen*	Stunden- und Monatslohn	
Informatik	Produktion Informatik (2–5)	**24.87**	**3'960.—**
	Sachbereichsleitung Informatik (10–13)	**50.84**	**8'096.—**
	Spezialist Informatik (10–13)	**50.84**	**8'096.—**
	Support (5–7)	**33.02**	**5'259.—**
	Systembetreuung (7–10)	**38.47**	**6'126.—**
	Systementwicklung (5–8)	**33.02**	**5'259.—**
	Systementwicklung, anspruchsvoll (8–10)	**42.06**	**6'697.—**
	Teamleitung Informatik (7–10)	**38.47**	**6'126.—**
Sachbearbeitung	Administrative Hilfsfunktionen (1–3)	**21.83**	**3'476.—**
	Büroassistenz (2–5)	**24.87**	**3'960.—**
	Sachbearbeitung (5–7)	**33.02**	**5'259.—**
	Sachbearbeitung, anspruchsvoll (7–10)	**38.47**	**6'126.—**
	Sachbearbeitung, qualifiziert (10–12)	**50.84**	**8'096.—**
	Sachbereichsleitung (10–13)	**50.84**	**8'096.—**
	Teamleitung (7–10)	**38.47**	**6'126.—**
Führung, Management und Spezialisten	Konzernweite Spezialisten (11–14)	**56.03**	**8'922.—**
	Leitung Fachbereich klein (10–12)	**50.84**	**8'096.—**
	Regionenleitung klein/mittel (9–11)	**46.18**	**7'354.—**
	Regionenleitung gross (12–14)	**61.86**	**9'849.—**

📖 *GAV KG für ausgegliederte Geschäftseinheiten der Schweizerischen Post (Konzerngesellschaften). Mindestlöhne, Ziffer 30.*

⌛ *Laufzeit des GAV ab 1.7.2005, ungekündigt.*

✐ *Der 13. Monatslohn ist vertraglich vereinbart (Ziffer 300 GAV). Zur Ermittlung des Jahreslohnes muss mit 13 multipliziert werden.*

✐ *Lohnzuschläge: Für regelmässige Nachtarbeit (Ziffer 351 GAV) wird je Stunde eine Zulage von CHF 5.80 und für Sonntagsarbeit (Ziffer 352 GAV) eine von CHF 10.55 entrichtet. Bei Bereitschaftsdienst (Pikettzulage) gilt ein Stundenansatz von CHF 5 (Ziffer 353 GAV).*

✐ *Ferienanspruch: 5 Wochen bis und mit 49. Altersjahr. Zwischen 50. bis und mit 59. Altersjahr 5 Wochen und 3 Tage sowie ab 60. Altersjahr 6 Wochen und 1 Tag (Ziffer 430 GAV).*

☞ Zur Umrechnung des Jahreslohnes auf den Stundenlohn gilt ein vereinbarter Divisor von 2070.

☞ Für Arbeitnehmer unter dem 18. Altersjahr kann für Beschäftigte ohne abgeschlossene Berufslehre der Anfangslohn bis zu 10% herabgesetzt werden.

☞ Die in Klammern gesetzten Zahlen bezeichnen die für die einzelnen Funktionen festgelegten Lohnstufen; es wird jeweils die unterste angegeben.

Stand 1.1.2009   ☞ www.syndicom.ch und www.post.ch

Tätigkeitsbereich *Wöchentliche Arbeitszeit*	Tätigkeit *Quelle, vertragliche Vereinbarungen*	Stunden- und Monatslohn	
Informatiker, **Datenmanagement**	*Gesamtschweizerische Statistik, Median*		
	bis 25 Altersjahre	*25.45*	*4'632.—*
42 Stunden, berufsüblich	ab 25 bis 29 Altersjahre	*31.—*	*5'641.—*
	ab 30 bis 34 Altersjahre	*33.35*	*6'070.—*
Daten-Administrator	ab 35 bis 39 Altersjahre	*34.—*	*6'187.—*
	ab 40 bis 44 Altersjahre	*44.60*	*8'116.—*
	ab 45 bis 49 Altersjahre	*46.40*	*8'443.—*
	ab 49 Altersjahren	*47.90*	*8'720.—*

🖐 *Daten-Administrator:* Verwalten und Nachführen des Data-Dictionary (Datenkatalog) und des Repository (Enzyklopädie).

Daten-Architekt	bis 25 Altersjahre	*29.05*	*5'287.—*
	ab 26 bis 29 Altersjahre	*36.80*	*6'696.—*
	ab 30 bis 34 Altersjahre	*49.25*	*8'965.—*
	ab 35 bis 39 Altersjahre	*50.85*	*9'256.—*
	ab 40 bis 44 Altersjahre	*55.50*	*10'098.—*
	ab 45 bis 49 Altersjahre	*55.25*	*10'054.—*
	ab 49 Altersjahren	*55.—*	*10'007.—*

🖐 *Daten-Architekt:* Erarbeiten und Unterhalten von Datenmodellen sowie der Objekt- und Klassenbibliotheken.

Datenbank-Administrator	bis 25 Altersjahre	*24.45*	*4'450.—*
	ab 25 bis 29 Altersjahre	*34.35*	*6'250.—*
	ab 30 bis 34 Altersjahre	*41.10*	*7'477.—*
	ab 35 bis 39 Altersjahre	*42.45*	*7'723.—*
	ab 40 bis 44 Altersjahre	*43.80*	*7'969.—*
	ab 45 bis 49 Altersjahre	*46.95*	*8'547.—*
	ab 49 Altersjahren	*47.85*	*8'705.—*

🖐 *Datenbank-Administrator:* Selbstständiges Planen und Bearbeiten aller Aufgaben des Datenbankeinsatzes und -betriebes. Ausarbeiten und Verwirklichen systemtechnischer Konzepte. Implementierung, Unterhalten, Überwachen und Pflegen plattformübergreifender, verteilter Datenbanken.

Datenbank-Spezialist	bis 25 Altersjahre	*26.80*	*4'881.—*
	ab 25 bis 29 Altersjahre	*32.45*	*5'906.—*
	ab 30 bis 34 Altersjahre	*39.10*	*7'118.—*
	ab 35 bis 39 Altersjahre	*39.85*	*7'249.—*
	ab 40 bis 44 Altersjahre	*40.55*	*7'378.—*
	ab 45 bis 49 Altersjahre	*47.55*	*8'657.—*

🖐 *Datenbank-Spezialist:* Planen und Bearbeiten aller Aufgaben des Datenbankeinsatzes. Ausarbeiten und Verwirklichen systemtechnischer Konzepte plattformübergreifender, verteilter Datenbanken.

Tätigkeitsbereich *Wöchentliche Arbeitszeit*	Tätigkeit *Quelle, vertragliche Vereinbarungen*	Stunden- und Monatslohn	
Informatiker, **wissensbasierte Systeme**	*Gesamtschweizerische Statistik, Median*		
	ab 25 bis 29 Altersjahre	*36.90*	*6'719.—*
42 Stunden, berufsüblich	ab 30 bis 34 Altersjahre	*37.10*	*6'748.—*
	ab 35 bis 39 Altersjahre	*38.95*	*7'093.—*
Architekt,	ab 40 bis 44 Altersjahre	*39.80*	*7'241.—*
wissensbasierte Systeme	ab 45 bis 49 Altersjahre	*40.60*	*7'389.—*

☞ *Architekt, wissensbasierte Systeme:* Erschliessen neuer Theorien, Methoden und Techniken für wissensbasierte Systeme; Definieren des unternehmensweiten Einsatzes wissensbasierter Techniken (WBT).

Entwickler,	ab 25 bis 29 Altersjahre	*30.60*	*5'569.—*
wissensbasierte Systeme	ab 30 bis 34 Altersjahre	*35.65*	*6'492.—*
	ab 35 bis 39 Altersjahre	*37.30*	*6'793.—*
	ab 40 bis 44 Altersjahre	*39.—*	*7'094.—*
	ab 45 bis 49 Altersjahre	*39.05*	*7'106.—*

☞ *Entwickler, wissensbasierte Systeme:* Selbstständiges Erstellen von Systemen und Instrumenten mit Hilfe wissensbasierter Techniken (WBT).

📖 *Kein GAV; Swiss ICT, Schweizerischer Verband der Informations- und Kommunikationstechnologie.*

📖 *Die Funktionsbeschreibungen entstammen dem Buch Berufe der ICT.*

▦ *ICT-Saläre 2010. Die Löhne der Informatikberufe wurden unter Herbeizug der Werte der Salärumfrage erstellt.*

☞ 13. Monatslohn: Berufsüblich, jedoch nicht vertraglich vereinbart. Zur Ermittlung des Jahreslohnes muss mit 13 multipliziert werden

Stand 1.5.2010   ☞ www.swissict.ch und www.i-s.ch

Tätigkeitsbereich *Wöchentliche Arbeitszeit*	Tätigkeit *Quelle, vertragliche Vereinbarungen*		Stunden- und Monatslohn
Informatiker, Zertifizierungsdienste	**GAV-Löhne, gesamtschweizerischer Geltungsbereich**		
41 Stunden, laut GAV	Betriebsfachleute Logistik, Transport (3–5)	**27.54**	**4'385.—**
	Betriebsfachleute Finanzberatung (3–6)	**27.54**	**4'385.—**
Betrieb und Produktion	Betriebsmitarbeiter (1–3)	**21.83**	**3'476.—**
	Kundenberater (5–6)	**33.02**	**5'259.—**
	Lagermitarbeiter/-fachleute (2–4)	**24.87**	**3'960.—**
	Leitung		
	– Organisationseinheit (8–11)	**42.06**	**6'697.—**
	– Organisationseinheit Unterhalt und Handwerk (7–10)	**38.47**	**6'126.—**
	– Sachbereich Logistik und Transport (6–9)	**35.27**	**5'616.—**
	Sortierung (1–3)	**21.83**	**3'476.—**
	Teamleitung Logistik, Transport (4–7)	**30.26**	**4'818.—**
	Teamleitung Finanzberatung (5–7)	**33.02**	**5'259.—**
	Wagenführung Sachentransport (2–4)	**24.87**	**3'960.—**
	Zustellung (1–4)	**21.83**	**3'476.—**
Unterhalt und Handwerk	Betriebsfachleute und -mitarbeitende Wartung/Unterhalt/Handwerk (1–4)	**21.83**	**3'476.—**
	Reinigung und Hausdienst (1–3)	**21.83**	**3'476.—**
	Team-/Sachbereichsleitung Unterhalt und Handwerk (4–8)	**30.26**	**4'818.—**
Verkauf	Frontoffice (3–6)	**27.54**	**4'385.—**
	Kundenbetreuung klein/mittel (7–9)	**38.47**	**6'126.—**
	Kundenbetreuung mittel/gross (9–12)	**46.18**	**7'354.—**
	Sachbereichsleitung Verkauf (7–9)	**38.47**	**6'126.—**
	Sales Support/Sachbearbeitung Verkaufsstellen (5–8)	**33.02**	**5'259.—**
Informatik	Produktion Informatik (2–5)	**24.87**	**3'960.—**
	Sachbereichsleitung Informatik (10–13)	**50.84**	**8'096.—**
	Spezialist Informatik (10–13)	**50.84**	**8'096.—**
	Support (5–7)	**33.02**	**5'259.—**
	Systembetreuung (7–10)	**38.47**	**6'126.—**
	Systementwicklung (5–8)	**33.02**	**5'259.—**
	Systementwicklung, anspruchsvoll (8–10)	**42.06**	**6'697.—**
	Teamleitung Informatik (7–10)	**38.47**	**6'126.—**

Tätigkeitsbereich *Wöchentliche Arbeitszeit*	Tätigkeit *Quelle, vertragliche Vereinbarungen*	Stunden- und Monatslohn	
Sachbearbeitung	Administrative Hilfsfunktionen (1–3)	**21.83**	**3'476.—**
	Büroassistenz (2–5)	**24.87**	**3'960.—**
	Sachbearbeitung (5–7)	**33.02**	**5'259.—**
	Sachbearbeitung, anspruchsvoll (7–10)	**38.47**	**6'126.—**
	Sachbearbeitung, qualifiziert (10–12)	**50.84**	**8'096.—**
	Sachbereichsleitung (10–13)	**50.84**	**8'096.—**
	Teamleitung (7–10)	**38.47**	**6'126.—**
Führung, Management und Spezialisten	Konzernweite Spezialisten (11–14)	**56.03**	**8'922.—**
	Leitung Fachbereich klein (10–12)	**50.84**	**8'096.—**
	Regionenleitung klein/mittel (9–11)	**46.18**	**7'354.—**
	Regionenleitung gross (12–14)	**61.86**	**9'849.—**

📖 *GAV KG für ausgegliederte Geschäftseinheiten der Schweizerischen Post (Konzerngesellschaften). Lohnbestimmungen, Ziffer 30.*

⏳ *Laufzeit des GAV ab 1.7.2005, ungekündigt.*

✎ *Der 13. Monatslohn ist vertraglich vereinbart (Ziffer 300 GAV). Zur Ermittlung des Jahreslohnes muss mit 13 multipliziert werden.*

✎ *Lohnzuschläge: Für regelmässige Nachtarbeit (Ziffer 351 GAV) wird je Stunde eine Zulage von CHF 5.80 und für Sonntagsarbeit (Ziffer 352 GAV) eine von CHF 10.55 entrichtet. Bei Bereitschaftsdienst (Pikettzulage) gilt ein Stundenansatz von CHF 5 (Ziffer 353 GAV).*

✎ *Ferienanspruch: 5 Wochen bis und mit 49. Altersjahr. Zwischen 50. bis und mit 59. Altersjahr 5 Wochen und 3 Tage sowie ab 60. Altersjahr 6 Wochen und 1 Tag (Ziffer 430 GAV).*

✋ Zur Umrechnung des Jahreslohnes auf den Stundenlohn gilt ein vereinbarter Divisor von 2070.

✋ Die in Klammern gesetzten Zahlen bezeichnen die für die einzelnen Funktionen festgelegten Lohnstufen; es wird jeweils die unterste angegeben.

Stand 1.1.2009   🖰 www.syndicom.ch und www.post.ch

Tätigkeitsbereich *Wöchentliche Arbeitszeit*	Tätigkeit *Quelle, vertragliche Vereinbarungen*	Stunden- und Monatslohn

63.9   Erbringung sonstiger Informationsdienstleistungen

63.91   Korrespondenz- und Nachrichtenbüros

Journalisten, **fest angestellt**	***Gesamtschweizerische und lokale Lohnempfehlung***		
	Journalisten, ab 1. Berufsjahr	*34.20*	*5'927.—*
40 Stunden, berufsüblich	ab 3. Berufsjahr	*37.10*	*6'434.—*
	ab 6. Berufsjahr	*41.50*	*7'191.—*
Journalisten	ab 9. Berufsjahr	*45.90*	*7'952.—*

☞ Lokaler Geltungsbereich: Basel, Bern und Zürich.

Redaktionspersonal	Technisches Redaktionspersonal, ab 1. Berufsjahr	*21.90*	*3'798.—*
	nach bestandener Berufsprüfung	*22.95*	*3'982.—*
	ab 5. Berufsjahr	*26.30*	*4'562.—*

☞ Lokaler Geltungsbereich: Gesamte Schweiz und Liechtenstein.

Stagiaires	Stagiaires, im 1. Semester	*21.10*	*3'656.—*
	ab 2. Semester	*23.05*	*3'996.—*
	ab 3. Semester	*25.05*	*4'342.—*
	ab 4. Semester	*29.—*	*5'027.—*

☞ Lokaler Geltungsbereich: Deutschsprachige Schweiz.

Volontäre	Volontäre	*24.60*	*4'265.—*

☞ Lokaler Geltungsbereich: Schweiz und Liechtenstein.

📖 *GAV für Journalistinnen, Journalisten und das technische Redaktionspersonal.*

⌛ *Laufzeit des GAV ab 1.1.2000 bis 31.7.2004, aufgekündigt.*

▦ *Lohnempfehlungen des Berufsverbandes Impressum.*

✋ 13. Monatslohn: Berufsüblich, jedoch nicht vertraglich vereinbart. Zur Ermittlung des Jahreslohnes muss mit 13 multipliziert werden.

✋ Lohnzuschläge für Überstunden, Nacht-, Schicht-, Sonn- und Feiertagsarbeit sind für das technische Redaktionspersonal nicht im Mindestlohn enthalten.

✋ Jahre, in jenen die Haupterwerbstätigkeit dem redaktionellen Teil von Medienprodukten galt, werden als Berufsjahre anerkannt.

– *Stagiaires:* Die gesamte Stagezeit wird angerechnet.

– *Volontäre:* Die Volontariatszeit wird dem nachfolgenden Stage angerechnet, nicht aber an die Berufsjahre.

Stand 1.1.2011   ✍ www.schweizerpresse.ch, www.sab-photo.ch
                          und www.syndicom.ch

Tätigkeitsbereich *Wöchentliche Arbeitszeit*	Tätigkeit *Quelle, vertragliche Vereinbarungen*	Stunden- und Monatslohn	
Journalisten, **fest angestellt**	*Gesamtschweizerische Statistik, Durchschnittswerte*		
	Journalist, ab 20 Altersjahren	*29.30*	*5'080.—*
40 Stunden, berufsüblich	ab 30 Altersjahren	*40.05*	*6'943.—*
	ab 40 Altersjahren	*48.20*	*8'353.—*
Altersklassen	ab 50 Altersjahren	*52.55*	*9'112.—*
	ab 60 Altersjahren	*53.50*	*9'277.—*
Berufserfahrung,	Journalisten, ab 1. bis 2. Berufsjahr	*32.75*	*5'675.—*
gesamte Schweiz	ab 3. bis 5. Berufsjahr	*35.70*	*6'184.—*
	ab 6. bis 8. Berufsjahr	*40.05*	*6'943.—*
	ab 9. bis 15. Berufsjahr	*45.30*	*7'854.—*
	ab 16. bis 25. Berufsjahr	*50.70*	*8'787.—*
	ab 26. Berufsjahr	*55.10*	*9'546.—*
Funktionen	Volontär oder Stagiaire	*23.80*	*4'128.—*
	Redaktor	*43.80*	*7'594.—*
	Ressortleiter	*48.30*	*8'369.—*
	Kader, mittleres und höheres	*52.55*	*9'112.—*
Betriebszugehörigkeit	bis zu 2 Jahren	*38.25*	*6'630.—*
	2 bis 5 Jahre	*40.70*	*7'051.—*
	6 bis 9 Jahre	*44.10*	*7'646.—*
	10 bis 15 Jahre	*50.05*	*8'678.—*
	mehr als 15 Jahre	*51.95*	*9'005.—*
Ausbildung	Unternehmensinterne Ausbildung	*43.80*	*7'594.—*
	Berufslehre	*43.80*	*7'594.—*
	Matura und Lehrerpatent	*42.85*	*7'424.—*
	Höhere Berufsbildung, Meisterprüfung	*46.95*	*8'137.—*
	Fachhochschule	*43.80*	*7'594.—*
	Universität	*47.20*	*8'182.—*

📖 *GAV für Journalistinnen, Journalisten und das technische Redaktionoporoonal.*

⌛ *Laufzeit des GAV ab 1.1.2000 bis 31.7.2004, aufgekündigt.*

🗠 *Lohnerhebung der Arbeitnehmerverbände Syndicom, Impressum, Schweizer Fachjournalisten, des Schweizer Syndikats Medienschaffender sowie des Schweizerischen Gewerkschaftsbundes aus dem Jahre 2006.*

✋ 13. Monatslohn: Berufsüblich, jedoch nicht vertraglich vereinbart. Zur Ermittlung des Jahreslohnes muss mit 13 multipliziert werden.

✋ Die Jahresteuerung wird seit 2007 aufgerechnet.

🔖 www.impressum.ch, www.sfj-ajs.ch, www.ssm-site.ch, www.syndicom.ch, www.schweizerpresse.ch und www.sab-photo.ch

Stand 1.1.2011

Tätigkeitsbereich *Wöchentliche Arbeitszeit*	Tätigkeit *Quelle, vertragliche Vereinbarungen*	Stunden- und Monatslohn
K	**Erbringung von Finanz- und Versicherungsdienstleistungen**	
64	**Erbringung von Finanzdienstleistungen**	
64.1 bis 64.9	Zentralbanken, Kreditinstitute, Beteiligungsgesellschaften, Treuhand- und sonstige Fonds sowie ähnliche Finanzinstitutionen, sonstige Finanzierungsinstitutionen	
64.11 bis 64.99	Hereinnahme und Verteilung von Finanzmitteln	

Kreditgewerbe	*Lohnempfehlung* und *gesamtschweizerische Statistik, Median*		
42 Stunden, berufsüblich	Bankangestellter, ab 1. Berufsjahr	**20.90**	**3'800.—**
	25 bis 35 Altersjahre	*31.60*	*5'749.—*
Angelerntes Personal	35 bis 45 Altersjahre	*34.05*	*6'198.—*
	45 bis 55 Altersjahre	*33.85*	*6'159.—*
Sachbearbeiter	Bankangestellter, ab 1. Berufsjahr	**21.40**	**3'900.—**
mit kaufmännischer oder	bis 25 Altersjahre	*24.95*	*4'541.—*
technischer Berufslehre,	25 bis 35 Altersjahre	*31.60*	*5'749.—*
Mittelschulabschluss	35 bis 45 Altersjahre	*36.10*	*6'569.—*
	45 bis 55 Altersjahre	*37.60*	*6'843.—*
	ab 55 Altersjahren	*36.25*	*6'595.—*
Hochschul-, HWV-	Bankangestellter, bis 25 Altersjahre	*26.85*	*4'885.—*
oder Universitätsabschluss	25 bis 35 Altersjahre	*38.70*	*7'046.—*
	35 bis 45 Altersjahre	*42.85*	*7'802.—*
	45 bis 55 Altersjahre	*46.05*	*8'377.—*
	ab 55 Altersjahren	*49.65*	*9'033.—*
Fachspezialist,	Bankangestellter, 25 bis 35 Altersjahre	*45.15*	*8'221.—*
Führung auf höherer Stufe	35 bis 45 Altersjahre	*54.15*	*9'856.—*
	45 bis 55 Altersjahre	*56.40*	*10'265.—*
	ab 55 Altersjahren	*59.55*	*10'839.—*

📖 *Vereinbarung über die Anstellungsbedingungen der Bankangestellten zwischen der Arbeitgeberorganisation der Banken in der Schweiz und dem Schweizerischen Bankpersonalverband sowie dem Kaufmännischen Verband Schweiz.*

▦ *Schweizerischer Bankenpersonalverband, Lohnumfrage 2001.*

▦ *Einstiegslohn für Angelernte laut Arbeitgeberorganisation der Banken in der Schweiz und für Sachbearbeiter laut Salärempfehlungen des Schweizerischen Kaufmännischen Verbandes.*

✐ *13. Monatslohn: Vertraglich vereinbart (Art. 21.1 Vereinbarung). Zur Ermittlung des Jahreslohnes muss mit 13 multipliziert werden.*

✋ Die Jahresteuerung wird seit 2002 aufgerechnet.

Stand 1.1.2011   ✍ www.sbpv.ch und www.kvschweiz.ch

Tätigkeitsbereich *Wöchentliche Arbeitszeit*	Tätigkeit *Quelle, vertragliche Vereinbarungen*	Stunden- und Monatslohn	
64.19	Kreditinstitute, Banken und Sparkassen		
Grossbanken	*Gesamtschweizerische Statistik, Durchschnittswerte*		
42 Stunden, berufsüblich	Kreditoren- und Debitorenbuchhalter, bis zu 2 Berufsjahren	*34.60*	*6'294.—*
Accountant AP/AR	ab 3 bis 5 Berufsjahre	*36.90*	*6'714.—*
	ab 6 bis 9 Berufsjahre	*40.35*	*7'343.—*
	ab 10 bis 15 Berufsjahre	*44.95*	*8'182.—*
	mehr als 15 Berufsjahre	*46.55*	*8'476.—*
Accountant General Ledger	Hauptbuchhalter, bis zu 2 Berufsjahren	*40.35*	*7'343.—*
	ab 3 bis 5 Berufsjahre	*42.65*	*7'762.—*
	ab 6 bis 9 Berufsjahre	*49.55*	*9'021.—*
	ab 10 bis 15 Berufsjahre	*59.95*	*10'909.—*
	mehr als 15 Berufsjahre	*60.40*	*10'993.—*
Assistant Accountant	Hilfsbuchhalter und -prüfer. bis zu 2 Berufsjahren	*31.10*	*5'664.—*
	ab 3 bis 5 Berufsjahre	*33.65*	*6'126.—*
	ab 6 bis 9 Berufsjahre	*35.75*	*6'503.—*
	ab 10 bis 15 Berufsjahre	*36.90*	*6'714.—*
	mehr als 15 Berufsjahre	*37.35*	*6'797.—*
Chief Accountant	Leiter Buchhaltung, bis zu 2 Berufsjahren	*50.50*	*9'189.—*
	ab 3 bis 5 Berufsjahre	*50.70*	*9'231.—*
	ab 6 bis 9 Berufsjahre	*57.65*	*10'490.—*
	ab 10 bis 15 Berufsjahre	*62.25*	*11'329.—*
	mehr als 15 Berufsjahre	*64.55*	*11'749.—*
Compliance Officer	Risikomanager, bis zu 2 Berufsjahren	*46.10*	*8'391.—*
	ab 3 bis 5 Berufsjahre	*53.—*	*9'650.—*
	ab 6 bis 9 Berufsjahre	*64.55*	*11'749.—*
	ab 10 bis 15 Berufsjahre	*65.—*	*11'832.—*
	mehr als 15 Berufsjahre	*65.45*	*11'916.—*
Controller	Controller, bis zu 2 Berufsjahren	*43.80*	*7'972.—*
	ab 3 bis 5 Berufsjahre	*48.40*	*8'811.—*
	ab 6 bis 9 Berufsjahre	*59.95*	*10'909.—*
	ab 10 bis 15 Berufsjahre	*68.25*	*12'419.—*
	mehr als 15 Berufsjahre	*69.15*	*12'588.—*
Credit Controller	Credit Controller, bis zu 2 Berufsjahren	*41.50*	*7'553.—*
	ab 3 bis 5 Berufsjahre	*46.10*	*8'391.—*
	ab 6 bis 9 Berufsjahre	*48.40*	*8'811.—*
	ab 10 bis 15 Berufsjahre	*55.35*	*10'070.—*
	mehr als 15 Berufsjahre	*57.65*	*10'490.—*

Tätigkeitsbereich *Wöchentliche Arbeitszeit*	Tätigkeit *Quelle, vertragliche Vereinbarungen*	Stunden- und Monatslohn	
Credit Manager	Credit Manager, bis zu 2 Berufsjahren	53.—	9'650.—
	ab 3 bis 5 Berufsjahre	56.50	10'279.—
	ab 6 bis 9 Berufsjahre	64.55	11'749.—
	ab 10 bis 15 Berufsjahre	73.75	13'426.—
	mehr als 15 Berufsjahre	74.25	13'511.—
Finance Director, Chief Financial Officer	Finance Director, ab 6 bis 9 Berufsjahre	69.15	12'588.—
	ab 10 bis 15 Berufsjahre	69.85	12'713.—
	mehr als 15 Berufsjahre	70.45	12'818.—
Finance Manager	Leiter Finanzen, bis zu 2 Berufsjahren	50.70	9'231.—
	ab 3 bis 5 Berufsjahre	57.65	10'490.—
	ab 6 bis 9 Berufsjahre	69.15	12'588.—
	ab 10 bis 15 Berufsjahre	76.10	13'846.—
	mehr als 15 Berufsjahre	76.90	13'993.—
Internal Auditor	Interner Revisor, bis zu 2 Berufsjahren	53.—	9'650.—
	ab 3 bis 5 Berufsjahre	56.50	10'279.—
	ab 6 bis 9 Berufsjahre	59.95	10'909.—
	ab 10 bis 15 Berufsjahre	69.15	12'588.—
	mehr als 15 Berufsjahre	69.85	12'713.—
Management Accountant	Betriebsbuchhalter, bis zu 2 Berufsjahren	48.40	8'811.—
	ab 3 bis 5 Berufsjahre	53.—	9'650.—
	ab 6 bis 9 Berufsjahre	56.50	10'279.—
	ab 10 bis 15 Berufsjahre	61.10	11'119.—
	mehr als 15 Berufsjahre	62.25	11'329.—
Payroll Accountant	Lohnbuchhalter, bis zu 2 Berufsjahren	34.60	6'294.—
	ab 3 bis 5 Berufsjahre	39.20	7'133.—
	ab 6 bis 9 Berufsjahre	42.65	7'762.—
	ab 10 bis 15 Berufsjahre	50.70	9'231.—
	mehr als 15 Berufsjahre	53.—	9'650.—
Payroll Manager	Leiter Lohnbuchhaltung, bis zu 2 Berufsjahren	48.40	8'811.—
	ab 3 bis 5 Berufsjahre	49.35	8'979.—
	ab 6 bis 9 Berufsjahre	59.95	10'909.—
	ab 10 bis 15 Berufsjahre	61.10	11'119.—
	mehr als 15 Berufsjahre	69.15	12'588.—
Tax Manager	Leiter Steuerabteilung, bis zu 2 Berufsjahren	48.40	8'811.—
	ab 3 bis 5 Berufsjahre	55.35	10'070.—
	ab 6 bis 9 Berufsjahre	59.95	10'909.—
	ab 10 bis 15 Berufsjahre	69.15	12'588.—
	mehr als 15 Berufsjahre	70.10	12'756.—

Tätigkeitsbereich *Wöchentliche Arbeitszeit*	Tätigkeit *Quelle, vertragliche Vereinbarungen*	Stunden- und Monatslohn	
Treasurer	Kassierer, bis zu 2 Berufsjahren	*48.40*	*8'811.—*
	ab 3 bis 5 Berufsjahre	*53.—*	*9'650.—*
	ab 6 bis 9 Berufsjahre	*59.95*	*10'909.—*
	ab 10 bis 15 Berufsjahre	*69.15*	*12'588.—*
	mehr als 15 Berufsjahre	*69.85*	*12'713.—*

📖 *Vereinbarung über die Anstellungsbedingungen der Bankangestellten zwischen der Arbeitgeberorganisation der Banken in der Schweiz und dem Schweizerischen Bankpersonalverband sowie dem Kaufmännischen Verband Schweiz.*

▦ *Robert Half, Global Financial Salary Guide 2009/2010.*

✍ Ein 13. Monatslohn ist nicht vertraglich vereinbart. Zur Ermittlung des Jahreslohnes muss mit 12 multipliziert werden.

✍ Die Jahresteuerung wird seit 2010 aufgerechnet.

Stand 1.1.2011   ✍ www.sbpv.ch, www.kvschweiz.ch und www.roberthalf.ch

Regionalbanken	*Gesamtschweizerische Statistik, Durchschnittswerte*		
42 Stunden, berufsüblich	Kreditoren- und Debitorenbuchhalter, bis zu 2 Berufsjahren	*32.25*	*5'874.—*
Accountant AP/AR	ab 3 bis 5 Berufsjahre	*34.60*	*6'294.—*
	ab 6 bis 9 Berufsjahre	*38.05*	*6'923.—*
	ab 10 bis 15 Berufsjahre	*42.65*	*7'762.—*
	mehr als 15 Berufsjahre	*44.50*	*8'098.—*
Accountant General Ledger	Hauptbuchhalter, bis zu 2 Berufsjahren	*38.05*	*6'923.—*
	ab 3 bis 5 Berufsjahre	*40.35*	*7'343.—*
	ab 6 bis 9 Berufsjahre	*48.40*	*8'811.—*
	ab 10 bis 15 Berufsjahre	*59.95*	*10'909.—*
	mehr als 15 Berufsjahre	*60.40*	*10'993.—*
Assistant Accountant	Hilfsbuchhalter und -prüfer, bis zu 2 Berufsjahren	*27.65*	*5'035.—*
	ab 3 bis 5 Berufsjahre	*31.10*	*5'664.—*
	ab 6 bis 9 Berufsjahre	*34.60*	*6'294.—*
	ab 10 bis 15 Berufsjahre	*36.90*	*6'714.—*
	mehr als 15 Berufsjahre	*37.35*	*6'797.—*
Chief Accountant	Leiter Buchhaltung, bis zu 2 Berufsjahren	*48.65*	*8'854.—*
	ab 3 bis 5 Berufsjahre	*50.70*	*9'231.—*
	ab 6 bis 9 Berufsjahre	*57.65*	*10'490.—*
	ab 10 bis 15 Berufsjahre	*59.95*	*10'909.—*
	mehr als 15 Berufsjahre	*64.55*	*11'749.—*

Tätigkeitsbereich *Wöchentliche Arbeitszeit*	Tätigkeit *Quelle, vertragliche Vereinbarungen*	Stunden- und Monatslohn	
Compliance Officer	Risikomanager, bis zu 2 Berufsjahren	*46.10*	*8'391.—*
	ab 3 bis 5 Berufsjahre	*53.—*	*9'650.—*
	ab 6 bis 9 Berufsjahre	*64.55*	*11'749.—*
	ab 10 bis 15 Berufsjahre	*69.85*	*12'713.—*
	mehr als 15 Berufsjahre	*70.55*	*12'839.—*
Controller	Controller, bis zu 2 Berufsjahren	*43.80*	*7'972.—*
	ab 3 bis 5 Berufsjahre	*48.40*	*8'811.—*
	ab 6 bis 9 Berufsjahre	*59.95*	*10'909.—*
	ab 10 bis 15 Berufsjahre	*68.25*	*12'419.—*
	mehr als 15 Berufsjahre	*69.15*	*12'588.—*
Credit Controller	Credit Controller, bis zu 2 Berufsjahren	*39.20*	*7'133.—*
	ab 3 bis 5 Berufsjahre	*43.80*	*7'972.—*
	ab 6 bis 9 Berufsjahre	*48.40*	*8'811.—*
	ab 10 bis 15 Berufsjahre	*55.35*	*10'070.—*
	mehr als 15 Berufsjahre	*57.65*	*10'490.—*
Credit Manager	Credit Manager, bis zu 2 Berufsjahren	*52.35*	*9'524.—*
	ab 3 bis 5 Berufsjahre	*53.—*	*9'650.—*
	ab 6 bis 9 Berufsjahre	*58.80*	*10'699.—*
	ab 10 bis 15 Berufsjahre	*65.70*	*11'958.—*
	mehr als 15 Berufsjahre	*73.75*	*13'426.—*
Finance Director, Chief Financial Officer	Finance Director, ab 6 bis 9 Berufsjahre	*69.15*	*12'588.—*
	ab 10 bis 15 Berufsjahre	*74.—*	*13'469.—*
	mehr als 15 Berufsjahre	*74.45*	*13'552.—*
Finance Manager	Leiter Finanzen, bis zu 2 Berufsjahren	*50.70*	*9'231.—*
	ab 3 bis 5 Berufsjahre	*57.65*	*10'490.—*
	ab 6 bis 9 Berufsjahre	*69.15*	*12'588.—*
	ab 10 bis 15 Berufsjahre	*76.10*	*13'846.—*
	mehr als 15 Berufsjahre	*76.30*	*13'889.—*
Internal Auditor	Interner Revisor, bis zu 2 Berufsjahren	*53.—*	*9'650.—*
	ab 3 bis 5 Berufsjahre	*56.50*	*10'279.—*
	ab 6 bis 9 Berufsjahre	*59.95*	*10'909.—*
	ab 10 bis 15 Berufsjahre	*69.15*	*12'588.—*
	mehr als 15 Berufsjahre	*74.25*	*13'511.—*
Management Accountant	Betriebsbuchhalter, bis zu 2 Berufsjahren	*48.40*	*8'811.—*
	ab 3 bis 5 Berufsjahre	*53.—*	*9'650.—*
	ab 6 bis 9 Berufsjahre	*56.50*	*10'279.—*
	ab 10 bis 15 Berufsjahre	*61.10*	*11'119.—*
	mehr als 15 Berufsjahre	*62.25*	*11'329.—*

Tätigkeitsbereich *Wöchentliche Arbeitszeit*	Tätigkeit *Quelle, vertragliche Vereinbarungen*	Stunden- und Monatslohn	
Payroll Accountant	Lohnbuchhalter, bis zu 2 Berufsjahren	*31.10*	*5'664.—*
	ab 3 bis 5 Berufsjahre	*35.75*	*6'503.—*
	ab 6 bis 9 Berufsjahre	*42.65*	*7'762.—*
	ab 10 bis 15 Berufsjahre	*50.70*	*9'231.—*
	mehr als 15 Berufsjahre	*53.—*	*9'650.—*
Payroll Manager	Leiter Lohnbuchhaltung, bis zu 2 Berufsjahren	*48.40*	*8'811.—*
	ab 3 bis 5 Berufsjahre	*49.55*	*9'021.—*
	ab 6 bis 9 Berufsjahre	*59.95*	*10'909.—*
	ab 10 bis 15 Berufsjahre	*60.40*	*10'993.—*
	mehr als 15 Berufsjahre	*69.15*	*12'588.—*
Tax Manager	Leiter Steuerabteilung, bis zu 2 Berufsjahren	*48.40*	*8'811.—*
	ab 3 bis 5 Berufsjahre	*55.35*	*10'070.—*
	ab 6 bis 9 Berufsjahre	*59.95*	*10'909.—*
	ab 10 bis 15 Berufsjahre	*69.15*	*12'588.—*
	mehr als 15 Berufsjahre	*74.45*	*13'552.—*
Treasurer	Kassierer, bis zu 2 Berufsjahren	*48.40*	*8'811.—*
	ab 3 bis 5 Berufsjahre	*53.—*	*9'650.—*
	ab 6 bis 9 Berufsjahre	*59.95*	*10'909.—*
	ab 10 bis 15 Berufsjahre	*69.15*	*12'588.—*
	mehr als 15 Berufsjahre	*74.25*	*13'511.—*

📖 *Vereinbarung über die Anstellungsbedingungen der Bankangestellten zwischen der Arbeitgeberorganisation der Banken in der Schweiz und dem Schweizerischen Bankpersonalverband sowie dem Kaufmännischen Verband Schweiz.*

▦ *Robert Half, Global Financial Salary Guide 2009/2010.*

✎ Ein 13. Monatslohn ist nicht vertraglich vereinbart. Zur Ermittlung des Jahreslohnes muss mit 12 multipliziert werden.

✎ Die Jahresteuerung wird seit 2010 aufgerechnet.

Stand 1.1.2011   ✎ www.sbpv.ch, www.kvschweiz.ch und www.roberthalf.ch

Tätigkeitsbereich *Wöchentliche Arbeitszeit*	Tätigkeit *Quelle, vertragliche Vereinbarungen*	Stunden- und Monatslohn	

Regional- und Grossbanken

Gesamtschweizerische Statistik, Durchschnittswerte

42 Stunden, berufsüblich	bis zu 2 Berufsjahren	39.85	7'250.—
	ab 2 bis 5 Berufsjahre	45.80	8'333.—
Business & Financial Analyst	mehr als 5 Berufsjahre	50.35	9'167.—
Credit and Cash Collection Analyst	bis zu 2 Berufsjahren	34.35	6'250.—
	ab 2 bis 5 Berufsjahre	40.50	7'375.—
	mehr als 5 Berufsjahre	49.20	8'958.—
External Auditor	bis zu 2 Berufsjahren	36.85	6'708.—
	ab 2 bis 5 Berufsjahre	48.10	8'750.—
	mehr als 5 Berufsjahre	50.35	9'167.—
Fiduciary Accountant	bis zu 2 Berufsjahren	28.60	5'208.—
	ab 2 bis 5 Berufsjahre	34.80	6'333.—
	mehr als 5 Berufsjahre	38.45	7'000.—
Manufacturing Controller	bis zu 2 Berufsjahren	38.45	7'000.—
	ab 2 bis 5 Berufsjahre	43.50	7'917.—
	mehr als 5 Berufsjahre	50.35	9'167.—

📖 *Vereinbarung über die Anstellungsbedingungen der Bankangestellten zwischen der Arbeitgeberorganisation der Banken in der Schweiz und dem Schweizerischen Bankpersonalverband sowie dem Kaufmännischen Verband Schweiz.*

▦ *Page Personnel, Salary Survey 2010, Finance and Accounting.*

✋ Ein 13. Monatslohn ist nicht vertraglich vereinbart. Zur Ermittlung des Jahreslohnes muss mit 12 multipliziert werden.

Stand 1.1.2010   ◿ www.sbpv.ch, www.kvschweiz.ch und www.pagepersonnel.ch

Tätigkeitsbereich *Wöchentliche Arbeitszeit*	Tätigkeit *Quelle, vertragliche Vereinbarungen*	Stunden- und Monatslohn	
64.2	Beteiligungsgesellschaften		
64.20	Holdinggesellschaften		
Verwaltung **von Beteiligungen**	**GAV-Löhne,** **gesamtschweizerischer Geltungsbereich**		
41 Stunden, laut GAV	Betriebsfachleute Logistik, Transport (3–5)	**27.54**	**4'385.—**
	Betriebsfachleute Finanzberatung (3–6)	**27.54**	**4'385.—**
Betrieb und Produktion	Betriebsmitarbeiter (1–3)	**21.83**	**3'476.—**
	Kundenberater (5–6)	**33.02**	**5'259.—**
	Lagermitarbeiter/-fachleute (2–4)	**24.87**	**3'960.—**
	Leitung		
	– Organisationseinheit (8–11)	**42.06**	**6'697.—**
	– Organisationseinheit Unterhalt und Handwerk (7–10)	**38.47**	**6'126.—**
	– Sachbereich Logistik und Transport (6–9)	**35.27**	**5'616.—**
	Sortierung (1–3)	**21.83**	**3'476.—**
	Teamleitung Logistik, Transport (4–7)	**30.26**	**4'818.—**
	Teamleitung Finanzberatung (5–7)	**33.02**	**5'259.—**
	Wagenführung Sachentransport (2–4)	**24.87**	**3'960.—**
	Zustellung (1–4)	**21.83**	**3'476.—**
Unterhalt und Handwerk	Betriebsfachleute und -mitarbeitende Wartung/Unterhalt/Handwerk (1–4)	**21.83**	**3'476.—**
	Reinigung und Hausdienst (1–3)	**21.83**	**3'476.—**
	Team-/Sachbereichsleitung Unterhalt und Handwerk (4–8)	**30.26**	**4'818.—**
Verkauf	Frontoffice (3–6)	**27.54**	**4'385.—**
	Kundenbetreuung klein/mittel (7–9)	**38.47**	**6'126.—**
	Kundenbetreuung mittel/gross (9–12)	**46.18**	**7'354.—**
	Sachbereichsleitung Verkauf (7–9)	**38.47**	**6'126.—**
	Sales Support/Sachbearbeitung Verkaufsstellen (5–8)	**33.02**	**5'259.—**
Informatik	Produktion Informatik (2–5)	**24.87**	**3'960.—**
	Sachbereichsleitung Informatik (10–13)	**50.84**	**8'096.—**
	Spezialist Informatik (10–13)	**50.84**	**8'096.—**
	Support (5–7)	**33.02**	**5'259.—**
	Systembetreuung (7–10)	**38.47**	**6'126.—**
	Systementwicklung (5–8)	**33.02**	**5'259.—**
	Systementwicklung, anspruchsvoll (8–10)	**42.06**	**6'697.—**
	Teamleitung Informatik (7–10)	**38.47**	**6'126.—**

Tätigkeitsbereich *Wöchentliche Arbeitszeit*	Tätigkeit *Quelle, vertragliche Vereinbarungen*	Stunden- und Monatslohn	
Sachbearbeitung	Administrative Hilfsfunktionen (1–3)	**21.83**	**3'476.—**
	Büroassistenz (2–5)	**24.87**	**3'960.—**
	Sachbearbeitung (5–7)	**33.02**	**5'259.—**
	Sachbearbeitung, anspruchsvoll (7–10)	**38.47**	**6'126.—**
	Sachbearbeitung, qualifiziert (10–12)	**50.84**	**8'096.—**
	Sachbereichsleitung (10–13)	**50.84**	**8'096.—**
	Teamleitung (7–10)	**38.47**	**6'126.—**
Führung, Management und Spezialisten	Konzernweite Spezialisten (11–14)	**56.03**	**8'922.—**
	Leitung Fachbereich klein (10–12)	**50.84**	**8'096.—**
	Regionenleitung klein/mittel (9–11)	**46.18**	**7'354.—**
	Regionenleitung gross (12–14)	**61.86**	**9'849.—**

📖 *GAV KG für ausgegliederte Geschäftseinheiten der Schweizerischen Post (Konzerngesellschaften). Lohnbestimmungen, Ziffer 30.*

⌛ *Laufzeit des GAV ab 1.7.2005, ungekündigt.*

✎ *Der 13. Monatslohn ist vertraglich vereinbart (Ziffer 300 GAV). Zur Ermittlung des Jahreslohnes muss mit 13 multipliziert werden.*

✎ *Lohnzuschläge: Für regelmässige Nachtarbeit (Ziffer 351 GAV) wird je Stunde eine Zulage von CHF 5.80 und für Sonntagsarbeit (Ziffer 352 GAV) eine von CHF 10.55 entrichtet. Bei Bereitschaftsdienst (Pikettzulage) gilt ein Stundenansatz von CHF 5 (Ziffer 353 GAV).*

✎ *Ferienanspruch: 5 Wochen bis und mit 49. Altersjahr. Zwischen 50. bis und mit 59. Altersjahr 5 Wochen und 3 Tage sowie ab 60. Altersjahr 6 Wochen und 1 Tag (Ziffer 430 GAV).*

✋ Zur Umrechnung des Jahreslohnes auf den Stundenlohn gilt ein vereinbarter Divisor von 2070.

✋ Die in Klammern gesetzten Zahlen bezeichnen die für die einzelnen Funktionen festgelegten Lohnstufen; es wird jeweils die unterste angegeben.

Stand 1.1.2009   🖰 www.syndicom.ch und www.post.ch

Tätigkeitsbereich *Wöchentliche Arbeitszeit*	Tätigkeit *Quelle, vertragliche Vereinbarungen*	Stunden- und Monatslohn

65   **Versicherungen, Rückversicherungen und Pensionskassen**

65.1 bis 65.3   Versicherungen, Rückversicherungen,
                          Pensionskassen und Pensionskassenfonds

65.00   Kaufmännische Berufe

Kaufmännische Angestellte	*Lohnempfehlung* und *Statistik der Grossregion Zürich, Median*		
42 Stunden, berufsüblich	ab 1. Berufsjahr	**20.90**	**3'800.—**
	bis 20 Altersjahre	23.30	4'237.—
Büroassistent EBA,	bis 25 Altersjahre	26.20	4'768.—
mit 2-jähriger Bürolehre	bis 30 Altersjahre	28.15	5'122.—
(Stufe B)	bis 35 Altersjahre	29.20	5'316.—
	bis 40 Altersjahre	29.90	5'442.—
	bis 45 Altersjahre	30.20	5'493.—
	bis 50 Altersjahre	30.25	5'509.—
	bis 55 Altersjahre	30.40	5'537.—
	bis 59 Altersjahre	30.55	5'558.—
	ab 60 bis 65 Altersjahre	30.65	5'580.—

☝ *Stufe B:* Abschluss einer 2-jährigen Lehre als Büroassistent, ehemals Bürolehre. Das Einsatzgebiet umfasst eher ein- als vielseitige Aufgaben, mit begrenzter Autonomie.

KV-Angestellter EFZ,	ab 1. Berufsjahr	**21.40**	**3'900.—**
mit 3-jähriger Lehrzeit	bis 20 Altersjahre	24.75	4'505.—
(Stufe C)	bis 25 Altersjahre	29.10	5'299.—
	bis 30 Altersjahre	32.75	5'964.—
	bis 35 Altersjahre	34.35	6'251.—
	bis 40 Altersjahre	35.30	6'428.—
	bis 45 Altersjahre	36.05	6'562.—
	bis 50 Altersjahre	36.35	6'613.—
	bis 55 Altersjahre	36.40	6'622.—
	bis 59 Altersjahre	36.40	6'629.—
	ab 60 bis 65 Altersjahre	36.45	6'630.—

☝ *Stufe C:* 3-jährige Lehre als Kauffrau/Kaufmann (KV-Lehre) oder Erlangung des Handelsschuldiploms. Die Tätigkeit umfasst vielseitige Arbeiten, die mit einiger Selbstständigkeit ausgeführt werden. Das Verbleiben auf dieser Stufe gebietet laufende Fortbildung; insbesondere Beherrschung der modernen Büroinstrumente sowie der Textverarbeitung. Diese Funktion umfasst einige Führungsaufgaben.

Tätigkeitsbereich *Wöchentliche Arbeitszeit*	Tätigkeit *Quelle, vertragliche Vereinbarungen*	Stunden- und Monatslohn	
KV-Angestellter	bis 23 Altersjahre	*30.75*	*5'596.—*
mit abgeschlossener	bis 25 Altersjahre	*33.20*	*6'040.—*
Berufsprüfung	bis 30 Altersjahre	*37.70*	*6'857.—*
(Stufe D)	bis 35 Altersjahre	*40.40*	*7'355.—*
	bis 40 Altersjahre	*41.85*	*7'615.—*
	bis 45 Altersjahre	*42.85*	*7'801.—*
	bis 50 Altersjahre	*43.30*	*7'877.—*
	bis 55 Altersjahre	*43.40*	*7'902.—*
	bis 59 Altersjahre	*43.45*	*7'909.—*
	ab 60 bis 65 Altersjahre	*43.45*	*7'910.—*

☞ *Stufe D:* Berufsprüfung als Buchhalter, Direktionssekretärin, Marketingplaner oder Abschluss als Betriebswirtschafter. Sehr qualifiziertes Fachwissen, Sprachen oder vertiefte Branchenkenntnisse, werden vorausgesetzt. Tätigkeit eines Fachspezialisten, weitgehend selbstständig in der Sachbearbeitung. Diese Stufe kann bereits Budgetverantwortung beinhalten und auch durch Personalführungs-Aufgaben gerechtfertigt sein, wie Führung einer kleinen Gruppe der Stufe C oder einer grösseren Gruppe der Stufe B.

Fach- und Führungsperson	bis 25 Altersjahre	*37.40*	*6'807.—*
mit Hochschul-, HWV-	bis 30 Altersjahre	*43.60*	*7'936.—*
oder Universitätsabschluss	bis 35 Altersjahre	*47.50*	*8'645.—*
(Stufe E)	bis 40 Altersjahre	*49.80*	*9'063.—*
	bis 45 Altersjahre	*51.05*	*9'294.—*
	bis 50 Altersjahre	*51.85*	*9'436.—*
	bis 55 Altersjahre	*52.15*	*9'490.—*
	bis 59 Altersjahre	*52.25*	*9'511.—*
	ab 60 bis 65 Altersjahre	*52.30*	*9'517.—*

☞ *Stufe E:* Abschluss eines Universitätsstudiums, HWV-Ausbildung, Betriebsökonom und Betriebswirtschafter FH mit mehrjähriger bereichsspezifischer Berufserfahrung. Inhaber einer höheren Fachprüfung oder eidgenössischem Diplom wie beispielsweise Bankfachmann, Controller, Experte in Rechnungslegung, Leiter Human Resources, Marketingleiter, Organisator oder Wirtschaftsinformatiker. Personalführungsaufgaben, die Verantwortung über eine breite Gruppe von Funktionen der Stufe C beinhaltend, rechtfertigen diese Stufe ebenfalls. In der Regel beinhaltet die Stufe E Budgetverantwortung.

Tätigkeitsbereich *Wöchentliche Arbeitszeit*	Tätigkeit *Quelle, vertragliche Vereinbarungen*	Stunden- und Monatslohn

Fachspezialist	bis 25 Altersjahre	*41.30*	*7'519.—*
mit hohem Niveau	bis 30 Altersjahre	*50.40*	*9'174.—*
(Stufe F)	bis 35 Altersjahre	*55.45*	*10'092.—*
	bis 40 Altersjahre	*59.—*	*10'741.—*
	bis 45 Altersjahre	*60.60*	*11'028.—*
	bis 50 Altersjahre	*61.70*	*11'229.—*
	bis 55 Altersjahre	*62.10*	*11'305.—*
	bis 59 Altersjahre	*62.30*	*11'340.—*
	ab 60 bis 65 Altersjahre	*62.35*	*11'348.—*

☝ *Stufe F:* Fachspezialisten mit hohem Niveau, wie beispielsweise Senioranalytiker in der Informatik. Ebenso kann eine Personalführungsfunktion einer grösseren Gruppe als auf Stufe E oder eine Mitarbeiterfunktion höherer Stufe (E, D oder C) damit verbunden sein.

📖 *Empfehlung über die Arbeitsbedingungen der Angestellten des Schweizerischen Arbeitgeberverbandes.*

⧗ *Laufzeit der Empfehlung seit 1.1.1997.*

▦ *Salärempfehlungen 2011, Infoschrift des SKV.*

☝ 13. Monatslohn: Berufsüblich, jedoch nicht vertraglich vereinbart. Zur Ermittlung des Jahreslohnes muss mit 13 multipliziert werden.

☝ *Inhaber höherer Fachdiplome:* Absolventen von Berufsprüfungen und Inhaber des eidgenössischen Fachausweises oder Diplom sind den Stufen D und E zuzuordnen.

☝ Die regionalen Lohnunterschiede gegenüber obigen Salären betragen für die Region 1 (Genf, Stadt und Kanton Zürich) +6,2%, für die Region 2 (Basel, Mittelland, Ost-, West- und Zentralschweiz) −2,5% und für die Region 3 (Graubünden, Tessin und Wallis) −9%. Obige Löhne entsprechen jenen der Region 1.

Stand 1.1.2011   ☝ www.kvschweiz.ch

Tätigkeitsbereich *Wöchentliche Arbeitszeit*	Tätigkeit *Quelle, vertragliche Vereinbarungen*	Stunden- und Monatslohn

**Kaufmännische
Angestellte**

42 Stunden, berufsüblich

GAV-Löhne, Grossregion Zürich

Kaufmännische und kaufmännisch-technische Angestellte	**22.90**	**4'167.—**
Verkaufspersonal des Detailhandels	**21.50**	**3'917.—**

📖 *GAV für die kaufmännischen und kaufmännisch-technischen Angestellten und das Verkaufspersonal im Detailhandel, abgeschlossen zwischen dem Verband Zürcher Handelsfirmen VZH und dem Kaufmännischen Verband Zürich KVZ. Löhne, Art. 20.*

⧗ *Laufzeit des GAV ab 1.1.2009, ungekündigt.*

⊞ *Salärregulativ, Bestandteil des GAV.*

✋ Ein 13. Monatslohn ist nicht vertraglich vereinbart. Zur Ermittlung des Jahreslohnes muss mit 12 multipliziert werden.

✐ *Der jährliche Anspruch auf Ferien beträgt 25 Arbeitstage. Vom Beginn des Kalenderjahres an, in dem das 60. Altersjahr vollendet wird, wird 1 weiterer Ferientag und anschliessend jedes Jahr 1 zusätzlicher Ferientag, bis zum Erreichen von höchstens 30 Ferientagen, gewährt (Art. 18.1 GAV).*

⌂ *Der GAV regelt die Arbeitsverhältnisse zwischen Firmen, die Mitglied des Verbandes Zürcher Handelsfirmen sind und keine schriftliche Erklärung abgegeben haben, wonach sie sich diesem GAV nicht unterstellen. Er gilt für die von diesen Firmen beschäftigten, gelernten kaufmännischen und kaufmännisch-technischen Angestellten, das gelernte Verkaufspersonal im Detailhandel, die Pharma-Assistentinnen sowie akademisch ausgebildeten Arbeitnehmer aller Fakultäten.*

Stand 1.1.2011   ✍ www.vzh.ch und www.kvz.ch

Tätigkeitsbereich *Wöchentliche Arbeitszeit*	Tätigkeit *Quelle, vertragliche Vereinbarungen*	Stunden- und Monatslohn	
Kommunikations- und **Administrationsfachleute**	*Gesamtschweizerische Statistik, Median*		
	Diplominhaber, 25 bis 29 Altersjahre	26.35	4'797.—
42 Stunden, berufsüblich	30 bis 34 Altersjahre	40.75	7'414.—
	35 bis 39 Altersjahre	43.45	7'910.—
Direktionsassistent	40 bis 44 Altersjahre	46.20	8'407.—
und diplomierter Kaufmann	45 bis 49 Altersjahre	50.90	9'260.—
mit Diplomprüfung	50 bis 54 Altersjahre	50.15	9'126.—
	ab 54 Altersjahren	46.20	8'408.—
Direktionsassistent	Berufsprüfung, 20 bis 24 Altersjahre	29.25	5'319.—
und diplomierter Kaufmann	25 bis 29 Altersjahre	30.95	5'633.—
mit Berufsprüfung	30 bis 34 Altersjahre	34.30	6'246.—
	35 bis 39 Altersjahre	35.35	6'435.—
	40 bis 44 Altersjahre	40.85	7'439.—
	45 bis 49 Altersjahre	46.40	8'443.—
	50 bis 54 Altersjahre	44.30	8'067.—
	ab 54 Altersjahren	37.35	6'795.—
Funktionen	Sekretär/in	31.95	5'816.—
mit Berufsprüfung	Sachbearbeiter/in	34.35	6'249.—
	Direktionsassistent/in	32.80	5'973.—
	Kaufmännischer Leiter	34.95	6'358.—
Funktionen	Sekretär/in	39.60	7'210.—
mit Diplomprüfung	Sachbearbeiter/in	40.85	7'433.—
	Direktionsassistent/in	41.50	7'551.—
	Bereichsleiter/in	41.95	7'639.—
	Kaufmännischer Leiter	42.35	7'711.—
Funktionen	Sekretär/in	34.20	6'225.—
mit Berufsprüfung	Sachbearbeiter/in	37.70	6'866.—
und Führungsaufgaben	Direktionsassistent/in	33.40	6'079.—
	Bereichsleiter/in	45.05	8'203.—
	Beamter	39.50	7'180.—
	Kaufmännischer Leiter	46.45	8'456.—
Funktionen	Sekretär/in	42.40	7'717.—
mit Diplomprüfung	Sachbearbeiter/in	42.50	7'731.—
und Führungsaufgaben	Direktionsassistent/in	45.45	8'268.—
	Bereichsleiter/in	56.10	10'212.—
	Beamter	47.45	8'639.—
	Kaufmännischer Leiter	57.45	10'456.—

📖 *GAV des Schweizerischen Kaufmännischen Verbandes. Saläre der Kommunikations- und Administrationsfachleute 1998.*

✋ Zur Ermittlung des Jahreslohnes muss mit 13 multipliziert werden.

✋ Die Jahresteuerung wird seit 1999 aufgerechnet.

Stand 1.1.2011   ☞ www.kvschweiz.ch

Tätigkeitsbereich *Wöchentliche Arbeitszeit*	Tätigkeit *Quelle, vertragliche Vereinbarungen*	Stunden- und Monatslohn	
Management Support	*Gesamtschweizerische Statistik, Durchschnittswerte*		
42 Stunden, berufsüblich	Sachbearbeiter, bis zu 2 Berufsjahren	*28.15*	*5'125.—*
	ab 2 bis 5 Berufsjahre	*31.15*	*5'667.—*
Administrative Assistant	mehr als 5 Berufsjahre	*33.30*	*6'063.—*
Communications Assistant	Kommunikationsassistent, bis 2 Berufsjahren	*29.75*	*5'417.—*
	ab 2 bis 5 Berufsjahre	*33.20*	*6'042.—*
	mehr als 5 Berufsjahre	*36.65*	*6'667.—*
Executive Assistant	Geschäftsleitungsassistent, bis 2 Berufsjahren	*36.65*	*6'667.—*
	ab 2 bis 5 Berufsjahre	*41.20*	*7'500.—*
	mehr als 5 Berufsjahre	*44.20*	*8'042.—*
Human Resources Assistant	Personalassistent, bis zu 2 Berufsjahren	*29.75*	*5'417.—*
	ab 2 bis 5 Berufsjahre	*32.05*	*5'833.—*
	mehr als 5 Berufsjahre	*35.95*	*6'542.—*
Marketing Assistant	Werbeassistent, bis zu 2 Berufsjahren	*30.90*	*5'625.—*
	ab 2 bis 5 Berufsjahre	*33.20*	*6'042.—*
	mehr als 5 Berufsjahre	*36.65*	*6'667.—*
Office Manager	Büroleiter, bis zu 2 Berufsjahren	*37.75*	*6'875.—*
	ab 2 bis 5 Berufsjahre	*43.50*	*7'917.—*
	mehr als 5 Berufsjahre	*49.20*	*8'958.—*
Paralegal, Legal Assistant	Juristischer Mitarbeiter, bis 2 Berufsjahren	*27.95*	*5'083.—*
	ab 2 bis 5 Berufsjahre	*33.20*	*6'042.—*
	mehr als 5 Berufsjahre	*35.50*	*6'458.—*
Personal Assistant	Stabsmitarbeiter, bis zu 2 Berufsjahren	*38.25*	*6'958.—*
	ab 2 bis 5 Berufsjahre	*41.65*	*7'583.—*
	mehr als 5 Berufsjahre	*44.65*	*8'125.—*
Receptionist	Empfangsperson, bis zu 2 Berufsjahren	*24.50*	*4'458.—*
	ab 2 bis 5 Berufsjahre	*26.65*	*4'854.—*
	mehr als 5 Berufsjahre	*32.05*	*5'833.—*
Secretary Accountant	Betriebsbuchhalter, bis zu 2 Berufsjahren	*26.55*	*4'833.—*
	ab 2 bis 5 Berufsjahre	*29.75*	*5'417.—*
	mehr als 5 Berufsjahre	*32.05*	*5'833.—*

📖 *Vereinbarung über die Anstellungsbedingungen der Bankangestellten zwischen der Arbeitgeberorganisation der Banken in der Schweiz und dem Schweizerischen Bankpersonalverband sowie dem Kaufmännischen Verband Schweiz.*

▦ *Page Personnel, Salary Survey 2010, Office and Management Support.*

✍ Ein 13. Monatslohn ist nicht vertraglich vereinbart. Zur Ermittlung des Jahreslohnes muss mit 12 multipliziert werden.

Stand 1.1.2010   ✍ www.sbpv.ch, www.kvschweiz.ch und www.pagepersonnel.ch

| Tätigkeitsbereich | Tätigkeit | Stunden- |
| *Wöchentliche Arbeitszeit* | *Quelle, vertragliche Vereinbarungen* | und Monatslohn |

Rechnungslegung und Controlling

Sachbearbeiter: Gesamtschweizerische Statistik, Median

42 Stunden, berufsüblich	Fachausweisinhaber, bis 34 Altersjahre	*41.50*	*7'553.—*
	35 bis 39 Altersjahre	*50.—*	*9'101.—*
	40 bis 49 Altersjahre	*52.75*	*9'605.—*
Dienstleistungen	50 bis 55 Altersjahre	*57.65*	*10'496.—*
	ab 55 Altersjahren	*58.10*	*10'574.—*
Industrie	Fachausweisinhaber, bis 34 Altersjahre	*38.10*	*6'933.—*
	35 bis 39 Altersjahre	*46.60*	*8'482.—*
	40 bis 49 Altersjahre	*49.35*	*8'985.—*
	50 bis 55 Altersjahre	*54.25*	*9'877.—*
	ab 55 Altersjahren	*54.70*	*9'954.—*
Verwaltung	Fachausweisinhaber, bis 34 Altersjahre	*38.95*	*7'087.—*
	35 bis 39 Altersjahre	*47.45*	*8'637.—*
	40 bis 49 Altersjahre	*50.20*	*9'141.—*
	50 bis 55 Altersjahre	*55.10*	*10'032.—*
	ab 55 Altersjahren	*55.55*	*10'108.—*
Wirtschaftsprüfung und Treuhand	Fachausweisinhaber, bis 34 Altersjahre	*35.95*	*6'546.—*
	35 bis 39 Altersjahre	*44.45*	*8'094.—*
	40 bis 49 Altersjahre	*47.25*	*8'598.—*
	50 bis 55 Altersjahre	*52.15*	*9'489.—*
	ab 55 Altersjahren	*52.55*	*9'567.—*

Tätigkeitsbereich *Wöchentliche Arbeitszeit*	Tätigkeit *Quelle, vertragliche Vereinbarungen*	Stunden- und Monatslohn	
Rechnungslegung und Controlling	*Sachbearbeiter: Gesamtschweizerische Statistik, Median*		
	Diplominhaber, bis 34 Altersjahre	*41.70*	*7'591.—*
42 Stunden, berufsüblich	35 bis 39 Altersjahre	*51.50*	*9'373.—*
	40 bis 44 Altersjahre	*55.75*	*10'148.—*
Dienstleistungen	45 bis 49 Altersjahre	*66.20*	*12'046.—*
	50 bis 55 Altersjahre	*69.60*	*12'665.—*
	ab 55 Altersjahren	*69.35*	*12'626.—*
Industrie	Diplominhaber, bis 34 Altersjahre	*39.15*	*7'127.—*
	35 bis 39 Altersjahre	*48.95*	*8'908.—*
	40 bis 44 Altersjahre	*53.20*	*9'682.—*
	45 bis 49 Altersjahre	*63.65*	*11'581.—*
	50 bis 55 Altersjahre	*67.05*	*12'200.—*
	ab 55 Altersjahren	*67.25*	*12'239.—*
Verwaltung	Diplominhaber, bis 34 Altersjahre	*34.70*	*6'313.—*
	35 bis 39 Altersjahre	*44.45*	*8'094.—*
	40 bis 44 Altersjahre	*48.75*	*8'870.—*
	45 bis 49 Altersjahre	*59.15*	*10'767.—*
	50 bis 55 Altersjahre	*62.55*	*11'387.—*
	ab 55 Altersjahren	*62.35*	*11'348.—*
Wirtschaftsprüfung und Treuhand	Diplominhaber, bis 34 Altersjahre	*37.45*	*6'816.—*
	35 bis 39 Altersjahre	*47.25*	*8'598.—*
	40 bis 44 Altersjahre	*51.50*	*9'373.—*
	45 bis 49 Altersjahre	*61.90*	*11'270.—*
	50 bis 55 Altersjahre	*65.35*	*11'891.—*
	ab 55 Altersjahren	*65.10*	*11'851.—*

Tätigkeitsbereich *Wöchentliche Arbeitszeit*	Tätigkeit *Quelle, vertragliche Vereinbarungen*	Stunden- und Monatslohn	
Rechnungslegung **und Controlling**	*Mitglieder der Geschäftsleitung:* *Gesamtschweizerische Statistik, Median*		
47 Stunden, berufsüblich	Fachausweisinhaber, bis 34 Altersjahre	*53.65*	*10'922.—*
	35 bis 39 Altersjahre	*61.25*	*12'472.—*
Dienstleistungen	40 bis 49 Altersjahre	*63.70*	*12'975.—*
	50 bis 55 Altersjahre	*68.10*	*13'865.—*
	ab 55 Altersjahren	*68.45*	*13'943.—*
Industrie	Fachausweisinhaber, bis 34 Altersjahre	*50.60*	*10'303.—*
	35 bis 39 Altersjahre	*58.20*	*11'851.—*
	40 bis 49 Altersjahre	*60.65*	*12'355.—*
	50 bis 55 Altersjahre	*65.05*	*13'246.—*
	ab 55 Altersjahren	*65.40*	*13'324.—*
Verwaltung	Fachausweisinhaber, bis 34 Altersjahre	*51.35*	*10'458.—*
	35 bis 39 Altersjahre	*58.95*	*12'006.—*
	40 bis 49 Altersjahre	*61.40*	*12'510.—*
	50 bis 55 Altersjahre	*65.80*	*13'401.—*
	ab 55 Altersjahren	*66.20*	*13'479.—*
Wirtschaftsprüfung und Treuhand	Fachausweisinhaber, bis 34 Altersjahre	*48.70*	*9'915.—*
	35 bis 39 Altersjahre	*56.30*	*11'465.—*
	40 bis 49 Altersjahre	*58.75*	*11'968.—*
	50 bis 55 Altersjahre	*63.15*	*12'858.—*
	ab 55 Altersjahren	*63.50*	*12'936.—*

Tätigkeitsbereich *Wöchentliche Arbeitszeit*	Tätigkeit *Quelle, vertragliche Vereinbarungen*	Stunden- und Monatslohn	
Rechnungslegung und Controlling	*Mitglieder der Geschäftsleitung: Gesamtschweizerische Statistik, Median*		
47 Stunden, berufsüblich	Diplominhaber, bis 34 Altersjahre	*57.45*	*11'696.—*
	35 bis 39 Altersjahre	*66.20*	*13'479.—*
Dienstleistungen	40 bis 44 Altersjahre	*70.—*	*14'253.—*
	45 bis 49 Altersjahre	*79.30*	*16'150.—*
	50 bis 55 Altersjahre	*82.35*	*16'771.—*
	ab 55 Altersjahren	*82.15*	*16'731.—*
Industrie	Diplominhaber, bis 34 Altersjahre	*55.15*	*11'232.—*
	35 bis 39 Altersjahre	*63.90*	*13'013.—*
	40 bis 44 Altersjahre	*67.70*	*13'788.—*
	45 bis 49 Altersjahre	*77.—*	*15'686.—*
	50 bis 55 Altersjahre	*80.05*	*16'305.—*
	ab 55 Altersjahren	*79.85*	*16'267.—*
Verwaltung	Diplominhaber, bis 34 Altersjahre	*51.15*	*10'418.—*
	35 bis 39 Altersjahre	*59.90*	*12'200.—*
	40 bis 44 Altersjahre	*63.70*	*12'975.—*
	45 bis 49 Altersjahre	*73.—*	*14'872.—*
	50 bis 55 Altersjahre	*76.05*	*15'493.—*
	ab 55 Altersjahren	*75.90*	*15'453.—*
Wirtschaftsprüfung und Treuhand	Diplominhaber, bis 34 Altersjahre	*53.65*	*10'922.—*
	35 bis 39 Altersjahre	*62.35*	*12'703.—*
	40 bis 44 Altersjahre	*66.20*	*13'479.—*
	45 bis 49 Altersjahre	*75.50*	*15'376.—*
	50 bis 55 Altersjahre	*78.55*	*15'996.—*
	ab 55 Altersjahren	*78.35*	*15'957.—*

📖 *Kein GAV, Schweizerischer Verband der diplomierten Experten in Rechnungslegung und Controlling und der Inhaber des eidgenössischen Fachausweises im Finanz- und Rechnungswesen, VEB.*

▦ *Die aktuellen Gehälter 2009. Repräsentative Schweizer Erhebung bei Inhaberinnen und Inhabern des eidgenössischen Diploms in Rechnungslegung und Controlling und des Fachausweises im Finanz- und Rechnungswesen.*

✋ 13. Monatslohn: Berufsüblich, jedoch nicht vertraglich vereinbart. Zur Ermittlung des Jahreslohnes muss mit 13 multipliziert werden.

✋ Die Jahresteuerung wird seit 2010 aufgerechnet.

Stand 1.1.2011   ✍ www.veb.ch

Tätigkeit *Wöchentliche Arbeitszeit*	Berufliche Fähigkeiten *Quelle, Branchenbereich*	Stunden- und Monatslohn

L   **Grundstücks- und Wohnungswesen**

68   **Grundstücks- und Wohnungswesen**

68.1 bis 68.3   Kauf und Verkauf von eigenen Grundstücken, Gebäuden und Wohnungen; Vermietung, Verpachtung oder Vermittlung von eigenen oder geleasten Grundstücken, Gebäuden und Wohnungen sowie deren Verwaltung

68.10 bis 68.32   Immobilienwesen und Vermietung beweglicher Sachen

---

42 Stunden, berufsüblich   *Branchenlöhne, Statistik der Grossregion Zürich, Median*

Hilfskräfte	Un- und Angelernte, bis 20 Jahre	*21.85*	*3'974.—*
	ab 20 bis 29 Altersjahre	*25.—*	*4'552.—*
	ab 30 bis 39 Altersjahre	*27.15*	*4'943.—*
	ab 40 bis 49 Altersjahre	*28.15*	*5'120.—*
	ab 50 bis 65 Altersjahre	*29.25*	*5'322.—*
Berufsleute, gelernt	Mit 3- oder 4-jähriger Lehre, bis 20 Jahre	*29.25*	*5'322.—*
	ab 20 bis 29 Altersjahre	*35.05*	*6'382.—*
	ab 30 bis 39 Altersjahre	*43.30*	*7'879.—*
	ab 40 bis 49 Altersjahre	*45.40*	*8'266.—*
	ab 50 bis 65 Altersjahre	*46.45*	*8'458.—*
Führungskräfte	Fach- und Betriebskader, Alter 20 bis 29	*38.80*	*7'058.—*
	ab 30 bis 39 Altersjahre	*54.55*	*9'927.—*
	ab 40 bis 49 Altersjahre	*62.—*	*11'285.—*
	ab 50 bis 65 Altersjahre	*62.55*	*11'382.—*

📖 *Kein GAV, Bundesamt für Statistik BfS, Lohnstrukturerhebung, Median nach Lebensalter.*

✋ Zur Ermittlung des Jahreslohnes muss mit 12 multipliziert werden.

🏠 *Branchenbereich: Kauf und Verkauf eigener Grundstücke, Gebäude und Wohnungen. Vermietung und Verpachtung eigener oder geleaster Grundstücke, Gebäude und Wohnungen. Vermittlung und Verwaltung von Grundstücken, Gebäuden und Wohnungen für Dritte.*

✋ Liegen im Branchenbereich allgemeinverbindlich erklärte oder herkömmliche GAV vor, so hat die Einhaltung deren Löhne Vorrang.

Stand 1.1.2011   🖐 www.bfs.admin.ch/Löhne

Tätigkeitsbereich *Wöchentliche Arbeitszeit*	Tätigkeit *Quelle, vertragliche Vereinbarungen*	Stunden- und Monatslohn	

68.2   Vermietung und Verpachtung von eigenen
                oder geleasten Grundstücken, Gebäuden und Wohnungen

68.20   Vermietung und Verpachtung
                von Grundstücken, Gebäuden und Wohnungen

Immobilienvermietung   **GAV-Löhne, Stadt Zürich**

42 Stunden, laut GAV			
	Hauswart (18–23)	**32.60**	**5'929.—**
	Leiter		
	– Bau und Unterhalt (8–14)	**52.60**	**9'571.—**
	– Finanzen (8–14)	**52.60**	**9'571.—**
	Maler (18–23)	**32.60**	**5'929.—**
	Malervorarbeiter (14–18)	**38.35**	**6'980.—**
	Mieterberatung (14–18)	**38.35**	**6'980.—**
	Verwaltungsangestellter (15–20)	**36.80**	**6'694.—**

📖 *GAV zwischen ASIG Zürich und dem Verband des Personals öffentlicher Dienste (VPOD) Zürich. Mindestlöhne, Art. 25.*

⧗ *Laufzeit des GAV ab 1.1.2008, ungekündigt.*

▦ *Lohntabellen ASIG im Anhang zum GAV.*

✎ *Der 13. Monatslohn ist vertraglich vereinbart (Art. 24 GAV). Zur Ermittlung des Jahreslohnes muss mit 13 multipliziert werden.*

✎ *Lohnzuschläge: Zwischen 20.00 und 06.00 Uhr sowie an Sonntagen wird für Arbeitsleistungen eine Vergütung von CHF 7.35 je Stunde ausgerichtet (Art. 20.6 GAV).*

✎ *Spesen: Den Vollarbeitnehmenden wird eine Essensentschädigung von CHF 120 monatlich ausgerichtet (Art. 30 GAV). Für den Kauf sowie die Reinigung der Überkleider wird jährlich eine Pauschale von CHF 250 entrichtet (Art. 31 GAV).*

✎ *Ferienanspruch: 5 Wochen bis und mit dem Kalenderjahr, in dem das 49. Altersjahr vollendet wird. 6 Wochen vom Beginn des Kalenderjahres an, in dem das 50. Altersjahr vollendet wird. Der in Besoldungsklasse 1–11 eingereihte Arbeitnehmende hat einen zusätzlichen Ferienanspruch von 1 Woche zur Abgeltung funktionsbedingter, regelmässig zu leistender Überzeit (Art. 21 GAV).*

✎ *Den Arbeitnehmenden stehen jährlich bis zu 11 Feiertage zu (Art. 19.2 GAV).*

Stand 1.1.2010   ⌨ www.bgasig.ch

Tätigkeitsbereich *Wöchentliche Arbeitszeit*	Tätigkeit *Quelle, vertragliche Vereinbarungen*	Stunden- und Monatslohn	
68.3	Vermittlung und Verwaltung von Grundstücken, Gebäuden und Wohnungen für Dritte		
68.32	Verwaltung von Grundstücken, Gebäuden und Wohnungen		

Immobilienverwaltung	**GAV-Löhne, Grossregion Zürich**		
42 Stunden, laut GAV	Betriebsangestellter	20.90	3'800.—
	Oberes Lohnband	32.95	6'000.—
	Betriebsmechaniker	22.—	4'000.—
	Oberes Lohnband	38.35	6'980.—
	Betriebsmonteur	22.—	4'000.—
	Oberes Lohnband	38.35	6'980.—
	Gärtner	22.—	4'000.—
	Oberes Lohnband	37.35	6'800.—
	Hauswart	21.45	3'900.—
	Oberes Lohnband	38.50	7'010.—
	Kaufmann	22.—	4'000.—
	Oberes Lohnband	38.45	7'000.—
	Kaufmännischer Mitarbeiter	20.90	3'800.—
	Oberes Lohnband	32.45	5'910.—
	Sachbearbeiter	24.60	4'480.—
	Oberes Lohnband	39.45	7'180.—
	Spezialist	27.45	5'000.—
	Oberes Lohnband	38.50	7'010.—
	Spezialist mit besonderer Erfahrung	29.75	5'410.—
	Systembetreuer	28.55	5'200.—
	Telefonist	22.25	4'050.—
	Oberes Lohnband	35.45	6'450.—
	Vorarbeiter	29.65	5'400.—
	Zeichner	22.—	4'000.—
	Oberes Lohnband	36.55	6'650.—

📖 *GAV vereinbart zwischen der Avireal AG und dem Kaufmännischen Verband Schweiz (KV Schweiz) sowie dem Verband des Personals öffentlicher Dienste (VPOD). Mindestlöhne, Ziffer 5.*

⧗ *Laufzeit des GAV ab 1.1.2008, ungekündigt.*

✎ *13. Monatslohn: Vertraglich vereinbart (Art. 5.1.1 GAV). Zur Ermittlung des Jahreslohnes muss mit 13 multipliziert werden.*

✎ *Ferien: Grundsätzlich 4 Wochen und 2 Tage, ab 43. Altersjahr 4 Wochen und 3 Tage, ab 44. Altersjahr 4 Wochen und 4 Tage. Ab 53. Altersjahr 5 Wochen und 1 Tag sowie nach jedem weiteren erfüllten Altersjahr 1 zusätzlicher Ferientag bis zum Maximum von 6 Wochen ab 57. Altersjahr (Art. 4.4 GAV).*

Tätigkeitsbereich *Wöchentliche Arbeitszeit*	Tätigkeit *Quelle, vertragliche Vereinbarungen*	Stunden- und Monatslohn

M   **Erbringung freiberuflicher, wissenschaftlicher und technischer Dienstleistungen**

69   **Rechts- und Steuerberatung sowie Wirtschaftsprüfung**

69.1   Rechtsberatung

69.10   Advokatur-, Notariats- und Patentanwaltsbüros sowie Patentverwertung

---

Advokatur und Notariat

42 Stunden, laut GAV

Anwaltssekretärin
mit 3-jähriger KV-Lehre

Lohnempfehlung und *Statistik der Grossregion Zürich, Median*

Tätigkeit	Stundenlohn	Monatslohn
Mindestanfangslohn ab 1. Berufsjahr	**22.90**	**4'167.—**
bis 20 Altersjahre	24.75	4'505.—
bis 25 Altersjahre	29.10	5'299.—
bis 30 Altersjahre	32.75	5'964.—
bis 35 Altersjahre	34.35	6'251.—
bis 40 Altersjahre	35.30	6'428.—
bis 45 Altersjahre	36.05	6'562.—
bis 50 Altersjahre	36.35	6'613.—
bis 55 Altersjahre	36.40	6'622.—
bis 59 Altersjahre	36.40	6'629.—
ab 60 bis 65 Altersjahre	36.45	6'630.—
Juristischer Praktikant, 1. bis 3. Monat	**22.45**	**4'083.—**
ab 4. bis 12. Monat	**29.20**	**5'310.—**
Gerichtssekretär	**39.05**	**7'108.—**

📖 *Vereinbarung über die Anstellungsbedingungen der kaufmännischen Angestellten und der juristischen Mitarbeiterinnen und Mitarbeiter im Kanton Zürich, abgeschlossen zwischen dem Zürcher Anwaltsverband und dem Kantonalverband Zürcherischer Kaufmännischer Verbände.*

⧗ *Laufzeit der Vereinbarung ab 1.1.2000, ungekündigt.*

▦ *Obige Löhne entstammen dem Lohnregulativ des Zürcher Anwaltsverbandes für den Mindestanfangslohn, der Salärempfehlung des Schweizerischen Kaufmännischen Verbandes für die Anwaltssekretärin sowie, für jene des juristischen Praktikanten, der Lohnempfehlung des Zürcher Anwaltsverbandes, gestützt auf die kantonalen Ansätze.*

✋ 13. Monatslohn: Berufsüblich, jedoch nicht vertraglich vereinbart. Zur Ermittlung des Jahreslohnes muss mit 13 multipliziert werden.

Ferienanspruch: Ab Arbeitsantritt 5 Wochen. Ab dem 61. Altersjahr 1 zusätzlicher Ferientag und anschliessend jedes Jahr je ein weiterer bis zum Erreichen des Maximums von 6 Wochen (Ziffer 18 der Vereinbarung).

Laut Empfehlung des Schweizerischen Anwaltsverbandes gelten für Anwaltssekretärinnen die Löhne des Schweizerischen Kaufmännischen Verbandes, Lohnstufe C.

Die arbeitsvertraglichen Bestimmungen der Vereinbarung regeln die Arbeitsverhältnisse zwischen den kaufmännischen Angestellten und den juristischen Mitarbeitenden ohne Anwaltspatent mit Arbeitsort im Kanton Zürich einerseits und jenen Arbeitgebenden im Kanton Zürich, die Mitglieder des Zürcher Anwaltsverbandes und auf diese Vereinbarung verpflichtet sind. Als Arbeitgeber gelten auch auf die Vereinbarung verpflichtete Anwaltskörperschaften, an denen Mitglieder des Zürcher Anwaltsverbands beteiligt sind. Die arbeitsvertraglichen Bestimmungen sind auch anwendbar auf Arbeitnehmende, welche regelmässig Teilzeitarbeit leisten.

Stand 1.1.2010   www.zav.ch und www.swisslawyers.com

Tätigkeitsbereich *Wöchentliche Arbeitszeit*	Tätigkeit *Quelle, vertragliche Vereinbarungen*	Stunden- und Monatslohn

70 **Verwaltung und Führung von Unternehmen und Betrieben sowie Unternehmensberatung**

70.2 Public-Relations- und Unternehmensberatung

70.21 Public-Relations- und Kommunikationsberatung

Mediamatiker ***Gesamtschweizerische Lohnempfehlung***

42 Stunden, berufsüblich

| Mit Lehrabschluss bei 4-jähriger Lehre, minimaler Ansatz | **23.10** | **4'200.—** |
| Oberes Lohnband, maximal | **25.25** | **4'600.—** |

Mediamatiker sind Generalisten für Unternehmen zahlreicher Dienstleistungsbereiche sowie für Industrie und Gewerbe. Als Fachleute für Wirtschaft, Administration, Informations- und Kommunikationstechnologien untersuchen sie Kunden- und Marktbedürfnisse und entwickeln Produkteunterlagen und Dienstleistungsangebote. Sie leisten Erstunterstützung in der Informatikanwendung und wirken bei der Verkaufsförderung und der Öffentlichkeitsarbeit mit.

📖 *Kein GAV, Schweizerischer Berufsverband für Mediamatik und Multimedia.*

⊞ *Lohnempfehlung des Verbandes Sigmedia.*

✋ Ein 13. Monatslohn ist nicht vertraglich vereinbart. Zur Ermittlung des Jahreslohnes muss mit 12 multipliziert werden.

Stand 1.1.2011 ✒ www.sigmedia.ch

70.22 Unternehmensberatung

Techniker HF, Bau- und Ausbaugewerbe *Gesamtschweizerische Statistik, Median*

43 Stunden, berufsüblich

26 bis 30 Altersjahre	29.85	5'562.—
ab 31 bis 35 Altersjahre	37.25	6'940.—
ab 36 bis 40 Altersjahre	43.—	8'010.—
ab 41 bis 45 Altersjahre	47.50	8'846.—
ab 46 bis 50 Altersjahre	47.20	8'792.—
über 50 Altersjahren	46.50	8'667.—

Funktionen

Mitglied der Geschäftsleitung	52.15	9'722.—
Angehöriger des Kaders	41.10	7'661.—
Projektleiter	37.50	6'987.—
Sachbearbeiter	34.50	6'430.—

Tätigkeitsbereich *Wöchentliche Arbeitszeit*	Tätigkeit *Quelle, vertragliche Vereinbarungen*	Stunden- und Monatslohn	
Techniker HF, Betriebstechnik, Logistik, Service und Unterhalt	*Gesamtschweizerische Statistik, Median*		
	26 bis 30 Altersjahre	33.90	6'166.—
42 Stunden, berufsüblich	ab 31 bis 35 Altersjahre	42.90	7'808.—
	ab 36 bis 40 Altersjahre	46.90	8'536.—
	ab 41 bis 45 Altersjahre	51.45	9'365.—
	ab 46 bis 50 Altersjahre	50.95	9'276.—
	über 50 Altersjahren	50.50	9'187.—
Berufserfahrung	Mitglied der Geschäftsleitung	65.25	11'875.—
	Angehöriger des Kaders	46.25	8'421.—
	Projektleiter	42.55	7'746.—
	Sachbearbeiter	36.55	6'654.—
Techniker HF, Betriebswirtschaft	*Gesamtschweizerische Statistik, Median*		
	bis 25 Altersjahre	30.15	5'748.—
44 Stunden, berufsüblich	26 bis 30 Altersjahre	36.10	6'886.—
	ab 31 bis 35 Altersjahre	43.45	8'281.—
	ab 36 bis 40 Altersjahre	46.80	8'924.—
	ab 41 bis 45 Altersjahre	54.50	10'395.—
	ab 46 bis 50 Altersjahre	55.80	10'636.—
	über 50 Altersjahren	56.30	10'737.—
Funktionen	Mitglied der Geschäftsleitung	56.65	10'798.—
	Angehöriger des Kaders	45.20	8'614.—
	Projektleiter	43.60	8'312.—
	Sachbearbeiter	36.95	7'041.—
Techniker HF, Chemische Industrie	*Gesamtschweizerische Statistik, Median*		
	26 bis 30 Altersjahre	34.35	6'252.—
42 Stunden, berufsüblich	ab 31 bis 35 Altersjahre	37.70	6'861.—
	ab 36 bis 40 Altersjahre	44.35	8'075.—
	ab 41 bis 45 Altersjahre	45.15	8'217.—
	ab 46 bis 50 Altersjahre	45.90	8'358.—
	über 50 Altersjahren	43.60	7'939.—
Funktionen	Mitglied der Geschäftsleitung	55.10	10'029.—
	Angehöriger des Kaders	42.50	7'735.—
	Projektleiter	43.30	7'879.—
	Sachbearbeiter	32.45	5'904.—

Tätigkeitsbereich *Wöchentliche Arbeitszeit*	Tätigkeit *Quelle, vertragliche Vereinbarungen*	Stunden- und Monatslohn	
Techniker HF, **Druckindustrie**	*Gesamtschweizerische Statistik, Median*		
	26 bis 30 Altersjahre	*37.—*	*6'732.—*
42 Stunden, berufsüblich	ab 31 bis 35 Altersjahre	*43.05*	*7'831.—*
	ab 36 bis 40 Altersjahre	*53.65*	*9'760.—*
	ab 41 bis 45 Altersjahre	*51.25*	*9'327.—*
	ab 46 bis 50 Altersjahre	*50.05*	*9'109.—*
	über 50 Altersjahren	*50.—*	*9'097.—*
Funktionen	Mitglied der Geschäftsleitung	*50.15*	*9'125.—*
	Angehöriger des Kaders	*50.10*	*9'117.—*
	Projektleiter	*43.10*	*7'847.—*
	Sachbearbeiter	*33.85*	*6'158.—*
Techniker HF, **Elektronik, Automation** **und Energietechnik**	*Gesamtschweizerische Statistik, Median*		
	bis 25 Altersjahre	*31.85*	*5'662.—*
	26 bis 30 Altersjahre	*33.45*	*5'941.—*
41 Stunden, berufsüblich	ab 31 bis 35 Altersjahre	*40.65*	*7'219.—*
	ab 36 bis 40 Altersjahre	*45.60*	*8'102.—*
	ab 41 bis 45 Altersjahre	*49.05*	*8'715.—*
	ab 46 bis 50 Altersjahre	*61.50*	*10'930.—*
	über 50 Altersjahren	*54.40*	*9'667.—*
Funktionen	Mitglied der Geschäftsleitung	*60.65*	*10'779.—*
	Angehöriger des Kaders	*54.55*	*9'690.—*
	Projektleiter	*43.15*	*7'668.—*
	Sachbearbeiter	*37.25*	*6'615.—*
Techniker HF, **Elektrotechnik**	*Gesamtschweizerische Statistik, Median*		
	26 bis 30 Altersjahre	*33.25*	*5'910.—*
41 Stunden, berufsüblich	ab 31 bis 35 Altersjahre	*43.85*	*7'792.—*
	ab 36 bis 40 Altersjahre	*46.85*	*8'327.—*
	ab 41 bis 45 Altersjahre	*51.75*	*9'195.—*
	ab 46 bis 50 Altersjahre	*54.25*	*9'636.—*
	über 50 Altersjahren	*53.90*	*9'573.—*
Funktionen	Mitglied der Geschäftsleitung	*62.85*	*11'170.—*
	Angehöriger des Kaders	*51.55*	*9'156.—*
	Projektleiter	*41.70*	*7'405.—*
	Sachbearbeiter	*39.90*	*7'087.—*

Tätigkeitsbereich *Wöchentliche Arbeitszeit*	Tätigkeit *Quelle, vertragliche Vereinbarungen*	Stunden- und Monatslohn	
Techniker HF, Gastronomie und Gastgewerbe	*Gesamtschweizerische Statistik, Median*		
	bis 25 Altersjahre	26.65	4'855.—
	ab 26 bis 30 Altersjahre	27.85	5'066.—
42 Stunden, berufsüblich	ab 31 bis 35 Altersjahre	36.40	6'623.—
	ab 36 bis 40 Altersjahre	43.25	7'870.—
	ab 41 bis 45 Altersjahre	40.85	7'437.—
Funktionen	Mitglied der Geschäftsleitung	45.75	8'327.—
	Angehöriger des Kaders	32.40	5'895.—
	Projektleiter	36.65	6'669.—
	Sachbearbeiter	28.75	5'236.—
Techniker HF, Holzverarbeitungsgewerbe	*Gesamtschweizerische Statistik, Median*		
	26 bis 30 Altersjahre	35.75	6'430.—
41½ Stunden, berufsüblich	ab 31 bis 35 Altersjahre	38.30	6'886.—
	ab 36 bis 40 Altersjahre	40.55	7'295.—
	ab 41 bis 45 Altersjahre	40.85	7'349.—
	ab 46 bis 50 Altersjahre	41.15	7'404.—
Funktionen	Mitglied der Geschäftsleitung	40.95	7'368.—
	Angehöriger des Kaders	39.30	7'064.—
	Projektleiter	36.60	6'584.—
	Sachbearbeiter	35.20	6'328.—
Techniker HF, Informatik, Netzwerk- und Informationstechnik	*Gesamtschweizerische Statistik, Median*		
	bis 25 Altersjahre	35.50	6'306.—
	ab 26 bis 30 Altersjahre	36.20	6'430.—
41 Stunden, berufsüblich	ab 31 bis 35 Altersjahre	42.55	7'561.—
	ab 36 bis 40 Altersjahre	49.—	8'707.—
	ab 41 bis 45 Altersjahre	54.65	9'714.—
	ab 46 bis 50 Altersjahre	55.40	9'845.—
	über 50 Altersjahren	56.15	9'977.—
Funktionen	Mitglied der Geschäftsleitung	62.20	11'054.—
	Angehöriger des Kaders	53.60	9'520.—
	Projektleiter	44.75	7'947.—
	Sachbearbeiter	39.40	7'003.—

Tätigkeitsbereich *Wöchentliche Arbeitszeit*	Tätigkeit *Quelle, vertragliche Vereinbarungen*	Stunden- und Monatslohn	
Techniker HF, **Maschinenbau, Mechanik,** **Metallbau und** **Produktionstechnik** *42 Stunden, berufsüblich*	*Gesamtschweizerische Statistik, Median* bis 25 Altersjahre ab 26 bis 30 Altersjahre ab 31 bis 35 Altersjahre ab 36 bis 40 Altersjahre ab 41 bis 45 Altersjahre ab 46 bis 50 Altersjahre über 50 Altersjahren	*29.05* *33.60* *37.30* *45.45* *46.15* *53.15* *48.90*	*5'283.—* *6'111.—* *6'785.—* *8'273.—* *8'396.—* *9'675.—* *8'900.—*
Funktionen	Mitglied der Geschäftsleitung Angehöriger des Kaders Projektleiter Sachbearbeiter	*59.95* *45.85* *41.25* *35.50*	*10'914.—* *8'343.—* *7'506.—* *6'460.—*
Techniker HF, **Sanitär-,** **Haus- und Klimatechnik** *42 Stunden, berufsüblich*	*Gesamtschweizerische Statistik, Median* 26 bis 30 Altersjahre ab 31 bis 35 Altersjahre ab 36 bis 40 Altersjahre ab 41 bis 45 Altersjahre ab 46 bis 50 Altersjahre über 50 Altersjahren	*34.75* *39.25* *50.55* *43.90* *48.50* *57.40*	*6'329.—* *7'142.—* *9'202.—* *7'987.—* *8'828.—* *10'448.—*
Funktionen	Mitglied der Geschäftsleitung Angehöriger des Kaders Projektleiter Sachbearbeiter	*55.35* *46.70* *40.75* *33.05*	*10'070.—* *8'497.—* *7'414.—* *6'015.—*
Techniker HF, **Telematik** *42 Stunden, berufsüblich*	*Gesamtschweizerische Statistik, Median* ab 26 bis 30 Altersjahre ab 31 bis 35 Altersjahre ab 36 bis 40 Altersjahre	*33.60* *40.65* *48.75*	*6'120.—* *7'397.—* *8'877.—*
Funktionen	Angehöriger des Kaders Projektleiter Sachbearbeiter	*49.65* *39.25* *39.35*	*9'032.—* *7'142.—* *7'158.—*

Tätigkeitsbereich *Wöchentliche Arbeitszeit*	Tätigkeit *Quelle, vertragliche Vereinbarungen*	Stunden- und Monatslohn	
Techniker HF, Textilgewerbe	*Gesamtschweizerische Statistik, Median*		
	bis 30 Altersjahre	28.75	5'167.—
41½ Stunden, berufsüblich	ab 31 bis 35 Altersjahre	31.40	5'649.—
	ab 35 bis 40 Altersjahre	36.75	6'611.—
	ab 41 bis 45 Altersjahre	40.75	7'332.—
	ab 45 bis 50 Altersjahre	44.80	8'053.—
Funktionen	Mitglied der Geschäftsleitung	42.25	7'598.—
	Angehöriger des Kaders	32.45	5'836.—
	Projektleiter	33.80	6'078.—
	Sachbearbeiter	26.65	4'790.—
Techniker HF, Tourismusfachleute	*Gesamtschweizerische Statistik, Median*		
	bis 25 Altersjahre	25.30	4'718.—
43 Stunden, berufsüblich	ab 26 bis 30 Altersjahre	29.05	5'415.—
	ab 31 bis 35 Altersjahre	35.20	6'561.—
	ab 36 bis 40 Altersjahre	41.40	7'716.—
	ab 41 bis 45 Altersjahre	43.45	8'094.—
Funktionen	Mitglied der Geschäftsleitung	41.60	7'754.—
	Angehöriger des Kaders	36.15	6'739.—
	Projektleiter	33.60	6'259.—
	Sachbearbeiter	29.70	5'539.—

📖 *Kein GAV, Schweizerischer Verband der diplomierten Absolventinnen und Absolventen höherer Fachschulen ODEC.*

🗠 *Gehaltserhebung 2009/2010 der diplomierten Absolventen und diplomierten Absolventinnen HF.*

✋ Ein 13. Monatslohn ist nicht vertraglich vereinbart. Zur Ermittlung des Jahreslohnes muss mit 12 multipliziert werden

✋ Techniker HF (ehemals Techniker TS) sind Fachkräfte, welche im Engineering-Bereich oder als mittlere Kader tätig sind. Sie nehmen eine Stellung zwischen Ingenieur und Facharbeiter oder Meister ein oder bekleiden die Funktion einer Gruppenleitung. Techniker HF verfügen über ein höheres, fundiertes berufliches Fachwissen. Sie sind fähig, die praktischen Vorgänge mit dem theoretischen Hintergrund zu kombinieren.

✋ Die Jahresteuerung wird seit 2010 aufgerechnet.

Stand 1.1.2011   ⌨ www.odec.ch

Tätigkeitsbereich *Wöchentliche Arbeitszeit*	Tätigkeit *Quelle, vertragliche Vereinbarungen*	Stunden- und Monatslohn	

71 — **Architektur- und Ingenieurbüros; technische, physikalische und chemische Untersuchung**

71.1 — Architektur- und Ingenieurbüros

71.11 — Architektur-, Raumplanungs- und Landschaftsplanungsbüros

Architekten	*Gesamtschweizerische Statistik, Durchschnittswerte*		
41½ Stunden, berufsüblich	Leitendes Personal, 26 bis 30 Altersjahre	32.05	5'765.—
	31 bis 35 Altersjahre	35.25	6'343.—
Administration	36 bis 40 Altersjahre	36.50	6'563.—
	41 bis 50 Altersjahre	37.80	6'794.—
	ab 50 Altersjahren	38.85	6'985.—
	Sekretariatspersonal, bis 25 Altersjahre	24.25	4'357.—
	26 bis 30 Altersjahre	28.65	5'155.—
	31 bis 35 Altersjahre	29.75	5'349.—
	36 bis 40 Altersjahre	31.25	5'616.—
	41 bis 50 Altersjahre	32.45	5'838.—
	ab 50 Altersjahren	33.20	5'969.—
Bauleitung	Bauleiter, bis 25 Altersjahre	32.60	5'862.—
	26 bis 30 Altersjahre	33.55	6'036.—
	31 bis 35 Altersjahre	34.90	6'280.—
	36 bis 40 Altersjahre	37.70	6'782.—
	41 bis 50 Altersjahre	41.70	7'498.—
	ab 50 Altersjahren	43.40	7'803.—
	Chefbauleiter, 31 bis 35 Altersjahre	37.25	6'695.—
	36 bis 40 Altersjahre	45.35	8'154.—
	41 bis 50 Altersjahre	46.15	8'301.—
	ab 50 Altersjahren	48.05	8'645.—
	Oberbauleiter, 31 bis 35 Altersjahre	49.90	8'976.—
	36 bis 40 Altersjahre	50.10	9'008.—
	41 bis 50 Altersjahre	49.55	8'912.—
	ab 50 Altersjahren	46.55	8'373.—
	Hilfsbauleiter, bis 25 Altersjahre	25.—	4'494.—
	26 bis 30 Altersjahre	27.90	5'021.—
	31 bis 35 Altersjahre	29.85	5'365.—
	36 bis 40 Altersjahre	34.45	6'197.—
	41 bis 50 Altersjahre	34.10	6'128.—
	ab 50 Altersjahren	33.70	6'059.—

Tätigkeitsbereich *Wöchentliche Arbeitszeit*	Tätigkeit *Quelle, vertragliche Vereinbarungen*	Stunden- und Monatslohn	
Projekt	Architekt, bis 25 Altersjahre	*25.65*	*4'615.—*
	26 bis 30 Altersjahre	*28.75*	*5'171.—*
	31 bis 35 Altersjahre	*31.65*	*5'695.—*
	36 bis 40 Altersjahre	*34.80*	*6'258.—*
	41 bis 50 Altersjahre	*38.80*	*6'974.—*
	ab 50 Altersjahren	*42.40*	*7'625.—*
	Chefarchitekt, 31 bis 35 Altersjahre	*48.90*	*8'791.—*
	36 bis 40 Altersjahre	*50.90*	*9'149.—*
	41 bis 50 Altersjahre	*56.15*	*10'095.—*
	ab 50 Altersjahren	*61.90*	*11'133.—*
	Leitender Architekt, 26 bis 30 Altersjahre	*34.30*	*6'171.—*
	31 bis 35 Altersjahre	*35.75*	*6'431.—*
	36 bis 40 Altersjahre	*39.65*	*7'134.—*
	41 bis 50 Altersjahre	*45.05*	*8'102.—*
	ab 50 Altersjahren	*51.05*	*9'179.—*
	Projektleiter, bis 25 Altersjahre	*38.55*	*6'937.—*
	26 bis 30 Altersjahre	*35.95*	*6'465.—*
	31 bis 35 Altersjahre	*40.15*	*7'224.—*
	36 bis 40 Altersjahre	*45.60*	*8'199.—*
	41 bis 50 Altersjahre	*54.10*	*9'728.—*
	ab 50 Altersjahren	*58.15*	*10'455.—*
	Projektleiter Grossprojekt, 31 bis 35 Altersjahre	*49.30*	*8'864.—*
	36 bis 40 Altersjahre	*72.40*	*13'016.—*
	41 bis 50 Altersjahre	*74.95*	*13'476.—*
	ab 50 Altersjahren	*80.45*	*14'470.—*
	Bautechniker, bis 25 Altersjahre	*26.50*	*4'763.—*
	26 bis 30 Altersjahre	*28.70*	*5'158.—*
	31 bis 35 Altersjahre	*32.55*	*5'853.—*
	36 bis 40 Altersjahre	*33.30*	*5'990.—*
	41 bis 50 Altersjahre	*38.35*	*6'896.—*
	ab 50 Altersjahren	*40.95*	*7'365.—*
	Zeichner, bis 25 Altersjahre	*23.45*	*4'218.—*
	26 bis 30 Altersjahre	*25.95*	*4'670.—*
	31 bis 35 Altersjahre	*29.05*	*5'222.—*
	36 bis 40 Altersjahre	*31.45*	*5'657.—*
	41 bis 50 Altersjahre	*32.30*	*5'810.—*
	ab 50 Altersjahren	*33.40*	*6'004.—*

Tätigkeitsbereich *Wöchentliche Arbeitszeit*	Tätigkeit *Quelle, vertragliche Vereinbarungen*	Stunden- und Monatslohn	
Hilfsfunktionen	Hilfspersonal, bis 25 Altersjahre	*20.70*	*3'722.—*
	26 bis 30 Altersjahre	*22.45*	*4'039.—*
	31 bis 35 Altersjahre	*23.85*	*4'286.—*
	36 bis 40 Altersjahre	*24.30*	*4'374.—*
	41 bis 50 Altersjahre	*24.80*	*4'462.—*
	ab 50 Altersjahren	*34.50*	*6'207.—*

📖 *RAV für Architektur-, Ingenieur- und Planungsbüros.*

⧗ *Laufzeit des Rahmen-Arbeitsvertrags seit 1.1.2002, ungekündigt.*

▦ *Lohnerhebung 2009 des Schweizerischen Ingenieur- und Architektenvereins SIA.*

✋ 13. Monatslohn: Berufsüblich, jedoch nicht vertraglich vereinbart. Zur Ermittlung des Jahreslohnes muss mit 13 multipliziert werden.

✐ *Ferien: Ab 46. Altersjahr steht den Mitarbeitenden 1 zusätzlicher Ferientag pro Altersjahr zu. Beginnend mit 21 Ferientagen ab 46. Altersjahr bis zum Erreichen von 25 Ferientagen im 50. Altersjahr (Art. 14 RAV).*

✋ Die Jahresteuerung wird seit 2010 aufgerechnet.

Stand 1.1.2011   ☞ www.sia.ch

Tätigkeitsbereich *Wöchentliche Arbeitszeit*	Tätigkeit *Quelle, vertragliche Vereinbarungen*	Stunden- und Monatslohn	
Landschaftsarchitekten	*Gesamtschweizerische Statistik, Median*		
42 Stunden, berufsüblich	Leitendes Personal, 25% Quartil	*35.15*	*6'393.—*
	Median	*38.75*	*7'051.—*
Administration	75% Quartil	*42.35*	*7'708.—*
	Sekretariatspersonal, 25% Quartil	*28.20*	*5'130.—*
	Median	*29.85*	*5'436.—*
	75% Quartil	*31.40*	*5'714.—*
Bauleitung	Bauleiter, 25% Quartil	*25.05*	*4'561.—*
	Median	*27.25*	*4'960.—*
	75% Quartil	*31.20*	*5'678.—*
	Chefbauleiter, 25% Quartil	*33.65*	*6'122.—*
	Median	*42.05*	*7'652.—*
	75% Quartil	*50.45*	*9'182.—*
Projekt	Landschaftsarchitekt, 25% Quartil	*27.55*	*5'010.—*
	Median	*28.65*	*5'210.—*
	75% Quartil	*31.90*	*5'804.—*
	Leitender Landschaftsarchitekt, 25% Quartil	*32.95*	*6'000.—*
	Median	*36.90*	*6'713.—*
	75% Quartil	*39.65*	*7'214.—*
	Cheflandschaftsarchitekt, 25% Quartil	*48.15*	*8'768.—*
	Median	*48.30*	*8'787.—*
	75% Quartil	*67.75*	*12'333.—*
	Bautechniker, 25% Quartil	*23.80*	*4'329.—*
	Median	*28.55*	*5'194.—*
	75% Quartil	*34.25*	*6'233.—*
	Landschaftsbauzeichner, 25% Quartil	*22.25*	*4'046.—*
	Median	*24.75*	*4'509.—*
	75% Quartil	*25.35*	*4'612.—*

📖 *RAV für Architektur-, Ingenieur- und Planungsbüros.*

⏳ *Laufzeit des Rahmen-Arbeitsvertrags seit 1.1.2002, ungekündigt.*

🗓 *Lohnerhebung 2009 des Schweizerischen Ingenieur- und Architektenvereins SIA.*

✋ 13. Monatslohn: Berufsüblich, jedoch nicht vertraglich vereinbart. Zur Ermittlung des Jahreslohnes muss mit 13 multipliziert werden.

✏ *Ferien: Ab 46. Altersjahr steht den Mitarbeitenden, beginnend mit 21 Ferientagen, je 1 zusätzlicher Tag pro Altersjahr zu. Dies bis zum Maximum von 25 Tagen im 50. Altersjahr (Art. 14 RAV).*

✋ Die Jahresteuerung wird seit 2010 aufgerechnet.

Tätigkeitsbereich *Wöchentliche Arbeitszeit*	Tätigkeit *Quelle, vertragliche Vereinbarungen*	Stunden- und Monatslohn	
Landschaftsarchitekten	*Gesamtschweizerische Statistik, Durchschnittswerte*		
42 Stunden, berufsüblich	Universitätsabschluss, Minimum	*37.95*	*6'905.—*
	Mittelwert	*55.30*	*10'069.—*
Hochschulabsolventen	Maximalansatz	*72.70*	*13'233.—*
	Fachhochschule/HTL, Minimum	*38.50*	*7'010.—*
	Mittelwert	*51.50*	*9'376.—*
	Maximalansatz	*69.80*	*12'701.—*
	Nachdiplomstudium, Minimum	*27.15*	*4'943.—*
	Mittelwert	*33.35*	*6'074.—*
	Maximalansatz	*50.95*	*9'270.—*
Praktikanten	Praktikant, vor Aufnahme des Studiums, Minimalansatz	*2.95*	*533.—*
	Mittelwert	*6.15*	*1'119.—*
	Maximalansatz	*11.70*	*2'131.—*
	Praktikant, während des Studiums, Minimalansatz	*2.95*	*533.—*
	Mittelwert	*7.95*	*1'448.—*
	Maximalansatz	*17.55*	*3'196.—*

📖 *Kein GAV, Bund Schweizer Landschaftsarchitekten und Land-schaftsarchitektinnen, BSLA.*

▦ *BSLA Mitgliederumfrage 2003 betreffend Lohnerhebung.*

✋ Ein 13. Monatslohn ist nicht vertraglich vereinbart. Zur Ermittlung des Jahreslohnes muss mit 12 multipliziert werden.

✋ Die Jahresteuerung wird seit 2004 aufgerechnet.

Stand 1.1.2011   ✍ www.sia.ch und www.bsla.ch

Tätigkeitsbereich *Wöchentliche Arbeitszeit*	Tätigkeit *Quelle, vertragliche Vereinbarungen*	Stunden- und Monatslohn	
Raumplaner	*Gesamtschweizerische Statistik, Median*		
41½ Stunden, berufsüblich	Leitendes Personal, 25% Quartil	*33.70*	*6'062.—*
	Median	*38.75*	*6'965.—*
Administration	75% Quartil	*40.75*	*7'329.—*
	Sekretariatspersonal, 25% Quartil	*31.20*	*5'611.—*
	Median	*32.05*	*5'762.—*
	75% Quartil	*37.65*	*6'768.—*
Projekt	Chefraumplaner, 25% Quartil	*62.35*	*11'210.—*
	Median	*76.85*	*13'820.—*
	75% Quartil	*93.10*	*16'743.—*
	Leitender Raumplaner, 25% Quartil	*48.55*	*8'732.—*
	Median	*54.20*	*9'743.—*
	75% Quartil	*58.35*	*10'490.—*
	Raumplaner, 25% Quartil	*34.70*	*6'237.—*
	Median	*37.10*	*6'675.—*
	75% Quartil	*44.95*	*8'082.—*
	Raumplaner-Assistent, 25% Quartil	*28.90*	*5'194.—*
	Median	*29.55*	*5'311.—*
	75% Quartil	*32.40*	*5'827.—*
	Zeichner, 25% Quartil	*24.50*	*4'409.—*
	Median	*29.80*	*5'361.—*
	75% Quartil	*35.50*	*6'380.—*
Hilfsfunktionen	Hilfspersonal, 25% Quartil	*27.75*	*4'986.—*
	Median	*28.40*	*5'106.—*
	75% Quartil	*29.05*	*5'226.—*

📖 *RAV für Architektur-, Ingenieur- und Planungsbüros.*

⧗ *Laufzeit des Rahmen-Arbeitsvertrags seit 1.1.2002, ungekündigt.*

🗓 *Lohnerhebung 2009 des Schweizerischen Ingenieur- und Architektenvereins SIA.*

✋ 13. Monatslohn: Berufsüblich, jedoch nicht vertraglich vereinbart. Zur Ermittlung des Jahreslohnes muss mit 13 multipliziert werden.

✐ *Ferien: Ab 46. Altersjahr steht den Mitarbeitenden 1 zusätzlicher Ferientag pro Altersjahr zu. Beginnend mit 21 Ferientagen ab 46. Altersjahr bis zum Erreichen von 25 Ferientagen im 50. Altersjahr (Art. 14 RAV).*

✋ Die Jahresteuerung wird seit 2010 aufgerechnet.

Stand 1.1.2011   🏷 www.sia.ch

Tätigkeitsbereich *Wöchentliche Arbeitszeit*	Tätigkeit *Quelle, vertragliche Vereinbarungen*	Stunden- und Monatslohn	

71.12   Bau- und Gebäudetechnik-Ingenieurbüros, Geometerbüros

Bauingenieure	*Gesamtschweizerische Statistik, Durchschnittswerte*		
41½ Stunden, berufsüblich	Leitendes Personal, bis 25 Altersjahre	*30.70*	*5'521.—*
	26 bis 30 Altersjahre	*32.30*	*5'812.—*
Administration	31 bis 35 Altersjahre	*37.85*	*6'811.—*
	36 bis 40 Altersjahre	*40.15*	*7'224.—*
	41 bis 50 Altersjahre	*40.60*	*7'299.—*
	ab 50 Altersjahren	*43.70*	*7'855.—*
	Sekretariatspersonal, bis 25 Altersjahre	*26.55*	*4'778.—*
	26 bis 30 Altersjahre	*27.95*	*5'026.—*
	31 bis 35 Altersjahre	*31.80*	*5'715.—*
	36 bis 40 Altersjahre	*31.90*	*5'736.—*
	41 bis 50 Altersjahre	*32.60*	*5'859.—*
	ab 50 Altersjahren	*33.70*	*6'064.—*
Bauleitung	Bauleiter, 26 bis 30 Altersjahre	*32.10*	*5'772.—*
	31 bis 35 Altersjahre	*36.80*	*6'616.—*
	36 bis 40 Altersjahre	*41.80*	*7'517.—*
	41 bis 50 Altersjahre	*45.45*	*8'169.—*
	ab 50 Altersjahren	*46.90*	*8'433.—*
	Chefbauleiter, 31 bis 35 Altersjahre	*40.25*	*7'239.—*
	36 bis 40 Altersjahre	*55.60*	*9'998.—*
	41 bis 50 Altersjahre	*63.15*	*11'356.—*
	ab 50 Altersjahren	*53.95*	*9'703.—*
	Oberbauleiter, 31 bis 35 Altersjahre	*42.85*	*7'707.—*
	36 bis 40 Altersjahre	*46.15*	*8'299.—*
	41 bis 50 Altersjahre	*49.45*	*8'890.—*
	ab 50 Altersjahren	*58.—*	*10'431.—*
	Hilfsbauleiter, bis 25 Altersjahre	*26.85*	*4'833.—*
	26 bis 30 Altersjahre	*32.60*	*5'862.—*
	31 bis 35 Altersjahre	*32.80*	*5'895.—*
	36 bis 40 Altersjahre	*32.95*	*5'927.—*
	41 bis 50 Altersjahre	*37.30*	*6'705.—*
	ab 50 Altersjahren	*32.45*	*5'837.—*

Tätigkeitsbereich *Wöchentliche Arbeitszeit*	Tätigkeit *Quelle, vertragliche Vereinbarungen*	Stunden- und Monatslohn	
Projekt	Ingenieur, bis 25 Altersjahre	*32.30*	*5'807.—*
	26 bis 30 Altersjahre	*34.75*	*6'248.—*
	31 bis 35 Altersjahre	*38.10*	*6'852.—*
	36 bis 40 Altersjahre	*42.50*	*7'643.—*
	41 bis 50 Altersjahre	*43.05*	*7'745.—*
	ab 50 Altersjahren	*46.20*	*8'309.—*
	Ingenieur, leitender, 26 bis 30 Altersjahre	*40.90*	*7'356.—*
	31 bis 35 Altersjahre	*46.25*	*8'315.—*
	36 bis 40 Altersjahre	*51.—*	*9'167.—*
	41 bis 50 Altersjahre	*54.45*	*9'794.—*
	ab 50 Altersjahren	*54.20*	*9'748.—*
	Prüf- und Chefingenieur, Alter 31 bis 35	*54.70*	*9'840.—*
	36 bis 40 Altersjahre	*59.75*	*10'748.—*
	41 bis 50 Altersjahre	*75.90*	*13'645.—*
	ab 50 Altersjahren	*71.05*	*12'778.—*
	Projektleiter, 31 bis 35 Altersjahre	*55.10*	*9'911.—*
	36 bis 40 Altersjahre	*60.55*	*10'886.—*
	41 bis 50 Altersjahre	*63.60*	*11'439.—*
	ab 50 Altersjahren	*69.—*	*12'410.—*
	Projektleiter Grossprojekt, Alter 31 bis 35	*75.80*	*13'627.—*
	36 bis 40 Altersjahre	*87.15*	*15'673.—*
	41 bis 50 Altersjahre	*90.30*	*16'242.—*
	ab 50 Altersjahren	*86.30*	*15'517.—*
	Techniker und Zeichner-Konstrukteur, bis 25 Altersjahre	*26.75*	*4'810.—*
	26 bis 30 Altersjahre	*30.40*	*5'469.—*
	31 bis 35 Altersjahre	*32.50*	*5'848.—*
	36 bis 40 Altersjahre	*35.30*	*6'345.—*
	41 bis 50 Altersjahre	*37.65*	*6'771.*
	ab 50 Altersjahren	*40.10*	*7'210.—*
	Zeichner, bis 25 Altersjahre	*24.40*	*4'391.—*
	26 bis 30 Altersjahre	*27.90*	*5'020.—*
	31 bis 35 Altersjahre	*30.60*	*5'502.—*
	36 bis 40 Altersjahre	*31.70*	*5'702.—*
	41 bis 50 Altersjahre	*33.55*	*6'029.—*
	ab 50 Altersjahren	*34.80*	*6'254.—*

Tätigkeitsbereich *Wöchentliche Arbeitszeit*	Tätigkeit *Quelle, vertragliche Vereinbarungen*	Stunden- und Monatslohn	
Hilfsfunktionen	Hilfspersonal, bis 25 Altersjahre	*20.10*	*3'615.—*
	26 bis 30 Altersjahre	*22.15*	*3'980.—*
	31 bis 35 Altersjahre	*22.75*	*4'094.—*
	36 bis 40 Altersjahre	*24.05*	*4'322.—*
	41 bis 50 Altersjahre	*28.85*	*5'187.—*
	Ab 50 Altersjahren	*28.30*	*5'091.—*

📖 *RAV für Architektur-, Ingenieur- und Planungsbüros.*

⏳ *Laufzeit des Rahmen-Arbeitsvertrags seit 1.1.2002, ungekündigt.*

▦ *Lohnerhebung 2009 des Schweizerischen Ingenieur- und Architektenvereins SIA.*

✋ 13. Monatslohn: Berufsüblich, jedoch nicht vertraglich vereinbart. Zur Ermittlung des Jahreslohnes muss mit 13 multipliziert werden.

✎ *Ferien: Ab 46. Altersjahr steht den Mitarbeitenden 1 zusätzlicher Ferientag pro Altersjahr zu. Beginnend mit 21 Ferientagen ab dem 46. Altersjahr bis zum Erreichen von 25 Ferientagen im 50. Altersjahr (Art. 14 RAV).*

✋ Die Jahresteuerung wird seit 2010 aufgerechnet.

Stand 1.1.2011   🏷 www.sia.ch

Tätigkeitsbereich *Wöchentliche Arbeitszeit*	Tätigkeit *Quelle, vertragliche Vereinbarungen*	Stunden- und Monatslohn	
Gebäudetechnik- **Ingenieure**	*Gesamtschweizerische Statistik, Median*		
	Ingenieur, bis 25 Altersjahre	*32.05*	*5'766.—*
41½ Stunden, berufsüblich	Leitendes Personal, 31 bis 35 Altersjahre	*34.60*	*6'224.—*
	36 bis 40 Altersjahre	*44.15*	*7'943.—*
Administration	41 bis 50 Altersjahre	*44.20*	*7'952.—*
	ab 50 Altersjahren	*43.65*	*7'854.—*
	Sekretariatspersonal, bis 25 Altersjahre	*26.80*	*4'816.—*
	26 bis 30 Altersjahre	*27.30*	*4'907.—*
	31 bis 35 Altersjahre	*29.75*	*5'351.—*
	36 bis 40 Altersjahre	*30.55*	*5'493.—*
	41 bis 50 Altersjahre	*31.80*	*5'719.—*
	ab 50 Altersjahren	*34.35*	*6'181.—*
Bauleitung	Bauleiter, 26 bis 30 Altersjahre	*30.95*	*5'565.—*
	31 bis 35 Altersjahre	*39.85*	*7'162.—*
	36 bis 40 Altersjahre	*40.55*	*7'297.—*
	41 bis 50 Altersjahre	*41.90*	*7'535.—*
Projekt	26 bis 30 Altersjahre	*35.15*	*6'326.—*
	31 bis 35 Altersjahre	*39.70*	*7'139.—*
	36 bis 40 Altersjahre	*41.65*	*7'490.—*
	41 bis 50 Altersjahre	*46.30*	*8'327.—*
	ab 50 Altersjahren	*45.35*	*8'152.—*
	Ingenieur, leitender, 31 bis 35 Altersjahre	*45.45*	*8'169.—*
	36 bis 40 Altersjahre	*53.60*	*9'637.—*
	41 bis 50 Altersjahre	*54.10*	*9'731.—*
	ab 50 Altersjahren	*55.90*	*10'049.—*
	Prüf- und Chefingenieur, Alter 26 bis 30	*47.15*	*8'479.—*
	31 bis 35 Altersjahre	*65.10*	*11'710.—*
	36 bis 40 Altersjahre	*74.25*	*13'350.—*
	41 bis 50 Altersjahre	*72.20*	*12'984.—*
	ab 50 Altersjahren	*71.20*	*12'801.—*
	Projektleiter, 26 bis 30 Altersjahre	*43.95*	*7'908.—*
	31 bis 35 Altersjahre	*46.70*	*8'396.—*
	36 bis 40 Altersjahre	*52.10*	*9'372.—*
	41 bis 50 Altersjahre	*53.05*	*9'544.—*
	ab 50 Altersjahren	*65.15*	*11'713.—*
	Projektleiter Grossprojekte, Alter 31 bis 35	*39.65*	*7'129.—*
	36 bis 40 Altersjahre	*61.40*	*11'045.—*
	41 bis 50 Altersjahre	*72.30*	*13'003.—*
	ab 50 Altersjahren	*85.65*	*15'407.—*

Tätigkeitsbereich *Wöchentliche Arbeitszeit*	Tätigkeit *Quelle, vertragliche Vereinbarungen*	Stunden- und Monatslohn	
Projekt	Techniker und Zeichner-Konstrukteur, bis 25 Altersjahre	*26.75*	*4'810.—*
	26 bis 30 Altersjahre	*33.30*	*5'987.—*
	31 bis 35 Altersjahre	*35.60*	*6'402.—*
	36 bis 40 Altersjahre	*36.90*	*6'640.—*
	41 bis 50 Altersjahre	*37.40*	*6'722.—*
	ab 50 Altersjahren	*40.15*	*7'216.—*
	Zeichner, bis 25 Altersjahre	*25.05*	*4'501.—*
	26 bis 30 Altersjahre	*28.05*	*5'047.—*
	31 bis 35 Altersjahre	*32.60*	*5'859.—*
	36 bis 40 Altersjahre	*38.35*	*6'896.—*
	41 bis 50 Altersjahre	*33.70*	*6'061.—*
	ab 50 Altersjahren	*31.95*	*5'742.—*

📖 *RAV für Architektur-, Ingenieur- und Planungsbüros.*

⌛ *Laufzeit des Rahmen-Arbeitsvertrags seit 1.1.2002, ungekündigt.*

🗗 *Lohnerhebung 2009 des Schweizerischen Ingenieur- und Architektenvereins SIA.*

✋ 13. Monatslohn: Berufsüblich, jedoch nicht vertraglich vereinbart. Zur Ermittlung des Jahreslohnes muss mit 13 multipliziert werden.

✎ *Ferien: Ab 46. Altersjahr steht den Mitarbeitenden 1 zusätzlicher Feriental pro Altersjahr zu. Beginnend mit 21 Ferientagen ab 46. Altersjahr bis zum Erreichen von 25 Ferientagen im 50. Altersjahr (Art. 14 RAV).*

✋ Die Jahresteuerung wird seit 2010 aufgerechnet.

Stand 1.1.2011	🖐 www.sia.ch

Geologe	***Gesamtschweizerische Lohnempfehlung***		
42 Stunden, berufsüblich	Geologe mit Masterabschluss, 1. Berufsjahr	**28.55**	**5'200.—**
	ab 2. Berufsjahr	**31.05**	**5'650.—**
	ab 3. Berufsjahr	**33.50**	**6'100.—**
	Praktikant	**19.25**	**3'500.—**

📖 *Kein GAV, Schweizer Geologenverband, CHGEOL.*

🗗 *Lohnempfehlungen des Schweizer Geologenverbandes. Diese gelten für Gutachterbüros sowie geologische Abteilungen von Ingenieur- und Planerbüros.*

✋ Zur Ermittlung des Jahreslohnes muss mit 13 multipliziert werden.

Stand 1.1.2010	🖐 www.chgeol.org

Tätigkeitsbereich *Wöchentliche Arbeitszeit*	Tätigkeit *Quelle, vertragliche Vereinbarungen*	Stunden- und Monatslohn	
Geometer und Geomatiker	***Gesamtschweizerische Lohnempfehlung***		
41 Stunden, berufsüblich	Teamleiter Melioration	**43.20**	**7'678.—**
	Lohnbandmaximum	**56.90**	**10'112.—**
Geometer, Teamleiter	Teamleiter LIS, Neueinsteiger	**43.20**	**7'678.—**
	Maximum, ab 12. Erfahrungsjahr	**56.90**	**10'112.—**

☞ *Teamleiter Melioration und Teamleiter LIS:* Führt ein Team von Spezialisten und ist in seinem Führungsbereich verantwortlich für die Marktbearbeitung, das Dienstleistungsangebot, die Auftragsbearbeitung und die Leistungsverrechnungen. Ausbildung: ETH- oder Fachhochschul-Niveau. Eine Berufserfahrung ab 7 Jahren ist Voraussetzung.

	Teamleiter Amtliche Vermessung	**38.50**	**6'840.—**
	Maximum, ab 12. Erfahrungsjahr	**50.30**	**8'937.—**

☞ *Teamleiter Amtliche Vermessung:* Führt ein Team von Spezialisten. Er ist in seinem Führungsbereich verantwortlich für die Marktbearbeitung, das Dienstleistungsangebot, die Auftragsbearbeitung und die Leistungsverrechnungen. Ausbildung: ETH-, Fachhochschul- oder vergleichbares Niveau, beispielsweise FA-Techniker. Eine Berufserfahrung ab 5 Jahren wird vorausgesetzt.

Geometer, Projektleiter	Projektleiter Melioration	**35.20**	**6'251.—**
	Lohnbandmaximum	**46.50**	**8'265.—**
	Projektleiter LIS	**35.20**	**6'251.—**
	Maximum, ab 12. Erfahrungsjahr	**46.50**	**8'265.—**

☞ *Projektleiter Melioration und Projektleiter LIS:* Leitet anspruchsvolle Projekte fachlich, finanziell und, bei Projekten mit mehreren Mitarbeitern, personell. Er ist innerhalb seiner Projekte verantwortlich für die Auftragsbearbeitung und die Leistungsverrechnung. Ausbildung: ETH- oder Fachhochschul-Niveau, beispielsweise FA-Techniker mit Zusatzausbildung. Eine Berufserfahrung ab 3 Jahren wird vorausgesetzt.

	Projektleiter Amtliche Vermessung	**33.75**	**6'000.—**
	Maximum, ab 12. Erfahrungsjahr	**44.65**	**7'930.—**

☞ *Projektleiter Amtliche Vermessung:* Leitet anspruchsvolle Projekte fachlich, finanziell und – bei Projekten mit mehreren Mitarbeitern – personell. Er ist innerhalb seiner Projekte verantwortlich für die Auftragsbearbeitung und die Leistungsverrechnung. Ausbildung: ETH- oder Fachhochschul-Niveau, beispielsweise FA-Techniker. Eine mittlere Berufserfahrung ab 3 Jahren wird vorausgesetzt.

Tätigkeitsbereich *Wöchentliche Arbeitszeit*	Tätigkeit *Quelle, vertragliche Vereinbarungen*	Stunden- und Monatslohn	
Geomatiker	Geomatiker mit erhöhter Anforderung	*28.45*	*5'052.—*
	Maximum, ab 12. Erfahrungsjahr	*37.80*	*6'714.—*

✍ *Geomatiker mit erhöhten Anforderungen:* Bearbeitet ein ihm zugewiesenes Aufgabengebiet fachlich und kleinere Projekte selbstständig. Kann eine kleine Gruppe von Mitarbeitern leiten. Eine Berufserfahrung von 3 Jahren ist Voraussetzung.

	Geomatiker	*25.20*	*4'473.—*
	Maximum, ab 12. Erfahrungsjahr	*32.85*	*5'833.—*

✍ *Geomatiker:* Erfüllt seine Aufgaben innerhalb von Projekten selbstständig und besitzt noch geringe Berufserfahrung.

Messassistent	Messassistent mit erhöhter Anforderung	*23.85*	*4'237.—*
	Maximum, ab 12. Erfahrungsjahr	*30.25*	*5'370.—*

✍ *Messassistent mit erhöhter Anforderung:* Erledigt Feld- und Hilfsarbeiten selbstständig. Leitet kleine Gruppe von Hilfskräften. Eine Ausbildung im handwerklichen Bereich sowie eine Berufserfahrung ab 3 Jahren werden vorausgesetzt.

	Messassistent	*21.25*	*3'776.—*
	Maximum, ab 12. Erfahrungsjahr	*27.40*	*4'867.—*

✍ *Messassistent:* Arbeitet in einer Feldequipe mit und erledigt einfache Hilfsarbeiten. Bei geringer Berufserfahrung ist er handwerklich geschickt.

📖 *Vereinbarung über die Anstellungsbedingungen zwischen dem Verein der Ingenieur-Geometer Schweiz (IGS) und dem Verband Schweizerischer Vermessungsfachleute (VSVF).*

⏳ *Laufzeit der Vereinbarung ab 1.1.2005, ungekündigt.*

📐 *Lohnrichtlinien des Vereins der Ingenieur-Geometer Schweiz.*

✍ Zur Ermittlung des Jahreslohnes muss mit 12 multipliziert werden.

✎ *Verpflegungsentschädigung und Spesen: CHF 18 bis 20 pro Mahlzeit. Eine Kleiderentschädigung für Feldarbeit CHF 8 pro Tag (Art. 14 Vereinbarung).*

✎ *Bis zum vollendeten 20. Altersjahr gelten 5 Wochen Ferien und ab dem 21. Altersjahr 4 Wochen. Bei Erreichen des 50. Altersjahres werden 5 Wochen Ferien gewährt (Art. 10 Vereinbarung).*

✍ LIS bedeutet Land-Informations-System und steht im Zusammenhang mit der amtlichen Vermessung (Grundbuch, Kataster). GIS steht für Geografisches Informations-System und bezieht sich auf die Erstellung geografischer Karten (Karto- und Topografie).

✍ Die Jahresteuerung wird seit 2007 aufgerechnet.

🖐 www.pro-geo.ch, www.igs-ch.ch, www.geosuisse.ch und www.fvg.ch

Stand 1.1.2011

Tätigkeitsbereich *Wöchentliche Arbeitszeit*	Tätigkeit *Quelle, vertragliche Vereinbarungen*	Stunden- und Monatslohn

Geomatiker

40 Stunden, berufsüblich

Lohnempfehlung der Genferseeregion

Geomatiker und Vermessungszeichner, ab 1. Berufsjahr	*26.40*	*4'578.—*
ab 4. Berufsjahr	*29.—*	*5'026.—*
ab 6. Berufsjahr	*30.30*	*5'250.—*
ab 12. Berufsjahr	*33.65*	*5'835.—*

Geomatiker: Inhaber eines eidgenössischen Fähigkeitsausweises oder Abschluss einer gleichwertigen Ausbildung.

Geomatik-Techniker HF, ab 1. Berufsjahr	*34.70*	*6'013.—*
ab 4. Berufsjahr	*39.95*	*6'926.—*
ab 6. Berufsjahr	*42.10*	*7'300.—*

Geomatik-Techniker HF: Inhaber eines Fachausweises für Geometer-Techniker 1 oder 2 oder, nach neuer Prüfungsordnung, ab 1989 geprüfte Techniker oder gleichwertige Ausbildung.

Geomatik-Ingenieur ETH/FH, 1. Berufsjahr	*36.25*	*6'283.—*
ab 4. Berufsjahr	*40.15*	*6'961.—*
ab 6. Berufsjahr	*42.85*	*7'430.—*

Geomatik-Ingenieur: Vermessungs-Ingenieure mit Fachhochschulbildung oder anerkannter, gleichwertiger Ausbildung.

📖 *CCT, Convention collective de travail des bureaux d'ingénieurs géomètres vaudois. Groupe patronal de l'Association vaudoise des ingénieurs géomètres, GP-AVIG; Professionnels géomatique Suisse PGS, Section SO; Groupement des Ingénieurs en Géomatique GIG-UTS.*

⌛ *Grundbeschluss der CCT ab 26.10.2005, ungekündigt.*

✏ *Der 13. Monatslohn ist vertraglich vereinbart (Art. 51 CCT). Zur Ermittlung des Jahreslohnes muss mit 13 multipliziert werden.*

✏ *Entschädigungen: Bei Feldarbeit ist ein Zuschlag von CHF 1 pro geleistete Stunde geschuldet, für die auswärtige Verpflegung CHF 20 pro eingenommene Mahlzeit oder deren tatsächliche Kosten. Bei auswärtiger Übernachtung die wirklichen Kosten, zuzüglich des Lohnzuschlags für Feldarbeit (Art. 48 CCT).*

✏ *Unter 20 Altersjahren werden 5 Ferienwochen, ab dem 20. Altersjahr 4 Wochen gewährt; ab dem 50. Altersjahr, oder bei einer Betriebszugehörigkeit über 25 Jahren, 5 Wochen (Art. 59 CCT).*

✋ Die Jahresteuerung wird seit 2006 aufgerechnet.

🖢 www.fvg.ch, www.pro-geo.ch, www.igs-ch.ch,
www.geosuisse.ch und www.gig-uts.ch

Stand 1.1.2011

Tätigkeitsbereich *Wöchentliche Arbeitszeit*	Tätigkeit *Quelle, vertragliche Vereinbarungen*	Stunden- und Monatslohn	
Ingenieure, **Chemische Industrie**	*Gesamtschweizerische Statistik, Median*		
	3 bis 5 Berufsjahre	42.85	7'708.—
41½ Stunden, berufsüblich	6 bis 10 Berufsjahre	45.25	8'141.—
	11 bis 20 Berufsjahre	46.05	8'285.—
Berufserfahrung	mehr als 20 Berufsjahre	59.10	10'624.—
Tätigkeitsgebiete	Beratung	57.80	10'398.—
	Forschung und Entwicklung	51.10	9'191.—
	Produktion	50.90	9'158.—
	Projektmanagement	44.75	8'049.—
	Qualitätssicherung	51.10	9'187.—
Ingenieure, **Dienstleistungen** **und Industrie**	*Gesamtschweizerische Statistik, Median*		
	ab 23 Jahren	31.90	5'739.—
	25 bis 30 Jahre	33.30	5'986.—
41½ Stunden, berufsüblich	31 bis 35 Jahre	39.75	7'148.—
	36 bis 40 Jahre	46.20	8'310.—
Altersstufen	41 bis 45 Jahre	51.90	9'331.—
	46 bis 50 Jahre	56.—	10'070.—
	50 bis 55 Jahre	58.75	10'563.—
	55 bis 60 Jahre	60.30	10'844.—
	über 60 Jahre	60.30	10'848.—
Berufserfahrung	ab 23. Altersjahr	29.40	5'284.—
	ab 25. Altersjahr	33.70	6'064.—
	ab 30. Altersjahr	40.—	7'195.—
	ab 35. Altersjahr	45.85	8'243.—
	ab 40. Altersjahr	50.30	9'046.—
	ab 45. Altersjahr	54.05	9'717.—
	ab 50. Altersjahr	57.—	10'251.—
	ab 55. Altersjahr	60.55	10'891.—
	ab 60. Altersjahr	64.05	11'518.—
Führungsfunktionen	Kader ohne Mitarbeitende	48.75	8'770.—
	bis 5 Mitarbeitende	53.25	9'579.—
	5 bis 10 Mitarbeitende	57.65	10'365.—
	11 bis 20 Mitarbeitende	58.—	10'428.—
	20 bis 100 Mitarbeitende	66.90	12'027.—
	mehr als 100 Mitarbeitende	79.90	14'367.—

Tätigkeitsbereich *Wöchentliche Arbeitszeit*	Tätigkeit *Quelle, vertragliche Vereinbarungen*	Stunden- und Monatslohn	
Tätigkeitsgebiete	Beratung	*56.—*	*10'070.—*
	Forschung und Entwicklung	*43.95*	*7'901.—*
	General Management	*68.90*	*12'394.—*
	Management	*62.90*	*11'310.—*
	Informationstechnik	*49.55*	*8'908.—*
	Kundendienst	*49.10*	*8'830.—*
	Logistik	*56.60*	*10'181.—*
	Marketing	*56.—*	*10'070.—*
	Produktion	*51.70*	*9'296.—*
	Projektmanagement	*52.55*	*9'451.—*
	Qualitätssicherung	*51.25*	*9'218.—*
	Verkauf	*58.15*	*10'458.—*
	Sachbearbeitung	*48.65*	*8'753.—*

Ingenieure, verschiedene Fachrichtungen

Gesamtschweizerische Statistik, Median

41½ Stunden, berufsüblich	Architekt	*26.75*	*4'809.—*
	Bauingenieur	*30.75*	*5'532.—*
	Elektroingenieur	*33.35*	*6'000.—*
Einstiegssaläre	Informatikingenieur	*32.95*	*5'921.—*
	Maschineningenieur	*32.05*	*5'766.—*
Fachrichtungen	Architekt	*42.90*	*7'715.—*
	Bauingenieur	*48.10*	*8'649.—*
	Betriebsingenieur	*52.—*	*9'351.—*
	Chemieingenieur	*47.25*	*8'494.—*
	Chemiker	*52.85*	*9'507.—*
	Elektroingenieur	*52.—*	*9'351.—*
	Informatikingenieur	*49.85*	*8'960.—*
	Lebensmittelingenieur	*50.40*	*9'068.—*
	Maschineningenieur	*49.85*	*8'960.—*
	Telekommunikationsingenieur	*53.30*	*9'585.—*
	Vermessungsingenieur	*48.10*	*8'649.—*
	Wirtschaftsingenieur	*53.30*	*9'584.—*

📖 *RAV für Architektur-, Ingenieur- und Planungsbüros.*

🗒 *Saläre für Ingenieure und Architekten, Gehaltserhebung 2009/ 2010 des Verbandes Swiss Engineering STV.*

⌛ *Laufzeit des Rahmen-Arbeitsvertrags seit 1.1.2002, ungekündigt.*

✋ Zur Ermittlung des Jahreslohnes muss mit 12 multipliziert werden.

✐ *Ferienanspruch: Ab dem 46. Altersjahr haben die Arbeitneh-menden Anspruch auf je 1 zusätzlichen Ferientag pro Alters-jahr. Dies bis zu 25 Ferientagen im 50. Altersjahr (Art. 14.2 RAV).*

✋ Die Jahresteuerung wird seit 2010 aufgerechnet.

Stand 1.1.2011   🖐 www.gab-bern.ch, www.stv.ch und www.sia.ch

Tätigkeitsbereich *Wöchentliche Arbeitszeit*	Tätigkeit *Quelle, vertragliche Vereinbarungen*	Stunden- und Monatslohn	
Kultur- und **Vermessungsingenieure**	*Gesamtschweizerische Statistik, Median*		
	Unternehmensleiter, 31 bis 35 Altersjahre	55.70	10'020.—
41½ Stunden, berufsüblich	Leitendes Personal, 26 bis 30 Altersjahre	29.65	5'332.—
	31 bis 35 Altersjahre	34.40	6'188.—
Administration	36 bis 40 Altersjahre	36.80	6'617.—
	41 bis 50 Altersjahre	37.40	6'726.—
	ab 50 Altersjahren	38.70	6'958.—
	Sekretariatspersonal, bis 25 Altersjahre	23.30	4'193.—
	26 bis 30 Altersjahre	29.70	5'340.—
	31 bis 35 Altersjahre	29.95	5'384.—
	36 bis 40 Altersjahre	30.20	5'427.—
	41 bis 50 Altersjahre	30.60	5'501.—
	ab 50 Altersjahren	32.15	5'786.—
Projekt	36 bis 40 Altersjahre	64.80	11'656.—
	41 bis 50 Altersjahre	73.05	13'136.—
	ab 50 Altersjahren	73.90	13'289.—
	Leitender Ingenieur, 26 bis 30 Altersjahre	39.05	7'025.—
	31 bis 35 Altersjahre	48.20	8'668.—
	36 bis 40 Altersjahre	60.05	10'797.—
	41 bis 50 Altersjahre	61.10	10'991.—
	ab 50 Altersjahren	59.10	10'628.—
	Fachmann, bis 25 Altersjahre	27.—	4'859.—
	26 bis 30 Altersjahre	30.35	5'458.—
	31 bis 35 Altersjahre	33.05	5'944.—
	36 bis 40 Altersjahre	35.60	6'405.—
	41 bis 50 Altersjahre	37.70	6'782.—
	ab 50 Altersjahren	39.80	7'158.—
	Fachmann, qualifiziert, bis 25 Altersjahre	32.05	5'764.—
	26 bis 30 Altersjahre	34.25	6'162.—
	31 bis 35 Altersjahre	38.10	6'853.—
	36 bis 40 Altersjahre	41.75	7'510.—
	41 bis 50 Altersjahre	45.15	8'120.—
	ab 50 Altersjahren	45.55	8'193.—
	Geomatiker, bis 25 Altersjahre	24.60	4'421.—
	26 bis 30 Altersjahre	28.—	5'031.—
	31 bis 35 Altersjahre	31.45	5'658.—
	36 bis 40 Altersjahre	32.45	5'837.—
	41 bis 50 Altersjahre	33.—	5'935.—
	ab 50 Altersjahren	33.55	6'033.—

Tätigkeitsbereich *Wöchentliche Arbeitszeit*	Tätigkeit *Quelle, vertragliche Vereinbarungen*	Stunden- und Monatslohn	
Hilfsfunktionen	Messassistent, bis 25 Altersjahre	*25.35*	*4'563.—*
	26 bis 30 Altersjahre	*25.45*	*4'574.—*
	31 bis 35 Altersjahre	*25.50*	*4'586.—*
	36 bis 40 Altersjahre	*25.95*	*4'667.—*
	41 bis 50 Altersjahre	*26.40*	*4'748.—*
	ab 50 Altersjahren	*26.75*	*4'812.—*
	Messassistent, qualifiziert, bis 25 Altersjahre	*23.95*	*4'306.—*
	26 bis 30 Altersjahre	*24.60*	*4'422.—*
	31 bis 35 Altersjahre	*25.75*	*4'632.—*
	36 bis 40 Altersjahre	*26.80*	*4'817.—*
	41 bis 50 Altersjahre	*29.25*	*5'259.—*
	ab 50 Altersjahren	*28.85*	*5'185.—*

📖 *RAV für Architektur-, Ingenieur- und Planungsbüros.*

⌛ *Laufzeit des Rahmen-Arbeitsvertrags seit 1.1.2002, ungekündigt.*

🔸 *Lohnerhebung 2009 des Schweizerischen Ingenieur- und Architektenvereins SIA.*

✋ 13. Monatslohn: Berufsüblich, jedoch nicht vertraglich vereinbart. Zur Ermittlung des Jahreslohnes muss mit 13 multipliziert werden.

✍ *Ferien: Ab 46. Altersjahr steht den Mitarbeitenden 1 zusätzlicher Ferientag pro Altersjahr zu. Beginnend mit 21 Ferientagen ab 46. Altersjahr bis zum Erreichen von 25 Ferientagen im 50. Altersjahr (Art. 14 RAV).*

✋ Die Jahresteuerung wird seit 2010 aufgerechnet.

Stand 1.1.2011   ✍ www.sia.ch

Tätigkeitsbereich *Wöchentliche Arbeitszeit*	Tätigkeit *Quelle, vertragliche Vereinbarungen*	Stunden- und Monatslohn

**Lebensmittel-
und Agraringenieure,
ETH-Absolventen**

42 Stunden, berufsüblich

Lohn laut BPV, *Gesamtschweizerische Lohnempfehlung*

Tätigkeit	Stundenlohn	Monatslohn
Agroingenieur, diplomiert	*29.45*	*5'359.—*
Wissenschaftlicher Mitarbeiter, Assistent ohne Kaderauftrag	*31.20*	*5'683.—*
Agroingenieur der Privatwirtschaft	*35.35*	*6'432.—*
Raum Zürich	*37.10*	*6'754.—*
Agroingenieur, Lohn laut Bundespersonalverordnung (BPV)	**46.10**	**8'396.10**

📖 *Kein GAV, Schweizerischer Verband der Ingenieur-Agronomen und der Lebensmittel-Ingenieure.*

▦ *Lohnerhebung des Schweizerischen Verbandes der Ingenieur-Agronomen.*

✍ Ein 13. Monatslohn ist nicht vertraglich vereinbart. Zur Ermittlung des Jahreslohnes muss mit 12 multipliziert werden.

✍ Die durch die Schweizerische Eidgenossenschaft beschäftigten Agrar- und Lebensmittelingenieure werden laut *Verordnung über die Einreihung der Ämter der Beamten* vom 15.12.1988, Art. 18 bis 30 (SR 172.221.111.1) der Lohnklasse 18 zugeteilt.

✍ Die Jahresteuerung wird seit 2006 aufgerechnet.

Stand 1.1.2011   ✍ www.svial.ch

Tätigkeitsbereich *Wöchentliche Arbeitszeit*	Tätigkeit *Quelle, vertragliche Vereinbarungen*	Stunden- und Monatslohn	
Lebensmittel- und Agraringenieure,	*Gesamtschweizerische Statistik, Median*		
HTL-Absolventen	Berufsorganisationen	*41.95*	*7'631.—*
	Chemische Industrie	*51.05*	*9'288.—*
42 Stunden, berufsüblich	Eidgenossenschaft	*43.05*	*7'834.—*
	Futtermittel	*46.25*	*8'417.—*
Branchengruppen	Kantone	*45.95*	*8'361.—*
	Landesprodukte, Vertrieb	*48.65*	*8'859.—*
	Landwirtschaft, international	*70.50*	*12'829.—*
	Landwirtschaftliche Betriebsleiter	*36.60*	*6'665.—*
	Lebensmittel	*53.70*	*9'776.—*
	Milchverbände	*46.85*	*8'524.—*
	Öffentliche Organisationen	*42.90*	*7'809.—*
	Privatwirtschaft, Treuhand und Beratung	*43.40*	*7'895.—*
	Tierzucht	*39.65*	*7'215.—*
Dienstjahre	bis 2 Dienstjahre	*40.20*	*7'319.—*
	3 bis 5 Dienstjahre	*43.10*	*7'847.—*
	6 bis 10 Dienstjahre	*49.45*	*8'996.—*
	11 bis 15 Dienstjahre	*52.85*	*9'620.—*
	16 bis 20 Dienstjahre	*58.15*	*10'581.—*
	über 20 Dienstjahre	*53.55*	*9'743.—*
Funktionen	Abteilungsleiter	*49.10*	*8'937.—*
	Landwirtschaftlicher Betriebsleiter	*34.85*	*6'347.—*
	Praktikant	*11.15*	*2'031.—*
	Projektleiter	*42.95*	*7'821.—*
	Sachbearbeiter	*40.65*	*7'402.—*
	Unternehmensleiter	*56.70*	*10'323.—*
Höhere Weiterbildung	Nachdiplomstudium	*55.65*	*10'126.—*
	anderer Diplomabschluss	*45.—*	*8'192.—*
	ohne Abschluss	*44.55*	*8'107.—*

📖 *Kein GAV, Schweizerischer Verband der Agro-Ingenieure HTL.*

▦ *Lohnumfrage 2002 des Schweizerischen Verbandes der Agro-Ingenieure.*

✍ Ein 13. Monatslohn ist nicht vertraglich vereinbart. Zur Ermittlung des Jahreslohnes muss mit 12 multipliziert werden.

✍ Die Jahresteuerung wird seit 2003 aufgerechnet.

Stand 1.1.2011   🖥 www.alis.ch

Tätigkeitsbereich *Wöchentliche Arbeitszeit*	Tätigkeit *Quelle, vertragliche Vereinbarungen*	Stunden- und Monatslohn	
71.2	Technische, physikalische und chemische Untersuchung		
71.20	Untersuchungen von Produkten und Materialien aller Art		

Werkstoffprüfer

Gesamtschweizerische Statistik, Median

42 Stunden, berufsüblich	Mechapraktiker mit 2- oder 3-jähriger Lehre, bis 25 Altersjahre	*25.15*	*4'573.—*
3-jährige Berufslehre	bis 30 Altersjahre	*27.50*	*5'009.—*
	31 bis 40 Altersjahre	*29.30*	*5'335.—*
	41 bis 50 Altersjahre	*33.05*	*6'015.—*
	ab 51 Altersjahren	*34.80*	*6'332.—*
4-jährige Berufslehre	Polymechaniker mit 4-jähriger Lehre, bis 25 Altersjahre	*27.85*	*5'069.—*
	bis 30 Altersjahre	*31.30*	*5'698.—*
	31 bis 40 Altersjahre	*34.15*	*6'216.—*
	41 bis 50 Altersjahre	*36.35*	*6'615.—*
	ab 51 Altersjahren	*37.80*	*6'883.—*

📖 *Kein GAV, Schweizerische Gesellschaft für zerstörungsfreie Prüfung.*

⊞ *Lohnerhebung 2003 der Swissmechanic, Schweizerischer Verband mechanisch-technischer Betriebe (aus Kapitelziffer 25.62).*

✋ 13. Monatslohn: Berufsüblich, jedoch nicht vertraglich vereinbart. Zur Ermittlung des Jahreslohnes muss mit 13 multipliziert werden.

✋ Die Löhne eines Materialprüfers liegen in der Regel um CHF 100 über jenen des Mechapraktikers (3-jährige Lehre) sowie jenen des Polymechanikers (4-jährige Lehre). Die Tätigkeit des Materialprüfers wird bei deren Ausübung erlernt.

✋ Die Ausbildung des Werkstoffprüfers wird lediglich in Deutschland angeboten. In der Schweiz werden vorzugsweise Mechapraktiker oder Polymechaniker mittels einschlägiger Kurse auf den erforderlichen Wissensstand in Bezug auf die Prüfmethoden gebracht.

✋ Die Jahrsteuerung wird seit 2004 aufgerechnet.

🖰 www.sgzp.ch, www.empa.ch, www.svsxass.ch

Stand 1.1.2011   und www.qualitech.ch

Tätigkeit *Wöchentliche Arbeitszeit*	Berufliche Fähigkeiten *Quelle, Branchenbereich*	Stunden- und Monatslohn

72   **Forschung und Entwicklung**

72.1 bis 72.2   Forschung und Entwicklung im Bereich Natur-,
                                        Ingenieur- und Agrarwissenschaften,
                                        Medizin, Rechts-, Wirtschafts- und Sozialwissenschaften sowie
                                        im Bereich Sprach-, Kultur- und Kunstwissenschaften

72.11 bis 72.20   Forschung und Entwicklung

42 Stunden, berufsüblich   *Branchenlöhne, Statistik der Grossregion Zürich, Median*

Hilfskräfte	Un- und Angelernte, bis 20 Jahre	24.15	4'392.—
	ab 20 bis 29 Altersjahre	27.65	5'031.—
	ab 30 bis 39 Altersjahre	30.—	5'463.—
	ab 40 bis 49 Altersjahre	31.10	5'659.—
	ab 50 bis 65 Altersjahre	32.30	5'883.—
Berufsleute, gelernt	Mit 3- oder 4-jähriger Lehre, bis 20 Jahre	30.05	5'466.—
	ab 20 bis 29 Altersjahre	36.—	6'554.—
	ab 30 bis 39 Altersjahre	44.45	8'093.—
	ab 40 bis 49 Altersjahre	46.65	8'489.—
	ab 50 bis 65 Altersjahre	47.75	8'687.—
Führungskräfte	Fach- und Betriebskader, Alter 20 bis 29	47.55	8'655.—
	ab 30 bis 39 Altersjahre	66.90	12'173.—
	ab 40 bis 49 Altersjahre	76.05	13'839.—
	ab 50 bis 65 Altersjahre	76.70	13'958.—

📖 *Kein GAV; Bundesamt für Statistik BfS, Lohnstrukturerhebung, Median nach Lebensalter.*

✋ Zur Ermittlung des Jahreslohnes muss mit 13 multipliziert werden.

🏠 *Branchenbereich: Forschung und Entwicklung im Bereich Biotechnologie, Medizin, Natur-, Ingenieur-, Agrar-, Rechts-, Wirtschafts- und Sozialwissenschaften sowie im Bereich Sprach-, Kultur- und Kunstwissenschaften.*

✋ Liegen im Branchenbereich allgemeinverbindlich erklärte oder herkömmliche GAV vor, so hat die Einhaltung deren Löhne Vorrang.

Stand 1.1.2011   🖱 www.bfs.admin.ch/Löhne

Tätigkeitsbereich *Wöchentliche Arbeitszeit*	Tätigkeit *Quelle, vertragliche Vereinbarungen*	Stunden- und Monatslohn

73   **Werbung und Marktforschung**

73.1   Werbung

73.11   Werbeagenturen, Planung und Durchführung
von Werbekampagnen

Dekorateur   ***Gesamtschweizerische Lohnempfehlung***

42 Stunden, berufsüblich	Schaufensterdekorateur, ab 1. Berufsjahr	*21.55*	*3'926.—*
	Dekorateur branchenfremd, minimal	*17.85*	*3'252.—*
	Maximalansatz	*19.05*	*3'468.—*

📖 *Kein GAV; Swiss Association Polydesign 3d.*

▦ *Lohnempfehlungen des Verbandes Dekoschweiz.*

✋ Ein 13. Monatslohn ist nicht vertraglich vereinbart. Zur Ermittlung des Jahreslohnes muss mit 12 multipliziert werden.

✋ Die Jahresteuerung wird seit 2003 aufgerechnet.

Stand 1.1.2011   ✍ www.polydesign3d.ch

Drucktechnologe,
Fachrichtung Siebdruck   ***Gesamtschweizerische Lohnempfehlung***

	Betriebsarbeiter, angelernt	*17.60*	*3'200.—*
42 Stunden, berufsüblich	Obere Bandbreite	*18.15*	*3'300.—*
	Siebdrucker gelernt, EFZ, ab 1. Berufsjahr	*18.15*	*3'300.—*
Drucktechnologe	Obere Bandbreite	*20.35*	*3'700.—*
Fachrichtung Siebdruck,	ab 5. Berufsjahr	*19.80*	*3'600.—*
Siebdrucker	Obere Bandbreite	*23.10*	*4'200.—*
	ab 10. Berufsjahr	*23.10*	*4'200.—*
	Obere Bandbreite	*27.45*	*5'000.—*
	mit mehr als 10 Berufsjahren	*24.75*	*4'500.—*
	Obere Bandbreite	*30.20*	*5'500.—*
Leitende Angestellte	Leitender Angestellter, ab 5. Berufsjahr	*24.75*	*4'500.—*
	Obere Bandbreite	*30.20*	*5'500.—*
	Leitender Angestellter, ab 10. Berufsjahr	*26.90*	*4'900.—*
	Obere Bandbreite	*35.70*	*6'500.—*
	mit mehr als 10 Berufsjahren	*28.55*	*5'200.—*
	Obere Bandbreite	*38.45*	*7'000.—*
	Betriebsleiter	*32.95*	*6'000.—*
	Obere Bandbreite	*43.95*	*8'000.—*

📖 *Kein GAV, Verband Werbetechnik und Print.*

▦ *Lohnempfehlungen des Verbandes Werbetechnik und Print.*

✋ Zur Ermittlung des Jahreslohnes muss mit 12 multipliziert werden.

Stand 1.1.2011   ✍ www.verband-werbetechnik-print.ch

Tätigkeitsbereich *Wöchentliche Arbeitszeit*	Tätigkeit *Quelle, vertragliche Vereinbarungen*	Stunden- und Monatslohn	
Gestalter Werbetechnik	***Gesamtschweizerische Lohnempfehlung***		
42 Stunden, berufsüblich	Betriebsarbeiter, angelernt	*17.60*	*3'200.—*
	Obere Bandbreite	*19.25*	*3'500.—*
Schriftenmaler,	Siebdrucker gelernt, EFZ, ab 1. Berufsjahr	*19.25*	*3'500.—*
Gestalter Werbetechnik,	Obere Bandbreite	*23.10*	*4'200.—*
Schrift-	ab 5. Berufsjahr	*21.45*	*3'900.—*
und Reklamegestalter	Obere Bandbreite	*26.35*	*4'800.—*
	ab 10. Berufsjahr	*24.20*	*4'400.—*
	Obere Bandbreite	*29.10*	*5'300.—*
	mit mehr als 10 Berufsjahren	*25.80*	*4'700.—*
	Obere Bandbreite	*31.85*	*5'800.—*
Leitende Angestellte	Leitender Angestellter, ab 5. Berufsjahr	*24.75*	*4'500.—*
	Obere Bandbreite	*30.20*	*5'500.—*
	Leitender Angestellter, ab 10. Berufsjahr	*26.90*	*4'900.—*
	Obere Bandbreite	*35.70*	*6'500.—*
	mit mehr als 10 Berufsjahren	*28.55*	*5'200.—*
	Obere Bandbreite	*38.45*	*7'000.—*
	Betriebsleiter	*35.70*	*6'500.—*
	Obere Bandbreite	*46.70*	*8'500.—*
Werbetechniker,	Leitender Angestellter, ab 5. Berufsjahr	*30.20*	*5'500.—*
eidgenössisch diplomiert	Obere Bandbreite	*35.70*	*6'500.—*
	Leitender Angestellter, ab 10. Berufsjahr	*32.40*	*5'900.—*
	Obere Bandbreite	*41.20*	*7'500.—*
	Abteilungsleiter	*34.05*	*6'200.—*
	Obere Bandbreite	*43.95*	*8'000.—*
	Betriebsleiter	*41.20*	*7'500.—*
	Obere Bandbreite	*52.20*	*9'500.—*

📖 *Kein GAV, Verband Werbetechnik und Print.*

🗒 *Lohnempfehlungen des Verbandes Werbetechnik und Print.*

✋ Zur Ermittlung des Jahreslohnes muss mit 12 multipliziert werden.

📑 www.verband-werbetechnik-print.ch, www.bsw.ch,
Stand 1.1.2011　　　www.bpra.ch und www.asw.ch

Tätigkeitsbereich *Wöchentliche Arbeitszeit*	Tätigkeit *Quelle, vertragliche Vereinbarungen*	Stunden- und Monatslohn

Grafiker

GAV-Lohn, *gesamtschweizerische Lohnempfehlung*

42 Stunden, berufsüblich

Grafiker EFZ, gelernt	**20.88**	**3'800.—**
ab 5 Jahren Berufspraxis	**23.08**	**4'200.—**
Oberes Lohnband	**29.12**	**5'300.—**
ab 10 Jahren Berufspraxis	**29.12**	**5'300.—**
Oberes Lohnband	**32.97**	**6'000.—**
ab 15 Jahren Berufspraxis	**32.97**	**6'000.—**
Oberes Lohnband	**42.86**	**7'800.—**
ab 20 Jahren Berufspraxis	**42.86**	**7'800.—**
Oberes Lohnband	**65.93**	**12'000.—**
Art Director sowie Creative Director	**65.93**	**12'000.—**

📖 *Rahmenarbeitsvertrag des SGD, Swiss Graphic Designers.*

⌛ *Laufzeit des Rahmenarbeitsvertrags ab 1.5.2002, ungekündigt.*

🗓 *Lohnempfehlungen des Verbandes Swiss Graphic Designers.*

✋ 13. Monatslohn: Berufsüblich, jedoch nicht vertraglich vereinbart. Zur Ermittlung des Jahreslohnes muss mit 13 multipliziert werden.

✎ *Ferienanspruch: Ab 1. bis 14. Dienstjahr 4 Wochen. Ab 15. Dienstjahr oder nach Eintritt des 40. Altersjahres sowie vollendeten 3 Dienstjahren 5 Wochen. Ab 30. Dienstjahr oder nach Eintritt des 50. Altersjahres sowie vollendeten 10 Dienstjahren 6 Wochen (RAV 5.1.1).*

✋ Der Stundenlohn wird mittels Teilung durch die monatlichen Arbeitsstunden ermittelt. Bei 44 Stunden durch 190, bei 42 Stunden durch 182 und bei 40 Stunden durch 174 (RAV 4.2.2).

Stand 1.1.2011   ⍟ www.sgd.ch

Texter

Gesamtschweizerische Statistik, Median

41 Stunden, berufsüblich

Texter, Anfangsgehalt	*25.—*	*4'444.—*
Text und Konzept, pro Stunde	*160.—*	–
Briefmailing, 1 Seite	*360.—*	–
Medienmitteilung, 1 Seite	*480.—*	–
8-seitige Broschüre	*2'220.—*	–
Inserat, Titelzeile und Werbetext	*600.—*	–
Kundenzeitung, 12-seitiges Periodikum	*3'600.—*	–
Plakat	*640.—*	–
Radiospot	*755.—*	–
Webseite, pro Content-Seite	*300.—*	–
Slogan oder Claim, ab	*1'000.—*	–
Produkt- oder Firmenname, ab	*1'200.—*	–

📖 *Kein GAV, Schweizer Texterinnen- und Texterverband.*

🗓 *Honorarempfehlungen des Berufsverbandes Script.*

Stand 1.1.2010   ⍟ www.scriptweb.ch

Tätigkeitsbereich *Wöchentliche Arbeitszeit*	Tätigkeit *Quelle, vertragliche Vereinbarungen*	Stunden- und Monatslohn	
Werbefachleute	*Gesamtschweizerische Statistik, Median*		
41 Stunden, berufsüblich	Account Planner, Junior	*34.45*	*6'121.—*
	Account Planner, Senior	*57.45*	*10'205.—*
	Art-Buyer	*37.90*	*6'734.—*
	Art Director, Chef-Grafiker	*45.95*	*8'163.—*
	Art Director Junior, Grafiker	*32.15*	*5'716.—*
	Beratungsgruppenleiter	*62.70*	*11'137.—*
	Berater, Junior	*34.45*	*6'121.—*
	Creative Director	*82.70*	*14'693.—*
	Disponent	*29.85*	*5'307.—*
	Medialeiter	*59.75*	*10'612.—*
	Mediaplaner	*40.—*	*7'102.—*
	Produktionsleiter	*46.70*	*8'299.—*
	Reinzeichner, Desktop-Publishing DTP	*34.45*	*6'121.—*
	Texter	*45.95*	*8'163.—*
	Texter, Junior	*25.25*	*4'490.—*
	Werbeassistent	*27.55*	*4'899.—*
	Werbeassistent, Junior	*18.40*	*3'265.—*
	Werbeberater	*43.65*	*7'755.—*

📖 *Kein GAV, Branchenverband Schweizer Werbe- und Kommunikationsagenturen BSW*

▦ *Gehaltserhebung 2002 des Branchenverbandes.*

🖐 13. Monatslohn: Berufsüblich, jedoch nicht vertraglich vereinbart. Zur Ermittlung des Jahreslohnes muss mit 13 multipliziert werden.

🖐 Die Jahresteuerung wird seit 2003 aufgerechnet.

Stand 1.1.2011   🔖 www.bsw.ch, www.bpra.ch und www.asw.ch

Tätigkeitsbereich *Wöchentliche Arbeitszeit*	Tätigkeit *Quelle, vertragliche Vereinbarungen*	Stunden- und Monatslohn	
Werbevermittlung	**GAV-Löhne,** **gesamtschweizerischer Geltungsbereich**		
41 Stunden, laut GAV	Betriebsfachleute Logistik, Transport (3–5)	**27.54**	**4'385.—**
	Betriebsfachleute Finanzberatung (3–6)	**27.54**	**4'385.—**
Betrieb und Produktion	Betriebsmitarbeiter (1–3)	**21.83**	**3'476.—**
	Kundenberater (5–6)	**33.02**	**5'259.—**
	Lagermitarbeiter/-fachleute (2–4)	**24.87**	**3'960.—**
	Leitung		
	– Organisationseinheit (8–11)	**42.06**	**6'697.—**
	– Organisationseinheit Unterhalt und Handwerk (7–10)	**38.47**	**6'126.—**
	– Sachbereich Logistik und Transport (6–9)	**35.27**	**5'616.—**
	Sortierung (1–3)	**21.83**	**3'476.—**
	Teamleitung Logistik, Transport (4–7)	**30.26**	**4'818.—**
	Teamleitung Finanzberatung (5–7)	**33.02**	**5'259.—**
	Wagenführung Sachentransport (2–4)	**24.87**	**3'960.—**
	Zustellung (1–4)	**21.83**	**3'476.—**
Unterhalt und Handwerk	Betriebsfachleute und -mitarbeitende Wartung/Unterhalt/Handwerk (1–4)	**21.83**	**3'476.—**
	Reinigung und Hausdienst (1–3)	**21.83**	**3'476.—**
	Team-/Sachbereichsleitung Unterhalt und Handwerk (4–8)	**30.26**	**4'818.—**
Verkauf	Frontoffice (3–6)	**27.54**	**4'385.—**
	Kundenbetreuung klein/mittel (7–9)	**38.47**	**6'126.—**
	Kundenbetreuung mittel/gross (9–12)	**46.18**	**7'354.—**
	Sachbereichsleitung Verkauf (7–9)	**38.47**	**6'126.—**
	Sales Support/Sachbearbeitung Verkaufsstellen (5–8)	**33.02**	**5'259.—**
Informatik	Produktion Informatik (2–5)	**24.87**	**3'960.—**
	Sachbereichsleitung Informatik (10–13)	**50.84**	**8'096.—**
	Spezialist Informatik (10–13)	**50.84**	**8'096.—**
	Support (5–7)	**33.02**	**5'259.—**
	Systembetreuung (7–10)	**38.47**	**6'126.—**
	Systementwicklung (5–8)	**33.02**	**5'259.—**
	Systementwicklung, anspruchsvoll (8–10)	**42.06**	**6'697.—**
	Teamleitung Informatik (7–10)	**38.47**	**6'126.—**

Tätigkeitsbereich _Wöchentliche Arbeitszeit_	Tätigkeit _Quelle, vertragliche Vereinbarungen_	Stunden- und Monatslohn	
Sachbearbeitung	Administrative Hilfsfunktionen (1–3)	**21.83**	**3'476.—**
	Büroassistenz (2–5)	**24.87**	**3'960.—**
	Sachbearbeitung (5–7)	**33.02**	**5'259.—**
	Sachbearbeitung, anspruchsvoll (7–10)	**38.47**	**6'126.—**
	Sachbearbeitung, qualifiziert (10–12)	**50.84**	**8'096.—**
	Sachbereichsleitung (10–13)	**50.84**	**8'096.—**
	Teamleitung (7–10)	**38.47**	**6'126.—**
Führung, Management und Spezialisten	Konzernweite Spezialisten (11–14)	**56.03**	**8'922.—**
	Leitung Fachbereich klein (10–12)	**50.84**	**8'096.—**
	Regionenleitung klein/mittel (9–11)	**46.18**	**7'354.—**
	Regionenleitung gross (12–14)	**61.86**	**9'849.—**

📖 _GAV KG für ausgegliederte Geschäftseinheiten der Schweizerischen Post (Konzerngesellschaften). Lohnbestimmungen, Ziffer 30._

⧗ _Laufzeit des GAV ab 1.7.2005, ungekündigt._

✎ _Der 13. Monatslohn ist vertraglich vereinbart (Ziffer 300 GAV). Zur Ermittlung des Jahreslohnes muss mit 13 multipliziert werden._

✎ _Lohnzuschläge: Für regelmässige Nachtarbeit (Ziffer 351 GAV) wird je Stunde eine Zulage von CHF 5.80 und für Sonntagsarbeit (Ziffer 352 GAV) eine von CHF 10.55 entrichtet. Bei Bereitschaftsdienst (Pikettzulage) gilt ein Stundenansatz von CHF 5 (Ziffer 353 GAV)._

✎ _Ferienanspruch: 5 Wochen bis und mit 49. Altersjahr. Zwischen 50. bis und mit 59. Altersjahr 5 Wochen und 3 Tage sowie ab 60. Altersjahr 6 Wochen und 1 Tag (Ziffer 430 GAV)._

☝ Zur Umrechnung des Jahreslohnes auf den Stundenlohn gilt ein vereinbarter Divisor von 2070.

☝ Die in Klammern gesetzten Zahlen bezeichnen die für die einzelnen Funktionen festgelegten Lohnstufen; es wird jeweils die unterste angegeben.

Stand 1.1.2009　　　🖑 www.syndicom.ch und www.post.ch

Tätigkeitsbereich *Wöchentliche Arbeitszeit*	Tätigkeit *Quelle, vertragliche Vereinbarungen*	Stunden- und Monatslohn	

73.12   Vermarktung und Vermittlung
             von Werbezeiten und Werbeflächen

Plakatwerbung	***Gesamtschweizerische Lohnempfehlung***		
42½ Stunden, betriebsüblich	Mitarbeiter		
	– Aussendienst junior	**26.75**	**4'930.—**
Akquisition	– Aussendienst senior	**39.10**	**7'200.—**
	– Backoffice senior	**34.50**	**6'350.—**
Key Account Management	Key Account Manager	**51.60**	**9'500.—**
	Mediaplaner, junior	**24.45**	**4'500.—**
	Mediaplaner, senior	**31.75**	**5'850.—**
Logistik	Afficheur	**24.75**	**4'560.—**
	Gruppenleiter		
	– Afficheure	**31.55**	**5'810.—**
	– Spedition	**27.95**	**5'150.—**
	Technischer Leiter	**41.45**	**7'630.—**
	Leiter		
	– Auftragsabwicklung	**29.30**	**5'400.—**
	– Spedition	**40.20**	**7'400.—**
	Mitarbeiter		
	– Auftragsabwicklung	**23.50**	**4'330.—**
	– Auftragsbearbeitung	**24.45**	**4'500.—**
	– Logistik Service	**34.85**	**6'420.—**
	– Spedition	**21.20**	**3'900.—**
Marketing	Angebotsplaner	**29.85**	**5'500.—**
	Leiter		
	– Angebotsgestaltung	**48.40**	**8'910.—**
	– Forschung	**51.05**	**9'400.—**
	– Projekte	**58.50**	**10'770.—**
	Produktmanager	**34.20**	**6'300.—**
	Webpublisher	**33.—**	**6'080.—**

Tätigkeitsbereich *Wöchentliche Arbeitszeit*	Tätigkeit *Quelle, vertragliche Vereinbarungen*	Stunden- und Monatslohn
Verkauf	Assistent Client Service junior	*23.90* *4'400.—*
	Leiter	
	– Ausbildung	*62.45* *11'500.—*
	– Client Service	*53.50* *9'850.—*
	Mitarbeiter	
	– Verkauf Aussendienst	*42.05* *7'740.—*
	– Verkauf Backoffice, junior	*23.35* *4'300.—*
	– Verkauf Backoffice, senior	*32.35* *5'960.—*
	Verkaufsservice-Koordinator	*34.75* *6'400.—*

📖 *Personalreglement der Allgemeinen Plakatgesellschaft AG, Ausgabe Januar 2010.*

▦ *Mindestansätze, betriebsinterne Lohnrichtlinien.*

✎ *Der 13. Monatslohn ist vertraglich vereinbart (Art. 7.2 Personalreglement). Zur Ermittlung des Jahreslohnes muss mit 13 multipliziert werden.*

✎ *Ferienanspruch: Ab Arbeitsaufnahme 23 Tage. Ab dem 40. Altersjahr oder ab dem 10. Dienstjahr 25 Tage. Ab dem 50. Altersjahr 27½ Tage. Ab dem 55. Altersjahr oder ab dem 20. Dienstjahr 30 Tage. Ab dem 60. Altersjahr 32½ Tage. Der entsprechende Ferienanspruch entsteht ab dem Jahr, in welchem der Geburtstag oder das Jubiläum stattfindet (Art. 6.1 Anhang zum Personalreglement).*

Stand 1.1.2010   ⌨ www.apg.ch

Tätigkeitsbereich Wöchentliche *Arbeitszeit*	Tätigkeit *Quelle, vertragliche Vereinbarungen*	Stunden- und Monatslohn

74   **Sonstige freiberufliche,**
                              wissenschaftliche und technische Tätigkeiten

74.2   Fotografie und Fotolabors

74.20   Fotografie für private und geschäftliche Nutzung

Fotograf	*Gesamtschweizerische Lohnempfehlung*		
43 Stunden, berufsüblich	Berufsfotograf, ab 1. Berufsjahr	*17.35*	*3'235.—*
	ab 2. Berufsjahr	*18.95*	*3'531.—*
Ländliche Gegend	ab 5. Berufsjahr	*22.55*	*4'206.—*
	mit zunehmender Berufserfahrung	*34.05*	*6'342.—*
	Fotolaborant, ab 1. Berufsjahr	*17.35*	*3'235.—*
	ab 5. Berufsjahr	*20.25*	*3'775.—*
Grossstädte	Berufsfotograf, ab 1. Berufsjahr	*19.70*	*3'666.—*
	ab 2. Berufsjahr	*21.45*	*4'001.—*
	ab 5. Berufsjahr	*30.65*	*5'716.—*
	mit zunehmender Berufserfahrung	*39.70*	*7'399.—*
	Fotolaborant, ab 1. Berufsjahr	*18.50*	*3'451.—*
	ab 5. Berufsjahr	*23.75*	*4'422.—*

   📖 *Kein GAV, Schweizer Berufsfotografen und Fotodesigner.*

   ▦ *Lohnempfehlungen des Verbandes Schweizer Berufsfotografen
        und Fotodesigner.*

   ✋ Zur Ermittlung des Jahreslohnes muss mit 12 multipliziert werden.

   ✋ Die Jahresteuerung wird seit 2002 aufgerechnet.

Stand 1.1.2011   ✍ www.sbf.ch

Pressefotografen, **frei angestellt**	*Gesamtschweizerische Tarifempfehlung*		
	Einzelbild	*203.—*	–
Stundenweise Arbeitszeit	2. Bild zum gleichen Anlass	*83.—*	–
	3. Bild zum gleichen Anlass	*50.—*	–
	Archivbild aus Beständen des Medien- unternehmens	*83.—*	–
	Archivbild aus Beständen des Fotografen, welches unveröffentlicht bleibt	*89.—*	–

   📖 *Ausgesetzter GAV für Journalistinnen, Journalisten und das
        technische Redaktionspersonal Pressefotografinnen und -foto-
        grafen, frei angestellt: Art. 3, Abs. 6 des GAV.*

   ▦ *Tarifempfehlungen des Berufsverbandes Impressum.*

   ✋ Spesen sowie weitere Auslagen für Filmverarbeitung und Labor-
        kosten sind separat zu entschädigen.

Stand 1.1.2011   ✍ www.schweizerpresse.ch, www.sab-photo.ch, www.syndicom.ch

Tätigkeitsbereich *Wöchentliche Arbeitszeit*	Tätigkeit *Quelle, vertragliche Vereinbarungen*	Stunden- und Monatslohn

74.3   Übersetzen und Dolmetschen

74.30   Schreib- und Übersetzungsbüros

Dolmetscher   ***Gesamtschweizerische Tarifempfehlung***

Stundenweise Arbeitszeit   Dolmetscher am Gericht, minimal   ***120.—***   –
                             Maximalansatz   ***150.—***   –

                             Flüsterdolmetschen, täglich minimal   –   ***1'000.—***
                             Maximalansatz   –   ***1'200.—***

                             Konsekutivdolmetschen, täglich minimal   –   ***1'300.—***
                             Maximalansatz   –   ***1'400.—***

☞ Dolmetschen im kleineren Kreis: Die Verdolmetschung erfolgt zeitverschoben, weshalb diese Art des Dolmetschens mehr Zeit erfordert als die Simultantechnik.

                             Simultandolmetschen, täglich minimal   –   ***1'000.—***
                             Maximalansatz   –   ***1'200.—***

☞ Das Simultandolmetschen erfolgt praktisch zur selben Zeit wie die zu übersetzenden Äusserungen. Hiefür werden ausgebildete Dolmetscher sowie eine fest installierte oder mobile Anlage mit Dolmetscherkabinen benötigt.

                             Verhandlungsdolmetschen, pro Stunde ***200.—***   –
                             Pro Halbtag   –   ***500.—***

☞ Verhandlungsgespräche im kleineren Rahmen bedürfen keiner weiteren Hilfsmittel und es wird auf die Bedürfnisse einer kleinen Gesprächsrunde gedolmetscht.

📖 *Kein GAV, Schweizerischer Übersetzer-, Terminologen- und Dolmetscherverband.*

▦ *Tarifempfehlung des Schweizerischen Übersetzer-, Terminologen- und Dolmetscher-Verbandes.*

☞ Arbeitszeit: Dolmetschen ist eine umfassende Tätigkeit, die vom Dolmetscher eine sehr hohe Konzentration abverlangt. Um eine hochwertige Leistung zu garantieren, darf er deshalb eine festgelegte Zahl von täglichen Arbeitsstunden – in der Regel bis zu deren 6 – nicht überschreiten. Zudem darf er höchstens eine halbe Stunde ununterbrochen dolmetschen, um dann zwingend eine Pause einzulegen.

Stand 1.1.2010   www.astti.ch

Tätigkeitsbereich *Wöchentliche Arbeitszeit*	Tätigkeit *Quelle, vertragliche Vereinbarungen*	Stunden- und Monatslohn

Dolmetscher

Entschädigungstarif, Grossregion Zürich

Stundenweise Arbeitszeit

Dolmetscher, an Werktagen zwischen **70.—** –
06.00 und 20.00 Uhr

Ausserordentlicher Schwierigkeitsgrad: **90.—** –
Fachsprache, Gerichtsverfahren
oder besonders seltene Sprachen

Pro A4-Seite, mittleres Schriftbild **70.—** –
Pro A4-Seite, bei ausserordentlichem **90.—** –
Schwierigkeitsgrad

📖 Dolmetscherverordnung vom 26./27. November 2003 des Kantons Zürich.

📧 Entschädigungstarif des Kantons Zürich, Ansätze ohne Mehrwertsteuer.

✋ Für Einsätze zwischen 20.00 und 06.00 Uhr oder an Sonntagen gilt ein Zuschlag von wenigstens 25%.

Stand 1.1.2011   ☝ www.personalamt.zh.ch

Terminologen

Gesamtschweizerische Tarifempfehlung

Stundenweise Arbeitszeit

Terminologe, minimaler Stundenansatz ***80.—*** –
Maximaler Stundenansatz ***120.—*** –

📖 *Kein GAV, Schweizerischer Übersetzer-, Terminologen- und Dolmetscherverband.*

📧 *Tarifempfehlung des Schweizerischen Übersetzer-, Terminologen- und Dolmetscher-Verbandes.*

✋ Kriterien für die Festlegung des genauen Stundentarifs sind: Ausbildung, Erfahrung, Sachgebietskenntnis, Projektumfang, Quellenverfügbarkeit, Sprachen, Vollständigkeit der Terminologieeinträge. Diese Ansätze werden gerechtfertigt durch die langjährige akademische Ausbildung von Terminologen, ihr Methodenwissen und die von ihnen erwartete Erfahrung im zu bewertenden Fachbereich.

Stand 1.1.2010   ☝ www.astti.ch

Tätigkeitsbereich *Wöchentliche Arbeitszeit*	Tätigkeit *Quelle, vertragliche Vereinbarungen*	Stunden- und Monatslohn

Übersetzer

40 Stunden, berufsüblich

Gesamtschweizerische Lohnempfehlung

Übersetzer, mittlerer Lohn	*46.55*	*8'065.—*
Übersetzer, Minimalansatz	*37.20*	*6'451.—*
Übersetzer, Maximalansatz	*72.95*	*12'647.—*

📖 *Kein GAV, Schweizerischer Übersetzer-, Terminologen- und Dolmetscherverband.*

▦ *Lohnempfehlung des Schweizerischen Übersetzer-, Terminologen- und Dolmetscher-Verbandes.*

✋ Ein 13. Monatslohn ist nicht vertraglich vereinbart. Zur Ermittlung des Jahreslohnes muss mit 12 multipliziert werden.

✋ Die Jahresteuerung wird seit 2002 aufgerechnet.

Stand 1.1.2011   ✍ www.astti.ch

Übersetzer

Stundenweise Arbeitszeit

Allgemeintarif

Gesamtschweizerische Tarifempfehlung

Zeile à 50 bis bis 60 Anschläge	*3.90*	–
Seite à 30 Zeilen	*167.60*	–
Ansatz pro Stunde	*109.05*	–

Verlagstarif

Zeile à 50 bis bis 60 Anschläge	*4.10*	–
Seite à 30 Zeilen	*79.90*	–
Ansatz pro Stunde	*105.70*	–

Firmen und
Übersetzungsbüros

Zeile à 50 bis bis 60 Anschläge	*3.—*	–
Seite à 30 Zeilen	*109.30*	–
Ansatz pro Stunde	*102.50*	–

Auswärtige Arbeiten

Pro Arbeitstag	–	*972.50*
je halber Arbeitstag	–	*555.—*
Ansatz pro Stunde	*126.80*	–

📖 *Kein GAV, Schweizerischer Übersetzer-, Terminologen- und Dolmetscherverband.*

▦ *Tarifempfehlung des Schweizerischen Übersetzer-, Terminologen- und Dolmetscher-Verbandes.*

✋ Die Jahresteuerung wird seit 2002 aufgerechnet.

Stand 1.1.2011   ✍ www.astti.ch

Tätigkeitsbereich *Wöchentliche Arbeitszeit*	Tätigkeit *Quelle, vertragliche Vereinbarungen*	Stunden- und Monatslohn

Übersetzer

Gesamtschweizerische Tarifempfehlung

Einfache Texte	Pro Zeile à 50 bis 60 Anschläge, minimal	**3.—**	–
	Maximalansatz	**4.—**	–
Fachtexte	Pro Zeile à 50 bis 60 Anschläge, minimal	**4.—**	–
	Maximalansatz	**6.—**	–
Spezialarbeiten	Stundenansatz, im eigenen Büro	**100.—**	–
	Stundenansatz bei auswärtiger Arbeit	**120.—**	–

📖 *Kein GAV, Schweizerischer Übersetzer-, Terminologen- und Dolmetscherverband.*

🖾 *Tarifempfehlung des Schweizerischen Übersetzer-, Terminologen- und Dolmetscher-Verbandes.*

✋ Der Übersetzer geht von einem Standard von 60 Anschlägen pro Zeile, 30 Zeilen pro Seite und somit von 1'800 Anschlägen pro Textseite aus. Für Fachtexte wird ein Zuschlag von 25% bis 50% erhoben; jener für dringende Arbeiten, nachts oder an Sonn- und Feiertagen, beläuft sich auf 25% bis 100%. Der Mindestpreis für ein Dokument beträgt CHF 100.

Stand 1.1.2010   🖎 www.astti.ch

Übersetzer

Gesamtschweizerische Tarifempfehlung

Einfache Texte	Pro Zeile à 55 Anschläge, Minimalansatz	**3.50**	–
	Maximalansatz	**4.50**	–
Sonderaufträge	Verfassen, Bearbeiten, Korrigieren	**120.—**	–
	Werbetexte, Schlagwörter, Wahlsprüche	**150.—**	–

📖 *Kein GAV, Dolmetscher- und Übersetzer-Vereinigung Zürich.*

🖾 *Tarifempfehlung der Dolmetscher- und Übersetzer-Vereinigung, Zürich.*

✋ Die Mindestkosten betragen CHF 100 pro Sprachversion. Bei mehr als 5 Seiten pro Arbeitstag sowie bei Arbeit an Wochenenden gilt ein Zuschlag von mindestens 50%. Für eine aufwändige Darstellung, wie beispielsweise Tabellen oder Grafiken, ist ein Zuschlag von 10% bis 20% zu entrichten.

Stand 1.1.2011   🖎 www.duev.ch

Tätigkeitsbereich *Wöchentliche Arbeitszeit*	Tätigkeit *Quelle, vertragliche Vereinbarungen*	Stunden- und Monatslohn	
74.9	Sonstige freiberufliche, wissenschaftliche und technische Tätigkeiten		
74.90	Freiberufliche, wissenschaftliche und technische Tätigkeiten		
Agrarberater	**Gesamtschweizerische Lohnempfehlung**		
42 Stunden, berufsüblich	Kaufmännischer Angestellter, mit Fähigkeitsausweis	*20.—*	*3'640.—*
Verwaltung und Technik	Kaufmännischer Angestellter, mit höherer Fachprüfung	*22.15*	*4'028.—*
	Kaufmännischer Mitarbeiter mit Berufsattest	*18.75*	*3'409.—*
	Projektleiter, mit Fachschuldiplom	*25.95*	*4'725.—*
	Techniker, mit höherer Fachprüfung	*22.15*	*4'028.—*
	Technische Hilfskraft, mit Berufsattest	*18.75*	*3'409.—*
	Technischer Experte, Informatik	*34.50*	*6'275.—*
	Technischer Mitarbeiter, mit Fähigkeitsausweis	*20.—*	*3'640.—*
Fachbereiche	Fachexperten, mit Bachelor- oder Masterabschluss	*31.05*	*5'654.—*
	Fachmitarbeitender, mit Bachelor- oder Masterabschluss	*20.—*	*3'640.—*
	Fachmitarbeitender, mit Erfahrung	*27.65*	*5'035.—*
	Projektleiter Fachbereich, mit Bachelor- oder Masterabschluss	*34.50*	*6'275.—*
	Wissenschaftlicher Mitarbeiter, mit Bachelor- oder Masterabschluss	*20.—*	*3'640.—*
	Wissenschaftlicher Mitarbeiter, mit Erfahrung	*27.65*	*5'035.—*
Führung	Direktor	*57.90*	*10'535.—*
	Direktor, stellvertretender	*48.95*	*8'908.—*
	Gruppenleiter, mit Bachelor- oder Masterabschluss	*42.55*	*7'746.—*
	Teamleiter eines Fachbereichs, mit Bachelor- oder Masterabschluss	*40.45*	*7'359.—*
	Teamleiter Technik, mit höherer Fachprüfung	*31.05*	*5'654.—*

    📖 *Kein GAV; Agridea, Entwicklung der Landwirtschaft und des ländlichen Raums.*

    ▨ *Lohnempfehlungen der Agridea.*

    ✋ Zur Ermittlung des Jahreslohnes muss mit 12 multipliziert werden.

    ✋ Die Jahressteuerung wird seit 2010 aufgerechnet.

Stand 1.1.2011   ✍ www.agridea.ch

Tätigkeitsbereich *Wöchentliche Arbeitszeit*	Tätigkeit *Quelle, vertragliche Vereinbarungen*	Stunden- und Monatslohn	
Umweltfachleute	*Gesamtschweizerische Statistik, Median*		
41½ Stunden, berufsüblich	Ingenieur, Geologe, Raumplaner, 25% Quartil	*31.85*	*5'730.—*
	Median	*36.40*	*6'546.—*
Projekt	75% Quartil	*42.55*	*7'653.—*
	Leitender Ingenieur, 25% Quartil	*42.—*	*7'553.—*
	Median	*46.75*	*8'407.—*
	75% Quartil	*52.50*	*9'442.—*
	Prüf- und Chefingenieur, 25% Quartil	*53.50*	*9'618.—*
	Median	*64.60*	*11'619.—*
	75% Quartil	*77.45*	*13'929.—*
	Techniker und Zeichner-Konstrukteur, 25% Quartil	*33.10*	*5'949.—*
	Median	*35.10*	*6'315.—*
	75% Quartil	*41.85*	*7'525.—*
	Zeichner und Laborant, 25% Quartil	*32.95*	*5'925.—*
	Median	*35.70*	*6'421.—*
	75% Quartil	*37.20*	*6'686.—*
Bauleitung	Bauleiter, 25% Quartil	*40.50*	*7'282.—*
	Median	*50.60*	*9'101.—*
	75% Quartil	*60.75*	*10'922.—*
	Hilfsbauleiter, 25% Quartil	*30.40*	*5'466.—*
	Median	*38.—*	*6'832.—*
	75% Quartil	*45.60*	*8'199.—*
Administration	Leitendes Personal, 25% Quartil	*32.25*	*5'797.—*
	Median	*33.20*	*5'966.—*
	75% Quartil	*38.20*	*6'866.—*
	Sekretariatspersonal, 25% Quartil	*29.40*	*5'283.—*
	Median	*33.15*	*5'964.—*
	75% Quartil	*33.60*	*6'042.—*

📖 *RAV Rahmen-Arbeitsvertrag für Architektur-, Ingenieur- und Planungsbüros.*

⧖ *Laufzeit des Rahmen-Arbeitsvertrags seit 1.1.2002, ungekündigt.*

⊞ *Lohnerhebung 2009 des Schweizerischen Ingenieur- und Architektenvereins SIA.*

✋ 13. Monatslohn: Berufsüblich, jedoch nicht vertraglich vereinbart. Zur Ermittlung des Jahreslohnes muss mit 13 multipliziert werden.

✎ *Ferienanspruch: Ab dem 46. Altersjahr haben die Arbeitnehmenden Anspruch auf je 1 zusätzlichen Ferientag pro Altersjahr. Dies bis zu 25 Ferientagen im 50. Altersjahr (Art. 14.2 RAV).*

✋ Die Jahresteuerung wird seit 2010 aufgerechnet.

Stand 1.1.2011   📖 www.sia.ch

| Tätigkeitsbereich | Tätigkeit | Stunden- |
| *Wöchentliche Arbeitszeit* | *Quelle, vertragliche Vereinbarungen* | und Monatslohn |

75   **Veterinärwesen**

75.0   Veterinärwesen

75.00   Medizinische Versorgung und Untersuchung
               von Nutz- und Haustieren

Tierarzt, Pflegepersonal   **Lohnklassen laut Zürcher Personalgesetz**

42 Stunden,   Tierarzt, leitender (25–26)   **65.86**   **11'064.15**
laut VVO § 116; PG § 52 Assistenzarzt (19–21)   **43.91**   **7'377.15**
                         Laborant (10–13)   **26.61**   **4'469.70**
                         Laborant mit besonderen Aufgaben (14–16) **32.55**   **5'467.85**
                         Laborhilfe (5–8)   **22.38**   **3'759.—**
                         Obertierpfleger (15–16)   **34.47**   **5'791.45**
                         Tierpfleger (10–12)   **26.61**   **4'469.70**
                         Tierpflegergehilfe (4–7)   **21.86**   **3'672.40**

📖 *Gesetz über das Arbeitsverhältnis des Staatspersonals, § 40
(Personalgesetz, PG; OS 177.10).*

📖 *Diesem Gesetz untersteht das Personal des Staates und seiner
unselbstständigen Anstalten (PG § 1 und PVO § 1 und 2).*

📖 *Personalverordnung § 8 ff. (PVO, OS 177.11).*

📖 *Der Geltungsbereich erstreckt sich auf Ämter, Abteilungen und
Betriebe, die einer Direktion des Regierungsrates oder der Staats-
kanzlei unmittelbar unterstellt sind, und insbesondere auf Ange-
stellte des medizinisch-technischen Bereiches.*

📖 *Vollzugsverordnung zum Personalgesetz, § 32 ff. und Anhang 1,
Einreihungsplan (siehe hierzu auch PVO § 15). Lohn: § 40 ff.,
Anhang 2 (VVO, OS 177.111). Die in Klammern gesetzten Zahlen
geben die Funktionslohnstufen wieder. Es gilt jeweils Stufe 1.*

📎 *13. Monatslohn: Gesetzlich festgelegt (§ 50 und 51 VVO; § 40
PG). Zur Ermittlung des Jahreslohnes wird mit 13 multipliziert.*

📎 *Für Arbeitsleistungen in der Nacht sowie an Samstagen und
Sonntagen zwischen 20.00 und 06.00 Uhr wird eine Ver-
gütung von CHF 5.25 pro Stunde ausgerichtet. Präsenzdienst
wird mit CHF 2.75 und Bereitschaftsdienst mit CHF 1.60 pro
Stunde vergütet (§ 132 und 133 VVO).*

📎 *Der Ferienanspruch gilt ab dem Kalenderjahr, in welchem das
entsprechende Alter vollendet wird: Ab 50. Altersjahr 5 sowie
ab 60. Altersjahr 6 Wochen (§ 79 VVO).*

Stand 1.1.2010   💻 www.personalamt.zh.ch/Anstellungsbedingungen/Lohn/Aktuelle
                        Lohntabellen

Tätigkeitsbereich *Wöchentliche Arbeitszeit*	Tätigkeit *Quelle, vertragliche Vereinbarungen*	Stunden- und Monatslohn

Tierarzt, Veterinär

45 Stunden, berufsüblich

Assistenten

Gesamtschweizerische Lohnempfehlung

Tierarzt während der Probezeit	*23.45*	*4'568.80*
im 1. Berufsjahr, nach Ablauf der Probezeit	*27.10*	*5'284.70*
ab 2. Berufsjahr	*32.20*	*6'282.10*
ab 3. Berufsjahr	*33.85*	*6'605.60*
ab 4. Berufsjahr	*35.55*	*6'930.—*
Impfassistent, Student während klinischem Semester	*27.10*	*5'280.10*

📖 *Kein GAV, Gesellschaft Schweizerischer Tierärzte.*

▦ *Lohnempfehlungen der Gesellschaft Schweizerischer Tierärzte.*

✍ Ein 13. Monatslohn ist nicht vertraglich vereinbart. Zur Ermittlung des Jahreslohnes muss mit 12 multipliziert werden.

✍ Die Tagesansätze verstehen sich inklusive obligatorischer Abgeltung des Ferienanspruchs. Tierärzte im 1. Jahr nach dem Staatsexamen, die für kurze Zeit vorwiegend für Impfungen, Tuberkulinisierungen oder Blutentnahmen angestellt werden, sollen nach Tarif ab 2. Berufsjahr entschädigt werden.

Stand 1.1.2011   ✍ www.gstsvs.ch

Tier-Pflegeassistenten

43 Stunden, berufsüblich

Praxisassistenten

Gesamtschweizerische Lohnempfehlung

Tiermedizinische Praxisassistentin, GST diplomiert oder mit eidgenössischem Fachausweis und Röntgenberechtigung	*18.35*	*3'580.50*
ab 2. Dienstjahr	*19.10*	*3'725.60*
ab 3. Dienstjahr	*19.85*	*3'870.70*
ab 4. Dienstjahr	*20.60*	*4'015.80*
ab 5. Dienstjahr	*21.35*	*4'160.90*
ab 6. Dienstjahr	*22.10*	*4'306.—*
ab 7. Dienstjahr	*22.85*	*4'451.10*
ab 8. Dienstjahr	*23.55*	*4'596.20*
ab 9. Dienstjahr	*24.30*	*4'741.30*
ab 10. Dienstjahr	*25.05*	*4'886.40*

📖 *Kein GAV, Gesellschaft Schweizerischer Tierärzte.*

▦ *Lohnempfehlungen der Gesellschaft Schweizerischer Tierärzte.*

✍ Ein 13. Monatslohn ist nicht vertraglich vereinbart. Zur Ermittlung des Jahreslohnes muss mit 12 multipliziert werden.

✎ *Der Lohn wird jedes Dienstjahr um je CHF 144.70 monatlich erhöht.*

Stand 1.1.2011   ✍ www.gstsvs.ch

Tätigkeitsbereich *Wöchentliche Arbeitszeit*	Tätigkeit *Quelle, vertragliche Vereinbarungen*	Stunden- und Monatslohn

N   **Erbringung sonstiger wirtschaftlicher Dienstleistungen**

77   **Vermietung beweglicher Sachen**

77.1   Vermietung von Automobilen

77.11   Vermietung von Automobilen mit einem Gesamtgewicht
                     von 3,5 Tonnen oder weniger

Fahrzeugvermietung	**GAV-Löhne, gesamtschweizerischer Geltungsbereich**		
41 Stunden, laut GAV	Betriebsfachleute Logistik, Transport (3–5)	**27.54**	**4'385.—**
	Betriebsfachleute Finanzberatung (3–6)	**27.54**	**4'385.—**
Betrieb und Produktion	Betriebsmitarbeiter (1–3)	**21.83**	**3'476.—**
	Kundenberater (5–6)	**33.02**	**5'259.—**
	Lagermitarbeiter/-fachleute (2–4)	**24.87**	**3'960.—**
	Leitung		
	– Organisationseinheit (8–11)	**42.06**	**6'697.—**
	– Organisationseinheit Unterhalt und Handwerk (7–10)	**38.47**	**6'126.—**
	– Sachbereich Logistik und Transport (6–9)	**35.27**	**5'616.—**
	Sortierung (1–3)	**21.83**	**3'476.—**
	Teamleitung Logistik, Transport (4–7)	**30.26**	**4'818.—**
	Teamleitung Finanzberatung (5–7)	**33.02**	**5'259.—**
	Wagenführung Sachentransport (2–4)	**24.87**	**3'960.—**
	Zustellung (1–4)	**21.83**	**3'476.—**
Unterhalt und Handwerk	Betriebsfachleute und -mitarbeitende Wartung/Unterhalt/Handwerk (1–4)	**21.83**	**3'476.—**
	Reinigung und Hausdienst (1–3)	**21.83**	**3'476.—**
	Team-/Sachbereichsleitung Unterhalt und Handwerk (4–8)	**30.26**	**4'818.—**
Verkauf	Frontoffice (3–6)	**27.54**	**4'385.—**
	Kundenbetreuung klein/mittel (7–9)	**38.47**	**6'126.—**
	Kundenbetreuung mittel/gross (9–12)	**46.18**	**7'354.—**
	Sachbereichsleitung Verkauf (7–9)	**38.47**	**6'126.—**
	Sales Support/Sachbearbeitung Verkaufsstellen (5–8)	**33.02**	**5'259.—**

Tätigkeitsbereich *Wöchentliche Arbeitszeit*	Tätigkeit *Quelle, vertragliche Vereinbarungen*	Stunden- und Monatslohn	
Informatik	Produktion Informatik (2–5)	**24.87**	**3'960.—**
	Sachbereichsleitung Informatik (10–13)	**50.84**	**8'096.—**
	Spezialist Informatik (10–13)	**50.84**	**8'096.—**
	Support (5–7)	**33.02**	**5'259.—**
	Systembetreuung (7–10)	**38.47**	**6'126.—**
	Systementwicklung (5–8)	**33.02**	**5'259.—**
	Systementwicklung, anspruchsvoll (8–10)	**42.06**	**6'697.—**
	Teamleitung Informatik (7–10)	**38.47**	**6'126.—**
Sachbearbeitung	Administrative Hilfsfunktionen (1–3)	**21.83**	**3'476.—**
	Büroassistenz (2–5)	**24.87**	**3'960.—**
	Sachbearbeitung (5–7)	**33.02**	**5'259.—**
	Sachbearbeitung, anspruchsvoll (7–10)	**38.47**	**6'126.—**
	Sachbearbeitung, qualifiziert (10–12)	**50.84**	**8'096.—**
	Sachbereichsleitung (10–13)	**50.84**	**8'096.—**
	Teamleitung (7–10)	**38.47**	**6'126.—**
Führung, Management und Spezialisten	Konzernweite Spezialisten (11–14)	**56.03**	**8'922.—**
	Leitung Fachbereich klein (10–12)	**50.84**	**8'096.—**
	Regionenleitung klein/mittel (9–11)	**46.18**	**7'354.—**
	Regionenleitung gross (12–14)	**61.86**	**9'849.—**

📖 *GAV KG für ausgegliederte Geschäftseinheiten der Schweizerischen Post (Konzerngesellschaften). Lohnbestimmungen, Ziffer 30.*

⏳ *Laufzeit des GAV ab 1.7.2005, ungekündigt.*

✎ *13. Monatslohn: Vertraglich vereinbart (Ziffer 300 GAV). Zur Ermittlung des Jahreslohnes muss mit 13 multipliziert werden.*

✎ *Lohnzuschläge: Für regelmässige Nachtarbeit (Ziffer 351 GAV) wird je Stunde eine Zulage von CHF 5.80 und für Sonntagsarbeit (Ziffer 352 GAV) eine von CHF 10.55 entrichtet. Bei Bereitschaftsdienst (Pikettzulage) gilt ein Stundenansatz von CHF 5 (Ziffer 353 GAV).*

✎ *Ferienanspruch: 5 Wochen bis und mit 49. Altersjahr. Zwischen 50. bis und mit 59. Altersjahr 5 Wochen und 3 Tage sowie ab 60. Altersjahr 6 Wochen und 1 Tag (Ziffer 430 GAV).*

✋ Zur Umrechnung des Jahreslohnes auf den Stundenlohn gilt ein vereinbarter Divisor von 2070.

✋ Die in Klammern gesetzten Zahlen bezeichnen die für die einzelnen Funktionen festgelegten Lohnstufen; es wird jeweils die unterste angegeben.

Stand 1.1.2009   ✍ www.syndicom.ch und www.post.ch

Tätigkeitsbereich *Wöchentliche Arbeitszeit*	Tätigkeit *Quelle, vertragliche Vereinbarungen*	Stunden- und Monatslohn	

78 **Vermittlung und Überlassung von Arbeitskräften**

78.1 Vermittlung von Arbeitskräften

78.10 Personalvermittlung und Personalverleih

Personalvermittlung und -verleih *42 Stunden, berufsüblich* Grundlöhne	*Gesamtschweizerische Statistik, Durchschnitt*		
	Junior Consultant, mit weniger als 2 Jahren Erfahrung, ab 21 Altersjahren	*24.55*	*4'471.—*
	ab 25 Altersjahren	*28.—*	*5'097.—*
	ab 30 Altersjahren	*31.55*	*5'743.—*
	ab 40 Altersjahren	*34.—*	*6'190.—*
	ab 50 Altersjahren	*34.95*	*6'365.—*
	ab 55 Altersjahren	*35.05*	*6'381.—*
	Senior Consultant, ab 2 Jahren Erfahrung und 21 Altersjahren	*24.55*	*4'471.—*
	ab 25 Altersjahren	*28.—*	*5'098.—*
	ab 30 Altersjahren	*32.30*	*5'879.—*
	ab 40 Altersjahren	*36.65*	*6'667.—*
	ab 50 Altersjahren	*38.65*	*7'036.—*
	ab 55 Altersjahren	*38.85*	*7'072.—*
	Filialleiter I, kleine Filiale mit bis zu 4 Mitarbeitenden, ab 28 Altersjahren	*35.50*	*6'460.—*
	ab 30 Altersjahren	*37.70*	*6'859.—*
	ab 40 Altersjahren	*44.25*	*8'053.—*
	ab 50 Altersjahren	*46.55*	*8'473.—*
	ab 55 Altersjahren	*46.90*	*8'533.—*
	Filialleiter II, grosse Filiale mit mehr als 4 Mitarbeitenden, ab 30 Altersjahren	*39.95*	*7'269.—*
	ab 40 Altersjahren	*47.85*	*8'710.—*
	ab 50 Altersjahren	*51.30*	*9'336.—*
	ab 55 Altersjahren	*51.80*	*9'429.—*

Tätigkeitsbereich *Wöchentliche Arbeitszeit*	Tätigkeit *Quelle, vertragliche Vereinbarungen*	Stunden- und Monatslohn	
Löhne inklusive Provision	Junior Consultant, mit weniger als 2 Jahren Erfahrung, ab 21 Altersjahren	*25.65*	*4'668.—*
	ab 25 Altersjahren	*29.25*	*5'319.—*
	ab 30 Altersjahren	*32.90*	*5'985.—*
	ab 40 Altersjahren	*35.40*	*6'445.—*
	ab 50 Altersjahren	*36.45*	*6'634.—*
	ab 55 Altersjahren	*36.55*	*6'651.—*
	Senior Consultant, ab 2 Jahren Erfahrung, ab 25 Altersjahren	*31.75*	*5'781.—*
	ab 30 Altersjahren	*36.45*	*6'634.—*
	ab 40 Altersjahren	*41.30*	*7'516.—*
	ab 50 Altersjahren	*43.60*	*7'934.—*
	ab 55 Altersjahren	*43.80*	*7'973.—*
	Filialleiter I, kleine Filiale mit bis zu 4 Mitarbeitenden, ab 28 Altersjahren	*40.80*	*7'429.—*
	ab 30 Altersjahren	*43.60*	*7'934.—*
	ab 40 Altersjahren	*51.30*	*9'335.—*
	ab 50 Altersjahren	*53.95*	*9'821.—*
	ab 55 Altersjahren	*54.45*	*9'914.—*
	Filialleiter II, grosse Filiale mit mehr als 4 Mitarbeitenden, ab 30 Altersjahren	*47.35*	*8'620.—*
	ab 40 Altersjahren	*56.60*	*10'302.—*
	ab 50 Altersjahren	*60.70*	*11'047.—*
	ab 55 Altersjahren	*57.05*	*10'386.—*

📖 *Kein GAV; Swissstaffing, Verband der Personaldienstleister der Schweiz.*

🎛 *Lohnumfrage 2005 der Swissstaffing bei 5 grossen Firmen der Verleihbranche.*

✋ Ein 13. Monatslohn ist nicht vertraglich vereinbart. Zur Ermittlung des Jahreslohnes muss mit 12 multipliziert werden.

✋ Eine Provision wird üblicherweise ausgerichtet und stellt im Personalverleih einen wesentlichen Lohnbestandteil dar.

✋ Die Jahresteuerung wird seit 2006 aufgerechnet.

Stand 1.1.2011   ✍ www.swissstaffing.ch

Tätigkeitsbereich *Wöchentliche Arbeitszeit*	Tätigkeit *Quelle, vertragliche Vereinbarungen*	Stunden- und Monatslohn

79

**Reisebüros, Reiseveranstalter
und Erbringung sonstiger Reservierungsdienstleistungen**

79.1   Reisebüros und Reiseveranstalter

79.11   Verkauf von Reise-,
              Beförderungs-und Unterbringungsdienstleistungen

---

Reisebürofachperson	***Gesamtschweizerische Lohnempfehlung***		
41 Stunden, berufsüblich	Reisebürofachmann mit 3-jähriger KV-Ausbildung und Fähigkeitsausweis	*21.10*	*3'752.—*
	Quereinsteiger mit Berufsbildung oder Absolventen einer Reisefachschule	*21.75*	*3'860.—*
	Sachbearbeiter mit KV-Abschluss sowie guten Fachkenntnissen	*24.75*	*4'396.—*
	Kaderfunktionen, Schalterchef und Gruppenleiter	*30.15*	*5'359.—*
	Mittlere Kaderfunktion, Geschäftsführer	*36.20*	*6'432.—*

📖 *Kein GAV, Schweizerischer Reisebüro-Verband.*

▦ *Lohnerhebung des Schweizerischen Reisebüro-Verbandes.*

✍ Ein 13. Monatslohn ist nicht vertraglich vereinbart. Zur Ermittlung des Jahreslohnes muss mit 12 multipliziert werden.

✍ Die Jahresteuerung wird seit 2003 aufgerechnet.

Stand 1.1.2011   🏷 www.avtravel.ch und www.srv.ch

Tätigkeitsbereich *Wöchentliche Arbeitszeit*	Tätigkeit *Quelle, vertragliche Vereinbarungen*	Stunden- und Monatslohn

80   **Wach- und Sicherheitsdienste sowie Detekteien**

80.1   Private Wach- und Sicherheitsdienste

80.10   Wach- und Patrouillendienste
sowie Abholung und Auslieferung von Wertsachen

Bewachungs- **und Ordnungsdienste**	**AVE-GAV-Löhne, gesamtschweizerischer Geltungsbereich**		
	Wachmann, im 1. Dienstjahr	**24.35**	**4'218.75**
40 Stunden, laut GAV	ab 2. Dienstjahr	**25.10**	**4'352.90**
	ab 4. Dienstjahr	**26.55**	**4'600.80**
Bewachung und Sicherheit	ab 6. Dienstjahr	**27.35**	**4'738.30**
	ab 8. Dienstjahr	**27.70**	**4'799.20**
	ab 10. Dienstjahr	**28.05**	**4'859.60**
	ab 12. Dienstjahr	**28.40**	**4'921.25**
Stundenlöhne, im Kanton Zürich	Wachmann, bei durchschnittlichem Einsatz zwischen 75 und 150 Stunden innerhalb von 9 Monaten	**23.88**	–
	Übrige Mitarbeitende	**22.65**	–
	ab 2. Dienstjahr	**22.95**	–
Werttransport	Wachmann, im 1. Dienstjahr	**24.35**	**4'218.75**
	ab 2. Dienstjahr	**25.10**	**4'352.90**
	ab 4. Dienstjahr	**26.30**	**4'558.30**
	ab 6. Dienstjahr	**27.—**	**4'676.25**
	ab 8. Dienstjahr	**27.30**	**4'736.25**
	ab 10. Dienstjahr	**27.65**	**4'795.80**
	ab 12. Dienstjahr	**28.—**	**4'855.—**

    📑 *AVE GAV für die private Sicherheitsdienstleistungsbranche. Mindestlöhne, Anhang 1.*

    ⏳ *Grundbeschluss AVE vom 19.1.2004, gültig bis 31.12.2012.*

    📖 *AVE aus dem GAV für den Bereich Sicherheitsdienstleistungen. Laufzeit ab 1.1.2004, ungekündigt.*

    ✋ *Ein 13. Monatslohn ist nicht vertraglich vereinbart. Zur Ermittlung des Jahreslohnes muss mit 12 multipliziert werden.*

    ✏️ *Mitarbeitende mit erfolgreich absolviertem eidgenössischen Fachausweis für Sicherheit und Bewachung oder Personen- und Objektschutz erhalten einen Zuschlag von wenigstens CHF 200 monatlich (Anhang 1, Ziffer 7, AVE GAV).*

✎ *Im Stundenlohn angestellte Mitarbeitende werden, bei entsprechender schriftlicher Vereinbarung, spätestens nach 9 Monaten in den Monatslohn überführt. Hat ein Mitarbeitender im Durchschnitt der letzten 6 Monate mehr als 150 Stunden pro Monat gearbeitet, wird er mindestens im Umfang des bisherigen Arbeitspensums in den Monatslohn überführt (Art. 2 AVE GAV).*

✎ *Ab dem 1. Dienstjahr hat der Arbeitnehmende Anspruch auf 4 Wochen Ferien. Ab dem 5. Dienstjahr und dem 45. Altersjahr sowie ab dem 10. Dienstjahr und 40. Altersjahr und ab dem 15. Dienstjahr 5 Wochen. Ab dem 10. Dienstjahr und dem 60. Altersjahr 6 Wochen (Art. 16 AVE GAV).*

📖 *Die Allgemeinverbindlichkeit wird für die ganze Schweiz ausgesprochen. Die allgemeinverbindlich erklärten Bestimmungen des GAV gelten für alle Arbeitgeber der privaten Sicherheitsdienstleistungsbranche mit insgesamt mindestens 20 Arbeitnehmenden, inklusive nicht der Allgemeinverbindlicherklärung unterstellte Beschäftigte und ihre operativen Arbeitnehmenden, die in folgenden Bereichen tätig sind: Bewachung, Objekt- und Personenschutz, Dienst in Alarmzentralen, Flughafensicherheit (Personen- oder Gepäckkontrolle), Werttransporte (ohne Geldverarbeitung), Anlassdienste (Eintrittskontrollen und Kassendienste), Verkehrsdienste (Überwachung ruhender Verkehr und Verkehrsregelung) und Geldverarbeitung.*

Stand 1.5.2010   📖 www.unia.ch, www.vssu.org und www.pako-sicherheit.ch

Tätigkeitsbereich *Wöchentliche Arbeitszeit*	Tätigkeit *Quelle, vertragliche Vereinbarungen*	Stunden- und Monatslohn	
Bewachungs- und Ordnungsdienste	**GAV-Löhne, gesamtschweizerischer Geltungsbereich**		
	Wachmann, im 1. Dienstjahr	**25.05**	4'342.—
40 Stunden, laut GAV	ab 2. Dienstjahr	**25.85**	4'480.—
	ab 4. Dienstjahr	**27.30**	4'735.—
Securitas	ab 6. Dienstjahr	**28.15**	4'877.—
	ab 8. Dienstjahr	**28.50**	4'939.—
	ab 10. Dienstjahr	**28.85**	5'002.—
	ab 12. Dienstjahr	**29.20**	5'065.—
Stundenlohn Zürich	Kategorie A, Bewachung und Sicherheit	**25.71**	–
	Kategorie B, Anlass, Verkehr und Sicherheitsassistenz	**23.05**	–
Spezialistenzulagen	Ordnungsdienst-Spezialist (ODS)	–	130.—
	Waffenträger	–	162.—
	Waffenträger ohne ODS	–	65.—
	Sicherheitsdienst / Objektschutz (SDS)	–	195.—
	Sicherheitsdienst / Personenschutz (SDS)	–	227.—
	Hundeführer, Level 1	–	65.—
	Hundeführer, Level 2	–	130.—

📖 *GAV zwischen Securitas AG Schweizerische Bewachungs-gesellschaft und UNIA. Mindestlöhne, Lohnreglement.*

⧖ *Laufzeit des GAV ab 1.1.2001, ungekündigt.*

✎ *Der 13. Monatslohn ist vertraglich vereinbart (Art. 2.1, Lohnreglement BCW-A1). Zur Ermittlung des Jahreslohnes muss mit 13 multipliziert werden.*

✍ Nach bestandener interner Fachausweis-Prüfung wird der Lohn um eine monatliche Zulage von CHF 101 erhöht. Nach Bestehen des eidgenössischen Fachausweises wird eine Zulage über CHF 245 monatlich entrichtet. Für jeden weiteren erworbenen eidgenössischen Fachausweis erhalten Mitarbeitende CHF 100.

Stand 1.1.2010   ⌂ www.securitas.ch

Tätigkeitsbereich *Wöchentliche Arbeitszeit*	Tätigkeit *Quelle, vertragliche Vereinbarungen*	Stunden- und Monatslohn	
Bewachungs- **und Ordnungsdienste**	**GAV-Löhne, gesamtschweizerischer Geltungsbereich**		
	Sicherheitswärter, ab Jahrgang 1986 (22 b) 27.25		4'727.—
40 Stunden, laut GAV	Jahrgang 1984 bis 1985	28.25	4'892.45
	Jahrgang 1982 bis 1983	29.05	5'034.25
Securitrans,	Jahrgang 1980 bis 1981	29.75	5'152.45
Baustellensicherheit	Jahrgang 1978 bis 1979	30.25	5'246.95
	Jahrgang 1976 bis 1977	30.70	5'317.90
	Jahrgang 1975 und älter	30.95	5'365.15
	Gruppenchef (24 c)	33.30	5'771.20
	Koordinator (25 a)	32.20	5'577.—
	Stellvertretender Regionenleiter (26 a)	35.90	6'226.10
Securitrans, Objektschutz	Objektschützer, ab Jahrgang 1984 (21 b) 26.—		4'508.60
	Jahrgang 1982 bis 1983	26.90	4'666.40
	Jahrgang 1980 bis 1981	27.70	4'801.65
	Jahrgang 1978 bis 1979	28.35	4'914.35
	Jahrgang 1976 bis 1977	28.85	5'004.55
	Jahrgang 1974 bis 1975	29.25	5'072.20
	Jahrgang 1973 und älter	29.50	5'117.25
	Operateur, ab Jahrgang 1984 (23 a)	28.80	4'992.85
	Jahrgang 1982 bis 1983	29.80	5'167.60
	Jahrgang 1980 bis 1981	30.70	5'317.40
	Jahrgang 1978 bis 1979	31.40	5'442.20
	Jahrgang 1976 bis 1977	31.95	5'542.05
	Jahrgang 1974 bis 1975	32.40	5'616.95
	Jahrgang 1973 und älter	32.70	5'666.90
	Gruppenchef, ab Jahrgang 1984 (24 a)	31.—	5'374.50
	Jahrgang 1982 bis 1983	32.10	5'562.60
	Jahrgang 1980 bis 1981	33.—	5'723.85
	Jahrgang 1978 bis 1979	33.80	5'858.20
	Jahrgang 1976 bis 1977	34.40	5'965.70
	Jahrgang 1974 bis 1975	34.90	6'046.30
	Jahrgang 1973 und älter	35.20	6'100.05
	Stellvertretender Regionenleiter (26 a)	35.40	6'140.15

Tätigkeitsbereich *Wöchentliche Arbeitszeit*	Tätigkeit *Quelle, vertragliche Vereinbarungen*	Stunden- und Monatslohn	
Securitrans, Public Transport Police	Bahnpolizist, ab Jahrgang 1986 (12a)	**30.70**	**5'320.80**
	Jahrgang 1984 bis 1985	**31.75**	**5'507.05**
	Jahrgang 1982 bis 1983	**32.70**	**5'666.65**
	Jahrgang 1980 bis 1981	**33.45**	**5'799.65**
	Jahrgang 1978 bis 1979	**34.05**	**5'906.10**
	Jahrgang 1976 bis 1977	**34.55**	**5'985.90**
	Jahrgang 1975 und älter	**34.85**	**6'039.10**
	Assistent Einsatzzentrale, ab Jahrgang 1986 (13a)	**32.55**	**5'643.85**
	Jahrgang 1984 bis 1985	**33.70**	**5'841.40**
	Jahrgang 1982 bis 1983	**34.70**	**6'010.70**
	Jahrgang 1980 bis 1981	**35.50**	**6'151.80**
	Jahrgang 1978 bis 1979	**36.15**	**6'264.65**
	Jahrgang 1976 bis 1977	**36.65**	**6'349.35**
	Jahrgang 1975 und älter	**36.95**	**6'405.75**
	Gruppenchef, ab Jahrgang 1986 (14a)	**36.—**	**6'239.80**
	Jahrgang 1984 bis 1985	**37.25**	**6'458.20**
	Jahrgang 1982 bis 1983	**38.35**	**6'645.40**
	Jahrgang 1980 bis 1981	**39.25**	**6'801.40**
	Jahrgang 1978 bis 1979	**39.95**	**6'926.20**
	Jahrgang 1976 bis 1977	**40.50**	**7'019.80**
	Jahrgang 1973 und älter	**40.85**	**7'082.15**
	Koordinator (15a)	**37.30**	**6'465.25**
	Stellvertretender Regionenleiter (16a)	**38.75**	**6'714.90**

📖 *GAV Securitrans, Public Transport Security AG. Lohnbestim-
mungen, Art. 22.*

⏳ *Laufzeit des GAV ab 1.8.2001, ungekündigt.*

✋ Ein 13. Monatslohn ist nicht vertraglich vereinbart. Zur Ermitt-
lung des Jahreslohnes muss mit 12 multipliziert werden.

✐ *Vergütung Baustellensicherheit: Für Erschwernisse bei Tunnel-
arbeiten CHF 8 pro Stunde (Anhang II GAV).*

✐ *Verpflegungsgentschädigung: CHF 15 und bei der Möglichkeit
zur Benützung der Rottenküche oder des Personalrestaurants
CHF 10 (Anhang II GAV).*

✋ Die Zahlen in Klammern weisen auf die jeweils geltende Lohn-
klasse hin.

Stand 1.1.2010   ⌨ www.securitrans.ch und www.sev-online.ch

Tätigkeitsbereich *Wöchentliche Arbeitszeit*	Tätigkeit *Quelle, vertragliche Vereinbarungen*	Stunden- und Monatslohn

**Bewachungs-
und Ordnungsdienste**

Betriebliche Vereinbarung, Grossregion Zürich

Stundenweise Arbeit, *Tagesdienste*	Nebenamtlicher Revier-Dienst (B) Nebenamtliche Anlassdienste (C 1) Besondere nebenamtliche Dienste (C 2)	**26.08** **23.30** **23.88**	– – –
Stundenweise Arbeit, *Nachtdienste*	Nebenamtlicher Revier-Dienst (B) Nebenamtliche Anlassdienste (C 1) Besondere nebenamtliche Dienste (C 2)	**28.69** **25.63** **26.27**	– – –

📖 *GAV zwischen Wache AG und Unia.*

⧖ *Laufzeit des GAV ab 1.1.2005, ungekündigt.*

▦ *Lohnreglement der Wache AG.*

✎ *Der 13. Monatslohn ist vertraglich vereinbart (Art. 2 Lohnreglement). Zur Ermittlung des Jahreslohnes muss mit 13 multipliziert werden.*

✎ *Ferienanspruch: 4 Wochen ab dem 1. Dienstjahr. 5 Wochen ab dem 5. Dienstjahr und 45. Altersjahr, ab dem 10. Dienstjahr und 40. Altersjahr sowie ab dem 15. Dienstjahr. 6 Wochen ab dem 10. Dienstjahr und dem 60. Altersjahr (Art. 17 GAV).*

Stand 1.1.2011   ⌕ www.wache.ch, www.vssu.org und www.pako-sicherheit.ch

Tätigkeitsbereich	Tätigkeit	Stunden-
Wöchentliche Arbeitszeit	*Quelle, vertragliche Vereinbarungen*	und Monatslohn

81   Gebäudebetreuung, Garten- und Landschaftsbau

81.1   Hausmeisterdienste

81.10   Hausmeisterdienste und Facility-Management

Hauswart im Nebenamt   *Lohnempfehlung der Grossregion Zürich*

Stundenweise Arbeit

Hausmeister mit Berufsprüfung	**39.50**	–
Hausmeister ohne Berufsprüfung	**37.30**	–
Hauswart mit Berufsprüfung	**35.10**	–
Hauswart ohne Berufsprüfung	**34.10**	–
Hilfspersonal	**30.40**	–

📖 *Kein GAV, Fachverband zürcherischer Hauswarte.*

⊞ *Lohnempfehlungen 2009 des Fachverbandes zürcherischer Hauswarte.*

✋ 13. Monatslohn: Berufsüblich, jedoch nicht vertraglich vereinbart. Der Stundenlohn muss um 8,33 % erhöht werden.

✋ Die Jahresteuerung wird seit 2010 aufgerechnet.

Stand 1.1.2011   ✍ www.hauswart-zh.ch

Hauswart im Nebenamt   *Gesamtschweizerische Lohnempfehlung*

Stundenweise Heimarbeit

Hauswart im Nebenamt, ungelernt	**20.—**	–
Obere Bandbreite	**25.—**	–

📖 *Kein GAV, Mieterinnen- und Mieterverband Deutschschweiz.*

⊞ *Löhne laut Merkblatt des Mieterinnen- und Mieterverbandes: Meine Rechte als Hauswartin und Hauswart im Nebenamt.*

✋ 13. Monatslohn: Berufsüblich, jedoch nicht vertraglich vereinbart. Der Stundenlohn kann um 8,33 % erhöht werden.

Stand 1.1.2011   ✍ www.mieterverband.ch, www.sfh.ch und www.hauswart-zh.ch

Tätigkeitsbereich *Wöchentliche Arbeitszeit*	Tätigkeit *Quelle, vertragliche Vereinbarungen*	Stunden- und Monatslohn

Hauswart, Schulwart

42 Stunden, berufsüblich

Vergleichswert der Grossregion Zürich

Tätigkeit	Stundenlohn	Monatslohn
Hausmeister mit Berufsprüfung (15/9)	*39.20*	*6'585.—*
Hausmeister ohne Berufsprüfung (14/9)	*37.—*	*6'216.30*
Hauswart mit Berufsprüfung (11/17)	*35.44*	*5'954.55*
Hauswart ohne Berufsprüfung (10/17)	*33.85*	*5'687.40*
Hilfspersonal (7/17)	*30.15*	*5'064.75*

📖 *Kein GAV, Fachverband zürcherischer Hauswarte.*

🗓 *Löhne laut Einreihungsplan der Zürcher Vollzugsverordnung zum Personalgesetz (VVO, OS 177.111): In Klammern stehen Lohnklasse und Stufe.*

✋ 13. Monatslohn: Berufsüblich, jedoch nicht vertraglich vereinbart. Zur Ermittlung des Jahreslohnes muss mit 13 multipliziert werden.

Stand 1.1.2011

🖑 www.personalamt.zh.ch/Anstellungsbedingungen/Lohn/Aktuelle Lohntabellen, www.zentral.ch und www.sfh.ch

Hauswart, Schulwart

42 Stunden, berufsüblich

Hausmeister, Kanton Zürich

Hauswart, Stadt Zürich

Lohnempfehlung der Grossregion Zürich

Tätigkeit	Stundenlohn	Monatslohn
Hausmeister, ab 1. Dienstjahr	*28.20*	*5'129.—*
ab dem 11. Dienstjahr	*36.10*	*6'572.—*
ab dem 20. Dienstjahr	*40.50*	*7'373.—*
Hauswart, ab 1. Dienstjahr	*33.15*	*6'036.—*
ab dem 11. Dienstjahr	*39.90*	*7'258.—*
ab dem 15. Dienstjahr	*40.55*	*7'377.—*

📖 *Kein GAV, Zentralverband Staats- und Gemeindepersonal Schweiz.*

🗓 *Lohnvergleich 2007 des Zentralverbandes Staats- und Gemeindepersonal Schweiz.*

✋ 13. Monatslohn: Berufsüblich, jedoch nicht vertraglich vereinbart. Zur Ermittlung des Jahreslohnes muss mit 13 multipliziert werden.

✋ Die Jahresteuerung wird seit 2008 aufgerechnet.

Stand 1.1.2011

🖑 www.zentral.ch und www.sfh.ch

Tätigkeitsbereich *Wöchentliche Arbeitszeit*	Tätigkeit *Quelle, vertragliche Vereinbarungen*	Stunden- und Monatslohn

81.2   Reinigung von Gebäuden, Strassen und Verkehrsmitteln

81.21   Gebäudereinigung

Gebäudereiniger

42 Stunden, laut GAV

Unterhaltsreinigung

AVE-GAV-Löhne, laut Geltungsbereich und *Empfehlung*

Unterhaltsreiniger I, bis zum 3. Dienstjahr	**17.05**	**3'103.10**
Unterhaltsreiniger II, ab 3. Dienstjahr	**17.25**	**3'139.50**
Unterhaltsreiniger III, ab 6. Dienstjahr	**17.55**	**3'194.10**
Objektleiter, Vorarbeiter; Verhandlungsbasis	*17.55*	*3'194.10*

☝ Die Unterhaltsreinigung umfasst regelmässig wiederkehrende, einfache Reinigungsarbeiten, welche in Form eines Dauerauftrags, in der Regel durch die gleiche Person, in einem Objekt ausgeführt werden. Folgende Arbeiten gehören hierzu: Entleeren, Reinigen: Aschenbecher, Papierkörbe und Abfallbehälter. Entstauben und feucht Abreiben: Pulte, Tische, Stühle, Sitzbänke, Stuhl- und Tischbeine, Telefone, Bilder, Heizungskörper, Fussleisten, Feuerlöscher, Polstermöbel, Besuchermobiliar, Treppengeländer, Handlauf, Simse, Kopier- und Faxgeräte, PC-Bildschirme, Hellraumprojektoren, Schirm- und Garderobenständer sowie Spinngewebe entfernen. Griffspuren Entfernen: Möbel, Türen, Glasfronten und -türen, Ablageflächen sowie Kastenfronten, Lichtschalter oder Schalterelemente. Reinigen: Lavabo, Spiegel, Spülbecken, Handtuchautomat, WC, Pissoir, Urinstein entfernen, Wand, Platten, Armaturen, Seifenspender, Entkalken, Küchenkombination aussen, Bade- und Duschwannen, Türen, Glasfronten und -türen. Kontrolle, bei Bedarf Auffüllen: Seifenspender, Handtücher, WC-Papier, Hygienebehälter. Bodenreinigung, Hartbeläge: Feuchtwischen, vollflächig Aufwaschen, örtlich Aufwaschen, Sprayblochen, maschinell Fegen, Saugen oder Wischen. Bodenreinigung, textile Beläge: Teppichvorlagen Saugen, vollflächig Saugen, Entflecken, Schmutzschleuse Saugen.

Spezialreinigung

Spezial-Reiniger I, ungelernt	**19.50**	**3'549.—**

Spezial-Reinigungsmitarbeiter I: Ungelernte Angestellte mit Aufgaben in der Spezialreinigung bis und mit vollendetem 4. Dienstjahr.

Spezial-Reiniger II, gelernt oder Inhaber	**22.05**	**4'013.10**

eines eidgenössischen Fähigkeitsausweises, Ungelernte ab 4 Jahren Berufserfahrung

Spezial-Reinigungsmitarbeiter II: Gelernte Angestellte mit 4 Jahren Berufserfahrung oder eidgenössischem Fähigkeitsausweis als Gebäudereiniger, mit Aufgaben in der Spezialreinigung.

Tätigkeitsbereich *Wöchentliche Arbeitszeit*	Tätigkeit *Quelle, vertragliche Vereinbarungen*	Stunden- und Monatslohn

Spezial-Reiniger III, gelernt sowie Inhaber   **26.50**   **4'823.—**
des eidgenössischen Fachausweises
oder 2 Jahre nach Abschluss
des eidgenössischen Fähigkeitsausweises

Spezial-Reinigungsmitarbeiter III: Gelernte Angestellte, die das 24. Altersjahr vollendet haben und Inhaber des eidgenössischen Fachausweises sind oder, nach Abschluss des eidgenössischen Fähigkeitsausweises, über 2 Jahre Berufserfahrung in Bezug auf die Aufgaben der Spezialreinigung verfügen.

Objektleiter, Vorarbeiter; Verhandlungsbasis   ***22.05***   ***4'013.10***

Objektleiter und Vorarbeiter: Angestellte, die selbst Reinigungsarbeiten ausführen und zusätzlich mit Führungs- und Kontrollaufgaben betraut werden. Deren Löhne werden im Einzelarbeitsvertrag festgelegt.

☝ Unter Spezialreinigung werden in sich abgeschlossene Reinigungsarbeiten, welche in Form eines Einzelauftrages sowie in der Regel von verschiedenen Teams ausgeführt werden, verstanden. Für die Ausführung braucht es Spezialkenntnisse in Anwendungstechniken und im Umgang mit chemischen Produkten. Folgende Arbeiten gehören insbesondere zur Spezialreinigung:
Reinigung von Aussenteilen von Gebäuden, Fenstern, Fassaden, Reinigung neu errichteter Gebäude, Neubaureinigung und Umzugsreinigung.

Spitalreinigung   Spital-Reinigungsmitarbeiter I   **17.45**   **3'175.90**

Spitalreiniger I: Angestellte mit Aufgaben der Spitalreinigung bis und mit vollendetem 3. Dienstjahr.

Spital-Reinigungsmitarbeiter II   **17.85**   **3'248.70**

Spitalreiniger II: Angestellte mit Aufgaben der Spitalreinigung ab vollendetem 3. Dienstjahr.

Spital-Reinigungsmitarbeiter III   **18.25**   **3'321.50**

Spitalreiniger III: Angestellte mit Aufgaben der Spitalreinigung ab vollendetem 6. Dienstjahr.

☝ Zur Kategorie Spitalreinigung gehören alle in der Reinigung von Akutspitälern, Spezialkliniken, Rehabilitationskliniken, psychiatrischen Kliniken, stationären Pflegeeinrichtungen eingesetzten Reinigungsmitarbeitenden. Nicht zur Kategorie der Spitalreinigung zählt die Reinigung von Arztpraxen, Alters- und Pflegeheimen.

🗐 *AVE GAV für die Reinigungsbranche in der Deutschschweiz. Mindestlöhne, Art. 4, Anhang 5.*

⧖ *Grundbeschluss AVE vom 18.6.2004.*

📖 *AVE aus dem GAV für die Reinigungsbranche in der Deutschschweiz. Laufzeit ab 1.7.2004, ungekündigt.*

✎ *13. Monatslohn: Für die Unterhaltsreiniger zu 75% und für die Spezialreiniger zu 100% (Art. 4.1 und 4.2 AVE GAV sowie Anhang 5 des AVE GAV) sowie für die Spitalreiniger zu 100% (Art. 4.3 AVE GAV und Anhang 6 des AVE GAV).*

✎ *Angestellte, die ausserhalb ihres Arbeitsortes ihr Mittagessen einnehmen müssen und mindestens 6 Stunden pro Tag arbeiten, erhalten eine tägliche Entschädigung von mindestens CHF 16 (Art. 14.2 AVE GAV).*

✎ *Der Ferienanspruch beträgt 4 Wochen ab dem Kalenderjahr, in dem das 21. und 5 Wochen in dem, bei mindestens 5 Dienstjahren, das 50. Altersjahr vollendet wird (Art. 15 AVE GAV).*

✋ *Die Allgemeinverbindlicherklärung gilt für die Kantone Zürich, Bern (ausgenommen die Bezirke Courtelary, Moutier [Münster], La Neuveville [Neuenstadt]), Luzern, Uri, Schwyz, Obwalden, Nidwalden, Glarus, Zug, Solothurn, Basel-Stadt, Basel-Land, Schaffhausen, Appenzell Ausser- und Innerrhoden, St. Gallen, Graubünden (ausgenommen alle italienischsprachigen Gebiete), Aargau und Thurgau.*

✋ *Die allgemeinverbindlich erklärten Bestimmungen gelten für alle Betriebe beziehungsweise Betriebsteile, welche Unterhalts- und Spezial-Reinigungsarbeiten an und in Gebäuden aller Art ausführen und mindestens sechs Arbeitnehmende beschäftigen. Ausgenommen sind Betriebe oder Betriebsteile, welche Reinigungen im Bereich der Zivilluftfahrt, insbesondere Kabinenreinigung, vornehmen.*

✋ *Die allgemeinverbindlich erklärten Bestimmungen gelten für die in den Betrieben beschäftigten Arbeitnehmenden bis und mit Stufe Vorarbeiter oder Objektleiter. Ausgenommen sind Kader-Mitarbeitende ab Stufe Gebietsleiter und ähnliche Kaderfunktionen wie Branch Manager und Sektorleiter, administratives Personal, technisches Personal (Kalkulation), Verkaufspersonal und für bis zu 3 Monaten angestellte jugendliche Ferienaushilfen bis zum vollendeten 18. Altersjahr.*

✋ Der Monatslohn wird mittels Multiplikation des Stundenlohnes mit 182 errechnet.

Stand 1.1.2011   ☝ www.allpura.ch, www.unia.ch und www.syna.ch

Tätigkeitsbereich *Wöchentliche Arbeitszeit*	Tätigkeit *Quelle, vertragliche Vereinbarungen*	Stunden- und Monatslohn	

Reinigungsdienste
Bundespersonal

Löhne laut Verordnung des EFD,
gesamtschweizerischer Geltungsbereich

41 Stunden,	Reinigungspersonal, Anfangslohn	**19.10**	3'392.30
laut Verordnung des EFD	ab 2. Anstellungsjahr	**19.45**	3'459.60
	ab 4. Anstellungsjahr	**20.25**	3'594.20
Beurteilungsstufe A	ab 6. Anstellungsjahr	**21.—**	3'728.85
	ab 8. Anstellungsjahr	**21.75**	3'863.50
	ab 10. Anstellungsjahr	**22.50**	3'998.10
	ab 12. Anstellungsjahr	**23.25**	4'132.70
	ab 14. Anstellungsjahr	**24.—**	4'267.30
	ab 16. Anstellungsjahr	**24.80**	4'401.90
	ab 17. Anstellungsjahr, Maximallohn	**25.05**	4'447.20
Beurteilungsstufe B	ab 1. Anstellungsjahr	**19.10**	3'392.30
	ab 2. Anstellungsjahr	**19.25**	3'419.20
	ab 4. Anstellungsjahr	**19.55**	3'473.10
	ab 6. Anstellungsjahr	**19.85**	3'526.90
	ab 8. Anstellungsjahr	**20.15**	3'580.80
	ab 10. Anstellungsjahr	**20.45**	3'634.60
	ab 12. Anstellungsjahr	**20.75**	3'688.50
	ab 14. Anstellungsjahr	**21.05**	3'742.30
	ab 16. Anstellungsjahr	**21.35**	3'796.15
	ab 18. Anstellungsjahr	**21.65**	3'850.—
Beurteilungsstufe C	ab 1. Anstellungsjahr, keine Erhöhung	**19.10**	3'392.30

📖 *Verordnung des EFD über das Unterhaltsreinigungspersonal vom 22. Mai 2002 (SR 172.220.111.71).*

📖 *Sofern obige Verordnung keine Sonderregelung enthält, gilt die Bundespersonalverordnung (BPV, SR 172.220.111.3).*

✎ *Der Lohn wird in 13 Teilen ausbezahlt (Art. 41 BPV).*

✎ *Der Ferienanspruch beläuft sich bis zum vollendeten 20. Altersjahr sowie ab dem 50. Altersjahr auf 5 Wochen; ab dem 21. Altersjahr auf 4 Wochen und ab 60. Altersjahr auf 6 Wochen. Dies jeweils vom Beginn des Kalenderjahres an, in dem das entsprechende Altersjahr vollendet wird (Art. 67 BPV).*

✋ Bei Vollzeitbeschäftigung beträgt der Anfangslohn CHF 44'100. Für die Beurteilungsstufe A gilt eine jährliche Erhöhung um CHF 875 sowie für die Beurteilungsstufe B eine von CHF 350. Diese Erhöhungen gelten bis zur Erreichung des Höchstbetrags der jeweiligen Lohnstufe. Jener entspricht dem Maximallohn der Lohnklasse 1 der Beurteilungsstufe A in Art. 36 BPV.

Stand 1.1.2010   ✍ www.epa.admin.ch

Tätigkeitsbereich *Wöchentliche Arbeitszeit*	Tätigkeit *Quelle, vertragliche Vereinbarungen*	Stunden- und Monatslohn

81.22   Kaminfeger

Kaminfeger   **GAV-Löhne, Grossregion Zürich**

42 Stunden, laut GAV

Geselle, 1. Berufsjahr in fremdem Betrieb	**20.90**	**3'800.—**
Maximale Lohnbandbreite	**22.—**	**4'000.—**
Geselle, im 1. Berufsjahr und Lehrbetrieb	**21.15**	**3'850.—**
Maximale Lohnbandbreite	**22.80**	**4'150.—**
Geselle, ab 2. Berufsjahr	**24.05**	**4'380.—**
Maximale Lohnbandbreite	**24.75**	**4'500.—**
ab 4. Berufsjahr	**27.60**	**5'020.—**
ab 6. Berufsjahr	**28.85**	**5'250.—**
ab 10. Berufsjahr	**30.20**	**5'500.—**

📖 *GAV für das Kaminfegergewerbe des Kantons Zürich. Lohn-bestimmungen, Art. 9.*

⏳ *Laufzeit des GAV ab 1.1.2002, ungekündigt.*

✏ *Der 13. Monatslohn ist vertraglich vereinbart (Art. 14 GAV). Zur Ermittlung des Jahreslohnes muss mit 13 multipliziert werden.*

✏ *Für Arbeiten von mehr als 3 Kilometern Entfernung im Umkreis der Werkstatt ist eine Mittagsentschädigung von CHF 20 aus-zurichten (Art. 13 GAV).*

✏ *Bis zum vollendeten 20. Altersjahr stehen dem Arbeitnehmer 5 Wochen Ferien, zwischen dem 21. und 35. Altersjahr 4 Wochen, ab 36. bis 50. Altersjahr, sowie bei 5 Jahren Betriebszuge-hörigkeit 4½ Wochen zu. Ab 51. Altersjahr oder 15 Jahren Betriebszugehörigkeit beträgt der Ferienanspruch 5 Wochen, beziehungsweise 5½ Wochen bei einer Betriebszugehörigkeit von 5 Jahren ab 51. Altersjahr (Art. 15.1 GAV).*

✏ *Dem Arbeitnehmer stehen jährlich bis zu 10 auf einen Werk-tag fallende Feiertage zu (Art. 16 GAV).*

Stand 1.1.2010   ✍ www.kaminfeger-zh.ch, www.kaminfeger.ch und www.unia.ch

Tätigkeitsbereich *Wöchentliche Arbeitszeit*	Tätigkeit *Quelle, vertragliche Vereinbarungen*	Stunden- und Monatslohn	

81.29 Allgemeine Reinigung

Kanalreinigung	***Gesamtschweizerische Lohnempfehlung***		
45 Stunden, berufsüblich	Kanalreiniger-Assistent, Anfangslohn	***20.15***	***3'926.—***
	Obere Bandbreite	***21.20***	***4'133.—***
	Operateur oder Chauffeur, Anfangslohn	***21.20***	***4'133.—***
	Kanalreiniger mit Erfahrung	***29.15***	***5'683.—***
	Kanalreiniger, mit langjähriger Erfahrung	***37.10***	***7'232.—***

📖 *Kein GAV, Verband Schweizerischer Saug- und Spülwagen-Unternehmen.*

🗒 *Lohnempfehlung des Verbandes Schweizerischer Saug- und Spülwagen-Unternehmen.*

✋ Zur Ermittlung des Jahreslohnes muss mit 12 multipliziert werden.

✋ Die Jahresteuerung wird seit 2007 aufgerechnet.

Stand 1.1.2011 ☞ www.kanalsanierungsverband.ch und www.notterkanal.ch

Tankrevision	*Gesamtschweizerische Statistik, Median*		
42 Stunden, berufsüblich	bis 25 Altersjahre	*23.15*	*4'215.—*
	bis 30 Altersjahre	*25.50*	*4'640.—*
Monteur,	31 bis 40 Altersjahre	*27.30*	*4'973.—*
angelernte Hilfskraft	41 bis 50 Altersjahre	*29.10*	*5'293.—*
	ab 51 Altersjahren	*30.20*	*5'500.—*
Equipenchef	bis 25 Altersjahre	*29.15*	*5'301.—*
mit eidgenössischem	26 bis 30 Altersjahre	*33.70*	*6'136.—*
Fachausweis	31 bis 40 Altersjahre	*37.20*	*6'773.—*
	41 bis 50 Altersjahre	*39.85*	*7'253.—*
	ab 51 Altersjahren	*40.05*	*7'293.—*

📖 *Kein GAV, Verband Schweizerischer Unternehmungen für Bau und Unterhalt von Tankanlagen.*

🗒 *Die Löhne entstammen dem Bereich der Metall-Union für Angelernte und Vorarbeiter, Kapitelziffer 25.62.*

✋ Zur Ermittlung des Jahreslohnes muss mit 12 multipliziert werden.

✋ Regional ergeben sich grössere Lohnunterschiede, derweil in diesem Berufszweig viele Kleinunternehmen tätig sind.

✋ Die Jahresteuerung wird seit 2004 aufgerechnet.

Stand 1.1.2011 ☞ www.vtr.ch

Tätigkeitsbereich *Wöchentliche Arbeitszeit*	Tätigkeit *Quelle, vertragliche Vereinbarungen*	Stunden- und Monatslohn

82 | **Erbringung wirtschaftlicher Dienstleistungen für Unternehmen und Privatpersonen**

82.1 | Sekretariats- und Schreibdienste, Copy-Shops

82.19 | Sekretariats- und Schreibdienste sowie Dokumentenvorbereitung

---

Schreibdienste | ***Gesamtschweizerische Tarifempfehlung***

Stundenweise Heimarbeit | Manuelle Erfassung, je Zeile à 70 Anschläge **–.70** –
| A4-Seite gescannt ohne Formatierung, **3.30** –
Texterfassung | Minimalansatz
| Maximalansatz **5.70** –

Texterfassung: Übertragung von der Papierform sowie ab magnetischem Speicher (Band oder Diskette) in digitale Form in den Sprachen Deutsch, Englisch, Französisch und Italienisch. Der Ansatz pro Zeile versteht sich als minimaler Richtwert, welcher je nach Schwierigkeitsgrad erhöht werden kann.

Textbearbeitung | Ansatz pro Stunde **65.—** –

Textbearbeitung: Überprüfung der Rechtschreibung und Grammatik in den Sprachen Deutsch, Englisch, Französisch und Italienisch.

Übersetzung | Pro Zeile à 70 Anschläge, minimal **3.30** –

Übersetzung: Übertragung von Korrespondenz, redaktionellen Beiträgen, Werbeunterlagen, Formularen usw. in die Sprachen Deutsch, Englisch, Französisch und Italienisch. Der Ansatz pro Zeile versteht sich als minimaler Richtwert, welcher je nach Schwierigkeitsgrad erhöht werden kann.

Datenbankbearbeitung | Ansatz pro Stunde **50.—** –

Datenbankbearbeitung: Daten- und Adresserfassung, Mutationen, Selektionen und Zusammenführungen für Heimarbeit.

📖 *Kein GAV, Swiss Work Mobile Schweizerische Zentralstelle für Heimarbeit.*

⊞ *Tarifempfehlung der Swiss Work Mobile.*

✋ Die Ansätze verstehen sich als minimale Richtwerte, welche gegenüber anderen Anbietern etwas günstiger sind. Dies ergibt sich daraus, dass Bund und Kantone, im Interesse der Erhaltung der Heimarbeit, die Schweizerische Zentralstelle für Heimarbeit subventionieren. Ebenfalls fallen dank virtueller Organisation aufwändige Infrastrukturkosten weg.

Stand 1.1.2011 | 🖥 www.swiss-work-mobile.ch

Tätigkeitsbereich *Wöchentliche Arbeitszeit*	Tätigkeit *Quelle, vertragliche Vereinbarungen*	Stunden- und Monatslohn	
82.2	Call-Centers		
82.20	Call-Centers, Markt- und Meinungsforschung		
Call-Center-Personal	*Gesamtschweizerische Statistik, Median*		
42 Stunden, berufsüblich	Teamleiter	23.70	4'313.—
	Obere Richtlinie für den Anfangslohn	29.60	5'391.—
Auftragsdienste,	Call-Center-Agent, Inbound	20.15	3'667.—
In- und Outbound	Obere Richtlinie für den Anfangslohn	23.70	4'313.—
	Call-Center-Agent, Outbound	23.70	4'313.—
	Obere Richtlinie für den Anfangslohn	29.60	5'391.—
	Leiter Call-Center	38.50	7'010.—
	Obere Richtlinie für den Anfangslohn	41.50	7'548.—
Auskunftsdienst Inland	Teamleiter	29.60	5'391.—
	Obere Richtlinie für den Anfangslohn	35.25	6'417.—
	Call-Center-Agent, Inbound	20.15	3'667.—
	Obere Richtlinie für den Anfangslohn	23.70	4'313.—
	Leiter Call-Center	37.35	6'794.—
	Obere Richtlinie für den Anfangslohn	41.20	7'495.—
	Supervisor, Teamleader	35.55	6'470.—
	Obere Richtlinie für den Anfangslohn	41.20	7'495.—
Car Sharing	Teamleiter	23.70	4'313.—
	Obere Richtlinie für den Anfangslohn	29.60	5'391.—
	Key-Operator	20.15	3'667.—
	Obere Richtlinie für den Anfangslohn	23.70	4'313.—
	Call-Center-Agent, In- und Outbound	20.15	3'667.—
	Obere Richtlinie für den Anfangslohn	23.70	4'313.—
	Leiter Call-Center	35.55	6'470.—
	Obere Richtlinie für den Anfangslohn	41.20	7'495.—
	Supervisor, Teamleader	23.70	4'313.—
	Obere Richtlinie für den Anfangslohn	29.35	5'338.—
Dienstleistungen	Call-Center-Agent, Inbound	20.15	3'667.—
	Obere Richtlinie für den Anfangslohn	23.70	4'313.—
	Call-Center-Agent, Outbound	20.15	3'667.—
	Obere Richtlinie für den Anfangslohn	23.70	4'313.—
	Leiter Call-Center	37.90	6'902.—
	Obere Richtlinie für den Anfangslohn	41.50	7'548.—
	Supervisor, Teamleader	35.55	6'470.—
	Obere Richtlinie für den Anfangslohn	41.20	7'495.—

Tätigkeitsbereich *Wöchentliche Arbeitszeit*	Tätigkeit *Quelle, vertragliche Vereinbarungen*	Stunden- und Monatslohn	
Direktmarketing und Versand	Teamleiter	23.70	4'313—
	Obere Richtlinie für den Anfangslohn	29.60	5'391—
	Key-Operator	29.60	5'391—
	Obere Richtlinie für den Anfangslohn	34.95	6'362—
	Call-Center-Agent, In- und Outbound	18.95	3'451—
	Obere Richtlinie für den Anfangslohn	23.70	4'313—
	Leiter Call-Center	38.50	7'010—
	Obere Richtlinie für den Anfangslohn	41.50	7'548—
	Supervisor, Teamleader	29.60	5'391—
	Obere Richtlinie für den Anfangslohn	35.25	6'417—
Inkassowesen	Teamleiter	23.70	4'313—
	Obere Richtlinie für den Anfangslohn	29.60	5'391—
	Call-Center-Agent, Outbound	20.15	3'667—
	Obere Richtlinie für den Anfangslohn	23.40	4'260—
	Leiter Call-Center	37.90	6'902—
	Obere Richtlinie für den Anfangslohn	41.50	7'548—
	Supervisor, Teamleader	29.60	5'391—
	Obere Richtlinie für den Anfangslohn	35.05	6'377—
Internationale Auskunftsdienste	Teamleiter	35.55	6'470—
	Obere Richtlinie für den Anfangslohn	41.20	7'495—
	Call-Center-Agent, Inbound	23.70	4'313—
	Obere Richtlinie für den Anfangslohn	29.60	5'391—
	Leiter Call-Center	37.90	6'902—
	Obere Richtlinie für den Anfangslohn	41.50	7'548—
Kundenpflege und -dienst	Teamleiter	23.70	4'313—
	Obere Richtlinie für den Anfangslohn	29.60	5'391—
	Call-Center-Agent, Inbound	20.15	3'667—
	Obere Richtlinie für den Anfangslohn	23.70	4'313—
	Leiter Call-Center	37.90	6'902—
	Obere Richtlinie für den Anfangslohn	41.50	7'548—
	Supervisor, Teamleader	35.55	6'470—
	Obere Richtlinie für den Anfangslohn	41.20	7'495—
Verlagswesen, Telefonmarketing In- und Outbound	Teamleiter	20.15	3'667—
	Obere Richtlinie für den Anfangslohn	23.70	4'313—
	Call-Center-Agent, In- und Outbound	20.15	3'667—
	Leiter Call-Center	37.90	6'902—
	Obere Richtlinie für den Anfangslohn	41.50	7'548—
Versicherungsbranche	Teamleiter	29.60	5'391—
	Obere Richtlinie für den Anfangslohn	35.25	6'417—
	Call-Center-Agent, In- und Outbound	20.15	3'667—
	Obere Richtlinie für den Anfangslohn	23.70	4'313—
	Leiter Call-Center	37.90	6'902—
	Obere Richtlinie für den Anfangslohn	41.50	7'548—

Tätigkeitsbereich	Tätigkeit	Stunden-
Wöchentliche Arbeitszeit	*Quelle, vertragliche Vereinbarungen*	und Monatslohn

📖 *Kein GAV, Swiss Contact Center Association.*

▦ *Lohnstudie der Gewerkschaft Syndicom, Mai 2002.*

✍ Ein 13. Monatslohn ist nicht vertraglich vereinbart. Zur Ermittlung des Jahreslohnes muss mit 12 multipliziert werden.

✍ Call-Centers sind Dienstleistungsbetriebe, welche mit Mitteln der Telekommunikation arbeiten. Dies entweder als Dienstleistungseinheiten grösserer Unternehmen im Bereich Kundendienst oder als selbstständige Firmen, die kundenbezogene Dienste für Unternehmen oder für Konsumenten anbieten. Es wird zwischen *Inbound-Kontakten,* telefonische Kundenbetreuung, bei welcher der Kunde beim Call-Center anruft, und *Outbound-Kontakten,* bei denen der Kunde im Sinne eines aktiven Telemarketings angerufen wird, unterschieden.

✍ Die Jahresteuerung wird seit 2003 aufgerechnet.

Stand 1.1.2011   ✍ www.callnet.ch und www.syndicom.ch

Call-Center-Personal	***Gesamtschweizerische Lohnempfehlung***		
42 Stunden, laut GAV	Call-Center-Agent I, In-/Outbound ohne Ausbildung (B2)	*19.70*	*3'589.—*
Call-Center-Agent	*Call-Center Agent I:* Arbeitnehmer mit abgeschlossener Berufslehre oder Mittelschulabschluss sowie mit bis zu 2 Jahren Erfahrung am Telefon oder im Verkauf. Ausführen einfacher Arbeiten nach Verfahrensanweisungen.		
	Call-Center-Agent II, In-/Outbound mit Zertifikat SIZ oder ähnlichem (B1)	*21.70*	*3'954.—*
	Call-Center Agent II: Arbeitnehmer mit abgeschlossener Berufslehre oder Mittelschulabschluss sowie mit 1 bis zu 3 Jahren Erfahrung am Telefon, im Verkauf oder in ähnlichem Bereich. Inhaber eines Call-Center-Agenten-Diploms sowie Ausführen anspruchsvollerer Arbeiten mit begrenzter Autonomie.		

✍ *Call-Center-Agenten* erteilen im Call-Center fachgerechte Auskünfte über die jeweiligen Dienstleistungen oder Produkte, nehmen Aufträge und Reklamationen entgegen und leisten auch Supportdienste. Im Outbound werben sie neue Kunden an, führen Verkaufsgespräche, befragen die Menschen für Markt- und Meinungsforschung und führen Werbegespräche.

Tätigkeitsbereich *Wöchentliche Arbeitszeit*	Tätigkeit *Quelle, vertragliche Vereinbarungen*	Stunden- und Monatslohn

Supervisor

Supervisor I und Teamcoach ohne Ausbildung (A2) — **25.70   4'682.—**

Supervisor I: Arbeitnehmer mit abgeschlossener Berufslehre mit 3- bis 4-jähriger Lehrzeit. 3- bis 5-jährige Erfahrung in ausführenden Call-Center-Tätigkeiten oder ähnlichem Bereich. Inhaber eines Call-Center-Agenten-Diploms. Ausführen anspruchsvollerer, vielseitiger und sehr selbstständiger Arbeiten sowie Ausübung der Stellvertreter-Funktion.

Supervisor II, Teamcoach mit Zertifikat SIZ oder Ähnlichem (A1) — **27.45   4'994.—**

Supervisor II: Arbeitnehmer mit abgeschlossener Berufslehre mit 3- bis 4-jähriger Lehrzeit. Inhaber eines Supervisor-Diploms sowie Erfahrung von 2 bis 3 Jahren als Supervisor I. Organisatorische, fachliche und personelle Führung eines kleinen Teams der Stufe Call-Center-Agent I und II.

☝ Der *Call-Center-Supervisor* hat die Fähigkeit, Teams in einer Gruppe von bis zu 8 Personen zu führen, zu motivieren und Call-Center-Projekte bestmöglich zu bewerkstelligen. Ebenso ist er befähigt, eine optimale Kapazitätsauslastung des Call-Centers zu erreichen und die Kunden mit gleichbleibend hoher Qualität effizient zu betreuen.

📖 *GAV zwischen der Extratel AG und der LibertyCall, Swiss Contact Management Group, sowie der Gewerkschaft Syndicom.*

⌛ *Laufzeit des GAV ab 1.1.2005 bis 31.12.2006, nicht verlängert.*

▦ *Lohnempfehlungen aus dem ausgelaufenen GAV der Extratel AG und der LibertyCall sowie der Gewerkschaft Syndicom. Die Zahlen in Klammern weisen auf die jeweils geltende Lohnklasse hin.*

☝ Ein 13. Monatslohn ist nicht vertraglich vereinbart. Zur Ermittlung des Jahreslohnes muss mit 12 multipliziert werden.

☝ *Zertifikat SIZ:* Der PC-Anwender SIZ verfügt über Basiskenntnisse in der Informatik sowie über Grundkenntnisse für den zweckmässigen Einsatz eines Personal-Computers. Ferner besitzt er die Fähigkeit, die gebräuchlichsten Anwendungsprogramme wie Textverarbeitung, Präsentationsgrafik und Tabellenkalkulation in einfacher Art zweckorientiert einzusetzen und mit den Internetdiensten zu arbeiten.

☝ Die Jahresteuerung wird seit 2007 aufgerechnet.

Stand 1.1.2011   ☝ www.callnet.ch und www.syndicom.ch

Tätigkeitsbereich *Wöchentliche Arbeitszeit*	Tätigkeit *Quelle, vertragliche Vereinbarungen*	Stunden- und Monatslohn	
82.9	Erbringung sonstiger wirtschaftlicher Dienstleistungen für Unternehmen und Privatpersonen		
82.91	Inkassobüros und Auskunfteien		

Dokumentenverwaltung, Inkasso und Werttransporte	**GAV-Löhne, gesamtschweizerischer Geltungsbereich**		
	Betriebsfachleute Logistik, Transport (3–5)	**27.54**	**4'385.—**
41 Stunden, laut GAV	Betriebsfachleute Finanzberatung (3–6)	**27.54**	**4'385.—**
	Betriebsmitarbeiter (1–3)	**21.83**	**3'476.—**
Betrieb und Produktion	Kundenberater (5–6)	**33.02**	**5'259.—**
	Lagermitarbeiter/-fachleute (2–4)	**24.87**	**3'960.—**
	Leitung		
	– Organisationseinheit (8–11)	**42.06**	**6'697.—**
	– Organisationseinheit Unterhalt und Handwerk (7–10)	**38.47**	**6'126.—**
	– Sachbereich Logistik und Transport (6–9)	**35.27**	**5'616.—**
	Sortierung (1–3)	**21.83**	**3'476.—**
	Teamleitung Logistik, Transport (4–7)	**30.26**	**4'818.—**
	Teamleitung Finanzberatung (5–7)	**33.02**	**5'259.—**
	Wagenführung Sachentransport (2–4)	**24.87**	**3'960.—**
	Zustellung (1–4)	**21.83**	**3'476.—**
Unterhalt und Handwerk	Betriebsfachleute und -mitarbeitende Wartung/Unterhalt/Handwerk (1–4)	**21.83**	**3'476.—**
	Reinigung und Hausdienst (1–3)	**21.83**	**3'476.—**
	Team-/Sachbereichsleitung Unterhalt und Handwerk (4–8)	**30.26**	**4'818.—**
Verkauf	Frontoffice (3–6)	**27.54**	**4'385.—**
	Kundenbetreuung klein/mittel (7–9)	**38.47**	**6'126.—**
	Kundenbetreuung mittel/gross (9–12)	**46.18**	**7'354.—**
	Sachbereichsleitung Verkauf (7–9)	**38.47**	**6'126.—**
	Sales Support/Sachbearbeitung Verkaufsstellen (5–8)	**33.02**	**5'259.—**
Informatik	Produktion Informatik (2–5)	**24.87**	**3'960.—**
	Sachbereichsleitung Informatik (10–13)	**50.84**	**8'096.—**
	Spezialist Informatik (10–13)	**50.84**	**8'096.—**
	Support (5–7)	**33.02**	**5'259.—**
	Systembetreuung (7–10)	**38.47**	**6'126.—**
	Systementwicklung (5–8)	**33.02**	**5'259.—**
	Systementwicklung, anspruchsvoll (8–10)	**42.06**	**6'697.—**
	Teamleitung Informatik (7–10)	**38.47**	**6'126.—**

Tätigkeitsbereich *Wöchentliche Arbeitszeit*	Tätigkeit *Quelle, vertragliche Vereinbarungen*	Stunden- und Monatslohn	
Sachbearbeitung	Administrative Hilfsfunktionen (1–3)	**21.83**	**3'476.—**
	Büroassistenz (2–5)	**24.87**	**3'960.—**
	Sachbearbeitung (5–7)	**33.02**	**5'259.—**
	Sachbearbeitung, anspruchsvoll (7–10)	**38.47**	**6'126.—**
	Sachbearbeitung, qualifiziert (10–12)	**50.84**	**8'096.—**
	Sachbereichsleitung (10–13)	**50.84**	**8'096.—**
	Teamleitung (7–10)	**38.47**	**6'126.—**
Führung, Management und Spezialisten	Konzernweite Spezialisten (11–14)	**56.03**	**8'922.—**
	Leitung Fachbereich klein (10–12)	**50.84**	**8'096.—**
	Regionenleitung klein/mittel (9–11)	**46.18**	**7'354.—**
	Regionenleitung gross (12–14)	**61.86**	**9'849.—**

📖 *GAV KG für ausgegliederte Geschäftseinheiten der Schweizerischen Post (Konzerngesellschaften). Lohnbestimmungen, Ziffer 30.*

⧗ *Laufzeit des GAV ab 1.7.2005, ungekündigt.*

✐ *Der 13. Monatslohn ist vertraglich vereinbart (Ziffer 300 GAV). Zur Ermittlung des Jahreslohnes muss mit 13 multipliziert werden.*

✐ *Lohnzuschläge: Für regelmässige Nachtarbeit (Ziffer 351 GAV) wird je Stunde eine Zulage von CHF 5.80 und für Sonntagsarbeit (Ziffer 352 GAV) eine von CHF 10.55 entrichtet. Bei Bereitschaftsdienst (Pikettzulage) gilt ein Stundenansatz von CHF 5 (Ziffer 353 GAV).*

✐ *Jährliche, versicherte Pauschalzulage: Primus im Zustelldienst CHF 4'800, Equipenchef CHF 2'400 und Wagenführer im Sachentransportdienst mit mindestens 2-jähriger Tätigkeit in diesem Bereich CHF 2'400 (Ziffer 303 GAV).*

✐ *Ferienanspruch: 5 Wochen bis und mit 49. Altersjahr. Zwischen 50. bis und mit 59. Altersjahr 5 Wochen und 3 Tage sowie ab 60. Altersjahr 6 Wochen und 1 Tag (Ziffer 430 GAV).*

✋ Zur Umrechnung des Jahreslohnes auf den Stundenlohn gilt ein vereinbarter Divisor von 2070.

✋ Die in Klammern gesetzten Zahlen bezeichnen jene für die einzelnen Funktionen festgelegten Lohnstufen. Es wird jeweils die unterste angegeben.

Stand 1.1.2009   ✍ www.syndicom.ch und www.post.ch

Tätigkeitsbereich *Wöchentliche Arbeitszeit*	Tätigkeit *Quelle, vertragliche Vereinbarungen*	Stunden- und Monatslohn	

O **Öffentliche Verwaltung, Verteidigung und Sozialversicherung**

84 **Öffentliche Verwaltung, Verteidigung und Sozialversicherung**

84.1 Öffentliche Verwaltung

84.11 Allgemeine öffentliche Verwaltung, Kanton Zürich

Verwaltungsangestellte	**Lohnklassen laut Zürcher Personalgesetz**		
42 Stunden, *laut VVO § 116; PG § 52*	Abteilungschef (18–23)	**41.48**	6'969.30
	Adjunkt (16–20)	**36.60**	6'148.25
	Adjunkt mit besonderen Aufgaben (21–23)	**50.23**	8'439.30
Administrative Funktionen	Amtschef (24–28)	**61.41**	10'317.40
	Bezirksratsschreiber (20–21)	**46.95**	7'886.75
	Büroangestellter (5–6)	**22.38**	3'759.—
	Controller (16–20)	**36.60**	6'148.25
	Controller mit besonderen Aufgaben (21–23)	**50.23**	8'439.30
	Equipenchef (10–12)	**26.61**	4'469.70
	Fachdienst, Chef (24)	**61.41**	10'317.40
	Flughafendirektion, Direktor (29)	**86.99**	14'614.85
	Generalsekretär (28)	**81.18**	13'638.25
	Generalsekretär, Stellvertreter (25–26)	**65.86**	11'064.15
	Gruppenchef (13–15)	**30.81**	5'175.70
	Hauptabteilungschef (24–27)	**61.41**	10'317.40
	Juristischer Sekretär (16–20)	**36.60**	6'148.25
	Juristischer Sekretär mit besonderen Aufgaben (21–23)	**50.23**	8'439.30
	Kanzleichef der Baurekurskommission (25)	**65.86**	11'064.15
	Kanzleivorstand (24)	**61.41**	10'317.40
	Kirchenratsschreiber (24)	**61.41**	10'317.40
	Organisator (16–20)	**36.60**	6'148.25
	Personalassistent (11–13)	**27.85**	4'678.45
	Personalberater RAV (15)	**34.47**	5'791.45
	Personalbereichsleiter (18–21)	**41.48**	6'969.30
	Personalfachverantwortlicher (13–17)	**30.81**	5'175.70
	Präsident der Steuerrekurskommission (27)	**75.73**	12'722.15
	Präsident des Kirchenrates (29)	**86.99**	14'614.85
	Rechnungsführer (12–14)	**29.24**	4'913.15
	Rechnungssekretär (15–18)	**34.47**	5'791.45
	Rechnungswesen, Chef (19–23)	**43.91**	7'377.15

Tätigkeitsbereich *Wöchentliche Arbeitszeit*	Tätigkeit *Quelle, vertragliche Vereinbarungen*	Stunden- und Monatslohn	
	Rechtsdienst, Chef (24)	**61.41**	**10'317.40**
	Revisionsassistent (14–16)	**32.55**	**5'467.85**
	Revisor (16–20)	**36.60**	**6'148.25**
	Revisor, Chef (24–25)	**61.41**	**10'317.40**
	Revisor mit besonderen Aufgaben (21–23)	**50.23**	**8'439.30**
	Sektorleiter (16–19)	**36.60**	**6'148.25**
	Senior-Personalberater RAV (16)	**36.60**	**6'148.25**
	Staatsschreiber (29)	**86.99**	**14'614.85**
	Staatsschreiber-Stellvertreter (27)	**75.73**	**12'722.15**
	Steueramt, Chef (29)	**86.99**	**14'614.85**
	Steuerkommissär (16–20)	**36.60**	**6'148.25**
	– Chef (24–25)	**61.41**	**10'317.40**
	– mit besonderen Aufgaben (21–23)	**50.23**	**8'439.30**
	Verwaltungsangestellter (7–8)	**23.71**	**3'983.15**
	Verwaltungsassistent (13–16)	**30.81**	**5'175.70**
	Verwaltungsdirektor (25–28)	**65.86**	**11'064.15**
	Verwaltungssekretär (9–12)	**25.51**	**4'285.70**
	Weibel (7–12)	**23.71**	**3'983.15**
	Wissenschaftlicher Mitarbeiter (16–20)	**36.60**	**6'148.25**
	Wissenschaftlicher Mitarbeiter mit besonderen Aufgaben (21–23)	**50.23**	**8'439.30**
Technische und handwerkliche Funktionen	Abteilungschef (18–23)	**41.48**	**6'969.30**
	Adjunkt (16–20)	**36.60**	**6'148.25**
	Adjunkt mit besonderen Aufgaben (21–23)	**50.23**	**8'439.30**
	Arbeitsagoge (14–15)	**32.55**	**5'467.85**
	Arbeitsinspektor (18)	**41.48**	**6'969.30**
	Architekt (16–20)	**36.60**	**6'148.25**
	Architekt mit besonderen Aufgaben (21–23)	**50.23**	**8'439.30**
	Betriebsangestellter (5–8)	**22.38**	**3'759.—**
	Betriebsleiter (15)	**34.47**	**5'791.45**
	Betriebsmitarbeiter (1–4)	**20.82**	**3'497.10**
	Chauffeur (8–10)	**24.55**	**4'124.10**
	Chauffeur mit besonderen Aufgaben (11–13)	**27.85**	**4'678.45**
	Chef		
	– Datatypist (9–10)	**25.51**	**4'285.70**
	– Laborant (14–16)	**32.55**	**5'467.85**
	– Operator (13–16)	**30.81**	**5'175.70**
	– Zentrale Dienste/Logistik (22)	**53.43**	**8'976.75**
	Datatypist (5–8)	**22.38**	**3'759.—**
	Equipenchef (10–12)	**26.61**	**4'469.70**
	Facharbeiter (5–8)	**22.38**	**3'759.—**
	Garagenchef (14–15)	**32.55**	**5'467.85**
	Gruppenchef (13–15)	**30.81**	**5'175.70**

Tätigkeitsbereich *Wöchentliche Arbeitszeit*	Tätigkeit *Quelle, vertragliche Vereinbarungen*	Stunden- und Monatslohn	
	Handwerker (9–11)	25.51	4'285.70
	Handwerkermeister (13–15)	30.81	5'175.70
	Hauptabteilungschef (24–27)	61.41	10'317.40
	Informatik-Controller (20)	46.95	7'886.75
	Informatiker (9–12)	25.51	4'285.70
	Informatiker, besondere Aufgaben (13–15)	30.81	5'175.70
	Informatikspezialist (16–20)	36.60	6'148.25
	Informatikspezialist mit besonderen Aufgaben (21–23)	50.23	8'439.30
	Ingenieur (16–20)	36.60	6'148.25
	Ingenieur mit besonderen Aufgaben (21–23)	50.23	8'439.30
	Laborant (9–11)	25.51	4'285.70
	Laborant mit besonderen Aufgaben (12–14)	29.24	4'913.15
	Laborhilfe (5–8)	22.38	3'759.—
	Magazinchef (10–13)	26.61	4'469.70
	Magaziner (5–9)	22.38	3'759.—
	Materialverwalter (14–16)	32.55	5'467.85
	Operator (9–12)	25.51	4'285.70
	Programmierer (11–14)	27.85	4'678.45
	Programmierer mit besonderen Aufgaben (15–17)	34.47	5'791.45
	Sektorleiter (16–19)	36.60	6'148.25
	Spezialhandwerker (12–14)	29.24	4'913.15
	Strassenmeister (15–17)	34.47	5'791.45
	Strassenverwalter (18–20)	41.48	6'969.30
	Strassenwärter (8–10)	24.55	4'124.10
	Strassenwärter mit besonderen Aufgaben (11–12)	24.55 27.85	4'124.10 4'678.45
	Techniker (13–16)	30.81	5'175.70
	Technischer Angestellter (5–8)	22.38	3'759.—
	Technischer Assistent (9–12)	25.51	4'285.70
	Vorarbeiter (12–14)	29.24	4'913.15
	Wasserbauarbeiter (9–10)	25.51	4'285.70
	Werkstattchef (16–18)	36.60	6'148.25
	Wissenschaftlicher Mitarbeiter (16–20)	36.60	6'148.25
	Wissenschaftlicher Mitarbeiter mit besonderen Aufgaben (21–23)	50.23	8'439.30
	Zivilschutz, Chefinstruktor (18–19)	41.48	6'969.30
	Zivilschutz, Instruktor (14–17)	32.55	5'467.85

Tätigkeitsbereich *Wöchentliche Arbeitszeit*	Tätigkeit *Quelle, vertragliche Vereinbarungen*	Stunden- und Monatslohn	
Funktionen der Justiz	Abteilungschef (18–23)	41.48	6'969.30
	Abteilungsleiter (25–26)	65.86	11'064.15
	Aufseher (12–13)	29.24	4'913.15
	Aufseher mit besonderen Aufgaben (14–15)	32.55	5'467.85
	Bezirksanwalt (24–25)	61.41	10'317.40
	Equipenchef (10–12)	26.61	4'469.70
	Gefängnisverwalter (17–19)	38.93	6'540.30
	Gruppenchef (13–15)	30.81	5'175.70
	Handwerkermeister (13–15)	30.81	5'175.70
	Hauptabteilungschef (24–27)	61.41	10'317.40
	Jugendanwalt (23–25)	57.28	9'622.25
	Jugendstaatsanwalt (26)	70.63	11'865.10
	Jugendstaatsanwalt, leitender (27)	75.73	12'722.15
	Kreiskommandant (21)	50.23	8'439.30
	Landwirtschaftlicher Betriebsleiter (14–16)	32.55	5'467.85
	Oberaufseher (15–17)	34.47	5'791.45
	Oberstaatsanwalt (27)	75.73	12'722.15
	Oberstaatsanwalt, leitender (29)	86.99	14'614.85
	Sektorleiter (16–19)	36.60	6'148.25
	Sozialarbeiter (16–17)	36.60	6'148.25
	Sozialarbeiter mit besonderen Aufgaben (18–19)	41.48	6'969.30
	Staatsanwalt (24–25)	61.41	10'317.40
	Staatsanwalt, leitender (26)	70.63	11'865.10
	Statthalter (23–24)	57.28	9'622.25
	Werkstattchef (16–17)	36.60	6'148.25
Bibliothekswesen, Forschung sowie Psychologie soziale und erzieherische Funktionen	Abteilungschef (18–23)	41.48	6'969.30
	Abteilungsleiter, wissenschaftlicher (21–23)	50.23	8'439.30
	Abteilungstierpfleger (14–16)	32.55	5'467.85
	Adjunkt (16–20)	36.60	6'148.25
	Adjunkt mit besonderen Aufgaben (21–23)	50.23	8'439.30
	Assistent (17–18)	38.93	6'540.30
	Berufsberater (16–18)	36.60	6'148.25
	Berufsberater mit besonderen Aufgaben (19–20)	43.91	7'377.15
	Berufsinspektor (19)	43.91	7'377.15
	Berufsschullehrer (18–19)	41.48	6'969.30
	Bibliothekar (9–12)	25.51	4'285.70
	– leitender (16–18)	36.60	6'148.25
	– mit besonderen Aufgaben (13–15)	30.81	5'175.70
	– wissenschaftlicher (16–20)	36.60	6'148.25
	– wissenschaftlicher mit besonderen Aufgaben (21–23)	50.23	8'439.30

Tätigkeitsbereich *Wöchentliche Arbeitszeit*	Tätigkeit *Quelle, vertragliche Vereinbarungen*	Stunden- und Monatslohn	
	Bibliotheksangestellter (7–9)	23.71	3'983.15
	Dokumentalist (9–12)	25.51	4'285.70
	Dokumentalist mit besonderen Aufgaben (13–15)	30.81	5'175.70
	Equipenchef (10–12)	26.61	4'469.70
	Fachgehilfe (9–10)	25.51	4'285.70
	Fachgehilfe mit besonderen	26.61	4'469.70
	Aufgaben (10–12)	26.61	4'469.70
	Fachperson I&D (9–12)	25.51	4'285.70
	Gruppenchef (13–15)	30.81	5'175.70
	Hauptabteilungschef (24–27)	61.41	10'317.40
	I&D-Fachmann/-frau (9–12)	25.51	4'285.70
	I&D-Spezialist (16–20)	36.60	6'148.25
	I&D-Spezialist mit besonderen Aufgaben (21–23)	50.23	8'439.30
	Inspektor für Hauswirtschaft und Handarbeit (19)	43.91	7'377.15
	Jugendsekretär (22–23)	53.43	8'976.75
	Logopäde (17–19)	38.93	6'540.30
	Oberassistent (19–21)	43.91	7'377.15
	Oberassistent, habilitiert (20–22)	46.95	7'886.75
	Obertierpfleger am Tierspital (15–16)	34.47	5'791.45
	Pflegeexperte mit höherer Fachausbildung und beratender Funktion, HF II (16–18)	36.60	6'148.25
	Psychologe (16–20)	36.60	6'148.25
	Psychologe, leitender (21–23)	50.23	8'439.30
	Schulleiter (18–20)	41.48	6'969.30
	Sektorleiter (16–19)	36.60	6'148.25
	Sozialarbeiter (16–17)	36.60	6'148.25
	Sozialarbeiter mit besonderen Aufgaben (18–19)	41.48	6'969.30
	Sozialpädagoge (14–16)	32.55	5'467.85
	Sozialpädagoge FH (16)	36.60	6'148.25
	Sozialpädagoge HF (14–15)	32.55	5'467.85
	Sozialpädagoge FH mit besonderen Aufgaben (17–19)	38.93	6'540.30
	Sozialpädagoge HF mit besonderen Aufgaben (16)	36.60	6'148.25
	Staatsarchivar (25)	65.86	11'064.15
	Unterrichtsassistent (15–16)	34.47	5'791.45
	Wissenschaftlicher Mitarbeiter (16–20)	36.60	6'148.25
	Wissenschaftlicher Mitarbeiter, mit besonderen Aufgaben (21–23)	50.23 50.23	8'439.30 8'439.30

Tätigkeitsbereich *Wöchentliche Arbeitszeit*	Tätigkeit *Quelle, vertragliche Vereinbarungen*	Stunden- und Monatslohn	
Land- und hauswirtschaftliche sowie Hausdienst-Funktionen	Abteilungschef (18–23)	41.48	6'969.30
	Adjunkt (16–20)	36.60	6'148.25
	Adjunkt mit besonderen Aufgaben (21–23)	50.23	8'439.30
	Betriebsangestellter (5–8)	22.38	3'759.—
	Betriebsmitarbeiter (1–4)	20.82	3'497.10
	Equipenchef (10–12)	26.61	4'469.70
	Fischereiaufseher (15)	34.47	5'791.45
	Förster (14–15)	32.55	5'467.85
	Forstwart (10–11)	26.61	4'469.70
	Forstwart mit besonderen Aufgaben (12–13)	29.24	4'913.15
	Gärtner (9–12)	25.51	4'285.70
	Gruppenchef (13–15)	30.81	5'175.70
	Hauptabteilungschef (24–27)	61.41	10'317.40
	Hausmeister (12–14)	29.24	4'913.15
	Hauswart (9–11)	25.51	4'285.70
	Hauswirtschaftlicher		
	– Angestellter (5–9)	22.38	3'759.—
	– Betriebsleiter (13–15)	30.81	5'175.70
	– Betriebsleiter mit besonderen Aufgaben (16–18)	36.60	6'148.25
	– Equipenchef (10–12)	26.61	4'469.70
	Hilfskoch (5–8)	22.38	3'759.—
	Koch (9–12)	25.51	4'285.70
	Koch mit besonderen Aufgaben (12–15)	29.24	4'913.15
	Kreisforstmeister (22)	53.43	8'976.75
	Küchenchef (15–18)	34.47	5'791.45
	Landwirtschaftlicher		
	– Angestellter (7–10)	23.71	3'983.15
	– Angestellter mit besonderen Aufgaben (11–13)	27.85	4'678.45
	– Betriebsleiter (14–16)	32.55	5'467.85
	Obergärtner (13–15)	30.81	5'175.70
	Portier (5–8)	22.38	3'759.—
	Portier mit besonderen Aufgaben (9–12)	25.51	4'285.70
	Sektorleiter (16–19)	36.60	6'148.25
	Sicherheitsangestellter (6–10)	22.99	3'862.15
	Techniker (13–16)	30.81	5'175.70
	Waldarbeiter (6–9)	22.99	3'862.15
	Wissenschaftlicher Mitarbeiter (16–20)	36.60	6'148.25
	Wissenschaftlicher Mitarbeiter, mit besonderen Aufgaben (21–23)	50.23	8'439.30

📖 *Gesetz über das Arbeitsverhältnis des Staatspersonals, § 40 (Personalgesetz, PG; OS 177.10).*

📋 *Diesem Gesetz untersteht das Personal des Staates und seiner unselbstständigen Anstalten. Für die Lehrkräfte an Seminaren, Mittel- und Berufsschulen gilt das Gesetz, soweit nicht besondere Bestimmungen bestehen. Die Mitglieder des Regierungsrates, des Kassations-, Ober-, Sozialversicherungs- und des Verwaltungsgerichts sowie die Ombudsperson sind dem Gesetz nicht unterstellt (PG § 1 und PVO § 1 und 2).*

📖 *Personalverordnung § 8 ff. (PVO, OS 177.11).*

📋 *Der Geltungsbereich erstreckt sich auf folgende Bereiche: Ämter, Abteilungen und Betriebe, die einer Direktion des Regierungsrates oder der Staatskanzlei unmittelbar unterstellt sind; Gerichte (die dem Obergericht angegliederten Gerichte und die Bezirksgerichte) und auf die Betriebsangestellten, wie Angestellte des medizinisch-technischen, handwerklichen, land- und forstwirtschaftlichen, Ökonomie-, Aufseher- und Hausdienstbereiches (VVO § 1).*

🖩 *Vollzugsverordnung zum Personalgesetz, § 32 ff. und Anhang 1, Einreihungsplan (siehe hierzu auch PVO § 15). Lohn: § 40 ff., Anhang 2 (VVO, OS 177.111). Die in Klammern gesetzten Zahlen bezeichnen die für die einzelnen Funktionen festgelegten Lohnstufen; es wird jeweils die Lohnstufe 1 (Minimum) angegeben.*

✎ *13. Monatslohn: Gesetzlich bestimmt (§ 50 und 51 VVO; § 40 PG). Zur Ermittlung des Jahreslohnes muss mit 13 multipliziert werden.*

✎ *Für sich aus dem Arbeitsverhältnis ergebende Arbeitsleistungen in der Nacht sowie an Samstagen und Sonntagen zwischen 20.00 und 06.00 Uhr wird eine Vergütung von CHF 5.25 pro Stunde ausgerichtet. Pikettdienst gilt nicht als Arbeitszeit, wird jedoch bei Präsenzdienst mit CHF 2.75 und bei Bereitschaftsdienst mit CHF 1.60 pro Stunde vergütet (§ 132 und 133 VVO).*

✎ *Für Übernachtungen werden in der Regel die Ansätze für Hotels mittlerer Preislage vergütet. Bei Dienstreisen werden pro Tag Nebenauslagen pauschal, für Abwesenheiten von mehr als 5 Stunden CHF 5 und 8 Stunden CHF 10, vergütet (§ 70 und 71 VVO).*

  ✐ *Betriebsangestellten der Bau- und der Volkswirtschaftsdirektion sowie jenen der Zentralwäscherei und des Wäschereibetriebs der Strafanstalt wird eine Zulage von CHF 2.50 je Stunde ausgerichtet, sofern sie vorübergehend als Vorarbeitende einer Gruppe von mindestens 3 Mitarbeitenden tätig sind (§ 160 VVO).*

  ✐ *Ein genereller Anspruch auf Entschädigung der auswärtigen Verpflegung besteht nicht. Bei Auslagen für die Verpflegung im Zusammenhang mit dienstlichen Tätigkeiten werden die tatsächlichen Kosten, welche CHF 15 übersteigen, höchstens aber CHF 30 vergütet (§ 69 VVO).*

  ✐ *Die wöchentliche Arbeitszeit für Betriebsangestellte Staatswald darf bei Akkordarbeit 50 Stunden und jährlich 2184 Stunden nicht überschreiten (§ 156 VVO). Die wöchentliche Arbeitszeit der landwirtschaftlichen Angestellten beträgt im Jahresdurchschnitt höchstens 48 Stunden (§ 157 VVO).*

  ✐ *Der Ferienanspruch gilt ab dem Kalenderjahr, in welchem das entsprechende Alter vollendet wird: Bis zum 20. Altersjahr 5 Wochen und danach 4 Wochen; ab dem 50. Altersjahr 5 sowie ab dem 60. Altersjahr 6 Wochen (§ 79 VVO).*

Stand 1.7.2010   ✍ www.personalamt.zh.ch/Anstellungsbedingungen/Lohn/Aktuelle Lohntabellen

Tätigkeitsbereich *Wöchentliche Arbeitszeit*	Tätigkeit *Quelle, vertragliche Vereinbarungen*	Stunden- und Monatslohn	
Praktikanten	**Lohnklassen laut Zürcher Personalgesetz**		
42 Stunden,	Vor Beginn der Ausbildung,	3.85	700.—
laut VVO § 116; PG § 52	Nutzen für den Arbeitgeber klein bis mittel		
	Höchstansatz	6.70	1'220.—
Vorpraktikum	Nutzen für Arbeitgeber erheblich bis gross	6.70	1'220.—
	Höchstansatz	9.60	1'750.—
Berufspraktikum	In der Anfangsphase einer	5.40	980.—
	nichtakademischen Ausbildung,		
	Nutzen für den Arbeitgeber klein bis mittel		
	Höchstansatz	7.85	1'430.—
Studienpraktikum	Studierende in unteren Semestern	3.45	630.—
	sowie Einsatzdauer bis zu 4 Monaten,		
	Nutzen für den Arbeitgeber klein bis mittel		
	Höchstansatz	8.10	1'470.—
	Studierende der höheren Semester	8.10	1'470.—
	sowie Einsatzdauer bis zu 12 Monaten		
	Höchstansatz	13.45	2'450.—
Studienpraktikum,	Studierende in unteren Semestern	9.60	1'750.—
praxisorientiert	sowie erste Praktika		
	Studierende der höheren Semester sowie	15.40	2'800.—
	Übernahme selbstständiger		
	und verantwortungsvoller Tätigkeiten		
Nachdiplompraktikum	Nach Abschluss des Studiums,	10.55	1'920.—
	Nutzen beachtlich und produktiv,		
	Dauer längstens 6 Monate		
	Höchstansatz	15.95	2'900.—
	Nach Abschluss des Studiums,	17.85	3'250.—
	produktiv, hoher Nutzen und mit Erfahrung,		
	Dauer in der Regel 12 Monate		
	Höchstansatz	27.85	5'070.—
Praktikanten, besondere	Pflege-, Vorstudien- und Häfelipraktikum,	3.60	654.—
Personalgruppen	vor Beginn der Ausbildung,		
	Nutzen für den Arbeitgeber klein bis mittel		
42 Stunden,	Höchstansatz	6.40	1'169.—
laut VVO § 116; PG § 52	Nutzen für den Arbeitgeber erheblich,	6.40	1'169.—
	längere Einsatzdauer		
Vorpraktikum	Höchstansatz	8.80	1'600.—

Tätigkeitsbereich *Wöchentliche Arbeitszeit*	Tätigkeit *Quelle, vertragliche Vereinbarungen*	Stunden- und Monatslohn	
Berufspraktikum	Bei Besuch der Handelsmittelschule oder höherer Fachschulen und nichtakademischer Ausbildung, Nutzen für den Arbeitgeber klein bis mittel	**5.05**	**923.—**
	Nutzen für den Arbeitgeber erheblich	**7.60**	**1'385.—**
Studienpraktikum, Pflichtpraktikum	Studierende an der Universität, ETH oder an einer Fachhochschule, Medizinstudenten, Studierende verschiedener naturwissenschaftlicher Richtungen (Umwelt, Pharmazie, usw.); Nutzen für den Arbeitgeber klein bis mittel	**3.40**	**615.—**
	Höchstansatz	**7.60**	**1'385.—**
	Nutzen für den Arbeitgeber erheblich	**7.60**	**1'385.—**
	Höchstansatz	**12.70**	**2'308.—**
Studienpraktikum, praxisorientiert	Studierende der Hochschule für soziale Arbeit sowie Psychologiestudenten, Zweitausbildung in den Bereichen soziale Arbeit, Sozial- und Heilpädagogik sowie Psychologie; Nutzen für den Arbeitgeber eher gering	**9.30**	**1'692.—**
	Nutzen für den Arbeitgeber erheblich	**14.80**	**2'692.—**
Nachdiplompraktikum	Verwaltungspraktikum von Juristen und Studienabgänger naturwissenschaftlicher Richtung, Dauer bis zu 6 Monaten, Erheblicher Nutzen oder Projekttätigkeit	**10.15**	**1'846.—**
	Höchstansatz	**15.20**	**2'769.—**
	Ausgesprochen produktiver Nutzen	**17.25**	**3'138.—**
	Höchstansatz	**26.65**	**4'846.—**

📖 *Gesetz über das Arbeitsverhältnis des Staatspersonals, § 40 (Personalgesetz, PG; OS 177.10).*

📕 *Diesem Gesetz untersteht das Personal des Staates und seiner unselbstständigen Anstalten (PG § 1 und PVO § 1 und 2).*

📖 *Personalverordnung § 8 ff. (PVO, OS 177.11).*

📕 *Der Geltungsbereich erstreckt sich auf Ämter, Betriebe und Gerichte sowie auf Angestellte des medizinisch-technischen, handwerklichen, land- und forstwirtschaftlichen, Ökonomie-, Aufseher- und Hausdienstbereiches (VVO § 1).*

▦ *Anhang 1 der Vollzugsverordnung zum Personalgesetz, Einreihungsplan. Die Löhne werden prozentual von der Lohnklasse 1 und deren Lohnstufe 1 abgeleitet.*

🖱 www.pa.zh.ch/Dienstleistungen/Veröffentlichungen/Handbuch Personalrecht

Stand 1.7.2010

Tätigkeitsbereich *Wöchentliche Arbeitszeit*	Tätigkeit *Quelle, vertragliche Vereinbarungen*	Stunden- und Monatslohn

84.2   Rechtspflege, Justiz, öffentliche Sicherheit und Ordnung

84.23   Verwaltung der Rechtspflege und Gerichte, Kanton Zürich

Gerichtspersonal	**Lohnklassen laut Zürcher Personalgesetz**		
42 Stunden,	Abteilungschef am obersten Gericht (21–23) 50.23		8'439.30
laut VVO § 116; PG § 52	Abteilungsvorsitzender (26)	70.63	11'865.10
	Adjunkt (17–20)	38.93	6'540.30
Funktionen der obersten	Adjunkt mit besonderen Aufgaben (21–23) 50.23		8'439.30
kantonalen Gerichte	Bereichsvorsitzender (26)	70.63	11'865.10
	Betreibungsinspektor (23)	57.28	9'622.25
	Betreibungsinspektor-Stellvertreter (22)	53.43	8'976.75
	Bezirksgerichtsschreiber (21–22)	50.23	8'439.30
	Bezirksrichter (24–25)	61.41	10'317.40
	Bezirksrichter als Vizepräsident (26)	70.63	11'865.10
	Chef Logistik am Obergericht (23)	57.28	9'622.25
	Chef Rechnungswesen am Bezirksgericht (20–21)	46.95	7'886.75
	Chef Rechnungswesen am Obergericht (23) 57.28		9'622.25
	Generalsekretär am Obergericht (28)	81.18	13'638.25
	Generalsekretär-Stellvertreter am Obergericht (25–26)	65.86	11'064.15
	Gerichtsangestellter (7–8)	23.71	3'983.15
	Gerichtsarchivar (11–12)	27.85	4'678.45
	Gerichtsbibliothekar (11–13)	27.85	4'678.45
	Gerichtsschreiber, Bezirksgericht (20–22)	46.95	7'886.75
	Gerichtsschreiber, erster am Bezirksgericht Zürich (24)	61.41	10'317.40
	Geschworenengerichtsschreiber (24)	61.41	10'317.40
	Handelsgerichtsschreiber (24)	61.41	10'317.40
	Informatiker (16–20)	36.60	6'148.25
	Informatiker mit besonderen Aufgaben (21–22)	50.23	8'439.30
	Juristischer Sekretär		
	– am Bezirksgericht (17–18)	38.93	6'540.30
	– am Obergericht (19–20)	43.91	7'377.15
	– mit besonderen Aufgaben (21–23)	50.23	8'439.30
	Kammersekretär am Sozialversicherungs- gericht (23–24)	57.28	9'622.25
	Kanzleivorstand am Obergericht (24)	61.41	10'317.40
	Laienrichter am Bezirksgericht (23)	57.28	9'622.25

Tätigkeitsbereich *Wöchentliche Arbeitszeit*	Tätigkeit *Quelle, vertragliche Vereinbarungen*	Stunden- und Monatslohn	
	Notar (22–24)	53.43	8'976.75
	Notar, Stellvertreter (18–22)	41.48	6'969.30
	Notariatsangestellter (7)	23.71	3'983.15
	Notariatsassistent (16–18)	36.60	6'148.25
	Notariatsinspektor (25)	65.86	11'064.15
	Notariatsinspektor, geschäftsleitender (26)	70.63	11'865.10
	Notariatssekretär (9–12)	25.51	4'285.70
	Notariatssekretär mit besonderen Aufgaben (13–16)	30.81	5'175.70
	Postweibel (10)	26.61	4'469.70
	Präsident		
	– des Bezirksgerichts (27)	75.73	12'722.15
	– des Bezirksgerichts Zürich (28)	81.18	13'638.25
	– des Mietgerichts Zürich (26)	70.63	11'865.10
	Rechnungssekretär am Bezirksgericht (13–18)	30.81	5'175.70
	Sachbearbeiter am Obergericht (16)	36.60	6'148.25
	Verwaltungsangestellter (7–8)	23.71	3'983.15
	Verwaltungsangestellter im Notariat (6)	22.99	3'862.15
	Verwaltungssekretär (9–12)	25.51	4'285.70
	Verwaltungssekretär mit besonderen Aufgaben (13–16)	30.81	5'175.70
Auditoren	1. bis 3. Monat (8, Anlaufstufe 2)	21.10	3'843.—
	4. bis 12 Monat (12, Anlaufstufe 1)	27.45	4'998.—
	ab 13. Monat (13, Lohnstufe 1)	28.45	5'175.—

📖 *Vollzugsverordnung der obersten kantonalen Gerichte zum Personalgesetz, Anhang (OS 211.21).*

🔖 *Diese Verordnung regelt für das Personal der Rechtspflege ergänzende und abweichende Bestimmungen über den Vollzug des Personalgesetzes im Sinne von PG § 56, Abs. 3.*

📖 *Gesetz über das Arbeitsverhältnis des Staatspersonals, § 40 (Personalgesetz, PG; OS 177.10).*

🔖 *Diesem Gesetz untersteht das Personal des Staates und seiner unselbstständigen Anstalten. Für die Lehrkräfte an Seminaren, Mittel- und Berufsschulen gilt das Gesetz, soweit nicht besondere Bestimmungen bestehen. Die Mitglieder des Regierungsrates, des Kassations-, Ober-, Sozialversicherungs- und des Verwaltungsgerichts sowie die Ombudsperson sind dem Gesetz nicht unterstellt (PG § 1 und PVO § 1 und 2).*

📖 *Personalverordnung § 8 ff. (PVO, OS 177.11).*

📙 *Der Geltungsbereich erstreckt sich auf folgende Bereiche: Ämter, Abteilungen und Betriebe, die einer Direktion des Regierungsrates oder der Staatskanzlei unmittelbar unterstellt sind; Gerichte (die dem Obergericht angegliederten Gerichte und die Bezirksgerichte) und auf die Betriebsangestellten, wie Angestellte des medizinisch-technischen, handwerklichen, land- und forstwirtschaftlichen, Ökonomie-, Aufseher- und Hausdienstbereiches (VVO § 1).*

🔲 *Vollzugsverordnung zum Personalgesetz, § 32 ff. und Anhang 1, Einreihungsplan (siehe hierzu auch PVO § 15). Lohn: § 40 ff., Anhang 2 (VVO, OS 177.111). Die in Klammern gesetzten Zahlen bezeichnen die für die einzelnen Funktionen festgelegten Lohnstufen; es wird jeweils die Lohnstufe 1 (Minimum) angegeben.*

✎ *13. Monatslohn: Gesetzlich bestimmt (§ 50 und 51 VVO; § 40 PG). Zur Ermittlung des Jahreslohnes muss mit 13 multipliziert werden.*

✎ *Für sich aus dem Arbeitsverhältnis ergebende Arbeitsleistungen in der Nacht sowie an Samstagen und Sonntagen zwischen 20.00 und 06.00 Uhr wird eine Vergütung von CHF 5.25 pro Stunde ausgerichtet. Pikettdienst gilt nicht als Arbeitszeit, wird jedoch bei Präsenzdienst mit CHF 2.75 und bei Bereitschaftsdienst mit CHF 1.60 pro Stunde vergütet (§ 132 und 133 VVO).*

✎ *Betriebsangestellten der Zentralwäscherei und des Wäschereibetriebs der Strafanstalt wird eine Zulage von CHF 2.50 je Stunde ausgerichtet, sofern sie vorübergehend als Vorarbeitende einer Gruppe von mindestens 3 Mitarbeitenden tätig sind (§ 160 VVO).*

✎ *Der Ferienanspruch gilt ab dem Kalenderjahr, in welchem das entsprechende Alter vollendet wird: Bis zum 20. Altersjahr 5 Wochen und danach 4 Wochen; ab dem 50. Altersjahr 5 sowie ab dem 60. Altersjahr 6 Wochen (§ 79 VVO).*

🖥 www.personalamt.zh.ch/Anstellungsbedingungen/Lohn/Aktuelle Lohntabellen

Tätigkeitsbereich *Wöchentliche Arbeitszeit*	Tätigkeit *Quelle, vertragliche Vereinbarungen*	Stunden- und Monatslohn

| 84.24 | Öffentliche Sicherheit und Ordnung, Kanton Zürich | |

Polizeikorps	**Lohnklassen laut Zürcher Personalgesetz**		
42 Stunden,	– Adjutant (19)	43.91	7'377.15
laut VVO § 116; PG § 52	– Aspirant (12)	29.24	4'913.15
	– Feldweibel (17)	38.93	6'540.30
Flughafensicherheitspolizei	– Feldweibel mit besonderen Aufgaben (18)	41.48	6'969.30
	– Gefreiter (13)	30.81	5'175.70
	– Korporal (14)	32.55	5'467.85
	– Soldat (12)	29.24	4'913.15
	– Wachtmeister (15)	34.47	5'791.45
	– Wachtmeister mit besonderen Aufgaben (16)	36.60	6'148.25
Polizeikorps	– Adjutant (20)	46.95	7'886.75
	– Aspirant (13)	30.81	5'175.70
	– Feldweibel (18)	41.48	6'969.30
	– Feldweibel mit besonderen Aufgaben (19)	43.91	7'377.15
	– Gefreiter (14)	32.55	5'467.85
	– Hauptmann (24)	61.41	10'317.40
	– Korporal (15)	34.47	5'791.45
	– Leutnant (21)	50.23	8'439.30
	– Major (26)	70.63	11'865.10
	– Oberleutnant (22)	53.43	8'976.75
	– Oberst [Kommandant] (29)	86.99	14'614.85
	– Oberstleutnant (28)	81.18	13'638.25
	– Polizeisoldat (14)	32.55	5'467.85
	– Wachtmeister (16)	36.60	6'148.25
	– Wachtmeister mit besonderen Aufgaben (17)	38.93	6'540.30

📖 *Kantonspolizeiverordnung (OS 551.11).*

📖 *Gesetz über das Arbeitsverhältnis des Staatspersonals, § 40 (Personalgesetz, PG; OS 177.10).*

📑 *Diesem Gesetz untersteht das Personal des Staates und seiner unselbstständigen Anstalten (§ 1 PG und § 1 und 2 PVO).*

📖 *Personalverordnung § 8 ff. (PVO, OS 177.11).*

📑 *Der Geltungsbereich erstreckt sich auf Ämter, Abteilungen und Betriebe, die einer Direktion des Regierungsrates oder der Staatskanzlei unmittelbar unterstellt sind (§ 1 VVO).*

⊞ *Vollzugsverordnung zum Personalgesetz, § 32 ff. und Anhang 1, Einreihungsplan (siehe hierzu auch PVO § 15). Lohn: § 40 ff., Anhang 2 (VVO, OS 177.111). Die in Klammern gesetzten Zahlen bezeichnen die für die einzelnen Funktionen festgelegten Lohnstufen; es wird jeweils die Lohnstufe 1 (Minimum) angegeben.*

⊞ *Reglement über die Zulagen und Entschädigungen bei der Kantonspolizei (OS 551.131).*

✎ *13. Monatslohn: Gesetzlich bestimmt (§ 50 und 51 VVO; § 40 PG). Zur Ermittlung des Jahreslohnes muss mit 13 multipliziert werden.*

✎ *Die gemäss § 23 der Kantonspolizeiverordnung anfallende Überzeit im ordentlichen Aufgabenbereich wird pauschal durch höchstens 12 Ruhetage pro Jahr abgegolten (§ 16 Reglement über die Zulagen und Entschädigungen).*

✎ *Bei ausserordentlichen Einsätzen werden die Überzeitarbeit und die Nacht-, Samstags- und Sonntagsdienstleistungen gemäss allgemeinem Personalrecht und unabhängig von der Ruhetags- und Dienstzulagenregelung abgegolten (§ 17 Reglement über die Zulagen und Entschädigungen).*

✎ *Den Korpsangehörigen sowie den Aspiranten steht eine Dienstzulage zum pauschalen Ersatz für dienstliche Auslagen sowie für geleisteten Nacht-, Samstags- und Sonntagsdienst zu (§ 3 ff. Reglement über die Zulagen und Entschädigungen).*

✎ *Den Korpsangehörigen wird unter bestimmten Voraussetzungen eine Funktionszulage zugesprochen (§ 6 ff. Reglement über die Zulagen und Entschädigungen).*

✎ *Der Ferienanspruch gilt ab dem Kalenderjahr, in welchem das entsprechende Alter vollendet wird: Bis zum 20. Altersjahr 5 Wochen und danach 4 Wochen; ab 50. Altersjahr 5 sowie ab 60. Altersjahr 6 Wochen (§ 79 VVO).*

✎ www.personalamt.zh.ch/Anstellungsbedingungen/Lohn/Aktuelle Lohntabellen und www.kapo.zh.ch

Tätigkeitsbereich *Wöchentliche Arbeitszeit*	Tätigkeit *Quelle, vertragliche Vereinbarungen*	Stunden- und Monatslohn

84.25   Feuerwehren, Kanton Zürich

Rettungskräfte

*42 Stunden,
laut VVO § 116; PG § 52*

Lohnklassen laut Zürcher Personalgesetz

Berufsfeuerwehr

– Gefreiter (13)	30.81	5'175.70
– Kommandant (21)	50.23	8'439.30
– Kommandant-Stellvertreter (20)	46.95	7'886.75
– Korporal (14)	32.55	5'467.85
– Pikettchef (18)	41.48	6'969.30
– Pikettchef-Stellvertreter (17)	38.93	6'540.30
– Soldat (12)	29.24	4'913.15
– Wachtmeister (15)	34.47	5'791.45
– Zugführer (16)	36.60	6'148.25
Rettungssanitäter (12–13)	29.24	4'913.15
Sanitätschef (18)	41.48	6'969.30
Sanitätschef, Stellvertreter (17)	38.93	6'540.30

📖 *Feuerwehrverordnung (OS 861.2).*

🔖 *Der Geltungsbereich erstreckt sich auf Betriebe, die einer Direktion des Regierungsrates unterstellt sind (§ 1 VVO).*

📖 *Gesetz über das Arbeitsverhältnis des Staatspersonals, § 40 (Personalgesetz, PG; OS 177.10).*

🔖 *Diesem Gesetz untersteht das Personal des Staates und seiner unselbstständigen Anstalten (§ 1 PG und § 1 und 2 PVO).*

📖 *Personalverordnung § 8 ff. (PVO, OS 177.11).*

🗗 *Vollzugsverordnung zum Personalgesetz, § 32 ff. und Anhang 1, Einreihungsplan (siehe hierzu auch PVO § 15). Lohn: § 40 ff., Anhang 2 (VVO, OS 177.111). Die in Klammern gesetzten Zahlen geben die Lohnstufe der einzelnen Funktionen wieder. Es wird jeweils Stufe 1 angegeben.*

✎ *13. Monatslohn: Gesetzlich bestimmt (§ 50 und 51 VVO; § 40 PG). Zur Ermittlung des Jahreslohnes muss mit 13 multipliziert werden.*

✎ *Bei ausserordentlichen Einsätzen werden die Überzeitarbeit und die Nacht-, Samstags- und Sonntagsdienstleistungen gemäss allgemeinem Personalrecht und unabhängig von der Ruhetags- und Dienstzulagenregelung abgegolten (§ 17 Reglement über die Zulagen und Entschädigungen).*

✎ *Der Ferienanspruch gilt ab dem Kalenderjahr, in welchem das entsprechende Alter vollendet wird: Ab 50. Altersjahr 5 sowie ab 60. Altersjahr 6 Wochen (§ 79 VVO).*

🖥 *www.personalamt.zh.ch/Anstellungsbedingungen/Lohn/Aktuelle Lohntabellen.*

Stand 1.7.2010

Tätigkeitsbereich *Wöchentliche Arbeitszeit*	Tätigkeit *Quelle, vertragliche Vereinbarungen*	Lektions- und Monatslohn	

P   **Erziehung und Unterricht**

85   **Erziehung und Unterricht**

85.1   Kindergärten und Vorschulen

85.10   Kindergärten und Vorschulen, Kanton Zürich

Lehrer, Kindergartenstufe **Lohnklassen für Lehrpersonal, Kanton Zürich**

23 Wochenlektionen	Kategorie I, Stufe 1	86.40	5'679.08
	Stufe 5	99.13	6'515.69
	Stufe 10	114.11	7'500.69
	Stufe 15	122.75	8'068.23
	Stufe 20	129.57	8'516.46
	Stufe 25	135.46	8'903.85
	Stufe 27	138.19	9'083.15

☝ Lehrpersonen an Regelklassen der Kindergartenschule.

28 Wochenlektionen	Kategorie II, Stufe 1	99.03	6'509.54
	Stufe 5	112.74	7'410.46
	Stufe 10	131.03	8'612.46
	Stufe 15	140.03	9'204.15
	Stufe 20	147.87	9'719.31
	Stufe 25	155.70	10'234.31
	Stufe 27	158.84	10'440.23

☝ Förderlehrpersonen auf der Kindergartenstufe ohne Diplom in Schulischer Heilpädagogik.

Lehrer,   **Lohnklassen für Lehrpersonal, Kanton Zürich**
Vikare Kindergartenstufe

Stundenweise Lektionen	Vikariat in einer Regelklasse	80.08	–
	Integrative Förderung *ohne* Lehrdiplom	75.39	–
Mit Lehrerdiplom	in schulischer Heilpädagogik		
	Integrative Förderung *mit* Lehrdiplom	80.44	–
	in schulischer Heilpädagogik		
Ohne Lehrerdiplom	Vikariat in einer Regelklasse	64.07	–
	Integrative Förderung *ohne* Lehrdiplom	60.31	–
	in schulischer Heilpädagogik		
	Integrative Förderung *mit* Lehrdiplom	64.35	–
	in schulischer Heilpädagogik		

Tätigkeitsbereich *Wöchentliche Arbeitszeit*	Tätigkeit *Quelle, vertragliche Vereinbarungen*	Lektionslohn für Aushilfen	
Stundenweise Lektionen	Vikariat in einer Regelklasse	**87.71**	–
	Integrative Förderung *ohne* Lehrdiplom in schulischer Heilpädagogik	**81.19**	–
Ab 57. Altersjahr, mit Lehrerdiplom	Integrative Förderung *mit* Lehrdiplom in schulischer Heilpädagogik	**86.62**	–
Ab 57. Altersjahr, ohne Lehrerdiplom	Vikariat in einer Regelklasse	**70.17**	–
	Integrative Förderung *ohne* Lehrdiplom in schulischer Heilpädagogik	**64.95**	–
	Integrative Förderung *mit* Lehrdiplom in schulischer Heilpädagogik	**69.30**	–

📖 *Lehrpersonalgesetz (OS 412.31).*

📑 *Diesem Gesetz unterstehen die an der Volksschule tätigen Lehrpersonen, die im Lehrplan vorgesehene Fächer mit einem Mindestpensum gemäss dessen § 6 sowie § 8 LPVO unterrichten. Sie werden von den Gemeinden laut kantonalem Recht beschäftigt. Enthält das Gesetz keine ausdrückliche Regelung, richtet sich das Arbeitsverhältnis der Lehrpersonen nach den für das übrige Staatspersonal anwendbaren Bestimmungen.*

📖 *Gesetz über das Arbeitsverhältnis des Staatspersonals, § 40 Personalgesetz (PG, OS 177.10).*

📑 *Diesem Gesetz untersteht das Personal des Staates und seiner unselbstständigen Anstalten. Für die Lehrkräfte an Seminaren, Mittel- und Berufsschulen gilt das Gesetz, soweit nicht besondere Bestimmungen bestehen (§ 1 PG, OS 177.10 und § 1 und 2 PVO, OS 177.11).*

📰 *Lehrpersonalverordnung (LPVO, OS 412.311).*

✐ *13. Monatslohn: Gesetzlich bestimmt (§ 50 und 51 VVO, OS 177.111; § 40 PG, OS 177.10). Zur Ermittlung des Jahreslohnes muss mit 13 multipliziert werden.*

✐ *Zur Abgeltung der Schulferien und der Ruhetage werden die Schultage in Kalendertage umgerechnet. Die Erfüllung des Vollzeitpensums während einer Schulwoche entspricht einem Wert von 9,69 Kalendertagen. Die Grundlage der Berechnung bilden 39 Schulwochen pro Jahr (§ 18 LPVO, OS 412.311).*

Stand 1.1.2011   ✍ www.vsa.zh.ch/Personelles/Anstellungsbedingungen/Lohn

Tätigkeitsbereich *Wöchentliche Arbeitszeit*	Tätigkeit *Quelle, vertragliche Vereinbarungen*	Lektions- und Monatslohn	
85.2	Schulen auf Primarstufe		
85.20	Primar- und Sonderschulen, Kanton Zürich		

Lehrer, Primarstufe	**Lohnklassen für Lehrpersonal, Kanton Zürich**		
29 Wochenlektionen, *1. bis 3. Klasse*	Kategorie III, Stufe 1	**105.68**	**6'946.31**
	Stufe 5	**120.39**	**7'912.92**
	Stufe 10	**139.—**	**9'136.31**
	Stufe 15	**149.60**	**9'833.46**
	Stufe 20	**157.98**	**10'384.—**
	Stufe 25	**166.35**	**10'934.38**
	Stufe 27	**169.70**	**11'154.62**

🖐 Lehrpersonen an Regel- und Aufnahmeklassen der Primarstufe; Fachlehrpersonen Handarbeit auf der Primarstufe; Förderlehrpersonen und Lehrpersonen an Einschulungs- und Kleinklassen auf der Primarstufe ohne Lehrdiplom in schulischer Heilpädagogik; Förderlehrpersonen auf der Kindergartenstufe mit Lehrdiplom in schulischer Heilpädagogik.

28 Wochenlektionen, *ab 4. bis 6. Klasse*	Kategorie IV, Stufe 1	**111.99**	**7'360.77**
	Stufe 5	**128.70**	**8'459.77**
	Stufe 10	**148.68**	**9'772.69**
	Stufe 15	**160.02**	**10'518.31**
	Stufe 20	**168.98**	**11'107.08**
	Stufe 25	**177.94**	**11'695.85**
	Stufe 27	**181.52**	**11'931.15**

🖐 Lehrpersonen an Regel- und Aufnahmeklassen der Sekundarstufe; Fachlehrpersonen Handarbeit/Hauswirtschaft auf der Sekundarstufe; Förderlehrpersonen und Lehrpersonen an Kleinklassen auf der Sekundarstufe ohne Diplom in schulischer Heilpädagogik; Förderlehrpersonen und Lehrpersonen an Einschulungs- und Kleinklassen auf der Primarstufe mit Diplom in schulischer Heilpädagogik; Schulleiter ohne Zusatzausbildung.

28 Wochenlektionen, *ab 4. bis 6. Klasse sowie* *integrative Förderung*	Kategorie V, Stufe 1	**119.83**	**7'876.38**
	Stufe 5	**136.80**	**8'992.15**
	Stufe 10	**159.18**	**10'462.85**
	Stufe 15	**171.32**	**11'261.15**
	Stufe 20	**180.91**	**11'891.46**
	Stufe 25	**190.50**	**12'521.69**
	Stufe 27	**194.34**	**12'774.—**

🖐 Förderlehrpersonen und Lehrpersonen an Kleinklassen auf der Sekundarstufe mit Diplom in schulischer Heilpädagogik; Schulleiter mit Zusatzausbildung.

Tätigkeitsbereich *Wöchentliche Arbeitszeit*	Tätigkeit *Quelle, vertragliche Vereinbarungen*	Lektionslohn für Aushilfen	
Lehrer, Vikare Primarstufe	**Lohnklassen für Lehrpersonal, Kanton Zürich**		
Stundenweise Lektionen	Vikariat in 1. bis 3. Regelklasse	**77.66**	–
	Vikariat in 4. bis 6. Regelklasse	**80.44**	–
Mit Lehrerdiplom	Aufnahme-, Klein-, Einschulungsklassen sowie integrative Förderung *ohne* Lehrdiplom in schulischer Heilpädagogik	**80.44**	–
	Aufnahme-, Klein-, Einschulungsklassen sowie integrative Förderung *mit* Lehrdiplom in schulischer Heilpädagogik	**88.60**	–
Ohne Lehrerdiplom	Vikariat in 1. bis 3. Regelklasse	**62.13**	–
	Vikariat in 4. bis 6. Regelklasse	**64.35**	–
	Aufnahme-, Klein-, Einschulungsklassen sowie integrative Förderung *ohne* Lehrdiplom in schulischer Heilpädagogik	**64.35**	–
	Aufnahme-, Klein-, Einschulungsklassen sowie integrative Förderung *mit* Lehrdiplom in schulischer Heilpädagogik	**70.88**	–
Ab 57. Altersjahr, mit Lehrerdiplom	Vikariat in 1. bis 3. Regelklasse	**83.41**	–
	Vikariat in 4. bis 6. Regelklasse	**86.62**	–
	Aufnahme-, Klein-, Einschulungsklassen sowie integrative Förderung *ohne* Lehrdiplom in schulischer Heilpädagogik	**86.62**	–
	Aufnahme-, Klein-, Einschulungsklassen sowie integrative Förderung *mit* Lehrdiplom in schulischer Heilpädagogik	**95.42**	–
Ab 57. Altersjahr, ohne Lehrerdiplom	Vikariat in 1. bis 3. Regelklasse	**66.73**	–
	Vikariat in 4. bis 6. Regelklasse	**69.30**	–
	Aufnahme-, Klein-, Einschulungsklassen sowie integrative Förderung *ohne* Lehrdiplom in schulischer Heilpädagogik	**69.30**	–
	Aufnahme-, Klein-, Einschulungsklassen sowie integrative Förderung *mit* Lehrdiplom in schulischer Heilpädagogik	**76.33**	–

📖 *Lehrpersonalgesetz (OS 412.31).*

📑 *Diesem Gesetz unterstehen die an der Volksschule tätigen Lehrpersonen, die im Lehrplan vorgesehene Fächer mit einem Mindestpensum gemäss dessen § 6 sowie § 8 LPVO unterrichten. Sie werden von den Gemeinden laut kantonalem Recht beschäftigt. Enthält das Gesetz keine ausdrückliche Regelung, richtet sich das Arbeitsverhältnis der Lehrpersonen nach den für das übrige Staatspersonal anwendbaren Bestimmungen.*

📖 *Gesetz über das Arbeitsverhältnis des Staatspersonals, § 40 Personalgesetz (PG, OS 177.10).*

📑 *Diesem Gesetz untersteht das Personal des Staates und seiner unselbstständigen Anstalten. Für die Lehrkräfte an Seminaren, Mittel- und Berufsschulen gilt das Gesetz, soweit nicht besondere Bestimmungen bestehen (§ 1 PG, OS 177.10 und § 1 und 2 PVO, OS 177.11).*

▦ *Lehrpersonalverordnung (LPVO, OS 412.311).*

✎ *13. Monatslohn: Gesetzlich bestimmt (§ 50 und 51 VVO, OS 177.111; § 40 PG, OS 177.10). Zur Ermittlung des Jahreslohnes muss mit 13 multipliziert werden.*

✎ *Zur Abgeltung der Schulferien und der Ruhetage werden die Schultage in Kalendertage umgerechnet. Die Erfüllung des Vollzeitpensums während einer Schulwoche entspricht einem Wert von 9,69 Kalendertagen. Die Grundlage der Berechnung bilden 39 Schulwochen pro Jahr (§ 18 LPVO, OS 412.311).*

✎ *Auf Beginn des Schuljahres, in dem eine Lehrperson das 57. Altersjahr vollendet, vermindert sich ihr Vollpensum ohne Lohnkürzung um 2 Lektionen pro Woche (§ 9 LPVO, OS 412.311).*

✋ Nebst Vorbereitung, Erteilung und Auswertung des Unterrichts nimmt die Lehrperson im Sinne des Berufsauftrags auch zusätzliche Verpflichtungen wahr. Sie arbeitet insbesondere mit der Schulleitung, den Behörden und weiteren Personen im Umfeld der Schule zusammen. Sie berät und begleitet die Eltern und bildet sich regelmässig weiter. Die Lehrperson ist zur Erfüllung administrativer Arbeiten im Zusammenhang mit dem eigenen Tätigkeitsbereich verpflichtet und hat sich für Aufgaben im Schulwesen angemessen zur Verfügung zu stellen. Diese Tätigkeiten werden durch die Abgeltung der Lektionen entschädigt. Somit kann die Besoldung der Lektionen in diesem Sinne nicht den Stundenlöhnen gleichgesetzt werden.

🖰 www.vsa.zh.ch/Personelles & Lohnadministration/Anstellungsbedingungen/Löhne/Download Merkblätter

Tätigkeitsbereich *Wöchentliche Arbeitszeit*	Tätigkeit *Quelle, vertragliche Vereinbarungen*	Lektions- und Monatslohn

85.3						Schulen auf Sekundarstufe

85.31						Bezirks-, Sekundar- und Realschulen, Maturitäts-
							und Fachmittelschulen sowie Oberstufe der Primarschulen,
							Kanton Zürich

Lehrer, Sekundarstufe			**Lohnklassen für Lehrpersonal, Kanton Zürich**

Normallektionen	22 Wochenlektionen	**96.91**	**6'559.92**
laut § 14 der MBVVO,	23 Wochenlektionen	**92.69**	**6'559.92**
Lohnklasse 17	24 Wochenlektionen	**88.83**	**6'559.92**
	25 Wochenlektionen	**85.28**	**6'559.92**
	26 Wochenlektionen	**82.—**	**6'559.92**
	28 Wochenlektionen	**76.14**	**6'559.92**
	29 Wochenlektionen	**73.52**	**6'559.92**

☞ Lehrpersonen ohne Fachabschluss und ohne pädagogische Ausbildung.

Normallektionen	22 Wochenlektionen	**103.26**	**6'990.23**
laut § 14 der MBVVO,	23 Wochenlektionen	**98.78**	**6'990.23**
Lohnklasse 18	24 Wochenlektionen	**94.66**	**6'990.23**
	25 Wochenlektionen	**90.87**	**6'990.23**
	26 Wochenlektionen	**87.38**	**6'990.23**
	28 Wochenlektionen	**81.14**	**6'990.23**
	29 Wochenlektionen	**78.34**	**6'990.23**

☞ Lehrpersonen mit Fachabschluss tieferer Stufe als Hochschulabschluss, ohne Lehrdiplom, mit angemessener pädagogischer Ausbildung sowie an Hauswirtschaftskursen der kantonalen Mittelschulen für das Fach Textile Handarbeit.

Normallektionen	22 Wochenlektionen	**109.31**	**7'399.31**
laut § 14 der MBVVO,	23 Wochenlektionen	**104.56**	**7'399.31**
Lohnklasse 19	24 Wochenlektionen	**100.20**	**7'399.31**
	25 Wochenlektionen	**96.19**	**7'399.31**
	26 Wochenlektionen	**92.49**	**7'399.31**
	28 Wochenlektionen	**85.88**	**7'399.31**
	29 Wochenlektionen	**82.92**	**7'399.31**

☞ *An Mittelschulen:* Mit Fachabschluss tieferer Stufe als Hochschulabschluss und Ausweis über Lehrbefähigung oder Eidgenössischem Turn- und Sportlehrerdiplom I, Schulmusik I und Zeichnen I. Mit Lehrdiplom in einem Instrument oder in Sologesang. An Hauswirtschaftskursen der kantonalen Mittelschulen für Hauswirtschaftsunterricht/Internatsleitung.

☞ *An Berufsschulen:* Für Lehrpersonen mit höchstem Fachabschluss und angemessener pädagogischer Ausbildung:

Tätigkeitsbereich *Wöchentliche Arbeitszeit*	Tätigkeit *Quelle, vertragliche Vereinbarungen*	Lektions- und Monatslohn

✍ Ohne Diplom des Schweizerischen Instituts für Berufspäda-gogik (SIBP) oder gleichwertiger Ausbildung. Ohne Diplom der Universität Zürich für das höhere Lehramt im allgemeinbil-denden Unterricht oder Berufsschulen. Mit Fachlehrerdiplom der Universität Zürich. Mit Fachabschluss für die Fächer Text-verarbeitung und Bürokommunikation. Instruktoren für die prak-tische Ausbildung an Lehrwerkstätten sowie Turnlehrer I.

Normallektionen laut § 14 der MBVVO, Lohnklasse 20		
	22 Wochenlektionen	**116.86** **7'910.46**
	23 Wochenlektionen	**111.78** **7'910.46**
	24 Wochenlektionen	**107.12** **7'910.46**
	25 Wochenlektionen	**102.84** **7'910.46**
	26 Wochenlektionen	**98.88** **7'910.46**
	28 Wochenlektionen	**91.82** **7'910.46**
	29 Wochenlektionen	**88.65** **7'910.46**

✍ *An Mittelschulen:* Mit Hochschulabschluss ohne Diplom für das Höhere Lehramt (DHL).

✍ *An Berufsschulen:* Für berufskundlichen und allgemeinbildenden Unterricht mit Diplom des Schweizerischen Instituts für Berufs-pädagogik (SIBP), Hochschulabschluss oder gleichwertiger Aus-bildung. Mit Diplom der Universität Zürich für das Höhere Lehr-amt im allgemeinbildenden Unterricht der Berufsschulen. Mit dem Fähigkeitszeugnis der Universität Zürich als Sekundarlehrer sprachlich-historischer oder mathematisch-naturwissenschaft-licher Richtung für Sprach- oder Mathematikunterricht. Mit dem Eidgenössischen Turn- und Sportlehrerdiplom II.

✍ *An Berufsmittelschulen:* Für Fächer, bei denen ein abgeschlos-senes Hochschulstudium Voraussetzung bildet, ohne Diplom für das Höhere Lehramt.

Normallektionen laut § 14 der MBVVO, Lohnklasse 21		
	22 Wochenlektionen	**125.05** **8'464.62**
	23 Wochenlektionen	**119.61** **8'464.62**
	24 Wochenlektionen	**114.63** **8'464.62**
	25 Wochenlektionen	**110.04** **8'464.62**
	26 Wochenlektionen	**105.81** **8'464.62**
	28 Wochenlektionen	**98.25** **8'464.62**
	29 Wochenlektionen	**94.86** **8'464.62**

✍ *An Mittelschulen:* Mit Hochschulabschluss und Diplom für das Höhere Lehramt (DHL). Mit Eidgenössischem Turn- und Sport-lehrerdiplom II, Schulmusik II oder Zeichnen II. An Hauswirt-schaftskursen der kantonalen Mittelschulen für Internatslei-tung/Werken. Mit Lehrdiplom in einem Instrument oder in Solo-gesang.

Tätigkeitsbereich *Wöchentliche Arbeitszeit*	Tätigkeit *Quelle, vertragliche Vereinbarungen*	Lektions- und Monatslohn

✋ *An Berufsschulen:* Für berufskundlichen und allgemeinbildenden Unterricht mit Diplom des Schweizerischen Instituts für Berufspädagogik (SIBP) oder gleichwertiger Ausbildung. Mit Diplom der Universität Zürich für das Höhere Lehramt im allgemeinbildenden Unterricht der Berufsschulen. Mit dem Fähigkeitsausweis der Universität Zürich als Sekundarlehrer sprachlich-historischer oder mathematisch-naturwissenschaftlicher Richtung für Sprach- oder Mathematikunterricht. Mit dem Eidgenössischen Turn- und Sportlehrerdiplom II. Leitung von Lehrwerkstätten.

✋ *An Berufsmittelschulen und Kaufmännischen Berufsschulen:* Für Fächer, bei denen ein abgeschlossenes Hochschulstudium Voraussetzung bildet, mit Diplom für das Höhere Lehramt. Mit Eidgenössischem Turn- und Sportlehrerdiplom II, die zusätzlich für ein Fach mit abgeschlossenem Hochschulstudium und Diplom für das Höhere Lehramt ausgebildet sind und dieses unterrichten.

Normallektionen *laut § 14 der MBVVO,* *Lohnklasse 22*		
	22 Wochenlektionen	**133.01** 9'003.69
	23 Wochenlektionen	**127.23** 9'003.69
	24 Wochenlektionen	**121.93** 9'003.69
	25 Wochenlektionen	**117.05** 9'003.69
	26 Wochenlektionen	**112.55** 9'003.69
	28 Wochenlektionen	**104.51** 9'003.69
	29 Wochenlektionen	**100.90** 9'003.69

✋ *An Mittelschulen:* Mit Hochschulabschluss und Diplom für das Höhere Lehramt (DHL). Mit Eidgenössischem Turn- und Sportlehrerdiplom II, Schulmusik II oder Zeichnen II.

✋ *An Berufsmittelschulen und Kaufmännischen Berufsschulen:* Für Fächer, bei denen ein abgeschlossenes Hochschulstudium mit Diplom für das Höhere Lehramt Voraussetzung bildet. Mit Eidgenössischem Turn- und Sportlehrerdiplom II, für Lehrpersonen, die zusätzlich für ein Fach mit abgeschlossenem Hochschulstudium und Diplom für das Höhere Lehramt ausgebildet sind und dieses unterrichten. Mitglieder der Schulleitung.

Tätigkeitsbereich *Wöchentliche Arbeitszeit*	Tätigkeit *Quelle, vertragliche Vereinbarungen*	Lektionslohn für Aushilfen	
Lehrer, **Vikare Sekundarstufe**	**Lohnklassen für Lehrpersonal, Kanton Zürich**		
Stundenweise Lektionen Mit Lehrerdiplom	Vikariat in einer Regelklasse	**88.60**	–
	Vikariat in Aufnahme- und Kleinklassen sowie integrative Förderung *ohne* Lehrdiplom in schulischer Heilpädagogik	**88.60**	–
	Vikariat in Aufnahme- und Kleinklassen sowie integrative Förderung *mit* Lehrdiplom in schulischer Heilpädagogik	**94.81**	–
Ohne Lehrerdiplom	Vikariat in einer Regelklasse	**70.88**	–
	Vikariat in Aufnahme- und Kleinklassen sowie integrative Förderung *ohne* Lehrdiplom in schulischer Heilpädagogik	**70.88**	–
	Vikariat in Aufnahme- und Kleinklassen sowie integrative Förderung *mit* Lehrdiplom in schulischer Heilpädagogik	**75.85**	–
Ab 57. Altersjahr, mit Lehrerdiplom	Vikariat in einer Regelklasse	**95.42**	–
	Vikariat in Aufnahme- und Kleinklassen sowie integrative Förderung *ohne* Lehrdiplom in schulischer Heilpädagogik	**95.42**	–
	Vikariat in Aufnahme- und Kleinklassen sowie integrative Förderung *mit* Lehrdiplom in schulischer Heilpädagogik	**102.10**	–
Ab 57. Altersjahr, ohne Lehrerdiplom	Vikariat in einer Regelklasse	**76.33**	–
	Aufnahme- und Kleinklassen sowie integrative Förderung *ohne* Lehrdiplom in schulischer Heilpädagogik	**76.33**	–
	Aufnahme- und Kleinklassen sowie integrative Förderung *mit* Lehrdiplom in schulischer Heilpädagogik	**81.68**	–

Tätigkeitsbereich *Wöchentliche Arbeitszeit*	Tätigkeit *Quelle, vertragliche Vereinbarungen*	Lektions- und Monatslohn

📖 *Mittel- und Berufsschullehrervollzugsverordnung (MBVVO, OS 413.112).*

🐾 *Diese Verordnungen regeln den Vollzug des Personalgesetzes für die Lehrpersonen der kantonalen Mittel- und Berufsschulen sowie der Lehrwerkstätten (§ 1 MBVO, OS 413.111 und MBVVO, OS 413.112).*

✎ *Normallektionen an Mittelschulen (§ 14 a MBVVO, OS 413.112):*
- *22: Deutsch, moderne Fremdsprachen;*
- *23: Alte Sprachen, Mathematik und angewandte Mathematik, Informatik, Naturwissenschaften, Geschichte und Staatskunde, Geografie, Wirtschaft und Recht sowie alle nicht in einer anderen Kategorie aufgeführten Fächer;*
- *25: Musik (Klassenunterricht), Chor, Orchester;*
- *26: Sport (Rhythmik, Ausdruck und Gestaltung), Musik (Individualunterricht), Bildnerisches Gestalten, Handarbeit und Werken, Tastaturschreiben, Textverarbeitung und Bürokommunikation.*

✎ *Normallektionen an Berufsmittelschulen und Kaufmännischen Berufsschulen (§ 14 b MBVVO, OS 413.112):*
- *25: Deutsch, moderne Fremdsprachen, Mathematik, Informatik, Naturwissenschaften, Geschichte und Staatskunde, Geografie und Wirtschaftsgeografie, Wirtschaft und Recht sowie alle nicht in einer anderen Kategorie aufgeführten Fächer.*

✎ *Normallektionen an Gewerblich-Industriellen und Kaufmännischen Berufsschulen (§ 14 c MBVVO, OS 413.112):*
- *26: Berufskundliche Fächer, Technisches Englisch, Allgemeinbildung, Textverarbeitung und Bürokommunikation, Korrespondenz, Turnen und Sport.*

📖 *Verordnung für die Lehrpersonen der Hauswirtschaftskurse an Mittelschulen (OS 413.412).*

✎ *Arbeitszeit vollbeschäftigter Lehrpersonen in den Fächern Hauswirtschaft, textile Handarbeit und Werken sowie für die Internatsleitung (§ 11):*
- *26: Hauswirtschaft/Internatsleitung sowie textile Handarbeit.*
- *28: Internatsleitung/Werken.*

📖 *Gesetz über das Arbeitsverhältnis des Staatspersonals, § 40 Personalgesetz (PG; OS 177.10).*

📖 *Diesem Gesetz untersteht das Personal des Staates und seiner unselbstständigen Anstalten. Für die Lehrkräfte an Seminaren, Mittel- und Berufsschulen gilt das Gesetz, soweit nicht besondere Bestimmungen bestehen (§ 1 PG, OS 177.10 und § 1 und 2 PVO, OS 177.11).*

⊞ *Verordnung über das Anstellungsverhältnis der Lehrpersonen an Mittel- und Berufsschulen (Mittel- und Berufsschullehrerverordnung MBVO, OS 413.111). Einreihungsplan laut dessen Anhang.*

✎ *13. Monatslohn: Gesetzlich bestimmt (§ 50 und 51 VVO, OS 177.111; § 40 PG, OS 177.10). Zur Ermittlung des Jahreslohnes muss mit 13 multipliziert werden.*

✎ *Vollbeschäftigte Lehrpersonen haben auf Beginn des Schuljahres, in dem sie das 57. Altersjahr vollenden, einen Anspruch auf Reduktion der Pflichtlektionenzahl um 2 Lektionen pro Woche ohne Besoldungskürzung (§ 15 MBVVO, OS 413.112).*

✋ Nebst Vorbereitung, Erteilung und Auswertung des Unterrichts nimmt die Lehrperson weitere Verpflichtungen wahr. Sie arbeitet mit der Schulleitung, den Behörden und weiteren Personen im Umfeld der Schule zusammen. Sie berät und begleitet die Eltern und bildet sich regelmässig weiter. Die Lehrperson nimmt administrative Arbeiten im Zusammenhang mit dem eigenen Tätigkeitsbereich wahr und hat sich für Aufgaben im Schulwesen zur Verfügung zu stellen. Diese Tätigkeiten werden durch die Abgeltung der Lektionen entschädigt. Somit kann die Besoldung nicht ohne Weiteres mit anderen Stundenlöhnen verglichen werden.

✋ Obige Löhne geben die Lohnstufe 1 des Lohnreglements wieder.

🏷 www.mba.zh.ch / Mittelschulen / Mittelschulrecht / Rechtsgrundlagen / Kantonales Mittelschulrecht / Personal / Lohnskalen zur MBVO (aktuelle Löhne).

Tätigkeitsbereich *Wöchentliche Arbeitszeit*	Tätigkeit *Quelle, vertragliche Vereinbarungen*	Stunden- und Monatslohn

85.32   Berufsbildende, weiterführende Schulen, Kanton Zürich

Lehrer

42 Stunden,
laut VVO § 116; PG § 52

Lohnklassen laut Zürcher Personalgesetz

Unterrichtsassistent (15–16)	**34.47**	**5'791.45**
Berufsschullehrer (18–19)	**41.48**	**6'969.30**
Lehrer für Spitalberufe (18–19)	**41.48**	**6'969.30**
Schulleiter (18–20)	**41.48**	**6'969.30**

📖 *Gesetz über das Arbeitsverhältnis des Staatspersonals, § 40 Personalgesetz (PG; OS 177.10).*

📖 *Diesem Gesetz untersteht das Personal des Staates und seiner unselbstständigen Anstalten. Für die Lehrkräfte an Seminaren, Mittel- und Berufsschulen gilt das Gesetz, soweit nicht besondere Bestimmungen bestehen. (§ 1 PG, OS 177.10 und § 1 und 2 PVO, OS 177.11).*

📖 *Verordnung über die Schulen im Gesundheitswesen (OS 413.51).*

🏭 *Vollzugsverordnung zum Personalgesetz, § 32 ff. und Anhang 1, Einreihungsplan (siehe hierzu auch PVO § 15, OS 177.11). Lohn: § 40 ff., Anhang 2 (VVO, OS 177.111).*

✎ *13. Monatslohn: Gesetzlich bestimmt (§ 50 und 51 VVO, OS 177.111; § 40 PG, OS 177.10). Zur Ermittlung des Jahreslohnes muss mit 13 multipliziert werden.*

✎ *Zur Abgeltung der Schulferien und der Ruhetage werden die Schultage in Kalendertage umgerechnet. Die Erfüllung des Vollzeitpensums während einer Schulwoche entspricht einem Wert von 969 Kalendertagen. Die Grundlage der Berechnung bilden 39 Schulwochen pro Jahr (§ 18 LPVO, OS 412.311).*

Stand 1.7.2010

🖥 www.personalamt.zh.ch/Anstellungsbedingungen/Lohn/Aktuelle Lohntabellen

Tätigkeitsbereich *Wöchentliche Arbeitszeit*	Tätigkeit *Quelle, vertragliche Vereinbarungen*	Stunden- und Monatslohn	

85.4   Tertiärer Unterricht

85.42   Höhere Berufsbildung, universitäre Fachhochschulen
                               und pädagogische Hochschulen

Dozenten und Mitarbeiter GAV-Löhne, Grossregion Nordwestschweiz

Tätigkeitsbereich	Tätigkeit	Stunden	Monatslohn
42 Stunden, laut GAV	Administrationsangestellter (12)	**18.90**	3'437.—
	Angelernte (12)	**18.90**	3'437.—
Administratives	Angestellter Technik (13)	**23.95**	4'355.—
und technisches Personal	Betriebsangestellter (12)	**18.90**	3'437.—
	Direktionspräsident (23)	**68.50**	12'468.—
	Direktor einer Hochschule (22)	**61.50**	11'189.—
	Fachperson Administration (14)	**27.65**	5'035.—
	Fachperson ICT (14)	**27.65**	5'035.—
	Fachperson Technik (14)	**27.65**	5'035.—
	Gelernte mit 3- bis 4-jähriger Lehre (13)	**23.95**	4'355.—
	Gelernte mit Zusatzausbildung (14)	**27.65**	5'035.—
	Sachbearbeiter Administration (13)	**23.95**	4'355.—
	Sachbearbeiter ICT (13)	**23.95**	4'355.—
	Ungelernte (11)	**17.15**	3'117.—
Wissenschaftlicher	Fachspezialist ICT (15)	**29.85**	5'435.—
Mittelbau	Fachspezialist Informations- und	**32.95**	5'994.—
	Dokumentationsdienst (16)	**32.95**	5'994.—
	Wissenschaftlicher		
	– Assistent (15)	**29.85**	5'435.—
	– Bibliothekar (17)	**38.20**	6'953.—
	– Mitarbeiter I Junior (16)	**32.95**	5'994.—
	– Mitarbeiter II Senior (17)	**38.20**	6'953.—
	– Mitarbeiter III (18)	**43.90**	7'992.—
Dozierende	Dozierender		
	– Fachhochschul-Gesamtauftrag (19)	**47.85**	8'712.—
	– Fachhochschul-Lehrauftrag (18)	**43.90**	7'992.—
	– Fachhochschul-Lehrauftragsassistenz (17)	**38.20**	6'953.—
	– Instrumentalunterricht PH (17)	**38.20**	6'953.—
	Leiter I Leitungskategorie B (20)	**50.50**	9'191.—
	Leiter II Leitungskategorie B (21)	**53.15**	9'671.—

📖 *GAV für die Fachhochschule Nordwestschweiz. Lohnbestimmungen, Ziffer 7.*

⧗ *Laufzeit des GAV ab 1.1.2007, ungekündigt.*

✎ *Der 13. Monatslohn ist vertraglich vereinbart (Art. 7.10 GAV). Zur Ermittlung des Jahreslohnes muss mit 13 multipliziert werden.*

Tätigkeitsbereich *Wöchentliche Arbeitszeit*	Tätigkeit *Quelle, vertragliche Vereinbarungen*	Stunden- und Monatslohn

    ✐ *Inkonvenienzzulagen: Der Arbeitszeitrahmen gilt von Montag bis Freitag zwischen 06.00 und 20.00 Uhr und am Samstag zwischen 07.30 und 17.30 Uhr. Für Arbeit ausserhalb dieser Zeiten wird für das Personal mit Arbeitszeiterfassung eine Zulage von CHF 7.50 je Stunde entrichtet (Art. 7.12 GAV, Anhang A 2).*

    ✐ *Pro Kalenderjahr beträgt der Ferienanspruch für alle Mitarbeitenden 28 Tage. Ab dem Kalenderjahr, in welchem das 45. Altersjahr vollendet wird, 30 Tage (Art. 5.6 GAV).*

    ✐ *Die Arbeitnehmenden haben Anspruch auf jährlich 12 Feiertage (Art. 6.2 GAV).*

    📖 *Der GAV gilt für das gesamte voll- und teilzeitlich beschäftigte Personal der Fachhochschule Nordwestschweiz. Davon ausgenommen sind Berufslernende, Referierende, Examinatoren, Praxislehrpersonen, Hilfsassistierende, Praktikanten sowie Mitglieder von Kommissionen und Räten. Für deren Arbeitsverhältnisse gelten die Bestimmungen des Schweizerischen Obligationenrechts (OR, SR 220).*

    ✋ Obige Löhne entsprechen dem Positionsanteil.

    ✋ Die in Klammern gesetzten Zahlen entsprechen den Funktionsstufen.

Stand 1.1.2010   ✐ www.fhnw.ch

85.5   Erwachsenenbildung und sonstiger Unterricht

85.51   Sport- und Freizeitunterricht

Diplomtrainer   ***Gesamtschweizerische Lohnempfehlung***

Wöchentlich 30 Lektionen		
Schwimmlehrer, diplomiert	**35.—**	–
Minimalansatz	**25.—**	–
Maximalansatz	**60.—**	–
Tennislehrer, diplomiert, minimal	**35.—**	–
Maximalansatz	**55.—**	–

    📖 *Kein GAV, Vereinigung Schweizer Diplomtrainer.*

    ▦ *Lohnempfehlung der Schweizer Diplomtrainer.*

    ✋ Ein 13. Monatslohn ist nicht vertraglich vereinbart. Zur Ermittlung des Jahreslohnes muss mit 12 multipliziert werden.

    ✋ Die Jahresteuerung wird seit 2004 aufgerechnet.

Stand 1.1.2011   ✐ ch, www.fsn.ch und www.swissolympic.ch

Tätigkeitsbereich *Wöchentliche Arbeitszeit*	Tätigkeit *Quelle, vertragliche Vereinbarungen*	Lohn für Einzellektionen

Kursleitende

Vergleichswerte aus dem Espace Mittelland

Stundenweise Arbeitszeit

Gestalterische Lehrgänge	**53.—**	–
Wellness-Lehrgänge	**57.—**	–
Entspannung, Fitness, Sport und Tanz	**38.—**	–
Gestaltungskurse, Kochen, Musik	**33.—**	–

📖 *Kein GAV, Allgemeine Anstellungsbedingungen für die Kursleiterinnen und Kursleiter in den Klubschulen und Freizeit-Anlagen der M-Gemeinschaft.*

▦ *Lohnempfehlungen der Klubschule Migros.*

✋ Abhängig von Alter und Anstellungsart wird auf den Stundenlohn eine Ferienentschädigung von 10,64 % bis 15,56 % entrichtet. Ebenso wird eine Feiertagsentschädigung von 2 % sowie der 13. Monatslohn im Umfang von 8,33 % ausbezahlt.

✋ Jährliche Arbeitszeit: Für vollzeitbeschäftigte Kursleitende beträgt die Arbeitszeit innerhalb eines Zeitraumes von 12 Monaten 1'300 Stunden bei einem Beschäftigungsgrad von 100 %.

✋ Sowohl Unterrichtserfahrung als auch pädagogisch-andragogische Ausbildungen werden bei der Lohnfindung berücksichtigt: *Pädagogik* ist die traditionelle Bezeichnung für die wissenschaftliche Fachrichtung, die sich mit Bildung und Erziehung befasst.
Die *Andragogik* gilt der Erwachsenenbildung. Sie ist eine die Pädagogik ergänzende Wissenschaft.

Stand 1.1.2008   ✍ www.klubschule.ch

Reitlehrer

Gesamtschweizerische Tarifempfehlung

Stundenweise Arbeitszeit	Privatstunde	**80.—**	–
	Privatstunde für 2 Reiter, pro Reiter	**55.—**	–
Ausritt und Dressur	Privatstunde für 3 Reiter, pro Reiter	**45.—**	–
	Klassenstunde ab 4 Reitern, pro Reiter	**35.—**	–
Springen	Privatstunde	**90.—**	–
	Privatstunde für 2 bis 3 Reiter, pro Reiter	**70.—**	–
	Klassenstunde ab 4 Reitern, pro Reiter	**60.—**	–
Longen- und Voltigeunterricht	Longenunterricht, ½ Lektion	**35.—**	–
	Voltigeunterricht, pro Person	**15.—**	–
	Tagesausritte, pro Person	**150.—**	–

📖 *Kein GAV, Swiss Horse Professionals, Verband für Berufsreiter und professionelle Reitbetriebe.*

▦ *Tarifempfehlungen der Swiss Horse Professionals.*

Stand 1.1.2011   ✍ www.swiss-horse-professionals.ch und www.fnch.ch

Tätigkeitsbereich *Wöchentliche Arbeitszeit*	Tätigkeit *Quelle, vertragliche Vereinbarungen*	Stunden- und Monatslohn

85.52   Kulturunterricht

Musiklehrer

42 Stunden, laut GAV
davon 28 Musiklektionen

GAV-Löhne, Grossregion Zürich

bis zum 23. Altersjahr, Stufe 1	**36.85**	**6'707.—**
ab 27. Altersjahr, Stufe 5	**42.—**	**7'641.—**
ab 41. Altersjahr, Stufe 10	**48.45**	**8'822.—**
ab 56. Altersjahr, Stufe 15	**52.15**	**9'495.—**
ab 62. Altersjahr, Stufe 17	**55.25**	**10'054.—**

📖 *GAV für die Lehrpersonen von Musikschule und Konservatorium Winterthur, abgeschlossen zwischen dem Schweizerischen Musikpädagogischen Verband und dem Musiklehrer/innenverband des Kantons Zürich. Lohnbestimmungen Art. 5.*

⌛ *Laufzeit des GAV ab 1.1.2006, ungekündigt.*

⊞ *Die Besoldung fusst auf den Ansätzen laut kantonalem Lehrerpersonalgesetz (OS 412.31) und der Lehrerpersonalverordnung (LPVO, OS 412.311), LR 10 01, Klasse 19.*

✎ *Der 13. Monatslohn ist vertraglich vereinbart (Art. 5.5 GAV). In obigen Löhnen ist der 13. Monatslohn bereits enthalten. Zur Ermittlung des Jahreslohnes muss mit 12 multipliziert werden.*

✎ *Ferienanspruch: 4 Wochen bis zum 50. Altersjahr. Ab vollendetem 50. Altersjahr 5 Wochen sowie ab vollendetem 60. Altersjahr 6 Wochen (Art. 6.6 GAV).*

Stand 1.1.2011   ✍ www.konservatorium.ch, www.smpv.ch und www.muv.ch

Musikpädagogen

Stundenweise Arbeitszeit

Erwachsene Schüler

Kinder und Jugendliche

Lohnempfehlung der Grossregion Zürich

Lektion à 60 Minuten	***110.—***	***1'680.—***
Lektion à 50 Minuten	***98.—***	***1'470.—***
Lektion à 40 Minuten	***85.—***	***1'260.—***
Lektion à 50 Minuten	–	***1'200.—***
Lektion à 40 Minuten	–	***1'040.—***

📖 *Kein GAV, Schweizerischer Musikpädagogischer Verband.*

⊞ *Tarifempfehlungen des Schweizerischen Musikpädagogischen Verbandes, SMPV.*

✋ Die vollen Beiträge für die Sozialversicherungen, die Erwerbsausfallversicherung, die Abgeltung der Ferien und die Weiterbildung, die Benützung eines Raums sowie Unterhalt und Pflege des Instruments sind in den Honoraren inbegriffen.

Stand 1.1.2010   ✍ www.smpv.ch

Tätigkeitsbereich *Wöchentliche Arbeitszeit*	Tätigkeit *Quelle, vertragliche Vereinbarungen*	Stunden- und Monatslohn

| 85.59 | Sprach- und Informatikunterricht sowie Erwachsenenbildung | |

Informatik-Ausbildung

Gesamtschweizerische Statistik, Median

42 Stunden, berufsüblich	bis 25 Altersjahre	*23.40*	*4'261.—*
	ab 25 bis 29 Altersjahre	*25.—*	*4'547.—*
ICT-Trainer	ab 30 bis 34 Altersjahre	*26.55*	*4'837.—*
	ab 35 bis 39 Altersjahre	*33.45*	*6'092.—*
	ab 40 bis 44 Altersjahre	*41.85*	*7'620.—*
	ab 45 bis 49 Altersjahre	*38.65*	*7'034.—*
	ab 49 Altersjahren	*37.05*	*6'741.—*

✋ *ICT-Trainer:* Planen, Organisieren, Durchführen und Beurteilen von Ausbildungsmassnahmen und -konzepten in den Bereichen Organisation sowie für einzelne Fachgebiete der Informatik.

Organisations-Trainer	ab 30 bis 34 Altersjahre	*29.55*	*5'376.—*
	ab 35 bis 39 Altersjahre	*35.10*	*6'392.—*
	ab 40 bis 44 Altersjahre	*36.85*	*6'707.—*
	ab 45 bis 49 Altersjahre	*29.80*	*5'423.—*

✋ *Organisations-Trainer:* Planen, Durchführen und Beurteilen von Ausbildungsmassnahmen im Rahmen der organisatorischen Ausbildungskonzepte.

📖 *Kein GAV; Swiss ICT, Schweizerischer Verband der Informations- und Kommunikationstechnologie, Salärumfrage 2010, Berufe der Informatik.*

📖 *Die Funktionsbeschreibungen entstammen dem Buch Berufe der ICT.*

📊 *Die Lohntabellen der Informatikberufe wurden in Anlehnung an die Werte der Salärumfrage der Swiss ICT erstellt.*

✋ 13. Monatslohn: Berufsüblich, jedoch nicht vertraglich vereinbart. Zur Ermittlung des Jahreslohnes muss mit 13 multipliziert werden.

Stand 1.5.2010   ✍ www.swissict.ch

Tätigkeitsbereich *Wöchentliche Arbeitszeit*	Tätigkeit *Quelle, vertragliche Vereinbarungen*	Lohn für Einzellektionen
Kursleitende	***Vergleichswerte aus dem Espace Mittelland***	
Stundenweise Arbeitszeit	(Microsoft Office, Lotus Notes, Bild- und Fotobearbeitung)	*53.—* –
Informatik	(CAD, Java, C++, MS Project)	*68.—* –
	ICT Assistant Web & PC/Net SIZ, ICT Professional Web & PC/Net SIZ, Netzwerk Supporter Network+, PC-Techniker A+	*79.—* –
	CPLS (Technische Microsoft-Lehrgänge wie MCP, MCSA und MCSE), Eidgenössische IT-Fachausweise, Informatiker mit eidgenössischem Diplom, ITIL Foundation, IT-Security-Manager ISS	*88.—* –
Wirtschaft und Recht	Kaufmännische Fächer	*44.—* –
	Recht	*53.—* –
Sprachen	Businesskurse	*46.—* –
	Diplomkurse	*59.—* –
	Standardkurse	*36.—* –
Andragogik, Pädagogik	Fachdidaktische Weiterbildungen	*71.—* –

📖 *Kein GAV, Allgemeine Anstellungsbedingungen für die Kursleiterinnen und Kursleiter in den Klubschulen und Freizeit-Anlagen der M-Gemeinschaft.*

▦ *Lohnempfehlungen der Klubschule Migros.*

✋ Abhängig von Alter und Anstellungsart wird auf den Stundenlohn eine Ferienentschädigung von 10,64 % bis 15,56 % entrichtet. Ebenso wird eine Feiertagsentschädigung von 2 % sowie der 13. Monatslohn im Umfang von 8,33 % ausbezahlt.

✋ Jährliche Arbeitszeit: Für vollzeitbeschäftigte Kursleitende beträgt die Arbeitszeit innerhalb eines Zeitraumes von 12 Monaten 1'300 Stunden bei einem Beschäftigungsgrad von 100 %.

✋ Sowohl Unterrichtserfahrung als auch pädagogisch-andragogische Ausbildungen werden bei der Lohnfindung berücksichtigt: *Pädagogik* ist die traditionelle Bezeichnung für die wissenschaftliche Fachrichtung, die sich mit Bildung und Erziehung befasst.
Andragogik ist die Wissenschaft der Erwachsenenbildung. Sie ist eine die Pädagogik ergänzende Wissenschaft und steht nicht im Gegensatz zu dieser. Im Verlaufe seiner Lernbiografie ist der Mensch zunächst für pädagogische Massnahmen empfänglich, um sich dann mit zunehmender Selbstständigkeit für andragogische zu öffnen.

Stand 1.1.2008   ✍ www.klubschule.ch

Tätigkeitsbereich *Wöchentliche Arbeitszeit*	Tätigkeit *Quelle, vertragliche Vereinbarungen*	Stunden- und Monatslohn	
Lokführer, Fachperson	**GAV-Löhne, gesamtschweizerischer Geltungsbereich**		
öffentlicher Verkehr			
und Zugverkehrsleiter,	Ausbildner	**38.70**	**6'538.—**
Weiterbildung	Ausbildungsassistent	**27.30**	**4'615.—**
	Ausbildungsleiter	**31.85**	**5'385.—**
39 Stunden, laut GAV	Berufsbildungsverantwortlicher, junior	**22.75**	**3'846.—**
	Berufsbildungsverantwortlicher, senior	**29.60**	**5'000.—**
Berufs- und Weiterbildung	Produktemanager	**38.70**	**6'538.—**
Organisation und Services	Bereichsleiter	**38.70**	**6'538.—**
	Fachspezialist Overhead	**27.30**	**4'615.—**
	Mitarbeitender Administration	**20.50**	**3'462.—**
	Mitarbeitender Head Office	**20.50**	**3'462.—**
	Mitarbeitender Sekretariat	**22.75**	**3'846.—**

📖 *GAV Login. Lohnbestimmungen Art. 30.*

⧗ *GAV 1.4.2005, ungekündigt.*

✎ *Der 13. Monatslohn ist vertraglich vereinbart (Art. 30.5 GAV). Zur Ermittlung des Jahreslohnes muss mit 13 multipliziert werden.*

✎ *Lohnzulagen: Für Arbeiten zwischen 23.00 und 06.00 Uhr gilt ein Zuschlag von 40%. Ab Beginn des Kalenderjahres, in welchem der Arbeitnehmende das 55. Altersjahr vollendet, erhöht sich der Zuschlag auf 50% (Art. 31.3 GAV).*

✎ *Ferienanspruch: 4 Wochen ab Beginn des Kalenderjahres, in dem das 21. Altersjahr vollendet wird, sowie sinngemäss ab 50. Altersjahr 5 Wochen und ab 60. Altersjahr 6 Wochen (Art. 27 GAV).*

✎ *Verpflegungsentschädigung: Für Mahlzeiten ausserhalb des Wohn- oder Arbeitsortes erhalten die Mitarbeitenden CHF 25, beziehungsweise CHF 12.50, sofern ein Personalrestaurant vor Ort vorhanden ist. Für die Verpflegung in der Rottenküche gilt ein Ansatz von CHF 8.80 (Art. 31.2 GAV).*

Stand 1.1.2010   📠 www.login.org

Tätigkeitsbereich *Wöchentliche Arbeitszeit*	Tätigkeit *Quelle, vertragliche Vereinbarungen*	Stunden- und Monatslohn

Q   **Gesundheits- und Sozialwesen**

86   **Gesundheitswesen**

86.1   Krankenhäuser

86.10   Krankenhäuser, Spitäler und Kliniken, Kanton Zürich

Fach- und Pflegepersonal Lohnklassen laut Zürcher Personalgesetz

42 Stunden,	Abteilungsleiter Pflege (17–21)	**38.93**	**6'540.30**
laut VVO § 116; PG § 52	Arzt, leitender (25–26)	**65.86**	**11'064.15**
	Assistenzarzt (19–21)	**43.91**	**7'377.15**
Spitäler, Kliniken und	Ausbildner (15–16)	**34.47**	**5'791.45**
Psychiatrische Kliniken	Ausbildungsleiter (18–19)	**41.48**	**6'969.30**
	Bereichsleiter Pflege (17–21)	**38.93**	**6'540.30**
Ärztliche Funktionen,	Chefarzt (27–28)	**75.73**	**12'722.15**
Pflegefach, Ausbildung	Direktor des Universitätsspitals (29)	**86.99**	**14'614.85**
und Geburtshilfe	Fachfrau/-mann Gesundheit (9–10)	**25.51**	**4'285.70**
	– mit besonderen Aufgaben (11–13)	**27.85**	**4'678.45**
	Geburtshelfer FH (16)	**36.60**	**6'148.25**
	– mit besonderen Aufgaben (17)	**38.93**	**6'540.30**
	Hebamme (16)	**36.60**	**6'148.25**
	– mit mehrjähriger Erfahrung (17)	**38.93**	**6'540.30**
	Krankenpfleger/-schwester		
	– Diplomniveau I (13)	**30.81**	**5'175.70**
	– Diplomniveau II (14)	**32.55**	**5'467.85**
	– Diplomniveau II, Zusatzausbildung (15–16)	**34.47**	**5'791.45**
	– FA SRK (12–13)	**29.24**	**4'913.15**
	– leitende (17–19)	**38.93**	**6'540.30**
	– Stationsleiter (16–18)	**36.60**	**6'148.25**
	Leiter		
	– Fachentwicklung Pflege (21)	**50.23**	**8'439.30**
	– Gebärabteilung (17–20)	**38.93**	**6'540.30**
	– Pflege (17–21)	**38.93**	**6'540.30**
	Oberarzt (21–25)	**50.23**	**8'439.30**
	Pflegeassistent (9–10)	**25.51**	**4'285.70**
	Pflegedienst, Leiter (20–24)	**46.95**	**7'886.75**
	Pflegeexperte HF II oder MAS (17–18)	**38.93**	**6'540.30**
	Pflegefachfrau/-mann (14–15)	**32.55**	**5'467.85**
	– Fachhochschule FH (16)	**36.60**	**6'148.25**
	– FH mit besonderen Aufgaben (17)	**38.93**	**6'540.30**
	– HF mit besonderen Aufgaben (16)	**36.60**	**6'148.25**
	– HF mit Zusatzausbildung (16)	**36.60**	**6'148.25**
	– HF mit Zusatzausbildung und mehrjähriger Erfahrung (17)	**38.93**	**6'540.30**
	Pflegehelfer (6–9)	**22.99**	**3'862.15**

Tätigkeitsbereich *Wöchentliche Arbeitszeit*	Tätigkeit *Quelle, vertragliche Vereinbarungen*	Stunden- und Monatslohn	
	Pflegerische Leitung mit medizinischem Spezialgebiet wie Anästhesie, Intensivpflege und Notfall (17–21)	38.93	6'540.30
	Pflegewissenschafter (19–20)	43.91	7'377.15
	Spitalarzt (20–22)	46.95	7'886.75
Therapeutische Funktionen	Aktivierungsfachfrau/-mann HF (14–15)	32.55	5'467.85
	– mit Besonderen Aufgaben (16–17)	36.60	6'148.25
	Bewegungs- und Tanztherapeut HF (14–15)	32.55	5'467.85
	– mit besonderen Aufgaben (16–17)	36.60	6'148.25
	Ergotherapeut FH (16)	36.60	6'148.25
	– mit besonderen Aufgaben (17–18)	38.93	6'540.30
	Ernährungsberater (16)	36.60	6'148.25
	– mit besonderen Aufgaben (17–18)	38.93	6'540.30
	Leiter		
	– Ergo-, Ernährungs- und Physiotherapie (17–21)	38.93	6'540.30
	– Fachentwicklung Physiotherapie (21)	50.23	8'439.30
	Physiotherapeut FH (16)	36.60	6'148.25
	– mit besonderen Aufgaben (17–18)	38.93	6'540.30
	Physiowissenschafter (19–20)	43.91	7'377.15
	Therapeut (13–14)	30.81	5'175.70
	– leitender (16–21)	36.60	6'148.25
	– mit besonderen Aufgaben (14–17)	32.55	5'467.85
	Therapieassistent (10–11)	26.61	4'469.70
Medizinisch-technische und Labor-Funktionen	Biomedizinischer Analytiker HF (14–15)	32.55	5'467.85
	– mit besonderen Aufgaben (16)	36.60	6'148.25
	Fachfrau/-mann Operationstechnik FH (14–15)	32.55	5'467.85
	– mit besonderen Aufgaben (16)	36.60	6'148.25
	Laborant (10–13)	26.61	4'469.70
	– mit besonderen Aufgaben (14–16)	32.55	5'467.85
	Laborhilfe (5–8)	22.38	3'759.—
	Lebensmittelinspektor (18)	41.48	6'969.30
	Leiter		
	– Biomedizinische Analytik (17–21)	38.93	6'540.30
	– Labor (16–20)	36.60	6'148.25
	– Operationstechnik (17–19)	38.93	6'540.30
	Medizinisch-technische Radiologie		
	– Assistent MTRA (13)	30.81	5'175.70
	– Fachfrau/-mann HF (14–15)	32.55	5'467.85
	– Fachfrau/-mann HF mit besonderen Aufgaben (16)	36.60	6'148.25
	– Leiter (17–21)	38.93	6'540.30

Tätigkeitsbereich *Wöchentliche Arbeitszeit*	Tätigkeit *Quelle, vertragliche Vereinbarungen*	Stunden- und Monatslohn	
	Medizinisch-Technischer		
	– Angestellter (8–9)	**24.55**	**4'124.10**
	– Assistent (10–13)	**26.61**	**4'469.70**
	– Assistent, leitender (16–20)	**36.60**	**6'148.25**
	– Assistent, besondere Aufgaben (13–16)	**30.81**	**5'175.70**
	Oberassistent (19–21)	**43.91**	**7'377.15**
	Oberassistent, habilitiert (20–22)	**46.95**	**7'886.75**
	Oberpfleger/-schwester (19–21)	**43.91**	**7'377.15**
	Orthoptist HF (14–15)	**32.55**	**5'467.85**
	– mit besonderen Aufgaben (16–17)	**36.60**	**6'148.25**
	Psychologe (16–20)	**36.60**	**6'148.25**
	Psychologe, leitender (21–23)	**50.23**	**8'439.30**
	Technischer		
	– Operationsassistent (13–15)	**30.81**	**5'175.70**
	– Operationsassistent, besondere Aufgaben (14–15)	**32.55**	**5'467.85**

📖 *Gesetz über das Arbeitsverhältnis des Staatspersonals, § 40 Personalgesetz (PG; OS 177.10).*

📕 *Diesem Gesetz untersteht das Personal des Staates und seiner unselbstständigen Anstalten (§ 1 PG und § 1 und 2 PVO).*

📖 *Personalverordnung § 8 ff. (PVO, OS 177.11).*

📕 *Der Geltungsbereich erstreckt sich insbesondere auf Betriebe, die einer Direktion des Regierungsrates oder der Staatskanzlei unmittelbar unterstellt sind, und auf die Betriebsangestellten des medizinisch-technischen und Hausdienstbereiches (§ 1 VVO).*

🔳 *Vollzugsverordnung zum Personalgesetz, § 32 ff. und Anhang 1, Einreihungsplan (siehe hierzu auch PVO § 15). Lohn: § 40 ff., Anhang 2 (VVO, OS 177.111). Die in Klammern gesetzten Zahlen entsprechen der Lohnstufe 1.*

✎ *13. Monatslohn: Gesetzlich bestimmt (§ 50 und 51 VVO; § 40 PG). Zur Ermittlung des Jahreslohnes muss mit 13 multipliziert werden.*

✎ *Für Arbeitsleistungen in der Nacht sowie an Samstagen und Sonntagen zwischen 20.00 und 06.00 Uhr wird eine Vergütung von CHF 5.25 pro Stunde ausgerichtet. Präsenzdienst wird mit CHF 2.75 und Bereitschaftsdienst mit CHF 1.60 pro Stunde vergütet (§ 132 und 133 VVO).*

✎ *Der Ferienanspruch gilt ab dem Kalenderjahr, in welchem das entsprechende Alter vollendet wird: Ab 50. Altersjahr 5 sowie ab 60. Altersjahr 6 Wochen (§ 79 VVO).*

🖥 www.personalamt.zh.ch/Anstellungsbedingungen/Lohn/Aktuelle Lohntabellen und www.gd.zh.ch

Stand 1.7.2010

Tätigkeitsbereich *Wöchentliche Arbeitszeit*	Tätigkeit *Quelle, vertragliche Vereinbarungen*	Stunden- und Monatslohn	

Ober- und Assistenzärzte **GAV-Löhne, Grossregion Zürich**

50 Stunden, laut GAV	Assistenzarzt (18, Anlaufstufe 1)	**31.05**	**6'729.55**
	Assistenzarzt, ab 2. Dienstjahr (18, Erfahrungsstufe 0)	**32.15**	**6'969.30**
	Oberarzt (21–25)	**38.95**	**8'439.30**

Inkonvenienzentschädigung für Pikett-, Präsenz-, Nacht- und Wochenenddienste, pauschal:
- Stufe 1: Pikett mit weniger **40.—** –
als 5 Stunden Arbeitseinsatz
- Stufe 2: Präsenzdienst, Pikett mit mehr **80.—** –
als 5 Stunden Arbeitseinsatz,
Tagesarbeit an Wochenenden und
Feiertagen
- Stufe 3: Nachtarbeit **120.—** –

📖 *GAV für Assistenzärztinnen und -ärzte zwischen dem Kanton Zürich und dem Verband Zürcher SpitalärztInnen VSAO (OS 811.12). Lohnbestimmungen Art. 16.*

📖 *Gesetz über das Arbeitsverhältnis des Staatspersonals, § 40 Personalgesetz (PG; OS 177.10).*

📖 *Personalverordnung § 8 ff. (PVO, OS 177.11).*

📖 *Die Bestimmungen des Arbeitsgesetzes und dessen Verordnungen gelten für alle Betriebe (SR 822.11).*

🖾 *Lohntabelle für Lohnreglement 01 des Kantons Zürich.*

✎ *13. Monatslohn: Gesetzlich bestimmt (§ 50 und 51 VVO; § 40 PG). Zur Ermittlung des Jahreslohnes muss mit 13 multipliziert werden.*

☞ *Der Gesamtarbeitsvertrag gilt für alle voll- und teilzeitbeschäftigten sowie klinisch tätigen Assistenzärztinnen und -ärzte der Humanmedizin, die nach erworbenem Staatsexamen eine Weiterbildung, zur Erlangung des ersten Facharzttitels oder für die Zulassung zur Eröffnung einer eigenen Praxis, absolvieren.*

✋ *Dieser Vertrag gilt für weitere Spitäler, sofern deren Trägerschaft im Sinne von Art. 356 b OR den Anschluss an den Gesamtarbeitsvertrag erklärt hat. Die aktuelle Liste der angeschlossenen Betriebe kann unter www.vsao-zh.ch eingesehen werden.*

Stand 1.7.2010   🖥 www2.vsao.ch und www.vsao-zh.ch

Tätigkeitsbereich *Wöchentliche Arbeitszeit*	Tätigkeit *Quelle, vertragliche Vereinbarungen*	Stunden- und Monatslohn	

Praktikanten
im Gesundheitswesen

Lohnklassen laut Zürcher Personalgesetz

42 Stunden *laut VVO § 116; PG § 52*	Praktikant im Gesundheitswesen Vorpraktikum zur Eignungsabklärung	**3.75**	**680.—**
	Höchstansatz	**6.70**	**1'217.—**
	Bei längerer Anstellung oder selbstständiger Arbeitsweise	**6.70**	**1'217.—**
	Höchstansatz	**9.15**	**1'665.—**
	Medizinstudenten, Vorpraktikum von mindestens 4-wöchiger Dauer, sogenanntes Häfelipraktikum	**4.05**	**740.80**
	Wahlstudienjahr, Unterassistenten und freiwillige Praktika	**5.10**	**930.55**
	Austauschstudenten über Exchange-Office, Dauer etwa 1 bis 2 Monate	**4.05**	**740.80**
	Medizinstudenten, Teilzeitbeschäftigung im Pflegedienst, Anfänger (6, Erfahrungsstufe 1)	**22.99**	–
	Fortgeschrittene mit mindestens 30 Tagen/Nächten Erfahrung (6, Erfahrungsstufe 3)	**23.77**	–
	Pharmaziestudenten	**4.05**	**740.80**
	Psychologiepraktikanten des Nebenfachs Psychopathologie, 4-monatiger Einsatz im klinisch-praktischen Bereich	**6.45**	**1'170.55**
	Praktikanten der höheren Fachschule in kantonalen Betrieben des Gesundheitswesens, 1. Praktikumsjahr	**11.45**	**2'080.75**
	2. Praktikumsjahr	**12.40**	**2'254.35**
	3. Praktikumsjahr	**14.30**	**2'601.15**
	Studierende der höheren Fachschule bei Teilzeitausbildung 80%, im 1. Jahr des Teilzeitstudiums	**9.15**	**1'664.75**
	im 2. Jahr des Teilzeitstudiums	**9.90**	**1'803.50**
	im 3. Jahr des Teilzeitstudiums	**11.45**	**2'080.90**
	im 4. Jahr des Teilzeitstudiums	**11.45**	**2'081.—**
	Studierende der Fachhochschule, im 1. Jahr des Teilzeitstudiums	**4.30**	**780.30**
	im 2. Jahr des Teilzeitstudiums	**4.85**	**884.35**
	im 3. Jahr des Teilzeitstudiums	**6.20**	**1'126.80**

Tätigkeitsbereich *Wöchentliche Arbeitszeit*	Tätigkeit *Quelle, vertragliche Vereinbarungen*	Stunden- und Monatslohn	
	Zusatzmodul A, vor der Ausbildung sowie zur Eignungsabklärung	**4.05**	**740.80**
	Zusatzmodul B, während der Ausbildung und nach dem 1. Jahr	**5.45**	**988.47**
	Zusatzmodul B, während der Ausbildung und nach dem 2. Jahr	**6.—**	**1'092.50**
	Zusatzmodul C, nach dem theoretischen Abschluss der Ausbildung und nach dem 3. Jahr	**7.35**	**1'334.90**

**Weiterbildung
im Gesundheitswesen**

*42 Stunden,
laut VVO § 116; PG § 52*

Lohnklassen laut Zürcher Personalgesetz

	Stunden- und Monatslohn	
Diplomierte Pflegefachperson in Weiterbildung: Operations-, Anästhesie-, Intensiv- und Notfallpflege (14)	**30.05**	**5'467.85**
Höchstansatz (14, Erfahrungsstufe 4)	**31.60**	**5'748.55**
Bei Besuch der höheren Fachschule I, unter Anrechnung der Dienstjahre (14)	**30.05**	**5'467.85**
Bei abgeschlossener Weiterbildung und entsprechender Tätigkeit in einem Spezialgebiet (15)	**31.80**	**5'791.45**

📖 *Gesetz über das Arbeitsverhältnis des Staatspersonals, § 40
(Personalgesetz, PG; OS 177.10).*

📑 *Diesem Gesetz untersteht das Personal des Staates und seiner
unselbstständigen Anstalten (PG § 1 und PVO § 1 und 2).*

📖 *Personalverordnung § 8 ff. (PVO, OS 177.11).*

📑 *Der Geltungsbereich erstreckt sich auf Ämter, Betriebe und
Gerichte sowie auf Angestellte des medizinisch-technischen,
handwerklichen, land- und forstwirtschaftlichen, Ökonomie-,
Aufseher- und Hausdienstbereiches (VVO § 1).*

🖼 *Lohnrichtlinien der Gesundheitsdirektion des Kantons Zürich,
gestützt auf den Einreihungsplan der Vollzugsverordnung zum
Personalgesetz.*

🖱 www.gd.zh.ch/
Gesundheitsberufe/Pflege/Lohnrichtlinien Studierende

Stand 1.1.2010

Tätigkeitsbereich *Wöchentliche Arbeitszeit*	Tätigkeit *Quelle, vertragliche Vereinbarungen*	Stunden- und Monatslohn

86.2   Arzt- und Zahnarztpraxen

86.21   Arztpraxen

Medizinische **Praxisassistentin**	***Lohnempfehlung der Grossregion Zürich***	

		Stunden	Monat
42 Stunden, berufsüblich	Arztgehilfinnen, im 1. Berufsjahr	**22.—**	**4'000.—**
	ab 2. Berufsjahr	**22.70**	**4'130.—**
	ab 3. Berufsjahr	**23.40**	**4'260.—**
	ab 4. Berufsjahr	**24.10**	**4'390.—**
	ab 5. Berufsjahr	**24.85**	**4'520.—**
	ab 6. Berufsjahr	**25.55**	**4'650.—**
	ab 7. Berufsjahr	**26.25**	**4'780.—**
	ab 8. Berufsjahr	**27.—**	**4'910.—**
	ab 9. Berufsjahr	**27.70**	**5'040.—**
	ab 10. Berufsjahr	**28.40**	**5'170.—**
	Praxisassistentin bei Stundenlohn (6‰ des Monatslohnes, einschliesslich 13. Monatslohn)	**24.—**	–
	Praktikantin, ab 1. bis 6. Monat	**6.85**	**1'250.—**
	Praktikantin, ab 6. Monat	**8.50**	**1'550.—**

📖 *Kein GAV, Arbeitsvertrag für Arztgehilfinnen.*

🔲 *Lohnempfehlungen für medizinische Praxisassistentinnen der Ärztegesellschaft des Kantons Zürich.*

✋ 13. Monatslohn: Berufsüblich, jedoch nicht vertraglich vereinbart. Zur Ermittlung des Jahreslohnes muss mit 13 multipliziert werden.

✋ *Erfahrungsjahre:* Zuzüglich zum Teuerungsausgleich empfiehlt die Verbindung der Schweizer Ärztinnen und Ärzte für jedes weitere Erfahrungsjahr bis zu CHF 130 pro Monat auszurichten. Allfällige Erfahrungsjahre in medizinischen oder verwandten Bereichen können hierbei mit einbezogen werden.

✋ Nebst dem Diplom der Verbindung der Schweizer Ärzte beziehungsweise dem Fähigkeitsausweis der FMH muss die medizinische Praxisassistentin einen Strahlenschutzausweis oder eine Röntgenbewilligung vorweisen.

🖰 www.fmh.ch/service/medizinische praxisassistentin,
Stand 1.1.2011   www.hin.ch, www.sva.ch und www.aerzte-zh.ch

Tätigkeitsbereich	Tätigkeit	Stunden-
Wöchentliche Arbeitszeit	*Quelle, vertragliche Vereinbarungen*	und Monatslohn

86.23	Zahnarztpraxen		

Assistenzzahnarzt

Gesamtschweizerische Lohnempfehlung

42 Stunden, berufsüblich

Im 1. Berufsjahr		**25.45**	**4'630.—**
ab 2. Berufsjahr		**29.40**	**5'351.—**
ab 3. Berufsjahr		**31.40**	**5'713.—**
ab 4. Berufsjahr		**33.55**	**6'102.—**
ab 5. Berufsjahr		**36.70**	**6'678.—**

📖 *Kein GAV, Schweizerische Zahnärzte-Gesellschaft SSO.*

🖾 *Lohnempfehlungen der Wirtschaftlichen Kommission SSO.*

✋ 13. Monatslohn: Berufsüblich, jedoch nicht vertraglich vereinbart. Zur Ermittlung des Jahreslohnes muss mit 13 multipliziert werden.

Stand 1.1.2010   ✍ www.svda.ch und www.dentoforum.ch

Dentalhygienikerin

Gesamtschweizerische Lohnempfehlung

42 Stunden, berufsüblich

Im 1. Berufsjahr		**27.10**	**4'931.—**
ab 2. Berufsjahr		**28.25**	**5'137.—**
ab 3. Berufsjahr		**29.05**	**5'287.—**
ab 4. Berufsjahr		**29.80**	**5'427.—**
ab 5. Berufsjahr		**30.55**	**5'557.—**
ab 6. Berufsjahr		**31.25**	**5'688.—**
ab 7. Berufsjahr		**32.20**	**5'858.—**
ab 8. Berufsjahr		**32.95**	**5'998.—**
ab 9. Berufsjahr		**33.80**	**6'151.—**
ab 10. Berufsjahr		**34.50**	**6'282.—**

✋ *Diplomanerkennung bei ausländischem Diplominhaber: Das erste Anstellungsjahr in der Schweiz wird gemäss dem 1. Berufsjahr dieser Salärrichtlinien entlohnt. Ab dem 2. Anstellungsjahr gelten die im In- und Ausland absolvierten Berufsjahre zur Lohnfestsetzung.*

📖 *Kein GAV, Schweizerische Zahnärzte-Gesellschaft SSO.*

🖾 *Lohnempfehlungen der Wirtschaftlichen Kommission SSO.*

✋ 13. Monatslohn: Berufsüblich, jedoch nicht vertraglich vereinbart. Zur Ermittlung des Jahreslohnes muss mit 13 multipliziert werden.

Stand 1.1.2010   ✍ www.svda.ch und www.dentoforum.ch

Tätigkeitsbereich *Wöchentliche Arbeitszeit*	Tätigkeit *Quelle, vertragliche Vereinbarungen*	Stunden- und Monatslohn

Dentalassistentin   *Gesamtschweizerische Lohnempfehlung*

42 Stunden, berufsüblich	Im 1. Berufsjahr	*19.50*	*3'545.—*
	ab 2. Berufsjahr	*19.70*	*3'583.—*
Stufe I	ab 3. Berufsjahr	*19.90*	*3'621.—*
	ab 4. Berufsjahr	*20.10*	*3'659.—*
	ab 5. Berufsjahr	*20.30*	*3'697.—*
	ab 10. Berufsjahr	*21.35*	*3'887.—*
	ab 15. Berufsjahr	*22.40*	*4'079.—*

✍ *Stufe I:* Bei abgeschlossener 3-jähriger Grundausbildung oder während einer Weiterbildung.

Stufe II	Im 1. Berufsjahr	*22.40*	*4'079.—*
	ab 2. Berufsjahr	*22.60*	*4'117.—*
	ab 3. Berufsjahr	*22.85*	*4'155.—*
	ab 4. Berufsjahr	*23.05*	*4'193.—*
	ab 5. Berufsjahr	*23.25*	*4'231.—*
	ab 10. Berufsjahr	*24.30*	*4'421.—*
	ab 15. Berufsjahr	*25.35*	*4'613.—*

✍ *Stufe II:* Mit abgeschlossener Zusatzausbildung, der Tätigkeit als erfahrene Lehrlingsausbildnerin, nach Besuch von SSO-Kursen oder bei Führungsstufe I.

Stufe III	Im 1. Berufsjahr	*25.35*	*4'613.—*
	ab 2. Berufsjahr	*25.55*	*4'651.—*
	ab 3. Berufsjahr	*25.75*	*4'689.—*
	ab 4. Berufsjahr	*25.95*	*4'727.—*
	ab 5. Berufsjahr	*26.20*	*4'765.—*
	ab 10. Berufsjahr	*27.25*	*4'955.—*
	ab 15. Berufsjahr	*28.30*	*5'147.—*

✍ *Stufe III:* Bei abgeschlossener Spezialausbildung (Prophylaxe-Assistentin, PA oder Schulzahnpflege-Prophylaxe-Helferin, SZPH) oder bei Führungsstufe II mit Verantwortung in Administration und im Personalbereich.

📖 *Kein GAV, Schweizerische Zahnärzte-Gesellschaft SSO.*

📧 *Lohnempfehlungen der Wirtschaftlichen Kommission SSO.*

✍ 13. Monatslohn: Berufsüblich, jedoch nicht vertraglich vereinbart. Zur Ermittlung des Jahreslohnes muss mit 13 multipliziert werden.

Stand 1.1.2010	🖱 www.svda.ch und www.dentoforum.ch

Tätigkeitsbereich *Wöchentliche Arbeitszeit*	Tätigkeit *Quelle, vertragliche Vereinbarungen*	Stunden- und Monatslohn

86.9   Sonstiges Gesundheitswesen

86.90   Aktivitäten nichtärztlicher Medizinalberufe

Chiropraktor   ***Gesamtschweizerische Lohnempfehlung***

25 Stunden, berufsüblich	Assistent, vor bestandener Prüfung	**27.70**	**3'000.—**
35 Stunden, berufsüblich	Assistent, nach bestandener Prüfung	**28.40**	**4'300.—**

📖 *Kein GAV, Schweizerische Chiropraktoren-Gesellschaft. Chiro-Suisse Association of Swiss Chiropractors, Regulations for Principals and Assistants.*

▦ *Erfahrungswerte der Schweizerischen Chiropraktoren-Gesellschaft.*

✍ Zur Ermittlung des Jahreslohnes muss mit 12 multipliziert werden.

✍ Sofern der Assistent, mittels des ihm zustehenden Anteils am Umsatz, nicht mindestens oben genannten Betrag erreicht, gelten obige Lohnempfehlungen. Abzüglich der Röntgenaufnahmen steht jenem ein Anteil von 40 % des Umsatzes zu. Zudem hat der Assistent Anspruch auf einen Anteil von 15 % der Röntgenaufnahmen, gemessen an deren Umsatz.

✍ Die Jahresteuerung wird seit 2003 aufgerechnet.

🖮 www.chiropraktik.ch,
Stand 1.1.2011   www.chirosuisse.info und www.swiss-chiropractic-academy.ch

Hörgeräteakustiker   ***Gesamtschweizerische Lohnempfehlung***

40 Stunden, berufsüblich	Hörgeräteakustiker in Ausbildung, minimal	**18.45**	**3'200.—**
	Obere Bandbreite	**21.35**	**3'700.—**
	Im letzten Ausbildungsjahr	**24.25**	**4'200.—**
	Obere Bandbreite	**26.55**	**4'600.—**
	Hörgeräteakustiker ausgebildet, minimal	**30.60**	**5'300.—**
	Maximalansatz	**43.85**	**7'600.—**
	Geschäftsleiter der Hörzentrale	**47.30**	**8'200.—**

📖 *Kein GAV, Akustika, Vereinigung Schweizer Fabrikanten, Grossisten und Detaillisten der Hörmittelbranche.*

▦ *Lohnempfehlungen der Vereinigung Akustika.*

✍ Zur Ermittlung des Jahreslohnes muss mit 12 multipliziert werden.

✍ Die Jahresteuerung wird seit 2008 aufgerechnet.

Stand 1.1.2011   🖮 www.gut-hoeren.ch

Tätigkeitsbereich *Wöchentliche Arbeitszeit*	Tätigkeit *Quelle, vertragliche Vereinbarungen*	Stunden- und Monatslohn	

Masseur, medizinischer

40 Stunden, berufsüblich

Gesamtschweizerische Lohnempfehlung

	Stundenlohn	Monatslohn
Masseur, mit 3-jähriger Ausbildung, ab 1. Berufsjahr	*23.10*	*4'000.—*
ab 3. Berufsjahr	*25.40*	*4'400.—*
ab 5. Berufsjahr	*27.70*	*4'800.—*
ab 7. Berufsjahr	*30.—*	*5'200.—*
Masseur, mit 2-jähriger Ausbildung, ab 1. Berufsjahr	*21.90*	*3'800.—*
ab 3. Berufsjahr	*24.25*	*4'200.—*
ab 5. Berufsjahr	*26.55*	*4'600.—*
ab 7. Berufsjahr	*28.85*	*5'000.—*
Praktikant	*5.75*	*1'000.—*
Oberes Lohnband	*9.25*	*1'600.—*

📖 *Kein GAV, Schweizerischer Verband der Berufs-Masseure.*

🖽 *Lohnempfehlungen des Schweizerischen Verbandes der Berufs-Masseure.*

🖑 Ein 13. Monatslohn ist nicht vertraglich vereinbart. Zur Ermittlung des Jahreslohnes muss mit 12 multipliziert werden.

🖑 Dem Masseur in leitender Funktion stehen monatlich zusätzlich CHF 300 bis CHF 500 zu.

Stand 1.1.2011   🖑 www.svbm.ch

Tätigkeitsbereich *Wöchentliche Arbeitszeit*	Tätigkeit *Quelle, vertragliche Vereinbarungen*	Stunden- und Monatslohn	

Orthoptist

Gesamtschweizerische Lohnempfehlung

42 Stunden, berufsüblich	Orthoptistin, im 1. Berufsjahr	**26.25**	**4'776.—**
	ab 2. Berufsjahr	**27.25**	**4'959.—**
	ab 3. Berufsjahr	**28.25**	**5'138.—**
	ab 5. Berufsjahr	**30.15**	**5'488.—**
	ab 7. Berufsjahr	**32.10**	**5'845.—**
	ab 9. Berufsjahr	**34.05**	**6'200.—**
	ab 15. Berufsjahr	**37.75**	**6'870.—**
Stundenlöhne	ab 1. bis 2. Berufsjahr	**32.50**	–
	ab 3. bis 4. Berufsjahr	**43.65**	–
	ab 5. bis 6. Berufsjahr	**48.50**	–
	ab 7. bis 8. Berufsjahr	**53.40**	–
	ab 9. bis 10. Berufsjahr	**58.20**	–
	ab 12. bis 15. Berufsjahr	**64.15**	–

📖 *Kein GAV, Schweizerischer Verband der Orthoptistinnen und Orthoptisten.*

⊞ *Lohnempfehlungen des Schweizerischen Verbandes der Orthoptistinnen und Orthoptisten.*

✋ 13. Monatslohn: Berufsüblich, jedoch nicht vertraglich vereinbart. Zur Ermittlung des Jahreslohnes muss mit 13 multipliziert werden. In den Stundenlöhnen ist der 13. Monatslohn bereits enthalten.

✋ Die Jahresteuerung wird seit 2002 aufgerechnet.

Stand 1.1.2011   🏷 www.orthoptics.ch

Podologe

Gesamtschweizerische Lohnempfehlung

42 Stunden, berufsüblich	Podologe, nach Abschluss der Ausbildung	**17.70**	**3'222.—**
	Oberes Lohnband	**19.90**	**3'625.—**

📖 *Kein GAV, Schweizerischer Podologen-Verband SPV.*

⊞ *Lohnempfehlung des Schweizerischen Podologen-Verbandes.*

✋ Ein 13. Monatslohn ist nicht vertraglich vereinbart. Zur Ermittlung des Jahreslohnes muss mit 12 multipliziert werden.

✋ Die Jahresteuerung wird seit 2010 aufgerechnet.

Stand 1.1.2011   🏷 www.podologen.ch

Tätigkeitsbereich *Wöchentliche Arbeitszeit*	Tätigkeit *Quelle, vertragliche Vereinbarungen*	Stunden- und Monatslohn

Spitex-Pflegepersonal

42 Stunden, berufsüblich

Lohnempfehlung der Grossregion Zürich

Fachangestellte Gesundheit (12–13)	**27.—**	**4'913.15**

☝ Die Fachangestellte Gesundheit wird selbstständig in einfachen Klientensituationen, in stabilem Umfeld eingesetzt. Sie leistet bedarfs- und situationsgerechte Unterstützung im Bereich Lebensumfeld und Alltagsgestaltung. Sie führt Tätigkeiten im Bereich Administration und Logistik sowie Medizinaltechnik aus.

Haushelferin (9–11)	**23.55**	**4'285.70**

☝ Die Haushelferin leistet ergänzende Hilfe, vor allem in überschaubaren, stabilen Situationen. Sie übernimmt hauswirtschaftliche und betreuerische Aufgaben.

Hauspflegerin, mit eidgenössischem Fähigkeitszeugnis EFZ (12–13)	**27.—**	**4'913.15**

☝ Die Hauspflegerin leistet bedarfsgerechte und wirtschaftliche Hilfe und Pflege zu Hause. Sie gewährleistet die Zusammenarbeit im Team, mit den Angehörigen sowie mit externen Diensten.

Pflegefachfrau, diplomierte (14–16)	**30.05**	**5'467.85**

☝ Die diplomierte Pflegefachfrau ist verantwortlich für die Erbringung einer bedarfs- und fachgerechten sowie wirtschaftlichen Pflege. Sie überwacht die Pflegeleistungen des nicht-diplomierten Pflegepersonals und nimmt sozialbetreuerische und vorbeugende Aufgaben wahr.

Pflegende DN I und FA SRK (12–13)	**27.—**	**4'913.15**
Spartenleiterin HP/HH (15–17)	**31.80**	**5'791.45**

☝ Die Leiterin HP/HH leitet den Hauspflege- und Haushilfedienst einer Spitexorganisation. Sie organisiert eine kundenorientierte, wirtschaftliche Dienstleistung und gewährleistet die Hilfe und Pflege zu Hause. Sie sorgt für die Abklärung des Hilfe- und Pflegebedarfs sowie die Durchführung und Auswertung der Einsätze. Sie nimmt Personalführungsaufgaben wahr und organisiert eine vernetzte Dienstleistung in Zusammenarbeit mit anderen Stellen.

Tätigkeitsbereich *Wöchentliche Arbeitszeit*	Tätigkeit *Quelle, vertragliche Vereinbarungen*	Stunden- und Monatslohn

Spitex-Betriebsleiterin (16–20)   **33.80**   **6'148.25**

✍ Die Leiterin stellt für die auftraggebende Gemeinschaft die zweck-
mässige, wirtschaftliche und flexible Organisation und Weiter-
entwicklung sowie die fachliche Qualität des Spitex-Betriebes
sicher. Sie trägt die volle organisatorische, personelle, fachliche
und administrative Verantwortung für die operative Führung des
Betriebes.

Praktikantin Höhere Fachschule (HF), 1. Jahr	**4.20**	**767.30**
2. Praktikumsjahr	**4.80**	**869.60**
3. Praktikumsjahr	**6.10**	**1'108.—**

Praktikantin Höhere Fachschule (HF), im Sinne der Berufseignungsabklärung, Zusatzmodul A, vor Ausbildung	**4.—**	**728.45**
Während der Ausbildung, Zusatzmodul B, nach dem 1. Jahr	**5.35**	**971.95**
Während der Ausbildung, Zusatzmodul B, nach dem 2. Jahr	**5.90**	**1'074.25**
Nach theoretischem Abschluss der Ausbildung, Zusatzmodul C, nach dem 3. Jahr	**7.20**	**1'312.60**

Praktikantin Höhere Fachhochschule (FH), 1. Praktikum	**11.25**	**2'046.20**
2. Praktikum	**12.20**	**2'216.70**
3. Praktikum	**14.05**	**2'557.70**

📖 *Kein GAV, Spitex-Verband, Kanton Zürich.*

⊞ *Besoldungsempfehlungen für Angestellte in Spitexorganisatio-
nen, gestützt auf das kantonale Lohnreglement sowie die kanto-
nalen Lohnrichtlinien für Praktikantinnen der Höheren Fach-
schule HF und der Fachhochschulen FH des Kantons Zürich.
Die in Klammern gesetzten Zahlen bezeichnen die Lohnstufen;
es wird jeweils die Lohnstufe 1 (Minimum) angegeben.*

✍ 13. Monatslohn: Berufsüblich, jedoch nicht vertraglich verein-
bart. Zur Ermittlung des Jahreslohnes muss mit 13 multipliziert
werden.

Stand 1.1.2010   ✍ www.spitexzh.ch

Tätigkeitsbereich *Wöchentliche Arbeitszeit*	Tätigkeit *Quelle, vertragliche Vereinbarungen*	Stunden- und Monatslohn	
Spitex-Pflegepersonal	*Statistik der Grossregion Nordwestschweiz, Durchschnitt*		
42 Stunden, berufsüblich	ab 20 Altersjahren	*19.10*	*3'474.—*
	ab 25 Altersjahren	*20.—*	*3'642.—*
Haushelferinnen	ab 30 Altersjahren	*20.75*	*3'778.—*
	ab 35 Altersjahren	*21.40*	*3'895.—*
	ab 40 Altersjahren	*21.80*	*3'965.—*
	ab 45 bis 65 Altersjahre	*21.85*	*3'980.—*
Hauspflegerinnen	ab 20 Altersjahren	*21.15*	*3'854.—*
	ab 25 Altersjahren	*23.30*	*4'236.—*
	ab 30 Altersjahren	*24.65*	*4'482.—*
	ab 35 Altersjahren	*25.45*	*4'628.—*
	ab 40 Altersjahren	*25.90*	*4'715.—*
	ab 45 Altersjahren	*26.10*	*4'750.—*
	ab 50 bis 65 Altersjahre	*26.15*	*4'757.—*
Krankenschwester FA SRK	ab 25 Altersjahren	*24.60*	*4'476.—*
	ab 30 Altersjahren	*26.—*	*4'732.—*
	ab 35 Altersjahren	*26.90*	*4'893.—*
	ab 40 Altersjahren	*27.40*	*4'983.—*
	ab 45 Altersjahren	*27.65*	*5'033.—*
	ab 50 bis 65 Altersjahre	*27.75*	*5'046.—*
Diplomierte Pflegefachperson	ab 25 Altersjahren	*28.15*	*5'122.—*
	ab 30 Altersjahren	*29.70*	*5'410.—*
	ab 35 Altersjahren	*30.75*	*5'600.—*
	ab 40 Altersjahren	*31.35*	*5'708.—*
	ab 45 Altersjahren	*31.75*	*5'777.—*
	ab 50 Altersjahren	*31.90*	*5'801.—*
	ab 55 bis 65 Altersjahre	*31.90*	*5'804.—*
Verwaltung	ab 30 Altersjahren	*28.45*	*5'179.—*
	ab 35 Altersjahren	*29.45*	*5'360.—*
	ab 40 Altersjahren	*30.05*	*5'465.—*
	ab 45 Altersjahren	*30.40*	*5'530.—*
	ab 50 Altersjahren	*30.50*	*5'554.—*
	ab 55 bis 65 Altersjahre	*30.55*	*5'558.—*
Zentrumsleitung	ab 35 Altersjahren	*34.20*	*6'228.—*
	ab 40 Altersjahren	*34.90*	*6'352.—*
	ab 45 Altersjahren	*35.35*	*6'436.—*
	ab 50 Altersjahren	*35.55*	*6'467.—*
	ab 55 bis 65 Altersjahre	*35.55*	*6'474.—*

📖 *Kein GAV, Spitex-Verband Aargau.*

🗒 *Lohnerhebung 2005 des Spitex-Verbandes Aargau.*

✍ Zur Ermittlung des Jahreslohnes muss mit 13 multipliziert werden.

✍ Die Jahresteuerung wird seit 2006 aufgerechnet.

Stand 1.1.2011   ✍ www.spitexag.ch und www.spitexch.ch

Tätigkeitsbereich *Wöchentliche Arbeitszeit*	Tätigkeit *Quelle, vertragliche Vereinbarungen*	Stunden- und Monatslohn

87　　　　　　　　**Heime**

87.1　　　　　　　　Pflegeheime

87.10　　　　　　　Pflege- und Erholungsheime

Haushaltleiter　　　　　***Gesamtschweizerische Lohnempfehlung***

42 Stunden, berufsüblich

Funktionsstufe I	*23.10*	*4'206.—*
Funktionsstufe II	*26.10*	*4'748.—*
Funktionsstufe III	*30.20*	*5'500.—*
Stundenlohn, Mindestansatz	*32.70*	–

📖 *NAV des Kantons Zürich für hauswirtschaftliche Arbeitnehmer (OS 821.12).*

⧖ *Inkraftsetzung des NAV ab 1.7.1991.*

▨ *Lohnempfehlungen des Berufsverbandes Haushaltleiterinnen Schweiz.*

✋ 13. Monatslohn: Berufsüblich, jedoch nicht vertraglich vereinbart. Zur Ermittlung des Jahreslohnes muss mit 13 multipliziert werden.

✋ Der Bruttojahreslohn wird in 13 Teilbeträgen ausbezahlt und beträgt für die Funktionsstufe I (Gruppenleiterin in kleinem Heim oder selbstständige Führung eines privaten Haushalts) CHF 53'000, für die Funktionsstufe II (Gruppenleiterin in Kollektivhaushalt) CHF 59'800 und für die Funktionsstufe III (selbstständige Leitung eines kleinen Heimes oder Assistentin der Leitung eines grösseren Betriebs) CHF 69'300.

✋ Der Stundenlohn gilt als Bruttobetrag und beinhaltet keine Ferienentschädigung.

✋ Die Jahresteuerung wird seit 2009 aufgerechnet.

Stand 1.1.2011　　　　　🖱 www.haushaltleiterin.ch

Tätigkeitsbereich *Wöchentliche Arbeitszeit*	Tätigkeit *Quelle, vertragliche Vereinbarungen*	Stunden- und Monatslohn	

87.3   Alten- und Behindertenwohnheime

87.30   Einrichtungen für betreutes Wohnen:
                               Alters-, Behinderten-, Hörbehinderten- und Blindenheime

Behindertenbetreuung	**Lohnklassen laut Zürcher Personalgesetz**		
42 Stunden, laut GAV	Administrationsangestellter (9–11)	**25.51**	**4'285.70**
	Angestellter Therapie (13–15)	**30.81**	**5'175.70**
	Angestellter Wohngruppe (10–12)	**26.61**	**4'469.70**
	Angestellter Zentrale Dienste (9–11)	**25.51**	**4'285.70**
	Bereichsleiter, Stellvertreter (15–17)	**34.47**	**5'791.45**
	Gruppenleiter		
	– Administration (13–16)	**30.81**	**5'175.70**
	– Nachtwache (14–16)	**32.55**	**5'467.85**
	– Stellvertreter (11–13)	**27.85**	**4'678.45**
	– Stellvertreter, mit Verantwortung (13–15)	**30.81**	**5'175.70**
	– Tagesstruktur-Betreuer (13–16)	**30.81**	**5'175.70**
	– Therapie (14–16)	**32.55**	**5'467.85**
	– Werkstatt (13–16)	**30.81**	**5'175.70**
	– Wohngruppe (14–16)	**32.55**	**5'467.85**
	– Zentrale Dienste (13–16)	**30.81**	**5'175.70**
	Nachtwache (10–12)	**26.61**	**4'469.70**
	Tagesstruktur-Betreuer (9–11)	**25.51**	**4'285.70**
	Teamleiter (15–17)	**34.47**	**5'791.45**
	Teamleiter-Stellvertreter (12–14)	**29.24**	**4'913.15**
	Werkstattangestellter (9–11)	**25.51**	**4'285.70**
	Praktikant	**9.30**	**1'700.—**

📖 *GAV Stiftung Altried, Zentrum für Menschen mit Behinderung,
abgeschlossen mit der VPOD Zürich. Lohnbestimmungen Art. 19.*

⏳ *Inkraftsetzung 1.7.2001, erneuert und ungekündigt.*

▦ *Lohnklassen und Erfahrungsstufen laut Lohnreglement LR 01
des Kantons Zürich.*

✎ *Der 13. Monatslohn ist direkter Bestandteil des Monatslohnes
und die Lohnauszahlung erfolgt in 12 Monatslöhnen. Zur Ermitt-
lung des Jahreslohnes muss mit 12 multipliziert werden (Art.
19 GAV).*

Tätigkeitsbereich	Tätigkeit	Stunden-
Wöchentliche Arbeitszeit	*Quelle, vertragliche Vereinbarungen*	und Monatslohn

✐ *Lohnzulagen: Für Nachtdienste zwischen 20.00 und 06.30 Uhr wird ein Zuschlag von CHF 7 pro geleistete Arbeitsstunde entrichtet. Der Pikettdienst wird mit CHF 42 pro Nacht pauschal abgegolten. Der Samstags-, Sonntags- und Feiertagsdienst wird mit CHF 37 pro Tag entschädigt. Ein geteilter Dienst, bei dem zwischen Früh- und Spätdienst eine Pause von über 3 Stunden liegt, wird mit zusätzlich CHF 7 abgegolten (Art. 6 GAV).*

✐ *Ferienanspruch: Für Angestellte mit mehrheitlich regelmässigen Arbeitszeiten 22½ Tage; Angestellte in Wohngruppen mit dauernd unregelmässigen Arbeitszeiten 25 Tage. Für die Festangestellten erhöht sich der Ferienanspruch nach dem 1. Dienstjahr um 2½ Tage pro Jahr. Nach dem 45. Altersjahr erhöht sich der Ferienanspruch um zusätzlich 5 Tage (Art. 8 GAV).*

✐ *Als bezahlte Feiertage werden deren 12 gewährt, inklusive die Nachmittage des Sechseläutens und Knabenschiessens (Art. 9 GAV).*

Stand 1.7.2010

✍ www.altried.ch und www.personalamt.zh.ch/ Anstellungsbedingungen/Lohn/Aktuelle Lohntabellen

Pflegepersonal

Gesamtschweizerische Lohnempfehlung

42 Stunden, berufsüblich			
	Fachperson Betreuung, nach abgeschlossener 3-jähriger Ausbildung	**23.10**	**4'200.—**
	Obere Lohnbandbreite	**25.80**	**4'700.—**
	Fachperson Betreuung, Erwachsene mit 2-jähriger Ausbildung, minimal	**25.80**	**4'700.—**
	Obere Lohnbandbreite	**28.60**	**5'200.—**

📖 *NAV des Kantons Zürich für hauswirtschaftliche Arbeitnehmer (OS 821.12) oder betriebsinterne Reglemente.*

⧗ *Inkraftsetzung des NAV ab 1.7.1991.*

⊞ *Lohnempfehlungen des Berufsverbandes Fachperson Betreuung Schweiz.*

✋ Ein 13. Monatslohn ist nicht vertraglich vereinbart. Zur Ermittlung des Jahreslohnes muss mit 12 multipliziert werden.

Stand 1.1.2011

✍ www.fachperson-betreuung.ch, www.srk.ch, www.odags.ch und www.sodk.ch

Tätigkeitsbereich *Wöchentliche Arbeitszeit*	Tätigkeit *Quelle, vertragliche Vereinbarungen*	Stunden- und Monatslohn

88   Sozialwesen

88.1   Soziale Betreuung älterer Menschen und Behinderter

88.10   Soziale Beratung, Fürsorge und Weitervermittlung

Behinderten-Betreuer   *Lohnempfehlung der Grossregion Zürich*

Stundenweise Arbeitszeit   Ambulanter Betreuer Behinderter   **22.—**   –
                             Betreuung an Wochenenden   **25.—**   –
                             Betreuung ab der 9. Stunde   **14.—**   –
                             Ab 9. Stunde und an Wochenenden   **17.—**   –

📖 *Kein GAV, Entlastungsdienst für Angehörige behinderter Menschen im Kanton Zürich.*

▦ *Tarif des Trägervereins Entlastungsdienst für Angehörige behinderter Menschen des Kantons Zürich.*

✋ Bei einer Einsatzdauer zwischen 8¼ bis 14 Stunden gilt der reduzierte Grundtarif, zuzüglich Wochenend- oder Nachtzulagen.

✋ Obige Ansätze verstehen sich inklusive Ferienanteil.

Stand 1.1.2011   ✍ www.entlastungsdienst-zh.ch

Tätigkeitsbereich *Wöchentliche Arbeitszeit*	Tätigkeit *Quelle, vertragliche Vereinbarungen*	Stunden- und Monatslohn	

| 88.9 | Sonstiges Sozialwesen | | |
| 88.91 | Tagesbetreuung von Kindern | | |

Krippenpersonal	*Statistik der Grossregion Zürich, Durchschnitt*		
42 Stunden, berufsüblich	Praktikantin	*13.50*	*2'456.—*
	Kleinkinderzieherin, gelernt	*27.20*	*4'949.—*
	Teamleiterin	*28.55*	*5'195.—*
	Krippenleiterin	*37.75*	*6'872.—*
Altersstufen	Kleinkinderzieherin, bis 20 Altersjahre	*24.55*	*4'470.—*
	21 bis 25 Altersjahre	*24.60*	*4'480.—*
	26 bis 35 Altersjahre	*28.40*	*5'170.—*
	36 und mehr Altersjahre	*29.55*	*5'382.—*
	Teamleiterin, 21 bis 25 Altersjahre	*26.30*	*4'785.—*
	26 bis 35 Altersjahre	*28.55*	*5'194.—*
	36 und mehr Altersjahre	*31.40*	*5'713.—*
	Krippenleiterin, 21 bis 25 Altersjahre	*26.60*	*4'841.—*
	26 bis 35 Altersjahre	*36.—*	*6'556.—*
	36 und mehr Altersjahre	*39.10*	*7'120.—*
Kleinkinderzieherin, nach Ausbildung	Ohne anerkannte Ausbildung	*26.15*	*4'758.—*
	Spielgruppenleiterin FFK	*27.05*	*4'924.—*
	Kindergärtnerin oder -pflegerin, Primarlehrerin, Sozialpädagogin	*27.75*	*5'051.—*
	Kleinkinderzieherin	*29.10*	*5'300.—*
	Kleinkinderzieherin mit Zusatzausbildung	*30.50*	*5'549.—*
Teamleiterin, nach Ausbildung	Spielgruppenleiterin FFK	*27.—*	*4'911.—*
	Kindergärtnerin oder -pflegerin, Primarlehrerin, Sozialpädagogin	*27.75*	*5'047.—*
	Kleinkinderzieherin	*28.55*	*5'193.—*
	Kleinkinderzieherin mit Zusatzausbildung	*29.—*	*5'280.—*
Krippenleiterin, nach Ausbildung	Ohne anerkannte Ausbildung	*34.55*	*6'284.—*
	Spielgruppenleiterin FFK	*36.20*	*6'587.—*
	Kindergärtnerin oder -pflegerin Primarlehrerin, Sozialpädagogin	*37.65*	*6'857.—*
	Kleinkinderzieherin	*38.65*	*7'037.—*
	Kleinkinderzieherin mit Zusatzausbildung	*39.65*	*7'218.—*

📖 *Kein GAV, Bericht des Sozialdepartements der Stadt Zürich.*

▦ *Lohnerhebung Kindertagesstätten 2010.*

✍ 13. Monatslohn: Berufsüblich, jedoch nicht vertraglich vereinbart. Zur Ermittlung des Jahreslohnes muss mit 13 multipliziert werden.

✍ Die Jahresteuerung wird für das Krippenpersonal seit 2010 und für die Praktikantin seit 2006 aufgerechnet.

Stand 1.1.2011   ✍ www.kitas.ch, www.kindundbildung.ch und www.liliput.ch

| Tätigkeitsbereich | Tätigkeit | Stunden- |
| *Wöchentliche Arbeitszeit* | *Quelle, vertragliche Vereinbarungen* | und Monatslohn |

88.99   Organisationen der Wohlfahrtspflege
                               und sonstiges Sozialwesen

Familien-   **Löhne laut Personalrecht, Stadt Zürich**
und Flüchtlingshilfe
                               Programm- und Kursleiter (8–9)   **32.55   5'920.55**
42 Stunden, laut GAV   Vermittlung praktischer und theoretischer Lerninhalte sowie per-
                               sönliche Beratung und Coaching. Instruktion spezifischer Fach-
                               kenntnisse und Lehrlingsbetreuung. Beratung Jugendlicher und
                               Erwachsener, Vornahme diagnostischer Abklärungen sowie
                               Standortbestimmungen. Zusammenarbeit mit Behörden.
                               Ausbildung: Eidgenössisches Fähigkeitszeugnis, Zusatzaus-
                               bildung an höherer Fachschule oder Fachhochschule sowie
                               erweiterte Praxis- und Umsetzungskenntnisse.

                               Psychologische und berufliche   **35.65   6'492.65**
                               Beratung (9–10)

                               Psychologische Beratung und Coaching von Jugendlichen und
                               Erwachsenen. Abklärungen zur Leistungsfähigkeit und Kompe-
                               tenz, Diagnostische Abklärungen, Standortbestimmung, Bera-
                               tung von Lehr- und Berufsbildungsverantwortlichen, Vermittlung
                               von Massnahmen, Fallführung, Erstellen von Berichten und Gut-
                               achten, Mitarbeit bei Projekten sowie Seminarleitung.
                               Ausbildung: Niveau Fachhochschule oder Hochschule sowie
                               erweiterte Praxis- und Umsetzungskenntnisse.

                               Sozialarbeiter, Sozialpädagoge (8–9) **32.55   5'920.55**

                               Soziale Arbeit in einer ambulanten oder stationären Einrichtung.
                               Betreuung von Einzelpersonen, Familien und Gruppen mit vor-
                               wiegend persönlichen oder finanziellen Problemen, Koordination
                               der Zusammenarbeit mit internen und externen Fachpersonen
                               und Institutionen. Fallführung, Verfassen von Berichten und Stel-
                               lungnahmen.
                               Ausbildung: Niveau Fachhochschule sowie erweiterte Praxis-
                               und Umsetzungskenntnisse.

Tätigkeitsbereich *Wöchentliche Arbeitszeit*	Tätigkeit *Quelle, vertragliche Vereinbarungen*	Stunden- und Monatslohn

Sozialberater, Betreuer (5–8) **24.70** **4'494.35**

Betreuung und Beratung in ambulanter oder stationärer Einrichtung. Begleitung und Betreuung von Einzelpersonen, Familien und Gruppen. Pädagogische, sozialpädagogische und einfache medizinische Betreuungsaufgaben. Anleitung und Unterstützung bei Alltagsangelegenheiten und/oder Freizeitaktivitäten.
Ausbildung: Berufsabschluss mit eidgenössischem Fähigkeitszeugnis, nach Möglichkeit Zusatzausbildung sowie grundlegende bis erhöhte Praxis und Umsetzungskenntnisse.

Technischer Hausdienst (4–7) **22.60** **4'115.50**

Hauswartung, Gebäudeunterhaltsaufgaben, handwerkliche, mechanische oder technische Tätigkeiten. Selbstständiges Ausführen von Reparaturen, Bau- und Gartenarbeiten. Ausführen schwieriger Reparaturen, Überwachen und Warten technischer Betriebsanlagen sowie fachliche Verantwortung für Mitarbeitende.
Berufsausbildung: Eidgenössisches Fähigkeitszeugnis sowie erweiterte Praxis- und Umsetzungskenntnisse.

Werkstatt- oder Atelierassistent (6) **27.—** **4'917.70**

Betreuung Teilnehmender an Beschäftigungsprogrammen und Förderung Erwachsener und Jugendlicher. Pädagogische und therapeutische Betreuungsaufgaben sowie Verantwortlichkeit für die Betriebssicherheit. Führen von Beobachtungsberichten.
Berufsausbildung: Eidgenössisches Fähigkeitszeugnis, Zusatzausbildung im agogischen Bereich sowie erweiterte Praxis- und Umsetzungskenntnisse.

Aushilfsmitarbeitende	Präsenzdienst an Wochenenden mit Interventionsaufgaben	**21.70**	–
	Maximallohn	**27.85**	–
	Wahrnehmung administrativer sowie Betreuungsaufgaben des Kernteams	**25.60**	
	Maximallohn	**30.60**	–
	Lehrtätigkeit und anspruchsvolle Betreuung	**31.20**	–
	Maximallohn	**44.75**	–
Nachtwach-Dienste	Nächte von Montag bis Freitag, pauschal	**154.50**	–
	Nächte an Samstagen, Sonn- und Feiertagen, pauschal	**170.50**	–
	Teilnahme an Sitzungen, pro Stunde	**21.70**	–

Tätigkeitsbereich *Wöchentliche Arbeitszeit*	Tätigkeit *Quelle, vertragliche Vereinbarungen*	Stunden- und Monatslohn	
Praktikanten	Vorpraktika	**5.85**	**1'067.—**
	Ausbildungspraktikum, 1. Praktikum	**9.95**	**1'812.—**
	Ausbildungspraktikum, 2. Praktikum	**10.85**	**1'972.—**

📖 *GAV für das Personal der Asyl-Organisation Zürich. Lohnbestimmungen Art. 4.*

⏳ *Laufzeit des GAV ab 1.1.2006, ungekündigt.*

▦ *SLS Lohnskala der Stadt Zürich. Die in Klammern gesetzten Zahlen bezeichnen die Lohnstufen. Die Monatslöhne entsprechen der Erfahrungsstufe 0 des tiefen Lohnbandes.*

✐ *Die Besoldung erfolgt in 13 Teilzahlungen (Art. 69 AB PR). Zur Ermittlung des Jahreslohnes muss mit 13 multipliziert werden.*

✐ *Ferienguthaben: Vom Beginn des Kalenderjahres, in dem das 21. Altersjahr vollendet wird, 4 Wochen. 5 Wochen vom Beginn des Kalenderjahres an, in dem das 50. Altersjahr vollendet wird, und sinngemäss 6 Wochen ab vollendetem 60. Altersjahr (Art. 113 AB PR).*

✐ *Feiertage: Den Arbeitnehmenden stehen jährlich 10½ Feiertage zu (Art. 6.2 GAV).*

Stand 1.4.2010   ✍ www.aoz.ch

Tätigkeitsbereich *Wöchentliche Arbeitszeit*	Tätigkeit *Quelle, vertragliche Vereinbarungen*	Stunden- und Monatslohn

Sozialarbeiter und
Sozialpädagoge,
soziokultureller Animator

42 Stunden, berufsüblich

Gesamtschweizerische Lohnempfehlung

Sozialarbeiter, Arbeitsagoge   ***34.05***   **6'197.—**

Selbstständige Ausübung von Beratungs-, Begleitungs- und Betreuungsaufgaben: Klar abgegrenzte Kompetenzen und überschaubare Verantwortung, überwiegend weisungsgebunden. Gelegentliche Projektmitarbeit, einfache Organisations- und Koordinationsaufgaben. Kerntätigkeit ist die selbstständige ausführende Tätigkeit mit begrenzter Entscheidungsbefugnis.

Sozialarbeiter und Arbeitsagogen   ***36.60***   **6'662.—**
mit zusätzlichen Aufgaben oder erhöhter
Verantwortung

Allein- und Ergebnisverantwortung für den eigenen Aufgabenbereich: Zusätzliche Aufgabenbereiche und/oder erhöhte Verantwortung. Unter anderem durch Übernahme einer oder mehrerer Führungsaufgaben, beispielsweise Leitungsstellvertretung, Projektleitung, interne oder externe Schulungs- und Leistungsverantwortung.

Sozialarbeiter und Arbeitsagogen mit   ***39.80***   **7'243.—**
zusätzlichem Fachbereich oder Führung
eines Teams, bis 3 Personen

Allein- und Ergebnisverantwortung für kleinere Aufgabenbereiche: Führen eines kleineren Mitarbeiter-Teams, Teamleitung, Pratikumsanleitung und -begleitung. Verhandlunsgmandate auf institutioneller Ebene, Bereichsverantwortung.

Amtsvormund oder Führen einer Abteilung ***43.55***   **7'924.—**

Leitungsaufgaben mit Ergebnis- und Ressourcenverantwortung: Führen eines mittelgrossen Mitarbeiter-Teams oder einer mittelgrossen Abteilung (Personalverantwortung von 3 bis 10 Mitarbeitendenden). Verhandlungsmandate mit externen Partnern und Diensten, Bereichsverantwortung, Budget- beziehungsweise Ausgabenverantwortung, Steuerung und Qualitätssicherung.

Tätigkeitsbereich *Wöchentliche Arbeitszeit*	Tätigkeit *Quelle, vertragliche Vereinbarungen*	Stunden- und Monatslohn

Führung eines grösseren Mitarbeiterstabs **46.50**   **8'467.—**
oder einer Sozialdienst-Abteilung

Führen eines grösseren Mitarbeiter-Teams oder einer grösseren Abteilung: Führen mit Entscheidungs-, Ergebnis- und Ressourcenverantwortung (Personalverantwortung von mehr als 10 Mitarbeitenden). Verhandlungsmandate mit externen Partnern und Diensten, Bereichsverantwortung, Budget- beziehungsweise Ausgabenverantwortung und Mittelbeschaffung; Leitungsaufgaben bei der Qualitätssteuerung und -sicherung.

📖 *Kein GAV, Verband Avenir Social.*

▦ *Lohnempfehlungen des Berufsverbandes Avenir Social.*

✍ 13. Monatslohn: Berufsüblich, jedoch nicht vertraglich vereinbart. Zur Ermittlung des Jahreslohnes muss mit 13 multipliziert werden.

✍ Bei Stellenantritt wird die berufliche Erfahrung angerechnet. Bis maximal 125% des empfohlenen Minimalansatzes sowie, bei einer leistungsorientierten Besoldung, bis maximal 130 bis 135% dessen. Bei einer Tätigkeit nach der Diplomierung wird der Minimalansatz pro Jahr um je 3% erhöht. Nach Diplomierung, inklusive Haushaltführung mit Kindererziehung, kommen alle 2 Jahre 3% des Minimallohnes hinzu. Bei einschlägiger, ausserberuflicher Erfahrung im Sozialwesen (Erwachsenenbildung, Jugendarbeit, Behördentätigkeit, Freiwilligenarbeit usw.) werden pauschal bis 6% des Minimallohnes entrichtet. Bei qualifizierter Weiterbildung (Familienbehandlung, Gemeinwesenarbeit, Erziehungsberatung, Supervision) wird das Gehalt um pauschal 6% des Minimallohnes erhöht. Des Weiteren wird eine Dienstalterszulage, bis zu höchstens 125% des empfohlenen Minimalansatzes, gewährt.

Stand 1.1.2011

🖱 www.avenirsocial.ch, www.sbs-aspas.ch, www.sozialinfo.ch und www.vas-arbeitsagogik.ch

| Tätigkeitsbereich | Tätigkeit | Stunden- |
| *Wöchentliche Arbeitszeit* | *Quelle, vertragliche Vereinbarungen* | und Monatslohn |

Sozialarbeiter, und
Sozialpädagoge,
soziokultureller Animator

Gesamtschweizerische Lohnempfehlung

	Vorpraktikant	*6.80*	*1'239.—*
	Ausbildungspraktikant	*10.20*	*1'859.—*
42 Stunden, berufsüblich	Student der Fachhochschule,	*23.85*	*4'338.—*
	ab 1. Ausbildungsjahr		
	ab 2. Ausbildungsjahr	*25.55*	*4'648.—*
	ab 3. Ausbildungsjahr	*27.25*	*4'958.—*

📖 *Kein GAV, Verband Avenir Social.*

▦ *Lohnempfehlungen des Berufsverbandes Avenir Social.*

🖐 13. Monatslohn: Berufsüblich, jedoch nicht vertraglich vereinbart. Zur Ermittlung des Jahreslohnes muss mit 13 multipliziert werden.

🖐 Das Studium erfolgt berufsbegleitend und die Studierenden gelten nicht als Praktikanten. Die Studienzeit nimmt etwa 30 Stellenprozente in Anspruch. Bei Vorpraktika soll bei der Bestimmung des Lohnes die Existenzsicherung mit einbezogen werden.

🖐 Bei bestehender beruflicher Erfahrung bei Stellenantritt kann der empfohlene Minimalansatz bis zu 125% angehoben werden. Anstellungen in den Bereichen Sozialarbeit, Sozialpädagogik oder soziokulturelle Animation ohne Ausbildung werden jährlich mit der Erhöhung von 3% des Minimalansatzes abgegolten. Bei allen anderen Berufstätigkeiten – inklusive Haushaltsführung mit Kindererziehung – beträgt die Erhöhung pro 2 Jahre 3% des Minimalansatzes. Bei Arbeitnehmenden mit einschlägiger, ausserberuflicher Erfahrung im Sozialwesen (Erwachsenenarbeit, Jugendarbeit, Behördentätigkeit, Freiwilligenarbeit usw.) beträgt die Erhöhung pauschal 6% des Minimums.

🖐 *Lohnbestimmende Faktoren:* Übernahme von Funktionen (Projektarbeiten), Verantwortungen (eigene Bereiche oder Stellvertretungen) pauschal zwischen 5 bis 10%. Zusätzliche an der Fachhochschule erworbene Ausbildung wird pauschal mit 2 bis 6% abgegolten. Das Ausführen kritischer Aufgaben sowie Arbeit unter schwierigen Bedingungen, wie beispielsweise Unterbesetzung im Team, wird pauschal mit 5 bis 10% vergütet. Belastende Arbeitsbedingungen – insbesondere unregelmässige Dienstzeiten, Nacht- und Wochenenddienste oder Piketteinsätze sowie die Arbeit an einer Stelle ohne Team – werden mit einer Erhöhung von 5 bis 10% abgegolten.

🖐 Die Jahresteuerung wird seit 2010 aufgerechnet.

Stand 1.1.2011   🖐 www.avenirsocial.ch, www.sbs-apas.ch und www.sozialinfo.ch

Tätigkeitsbereich	Tätigkeit	Stunden-
Wöchentliche Arbeitszeit	*Quelle, vertragliche Vereinbarungen*	und Monatslohn

Supervision & Coaching   ***Gesamtschweizerische Lohnempfehlung***

Stundenweise Arbeitszeit			
	Einzeln, 60 Minuten	**140.—**	–
	Kleingruppe, 60 Minuten	**160.—**	–
	Grossgruppe, 60 Minuten	**200.—**	–
	Berater, profiliert	**325.—**	–
	Kleingruppe, ganztags pauschal	–	**1'300.—**
	Grossgruppe, ganztags pauschal	–	**1'600.—**
	Tagesansatz, 6 bis 8 Stunden	–	**1'800.—**
	Qualifizierte Sachbearbeitung	**110.—**	–
	Maximalansatz	**200.—**	–

📖 *Kein GAV, Berufsverband für Supervision, Organisationsberatung und Coaching.*

▦ *Lohnempfehlungen des Berufsverbandes für Supervision, Organisationsberatung und Coaching.*

✍ Im Honorar ist Folgendes inbegriffen: Vor- und Nachbearbeitung von Beratungssitzungen, Infrastruktur, Büroorganisation und -administration, Miete von Büro- und Praxisräumen, kurze Wegzeiten, Abgeltung für Ferien, 13. Monatslohn, Fort- und Weiterbildung, Pensionskasse, Versicherung AHV/ALV-Anteil sowie Kontrollsupervision und Intervision.

✍ Die Verbandsmitglieder verfügen über eine qualifizierte Zusatzausbildung in Supervision, Coaching, Praxisberatung oder Organisationsentwicklung. In einer Supervision setzen sich die Mitarbeiter eines Betriebs mit aktuellen Fragen ihrer beruflichen Tätigkeit auseinander. Dies dient der Verbesserung des Arbeitsklimas, der Optimierung der Arbeitsabläufe sowie der Hinterfragung der eigenen Aufgaben.

Stand 1.1.2010   ✎ www.bso.ch

Tätigkeitsbereich *Wöchentliche Arbeitszeit*	Tätigkeit *Quelle, vertragliche Vereinbarungen*	Stunden- und Monatslohn	
Wohlfahrtspflege	**Betriebsinterne Lohnvereinbarung, gesamtschweizerisch**		
42 Stunden,	Abteilungsleiter		
laut Betriebsreglement	– Anwaltschaft (17)	**45.60**	**8'299.80**
	– Finanzen und Administration (15)	**41.95**	**7'632.85**
Führungsfunktionen	– Informatik (17)	**45.60**	**8'299.80**
	– Innere Dienste (15)	**41.95**	**7'632.85**
	– Integration (16)	**43.75**	**7'966.25**
	– Internationale Zusammenarbeit (17)	**45.60**	**8'299.80**
	– ohne Mehrfachunterstellung (16)	**43.75**	**7'966.25**
	– Rechnungswesen (17)	**45.60**	**8'299.80**
	Bereichsleiter		
	– Administration (19)	**49.25**	**8'966.85**
	– Chefdelegierter (16)	**43.75**	**7'966.25**
	– Finanzen (19)	**49.25**	**8'966.85**
	– Grundlagen (18)	**47.45**	**8'633.30**
	– Internationale Zusammenarbeit (20)	**51.10**	**9'300.25**
	– Kommunikation (19)	**49.25**	**8'966.85**
	– Koordinator Hilfswerkvertretung (12)	**36.45**	**6'632.35**
	– Migration (19)	**49.25**	**8'966.85**
	– Personal (18)	**47.45**	**8'633.30**
	– Qualitätsmanagement (18)	**47.45**	**8'633.30**
	– Soziale Aufgaben Schweiz (19)	**49.25**	**8'966.85**
	Leiter		
	– Durchgangszentrum Asylsuchende und Flüchtlinge (15)	**41.95**	**7'632.85**
	– Fachstelle Gesundheitskosten im Asylbereich (14)	**40.10**	**7'299.30**
	– Programmverantwortlicher Internationale Zusammenarbeit (15)	**41.95**	**7'632.85**
	– Projektleiter Ausbildung und Beschäftigung (14)	**40.10**	**7'299.30**
	– Rechtsberatungsstelle (15)	**41.95**	**7'632.85**
	– Rückkehrberatungsstelle (14)	**40.10**	**7'299.30**
	– Zentrum für Bildung (14)	**40.10**	**7'299.30**
Betreuung, Beratung und Ausbildung	Begleiter Beschäftigungsprogramm (10) Betreuer	**32.80**	**5'965.40**
	– Aushilfe (9)	**30.95**	**5'631.80**
	– mit Beratung (11)	**34.60**	**6'298.85**
	– Nachtwache und Wochenenddienst (9)	**34.60**	**6'298.85**
	– ohne Beratung (10)	**32.80**	**5'965.40**
	Deutschlehrer (11)	**34.60**	**6'298.85**
	Dolmetscher Asyl- und Flüchtlings- bereich (10)	**32.80**	**5'965.40**

Tätigkeitsbereich *Wöchentliche Arbeitszeit*	Tätigkeit *Quelle, vertragliche Vereinbarungen*	Stunden- und Monatslohn	
	Flüchtlingshelfer (12)	36.45	6'632.35
	Interkultureller Mediator (11)	34.60	6'298.85
	Kursleiter Beschäftigungsprogramm (9)	30.95	5'631.80
	Lehrperson mit Zusatzaufgaben (12)	36.45	6'632.35
	Leiter Kollektivunterkunft (13)	38.25	6'965.80
	Sachbearbeiter Rückkehr- und Weiterwanderungsberatung (10)	32.80	5'965.40
	Sozialarbeiter (12)	36.45	6'632.35
	Sprachlehrer (11)	34.60	6'298.85
	Stellvertretender		
	– Leiter Durchgangszentrum Asylsuchende und Flüchtlinge (13)	38.25	6'965.80
	– Zentrumsleiter (12)	36.45	6'632.35
	Wohnungsverwalter (10)	32.80	5'965.40
Fach- und Sachbearbeitung	Bildungsbeauftragter (13)	38.25	6'965.80
	Delegierter Internationale Zusammen- arbeit (15)	41.95	7'632.85
	Gremiensekretariat (12)	36.45	6'632.35
	Informatik-Supporter (13)	38.25	6'965.80
	Journalist (13)	38.25	6'965.80
	Jurist Innendienst (13)	38.25	6'965.80
	Juristischer Mitarbeiter (14)	40.10	7'299.30
	Personalförderung (13)	38.25	6'965.80
	Projektsachbearbeiter Inland (13)	38.25	6'965.80
	Projektsachbearbeiter Internationale Zusammenarbeit (14)	40.10 40.10	7'299.30 7'299.30
	Projektverantwortlicher (13)	38.25	6'965.80
	Sachbearbeiter Marketing (12)	36.45	6'632.35
	Sachbearbeiter Soziale Einsätze Schweiz (11)	34.60	6'298.85
	Typografischer Gestalter (12)	36.45	6'632.35
	Übersetzer (10)	32.80	5'965.40
	Wissenschaftlicher Sachbearbeiter (15)	41.95	7'632.85
Administrative Sachbearbeiter	Abteilungssekretariat Internationale Zusammenarbeit (8)	29.10	5'298.35
	Assistent Public Relations (10)	32.80	5'965.40
	Bereichssekretariat (8)	29.10	5'298.35
	Bereichssekretär Internationale Zusammenarbeit (10)	32.80 32.80	5'965.40 5'965.40
	Bereichssekretär Soziale Aufgaben Schweiz (10)	32.80	5'965.40
	Kaufmännischer Mitarbeiter mit 2-jähriger Lehre (4–5)	21.80	3'964.30

Tätigkeitsbereich *Wöchentliche Arbeitszeit*	Tätigkeit *Quelle, vertragliche Vereinbarungen*	Stunden- und Monatslohn	
	Mitarbeiter Rechnungswesen, selbstständig (8)	**29.10**	**5'298.35**
	Personalassistent (10)	**32.80**	**5'965.40**
	Reisefachmann (9)	**30.95**	**5'631.80**
	Sachbearbeiter		
	– Administration (9)	**30.95**	**5'631.80**
	– Administration, selbstständig (8)	**29.10**	**5'298.35**
	– Naturalienhilfe (9)	**30.95**	**5'631.80**
	– Personalwesen, selbstständig (11)	**34.60**	**6'298.85**
	– Rechnungswesen (10)	**32.80**	**5'965.40**
	– Rechnungswesen, selbstständig (11)	**34.60**	**6'298.85**
	– Verdankungswesen (7)	**27.30**	**4'964.85**
	Sekretariatsmitarbeiter (6)	**25.45**	**4'631.40**
	Sekretariat Zentrum Asylsuchende (7)	**27.30**	**4'964.85**
	Telefonist (7)	**27.30**	**4'964.85**
Handwerkliche und weitere Funktionen	Allrounder Interne Dienste (1)	**16.30**	**2'963.90**
	Allrounder Interne Dienste, selbstständig (4)	**21.80**	**3'964.30**
	Aushilfe Cafeteria (3)	**19.95**	**3'630.85**
	Drucker (8)	**29.10**	**5'298.35**
	Hauswart Zentrum Asylsuchende (7)	**27.30**	**4'964.85**
	Ladenleiter (8)	**29.10**	**5'298.35**
	Mitarbeiter Cafeteria (4)	**21.80**	**3'964.30**
	Mitarbeiter Spedition (5)	**23.60**	**4'297.80**
	Reinigung Cafeteria (3)	**19.95**	**3'630.85**
	Ressortleiter		
	– Kleiderhilfe (9)	**30.95**	**5'631.80**
	– Laden (7)	**27.30**	**4'964.85**
	– Materialzentrale (9)	**30.95**	**5'631.80**
	– Sortierwerk (8)	**29.10**	**5'298.35**
	– Spedition (9)	**30.95**	**5'631.80**
	Sortierer Kleiderzentrale (2)	**18.10**	**3'297.35**
	Verkäufer		
	– Fairnesshandel (5)	**23.60**	**4'297.80**
	– Kleiderhilfe (4)	**21.80**	**3'964.30**
	– Kleiderladen (3)	**19.95**	**3'630.85**

📖 *Kein GAV, Personalreglement der Caritas Schweiz.*

⏳ *Laufzeit des Personalreglements ab 1.4.2008, ungekündigt.*

▦ *Lohntabelle und -system der Caritas Schweiz.*

✍ Zur Ermittlung des Jahreslohns muss mit 13 multipliziert werden.

✎ *Ferienanspruch: Bis zum 49. Altersjahr 5 Wochen und ab dem 50. Altersjahr 6 Wochen (Ziffer 6 Personalreglement).*

Tätigkeitsbereich *Wöchentliche Arbeitszeit*	Tätigkeit *Quelle, vertragliche Vereinbarungen*	Stundenlohn und Pauschale

R   **Kunst, Unterhaltung und Erholung**

90   **Kreative, künstlerische und unterhaltende Tätigkeiten**

90.0   Bildende und darstellende Kunst

90.01   Orchester, Chöre und Musiker
               sowie Theater- und Ballettgruppen

Berufsdirigenten   ***Gesamtschweizerische Lohnempfehlung***

Stundenweise Arbeitszeit	Dirigent, Minimalhonorar pro Stunde	***95.—***	–
	Richthonorar pro Stunde	***115.—***	–
Dirigenten	Minimalhonorar, 2-stündige Probe	***250.—***	–
	Richthonorar, 2-stündige Probe	***300.—***	–
Experten	Taggeld, ganzer Tag	–	***500.—***
	Taggeld, halber Tag	–	***300.—***
	Expertensitzung am Vorabend	–	***300.—***
	Erstellung eines schriftlichen Berichts	***90.—***	–
	Erstellung eines Protokolls	***60.—***	–
	Mündliche Berichterstattung, bis zu 15 Minuten	***50.—***	–
	Allgemeiner Bericht	***200.—***	–

📖 *Kein GAV, Schweizerischer Berufsdirigenten-Verband.*

🗔 *Honorarempfehlungen des Schweizerischen Berufsdirigenten-Verbandes.*

✋ Da es sich bei der Dirigententätigkeit nicht um Einzelunterricht, sondern um Chor- oder Orchesterproben handelt, wird zur Errechnung des Honorars für Berufsdirigenten das Minimalhonorar von CHF 75 um ein Drittel erhöht. Der Minimalhonoraransatz für Proben errechnet sich wie folgt: CHF 75 multipliziert mit der Anzahl Stunden. Das erhaltene Resultat wird mit dem Faktor 4 multipliziert und anschliessend durch 3 dividiert.

Stand 1.1.2010   ✍ www.sbdv.ch

Tätigkeitsbereich *Wöchentliche Arbeitszeit*	Tätigkeit *Quelle, vertragliche Vereinbarungen*	Stunden- und Tagesgage

Einzel- und
Orchestermusiker

Stundenweise Arbeitszeit

Unterhaltungs-,
Tanz- und Jazzmusiker

Gesamtschweizerische Lohnempfehlung

Einzelmusiker	*40.—*	*160.—*
Duo	*36.80*	*295.—*
Trio	*39.10*	*470.—*
Quartett	*38.70*	*620.—*
Quintett	*38.50*	*770.—*
Sextett	*38.30*	*920.—*

🖐 Tagesgage, ohne Kost und Logis.

Einzelmusiker	*35.—*	*140.—*
Duo	*31.20*	*250.—*
Trio	*34.10*	*410.—*
Quartett	*34.35*	*550.—*
Quintett	*34.—*	*680.—*
Sextett	*33.90*	*815.—*

🖐 Tagesgage, inklusive Logis.

Einzelmusiker	*32.50*	*130.—*
Duo	*28.70*	*230.—*
Trio	*30.40*	*365.—*
Quartett	*30.60*	*490.—*
Quintett	*30.50*	*610.—*
Sextett	*30.40*	*730.—*

🖐 Tagesgage, mit Abendessen und Logis.

Einzelmusiker	*31.20*	*125.—*
Duo	*28.10*	*225.—*
Trio	*28.70*	*345.—*
Quartett	*28.70*	*460.—*
Quintett	*28.—*	*560.—*
Sextett	*27.90*	*670.—*

🖐 Tagesgage, inklusive Kost und Logis.

📖 *Kein GAV, Schweizerische Fach- und Vermittlungsstelle für Musikerinnen und Musiker.*

📇 *Richtlinientarif der Schweizerischen Fach- und Vermittlungsstelle für Musikerinnen und Musiker.*

🖐 Einsätze zwischen 4 bis 5 Stunden pro Abend gelten als berufsüblich. Dies entspricht 20 Stunden pro Woche, ohne Anrechnung der Übungszeit.

Stand 1.1.2011   ✍ www.sfm.ch

Tätigkeitsbereich *Wöchentliche Arbeitszeit*	Tätigkeit *Quelle, vertragliche Vereinbarungen*	Stunden- und Monatslohn

Disc-Jockey

33 Stunden, berufsüblich

Gesamtschweizerische Lohnempfehlung

Disc-Jockey, Profi mit 2 Jahren Berufs-erfahrung, Minimalansatz	*22.40*	*3'200.—*
Maximalansatz	*31.50*	*4'500.—*
Disc-Jockey, Amateur oder Profi ohne Berufserfahrung, Minimalansatz	*17.50*	*2'500.—*
Maximalansatz	*21.—*	*3'000.—*

📖 *Kein GAV, Schweizerische Fach- und Vermittlungsstelle für Musikerinnen und Musiker.*

⊞ *Richtlinientarif der Schweizerischen Fach- und Vermittlungsstelle für Musikerinnen und Musiker.*

☞ Ein 13. Monatslohn ist nicht vertraglich vereinbart. Zur Ermittlung des Jahreslohnes muss mit 12 multipliziert werden.

☞ Obige Angaben für Einzel- und Orchestermusiker sind Tagesgagen. Diese gelten für ein Engagement von mindestens 15 Tagen Dauer, bei einer 5- bis 6-Tage-Woche, inklusive Spielpausen dauern die einzelnen Einsätze etwa 5 Stunden pro Abend.

☞ Einzelmusiker und Duos im Arbeitsverhältnis mit Engagementvertrag haben zusätzlich Anspruch auf eine Ferienentschädigung über 8,33 % des Barlohnes. Die Agenturkosten gehen zu Lasten des Musikers oder Orchesters beziehungsweise Disc-Jockeys. Die Gebühr für die gewerbsmässige Vermittlung von Musikern und Orchestern darf folgende Ansätze nicht überschreiten: Bei Vermittlung im Inland für Orchester 8 % sowie für Alleinunterhalter und Pianisten 10 %. Bei Vermittlung vom Ausland in die Schweiz und von der Schweiz nach dem Ausland für Orchester 8 % sowie für Alleinunterhalter und Pianisten 10 % (Art. 49 der Gebührenverordnung zum Arbeitsvermittlungsgesetz, GebV-AVG, SR 823.113).

Stand 1.1.2011   ☝ www.sfm.ch

Tätigkeitsbereich *Wöchentliche Arbeitszeit*	Tätigkeit *Quelle, vertragliche Vereinbarungen*	Stundenlohn und Pauschale	
Freischaffende Musiker, Klassikorchester	**Entlöhnung nach Tarifordnung, gesamtschweizerischer Geltungsbereich**		
Stundenweise Arbeitszeit	Probe, bis 3 Stunden Dauer	**58.30**	**175.—**
	Aufführung	**72.70**	**218.—**
	Proben von mehr als 3 Stunden Dauer, pro angebrochene Viertelstunde	**88.—**	**22.—**
Variété und Revue			
	Stimmführer und Soloinstrumente, Zulage pro Dienst	–	**30.—**
	Arbeit nach Mitternacht, Zuschlag pro angebrochene Viertelstunde	–	**22.—**
	Probe unmittelbar vor der Aufführung	–	**74.—**
Konzert, Oper und Operette	Probe, bis zu 3 Stunden Dauer	**58.30**	**175.—**
	Aufführung, bis zu 3 Stunden Dauer	**67.70**	**203.—**

☞ Tarifordnung A: Musikerleistungen im Orchesterverband.

Radioauftritte	Proben bis zu 3 Stunden	**58.30**	**175.—**
	Aufnahmesitzungen, bis 2½ Stunden	**92.80**	**232.—**
	– bis 3 Stunden	**86.70**	**260.—**
	– über 3 Stunden, pro angebrochene Viertelstunde	**96.—**	**24.—**
Tonaufnahmen für das Fernsehen	Aufnahmesitzungen, bis 2½ Stunden	**116.40**	**291.—**
	– bis 3 Stunden	**109.70**	**329.—**
	– über 3 Stunden, pro angebrochene Viertelstunde	**120.—**	**30.—**
Auftritt am Fernsehen	Proben bis zu 3 Stunden, ohne Fernsehbeleuchtung	**58.30**	**175.—**
	– mit Fernsehbeleuchtung	**84.—**	**252.—**
	Aufnahmesitzungen, bis 2½ Stunden	**140.—**	**350.—**
	– bis 3 Stunden	**132.—**	**396.—**
	– über 3 Stunden, pro angebrochene Viertelstunde	**148.—**	**37.—**

☞ Tarifordnung B: Musikerleistungen bei Aufnahmen für Radio und Fernsehen.

Tätigkeitsbereich *Wöchentliche Arbeitszeit*	Tätigkeit *Quelle, vertragliche Vereinbarungen*	Stundenlohn und Pauschale	
Aufzeichnung von Filmbegleitmusik	Aufnahmesitzungen, bis 2 Stunden maximal 10 Minuten Abspieldauer	**97.—**	**194.—**
	– bis 3 Stunden und maximal 20 Minuten Abspieldauer	**74.70**	**224.—**
	– für jede weitere halbe Stunde bei maximal 20 Minuten Abspieldauer	**118.—**	**59.—**
	– für jede weitere Minute, welche pro Sitzung 10 respektive 20 Minuten Abspieldauer überschreitet	–	**22.—**
Videoaufzeichnung	Aufnahmesitzungen bis 2 Stunden, maximal 10 Minuten Abspieldauer	**194.—**	**388.—**
	– bis 3 Stunden und maximal 20 Minuten Abspieldauer	**149.30**	**448.—**
	– für jede weitere halbe Stunde, bei maximal 20 Minuten Abspieldauer	**236.—**	**118.—**
	– für jede weitere Minute, welche pro Sitzung 10 respektive 20 Minuten Abspieldauer überschreitet	–	**44.—**
Aufnahme von Tonträgern, sinfonische Musik	Aufnahmesitzungen bis 3 Stunden, höchstens 20 Minuten Abspieldauer	**74.70**	**224.—**
	– für jede weitere halbe Stunde bei maximal 20 Minuten Abspieldauer	**118.—**	**59.—**
	– für jede weitere Minute bei einer Abspieldauer über 20 Minuten	–	**22.—**
Aufnahme von Tonträgern, Unterhaltungs- und Tanzmusik	Bei Langspielplatten pro Titel	–	**59.—**
	Aufnahmesitzungen bis 3 Stunden	**74.70**	**224.—**
	– für jede weitere halbe Stunde	**118.—**	**59.—**

☝ Tarifordnung C: Musikerleistungen bei Aufzeichnungen von Film- und anderer Begleitmusik sowie Bespielung von Industrie-Schallplatten.

Musiker- und Gesangs- Proben sowie Aufnahme von Tonträgern	Einsatzdienst bis zu 3 Stunden	**71.30**	**214.—**
	– bis zu 2 Stunden	**92.—**	**184.—**
	– bis zu 1 Stunde	**157.—**	**157.—**

☝ Musiker- und Sängerleistungen bei Aufnahme von Tonträgern für Theateraufführungen.

📖 *Verband Schweizerischer Berufsorchester sowie Schweizerischer Musikerverband. Tarif-Vertrag VESBO-SMV.*

🗓 *Schweizerischer Musikerverband, Tarifordnungen A, B, C und Tarif bei Aufnahme und Verwendung von Tonträgern für Theateraufführungen.*

⧗ *Tarifordnung unverändert gültig seit 1. September 2006.*

✍ Tarifvertrag: Der Verband Schweizerischer Berufsorchester (VESBO) und der Schweizerische Musikerverband (SMV) haben einen Tarifvertrag für das Engagement von Zuzügerinnen und Zuzügern vereinbart. Sämtliche VESBO-Mitglieder, somit alle Schweizer Berufssinfonieorchester, sind verpflichtet, ihre Aushilfen (Zuzüger) laut diesen Bedingungen anzustellen. Nehmen Musikerinnen und Musiker ein Engagement bei Veranstaltern an, die nicht dem VESBO angehören, so sind sie gehalten, sich gemäss den Tarifordnungen des Schweizerischen Musikerverbandes (SMV) verpflichten zu lassen.

✍ *Spesenabgeltung:* Eine Anfahrt mit der Bahn bis zu 200 Kilometern ist mit 2. Klasse und eine über 200 Kilometer mit 1. Klasse zu vergüten. Muss die Anreise zwischen 06.00 und 07.30 Uhr angetreten werden, besteht ein Anspruch auf eine zusätzliche Vergütung von CHF 42. Bei jeder Auswärtsverpflichtung beträgt die feste Entschädigung CHF 59. Erstreckt sich die Abwesenheit des Musikers von seinem Wohnort über beide Hauptmahlzeiten oder müssen zwei Dienste erbracht werden, beträgt die Verpflegungsentschädigung CHF 88.

✍ Eine Orchesterprobe darf, zusammen mit der Aufführung sowie einschliesslich einer Ruhepause dazwischen, 3 Stunden nicht überschreiten. Ansonsten gilt jene als selbstständige Leistung.

✍ Als Stimmführer und Soloinstrumente gelten insbesondere die Stimmführer der Streichergruppen, erste Bläser, Solopauken und Harfen sowie Nebeninstrumente, sofern sie neben dem Hauptinstrument zur Anwendung kommen (Flöte, Piccolo, Oboe, Englischhorn, Klarinette, Bassklarinette, Es-Klarinette, Fagott, Kontrafagott, Trompete, Kornett usw.).

✍ Die verhältnismässig hohen Stundenansätze berücksichtigen die Gegebenheit, dass Berufsmusiker viele unbezahlte Stunden zur Aufrechterhaltung und Verfeinerung ihres Könnens aufwenden müssen.

Stand 1.1.2010   ✍ www.smv.ch und www.theaterschweiz.ch/Vesbo

Tätigkeitsbereich *Wöchentliche Arbeitszeit*	Tätigkeit *Quelle, vertragliche Vereinbarungen*	Stunden- und Monatslohn	

Opernensembles
und Ballettkompanien

42 Stunden, laut GAV

GAV-Löhne, Stadt Zürich

Tätigkeit	Stundenlohn	Monatslohn
Abteilungs-Stellvertreter (18–17)	31.80	5'789.85
Ankleidedienst (Art. 25 GAV Anhang 1)	22.45	–
Anlagewart (19–18)	30.45	5'544.35
Beleuchter (22–20)	27.50	5'002.05
Bild- und Tonassistent (22–20)	27.50	5'002.05
Bild- und Tontechniker (18–17)	31.80	5'789.85
Bühnenhandwerker (22–20)	27.50	5'002.05
Chef Ankleidedienst (20–19)	29.70	5'404.30
Chef Fundusverwalter (20–19)	29.70	5'404.30
Chef Studio- und Probebühne (17–16)	33.20	6'037.85
Chef Transporte (17–16)	33.20	6'037.85
Fundusverwalter (20–19)	29.70	5'404.30
Gewandmeister (20–19)	29.70	5'404.30
Hausverwaltung und Technik (22–20)	27.50	5'002.05
Hutmacher (22–20)	27.50	5'002.05
Kaschierer (22–20)	27.50	5'002.05
Kostümbearbeiter (22–20)	27.50	5'002.05
Kunstschlosser (20–18)	29.70	5'404.30
Maschinenmeister (19–18)	30.45	5'544.35
Maskenbildner (22–20)	27.50	5'002.05
– mit Spezialausbildung (20–19)	29.70	5'404.30
Oberbeleuchter (18–17)	31.80	5'789.85
Prospektnäher (22–20)	27.50	5'002.05
Reinigungspersonal (32)	20.75	3'772.10
Requisiteur (22–20)	27.50	5'002.05
Schlosser (22–20)	27.50	5'002.05
Schnürmeister (18–17)	31.80	5'789.85
Schreiner (22–20)	27.50	5'002.05
Seitenmeister (18–17)	31.80	5'789.85
Spezialchauffeur (20–19)	29.70	5'404.30
Spezialhandwerker (20–19)	29.70	5'404.30
Stellwerkbeleuchter (20–19)	29.70	5'404.30
Tapezierer (22–20)	27.50	5'002.05
Techniker Hausverwaltung (22–20)	27.50	5'002.05
Theatermaler (22–19)	27.50	5'002.05
Theatermaler, erster (19–17)	30.45	5'544.35
Theaterplastiker, erster (19–17)	30.45	5'544.35
Theaterschneider (22–20)	27.50	5'002.05
Transporteur (22–20)	27.50	5'002.05

📖 *GAV zwischen der Opernhaus Zürich AG und dem technischen Personal des Opernhauses. Lohnbestimmungen, Ziffer 5.*

⌛ *Laufzeit des GAV ab 1.8.1998, ungekündigt.*

▦ *Reglement der Gehälter der Opernhaus Zürich AG. Die in Klammern gesetzten Zahlen entsprechen dem Salärband der jeweiligen Funktion.*

⊘ *Der 13. Monatslohn ist vertraglich vereinbart (Art. 5.3.1 GAV). Zur Ermittlung des Jahreslohnes muss mit 13 multipliziert werden.*

⊘ *Lohnzuschläge: Für Arbeitszeit, welche über die vertraglich vereinbarte geleistet wird, gilt ein Zuschlag von 30%. Arbeitsleistungen, welche in die Zeit zwischen 15 Minuten nach Vorstellungsschluss und 07.00 Uhr fallen, werden mit einem Zuschlag von 100% entschädigt; hierbei gilt die 1. zu vergütende, angebrochene Stunde als volle. Für Arbeitszeiten zwischen 24.00 und 07.00 Uhr gilt ein Zuschlag von 100%. Ausserhalb des Vorstellungs- und Probenbetriebs gelten folgende Zuschläge: 30% für Arbeitsleistungen nach dem ordentlichen Arbeitsschluss bis 20.00 Uhr; 50% für Arbeitsleistungen von 20.00 bis 24.00 Uhr am Samstag sowie am 2. Ruhetag und 100% für Sonn- und Feiertagsarbeit sowie für Arbeitsleistungen zwischen 24.00 und 07.00 Uhr (Art. 2 GAV).*

⊘ *Zulagen: Bei unregelmässigem Dienst sowie Sonn-, Feiertags- und Nachtarbeit wird im betreffenden Monat eine Zulage von CHF 498.25 sowie bei teilweiser vorgenannter Arbeitsweise eine von CHF 306.55 entrichtet. Bei regelmässigem Dienst an Samstagen wird eine ausserordentliche Zulage von CHF 2.75 pro Stunde vergütet (Art. 3 Anhang 2 GAV).*

⊘ *Sondervergütungen und Spesen: Bei Vorstellungen sowie Generalproben wird für Umbauten und Verwandlungen mit offenem Vorhang pro Ereignis im schwarzen Überkleid CHF 30 und im Kostüm CHF 40 vergütet. Für Matinées werden CHF 30 pro Ereignis ausbezahlt. Angeordnete Instrumententransporte werden pro Ereignis wie folgt entschädigt: Klavier (4 Mann) CHF 50, Flügel (6 Mann) CHF 50 sowie Cembalo und Celesta CHF 25 (Art. 2 Anhang 2 GAV).*

⊘ *Mahlzeitenentschädigung: Arbeitnehmende, welche morgens bis nach 13.00 Uhr arbeiten oder vor 17.00 Uhr ihre Arbeit aufnehmen sowie länger als 7 Stunden arbeiten, erhalten eine besondere Entschädigung von CHF 12.75 (Art. 4 Anhang 2 GAV).*

⊘ *Ferien: Bis 49. Altersjahr 4 Wochen. Vom Beginn des Kalenderjahres an, in dem das 50. Altersjahr vollendet wird, 5 Wochen und sinngemäss 6 Wochen ab 60. Altersjahr (Art. 4.1.1 GAV).*

⊘ *Feiertagsanspruch: Sofern diese nicht ohnehin auf einen freien Tag oder Halbtag fallen, haben die Arbeitnehmenden Anspruch auf jährlich höchstens 11 Feiertage (Art. 3.3.2 GAV).*

Tätigkeitsbereich *Wöchentliche Arbeitszeit*	Tätigkeit *Quelle, vertragliche Vereinbarungen*	Stunden- und Monatslohn	
Schauspielensembles	**GAV-Löhne, Stadt Zürich**		
42 Stunden, laut GAV	Beleuchter (5–6)	26.95	4'909.—
	Beleuchtung, Leiter (10)	42.65	7'765.—
Bühne	Beleuchtung, stellvertretender Leiter (9)	38.95	7'091.—
	Beleuchtungsmeister (8)	35.55	6'467.—
	Bühnenmeister (8)	35.55	6'467.—
	Bühnentechnik, Co-Leitung (9)	38.95	7'091.—
	Bühnentechnik, Leiter (10)	42.65	7'765.—
	Bühnentechniker (5–6)	26.95	4'909.—
	Chauffeur (5)	26.95	4'909.—
	Handwerker (5)	26.95	4'909.—
	Hilfshandwerker (4)	24.70	4'495.—
	Lagerist (6)	29.50	5'372.—
	Maschinist (7)	32.35	5'891.—
	Mitarbeiter technische Direktion (7)	32.35	5'891.—
	Möbler (5–6)	26.95	4'909.—
	Requisite, Leiter (8)	35.55	6'467.—
	Requisite, stellvertretender Leiter (7)	32.35	5'891.—
	Requisiteur (5–6)	26.95	4'909.—
	Seitenmeister (5–6)	26.95	4'909.—
	Statist in Kostüm und Maske, pauschal (Art. 17.3 GAV)	30.—	–
	Stellwerkbeleuchter (7)	32.35	5'891.—
	Systemtechniker (7)	32.35	5'891.—
	Ton und Video, Leiter (9)	38.95	7'091.—
	Ton und Video, stellvertretender Leiter (8)	35.55	6'467.—
	Ton- und Videotechniker (5–6)	26.95	4'909.—
	Videomeister (7)	32.35	5'891.—
	Vorarbeiter (7)	32.35	5'891.—
	Vorarbeiter Ton (7)	32.35	5'891.—

Tätigkeitsbereich *Wöchentliche Arbeitszeit*	Tätigkeit *Quelle, vertragliche Vereinbarungen*	Stunden- und Monatslohn	
Werkstätten	Bühnenhandwerker (6)	**29.50**	5'372.—
	Cacheur (6)	**29.50**	5'372.—
	Hilfshandwerker (4)	**24.70**	4'495.—
	Konstruktion (8)	**35.55**	6'467.—
	Kostümbearbeitung (7)	**32.35**	5'891.—
	Malsaal, Leiter (8)	**35.55**	6'467.—
	Malsaal, stellvertretender Leiter (7)	**32.35**	5'891.—
	Schlosser (5–6)	**26.95**	4'909.—
	Schlosserei, Leiter (8)	**35.55**	6'467.—
	Schlosserei, stellvertretender Leiter (7)	**32.35**	5'891.—
	Schreiner (5–6)	**26.95**	4'909.—
	Schreinerei, Leiter (8)	**35.55**	6'467.—
	Schreinerei, stellvertretender Leiter (7)	**32.35**	5'891.—
	Tapezierer (5–6)	**26.95**	4'909.—
	Tapeziererei, Leiter (8)	**35.55**	6'467.—
	Theatermaler (5–6)	**26.95**	4'909.—
	Theaterplastiker (7)	**32.35**	5'891.—
Atelier	Ankleidedienst (5–6)	**26.95**	4'909.—
	– Leiter (8)	**35.55**	6'467.—
	– ohne Berufsausbildung (4)	**24.70**	4'495.—
	– stellvertretender Leiter (6)	**29.50**	5'372.—
	Damenschneider (5–6)	**26.95**	4'909.—
	Damenschneiderei, Leiter (8)	**35.55**	6'467.—
	Damenschneiderei, stellvertretender Leiter (7)	**32.35**	5'891.—
	Herrenschneider (5–6)	**26.95**	4'909.—
	Herrenschneiderei, Leiter (8)	**35.55**	6'467.—
	Herrenschneiderei, stellvertretender Leiter (7)	**32.35**	5'891.—
	Maske, Leiter (8)	**35.55**	6'467.—
	Maske, stellvertretender Leiter (7)	**32.35**	5'891.—
	Maskenbildner (5–6)	**26.95**	4'909.—
Haustechnik	Haustechnik, stellvertretender Leiter (8)	**35.55**	6'467.—
	Reiniger (3)	**22.70**	4'132.—
	Technischer Handwerker	**26.95**	4'909.—
	– Abenddienst (5–6)		
	– Gebäudeunterhalt (7)	**32.35**	5'891.—

📖 *GAV zwischen der Schauspielhaus Zürich AG und dem technischen Personal vertreten durch die Gewerkschaft UNIA. Lohnbestimmungen, Ziffer 15.*

⧗ *Laufzeit des GAV ab 1.2.2007, ungekündigt.*

📖 *Stadt Zürich: Personalrecht, Verordnung über das Arbeitsverhältnis des städtischen Personals (PR, 177.100).*

📖 *Ausführungsbestimmungen zur Verordnung über das Arbeitsverhältnis des städtischen Personals, Art. 57 (AB PR, 177.101).*

▦ *Lohntabelle des GAV, Anhang 3. Die in Klammern gesetzten Zahlen bezeichnen die Lohnstufen. Die Monatslöhne entsprechen der Erfahrungsstufe 0 des tiefen Lohnbandes.*

✎ *Der 13. Monatslohn ist vertraglich vereinbart (Art. 16.1 GAV). Zur Ermittlung des Jahreslohnes muss mit 13 multipliziert werden.*

✎ *Unregelmässigkeitszulagen: Für den Vorstellungs- und Probenbetrieb wird bei unregelmässigem Dienst sowie Sonn-, Feiertags- und Nachtarbeit pro Arbeitstag eine Zulage von CHF 27 und bei 3-maligem Dienstanfang CHF 40 pro Vorfall entrichtet. Bei unzeitiger Arbeitsunterbrechung wird eine Entschädigung von CHF 9.50 für 1 Vorfall pro Tag ausbezahlt sowie bei 2 und mehreren Vorfällen mit CHF 14 pauschal abgegolten (Art. 4.5 und 17.2 GAV).*

✎ *Spätarbeit zwischen 20.00 und 24.00 Uhr wird mit einem Geldzuschlag von CHF 2.50 pro angebrochene halbe Stunde entschädigt (Art. 4.3 GAV).*

✎ *Für den nächtlichen Ab- und Aufbau wird zwischen 24.00 und 07.00 Uhr eine feste Zulage von CHF 50 pro Stunde gewährt (Art. 4.2 GAV).*

✎ *Ferienanspruch: Bis zum vollendeten 20. Altersjahr 5 Wochen und 3 Tage, bis zum 49. Altersjahr 4 Wochen und 3 Tage. Ab vollendetem 50. Altersjahr 5 Wochen und 3 Tage und ab 60. Altersjahr 6 Wochen und 3 Tage (Art. 12.1. GAV).*

✎ *Feiertagsanspruch: Sofern diese nicht ohnehin auf einen freien Tag oder Halbtag fallen, haben die Arbeitnehmenden Anspruch auf jährlich höchstens 12 Feiertage (Art. 11.2 GAV).*

Tätigkeitsbereich *Wöchentliche Arbeitszeit*	Tätigkeit *Quelle, vertragliche Vereinbarungen*		Stunden- und Monatslohn
Theaterschaffende	***Gesamtschweizerische Lohnempfehlung***		
Stundenweise Arbeitszeit	Schauspieler mit hohem Beschäftigungsgrad, an jährlich 35 Wochen Probezeit sowie umfassend 12 Einzel- und 52 Mehrfachaufführungen	–	**6'162.—**
	Schauspieler mit durchschnittlichem Beschäftigungsgrad, an jährlich 21 Wochen Probezeit sowie umfassend 8 Einzel- und 26 Mehrfachaufführungen	–	**3'687.—**
	Schauspieler mit niedrigem Beschäftigungsgrad, an jährlich 14 Wochen Probezeit sowie umfassend 6 Einzel- und 15 Mehrfachaufführungen	–	**2'350.—**
	Wöchentlicher Lohn bei Probebetrieb	–	**1'250.—**
	Gage bei einmaligem Auftritt	**450.—**	–
	Gage bei mehreren Auftritten am gleichen Ort	**400.—**	–
	Ausstatter, Pauschale für einen Auftrag	–	**10'000.—**

✍ Der Ausstatter ist Bühnen- und Kostümbildner in Personalunion und ist verantwortlich für den Entwurf und die Ausführung von Bühnen- und Kostümbild einer Inszenierung sowie für die Besorgung der Requisiten.

	Beleuchter und Techniker, Auftragspauschale	–	**4'000.—**

✍ Im Freien Theater werden Lichtkonzept und -einrichtung sowie die technische Einrichtung und Betreuung der Aufführungen in der Regel durch eine Person ausgeführt. Diese ist verantwortlich für Entwicklung und Umsetzung des Lichtkonzeptes, die technische Betreuung der Endproben sowie der Gastspiele. Hierzu gehören die technische Planung und Vorbereitung eines Gastspieles sowie Transport, Auf- und Abbau des Bühnenbildes.

	Bühnenbildner, monatliche Gage	–	**6'000.—**

✍ Der Bühnenbildner ist verantwortlich für Konzept und Bau des Bühnenbildes sowie für die Herstellung und Besorgung der Requisiten.

| Tätigkeitsbereich | Tätigkeit | Stunden- |
| Wöchentliche Arbeitszeit | Quelle, vertragliche Vereinbarungen | und Monatslohn |

Choreograf, wöchentliche Gage   –   **1'500.—**

🖐 Die Ausarbeitung einer eigenständigen Choreografie innerhalb des Theaterstückes, aber auch jene der Tanzperformance eines Sprechstücks, die Arbeit an der Körperlichkeit einer Figur sowie das Training während der Proben gehören ebenso zur Tätigkeit.

Grafiker und Plakatgestalter, Pauschale   –   **2'000.—**

🖐 Entwurf des Flyers und eines Plakats für die Theaterproduktion.

Kostümbildner, monatliche Gage   –   **6'000.—**

🖐 Entwurf und Herstellung beziehungsweise Anschaffung aller notwendigen Kostüme für eine Produktion.

Musikalischer Leiter, wöchentliche Gage   –   **1'500.—**

🖐 Erarbeitung des musikalischen Konzepts der Produktion und Übernahme der Verantwortung dafür. Teilnahme am Probenprozess und Einstudierung des Werks mit den Teilnehmern.

Regisseur, Absolvent der Hochschule der   –   **6'000.—**
Künste oder anerkannter Institution

Regisseur, monatliche Gage   –   **7'500.—**

🖐 Wahrnehmung der künstlerischen Gesamtverantwortung für die Produktion und Ansprechpartner sowie Schnittstelle für alle. Zu den Aufgaben der Regie zählt neben der eigentlichen Inszenierungsarbeit die gesamte Vorbereitung einer Produktion: Textbeziehungsweise Stückauswahl, Recherche, Textbearbeitung, Besetzung, Inszenierungskonzept, Eingabe bei den Förderstellen sowie das Führen von Konzeptionsgesprächen und Ansprechpartner für die Presse.

📖 *Kein GAV, Berufsverband der Freien Theaterschaffenden ACT.*

▦ *ACT-Richtgagen und -löhne im Freien Theater.*

🖐 Ein 13. Monatslohn ist nicht vertraglich vereinbart. Zur Ermittlung des Jahreslohnes muss mit 12 multipliziert werden.

🖐 Aufgrund von Umfragen und der Erfahrung kann davon ausgegangen werden, dass ein durchschnittlich bis gut beschäftigter Schauspieler pro Jahr an drei Produktionen beteiligt ist und damit 34 Aufführungen bestreitet. Ebenfalls kann sich jener einige Nebeneinkünfte als Film- und Fernsehschauspieler oder Sprecher erarbeiten. Nebst konkreter Proben und Auftritte gehören das Rollenstudium sowie das Auswendiglernen der Texte zum Beruf eines Schauspielers.

Tätigkeitsbereich	Tätigkeit	Stunden-
Wöchentliche Arbeitszeit	*Quelle, vertragliche Vereinbarungen*	und Monatslohn

Zirkusartisten   ***Gesamtschweizerische Lohnempfehlung***

50 Stunden, berufsüblich   Artisten sowie weitere Berufe der Manege   **9.20   2'000.—**
                             und technische Mitarbeiter

📖 *Branchenvertrag des Verbandes Schweizer Zirkusunternehmen VSZ vom 21.9.2004, ungekündigt.*

▦ *Obiger Mindestlohn gilt laut Branchenvertrag. Die Artistengage unterliegt der freien Vereinbarung und richtet sich nach Können und Bekanntheitsgrad des Künstlers sowie nach den wirtschaftlichen Gegebenheiten des jeweiligen Zirkusunternehmens.*

✋ Ein 13. Monatslohn ist nicht vertraglich vereinbart. Zur Ermittlung des Jahreslohnes muss mit 12 multipliziert werden.

✋ Ein Artist bestreitet bis zu 8 Vorstellungen zu je 10 bis 15 Minuten Auftrittsdauer pro Woche. Für das Schminken muss etwa 1 Stunde hinzugerechnet werden. Er kann auch für zusätzliche Arbeiten rund um die Manege herangezogen werden.

✋ Die Kosten für die Anreise bei Stellenantritt gehen zu Lasten des Arbeitgebers, jene für die Heimreise zu Lasten des Arbeitnehmers. Sofern die Ferien nicht während der Anstellungsdauer bezogen werden können, ist ein Ferienzuschlag, bei Anspruch auf vier Wochen 8,33 % und bei fünf Wochen 10,64 %, zu entrichten.

✋ Der Naturallohn wird laut Merkblatt N2/2007 *Naturalbezüge von Arbeitnehmenden* der Eidgenössischen Steuerverwaltung ab 1.1.2007 wie folgt bewertet: Pro Tag CHF 33 (Frühstück CHF 3.50, Mittagessen CHF 10, Nachtessen CHF 8 und Logis CHF 11.50), pro Monat CHF 990 (Kost CHF 645 und Logis CHF 345) sowie pro Jahr insgesamt CHF 11'880.

Stand 1.1.2010   📖 www.zirkusverband.ch und www.bfm.admin.ch

Tätigkeitsbereich	Tätigkeit	Stunden-
Wöchentliche Arbeitszeit	*Quelle, vertragliche Vereinbarungen*	und Monatslohn

90.03   Selbstständige Journalisten
                               sowie künstlerische und schriftstellerische Tätigkeiten

Journalisten,   ***Gesamtschweizerische Lohnempfehlung***
frei angestellt

                               Pro Stunde   **65.—**   –
Stundenweise Arbeitszeit   Halbtagspauschale   –   **258.—**
                               Tagespauschale   –   **516.—**

                          ℔ Regionaler Geltungsbereich: Basel, Bern und Zürich.

                               Pro Stunde   **60.—**   –
                               Halbtagspauschale   –   **239.—**
                               Tagespauschale   –   **478.—**

                          ℔ Regionaler Geltungsbereich: Übrige Schweiz und Liechtenstein.

                          📖 *GAV für Journalistinnen, Journalisten und das technische Redak-
                             tionspersonal; ausgesetzt.*

                          ⊞ *Lohnempfehlungen des Berufsverbandes Impressum.*

                          ✋ Das 13. Monatsentgelt von 8,33 % sowie der Ferienanteil von
                             10,64 % sind in den Richtlöhnen enthalten.

Stand 1.1.2011   ☜ www.schweizerpresse.ch und www.sab-photo.ch

Tätigkeitsbereich *Wöchentliche Arbeitszeit*	Tätigkeit *Quelle, vertragliche Vereinbarungen*	Stunden- und Monatslohn

Restaurator, Konservator *Gesamtschweizerische Statistik, Durchschnittswerte*

42 Stunden, berufsüblich

ab 25 bis 29 Altersjahre	*29.25*	*5'320.—*
ab 30 bis 34 Altersjahre	*33.—*	*6'006.—*
ab 35 bis 39 Altersjahre	*37.25*	*6'779.—*
ab 40 Altersjahren	*40.55*	*7'378.—*

☞ Arbeitnehmende mit abgeschlossener Berufsausbildung.

ab 25 bis 29 Altersjahre	*32.50*	*5'919.—*
ab 30 bis 34 Altersjahre	*36.75*	*6'691.—*
ab 35 bis 39 Altersjahre	*40.55*	*7'378.—*
ab 40 Altersjahren	*44.30*	*8'066.—*

☞ Arbeitnehmende mit mehrjähriger Berufserfahrung, Leitungs- und Führungsfunktionen oder Leitung eines Projekts.

ab 25 bis 29 Altersjahre	*37.25*	*6'779.—*
ab 30 bis 34 Altersjahre	*44.30*	*8'066.—*
ab 35 bis 39 Altersjahre	*48.55*	*8'835.—*
ab 40 Altersjahren	*52.35*	*9'523.—*

☞ Leitungs- und Führungsfunktion eines Restaurierungsbetriebes.

📖 *Kein GAV, Schweizerischer Verband für Restaurierung und Konservierung.*

▦ *Lohnerhebung des Verbandes für Restaurierung und Konservierung.*

☞ Ein 13. Monatslohn ist nicht vertraglich vereinbart. Zur Ermittlung des Jahreslohnes muss mit 12 multipliziert werden.

☞ Die Jahresteuerung wird seit 1999 aufgerechnet.

Stand 1.1.2011   ☞ www.skr.ch

Tätigkeitsbereich *Wöchentliche Arbeitszeit*	Tätigkeit *Quelle, vertragliche Vereinbarungen*	Stunden- und Monatslohn

91   Bibliotheken, Archive, Museen, botanische und zoologische Gärten

91.0   Kulturelle Aktivitäten

91.01   Bibliotheken und Archive

Archivar   ***Vergleichswert der Grossregion Zürich***

42 Stunden, berufsüblich			
Archivangestellter (7)		*23.71*	*3'983.15*
Archivar (10)		*26.61*	*4'469.70*
– leitender (16)		*36.60*	*6'148.25*
– mit besonderen Aufgaben (13)		*30.81*	*5'175.70*
Mitarbeiter			
– wissenschaftlicher (17)		*38.93*	*6'540.30*
– wissenschaftlicher mit besonderen Aufgaben (21)		*50.23*	*8'439.30*
Staatsarchivar (25)		*65.86*	*11'064.15*

📖 *Kein GAV, Verein Schweizerischer Archivarinnen und Archivare.*

🗓 *Obige Löhne entstammen der Zürcher Vollzugsverordnung zum Personalgesetz, § 32 ff. und Anhang 1, Einreihungsplan (VVO, OS 177.111). Die in Klammern gesetzten Zahlen bezeichnen die Lohnstufen; es wird jeweils die Lohnstufe 1 (Minimum) angegeben.*

✋ Zur Ermittlung des Jahreslohnes muss mit 12 multipliziert werden.

Stand 1.7.2010   ✍ www.vsa-aas.org, www.bda-aid.ch

Archivar, Fachperson I & D   *Gesamtschweizerische Statistik, Durchschnitt*

42 Stunden, berufsüblich		
Archivar, mit eidgenössischer Matur	*29.35*	*5'342.—*
Archivar, mit Universitätsabschluss	*41.05*	*7'473.—*
Archivar, mit Führungsaufgaben	*57.40*	*10'444.—*

📖 *Kein GAV, Verein Schweizerischer Archivarinnen und Archivare.*

🗓 *Lohnerhebung des Vereins Schweizerischer Archivarinnen und Archivare.*

✋ Zur Ermittlung des Jahreslohnes muss mit 12 multipliziert werden.

✋ *Ausbildung:* Ein Archivar ohne Hochschulbildung gilt als Assistent. Für die Belange eines Archivs werden Personen mit Universitätsabschluss, vor allem im Bereich phil. I und phil. II, bevorzugt.

✋ Die Jahresteuerung wird seit 2003 aufgerechnet.

Stand 1.1.2011   ✍ www.vsa-aas.org und www.bda-aid.ch

Tätigkeitsbereich *Wöchentliche Arbeitszeit*	Tätigkeit *Quelle, vertragliche Vereinbarungen*	Stunden- und Monatslohn	
Bibliothekar	**Löhne laut Personalrecht, Stadt Zürich**		
42 Stunden, laut GAV	Bibliotheksmitarbeitender (5)	**24.70**	**4'494.35**
	Bibliotheksmitarbeitender mit besonderen Aufgaben (6)	**27.—**	**4'917.70**
Bibliotheksangestellte	Bibliotheksfachperson (6)	**27.—**	**4'917.70**
	Bibliothekar (7)	**29.65**	**5'393.10**
Fach- und Führungsfunktionen	Stellvertretender Bibliothekar, in kleinerer oder mittlerer Bibliothek, ohne Führungsfunktion (7)	**29.65**	**5'393.10**
	Bibliothekar mit besonderen Aufgaben (8)	**32.55**	**5'920.55**
	Bibliothekar mit besonderen, komplexen und übergreifenden Aufgaben (9)	**35.65**	**6'492.65**
	Stellvertretender Bibliothekar, in grosser Bibliothek mit Führungsfunktion (9)	**35.65**	**6'492.65**
	Bibliotheksleiter eines kleinen Teams, Arbeitspensum unter 60% (8)	**32.55**	**5'920.55**
	Bibliotheksleiter eines kleinen Teams, Arbeitspensum über 60% (9)	**35.65**	**6'492.65**
	Bibliotheksleiter eines Teams mit mehr als 7 Mitarbeitern (10)	**39.05**	**7'109.35**
	Stellvertretender Chefbibliothekar (10)	**39.05**	**7'109.35**
	Chefbibliothekar (12)	**46.70**	**8'498.40**
Buchbinderei	Buchbinderei-Angestellter (3–4)	**20.80**	**3'782.70**
	Buchbinderei-Leiter (5)	**24.70**	**4'494.35**

📖 *GAV zwischen der Pestalozzigesellschaft in Zürich und der VPOD. Lohnbestimmungen Art. 9.*

⏳ *Laufzeit des GAV ab 1.10.2010, ungekündigt.*

🔲 *SLS Lohnskala der Stadt Zürich. Die in Klammern gesetzten Zahlen bezeichnen die Lohnstufen. Die Monatslöhne entsprechen der Erfahrungsstufe 0 des tiefen Lohnbandes.*

✎ *Die Besoldung erfolgt in 13 Teilzahlungen (Art. 9.1 GAV).*

✎ *Ferienguthaben: 4 Wochen bis und mit vollendetem 49. Altersjahr. 5 Wochen vom Beginn des Kalenderjahres an, in dem das 50. Altersjahr vollendet wird, und sinngemäss 6 Wochen ab vollendetem 60. Altersjahr (Art. 8.1 GAV).*

✎ *Den Arbeitnehmenden stehen jährlich bis zu 11 bezahlte Feiertage zu (Art. 5.4 GAV).*

Stand 1.4.2010   🖳 www.pbz.ch und www.vpod.ch

Tätigkeitsbereich *Wöchentliche Arbeitszeit*	Tätigkeit *Quelle, vertragliche Vereinbarungen*	Stunden- und Monatslohn	
Bibliothekar, **Fachperson I&D**	*Gesamtschweizerische Statistik, Durchschnitt*		
	I&D-Assistent	25.40	4'624.—
42 Stunden, berufsüblich	nach 5 Jahren Berufserfahrung	28.65	5'210.—
	nach 10 Jahren Berufserfahrung	31.40	5'712.—
	I&D-Assistent mit Sachfunktion	30.05	5'472.—
	I&D-Assistent mit Führungsfunktion	32.45	5'905.—
	I&D-Assistent mit Berufsmatura	26.80	4'882.—
	nach 5 Jahren Berufserfahrung	29.70	5'406.—
	nach 10 Jahren Berufserfahrung	32.30	5'882.—
	I&D-Assistent mit Sachfunktion	31.95	5'814.—
	I&D-Assistent mit Führungsfunktion	33.90	6'174.—
	I&D-Spezialist	31.20	5'683.—
	nach 5 Jahren Berufserfahrung	34.55	6'289.—
	nach 10 Jahren Berufserfahrung	37.95	6'906.—
	I&D-Spezialist mit Sachfunktion	35.95	6'547.—
	I&D-Spezialist mit Führungsfunktion	39.55	7'197.—
	Diplombibliothekar BBS	29.90	5'441.—
	nach 5 Jahren Berufserfahrung	33.45	6'085.—
	nach 10 Jahren Berufserfahrung	36.55	6'653.—
	Diplombibliothekar BBS mit Sachfunktion	36.45	6'638.—
	Diplombibliothekar BBS, Führungsfunktion	38.55	7'019.—
	Diplombibliothekar BBS, mit Weiterbildung	33.55	6'102.—
	nach 5 Jahren Berufserfahrung	37.45	6'812.—
	nach 10 Jahren Berufserfahrung	40.45	7'365.—
	Diplombibliothekar BBS mit Sachfunktion	39.60	7'207.—
	Diplombibliothekar BBS, Führungsfunktion	43.15	7'850.—
	Fachpersonal mit Hochschulabschluss	37.05	6'746.—
	nach 5 Jahren Berufserfahrung	40.85	7'431.—
	nach 10 Jahren Berufserfahrung	45.95	8'365.—
	Fachpersonal mit Sachfunktion	44.20	8'043.—
	Fachpersonal mit Führungsfunktion	47.30	8'605.—
	Personal mit Hochschulabschluss	38.15	6'943.—
	nach 5 Jahren Berufserfahrung	41.30	7'520.—
	nach 10 Jahren Berufserfahrung	49.05	8'926.—
	mit Hochschulabschluss und Sachfunktion	43.40	7'902.—
	mit Hochschulabschluss, Führungsfunktion	47.80	8'700.—

📖 *Kein GAV, Bibliothek Information Schweiz, BIS.*

▦ *Lohnerhebung 2008 der Bibliothek Information Schweiz.*

✍ Zur Ermittlung des Jahreslohnes muss mit 12 multipliziert werden.

✍ Die Jahresteuerung wird seit 2009 aufgerechnet.

Stand 1.1.2011   ✍ www.bis.info und www.bda-aid.ch

Tätigkeitsbereich *Wöchentliche Arbeitszeit*	Tätigkeit *Quelle, vertragliche Vereinbarungen*	Stunden- und Monatslohn	
Bibliothekar, **Fachperson I&D**	*Statistik der Grossregion Zürich, Durchschnitt*		
42 Stunden, berufsüblich	I&D-Assistent	26.80	4'879.—
	nach 5 Jahren Berufserfahrung	29.10	5'293.—
	nach 10 Jahren Berufserfahrung	31.35	5'709.—
	I&D-Assistent mit Berufsmatura	27.70	5'043.—
	nach 5 Jahren Berufserfahrung	30.—	5'461.—
	nach 10 Jahren Berufserfahrung	32.30	5'875.—
	I&D-Spezialist	29.85	5'436.—
	nach 5 Jahren Berufserfahrung	33.30	6'057.—
	nach 10 Jahren Berufserfahrung	34.60	6'301.—
	I&D-Spezialist mit Sachfunktion	35.75	6'507.—
	I&D-Spezialist mit Führungsfunktion	35.75	6'507.—
	Diplombibliothekar BBS	30.35	5'520.—
	nach 5 Jahren Berufserfahrung	32.95	5'994.—
	nach 10 Jahren Berufserfahrung	35.35	6'433.—
	Diplombibliothekar BBS, Führungsfunktion	38.25	6'959.—
	Diplombibliothekar BBS, mit Weiterbildung	35.90	6'537.—
	nach 5 Jahren Berufserfahrung	39.70	7'222.—
	nach 10 Jahren Berufserfahrung	42.90	7'809.—
	Diplombibliothekar BBS mit Sachfunktion	39.15	7'122.—
	Diplombibliothekar BBS, Führungsfunktion	44.45	8'088.—
	Fachpersonal mit Hochschulabschluss (WiBi BBS, CESID, NDS HTW Chur)	38.55	7'018.—
	nach 5 Jahren Berufserfahrung	31.60	5'747.—
	nach 10 Jahren Berufserfahrung	44.55	8'109.—
	Fachpersonal mit Führungsfunktion	48.85	8'893.—
	Personal mit Hochschulabschluss	45.25	8'237.—
	nach 5 Jahren Berufserfahrung	49.20	8'958.—
	nach 10 Jahren Berufserfahrung	52.90	9'631.—
	mit Hochschulabschluss, Führungsfunktion	55.50	10'104.—

📖 *Kein GAV, Bibliothek Information Schweiz, BIS.*

🗒 *Lohnerhebung 2008 der Bibliothek Information Schweiz.*

✋ Ein 13. Monatslohn ist nicht vertraglich vereinbart. Zur Ermittlung des Jahreslohnes muss mit 12 multipliziert werden.

✋ Die Jahresteuerung wird seit 2009 aufgerechnet

Stand 1.1.2011   ☝ www.bis.info und www.bda-aid.ch.

Tätigkeitsbereich *Wöchentliche Arbeitszeit*	Tätigkeit *Quelle, vertragliche Vereinbarungen*	Stunden- und Monatslohn	
Dokumentalist, Fachperson I&D	*Gesamtschweizerische Statistik, Durchschnitt*		
	Dokumentationsassistent	*26.50*	*4'824.—*
42 Stunden, berufsüblich	Dokumentationsassistent, angelernt	*24.90*	*4'535.—*
	Dokumentalist, mit Hochschulbildung und ohne Praxis	*31.70*	*5'772.—*
	Dokumentalist, mit Hochschulbildung sowie mehrjähriger Erfahrung	*36.25*	*6'597.—*
	Dokumentalist, mit besonderer Ausbildung oder Erfahrung	*40.80*	*7'422.—*
	Leiter eines Informationszentrums	*49.85*	*9'071.—*
	Leiter der Dokumentationsstelle, Grossbank	*58.90*	*10'720.—*
Beraterfirmen	Dokumentalist, mit Hochschulbildung und ohne Praxis	*36.25*	*6'597.—*
	Dokumentalist, mit Hochschulbildung sowie mehrjähriger Erfahrung	*45.30*	*8'246.—*
	Dokumentalist, mit besonderer Ausbildung oder Erfahrung	*52.10*	*9'483.—*
	I&D-Spezialist	*38.50*	*7'009.—*
	Leiter eines Informationszentrums	*54.35*	*9'894.—*
Berufsverbände	Dokumentalist, mit Hochschulbildung und ohne Praxis	*29.45*	*5'359.—*
	Dokumentalist, mit Hochschulbildung sowie mehrjähriger Erfahrung	*36.25*	*6'597.—*
	Dokumentalist, mit besonderer Ausbildung oder Erfahrung	*36.25*	*6'597.—*
	Leiter eines Informationszentrums	*58.90*	*10'720.—*
Bundespersonal	Dokumentalist, angelernt	*22.65*	*4'123.—*
	Dokumentalist, mit Hochschulbildung und ohne Praxis	*31.70*	*5'772.—*
	Dokumentalist, mit Hochschulbildung sowie mehrjähriger Erfahrung	*36.25*	*6'597.—*
	Dokumentalist, mit besonderer Ausbildung oder Erfahrung	*45.30*	*8'246.—*
	Leiter eines Informationszentrums	*49.85*	*9'071.—*
Fachhochschule	I&D-Spezialist	*34.—*	*6'184.—*

📖 *Kein GAV, Schweizerische Vereinigung für Dokumentation.*

🗒 *Lohnerhebung der Schweizerischen Vereinigung für Dokumentation.*

✋ Zur Ermittlung des Jahreslohnes muss mit 12 multipliziert werden.

✋ Die Jahresteuerung wird seit 2003 aufgerechnet.

Stand 1.1.2011   ✍ www.svd-asd.org und www.bda-aid.ch

Tätigkeitsbereich *Wöchentliche Arbeitszeit*	Tätigkeit *Quelle, vertragliche Vereinbarungen*	Stunden- und Monatslohn	
91.02	Museen		
Kunstmuseum	**GAV-Löhne, Stadt Zürich**		
42 Stunden, laut GAV	Kunsthandling (3–5)	**29.25**	5'322.—
	Spezialfunktionen (5–7)	**39.85**	7'254.—
Betrieb	Technik (3–5)	**29.25**	5'322.—
	Unterstützungsfunktion (1–3)	**22.30**	4'060.—
Kunstwissenschaft	Assistenzfunktionen (2–3)	**25.45**	4'628.—
	Dokumentation (3–5)	**29.25**	5'322.—
	Information (3–5)	**29.25**	5'322.—
	Wissenschaftliche Mitarbeit (5–7)	**39.85**	7'254.—
Verwaltung	Assistenzfunktionen (1–3)	**22.30**	4'060.—
	Leitung (7–9)	**56.45**	10'272.—
	Sachbearbeitung (3–5)	**29.25**	5'322.—
	Sachbearbeitung, qualifiziert (5–7)	**39.85**	7'254.—

📖 *GAV für die Mitarbeiterinnen und Mitarbeiter der Zürcher Kunstgesellschaft. Lohnbestimmungen Art. 2.3.1 ff.*

⌛ *Laufzeit des GAV ab 1.1.2007, ungekündigt.*

▦ *Funktionsstufen laut Lohnskala des Zürcher Kunsthauses.*

✍ Ein 13. Monatslohn ist nicht vertraglich vereinbart. Zur Ermittlung des Jahreslohnes muss mit 12 multipliziert werden.

✐ *Lohnzuschläge: Nachtarbeit ab 20.00 Uhr wird mit einem Zuschlag von 25% sowie jene ab 22.00 Uhr mit einem Zuschlag von 50% abgegolten. Für Arbeitsleistungen an Sonntagen und an folgenden Feiertagen wird ein Zuschlag von 25% ausgerichtet: Neujahr, Berchtoldstag, Karfreitag, Ostermontag, 1. Mai, Auffahrt, Pfingstmontag, 1. August, Weihnachtstag und Stefanstag (2.2.13 GAV).*

✐ *Ferienanspruch: Jährlich mindestens 4 Wochen. Ab 50. Altersjahr 5 Wochen sowie ab 60. Altersjahr 6 Wochen (Art. 2.2.17 GAV).*

✐ *Die Arbeitnehmenden haben Anspruch auf insgesamt 12 Feiertage, sofern diese nicht auf einen ohnehin freien Tag fallen (Art. 2.2.12 GAV).*

Stand 1.4.2010   ☞ www.kunsthaus.ch

Tätigkeitsbereich *Wöchentliche Arbeitszeit*	Tätigkeit *Quelle, vertragliche Vereinbarungen*	Stunden- und Monatslohn

91.04   Botanische und zoologische Gärten sowie Naturparks

Tierpfleger

Gesamtschweizerische Lohnempfehlung

45 Stunden, berufsüblich

Tierpfleger, ab 1. Berufsjahr	*15.40*	*3'000.—*
Tierpfleger, mit 5-jähriger Berufserfahrung	*20.50*	*4'000.—*

📖 *Kein GAV, Verband für die Berufsbildung in Tierpflege SVBT.*

🖾 *Lohnempfehlung des Verbandes SVBT.*

✋ *Zur Ermittlung des Jahreslohnes muss mit 12 multipliziert werden.*

Stand 1.1.2010   ⌨ www.tierpfleger.ch

Tierpfleger, Wildpark

Löhne laut Personalrecht, Stadt Zürich

42 Stunden, laut GAV

Betriebsarbeiter Handwerk (4)	22.60	4'115.50
Fachbereichsleiter (11–12)	42.75	7'777.80
Geschäftsführer, stellvertretender (12)	46.70	8'498.40
Handwerker (5–6)	24.70	4'494.35
Handwerker, mit Spezialfunktion (9)	35.65	6'492.65
Leitung Handwerk und Technik (7–8)	29.65	5'393.10
Projektleitung Technik (10)	39.05	7'109.35
Sachbearbeiter (7)	29.65	5'393.10
Techniker (5–6)	24.70	4'494.35
Tierbetreuer (7)	29.65	5'393.10
Tierbetreuer, Assistent (4)	22.60	4'115.50

📖 *GAV zwischen der Stiftung Wildnispark Zürich und dem VPOD. Lohnbestimmungen, Anhang Lohn Art. 4.*

⧗ *Laufzeit des GAV ab 1.1.2009, ungekündigt.*

🖾 *SLS Lohnskala der Stadt Zürich. Die in Klammern gesetzten Zahlen bezeichnen die Lohnstufen. Die Monatslöhne entsprechen der Erfahrungsstufe 0 des tiefen Lohnbandes.*

✎ *Die Besoldung erfolgt in 13 Teilzahlungen (Art. 5.1.1 GAV).*

✎ *Für eine Vollzeitstelle wird eine monatliche Mahlzeitenentschädigung von CHF 100 entrichtet (Art. 4 GAV).*

✎ *Ferienguthaben: 5 Wochen bis und mit vollendetem 49. Altersjahr. 6 Wochen vom Beginn des Kalenderjahres an, in dem das 50. Altersjahr vollendet, wird und sinngemäss 7 Wochen ab vollendetem 60. Altersjahr (Art. 7.1.1 GAV).*

✎ *Den Arbeitnehmenden stehen jährlich bis zu 12 bezahlte Feiertage zu (Art. 8.1.1 GAV).*

Stand 1.4.2010   ⌨ www.wildnispark.ch und www.vpod.ch

Tätigkeitsbereich *Wöchentliche Arbeitszeit*	Tätigkeit *Quelle, vertragliche Vereinbarungen*	Stunden- und Monatslohn	
Tierpfleger, Zoo	**Löhne laut Personalrecht, Stadt Zürich**		
42 Stunden, laut GAV	Tierpfleger, Einstiegslohn (4)	**22.60**	**4'115.50**
	Tierpfleger, mit 5-jähriger Erfahrung (5)	**24.70**	**4'494.35**
	Tierpfleger, mit 10-jähriger Erfahrung (6)	**27.—**	**4'917.70**
	Handwerker, Einstiegslohn (4)	**22.60**	**4'115.50**
	Handwerker, mit 5-jähriger Erfahrung (5)	**24.70**	**4'494.35**
	Handwerker, mit 10-jähriger Erfahrung (6)	**27.—**	**4'917.70**
	Sachbearbeiter, Einstiegslohn (4)	**22.60**	**4'115.50**
	Sachbearbeiter, mit 5-jähriger Erfahrung (5)	**24.70**	**4'494.35**
	Sachbearbeiter, ab 30. Altersjahr und mit 10-jähriger Erfahrung (6)	**27.—**	**4'917.70**
	Raumpfleger (2)	**20.—**	**3'643.95**

📖 *GAV zwischen Zoo Zürich AG und VPOD Zürich. Lohnbestimmungen, Art. 22.*

⧗ *Laufzeit des GAV ab 1.4.2003, ungekündigt.*

⊞ *SLS Lohnskala der Stadt Zürich. Die in Klammern gesetzten Zahlen bezeichnen die Lohnstufen. Die Monatslöhne entsprechen der Erfahrungsstufe 0 des tiefen Lohnbandes.*

✎ *Die Besoldung erfolgt in 13 Teilzahlungen (Art. 20 GAV).*

✎ *Die Reviertierpfleger erhalten für ihre Kompetenz und Verantwortung eine jährliche Zahlung von CHF 1'500 (Art. 21 GAV).*

✎ *Ferienguthaben: 4 Wochen bis und mit vollendetem 49. Altersjahr. 5 Wochen vom Beginn des Kalenderjahres an, in dem das 50. Altersjahr vollendet wird, und sinngemäss 6 Wochen ab vollendetem 60. Altersjahr (Art. 17 GAV).*

Stand 1.4.2010   🖱 www.zoo.ch und www.vpod-zh.ch

Tätigkeit *Wöchentliche Arbeitszeit*	Berufliche Fähigkeiten *Quelle, Branchenbereich*	Stunden- und Monatslohn

92   **Spiel-, Wett- und Lotteriewesen**

92.0   Spiel-, Wett- und Lotteriewesen

92.00   Spiel-, Wett- und Lotteriewesen

---

42 Stunden, berufsüblich   *Branchenlöhne, Statistik der Grossregion Zürich, Median*

Hilfskräfte	Un- und Angelernte, bis 20 Jahre	20.35	3'700.—
	ab 20 bis 29 Altersjahre	23.30	4'237.—
	ab 30 bis 39 Altersjahre	25.30	4'601.—
	ab 40 bis 49 Altersjahre	26.20	4'767.—
	ab 50 bis 65 Altersjahre	27.25	4'955.—
Berufsleute, gelernt	Mit 3- oder 4-jähriger Lehre, bis 20 Jahre	29.60	5'389.—
	ab 20 bis 29 Altersjahre	35.50	6'462.—
	ab 30 bis 39 Altersjahre	43.85	7'979.—
	ab 40 bis 49 Altersjahre	46.—	8'370.—
	ab 50 bis 65 Altersjahre	47.05	8'565.—
Führungskräfte	Fach- und Betriebskader, Alter 20 bis 29	43.05	7'832.—
	ab 30 bis 39 Altersjahre	60.55	11'017.—
	ab 40 bis 49 Altersjahre	68.80	12'524.—
	ab 50 bis 65 Altersjahre	69.40	12'632.—

📖 *Kein GAV; Bundesamt für Statistik BfS, Lohnstrukturerhebung, Median nach Lebensalter.*

✋ Zur Ermittlung des Jahreslohnes muss mit 12 multipliziert werden.

📕 *Branchenbereich: Umfassend den Betrieb von Glücksspielstätten wie Casinos, Bingohallen, Videospielterminals und Wettbüros sowie die Erbringung von Wettdienstleistungen wie Lotterien.*

✋ Liegen im Branchenbereich allgemeinverbindlich erklärte oder herkömmliche GAV vor, so hat die Einhaltung deren Löhne Vorrang.

Stand 1.1.2011   ✍ www.bfs.admin.ch/Löhne und www.swiss-play.ch

Tätigkeit *Wöchentliche Arbeitszeit*	Berufliche Fähigkeiten *Quelle, Branchenbereich*	Stunden- und Monatslohn	

93

**Erbringung von Dienstleistungen
des Sports, der Unterhaltung und der Erholung**

93.1 bis 93.2

Erbringung von Dienstleistungen des Sports sowie
sonstiger Dienstleistungen der Unterhaltung und der Erholung

93.11 bis 93.29

Erbringung von Dienstleistungen
des Sports, der Unterhaltung und der Erholung

---

42 Stunden, berufsüblich   *Branchenlöhne, Statistik der Grossregion Zürich, Median*

Hilfskräfte	Un- und Angelernte, bis 20 Jahre	*19.50*	*3'553.—*
	ab 20 bis 29 Altersjahre	*22.35*	*4'069.—*
	ab 30 bis 39 Altersjahre	*24.30*	*4'418.—*
	ab 40 bis 49 Altersjahre	*25.15*	*4'577.—*
	ab 50 bis 65 Altersjahre	*26.15*	*4'758.—*
Berufsleute, gelernt	Mit 3- oder 4-jähriger Lehre, bis 20 Jahre	*28.45*	*5'175.—*
	ab 20 bis 29 Altersjahre	*34.10*	*6'206.—*
	ab 30 bis 39 Altersjahre	*42.10*	*7'662.—*
	ab 40 bis 49 Altersjahre	*44.15*	*8'038.—*
	ab 50 bis 65 Altersjahre	*45.20*	*8'225.—*
Führungskräfte	Fach- und Betriebskader, Alter 20 bis 29	*41.35*	*7'522.—*
	ab 30 bis 39 Altersjahre	*58.15*	*10'580.—*
	ab 40 bis 49 Altersjahre	*66.10*	*12'027.—*
	ab 50 bis 65 Altersjahre	*66.65*	*12'131.—*

📖 *Kein GAV, Bundesamt für Statistik BfS, Lohnstrukturerhebung, Median nach Lebensalter.*

✍ Zur Ermittlung des Jahreslohnes muss mit 12 multipliziert werden.

📖 *Branchenbereich: Betrieb von Sportanlagen, Sportvereine, Gymnastik- und Fitnesscentren sowie Erbringung sonstiger Dienstleistungen des Sports. Vergnügungs- und Themenparks sowie Erbringung weiterer Dienstleistungen der Unterhaltung und Erholung.*

✍ Liegen im Branchenbereich allgemeinverbindlich erklärte oder herkömmliche GAV vor, so hat die Einhaltung deren Löhne Vorrang.

Stand 1.1.2011   ✍ www.bfs.admin.ch/Löhne

Tätigkeitsbereich *Wöchentliche Arbeitszeit*	Tätigkeit *Quelle, vertragliche Vereinbarungen*	Stunden- und Monatslohn

| 93.1 | Erbringung von Dienstleistungen des Sports | |
| 93.12 | Sportvereine | |

Sportler, Spieler	***Gesamtschweizerische Lohnempfehlung***	
Super-League	Nicht-Amateur-Spieler, Super League oder Nationalliga A: Eishockey- und Fussballspieler	– ***5'000.—***
Challenge League	Nicht-Amateur-Spieler, Challenge League oder Nationalliga B: Eishockey- und Fussballspieler	– ***3'800.—***
Profispieler	Spieler mit oder ohne Profistatus: Volley-, Basketballspieler usw.	– ***3'500.—***
Amateure	Spieler mit Amateurstatus: Ringer, Wasserballspieler usw.	– ***3'500.—***

📖 *Kein GAV, Reglemente der einzelnen Sportverbände.*

🗹 *Bundesamt für Migration BFM Arbeitskräfte und Einwanderung,
Erfahrungswerte aufgrund der Zulassungspraxis.*

✋ Bei Ausübung einer sportlichen Erwerbstätigkeit gilt bei einem
Aufenthalt mit Erwerbstätigkeit im Sinne der Weisungen und
Kreisschreiben des Bundesamtes für Migration:

– *Erwerbstätigkeit ohne Stellenantritt:* Diese liegt bei Eignungs-
tests, Probespielen für einen Spitzenklub und Freundschafts-
spielen, die nicht zu den nationalen oder internationalen Meister-
schaften oder den Cupspielen zählen (Schweizer Cup, UEFA-
Cup, Champions-League), sowie den damit verbundenen Vor-
bereitungen (Training usw.) vor. In diesen Fällen gelangt Art. 14
VZAE (Verordnung über Zulassung, Aufenthalt und Erwerbs-
tätigkeit, SR 142.201) zur Anwendung.

– *Erwerbstätigkeit mit Stellenantritt:* Diese liegt vor, sofern aus-
ländische Personen von einem Sportklub einer beliebigen Liga
für die Teilnahme an einer Meisterschaft verpflichtet werden.

– *Nebenbeschäftigung:* Bei teilzeitlicher Ausübung der sportlichen
Tätigkeit durch Spieler im Amateurstatus kann laut Art. 32 und 33
AuG (Bundesgesetz über die Ausländerinnen und Ausländer, SR
142.20) sowie in Verbindung mit Art. 3 VZAE (Verordnung über

Tätigkeitsbereich	Tätigkeit	Stunden-
Wöchentliche Arbeitszeit	*Quelle, vertragliche Vereinbarungen*	und Monatslohn

Zulassung, Aufenthalt und Erwerbstätigkeit, SR 142.201) eine Nebenbeschäftigung gewährt werden. Laut Art. 22 AuG muss der Sportklub hierbei die orts-, berufs- und branchenüblichen Lohn- und Arbeitsbedingungen einhalten. Eine Nebenbeschäftigung bei teilzeitlicher Ausübung der sportlichen Tätigkeit darf lediglich in einem Wirtschaftsbereich gewährt werden, welcher keine arbeitsmarktlichen Probleme aufweist. Hierbei ist zu beachten, dass mindestens 60 % der Lohnsumme aus Haupt- und Nebenbeschäftigung durch Erstere erwirtschaftet werden. Die Kurzaufenthaltsbewilligungen im Bereich Sport werden gestützt auf Art. 20 und 32 AuG sowie Art. 19 VZAE durch die zuständigen kantonalen Ausländerbehörden erteilt.

Stand 1.1.2010

🖑 www.bfm.admin.ch, www.football.ch, www.sehv.ch und www.schweiz-auf-einen-blick.de

---

93.13   Gymnastik- und Fitnesszentren

Fitnesstrainer und -instruktor

42 Stunden, berufsüblich

Gesamtschweizerische Lohnempfehlung

Fitnesstrainer, minimal	*19.75*	*3'594.—*
Maximalansatz	*23.25*	*4'228.—*
Fitnesstrainer, mit Erfahrung ohne Fachausweis, minimal	*23.25*	*4'228.—*
Maximalansatz	*26.15*	*4'757.—*
Fitness-Instruktor, mit eidgenössischem Fachausweis, minimal	*25.—*	*4'546.—*
Maximalansatz	*26.70*	*4'863.—*
Bereichsleiter, minimal	*23.80*	*4'334.—*
Maximalansatz	*27.30*	*4'969.—*
Clubmanager, Centerleiter, minimal	*26.15*	*4'757.—*
Maximalansatz	*34.25*	*6'236.—*
Praktikant, laut Richtlinien SFCV, minimal	*10.45*	*1'902.—*
Maximalansatz	*14.50*	*2'642.—*

📖 *Kein GAV, Schweizerischer Fitness- und Gesundheitscenter Verband SFGV.*

🖼 *Lohnempfehlungen des Schweizerischen Fitness- und Gesundheitscenter Verbandes.*

🖑 Ein 13. Monatslohn ist nicht vertraglich vereinbart. Zur Ermittlung des Jahreslohnes muss mit 12 multipliziert werden.

🖑 Die Jahresteuerung wird seit 2005 aufgerechnet.

Stand 1.1.2011   🖑 www.sfcv.ch

Tätigkeitsbereich *Wöchentliche Arbeitszeit*	Tätigkeit *Quelle, vertragliche Vereinbarungen*	Stunden- und Monatslohn

93.19	Sonstige mit Sport verbundene Tätigkeiten	

**Pferdepfleger
und Berufsreiter**

50 Stunden, berufsüblich

Gesamtschweizerische Lohnempfehlung

Pferdepfleger EFZ	**13.80**	**3'000.—**
Bereiter EFZ	**13.80**	**3'000.—**
Bereiter SVBR, 1. Klasse	**16.15**	**3'500.—**
Reitlehrer SVBR, eidgenössisch diplomiert	**25.30**	**5'500.—**

📖 *Kein GAV, Swiss Horse Professionals, Verband für Berufsreiter und professionelle Reitbetriebe.*

▦ *Lohnempfehlungen der Swiss Horse Professionals.*

✍ Zur Ermittlung des Jahreslohnes muss mit 12 multipliziert werden.

Stand 1.1.2011　　✍ www.swiss-horse-professionals.ch und www.fnch.ch

93.2	Erbringung sonstiger Dienstleistungen der Unterhaltung und Erholung	
93.29	Dienstleistungen der Erholung und Unterhaltung	

Cabaret-Tänzerin

Pauschalen
für Kurzaufenthalter

**ASCO-Vertrags-Löhne,
gesamtschweizerischer Geltungsbereich**

Tänzerin: Mindestalter 20 Jahre, monatlicher *Nettolohn* bei höchstens 23 Arbeitstagen, Tagesgage	– –	**2'300.—** **190.—**
Medizinische Untersuchung, die Kosten müssen durch den Arbeitgeber übernommen werden	–	**25.—**
Reisepauschale, monatlich:		
Zone I, West- und Osteuropa, exklusive ehemalige Sowjetunion	–	**240.—**
Zone II, Länder der ehemaligen Sowjetunion und Nordafrika	–	**480.—**
Zone III, Nordamerika, Thailand, Malaysia, Philippinen und Zentralafrika	–	**720.—**
Zone IV, Mittel- und Südamerika, Brasilien, Karibik, Südafrika, China, Japan und Australien	–	**1'000.—**

📖 *Kein GAV, Vorgaben des Bundesamtes für Migration sowie Bestimmungen des ASCO-Vertrags.*

✋ Eine Kurzaufenthaltsbewilligung kann an Cabaret-Tänzerinnen und -Tänzer nur erteilt werden, wenn sie mindestens 20 Jahre alt sind. Sie müssen nachweisen können, dass sie ein Engagement für mindestens 4 aufeinanderfolgende Monate in der Schweiz haben und ihre Vermittlung durch eine Agentur erfolgt, die nach dem Bundesgesetz vom 6. Oktober 1989 über die Arbeitsvermittlung und den Personalverleih AVG (SR 823.11) zur Vermittlung von Arbeitnehmenden berechtigt ist. Die kantonalen Ausländerbehörden kontrollieren die festgelegten Lohn- und Arbeitsbedingungen sowie die bedarfsgerechte Wohnung nach Art. 24 AuG.

✋ *Kurzaufenthalt:* Die Erwerbstätigkeit als Cabaret-Tänzerin im Sinne von Art. 34 VZAE sowie Künstler oder Artisten laut Art. 19, Abs. 4, lit. b VZAE ist jedenfalls meldepflichtig. Diese Personen müssen sich gemäss Art. 12, Abs. 3 VZAE – unabhängig von ihrer Aufenthaltsdauer in der Schweiz – anmelden.

✋ *Medizinische Untersuchung:* Innert 5 Tagen nach der Einreise und danach alle 2 Jahre muss sich die Tänzerin einer obligatorischen medizinischen Untersuchung über die Tauglichkeit zur Nachtarbeit unterziehen. Der Arbeitgeber übernimmt in den Jahren, in denen die Untersuchung erfolgt, die Kosten mit einer monatlichen Pauschale von CHF 25. Diese entspricht ⅛ der Gesamtpauschale und ist Bestandteil des Bruttolohnes der Tänzerin.

🖱 www.bfm.admin.ch, www.europa.admin.ch, www.fiz-info.ch und www.asco-nightclubs.ch

Tätigkeitsbereich *Wöchentliche Arbeitszeit*	Tätigkeit *Quelle, vertragliche Vereinbarungen*	Stunden- und Monatslohn

Messestandbau

Gesamtschweizerischer Vergleichswert

42 Stunden, berufsüblich	Standbau-Monteur, gelernt, ab 20. Altersjahr	*22.10*	*4'018.—*
	ab 21. Altersjahr	*23.45*	*4'269.—*
	ab 22. Altersjahr	*24.85*	*4'520.—*
	ab 23. Altersjahr	*26.20*	*4'771.—*
	ab 24. Altersjahr	*27.60*	*5'022.—*
	Standbau-Hilfsmonteur, ab 20. Altersjahr	*19.40*	*3'527.—*
	ab 21. Altersjahr	*20.60*	*3'748.—*
	ab 22. Altersjahr	*21.80*	*3'968.—*
	ab 23. Altersjahr	*23.—*	*4'189.—*
	ab 24. Altersjahr	*24.25*	*4'409.—*

📖 *Kein GAV.*

🔲 *Vergleichswert: Mindestlohn aus dem GAV für das Schreiner-gewerbe, Kapitelziffer 43.32. Der Messestandbau ist im Geltungs-bereich des GAV für das Schreinergewerbe nicht enthalten.*

✋ Ein 13. Monatslohn ist nicht vertraglich vereinbart. Zur Ermitt-lung des Jahreslohnes muss mit 12 multipliziert werden.

Stand 1.1.2011   ☞ www.messe.ch, für fachliche Informationen

Zeltbau

Gesamtschweizerischer Vergleichswert

42 Stunden, berufsüblich	Zeltbauarbeiter, angelernt	*22.05*	*4'010.—*
	Zeltbaumonteur, gelernt	*23.20*	*4'218.—*
	Zeltbaumonteur mit Fähigkeitszeugnis	*25.15*	*4'574.—*
	Gruppenleiter Zeltbau	*26.85*	*4'886.—*
	Chef-Monteur Zeltbau	*28.—*	*5'095.—*

📖 *Kein GAV.*

🔲 *Vergleichswert: Mindestlohn aus dem GAV für den Gerüstbau, Kapitelziffer 43.99. Der Zeltbau ist im Geltungsbereich des GAV für den Gerüstbau nicht enthalten.*

✋ Ein 13. Monatslohn ist nicht vertraglich vereinbart. Zur Ermitt-lung des Jahreslohnes muss mit 12 multipliziert werden.

Stand 1.1.2011   ☞ www.messe.ch, für fachliche Informationen

Tätigkeit *Wöchentliche Arbeitszeit*	Berufliche Fähigkeiten *Quelle, Branchenbereich*	Stunden- und Monatslohn

S **Erbringung sonstiger Dienstleistungen**

94 **Erbringung sonstiger Dienstleistungen**

94.1, 94.2 und 94.9 — Wirtschafts- und Arbeitgeberverbände, Berufsorganisationen, Arbeitnehmervereinigungen, kirchliche Vereinigungen; politische Parteien sowie sonstige Interessenvertretungen und Vereinigungen

94.11 bis 94.99 — Wirtschafts-, Arbeitgeber- und Berufsverbände sowie Interessenvertretungen und Vereinigungen

42 Stunden, berufsüblich — *Branchenlöhne, Statistik der Grossregion Zürich, Median*

Tätigkeit	Berufliche Fähigkeiten	Stundenlohn	Monatslohn
Hilfskräfte	Un- und Angelernte, bis 20 Jahre	22.10	4'026.—
	ab 20 bis 29 Altersjahre	25.35	4'611.—
	ab 30 bis 39 Altersjahre	27.50	5'006.—
	ab 40 bis 49 Altersjahre	28.50	5'187.—
	ab 50 bis 65 Altersjahre	29.60	5'391.—
Berufsleute, gelernt	Mit 3- oder 4-jähriger Lehre, bis 20 Jahre	28.65	5'215.—
	ab 20 bis 29 Altersjahre	34.35	6'254.—
	ab 30 bis 39 Altersjahre	42.45	7'722.—
	ab 40 bis 49 Altersjahre	44.50	8'100.—
	ab 50 bis 65 Altersjahre	45.55	8'289.—
Führungskräfte	Fach- und Betriebskader, Alter 20 bis 29	37.95	6'909.—
	ab 30 bis 39 Altersjahre	53.40	9'717.—
	ab 40 bis 49 Altersjahre	60.70	11'046.—
	ab 50 bis 65 Altersjahre	61.20	11'142.—

Kein GAV, Bundesamt für Statistik BfS, Lohnstrukturerhebung, Median nach Lebensalter.

Zur Ermittlung des Jahreslohnes muss mit 12 multipliziert werden.

Branchenbereich: Wirtschafts- und Arbeitgeberverbände, Berufsorganisationen, Arbeitnehmervereinigungen, Kirchgemeinden und religiöse Vereinigungen, Klöster und Ordensgemeinschaften. Politische Parteien und Vereinigungen sowie Organisationen der Kultur, Bildung, Wissenschaft, Forschung und des Gesundheitswesens. Jugendorganisationen und sonstige Interessenvertretungen und Vereinigungen.

Liegen im Branchenbereich allgemeinverbindlich erklärte oder herkömmliche GAV vor, so hat die Einhaltung deren Löhne Vorrang.

Tätigkeitsbereich *Wöchentliche Arbeitszeit*	Tätigkeit *Quelle, vertragliche Vereinbarungen*	Stunden- und Monatslohn

| 94.2 | Arbeitnehmervereinigungen | |
| 94.20 | Gewerkschaften und Arbeitnehmerverbände | |

Gewerkschaftsfunktionäre **GAV-Löhne, gesamtschweizerischer Geltungsbereich**

40 Stunden, berufsüblich	Assistent 1 (3)	**27.10**	**4'697.—**
	Assistent 2 (1)	**24.70**	**4'280.—**
UNIA Regionen	Gewerkschaftssekretär 1 (12)	**42.45**	**7'359.—**
	Gewerkschaftssekretär 2 (10)	**37.55**	**6'507.—**
	Gewerkschaftssekretär 3 (10)	**37.55**	**6'507.—**
	Gewerkschaftssekretär 4 (9)	**35.20**	**6'104.—**
	Gewerkschaftssekretär 5 (7)	**32.20**	**5'577.—**
	Leiter Administration 1 (12)	**42.45**	**7'359.—**
	Leiter Administration 2 (10)	**37.55**	**6'507.—**
	Regionalsekretär 1 (14)	**48.80**	**8'460.—**
	Regionalsekretär 2 (13)	**45.50**	**7'889.—**
	Sachbearbeiter 1 (7)	**32.20**	**5'577.—**
	Sachbearbeiter 2 (5)	**29.45**	**5'104.—**
	Sachbearbeiter 3 (3)	**27.10**	**4'697.—**

Funktionsbeschrieb	– *Assistent 1:* Selbstständiges Arbeiten in einem vielfältigen Aufgabenbereich mit generellen Vorgaben.

– *Assistent 1:* Selbstständiges Arbeiten in einem vielfältigen Aufgabenbereich mit generellen Vorgaben.

– *Assistent 2:* Ausführen von Arbeiten in eng begrenztem Aufgabenbereich, oftmals nach Vorgaben.

– *Gewerkschaftssekretär 1 mit Leitungsfunktion:* Leitung einer grösseren Sektion. Ausarbeiten von Firmenverträgen und Führung von Verhandlungen. Vertretung der Mitglieder vor Gericht sowie der UNIA in wichtigen paritätischen Gremien. Gruppen- und Branchenbetreuung.

– *Gewerkschaftssekretär 2 mit Leitungsfunktion:* Leitung einer kleineren Sektion. Ausarbeiten von Verträgen und Führung von Verhandlungen. Vertretung der Mitglieder vor Gericht sowie der UNIA in wichtigen paritätischen Gremien. Gruppen- und Branchenbetreuung.

– *Gewerkschaftssekretär 3:* Mitgliederwerbung, Betreuung von Einzelmitgliedern und mehreren Gruppen. Vertretung von Mitgliedern vor Gericht. Teilnahme an Verhandlungen sowie bei paritätischen Kommissionen. Vertretung der UNIA in politischen Kommissionen und Instanzen.

– *Gewerkschaftssekretär 4:* Mitgliederwerbung, Betreuung von Einzelmitgliedern und mehreren Gruppen. Vertretung von Mitgliedern vor Gericht. Teilnahme an Verhandlungen sowie bei paritätischen Kommissionen.

– *Gewerkschaftssekretär 5:* Mitgliederwerbung, Betreuung von Einzelmitgliedern und einzelnen Gruppen.

Tätigkeitsbereich *Wöchentliche Arbeitszeit*	Tätigkeit *Quelle, vertragliche Vereinbarungen*	Stunden- und Monatslohn

– *Leiter Administration 1:* Organisation und Leitung der Administration einer grossen UNIA-Region. Personalführung und -administration der Grossregion.
– *Leiter Administration 2:* Organisation und Leitung der Administration einer Region. Personalführung und Administration.

– *Regionalsekretär 1:* Leitung einer grossen Region sowie Personalführung und Budgetverantwortung.
– *Regionalsekretär 2:* Leiter einer Region oder Mitverantwortung für eine grosse Region. Personalführung und Budgetverantwortung.

– *Sachbearbeiter 1:* Wahrnehmung verschiedener Tätigkeiten sowie deren Planung. Umfassende administrative Organisation einer mittelgrossen oder grossen Region.
– *Sachbearbeiter 2:* Wahrnehmung verschiedener Tätigkeiten der einfachen Sachbearbeitung sowie deren Planung. Erteilung von Rechtsauskünften sowie Anleitung des mitarbeitenden Personals.
– *Sachbearbeiter 3:* Wahrnehmung verschiedener Tätigkeiten im Bereich der einfachen Sachbearbeitung. Ausführung der Arbeiten nach Vorgabe sowie Auskunftserteilung.

Tätigkeitsbereich	Tätigkeit	Stunden	Monatslohn
UNIA Zentralsekretariat	Assistent 1 (3)	27.10	4'697.—
	Assistent 2 (1)	24.70	4'280.—
	Branchensekretär (13)	45.50	7'889.—
	Fachmitarbeiter 1 (11)	40.15	6'961.—
	Fachmitarbeiter 2 (9)	35.20	6'104.—
	Fachmitarbeiter 3 (7)	32.20	5'577.—
	Fachsekretär 1 (13)	45.50	7'889.—
	Fachsekretär 2 (11)	40.15	6'961.—
	Fachsekretär 3 (9)	35.20	6'104.—
	Leiter Fachabteilung 1 (14)	48.80	8'460.—
	Leiter Fachabteilung 2 (12)	42.45	7'359.—
	Mitglied der Geschäftsleitung (16)	56.30	9'761.—
	Mitglied Sektorenleitung (13–15)	52.35	9'071.—
	Sachbearbeiter 1 (7)	32.20	5'577.—
	Sachbearbeiter 2 (5)	29.45	5'104.—
	Sachbearbeiter 3 (3)	27.10	4'697.—
	Teamverantwortlicher 1 (11)	40.15	6'961.—
	Teamverantwortlicher 2 (9)	35.20	6'104.—
	Teamverantwortlicher 3 (7)	32.20	5'577.—

Funktionsbeschrieb

– *Assistent 1:* Selbstständiges Arbeiten in einem vielfältigen Aufgabenbereich mit generellen Vorgaben.
– *Assistent 2:* Ausführen von Arbeiten in eng begrenztem Aufgabenbereich, oftmals nach Vorgaben.

– *Branchensekretär:* Politische und gewerkschaftliche Tätigkeit sowie Umsetzen der nationalen Politik innerhalb des Sektors. Erarbeitung strategischer Konzepte.

– *Fachmitarbeiter 1:* Planerische Tätigkeiten in umfassender Fachbearbeitung. Fachübergreifendes Denken und Handeln sowie Wahrnehmung der Fach- und Führungsausbildung.
– *Fachmitarbeiter 2:* Planerische Tätigkeiten im Bereich spezialisierter Fachbearbeitung. Fachübergreifendes Denken und Handeln sowie Führung eines selbstständigen Sekretariats.
– *Fachmitarbeiter 3:* Ausübung verschiedener Tätigkeiten im Bereich spezialisierter Fachbearbeitung. Einzelne Planungstätigkeiten.

– *Fachsekretär 1:* Verantwortung für einen sehr grossen oder mehrere grössere Gewerkschaftsbereiche. Erarbeitung und Durchsetzung strategischer Konzepte. Verantwortung bedeutende GAV betreffend. Personalführung und -verantwortung.
– *Fachsekretär 2:* Verantwortung für einen grösseren Gewerkschaftsbereich oder Mitgliedergruppe. Erarbeitung und Durchsetzung strategischer Konzepte. Verantwortung in Bezug auf GAV.
– *Fachsekretär 3:* Verantwortung für einen Gewerkschaftsbereich oder Mitgliedergruppe. Erarbeitung, Planung und Durchführung gewerkschaftspolitischer Tätigkeiten. Unterstützung der Facharbeit in den Regionen.

– *Leiter Fachabteilung 1:* Verantwortung für einen Verwaltungs- und/oder Fachbereich. Planung und Durchführung von Aufgaben sowie Unterstützung bei Entscheiden der Geschäftsleitung. Vertretung in Kommissionen und Verwaltungsräten sowie Erledigung zugewiesener interner und externer Fachaufgaben. Personal- und Budgetverantwortung.
– *Leiter Fachabteilung 2:* Verantwortung für einen Verwaltungs- und/oder Fachbereich. Planung und Durchführung von Aufgaben. Vertretung in Kommissionen. Personal- und Budgetverantwortung.

– *Mitglied der Geschäftsleitung:* Oberste politische Verantwortung für den zugewiesenen Gewerkschaftsbereich. Erarbeitung und Umsetzung strategischer Konzepte. Verantwortung für Kader und Organisation der zugewiesenen Regionen. Wahrnehmung von Öffentlichkeitsaufgaben.

Tätigkeitsbereich *Wöchentliche Arbeitszeit*	Tätigkeit *Quelle, vertragliche Vereinbarungen*	Stunden- und Monatslohn

– *Mitglied Sektorenleitung (Lohnklasse 13):* Politische und gewerkschaftliche Tätigkeit sowie Umsetzen der nationalen Politik innerhalb des Sektors. Erarbeitung strategischer Konzepte.

– *Mitglied Sektorenleitung (Lohnklasse 15):* Politische und organisatorische Verantwortung für den zugewiesenen Sektor und die paritätischen Einrichtungen. Verhandlungsführung auf nationaler Ebene. Personalverantwortung für das eigene Sekretariat.

– *Sachbearbeiter 1:* Übernahme planerischer Tätigkeiten im Rahmen eines Fachbereiches.

– *Sachbearbeiter 2:* Wahrnehmung verschiedener Tätigkeiten der einfachen Sachbearbeitung sowie deren Planung. Sicherstellung der Zusammenarbeit mit anderen Abteilungen und Regionen.

– *Sachbearbeiter 3:* Wahrnehmung verschiedener Tätigkeiten im Bereich der einfachen Sachbearbeitung. Ausführung der Arbeiten nach Vorgabe.

– *Teamverantwortlicher 1:* Führung eines grösseren Fachbereiches mit Fach- und Personalverantwortung Übernahme der Fach- und Führungsausbildung. Vernetztes Denken und Handeln bezüglich vielfältiger, fachübergreifender Zusammenhänge.

– *Teamverantwortlicher 2:* Führung einer grösseren Mitarbeitergruppe oder Abteilung sowie Tragen der Verantwortung für das Erreichen von deren Zielen. Fach- und Personalverantwortung sowie Tätigkeiten im Bereich Personalausbildung.

– *Teamverantwortlicher 3:* Führung einer Mitarbeitergruppe sowie Erreichen der Gruppenziele. Aufgaben im spezialisierten Fachbereich.

Arbeitslosenkasse		
	Abteilungsleiter 1 (12)	**42.45** 7'359.—
	Abteilungsleiter 2 (11)	**40.15** 6'961.—
	Fachmitarbeiter 1 (1)	**24.70** 4'280.—
	Fachmitarbeiter 2 (9)	**32.20** 5'577.—
	Fachmitarbeiter 3 (7)	**32.20** 5'577.—
	Gebietsleiter 1 (13)	**45.50** 7'889.—
	Gebietsleiter 2 (12)	**42.45** 7'359.—
	Kassenleiter (15)	**52.35** 9'071.—
	Kaufmännischer Assistent 1 (5)	**29.45** 5'104.—
	Kaufmännischer Assistent 2 (3)	**27.10** 4'697.—
	Kaufmännischer Assistent 3 (1)	**24.70** 4'280.—
	Regionalleitung (12)	**42.45** 7'359.—
	Sachbearbeiter Zahlstelle (5)	**29.45** 5'104.—
	Sachbearbeiter Zahlstelle 1 (8)	**33.70** 5'845.—
	Sachbearbeiter Zahlstelle 2 (6)	**30.65** 5'310.—
	Zahlstellenleitung 1 (12)	**42.45** 7'359.—
	Zahlstellenleitung 2 (11)	**40.15** 6'961.—
	Zahlstellenleitung 3 (9)	**35.20** 6'104.—

Funktionsbeschrieb

– *Abteilungsleiter 1:* Führung einer grösseren Abteilung der Arbeitslosenkasse sowie Fach- und Personalverantwortung. Umfangreiche, planerische Tätigkeit sowie Bereichsverantwortung.

– *Abteilungsleiter 2:* Führung einer Abteilung der Arbeitslosenkasse sowie Fach- und Personalverantwortung.

– *Fachmitarbeiter 1:* Planerische Tätigkeiten in umfassendem Fachbereich, wie beispielsweise ALK-Informatik. Fach- und Führungsausbildung sowie vernetztes Denken und Handeln bezüglich vielfältiger, fachübergreifender Zusammenhänge.

– *Fachmitarbeiter 2:* Planerische Tätigkeiten im Bereich der spezialisierten Fachbearbeitung, wie beispielsweise Tätigkeit als Springer, ALV-Revision. Fachübergreifendes Denken und Handeln.

– *Fachmitarbeiter 3:* Wahrnehmung verschiedener Tätigkeiten im Bereich der spezialisierten Fachbearbeitung, wie beispielsweise Rückforderungen, Debitorenbearbeitung oder Sekretariatsführung.

– *Gebietsleiter 1:* Verantwortung für ein bestimmtes, grosses Gebiet der Arbeitslosenkasse. Beratung und Unterstützung der Region sowie des Regionalleiters. Erarbeiten der Strategien und der Ziele für das betreffende Gebiet. Koordination überregionaler Interessen.

– *Gebietsleiter 2:* Verantwortung für ein Fachgebiet der Arbeitslosenkasse. Beratung und Unterstützung der Region sowie des Regionalleiters. Erarbeiten der Strategien und Verantwortung bezüglich Erreichung der Ziele für das betreffende Gebiet.

– *Kassenleiter:* Operative Leitung und Führung der Arbeitslosenkasse, insbesondere deren Bereich Zentrale Dienste.

– *Kaufmännischer Assistent 1:* Selbstständiges Arbeiten in einem bestimmten Aufgabenbereich nach generellen Vorgaben.

– *Kaufmännischer Assistent 2:* Ausführen von Arbeiten in einem bestimmten Aufgabenbereich nach generellen Vorgaben.

– *Kaufmännischer Assistent 3:* Ausführen von Arbeiten nach Vorgabe in einem bestimmten Aufgabenbereich.

– *Regioleitung:* Führung einer grossen Zahlstelle mit mehr als 10 Mitarbeitern. Fach- und Personalverantwortung oder Beratung und Unterstützung der Zahlstellenleitung. Umsetzung nationaler Projekte und Koordination der Ausbildung. Wahrnehmung regionaler Tätigkeiten sowie Pflege des Kontakts mit regionalen Behörden.

- *Sachbearbeiter Zahlstelle:* Einfache Sachbearbeitung wie Eingabe von Zahlungen oder Eröffnen von Dossiers nach Vorgabe.
- *Sachbearbeiter Zahlstelle 1:* Abklärung des Anspruchs auf Arbeitslosenentschädigung im Sinne der gesetzlichen Bestimmungen. Berechnungen für die einzelnen Dossiers sowie deren Erfassen im System. Schalterdienst und Erteilen von Telefonauskünften. Erledigung komplexer Fälle und Einarbeitung neuer Mitarbeiter. Erledigung von Subrogationsfällen sowie Vertretung der Kasse vor Gericht.
- *Sachbearbeiter Zahlstelle 2:* Abklärung des Anspruchs auf Arbeitslosenentschädigung im Sinne der gesetzlichen Bestimmungen. Berechnungen für die einzelnen Dossiers sowie deren Erfassen im System. Schalterdienst und Telefonauskünfte.

- *Zahlstellenleitung 1:* Führung einer grossen Zahlstelle mit mehr als 10 Mitarbeitern. Fach- und Personalverantwortung oder Beratung und Unterstützung der Zahlstellenleitung. Umsetzung nationaler Projekte und Koordination der Ausbildung. Wahrnehmung regionaler Tätigkeiten sowie Pflege des Kontakts mit regionalen Behörden.
- *Zahlstellenleitung 2:* Führung einer mittelgrossen Zahlstelle mit 4 bis 10 Mitarbeitern. Fach- und Personalverantwortung.
- *Zahlstellenleitung 3:* Führung einer kleinen Zahlstelle mit bis zu 3 Mitarbeitern. Fach- und Personalverantwortung.

📖 *Anstellungsbedingungen der Gewerkschaft UNIA. Lohnbestimmungen, Ziffer 6.*

⌛ *In Kraft gesetzt per 1.7.2008.*

▦ *Lohnskalen der Gewerkschaft UNIA.*

✎ *Der 13. Monatslohn ist vertraglich vereinbart (Art. 10.1 der Anstellungsbedingungen). Zur Ermittlung des Jahreslohnes muss mit 13 multipliziert werden.*

✎ *Ferienanspruch: Bis zum 40. Altersjahr 25 Tage, ab 40. Altersjahr 27 Tage und ab 50. Altersjahr 30 Tage (Art. 16.1 der Anstellungsbedingungen).*

Tätigkeitsbereich *Wöchentliche Arbeitszeit*	Tätigkeit *Quelle, vertragliche Vereinbarungen*	Stunden- und Monatslohn	

94.9   Kirchliche Vereinigungen, politische Parteien
         und sonstige Interessenvertretungen und Vereinigungen

94.91   Kirchliche und religiöse Vereinigungen

Kirchliche Berufe, **evangelisch-reformierte** **Landeskirche**	**Verordnung über die Besoldung, Kanton Zürich**		
	Pfarrer, Jahresstufe 1	30.30	5'514.—
	Jahresstufe 2	31.40	5'714.—
42 Stunden,	Jahresstufe 4	33.60	6'113.90
laut VVO § 116; PG § 52	Jahresstufe 6	35.80	6'513.90
	Jahresstufe 8	38.—	6'913.90
	Jahresstufe 10	39.10	7'113.85
	Jahresstufe 12	41.15	7'485.30
	Jahresstufe 14	43.—	7'828.15
	Jahresstufe 16	43.95	7'999.50
	Jahresstufe 18	45.85	8'342.40
	Jahresstufe 20	47.70	8'685.15

📖 *Gesetz über das Arbeitsverhältnis des Staatspersonals, § 40 (Personalgesetz, PG; OS 177.10).*

▷ *Diesem Gesetz untersteht das Personal des Staates und seiner unselbstständigen Anstalten.*

▦ *Verordnung über die Besoldungen der Pfarrer (OS 181.45).*

✎ *13. Monatslohn: Gesetzlich bestimmt (§ 50 VVO und 51; § 40 PG). Zur Ermittlung des Jahreslohnes muss mit 13 multipliziert werden.*

✎ *Der Ferienanspruch gilt ab dem Kalenderjahr, in welchem das entsprechende Alter vollendet wird: Bis zum 20. Altersjahr 5 Wochen und danach 4 Wochen; ab dem 50. Altersjahr 5 sowie ab dem 60. Altersjahr 6 Wochen (§ 79 VVO).*

Stand 1.1.2011   ✆ www.zh.ref.ch

Tätigkeitsbereich *Wöchentliche Arbeitszeit*	Tätigkeit *Quelle, vertragliche Vereinbarungen*	Stunden- und Monatslohn	
Kirchliche Berufe, **römisch-katholische** **Körperschaft**	**Reglement der römisch-katholischen Kirche, Kanton Zürich**		
	Dekan (22)	49.98	9'097.10
	Generalvikar (25)	61.60	11'212.45
42 Stunden, laut Reglement	Jugendseelsorger (16–17)	34.83	6'339.60
	Katechet (13)	28.82	5'245.10
Verkündigung	Katechet mit besonderen Aufgaben (14)	30.44	5'541.—
	Kirchenmusiker (10–18)	24.89	4'529.60
	Pfarradministrator (21)	46.99	8'552.45
	Pfarrer (21)	46.99	8'552.45
	Praktikant, während des Theologiestudiums		
	– Katechete	6.43	1'170.20
	– Seelsorger	7.36	1'339.20
	Religionspädagoge (16–17)	34.83	6'339.60
	Seelsorger (18–19)	38.80	7'062.85
	Seelsorger mit besonderen Aufgaben (20)	43.91	7'992.40
	Seelsorger, Gemeindeleiter (21)	46.99	8'552.45
	Vikar (18)	38.80	7'062.85
Soziales und Bildung	Erwachsenenbildner (15–17)	32.24	5'868.90
	Jugendarbeiter (14–16)	30.44	5'541.—
	Praktikant: Sozialarbeiter, Sozialpädagoge und soziokultureller Animator	9.23	1'680.—
	Praktikant während der Ausbildung	14.77	2'688.—
	Sozialarbeiter (16–17)	34.83	6'339.60
	Sozialarbeiter, besondere Aufgaben (17)	36.41	6'627.90
	Stabsmitarbeiter (17–19)	36.41	6'627.90
	Stabsmitarbeiter mit besonderen Aufgaben (20–21)	43.91	7'992.40
	Wissenschaftlicher Mitarbeiter (17–19)	36.41	6'627.90
	Wissenschaftlicher Mitarbeiter mit besonderen Aufgaben (20–21)	43.91	7'992.40
Administration	Büroangestellter (5–8)	20.93	3'809.40
	Direktor (22–24)	49.98	9'097.10
	Generalsekretär (25)	61.60	11'212.45
	Rechnungsführer (12–14)	27.36	4'979.—
	Rechnungssekretär (15–17)	32.24	5'868.90
	Sachbearbeiter (14–16)	30.44	5'541.—
	Sekretär (9–11)	23.86	4'343.10
	Sekretär mit besonderen Aufgaben (12–13)	27.36	4'979.—
	Stabsmitarbeiter (17–19)	36.41	6'627.90
	Stabsmitarbeiter mit besonderen Aufgaben (20–21)	43.91	7'992.40
	Stellenleiter (17–19)	36.41	6'627.90
	Stellenleiter, besondere Aufgaben (20–21)	43.91	7'992.40

Tätigkeitsbereich *Wöchentliche Arbeitszeit*	Tätigkeit *Quelle, vertragliche Vereinbarungen*	Stunden- und Monatslohn	
Hausdienst	Haushälterin (8–10)	**22.96**	**4'179.15**
	Haushalthilfe (5–7)	**20.93**	**3'809.40**
	Hauswart (9–11)	**23.86**	**4'343.10**
	Hauswirtschaftliches Personal (11–12)	**26.05**	**4'741.30**
	Hauswirtschaftliches Personal mit besonderen Aufgaben (13–14)	**28.82**	**5'245.10**
	Hilfshauswart (7–8)	**22.18**	**4'036.55**
	Hilfssakristan (7–8)	**22.18**	**4'036.55**
	Raumpflegepersonal (1–4)	**19.47**	**3'544.10**
	Sakristan (9–11)	**23.86**	**4'343.10**

📖 *Anstellungsordnung der römisch-katholischen Körperschaft des Kantons Zürich.*

▦ *Besoldungsklassen der römisch-katholischen Körperschaft des Kantons Zürich. Die in Klammern gesetzten Zahlen entsprechen der Einreihung laut Besoldungstabelle, Erfahrungsstufe 0.*

✐ *13. Monatslohn: Vertraglich vereinbart (§ 25 der Anstellungsordnung). Zur Ermittlung des Jahreslohnes muss mit 13 multipliziert werden.*

✐ *Den Angestellten steht folgender Ferienanspruch zu: Bis zum 49. Altersjahr 4 Wochen, ab vollendetem 50. Altersjahr 5 Wochen sowie ab 60. Altersjahr 6 Wochen (§ 47 der Anstellungsordnung).*

✐ *Den Angestellten stehen jährlich bis zu 10 Feier- oder Ruhetage zu (§ 46 der Anstellungsordnung).*

Stand 1.1.2011   🖐 www.zh.kath.ch

Kirchenmusiker, Kantor

42 Stunden, berufsüblich

Lohnklasse für das Lehrpersonal Mittelstufe, Kanton Zürich

Kantor   **46.20   8'409.—**

📖 *Verordnung über das Anstellungsverhältnis der Lehrpersonen an Mittel- und Berufsschulen (Mittel- und Berufsschullehrerverordnung MBVO, OS 413.111).*

▦ *Die Besoldung eines Kantors entspricht jener eines Gymnasiallehrers, laut Mittel- und Berufsschullehrerverordnung des Kantons Zürich OS 413.111, Klasse 22 Stufe 1.*

✋ 13. Monatslohn: Berufsüblich, jedoch nicht vertraglich vereinbart. Zur Ermittlung des Jahreslohnes muss mit 13 multipliziert werden.

✋ Nebst fachgerechter Leitung von Chören und Ensembles sowie der Gemeindesingleitung umfasst das Kantorenamt die verantwortungsvolle Betreuung des kirchenmusikalischen Lebens der Gemeinde, in Zusammenarbeit mit dem Organisten.

Stand 1.1.2010   🖐 www.zh.ref.ch

Tätigkeitsbereich *Wöchentliche Arbeitszeit*	Tätigkeit *Quelle, vertragliche Vereinbarungen*	Stunden- und Monatslohn
Kirchenmusiker, Chorleiter	**Lohnvereinbarung, Grossregion Zürich**	
5¼ Stunden, berufsüblich	Leiter Chor- und Instrumentalensemble Anrechnung der Ausbildung zu 100%	**39.70** 903.15
	Leiter Chor- und Instrumentalensemble Anrechnung der Ausbildung zu 90%	**35.73** 812.84
	Leiter Chor- und Instrumentalensemble Anrechnung der Ausbildung zu 75%	**29.77** 677.37

✋ *Arbeitspensum:* Das durchschnittliche Arbeitspensum für die Leitung eines Kirchenchores oder Instrumentalensembles beträgt 275 Jahresstunden. Dies entspricht 12,5 Stellenprozenten. Unter Annahme einer wöchentlichen Arbeitszeit von 42 Stunden ergibt dies 5¼ Wochenstunden. Dies umfasst sowohl die Chorleitung von Proben und bei Gottesdiensten wie auch die hierbei benötigte Vorbereitungs- und Überzeit.

Stundenweise Arbeitszeit	Ausbildungsanrechnung zu 100%	**196.20**	–
	Ausbildungsanrechnung zu 90%	**176.70**	–
Bei Proben, pauschal	Ausbildungsanrechnung zu 75%	**147.30**	–
	Ausbildungsanrechnung zu 60%	**117.80**	–
	Ausbildungsanrechnung zu 50%	**98.20**	–
Bei Aufführungen, inklusive Vorproben	Ausbildungsanrechnung zu 100%	**215.90**	–
	Ausbildungsanrechnung zu 90%	**194.30**	–
	Ausbildungsanrechnung zu 75%	**162.10**	–
	Ausbildungsanrechnung zu 60%	**129.60**	–
	Ausbildungsanrechnung zu 50%	**108.—**	–

✋ Chor- und Ensembleleiter, Stellvertretungen.

📖 *Kein GAV, Zürcher Kirchenmusikerverband.*

🗓 *Wegleitung für die Besoldung der Chorleiterinnen und Chorleiter der Kantone Zürich und Glarus.*

✋ 13. Monatslohn: Berufsüblich, jedoch nicht vertraglich vereinbart. Zur Ermittlung des Jahreslohnes muss mit 13 multipliziert werden.

✋ Für Berufsmusiker mit chorleiterischer und kirchenmusikalischer Ausbildung gilt ein Ansatz von 100%; für jene mit lediglich chorleiterischer Ausbildung einer von 90% und für jene ohne Ausbildung einer von 75%.

✋ *Anrechnung der Ausbildung:* Zur chorleiterischen Ausbildung zählen Dirigieren, Probentechnik, Stimmbildung und Literaturkenntnis. Zur kirchenmusikalischen gehören Liturgik, Hymnologie, Gottesdienstgestaltung, Gemeindesingpraxis und Kirchenmusikgeschichte.

Tätigkeitsbereich *Wöchentliche Arbeitszeit*	Tätigkeit *Quelle, vertragliche Vereinbarungen*	Stunden- und Monatslohn	

Kirchenmusiker, Organist Lohnvereinbarung, Grossregion Zürich

14 Stunden, berufsüblich	Organist in Gemeinden mit bis zu 3'000 reformierten Einwohnern	**12.70**	**770.54**
Organist ohne Ausweis	Nach 8 Dienstjahren	**16.60**	**1'005.85**
	Organist in Gemeinden mit über 3'000 reformierten Einwohnern	**14.40**	**874.—**
	Nach 8 Dienstjahren	**20.10**	**1'220.46**
Stellvertretung	Gottesdienst und Jugendgottesdienst	**162.10**	–
	Gottesdienst	**120.20**	–
	Jugendgottesdienst und Kasualien	**107.40**	–
Organist mit Fähigkeitsausweis	Organist in Gemeinden mit bis zu 3'000 reformierten Einwohnern	**21.75**	**1'320.77**
	Nach 8 Dienstjahren	**28.30**	**1'717.08**
	Organist in Gemeinden mit über 3'000 reformierten Einwohnern	**25.55**	**1'549.23**
	Nach 8 Dienstjahren	**33.60**	**2'037.—**
Stellvertretung	Gottesdienst und Jugendgottesdienst	**190.60**	–
	Gottesdienst	**140.—**	–
	Jugendgottesdienst und Kasualien	**123.40**	–
Organist mit Lehrdiplom Orgel	Organist in Gemeinden mit bis zu 6'000 reformierten Einwohnern	**30.80**	**1'867.92**
	Nach 8 Dienstjahren	**37.80**	**2'292.85**
	Organist in Gemeinden mit über 6'000 reformierten Einwohnern sowie in städtischen Verhältnissen	**36.95**	**2'240.62**
	Nach 8 Dienstjahren	**45.95**	**2'786.77**
	Gottesdienst und Jugendgottesdienst	**221.70**	–
	Gottesdienst	**161.10**	–
	Jugendgottesdienst und Kasualien	**139.40**	–

📖 *Kein GAV, Zürcher Kirchenmusikerverband.*

▦ *Wegleitung für die Besoldung der Organistinnen und Organisten der Kantone Zürich und Glarus.*

✋ 13. Monatslohn: Berufsüblich, jedoch nicht vertraglich vereinbart. Zur Ermittlung des Jahreslohnes muss mit 13 multipliziert werden.

✎ *Den Organisten steht folgender Ferienanspruch zu: Bis zum 49. Altersjahr 4 Wochen, ab vollendetem 50. Altersjahr 5 Wochen sowie ab 60. Altersjahr 6 Wochen (§ 47 der Anstellungsordnung).*

✋ *Arbeitspensum:* Das durchschnittliche Arbeitspensum einer Orgelstelle beträgt 14 Stunden wöchentlich. Dies entspricht 33 Stellenprozenten und umfasst sämtliche Tätigkeiten.

Tätigkeitsbereich *Wöchentliche Arbeitszeit*	Tätigkeit *Quelle, vertragliche Vereinbarungen*	Stunden- und Monatslohn	
94.99	Interessenvertretungen		
Jugendförderung	**GAV-Löhne, Kanton Zürich**		
42 Stunden, laut GAV	Administrative Leitung (12)	**29.24**	**4'913.15**
	Administrative Leitung, mit erweiterter Verantwortung (13)	**30.81**	**5'175.70**
	Bereichsleiter (17)	**38.93**	**6'540.30**
	Geschäftsführung (19)	**43.91**	**7'377.15**
	Geschäftsführung, mit erweiterter Verantwortung (20)	**46.95**	**7'886.75**
	Projektleitung (16)	**36.60**	**6'148.25**
	Projektmitarbeiter (15)	**34.47**	**5'791.45**
	Sachbearbeitung Administration (10)	**26.61**	**4'469.70**
	Sachbearbeitung Administration, anspruchsvoll (11)	**27.85**	**4'678.45**
	Stellvertreter der Geschäftsführung (17)	**38.93**	**6'540.30**
	Stellvertreter der Geschäftsführung, mit erweiterter Verantwortung (18)	**41.48**	**6'969.30**

📖 *GAV zwischen Verein Okaj Zürich und VPOD Zürich. Lohnbe-stimmungen Art. 7.*

⧖ *Laufzeit des GAV ab 1.1.1998, ungekündigt.*

▦ *Vollzugsverordnung zum Personalgesetz, § 32 ff. und Anhang 1, Einreihungsplan (siehe hierzu auch PVO § 15). Lohn: § 40 ff., Anhang 2 (VVO, OS 177.111).*

✐ *Der 13. Monatslohn ist vertraglich vereinbart (Art. 7.2 GAV). Zur Ermittlung des Jahreslohnes muss mit 13 multipliziert wer-den.*

✐ *Ferienanspruch: Ab 20. Altersjahr 4 Wochen. 5 Wochen ab dem Kalenderjahr, in dem das 50. Altersjahr vollendet wird, und 6 Wochen ab jenem, in dem das 60. Altersjahr vollendet wird (Art. 5.1 GAV).*

✐ *Den Arbeitnehmenden stehen bis zu 11½ Feiertage zu (Art. 4.3 GAV).*

Stand 1.7.2010   ⌕ www.okaj.ch und www.vpod.ch

Tätigkeitsbereich *Wöchentliche Arbeitszeit*	Tätigkeit *Quelle, vertragliche Vereinbarungen*	Stunden- und Monatslohn	
Kulturförderung	**GAV-Löhne, gesamtschweizerischer Geltungsbereich**		
41 Stunden, laut GAV	Assistent Public Relations (16)	**39.85**	**7'081.85**
	Bereichsassistent (16–18)	**39.85**	**7'081.85**
	Bibliothekar (19)	**45.45**	**8'077.80**
	Buchhalter (16)	**39.85**	**7'081.85**
	Desk Officer (22)	**51.40**	**9'128.50**
	Fachspezialist (16–17)	**39.85**	**7'081.85**
	Fachspezialist Kultur (18)	**43.50**	**7'728.15**
	Koordinator Auslandsniederlassungen (20)	**47.45**	**8'427.80**
	– Südosteuropa/Ukraine (14–16)	**36.80**	**6'535.80**
	Leiter Ausstellungsdienst (23)	**53.90**	**9'574.30**
	– Finanzdienste (22)	**51.40**	**9'128.50**
	– Informatik (23)	**53.90**	**9'574.30**
	– Kommunikation (28)	**68.25**	**12'123.20**
	– Kulturprogramme (26–29)	**62.30**	**11'070.50**
	– technischer Dienst (16)	**39.85**	**7'081.85**
	Medienverantwortlicher (18)	**43.50**	**7'728.15**
	Personalleiter (24)	**56.40**	**10'020.15**
	Projektleiter (20–22)	**47.45**	**8'427.80**
	Projektverantwortlicher (16)	**39.85**	**7'081.85**
	Sachbearbeiter (12–17)	**34.25**	**6'086.70**
	– Spedition (8)	**29.40**	**5'225.80**
	– Telefon und Empfang (9)	**30.65**	**5'441.70**
	Systemadministrator (16)	**39.85**	**7'081.85**
	Wissenschaftlicher Mitarbeiter (21)	**49.40**	**8'777.60**

📖 *GAV zwischen der Pro Helvetia Schweizer Kulturstiftung und dem VPOD Zürich. Lohnbestimmungen Art. 19.*

▦ *Lohn und Zulagen laut Anhang 1 zum GAV Pro Helvetia. Die in Klammern gesetzten Zahlen entsprechen der Einreihung, Höchstbeträge der Beurteilungsstufe B.*

✎ *13. Monatslohn: Gestützt auf die gesetzlichen Bestimmungen des Bundes (Art. 36 ff. BPV und Art. 19 ff. GAV). Zur Ermittlung des Jahreslohnes muss mit 13 multipliziert werden.*

✎ *Der Ortszuschlag wird nach der Regelung des Bundes ausgerichtet (Art. 26 GAV sowie Art. 43 BPV und Art. 11 VBPV).*

✎ *Ferienanspruch: Vom Beginn des Kalenderjahres, in dem das 21. Altersjahr vollendet wird, 4 Wochen. Vom Beginn des Kalenderjahres, in dem das 50. Altersjahr vollendet wird, 5 Wochen und sinngemäss ab 60. Altersjahr 6 Wochen (Art. 43 GAV).*

Tätigkeitsbereich Wöchentliche Arbeitszeit	Tätigkeit Quelle, vertragliche Vereinbarungen	Stunden- und Monatslohn	
Patrouilleure	**GAV-Löhne, gesamtschweizerischer Geltungsbereich**		
43 Stunden, laut GAV	Patrouilleur, Einstiegslohn	**23.35**	**4'353.—**
	Patrouilleur	**29.20**	**5'441.—**
	Instruktor, Einstiegslohn	**24.35**	**4'538.—**
	Instruktor	**30.45**	**5'673.—**
	Gruppenchef-Stellvertreter, bis 9 Angestellte, Einstiegslohn	**24.65**	**4'593.—**
	Gruppenchef-Stellvertreter, bis 9 Angestellte	**30.80**	**5'741.—**
	Gruppenchef-Stellvertreter, ab 10 Angestellten, Einstiegslohn	**26.15**	**4'873.—**
	Gruppenchef-Stellvertreter, ab 10 Angestellten	**32.70**	**6'091.—**

📖 *GAV zwischen dem Touring Club Schweiz und dem Schweizerischen Verband des Personals öffentlicher Dienste VPOD. Lohnbestimmungen, Ziffer 22 und Art. 26 Anhang zum GAV.*

⧖ *Laufzeit des GAV ab 1.4.2008, ungekündigt.*

✋ Ein 13. Monatslohn ist nicht vertraglich vereinbart. Zur Ermittlung des Jahreslohnes muss mit 12 multipliziert werden.

✍ *Für Abend- und Nachtarbeit, zwischen 20.00 und 06.00 Uhr, steht dem Arbeitnehmenden eine Zulage von CHF 6.50 zu (Art. 23.1 GAV und Art. 29.1 Anhang zum GAV).*

✍ *Die Sonntagsdienstzulage beträgt CHF 8 (Art. 27.1 GAV und Art. 31.1 Anhang zum GAV).*

✍ *Der Bereitschaftsdienst wird pauschal mit CHF 30 pro Ereignis abgegolten (Art. 9 GAV sowie Art. 6, 8, 10 und 32.1 Anhang zum GAV).*

✍ *Als Verpflegungszulage für unregelmässige Essenszeiten werden CHF 16 entrichtet. Die Mahlzeitenentschädigung beträgt für das Frühstück CHF 8 sowie jene für Mittag- und Nachtessen je CHF 20. Übernachtungsentschädigung CHF 45 (Art. 28.1 GAV und Art. 35 Anhang zum GAV).*

Stand 1.1.2010   ☝ www.tcs.ch und www.vpod.ch

Tätigkeit *Wöchentliche Arbeitszeit*	Berufliche Fähigkeiten *Quelle, Branchenbereich*	Stunden- und Monatslohn

95 | **Reparatur von Datenverarbeitungsgeräten
und Gebrauchsgütern**

95.1 und 95.2 | Reparatur von Datenverarbeitungs-
und Telekommunikationsgeräten sowie von Gebrauchsgütern

95.11 bis 95.29 | Reparatur von Datenverarbeitungsgeräten
und Gebrauchsgütern

---

42 Stunden, berufsüblich   *Branchenlöhne, Statistik der Grossregion Zürich, Median*

Hilfskräfte	Un- und Angelernte, bis 20 Jahre	*20.20*	*3'676.—*
	ab 20 bis 29 Altersjahre	*23.15*	*4'210.—*
	ab 30 bis 39 Altersjahre	*25.10*	*4'572.—*
	ab 40 bis 49 Altersjahre	*26.—*	*4'736.—*
	ab 50 bis 65 Altersjahre	*27.05*	*4'924.—*
Berufsleute, gelernt	Mit 3- oder 4-jähriger Lehre, bis 20 Jahre	*25.30*	*4'607.—*
	ab 20 bis 29 Altersjahre	*30.35*	*5'525.—*
	ab 30 bis 39 Altersjahre	*37.50*	*6'822.—*
	ab 40 bis 49 Altersjahre	*39.30*	*7'156.—*
	ab 50 bis 65 Altersjahre	*40.25*	*7'323.—*
Führungskräfte	Fach- und Betriebskader, Alter 20 bis 29	*34.85*	*6'342.—*
	ab 30 bis 39 Altersjahre	*49.—*	*8'919.—*
	ab 40 bis 49 Altersjahre	*55.70*	*10'139.—*
	ab 50 bis 65 Altersjahre	*56.20*	*10'226.—*

📖 *Kein GAV, Bundesamt für Statistik BfS, Lohnstrukturerhebung, Median nach Lebensalter.*

✋ Ein 13. Monatslohn ist nicht vertraglich vereinbart. Zur Ermittlung des Jahreslohnes muss mit 12 multipliziert werden.

🖐 *Branchenbereich: Reparatur von Datenverarbeitungs- und peripherer Geräte sowie Telekommunikations-, Haushalt- und Gartengeräten. Reparatur von Geräten der Unterhaltungselektronik. Reparatur von Schuhen, Lederwaren, Möbeln, Einrichtungsgegenständen, Uhren, Schmuck und sonstigen Gebrauchsgütern.*

✋ Liegen im Branchenbereich allgemeinverbindlich erklärte oder herkömmliche GAV vor, so hat die Einhaltung deren Löhne Vorrang.

Stand 1.1.2011   🖳 www.bfs.admin.ch/Löhne

Tätigkeitsbereich *Wöchentliche Arbeitszeit*	Tätigkeit *Quelle, vertragliche Vereinbarungen*	Stunden- und Monatslohn	

95.2   Reparatur von Gebrauchsgütern

95.21   Reparatur von Geräten der Unterhaltungselektronik

Tätigkeitsbereich	Tätigkeit	Std.	Monat
Radio- **und Fernsehhandel,**	*Gesamtschweizerische Statistik, Median*		
städtische Gebiete	Technisches Hilfspersonal, bis 25 Altersjahre	*18.05*	*3'283.—*
42 Stunden, berufsüblich	25 bis 30 Altersjahre	*23.55*	*4'286.—*
	30 bis 40 Altersjahre	*23.95*	*4'355.—*
Betriebspersonal	ab 40 Altersjahren	*27.85*	*5'069.—*
	AV-Elektroniker, Minimalansatz	*20.40*	*3'714.—*
	bis 25 Altersjahre	*23.05*	*4'191.—*
	25 bis 30 Altersjahre	*25.65*	*4'668.—*
	30 bis 40 Altersjahren	*29.10*	*5'292.—*
Multimediaelektroniker, gelernt	Fernseh- und Radioelektriker, minimal	*18.75*	*3'410.—*
	bis 25 Altersjahre	*21.70*	*3'952.—*
	25 bis 30 Altersjahre	*25.45*	*4'632.—*
	30 bis 40 Altersjahre	*29.90*	*5'440.—*
	ab 40 Altersjahren	*29.60*	*5'391.—*
Multimediaelektroniker mit Vorgesetztenfunktion	Berufsleute, 25 bis 30 Altersjahre	*29.15*	*5'302.—*
	30 bis 40 Altersjahre	*32.85*	*5'980.—*
	ab 40 Altersjahren	*37.40*	*6'803.—*
Multimediaelektroniker, diplomiert	AV-Elektroniker, 25 bis 30 Altersjahre	*29.55*	*5'378.—*
	30 bis 40 Altersjahre	*30.45*	*5'546.—*
	ab 40 Altersjahren	*40.65*	*7'401.—*
Geschäftsführer	Geschäftsführer, 30 bis 40 Altersjahre	*41.95*	*7'638.—*
	ab 40 Altersjahren	*45.60*	*8'303.—*
Büropersonal mit 3-jähriger Lehre	Kaufmännischer Angestellter, 25 bis 30 Altersjahre	*26.45*	*4'811.—*
	30 bis 40 Altersjahre	*26.60*	*4'839.—*
	ab 40 Altersjahren	*26.25*	*4'773.—*
Büropersonal mit Vorgesetztenfunktion	Gruppenleiter, bis 25 Jahre	*27.80*	*5'060.—*
	25 bis 30 Altersjahre	*28.70*	*5'223.—*
	30 bis 40 Altersjahre	*30.55*	*5'562.—*
	ab 40 Altersjahren	*35.30*	*6'421.—*

Tätigkeitsbereich *Wöchentliche Arbeitszeit*	Tätigkeit *Quelle, vertragliche Vereinbarungen*	Stunden- und Monatslohn	
Radio-	*Gesamtschweizerische Statistik, Median*		
und Fernsehhandel,			
ländliche Gebiete	Hilfspersonal, bis 25 Altersjahre	*17.95*	*3'265.—*
	25 bis 30 Altersjahre	*22.30*	*4'055.—*
Technisches Hilfspersonal	30 bis 40 Altersjahre	*26.60*	*4'845.—*
Multimediaelektroniker,	AV-Elektroniker, Minimalansatz	*20.25*	*3'684.—*
gelernt	bis 25 Altersjahre	*21.10*	*3'836.—*
	25 bis 30 Altersjahre	*22.50*	*4'099.—*
	30 bis 40 Altersjahre	*27.05*	*4'926.—*
	ab 40 Altersjahren	*32.05*	*5'837.—*
	Fernseh- und Radioelektriker,	*19.90*	*3'621.—*
	bis 25 Altersjahre	*22.15*	*4'027.—*
	25 bis 30 Altersjahre	*23.30*	*4'240.—*
	30 bis 40 Altersjahre	*30.45*	*5'539.—*
	ab 40 Altersjahren	*29.60*	*5'391.—*
Multimediaelektroniker	Berufsleute, bis 25 Altersjahre	*23.80*	*4'336.—*
mit Vorgesetztenfunktion	25 bis 30 Altersjahre	*27.15*	*4'937.—*
	30 bis 40 Altersjahre	*31.95*	*5'813.—*
	ab 40 Altersjahren	*31.65*	*5'760.—*
Multimediaelektroniker,	AV-Elektroniker, 25 bis 30 Altersjahre	*25.85*	*4'704.—*
diplomierte Fachkräfte	30 bis 40 Altersjahre	*30.30*	*5'513.—*
	ab 40 Altersjahren	*34.75*	*6'321.—*
Geschäftsführer	Geschäftsführer, 30 bis 40 Altersjahre	*34.60*	*6'293.—*
	ab 40 Altersjahren	*42.50*	*7'734.—*
	Kaufmännischer Angestellter,	*23.35*	*4'246.—*
	25 bis 30 Altersjahre		
	30 bis 40 Altersjahre	*24.30*	*4'424.—*
	ab 40 Altersjahren	*27.35*	*4'982.—*
Büropersonal	Kaufmännischer Angestellter,	*29.75*	*5'418.—*
mit Vorgesetztenfunktion	ab 40 Altersjahren		

📖 *Kein GAV, Verband Schweizerischer Radio- und Televisions-Fachgeschäfte.*

📠 *Lohnumfrage 2002 des Verbandes Schweizerischer Radio- und Televisions-Fachgeschäfte.*

✋ Zur Ermittlung des Jahreslohnes muss mit 12 multipliziert werden.

✋ Detailhandel mit Geräten der Unterhaltungselektronik siehe unter Kapitelziffer 47.43.

✋ Die Jahresteuerung wird seit 2003 aufgerechnet.

Tätigkeit *Wöchentliche Arbeitszeit*	Berufliche Fähigkeiten *Quelle, Branchenbereich*	Stunden- und Monatslohn

96 | **Erbringung sonstiger,
überwiegend persönlicher Dienstleistungen** |

96.0 | Persönliche Dienstleistungen |

96.01 bis 96.09 | Erbringung sonstiger,
überwiegend persönlicher Dienstleistungen |

42 Stunden berufsüblich	*Branchenlöhne, Statistik der Grossregion Zürich, Median*		
Hilfskräfte	Un- und Angelernte, bis 20 Jahre	*15.25*	*2'772.—*
	ab 20 bis 29 Altersjahre	*17.45*	*3'175.—*
	ab 30 bis 39 Altersjahre	*18.95*	*3'448.—*
	ab 40 bis 49 Altersjahre	*19.65*	*3'572.—*
	ab 50 bis 65 Altersjahre	*20.40*	*3'713.—*
Berufsleute, gelernt	Mit 3- oder 4-jähriger Lehre, bis 20 Jahre	*17.55*	*3'195.—*
	ab 20 bis 29 Altersjahre	*21.05*	*3'832.—*
	ab 30 bis 39 Altersjahre	*26.—*	*4'731.—*
	ab 40 bis 49 Altersjahre	*27.25*	*4'963.—*
	ab 50 bis 65 Altersjahre	*27.90*	*5'079.—*
Führungskräfte	Fach- und Betriebskader, Alter 20 bis 29	*21.75*	*3'955.—*
	ab 30 bis 39 Altersjahre	*30.55*	*5'563.—*
	ab 40 bis 49 Altersjahre	*34.75*	*6'324.—*
	ab 50 bis 65 Altersjahre	*35.05*	*6'379.—*

📖 *Kein GAV, Bundesamt für Statistik BfS, Lohnstrukturerhebung, Median nach Lebensalter.*

✍ Zur Ermittlung des Jahreslohnes muss mit 12 multipliziert werden.

📇 *Branchenbereich: Wäscherei, Textilreinigung, Coiffeur- und Kosmetiksalons, Bestattungswesen, Saunas, Solarien und sonstiges Körperpflegegewerbe sowie Erbringung anderweitiger Dienstleistungen.*

✍ Liegen im Branchenbereich allgemeinverbindlich erklärte oder herkömmliche GAV vor, so hat die Einhaltung deren Löhne Vorrang.

Stand 1.1.2011   📑 www.bfs.admin.ch/Löhne

Tätigkeitsbereich *Wöchentliche Arbeitszeit*	Tätigkeit *Quelle, vertragliche Vereinbarungen*	Stunden- und Monatslohn

96.01	Wäscherei und Textilreinigung	

Textilreinigungen und Wäschereien

42½ Stunden, berufsüblich

Gesamtschweizerische Lohnempfehlung

Berufsarbeiter, mit 2-jähriger Lehre	**18.45**	**3'399.—**
Berufsarbeiter, mit 3-jähriger Lehre	**23.30**	**4'294.—**
Wäschereiarbeiter mit Erfahrung	**19.25**	**3'548.—**

📖 *Kein GAV, Verband Textilpflege Schweiz.*

▦ *Lohnempfehlungen des Verbandes Textilpflege Schweiz.*

✋ Ein 13. Monatslohn ist nicht vertraglich vereinbart. Zur Ermittlung des Jahreslohnes muss mit 12 multipliziert werden.

✋ Die Jahressteuerung wird seit 2004 aufgerechnet.

Stand 1.1.2011   🛍 www.unia.ch und www.textilpflege.ch

Tätigkeitsbereich *Wöchentliche Arbeitszeit*	Tätigkeit *Quelle, vertragliche Vereinbarungen*	Stunden- und Monatslohn

96.02 Coiffeursalons und Kosmetikinstitute

Coiffeur   **AVE-GAV-Löhne laut Geltungsbereich und *Empfehlung***

43 Stunden, laut GAV

Coiffeur EFZ, gelernt		**18.38**	**3'400.—**
Doppelberuf, Damen- und Herrenfach		*18.92*	*3'500.—*
Coiffeur mit eidgenössischem Fachausweis und 3-jähriger Berufserfahrung	**20.—**		**3'700.—**
Coiffeur, eidgenössisch diplomiert und 4-jähriger Berufserfahrung	**22.70**		**4'200.—**
Coiffeur EBA oder Absolvent einer privaten Fachschule mit mindestens 2-jähriger Ausbildungsdauer, ab 3. Berufsjahr (90 % des Lohnes einer gelernten Fachkraft)	**16.54**		**3'060 —**

▤ *AVE GAV für das schweizerische Coiffeurgewerbe. Mindestlöhne, Art. 39 und 40.*

⧗ *Grundbeschluss AVE vom 19.1.2004, gültig bis 31.12.2012.*

▭ *AVE aus dem GAV für das schweizerische Coiffeurgewerbe. Laufzeit ab 1.6.2010, ungekündigt.*

▨ *Lohnempfehlung für den Doppelberuf Damen- und Herrenfach, ehemals im GAV für das schweizerische Coiffeurgewerbe festgelegt.*

✍ 13. Monatslohn, sofern verabredet (Art. 41.2 GAV).

✎ *Ferienanspruch: 4 Wochen, ab vollendetem 10. Dienstjahr nach abgeschlossener Ausbildung im gleichen Betrieb 5 Wochen (Art. 28 AVE GAV).*

✍ Zur Ermittlung des Stundenlohnes wird der Monatslohn durch 185 geteilt (Art. 38.1 GAV).

▣ *Die Allgemeinverbindlicherklärung gilt für die ganze Schweiz. Die allgemeinverbindlich erklärten Bestimmungen gelten für die Arbeitgeber des Coiffeurgewerbes und die gelernten und angelernten Arbeitnehmenden, soweit Dienstleistungen gegen Entgelt für Dritte erbracht werden.*

▣ *Ausgenommen sind Lehrlinge und Anlehrlinge im Sinne der Bundesgesetzgebung über die Berufsbildung. Ebenfalls ausgenommen sind Personen, die nicht regelmässig, sondern von Fall zu Fall auf Abruf in einem Salon arbeiten.*

Stand 1.6.2010   ✍ www.coiffuresuisse.ch

Tätigkeitsbereich *Wöchentliche Arbeitszeit*	Tätigkeit *Quelle, vertragliche Vereinbarungen*	Stunden- und Monatslohn	
Kosmetikerin	***Gesamtschweizerische Lohnempfehlung***		
43½ Stunden, berufsüblich	Ab 1. Berufsjahr, minimal	*17.50*	*3'300.—*
	Obere Bandbreite	*18.05*	*3'400.—*
Inhaberin	Ab 2. Berufsjahr, minimal	*18.05*	*3'400.—*
des Fähigkeitsausweises,	Obere Bandbreite	*18.55*	*3'500.—*
bei 3-jähriger Lehrzeit	Ab 3. Berufsjahr, minimal	*18.55*	*3'500.—*
	Obere Bandbreite	*19.10*	*3'600.—*
	Ab 4. Berufsjahr, minimal	*19.10*	*3'600.—*
	Obere Bandbreite	*19.65*	*3'700.—*
	Ab 5. Berufsjahr, minimal	*19.65*	*3'700.—*
	Obere Bandbreite	*20.15*	*3'800.—*
Mit Berufs- oder höherer	Mit Berufsprüfung, Kosmetikerin FA	*23.85*	*4'500.—*
Fachprüfung oder	Mit höherer Fachprüfung,	*26.55*	*5'000.—*
Lehrmeisterverantwortung	Lehrmeisterfunktion, monatlich	*–*	*100.—*
Praktikantin	Praktikantin, bei Erstausbildung und bis zum Alter von 20 Jahren	*5.30*	*1'000.—*
	Bei Zweitausbildung, älter als 20 Jahre	*7.95*	*1'500.—*
Stundenlöhne	Kosmetikerin EFZ	*25.—*	*–*
	Obere Bandbreite, je nach Weiterbildung	*28.—*	*–*

📖 *Kein GAV, Schweizer Fachverband für Kosmetik.*

🗺 *Lohnempfehlungen des Schweizer Fachverbandes für Kosmetik.*

✋ Zur Ermittlung des Jahreslohnes muss mit 12 multipliziert werden.

✋ Ein Lohn kann sich aus Fixum, Behandlungsumsatz- und Verkaufsprovision zusammensetzen. Diese bilden festen Lohnbestandteil und sind somit auch während der Ferien auszurichten.

✋ *Ausbildung:* Im Sinne der Richtlinie für eine gute Arbeitspraxis des Bundesamtes für Gesundheit gelten im Bereich Permanent-Make-up, Piercing und verwandte Praktiken zur Ausübung der Tätigkeit einer Kosmetikerin folgende Voraussetzungen: Die Absolvierung des Grundkurses Allgemeine Hygiene sowie des berufsspezifischen Hygiene- und des Erste-Hilfe-Kurses sind hiefür unabdingbar. Die Mitarbeiterinnen müssen über die Infektionsrisiken, welche bei Blutkontakt auftreten können, sowie über die erforderlichen Schutz- und Vorsichtsmassnahmen im Bilde sein. Ebenfalls sind sie laut Art. 6 der Verordnung über die Verhütung von Unfällen und Berufskrankheiten VUV (SR 832.30) über Gefahren in Kenntnis zu setzen.

✋ *Praktikantin:* Als Praktikantin gilt eine Arbeitnehmerin mit einer Ausbildung als Kosmetikerin an einer Schule ohne die vom SECO anerkannte Lehrabschlussprüfung.

Tätigkeitsbereich *Wöchentliche Arbeitszeit*	Tätigkeit *Quelle, vertragliche Vereinbarungen*	Stunden- und Monatslohn

96.09 Erbringung sonstiger Dienstleistungen

Haustierpfleger	***Gesamtschweizerische Lohnempfehlung***		
43 Stunden, berufsüblich	Hundecoiffeur, mit 3-jähriger Lehre	**17.70**	**3'300.—**
	Mit SVBT-Fachdiplom	**19.30**	**3'600.—**

📖 *Kein GAV, Schweizerischer Verband für die Berufsbildung in Tierpflege SVBT.*

▦ *Lohnempfehlungen des Tierpflege-Verbandes SVBT.*

Stand 1.1.2010   🔖 www.tierpfleger.ch

Piercer, Tätowierer	***Gesamtschweizerischer Vergleichswert***		
42 Stunden, berufsüblich	Tätowierer ausgebildet, ab 20. Altersjahr	**17.60**	**3'200.—**
	ab 21. Altersjahr	**18.15**	**3'300.—**
	ab 22. Altersjahr	**18.70**	**3'400.—**
	ab 23. Altersjahr	**19.25**	**3'500.—**
	ab 24. Altersjahr	**19.80**	**3'600.—**
	ab 25. Altersjahr	**20.35**	**3'700.—**
	Tätowierer oder Piercer, qualifiziert	**22.—**	**4'000.—**
	Praktikant	**6.60**	**1'200.—**

📖 *Kein GAV, Verband Schweizerischer Berufstätowierer.*

▦ *Laut Verband Schweizerischer Berufstätowierer gelten vergleichsweise die Löhne der Kosmetikbranche.*

✍ Zur Ermittlung des Jahreslohnes muss mit 12 multipliziert werden.

✍ Im Sinne des Schweizerischen Obligationenrechts kann sich der Lohn aus Fixum, Behandlungsumsatz- und Verkaufsprovision zusammensetzen. Diese gelten als fester Lohnbestandteil und sind somit auch während der Ferien auszurichten. Der Lohn muss einem angemessenen Entgelt sowie wenigstens obigen Ansätzen entsprechen.

✍ *Ausbildung:* Laut *Richtlinie für eine gute Arbeitspraxis* des Bundesamtes für Gesundheit werden – im Bereich Tattoo, Piercing und verwandte Praktiken zur Ausübung der Tätigkeit einer Kosmetikerin – der Grundkurs Allgemeine Hygiene und der berufsspezifische Hygienekurs sowie der Erste-Hilfe-Kurs vorausgesetzt. Die Mitarbeitenden müssen über die Infektionsrisiken und die erforderlichen Schutzmassnahmen im Bilde sein. Ebenfalls sind sie laut Art. 6 der Verordnung über die Verhütung von Unfällen und Berufskrankheiten (VUV, SR 832.30) über Gefahren in Kenntnis zu setzen.

Stand 1.1.2010   🔖 www.tattooverband.ch

Tätigkeitsbereich *Wöchentliche Arbeitszeit*	Tätigkeit *Quelle, vertragliche Vereinbarungen*	Stunden- und Monatslohn

T | **Private Haushalte mit Hauspersonal**
sowie Erstellung von Waren
und Erbringung von Dienstleistungen durch private
Haushalte für den Eigenbedarf

97 | **Private Haushalte mit Hauspersonal**

97.0 | Private Haushalte

97.00 | Private Haushalte mit Hauspersonal

Au-pair-Angestellte,
ausländische

30 Stunden, laut NAV

Lohnempfehlung der Grossregion Zürich

Au-pair-Angestellter, mindestens 18,   **13.10**   **1'700.—**
jedoch höchstens 25 Jahre alt

📖 *NAV des Kantons Zürich für hauswirtschaftliche Arbeitnehmer (OS 821.12).*

⧗ *Inkraftsetzung des NAV ab 1.7.1991.*

📖 *Merkblatt über die Anstellung von ausländischen Au-pair-Angestellten des Amtes für Wirtschaft und Arbeit (AWA), Arbeitsbewilligungen.*

▦ *Lohnempfehlung der Hauswirtschaft Zürich.*

✋ Zur Ermittlung des Jahreslohnes muss mit 12 multipliziert werden.

✎ *Ferienanspruch: Bis zum vollendeten 20. Altersjahr sowie ab dem 11. Dienstjahr 5 Wochen. Nach dem vollendeten 50. Altersjahr 5 Wochen und nach dem 60. Altersjahr 6 Wochen. Alle übrigen Arbeitnehmer 4 Wochen (Art. 8 NAV).*

✋ Au-pair-Angestellte sind nicht deutscher Muttersprache. Es steht ihnen das Wohnrecht in einem Einzelzimmer bei der Gastfamilie zu. Der Besuch eines Sprachkurses ist obligatorisch und die Gastfamilie übernimmt hiefür die Kosten. Die tägliche Arbeitszeit darf 5 Stunden nicht überschreiten. Für nicht eingenommene Mahlzeiten steht dem Au-pair-Angestellten eine Verpflegungsentschädigung in der Höhe untenstehender Ansätze zu:

✋ Der Naturallohn wird laut Merkblatt N 2/2007 *Naturalbezüge von Arbeitnehmenden* der Eidgenössischen Steuerverwaltung ab 1.1.2007 wie folgt bewertet: Pro Tag CHF 33 (Frühstück CHF 3.50, Mittagessen CHF 10, Nachtessen CHF 8 und Logis CHF 11.50), pro Monat CHF 990 (Kost CHF 645 und Logis CHF 345) sowie pro Jahr insgesamt CHF 11'880.

🖰 www.hauswirtschaft-zh.ch

Stand 1.1.2010 | und www.arbeitsbewilligungen.zh.ch

Tätigkeitsbereich Wöchentliche Arbeitszeit	Tätigkeit Quelle, vertragliche Vereinbarungen	Stunden- und Monatslohn	
Au-pair-Angestellte, Schweizer Nationalität	***Gesamtschweizerische Lohnempfehlung***		
	Au-pair-Angestellte, bis 17 Jahre	*8.25*	*1'430.—*
40 Stunden	ab 4. Anstellungsmonat	*8.50*	*1'470.—*
	ab 7. Anstellungsmonat	*8.70*	*1'510.—*
	ab 10. Anstellungsmonat	*8.95*	*1'550.—*
	Au-pair-Angestellte, ab 18 Jahre	*9.10*	*1'580.—*
	ab 4. Anstellungsmonat	*9.35*	*1'620.—*
	ab 7. Anstellungsmonat	*9.60*	*1'660.—*
	ab 10. Anstellungsmonat	*9.80*	*1'700.—*
35 Stunden	Au-pair-Angestellte, bis 17 Jahre	*9.05*	*1'375.—*
	ab 4. Anstellungsmonat	*9.35*	*1'415.—*
	ab 7. Anstellungsmonat	*9.60*	*1'455.—*
	ab 10. Anstellungsmonat	*9.85*	*1'495.—*
	Au-pair-Angestellte, ab 18 Jahre	*9.90*	*1'505.—*
	ab 4. Anstellungsmonat	*10.20*	*1'545.—*
	ab 7. Anstellungsmonat	*10.45*	*1'585.—*
	ab 10. Anstellungsmonat	*10.70*	*1'625.—*
32 Stunden	Au-pair-Angestellte, bis 17 Jahre	*9.65*	*1'340.—*
	ab 4. Anstellungsmonat	*9.95*	*1'380.—*
	ab 7. Anstellungsmonat	*10.25*	*1'420.—*
	ab 10. Anstellungsmonat	*10.55*	*1'460.—*
	Au-pair-Angestellte, ab 18 Jahre	*10.55*	*1'460.—*
	ab 4. Anstellungsmonat	*10.80*	*1'500.—*
	ab 7. Anstellungsmonat	*11.10*	*1'540.—*
	ab 10. Anstellungsmonat	*11.40*	*1'580.—*
30 Stunden	Au-pair-Angestellte, bis 17 Jahre	*10.15*	*1'320.—*
	ab 4. Anstellungsmonat	*10.45*	*1'360.—*
	ab 7. Anstellungsmonat	*10.75*	*1'400.—*
	ab 10. Anstellungsmonat	*11.10*	*1'440.—*
	Au-pair-Angestellte, ab 18 Jahre	*11.—*	*1'430.—*
	ab 4. Anstellungsmonat	*11.30*	*1'470.—*
	ab 7. Anstellungsmonat	*11.60*	*1'510.—*
	ab 10. Anstellungsmonat	*11.90*	*1'550.—*

📖 *NAV des Kantons Zürich für hauswirtschaftliche Arbeitnehmer (OS 821.12).*

⌛ *Inkraftsetzung des NAV ab 1.7.1991.*

Tätigkeitsbereich *Wöchentliche Arbeitszeit*	Tätigkeit *Quelle, vertragliche Vereinbarungen*	Stunden- und Monatslohn

⊞ *Lohnrichtlinien der reformierten Landeskirche für Au-pair-Angestellte im fremden Sprachgebiet.*

✋ Zur Ermittlung des Jahreslohnes muss mit 12 multipliziert werden.

✎ *Ferienanspruch: Bis zum vollendeten 20. Altersjahr sowie ab dem 11. Dienstjahr 5 Wochen. Nach dem vollendeten 50. Altersjahr 5 Wochen und nach dem 60. Altersjahr 6 Wochen. Alle übrigen Arbeitnehmer 4 Wochen (Art. 8 NAV).*

✋ Die wöchentliche Arbeitszeit wird auf 5 Tage verteilt.

✋ Der Naturallohn wird laut Merkblatt N2/2007 *Naturalbezüge von Arbeitnehmenden* der Eidgenössischen Steuerverwaltung ab 1.1.2007 wie folgt bewertet: Pro Tag CHF 33 (Frühstück CHF 3.50, Mittagessen CHF 10, Nachtessen CHF 8 und Logis CHF 11.50), pro Monat CHF 990 (Kost CHF 645 und Logis CHF 345) sowie pro Jahr insgesamt CHF 11'880.

✋ Für nicht eingenommene Mahlzeiten darf dem Au-pair-Angestellten keine Verpflegungsentschädigung verrechnet werden.

Stand 1.1.2010   ⌕ www.aupair.ch

Babysitter

Stundenweise Arbeitszeit

Lohnempfehlung der Grossregion Zürich

Tätigkeit	Stunden- und Monatslohn	
Schülerin, 14- bis 18-jährig	*8.—*	–
Obere Lohnbandbreite	*12.50*	–
Schülerin, 19- bis 21-jährig	*15.—*	–
Babysitterin, ab 22 Jahre	*15.—*	–
Obere Lohnbandbreite	*25.—*	–

📖 *NAV des Kantons Zürich für hauswirtschaftliche Arbeitnehmer (OS 821.12).*

✎ *Inkraftsetzung des NAV ab 1.7.1991.*

⊞ *Lohnrichtlinien der Hauswirtschaft Zürich.*

Stand 1.1.2010   ⌕ www.hauswirtschaft-zh.ch

Tätigkeitsbereich *Wöchentliche Arbeitszeit*	Tätigkeit *Quelle, vertragliche Vereinbarungen*	Stunden- und Monatslohn	

Hausangestellte

Zwingende NAV-Löhne, laut Geltungsbereich

Stundenweise Arbeitszeit	Ungelernte	18.20	–
	Ungelernte, mit mindestens 4 Jahren Berufserfahrung in der Hauswirtschaft	20.—	–
	Gelernte, mit EBA	20.—	–

Als gelernt mit EBA gelten Hauswirtschaftspraktiker mit eidgenössischem Berufsattest oder mit einer abgeschlossenen 2-jährigen beruflichen Grundbildung, die für die auszuübende hauswirtschaftliche Tätigkeit geeignet ist.

	Gelernte, mit EFZ	22.—	–

Als gelernt mit EFZ gelten Fachpersonen Hauswirtschaft mit eidgenössischem Fähigkeitszeugnis oder mit abgeschlossener, mindestens 3-jähriger beruflicher Grundbildung, die für die auszuübende hauswirtschaftliche Tätigkeit geeignet ist.

10 Stunden	Ungelernte	18.20	788.65
	Ungelernte, mit mindestens 4 Jahren Berufserfahrung in der Hauswirtschaft	20.—	866.65
	Gelernte, mit EBA	20.—	866.65
	Gelernte, mit EFZ	22.—	953.35
20 Stunden	Ungelernte	18.20	1'577.35
	Ungelernte, mit mindestens 4 Jahren Berufserfahrung in der Hauswirtschaft	20.—	1'733.35
	Gelernte, mit EBA	20.—	1'733.35
	Gelernte, mit EFZ	22.—	1'906.65
30 Stunden	Ungelernte	18.20	2'366.—
	Ungelernte, mit mindestens 4 Jahren Berufserfahrung in der Hauswirtschaft	20.—	2'600.—
	Gelernte, mit EBA	20.—	2'600.—
	Gelernte, mit EFZ	22.—	2'860.—
40 Stunden	Ungelernte	18.20	3'154.65
	Ungelernte, mit mindestens 4 Jahren Berufserfahrung in der Hauswirtschaft	20.—	3'466.65
	Gelernte, mit EBA	20.—	3'466.65
	Gelernte, mit EFZ	22.—	3'813.35

Tätigkeitsbereich *Wöchentliche Arbeitszeit*	Tätigkeit *Quelle, vertragliche Vereinbarungen*	Stunden- und Monatslohn	
42 Stunden	Ungelernte	**18.20**	**3'312.40**
	Ungelernte, mit mindestens 4 Jahren Berufserfahrung in der Hauswirtschaft	**20.—**	**3'640.—**
	Gelernte, mit EBA	**20.—**	**3'640.—**
	Gelernte, mit EFZ	**22.—**	**4'004.—**
45 Stunden	Ungelernte	**18.20**	**3'549.—**
	Ungelernte, mit mindestens 4 Jahren Berufserfahrung in der Hauswirtschaft	**20.—**	**3'900.—**
	Gelernte, mit EBA	**20.—**	**3'900.—**
	Gelernte, mit EFZ	**22.—**	**4'290.—**
50 Stunden	Ungelernte	**18.20**	**3'943.—**
	Ungelernte, mit mindestens 4 Jahren Berufserfahrung in der Hauswirtschaft	**20.—**	**4'333.35**
	Gelernte, mit EBA	**20.—**	**4'333.35**
	Gelernte, mit EFZ	**22.—**	**4'766.65**

📖 *NAV Hauswirtschaft (SR 221.215.329.4). Lohnbestimmungen Art. 5 NAV.*

▦ *Verordnung über den Normalarbeitsvertrag für Arbeitnehmerinnen und Arbeitnehmer in der Hauswirtschaft vom 20. Oktober 2010 (SR 221.215.329.4).*

✋ Zur Ermittlung des Jahreslohnes muss mit 12 multipliziert werden.

✋ Als hauswirtschaftliche Tätigkeiten gelten Arbeiten, die der allgemeinen Pflege des Haushalts dienen, insbesondere: Reinigungsarbeiten; Besorgung der Wäsche; Einkaufen; Kochen; Mithilfe bei der Betreuung von Kindern, Betagten und Kranken; Unterstützung von Betagten und Kranken in der Alltagsbewältigung.

📂 *Räumlicher Geltungsbereich: Diese Verordnung gilt für das Gebiet der Schweiz. In den Kantonen, in denen bei Inkrafttreten dieser Verordnung ein kantonaler Normalarbeitsvertrag nach Artikel 360a OR in der Hauswirtschaft besteht, gilt die Verordnung nicht, solange der kantonale Normalarbeitsvertrag in Kraft ist.*

🖰 *Persönlicher Geltungsbereich: Diese Verordnung gilt für alle Arbeitsverhältnisse zwischen Arbeitnehmerinnen und Arbeitnehmern, die hauswirtschaftliche Tätigkeiten in einem Privathaushalt verrichten, und ihren Arbeitgebern. Sie gilt nicht für Arbeitsverhältnisse zwischen Personen, die zueinander in folgender Beziehung stehen: Ehefrau und Ehemann; eingetragene Partner; Verwandte in gerader Linie und deren Ehegatten oder deren eingetragene Partner; Konkubinatspartner.*

🖰 *Sie gilt nicht für Arbeitsverhältnisse mit folgenden Personen: Au-pairs; Jugendlichen, die gelegentlich und ausschliesslich zur Beaufsichtigung von Kindern beschäftigt werden; Personen, die familienextern Kinder betreuen (Tagesmütter, Mittagstisch); Praktikanten, die für eine berufliche Grundbildung an einer Ausbildungsstätte in der Schweiz ein Praktikum absolvieren; Personen in einem hauswirtschaftlichen Lehrverhältnis; Personen, deren Arbeitsverhältnis dem öffentlichen Recht des Bundes, der Kantone, der Gemeinden oder dem Völkerrecht untersteht; Personen, die bei einer öffentlich-rechtlichen Organisation oder bei einer gemeinnützigen Organisation mit öffentlichem Auftrag angestellt sind; Hausangestellten in landwirtschaftlichen Haushalten, die einem Normalarbeitsvertrag für landwirtschaftliche Arbeitnehmende unterstehen; Arbeitnehmende, die durchschnittlich weniger als 5 Stunden pro Woche für den gleichen Arbeitgeber tätig sind; Arbeitnehmende, die einem allgemeinverbindlich erklärten Gesamtarbeitsvertrag unterstehen; Arbeitnehmende mit einer Legitimationskarte E oder F des Eidgenössischen Departements für auswärtige Angelegenheiten, die im häuslichen Dienst einer nach Art. 2 Abs. 2 des Gaststaatgesetzes vom 22. Juni 2007 (GSG, SR 192.12) begünstigten Person stehen.*

✋ Der Naturallohn wird laut Merkblatt N2/2007 Naturalbezüge von Arbeitnehmenden der Eidgenössischen Steuerverwaltung ab 1.1.2007 wie folgt bewertet: Pro Tag CHF 33 (Frühstück CHF 3.50, Mittagessen CHF 10, Nachtessen CHF 8 und Logis CHF 11.50), pro Monat CHF 990 (Kost CHF 645 und Logis CHF 345) sowie pro Jahr insgesamt CHF 11'880.

✋ Für nicht eingenommene Mahlzeiten darf dem Hausangestellten keine Verpflegungsentschädigung verrechnet werden.

🖰 www.seco.admin.ch/

Stand 1.1.2011   Themen/Arbeit/Arbeitsrecht/Normalarbeitsverträge

Tätigkeitsbereich *Wöchentliche Arbeitszeit*	Tätigkeit *Quelle, vertragliche Vereinbarungen*	Stunden- und Monatslohn	

Hausangestellte

43 Stunden, laut NAV

Lohnempfehlung der Grossregion Zürich

Hauswirtschaftliche Mitarbeiterin, unter 18 Jahren, angelernt	**12.90**	**2'400.—**
Hauswirtschaftliche Mitarbeiterin, über 18 Jahre, angelernt	**17.15**	**3'200.—**
Hauswirtschaftliche Mitarbeiterin, gelernt	**20.40**	**3'800.—**
Hauswirtschaftliche Mitarbeiterin, gelernt und mit selbstständiger Haushaltführung	**22.55**	**4'200.—**
Halbtagesangestellte	**10.20**	**1'900.—**
Obere Lohnbandbreite	**11.25**	**2'100.—**

📖 *NAV des Kantons Zürich für hauswirtschaftliche Arbeitnehmer (OS 821.12).*

⧗ *Inkraftsetzung des NAV ab 1.7.1991.*

▦ *Lohnrichtlinien der Hauswirtschaft Zürich.*

✍ Zur Ermittlung des Jahreslohnes muss mit 12 multipliziert werden.

✎ *Ferienanspruch: Bis zum vollendeten 20. Altersjahr sowie ab dem 11. Dienstjahr 5 Wochen. Nach dem vollendeten 50. Altersjahr 5 Wochen und nach dem 60. Altersjahr 6 Wochen. Alle übrigen Arbeitnehmer 4 Wochen (Art. 8 NAV).*

✍ Der Naturallohn wird laut Merkblatt N2/2007 Naturalbezüge von Arbeitnehmenden der Eidgenössischen Steuerverwaltung ab 1.1.2007 wie folgt bewertet: Pro Tag CHF 33 (Frühstück CHF 3.50, Mittagessen CHF 10, Nachtessen CHF 8 und Logis CHF 11.50), pro Monat CHF 990 (Kost CHF 645 und Logis CHF 345) sowie pro Jahr insgesamt CHF 11'880.

Stand 1.1.2010   🖱 www.oda-hauswirtschaft.ch und www.hauswirtschaft-zh.ch

---

Stunden- und Spettfrauen   ***Gesamtschweizerische Lohnempfehlung***

43 Stunden, laut NAV

Raumpflegerin, Haushälterin unter 18 Jahren	**18.—**	**3'351.—**
über 18 Jahre, allgemeine Haushalthilfe	**25.—**	**4'655.—**
Obere Bandbreite	**30.—**	**5'586.—**

📖 *NAV des Kantons Zürich für hauswirtschaftliche Arbeitnehmer (OS 821.12).*

⧗ *Inkraftsetzung des NAV ab 1.7.1991.*

▦ *Erfahrungslöhne für hauswirtschaftliche Mitarbeiterinnen.*

✎ *Ferienanspruch: Bis zum vollendeten 20. Altersjahr sowie ab dem 11. Dienstjahr 5 Wochen. Nach dem vollendeten 50. Altersjahr 5 Wochen und nach dem 60. Altersjahr 6 Wochen. Alle übrigen Arbeitnehmer 4 Wochen (Art. 8 NAV).*

Stand 1.1.2010   🖱 www.homemanagement.ch

Tätigkeitsbereich *Wöchentliche Arbeitszeit*	Tätigkeit *Quelle, vertragliche Vereinbarungen*	Stunden- und Monatslohn
Tagesmütter	**Lohnvorgaben der Stadt Zürich**	
Stundenweise Arbeitszeit	Tagesmutter, pro Stunde und Kind	**6.15** –
	Nachtzuschlag	**12.—** –
	Sonntagszuschlag	**10.—** –
	Abendzuschlag ab 19 Uhr, pro angefangene Stunde	**2.—** –
	Wegpauschale pro Tag	**15.—** –

📖 *Gemeinnütziger Frauenverein Zürich, Finanzielles.*

📖 *Verordnung über die familienergänzende Kinderbetreuung in der Stadt Zürich (410.130).*

▦ *Entschädigungen gemäss Vorgaben des Sozialdepartements der Stadt Zürich.*

✍ Der Abendzuschlag und die Wegpauschale gelten nur für Nanny-Tagesmütter, welche das Kind im Hause der Eltern betreuen.

✍ Obiger Stundenansatz gilt für eine Tagesmutter, welche ein fremdes Kind tagsüber im eigenen Haushalt beherbergt. Essensentschädigungen: Frühstück CHF 2, Znüni CHF 2, Mittagessen CHF 5 bis zum 7. Lebensjahr und CHF 7 ab dem 7. Lebensjahr, Zvieri CHF 2 und Abendessen CHF 4.

🖐 www.gfz-zh.ch/Tagesfamilien und

Stand 1.1.2010   www.stadt-zuerich.ch/sd, Sozialdepartement/Kinderbetreuung

Tätigkeitsbereich *Wöchentliche Arbeitszeit*	Tätigkeit *Quelle, vertragliche Vereinbarungen*	Stunden- und Monatslohn

U   **Exterritoriale Organisationen und Körperschaften**

99   **Exterritoriale Organisationen und Körperschaften**

99.0   Exterritoriale Organisationen und Körperschaften

99.00   Konsulate, Botschaften
und internationale Organisationen mit Behördencharakter

Tätigkeitsbereich	Tätigkeit	Stunden	Monatslohn
Diplomatischer und konsularischer Dienst	**Löhne laut Bundespersonalverordnung, gesamtschweizerischer Geltungsbereich**		
	Abteilungschef (32–34)	**90.15**	**16'411.75**
42 Stunden, berufsüblich	Botschaftsrat (26–30)	**67.—**	**12'193.80**
	Botschaftssekretär		
Diplomatischer Dienst	– Dritter (20)	**50.30**	**9'156.20**
	– Erster (24)	**60.65**	**11'036.90**
	– Zweiter (22)	**54.50**	**9'917.50**
	Diplomatischer Adjunkt (26–28)	**67.—**	**12'193.80**
	Diplomatischer Berater (30)	**82.65**	**15'040.30**
	Diplomatischer Mitarbeiter (20–24)	**50.30**	**9'156.20**
	Missionschef (32–34)	**90.15**	**16'411.75**
	Sektionschef (26–30)	**67.—**	**12'193.80**
	Stellvertretender Direktor (33–34)	**97.75**	**17'790.05**
	Vizedirektor (32)	**90.15**	**16'411.75**
Konsularischer Dienst	Abteilungschef (28–30)	**73.35**	**13'353.40**
	Diplomatischer Adjunkt (26–28)	**67.—**	**12'193.80**
	Generalkonsul (28–30)	**73.35**	**13'353.40**
	Konsul (20–30)	**50.30**	**9'156.20**
	Konsularischer Mitarbeiter (14–24)	**39.—**	**7'100.70**
	Konsulatssekretär (14–16)	**39.—**	**7'100.70**
	Sektionschef (26–30)	**67.—**	**12'193.80**
	Vizekonsul (18–20)	**46.15**	**8'396.10**
Sekretariats- und Fachdienst	Fachangestellter (18–23)	**46.15**	**8'396.10**
	Teamassistent (14–17)	**39.—**	**7'100.70**
	Verwaltungssekretär (7–13)	**29.95**	**5'448.65**

📖 *Verordnung des Eidgenössischen Departements für auswärtige Angelegenheiten zur Bundespersonalverordnung (VBPV-EDA, SR 172.220.111.343.3).*

📌 *Die Verordnung gilt für das der Versetzungspflicht unterstehende sowie für das im Ausland eingesetzte Personal des EDA.*

✎ *Der Lohn wird laut Bundespersonalverordnung in 13 Teilen ausbezahlt (Art. 41 BPV, SR 172.220.111.3).*

⊞ *Lohntabelle: Bezüge der Schweizerischen Eidgenossenschaft. Die in Klammern gesetzten Zahlen entsprechen den Höchstbeträgen (100%).*

✎ *Der Lohn wird laut Bundespersonalverordnung in 13 Teilen ausbezahlt (Art. 41 BPV, SR 172.220.111.3).*

✎ *Inkonvenienz- und Mobilitätsvergütung: Zur Abgeltung schwieriger Lebensbedingungen wird den Angestellten eine Vergütung ausgerichtet, sofern der Einsatzort im Index mit weniger als 95 Indexpunkten bewertet ist. Der Anspruch bemisst sich jährlich mit CHF 680. Die Mobilitätsvergütung beträgt CHF 5'826 pro Jahr. Für beide wird ein Alterszuschlag ab vollendetem 40. Altersjahr von je 5%, von 10% ab dem 45., von 15% ab dem 50. und von 20% ab dem 55. Altersjahr entrichtet.*

✎ *Wochenarbeitszeit: Laut Art. 64, Abs. 2 der Bundespersonalverordnung (BPV, SR 172.220.111.3) gelten 42 Stunden wöchentlicher Arbeitszeit. Gemäss Art. 23 VBPV-EDA werden die Einsatzorte des Personals indexiert: Die Arbeitszeitreduktion gegenüber der üblichen Wochenarbeitszeit beträgt bei 100 bis 83 Indexpunkten 2 Stunden, bei 82 bis 63 Indexpunkten 4 Stunden und unter 63 Indexpunkten 6 Stunden (siehe dazu VBPV-EDA, Teil 3, Indexpunkte für Einsätze).*

Stand 1.1.2011   ✍ www.eda.admin.ch

Sektoren I bis III	Branchenlöhne

NOGA-Code, Branche *Wöchentliche Arbeitszeit*	Berufliche Fähigkeiten Branchen- und Tätigkeitsbereich	Stunden- und Monatslohn

V

Branchenlöhne

01–97

Statistische Erhebung der Löhne nach Wirtschaftszweigen

01.0–97.0 Un- und Angelernte, gelernte Arbeitskräfte und Führungskräfte

01.00–97.00 Orts- und berufsübliche Löhne der Un- und Angelernten
sowie gelernten Arbeits- und Führungskräfte
aus den Sektoren Land- und Forstwirtschaft, Jagd, Fischerei
und Fischzucht sowie Produktion und Dienstleistungen

Sektor I:
Land- und Forstwirtschaft,
Jagd sowie Fischerei

01: 01.11 bis 01.70
Landwirtschaft, Jagd sowie
verwandte Tätigkeiten

42 Stunden

Branchenlöhne, Statistik der Grossregion Zürich, Median

	Stunden	Monat
Un- und Angelernte, bis 20 Jahre	*14.05*	*2'553.—*
ab 20 bis 29 Altersjahre	*16.05*	*2'924.—*
ab 30 bis 39 Altersjahre	*17.45*	*3'175.—*
ab 40 bis 49 Altersjahre	*18.05*	*3'289.—*
ab 50 bis 65 Altersjahre	*18.80*	*3'419.—*
Berufsleute, gelernt, bis 20 Jahre	*22.75*	*4'140.—*
ab 20 bis 29 Altersjahre	*27.30*	*4'965.—*
ab 30 bis 39 Altersjahre	*33.70*	*6'130.—*
ab 40 bis 49 Altersjahre	*35.35*	*6'431.—*
ab 50 bis 65 Altersjahre	*36.15*	*6'581.—*
Führungskräfte, ab 20 bis 29 Altersjahre	*27.65*	*5'031.—*
ab 30 bis 39 Altersjahre	*38.90*	*7'076.—*
ab 40 bis 49 Altersjahre	*44.20*	*8'044.—*
ab 50 bis 65 Altersjahre	*44.60*	*8'114.—*

☞ Anbau von Faserpflanzen, Gemüse, Getreide, Hülsenfrüchten, Kernobst, Knollen, Melonen, Nüssen, Ölsaaten, Reis, Steinobst, Tabak, Tafeltrauben, Weintrauben, Wurzeln und Zuckerrohr. Anbau von ölhaltigen Früchten, Pflanzen zur Herstellung von Getränken, Gewürzpflanzen und Pflanzen für aromatische, narkotische und pharmazeutische Zwecke. Betrieb von Baumschulen sowie Anbau von Pflanzen zu Vermehrungszwecken. Haltung von Eseln, Geflügel, Milchkühen, Pferden, Rindern, Schafen, Schweinen und Ziegen. Gemischte Landwirtschaft und Erbringung landwirtschaftlicher Dienstleistungen sowie Tätigkeiten der pflanzlichen Erzeugung und Saatgutaufbereitung. Jagd und Fallenstellerei.

NOGA-Code, Branche *Wöchentliche Arbeitszeit*	Berufliche Fähigkeiten Branchen- und Tätigkeitsbereich	Stunden- und Monatslohn	
02: 02.10 bis 02.40	Un- und Angelernte, bis 20 Jahre	*19.20*	*3'490.—*
Forstwirtschaft	ab 20 bis 29 Altersjahre	*21.95*	*3'997.—*
und Holzeinschlag	ab 30 bis 39 Altersjahre	*23.85*	*4'341.—*
	ab 40 bis 49 Altersjahre	*24.70*	*4'497.—*
42 Stunden	ab 50 bis 65 Altersjahre	*25.70*	*4'674.—*
	Berufsleute, gelernt, bis 20 Jahre	*21.75*	*3'962.—*
	ab 20 bis 29 Altersjahre	*26.10*	*4'752.—*
	ab 30 bis 39 Altersjahre	*32.25*	*5'867.—*
	ab 40 bis 49 Altersjahre	*33.80*	*6'154.—*
	ab 50 bis 65 Altersjahre	*34.60*	*6'298.—*
	Führungskräfte, ab 20 bis 29 Altersjahre	*26.60*	*4'841.—*
	ab 30 bis 39 Altersjahre	*37.40*	*6'809.—*
	ab 40 bis 49 Altersjahre	*42.55*	*7'740.—*
	ab 50 bis 65 Altersjahre	*42.90*	*7'807.—*

✋ Erzeugung von Stammholz mittels Durchforstung sowie Waldpflege. Forstung von Niederwald, Papier- und Feuerholz. Betrieb von Forstbaumschulen. Erzeugung von Rundholz und Holz für die Energieerzeugung. Herstellung von Holzkohle. Sammeln wild wachsender Produkte.

03: 03.11 bis 03.22	Un- und Angelernte, bis 20 Jahre	*14.60*	*2'654.—*
Fischerei	ab 20 bis 29 Altersjahre	*16.70*	*3'039.—*
und Aquakultur	ab 30 bis 39 Altersjahre	*18.15*	*3'300.—*
	ab 40 bis 49 Altersjahre	*18.80*	*3'419.—*
42 Stunden	ab 50 bis 65 Altersjahre	*19.55*	*3'554.—*
	Berufsleute, gelernt, bis 20 Jahre	*22.50*	*4'099.—*
	ab 20 bis 29 Altersjahre	*27.—*	*4'916.—*
	ab 30 bis 39 Altersjahre	*33.35*	*6'069.—*
	ab 40 bis 49 Altersjahre	*35.—*	*6'367.—*
	ab 50 bis 65 Altersjahre	*35.80*	*6'515.—*
	Führungskräfte, ab 20 bis 29 Altersjahre	*27.35*	*4'980.—*
	ab 30 bis 39 Altersjahre	*38.50*	*7'005.—*
	ab 40 bis 49 Altersjahre	*43.75*	*7'963.—*
	ab 50 bis 65 Altersjahre	*44.15*	*8'032.—*

✋ Süsswasserfischerei: Gewerbliche Binnenfischerei, Fang von Krusten-, Weich- und Binnenwassertieren. Zucht von Süsswasser- und Zierfischen. Haltung von Krustentieren und anderen Weichtieren sowie sonstiger Wassertiere. Betrieb einer Froschzucht .

📖 *Bundesamt für Statistik BfS. Lohnstrukturerhebung, Median nach Lebensalter.*

✋ Zur Ermittlung des Jahreslohnes muss mit 12 multipliziert werden.

✋ Liegen im Branchenbereich allgemeinverbindlich erklärte oder herkömmliche GAV vor, so hat die Einhaltung deren Löhne Vorrang.

Stand 1.1.2011   ☝ www.bfs.admin.ch

NOGA-Code, Branche *Wöchentliche Arbeitszeit*	Berufliche Fähigkeiten Branchen- und Tätigkeitsbereich	Stunden- und Monatslohn	

Sektor II:
Produktion

Branchenlöhne, Statistik der Grossregion Zürich, Median

08: 08.11 bis 08.99	Un- und Angelernte, bis 20 Jahre	22.45	4'087.—
Gewinnung	ab 20 bis 29 Altersjahre	25.70	4'681.—
von Steinen und Erden,	ab 30 bis 39 Altersjahre	27.95	5'083.—
Bergbau	ab 40 bis 49 Altersjahre	28.95	5'266.—
	ab 50 bis 65 Altersjahre	30.05	5'474.—
42 Stunden	Berufsleute, gelernt, bis 20 Jahre	26.45	4'810.—
	ab 20 bis 29 Altersjahre	31.70	5'768.—
	ab 30 bis 39 Altersjahre	39.15	7'121.—
	ab 40 bis 49 Altersjahre	41.05	7'471.—
	ab 50 bis 65 Altersjahre	42.—	7'645.—
	Führungskräfte, ab 20 bis 29 Altersjahre	32.65	5'943.—
	ab 30 bis 39 Altersjahre	45.95	8'359.—
	ab 40 bis 49 Altersjahre	52.20	9'503.—
	ab 50 bis 65 Altersjahre	52.65	9'585.—

☝ Gewinnung von Düngemittelmineralen, Gipsstein, Kalkstein, Kaolin, Kies, Kreide, Naturwerksteinen, Natursteinen, Salz, Sand, Schiefer, Ton und Torf.

09: 09.10 bis 09.90	Un- und Angelernte, bis 20 Jahre	22.—	4'005.—
Dienstleistungen für den	ab 20 bis 29 Altersjahre	25.20	4'587.—
Bergbau	ab 30 bis 39 Altersjahre	27.35	4'981.—
	ab 40 bis 49 Altersjahre	28.35	5'161.—
42 Stunden	ab 50 bis 65 Altersjahre	29.45	5'364.—
	Berufsleute, gelernt, bis 20 Jahre	25.90	4'714.—
	ab 20 bis 29 Altersjahre	31.05	5'653.—
	ab 30 bis 39 Altersjahre	38.35	6'980.—
	ab 40 bis 49 Altersjahre	40.25	7'322.—
	ab 50 bis 65 Altersjahre	41.15	7'492.—
	Führungskräfte, ab 20 bis 29 Altersjahre	32.—	5'825.—
	ab 30 bis 39 Altersjahre	45.—	8'192.—
	ab 40 bis 49 Altersjahre	51.15	9'313.—
	ab 50 bis 65 Altersjahre	51.60	9'393.—

☝ Erbringung von Dienstleistungen für Bergbautätigkeiten wie Erkundung, Prospektierung, Entwässern und Auspumpen sowie Ausführung von Test- und Suchbohrungen.

NOGA-Code, Branche *Wöchentliche Arbeitszeit*	Berufliche Fähigkeiten Branchen- und Tätigkeitsbereich	Stunden- und Monatslohn	
10: 10.11 bis 10.92 Herstellung von Nahrungs- und Futtermitteln *42 Stunden*	Un- und Angelernte, bis 20 Jahre	*20.40*	*3'716.—*
	ab 20 bis 29 Altersjahre	*23.40*	*4'256.—*
	ab 30 bis 39 Altersjahre	*25.40*	*4'621.—*
	ab 40 bis 49 Altersjahre	*26.30*	*4'788.—*
	ab 50 bis 65 Altersjahre	*27.35*	*4'976.—*
	Berufsleute, gelernt, bis 20 Jahre	*27.75*	*5'053.—*
	ab 20 bis 29 Altersjahre	*33.30*	*6'060.—*
	ab 30 bis 39 Altersjahre	*41.10*	*7'482.—*
	ab 40 bis 49 Altersjahre	*43.10*	*7'849.—*
	ab 50 bis 65 Altersjahre	*44.15*	*8'031.—*
	Führungskräfte, ab 20 bis 29 Altersjahre	*37.15*	*6'757.—*
	ab 30 bis 39 Altersjahre	*52.20*	*9'505.—*
	ab 40 bis 49 Altersjahre	*59.35*	*10'805.—*
	ab 50 bis 65 Altersjahre	*59.90*	*10'898.—*

☝ Schlachten, Fleisch- und Fischverarbeitung. Verarbeitung von Kaffee, Kartoffeln und Tee. Herstellung von Backwaren, Fertiggerichten, Fetten, Frischmilchprodukten, Fruchtsäften, Gemüsesäften, Kakaoerzeugnissen, Käse, Margarine, Ölen, Saucen, Schokolade, Speiseeis, Stärke, Teigwaren, Würzmitteln, Zucker und Zuckerwaren. Herstellung von Futtermitteln für Nutz- und Haustiere; Mahl- und Schälmühlen.

NOGA-Code, Branche *Wöchentliche Arbeitszeit*	Berufliche Fähigkeiten Branchen- und Tätigkeitsbereich	Stunden- und Monatslohn	
11: 11.01 bis 11.07 Getränkeherstellung *42 Stunden*	Un- und Angelernte, bis 20 Jahre	*20.—*	*3'642.—*
	ab 20 bis 29 Altersjahre	*22.90*	*4'171.—*
	ab 30 bis 39 Altersjahre	*24.90*	*4'529.—*
	ab 40 bis 49 Altersjahre	*25.80*	*4'692.—*
	ab 50 bis 65 Altersjahre	*26.80*	*4'877.—*
	Berufsleute, gelernt, bis 20 Jahre	*27.20*	*4'952.—*
	ab 20 bis 29 Altersjahre	*32.65*	*5'938.—*
	ab 30 bis 39 Altersjahre	*40.30*	*7'332.—*
	ab 40 bis 49 Altersjahre	*42.25*	*7'692.—*
	ab 50 bis 65 Altersjahre	*43.25*	*7'871.—*
	Führungskräfte, ab 20 bis 29 Altersjahre	*36.40*	*6'623.—*
	ab 30 bis 39 Altersjahre	*51.20*	*9'315.—*
	ab 40 bis 49 Altersjahre	*58.20*	*10'589.—*
	ab 50 bis 65 Altersjahre	*58.70*	*10'681.—*

☝ Herstellung von Apfelwein, Bier, Erfrischungsgetränken, Malz, Spirituosen, Traubenwein, Wermutwein sowie Gewinnung natürlicher Mineralwasser.

NOGA-Code, Branche *Wöchentliche Arbeitszeit*	Berufliche Fähigkeiten Branchen- und Tätigkeitsbereich	Stunden- und Monatslohn	
12 : 12.00 Tabakverarbeitung *42 Stunden*	Un- und Angelernte, bis 20 Jahre	*19.35*	*3'520.—*
	ab 20 bis 29 Altersjahre	*22.15*	*4'031.—*
	ab 30 bis 39 Altersjahre	*24.05*	*4'377.—*
	ab 40 bis 49 Altersjahre	*24.90*	*4'535.—*
	ab 50 bis 65 Altersjahre	*25.90*	*4'714.—*
	Berufsleute, gelernt, bis 20 Jahre	*26.10*	*4'747.—*
	ab 20 bis 29 Altersjahre	*31.30*	*5'693.—*
	ab 30 bis 39 Altersjahre	*38.60*	*7'029.—*
	ab 40 bis 49 Altersjahre	*40.50*	*7'373.—*
	ab 50 bis 65 Altersjahre	*41.45*	*7'545.—*
	Führungskräfte, ab 20 bis 29 Altersjahre	*45.75*	*8'328.—*
	ab 30 bis 39 Altersjahre	*64.35*	*11'714.—*
	ab 40 bis 49 Altersjahre	*73.15*	*13'316.—*
	ab 50 bis 65 Altersjahre	*73.80*	*13'431.—*

🖐 Herstellung von Erzeugnissen aus Tabak wie Zigaretten, Zigarren, Feinschnitt- und Pfeifentabake, Kautabak, Schnupftabak. Entrippen und Redrying von Tabak.

13 : 13.10 bis 13.99 Herstellung von Textilien *42 Stunden*	Un- und Angelernte, bis 20 Jahre	*20.40*	*3'709.—*
	ab 20 bis 29 Altersjahre	*23.35*	*4'248.—*
	ab 30 bis 39 Altersjahre	*25.35*	*4'613.—*
	ab 40 bis 49 Altersjahre	*26.25*	*4'779.—*
	ab 50 bis 65 Altersjahre	*27.30*	*4'967.—*
	Berufsleute, gelernt, bis 20 Jahre	*25.45*	*4'631.—*
	ab 20 bis 29 Altersjahre	*30.50*	*5'553.—*
	ab 30 bis 39 Altersjahre	*37.65*	*6'856.—*
	ab 40 bis 49 Altersjahre	*39.50*	*7'193.—*
	ab 50 bis 65 Altersjahre	*40.45*	*7'360.—*
	Führungskräfte, ab 20 bis 29 Altersjahre	*31.95*	*5'812.—*
	ab 30 bis 39 Altersjahre	*44.90*	*8'175.—*
	ab 40 bis 49 Altersjahre	*51.05*	*9'293.—*
	ab 50 bis 65 Altersjahre	*51.50*	*9'373.—*

🖐 Baumwoll-, Spinnstoff- und Wollaufbereitung sowie Spinnerei, Weberei und Stickerei. Herstellung von Bändern, Bettwäsche, Gurten, Hauswäsche, Posamenten, Schläuchen, Seilerwaren, Stoffen, Teppichen, Textilien, Tischwäsche und Vliesstoffen.

NOGA-Code, Branche *Wöchentliche Arbeitszeit*	Berufliche Fähigkeiten Branchen- und Tätigkeitsbereich	Stunden- und Monatslohn	
14: 14.11 bis 14.39 Herstellung von Bekleidung	Un- und Angelernte, bis 20 Jahre	*17.45*	*3'173.—*
	ab 20 bis 29 Altersjahre	*19.95*	*3'634.—*
	ab 30 bis 39 Altersjahre	*21.70*	*3'946.—*
	ab 40 bis 49 Altersjahre	*22.45*	*4'088.—*
42 Stunden	ab 50 bis 65 Altersjahre	*23.35*	*4'249.—*
	Berufsleute, gelernt, bis 20 Jahre	*20.60*	*3'749.—*
	ab 20 bis 29 Altersjahre	*24.70*	*4'496.—*
	ab 30 bis 39 Altersjahre	*30.50*	*5'551.—*
	ab 40 bis 49 Altersjahre	*32.—*	*5'824.—*
	ab 50 bis 65 Altersjahre	*32.75*	*5'959.—*
	Führungskräfte, ab 20 bis 29 Altersjahre	*31.40*	*5'718.—*
	ab 30 bis 39 Altersjahre	*44.20*	*8'042.—*
	ab 40 bis 49 Altersjahre	*50.25*	*9'142.—*
	ab 50 bis 65 Altersjahre	*50.65*	*9'221.—*

☞ Herstellung von Arbeitskleidung, Bekleidungszubehör, Berufs-
kleidung, Damen-, Herren-, Knaben-, Leder- und Mädchen-
bekleidung, Pelz- und Strumpfwaren sowie Wäsche.

15: 15.11 bis 15.20 Herstellung von Leder, Lederwaren und Schuhen	Un- und Angelernte, bis 20 Jahre	*16.90*	*3'078.—*
	ab 20 bis 29 Altersjahre	*19.35*	*3'525.—*
	ab 30 bis 39 Altersjahre	*21.05*	*3'828.—*
	ab 40 bis 49 Altersjahre	*21.80*	*3'966.—*
42 Stunden	ab 50 bis 65 Altersjahre	*22.65*	*4'122.—*
	Berufsleute, gelernt, bis 20 Jahre	*23.—*	*4'188.—*
	ab 20 bis 29 Altersjahre	*27.60*	*5'022.—*
	ab 30 bis 39 Altersjahre	*34.05*	*6'201.—*
	ab 40 bis 49 Altersjahre	*35.75*	*6'505.—*
	ab 50 bis 65 Altersjahre	*36.55*	*6'656.—*
	Führungskräfte, ab 20 bis 29 Altersjahre	*31.25*	*5'685.—*
	ab 30 bis 39 Altersjahre	*43.95*	*7'996.—*
	ab 40 bis 49 Altersjahre	*49.95*	*9'090.—*
	ab 50 bis 65 Altersjahre	*50.40*	*9'169.—*

☞ Herstellung von Leder, Lederfaserstoff und Schuhen. Leder-
verarbeitung sowie Zurichten und Färben von Fellen.

NOGA-Code, Branche *Wöchentliche Arbeitszeit*	Berufliche Fähigkeiten Branchen- und Tätigkeitsbereich	Stunden- und Monatslohn	
16: 16.10 bis 16.29 Holz-, Flecht-, Korb- und Korkwarenherstellung	Un- und Angelernte, bis 20 Jahre	20.30	3'691.—
	ab 20 bis 29 Altersjahre	23.25	4'228.—
	ab 30 bis 39 Altersjahre	25.20	4'591.—
	ab 40 bis 49 Altersjahre	26.15	4'756.—
42 Stunden	ab 50 bis 65 Altersjahre	27.15	4'944.—
	Berufsleute, gelernt, bis 20 Jahre	25.85	4'704.—
	ab 20 bis 29 Altersjahre	31.—	5'641.—
	ab 30 bis 39 Altersjahre	38.25	6'965.—
	ab 40 bis 49 Altersjahre	40.15	7'307.—
	ab 50 bis 65 Altersjahre	41.10	7'477.—
	Führungskräfte, ab 20 bis 29 Altersjahre	32.70	5'952.—
	ab 30 bis 39 Altersjahre	46.—	8'372.—
	ab 40 bis 49 Altersjahre	52.30	9'517.—
	ab 50 bis 65 Altersjahre	52.75	9'599.—

☝ Säge-, Hobel- und Imprägnierwerke sowie Bauschreinerei und Schreinerei Innenausbau. Herstellung von Fenstern, Fertigbauteilen, Flechtwaren, Furnierplatten, Holzbausystemen, Holzfaserplatten, Holzspanplatten, Holzwaren, Korbwaren, Parketttafeln, Sperrholzplatten, Türen sowie von Verpackungsmitteln, Lagerbehältern und Ladungsträgern aus Holz.

NOGA-Code, Branche *Wöchentliche Arbeitszeit*	Berufliche Fähigkeiten Branchen- und Tätigkeitsbereich	Stunden- und Monatslohn	
17: 17.11 bis 17.29 Herstellung von Papier, Pappe und Kartonwaren	Un- und Angelernte, bis 20 Jahre	20.55	3'742.—
	ab 20 bis 29 Altersjahre	23.55	4'286.—
	ab 30 bis 39 Altersjahre	25.55	4'654.—
	ab 40 bis 49 Altersjahre	26.50	4'821.—
42 Stunden	ab 50 bis 65 Altersjahre	27.55	5'011.—
	Berufsleute, gelernt, bis 20 Jahre	28.55	5'198.—
	ab 20 bis 29 Altersjahre	34.25	6'233.—
	ab 30 bis 39 Altersjahre	42.30	7'696.—
	ab 40 bis 49 Altersjahre	44.35	8'074.—
	ab 50 bis 65 Altersjahre	45.40	8'262.—
	Führungskräfte, ab 20 bis 29 Altersjahre	39.35	7'162.—
	ab 30 bis 39 Altersjahre	55.35	10'074.—
	ab 40 bis 49 Altersjahre	62.90	11'451.—
	ab 50 bis 65 Altersjahre	63.45	11'550.—

☝ Herstellung von Holz- und Zellstoff sowie von Bürobedarf, Karton, Papier, Pappe, Schreibwaren, Tapeten, Wellpapier und Wellpappe. Fertigung von Verpackungsmitteln aus Papier, Karton und Pappe sowie Herstellung von Haushalts-, Hygiene- und Toilettenartikeln aus Zellstoff, Papier und Pappe.

NOGA-Code, Branche *Wöchentliche Arbeitszeit*	Berufliche Fähigkeiten Branchen- und Tätigkeitsbereich	Stunden- und Monatslohn	
18: 18.11 bis 18.20 Druckerzeugnisse, Ton-, Bild- und Datenträger *42 Stunden*	Un- und Angelernte, bis 20 Jahre	19.25	3'501.—
	ab 20 bis 29 Altersjahre	22.05	4'010.—
	ab 30 bis 39 Altersjahre	23.95	4'354.—
	ab 40 bis 49 Altersjahre	24.80	4'511.—
	ab 50 bis 65 Altersjahre	25.75	4'689.—
	Berufsleute, gelernt, bis 20 Jahre	26.60	4'839.—
	ab 20 bis 29 Altersjahre	31.90	5'803.—
	ab 30 bis 39 Altersjahre	39.35	7'165.—
	ab 40 bis 49 Altersjahre	41.30	7'516.—
	ab 50 bis 65 Altersjahre	42.25	7'692.—
	Führungskräfte, ab 20 bis 29 Altersjahre	36.75	6'688.—
	ab 30 bis 39 Altersjahre	51.70	9'407.—
	ab 40 bis 49 Altersjahre	58.75	10'693.—
	ab 50 bis 65 Altersjahre	59.25	10'786.—

☞ Erbringung druckvorbereitender Dienstleistungen. Drucken von Zeitungen; Offset-, Sieb- und Tiefdruck, Lichtpause- und Reprografiebetriebe. Binden von Druckerzeugnissen sowie damit zusammenhängende Tätigkeiten. Vervielfältigung bespielter Ton-, Bild- und Datenträger.

NOGA-Code, Branche *Wöchentliche Arbeitszeit*	Berufliche Fähigkeiten	Stunden- und Monatslohn	
19: 19.10 bis 19.20 Kokerei und Mineralölverarbeitung *42 Stunden*	Un- und Angelernte, bis 20 Jahre	21.05	3'829.—
	ab 20 bis 29 Altersjahre	24.10	4'386.—
	ab 30 bis 39 Altersjahre	26.15	4'763.—
	ab 40 bis 49 Altersjahre	27.10	4'934.—
	ab 50 bis 65 Altersjahre	28.20	5'129.—
	Berufsleute, gelernt, bis 20 Jahre	26.05	4'744.—
	ab 20 bis 29 Altersjahre	31.25	5'688.—
	ab 30 bis 39 Altersjahre	38.60	7'023.—
	ab 40 bis 49 Altersjahre	40.50	7'368.—
	ab 50 bis 65 Altersjahre	41.40	7'539.—
	Führungskräfte, ab 20 bis 29 Altersjahre	39.55	7'203.—
	ab 30 bis 39 Altersjahre	55.65	10'131.—
	ab 40 bis 49 Altersjahre	63.30	11'517.—
	ab 50 bis 65 Altersjahre	63.80	11'616.—

☞ Betrieb von Koksöfen und Agglomerieren von Koks. Herstellung von Braunkohlerohteer, Koks, Pech, Pechkoks, Schwelkoks, Steinkohlegas und Steinkohlerohteer.

NOGA-Code, Branche *Wöchentliche Arbeitszeit*	Berufliche Fähigkeiten Branchen- und Tätigkeitsbereich	Stunden- und Monatslohn	
20: 20.11 bis 20.60 Herstellung chemischer Erzeugnisse	Un- und Angelernte, bis 20 Jahre	21.25	3'868.—
	ab 20 bis 29 Altersjahre	24.35	4'430.—
	ab 30 bis 39 Altersjahre	26.45	4'811.—
	ab 40 bis 49 Altersjahre	27.40	4'984.—
42 Stunden	ab 50 bis 65 Altersjahre	28.45	5'180.—
	Berufsleute, gelernt, bis 20 Jahre	26.30	4'791.—
	ab 20 bis 29 Altersjahre	31.55	5'745.—
	ab 30 bis 39 Altersjahre	39.—	7'094.—
	ab 40 bis 49 Altersjahre	40.90	7'441.—
	ab 50 bis 65 Altersjahre	41.85	7'615.—
	Führungskräfte, ab 20 bis 29 Altersjahre	39.95	7'275.—
	ab 30 bis 39 Altersjahre	56.20	10'233.—
	ab 40 bis 49 Altersjahre	63.90	11'632.—
	ab 50 bis 65 Altersjahre	64.45	11'733.—

☞ Herstellung von Anstrichmitteln, Chemiefasern, Chemikalien, Desinfektionsmitteln, Druckfarben, Duftstoffen, Düngemitteln, Farbstoffen, Grundstoffen, Industriegasen, Kitten, Klebstoffen, Körperpflegemitteln, Pflanzenschutzmitteln, Pigmenten, Poliermitteln, Reinigungsmitteln, Schädlingsbekämpfungsmitteln, Seifen, Stickstoffverbindungen und Waschmitteln. Herstellen von Kunststoffen und synthetischem Kautschuk in Primärform sowie pyrotechnischen Erzeugnissen und ätherischen Ölen.

NOGA-Code, Branche *Wöchentliche Arbeitszeit*	Berufliche Fähigkeiten Branchen- und Tätigkeitsbereich	Stunden- und Monatslohn	
21: 21.10 bis 21.20 Herstellung pharmazeutischer Erzeugnisse	Un- und Angelernte, bis 20 Jahre	21.45	3'906.—
	ab 20 bis 29 Altersjahre	24.60	4'474.—
	ab 30 bis 39 Altersjahre	26.70	4'858.—
	ab 40 bis 49 Altersjahre	27.65	5'033.—
42 Stunden	ab 50 bis 65 Altersjahre	28.75	5'231.—
	Berufsleute, gelernt, bis 20 Jahre	26.60	4'838.—
	ab 20 bis 29 Altersjahre	31.90	5'802.—
	ab 30 bis 39 Altersjahre	39.35	7'164.—
	ab 40 bis 49 Altersjahre	41.30	7'515.—
	ab 50 bis 65 Altersjahre	42.25	7'690.—
	Führungskräfte, ab 20 bis 29 Altersjahre	40.35	7'347.—
	ab 30 bis 39 Altersjahre	56.80	10'333.—
	ab 40 bis 49 Altersjahre	64.55	11'747.—
	ab 50 bis 65 Altersjahre	65.10	11'848.—

☞ Herstellung pharmazeutischer Grundstoffe, Spezialitäten und sonstiger entsprechender Erzeugnisse und Präparate. Herstellung medizinischer Watte, Gaze, Binden, Verbandszeug sowie Aufbereitung botanischer Erzeugnisse für pharmazeutische Zwecke.

NOGA-Code, Branche *Wöchentliche Arbeitszeit*	Berufliche Fähigkeiten Branchen- und Tätigkeitsbereich	Stunden- und Monatslohn	
22: 22.11 bis 22.29 Herstellung von Gummi- und Kunststoffwaren	Un- und Angelernte, bis 20 Jahre	*19.70*	*3'589.—*
	ab 20 bis 29 Altersjahre	*22.60*	*4'110.—*
	ab 30 bis 39 Altersjahre	*24.50*	*4'463.—*
	ab 40 bis 49 Altersjahre	*25.40*	*4'624.—*
42 Stunden	ab 50 bis 65 Altersjahre	*26.40*	*4'806.—*
	Berufsleute, gelernt, bis 20 Jahre	*25.40*	*4'622.—*
	ab 20 bis 29 Altersjahre	*30.45*	*5'542.—*
	ab 30 bis 39 Altersjahre	*37.60*	*6'843.—*
	ab 40 bis 49 Altersjahre	*39.45*	*7'179.—*
	ab 50 bis 65 Altersjahre	*40.35*	*7'346.—*
	Führungskräfte, ab 20 bis 29 Altersjahre	*34.65*	*6'302.—*
	ab 30 bis 39 Altersjahre	*48.70*	*8'864.—*
	ab 40 bis 49 Altersjahre	*55.35*	*10'077.—*
	ab 50 bis 65 Altersjahre	*55.85*	*10'164.—*

☞ Runderneuerungen von Bereifungen. Herstellung von Baubedarfsartikeln, Folien, Platten, Profilen, Schläuchen, Verpackungsmitteln aus Kunststoffen und sonstiger Gummiwaren.

23: 23.11 bis 23.99 Herstellung von Glas, Glaswaren und Keramik	Un- und Angelernte, bis 20 Jahre	*17.85*	*3'251.—*
	ab 20 bis 29 Altersjahre	*20.45*	*3'724.—*
	ab 30 bis 39 Altersjahre	*22.20*	*4'043.—*
	ab 40 bis 49 Altersjahre	*23.—*	*4'189.—*
42 Stunden	ab 50 bis 65 Altersjahre	*23.90*	*4'354.—*
	Berufsleute, gelernt, bis 20 Jahre	*24.25*	*4'414.—*
	ab 20 bis 29 Altersjahre	*29.10*	*5'293.—*
	ab 30 bis 39 Altersjahre	*35.90*	*6'536.—*
	ab 40 bis 49 Altersjahre	*37.65*	*6'856.—*
	ab 50 bis 65 Altersjahre	*38.55*	*7'016.—*
	Führungskräfte, ab 20 bis 29 Altersjahre	*36.75*	*6'685.—*
	ab 30 bis 39 Altersjahre	*51.65*	*9'403.—*
	ab 40 bis 49 Altersjahre	*58.75*	*10'689.—*
	ab 50 bis 65 Altersjahre	*59.25*	*10'781.—*

☞ Herstellung von Beton, Faserzementwaren, Flachglas, Frisch- und Trockenbeton, Glaswaren, Gipserzeugnissen, Hohlglas, Mörtel und Sanitärkeramik. Veredlung und Bearbeitung von Flachglas, technischen Glaswaren und sonstigem Glas sowie feuerfester keramischer Werkstoffe. Herstellung von keramischen Wand- und Bodenfliesen, von Ziegeln und Baukeramik, keramischen Haushaltwaren und Ziergegenständen sowie Isolatoren und Isolierteilen. Herstellung von Zement, Kalk und gebranntem Gips sowie Betonerzeugnissen, Kalksandstein und Produkten aus Asphalt. Be- und Verarbeitung von Natursteinen und Fertigung von Schleifkörpern und Schleifmitteln auf Unterlage.

NOGA-Code, Branche *Wöchentliche Arbeitszeit*	Berufliche Fähigkeiten Branchen- und Tätigkeitsbereich	Stunden- und Monatslohn	
24: 24.10 bis 24.54 Metallerzeugung und Metallbearbeitung	Un- und Angelernte, bis 20 Jahre	*19.65*	*3'579.—*
	ab 20 bis 29 Altersjahre	*22.55*	*4'100.—*
	ab 30 bis 39 Altersjahre	*24.45*	*4'452.—*
	ab 40 bis 49 Altersjahre	*25.35*	*4'612.—*
42 Stunden	ab 50 bis 65 Altersjahre	*26.35*	*4'794.—*
	Berufsleute, gelernt, bis 20 Jahre	*24.15*	*4'399.—*
	ab 20 bis 29 Altersjahre	*29.—*	*5'275.—*
	ab 30 bis 39 Altersjahre	*35.80*	*6'513.—*
	ab 40 bis 49 Altersjahre	*37.55*	*6'833.—*
	ab 50 bis 65 Altersjahre	*38.40*	*6'992.—*
	Führungskräfte, ab 20 bis 29 Altersjahre	*32.50*	*5'911.—*
	ab 30 bis 39 Altersjahre	*45.70*	*8'313.—*
	ab 40 bis 49 Altersjahre	*51.95*	*9'451.—*
	ab 50 bis 65 Altersjahre	*52.35*	*9'532.—*

☞ Erzeugung von Blankstahl, Draht, Ferrolegierungen, Kaltband, und -profilen, Roheisen, Rohrformstücken, -verbindungsstücken und -verschlussstücken, Stahl und Stahlrohren. Erzeugung und Erstbearbeitung von Aluminium, Blei, Edelmetallen, Kupfer, Zink und Zinn. Aufbereitung von Kernbrennstoffen. Eisen-, Stahl-, Leichtmetall- und Buntmetallgiessereien.

NOGA-Code, Branche	Berufliche Fähigkeiten	Stunden- und Monatslohn	
25: 25.11 bis 25.99 Herstellung von Metallerzeugnissen	Un- und Angelernte, bis 20 Jahre	*20.05*	*3'651.—*
	ab 20 bis 29 Altersjahre	*23.—*	*4'182.—*
	ab 30 bis 39 Altersjahre	*24.95*	*4'541.—*
	ab 40 bis 49 Altersjahre	*25.85*	*4'704.—*
42 Stunden	ab 50 bis 65 Altersjahre	*26.85*	*4'890.—*
	Berufsleute, gelernt, bis 20 Jahre	*24.65*	*4'487.—*
	ab 20 bis 29 Altersjahre	*29.55*	*5'380.—*
	ab 30 bis 39 Altersjahre	*36.50*	*6'643.—*
	ab 40 bis 49 Altersjahre	*38.30*	*6'969.—*
	ab 50 bis 65 Altersjahre	*39.20*	*7'131.—*
	Führungskräfte, ab 20 bis 29 Altersjahre	*33.15*	*6'029.—*
	ab 30 bis 39 Altersjahre	*46.60*	*8'480.—*
	ab 40 bis 49 Altersjahre	*52.95*	*9'640.—*
	ab 50 bis 65 Altersjahre	*53.40*	*9'723.—*

☞ Herstellung von Ausbauelementen, Behältern, Beschlägen, Be-stecken, Dampfkesseln, Dosen, Drahtwaren, Eimern, Fässern, Federn, Heizkörper, Heizkesseln, Ketten, Metallkonstruktionen, Munition, Nieten, Pressteilen, Sammelbehältern, Schlössern, Schmiedeteilen, Schneidwaren, Schrauben, Stanzteilen, Tanks, Trommeln, Verpackungen, Verschlüssen, Waffen, Werkzeugen und Ziehteilen. Fertigung gewalzter Ringe und pulvermetallur-gischer Erzeugnisse. Oberflächenveredlung und Wärmebehand-lung. Mechanische Werkstätten, Schlossereien und Schmieden.

NOGA-Code, Branche *Wöchentliche Arbeitszeit*	Berufliche Fähigkeiten Branchen- und Tätigkeitsbereich	Stunden- und Monatslohn	
26: 26.11 bis 26.80	Un- und Angelernte, bis 20 Jahre	20.05	3'652.—
Datenverarbeitungsgeräte,	ab 20 bis 29 Altersjahre	23.—	4'183.—
Elektronik und Optik	ab 30 bis 39 Altersjahre	24.95	4'542.—
	ab 40 bis 49 Altersjahre	25.85	4'705.—
42 Stunden	ab 50 bis 65 Altersjahre	26.85	4'891.—
	Berufsleute, gelernt, bis 20 Jahre	29.75	5'410.—
	ab 20 bis 29 Altersjahre	35.65	6'488.—
	ab 30 bis 39 Altersjahre	44.—	8'011.—
	ab 40 bis 49 Altersjahre	46.15	8'403.—
	ab 50 bis 65 Altersjahre	47.25	8'599.—
	Führungskräfte, ab 20 bis 29 Altersjahre	41.45	7'548.—
	ab 30 bis 39 Altersjahre	58.35	10'617.—
	ab 40 bis 49 Altersjahre	66.30	12'069.—
	ab 50 bis 65 Altersjahre	66.90	12'173.—

☞ Herstellung elektronischer Bauelemente, bestückter Leiterplatten, von Datenverarbeitungsgeräten und peripheren Geräten, von Geräten und Einrichtungen der Telekommunikationstechnik sowie der Unterhaltungselektronik, von Mess-, Kontroll- und Navigationsinstrumenten und Vorrichtungen, von Uhren, Uhrenbestandteilen und Uhrwerken, von Bestrahlungs- und Elektrotherapiegeräten sowie elektromedizinischen Geräten, optischer und fotografischer Instrumente und Geräte sowie magnetischer und optischer Datenträger.

27: 27.11 bis 27.90	Un- und Angelernte, bis 20 Jahre	21.85	3'980.—
Herstellung	ab 20 bis 29 Altersjahre	25.05	4'558.—
elektrischer Ausrüstungen	ab 30 bis 39 Altersjahre	27.20	4'950.—
	ab 40 bis 49 Altersjahre	28.20	5'128.—
42 Stunden	ab 50 bis 65 Altersjahre	29.30	5'330.—
	Berufsleute, gelernt, bis 20 Jahre	31.40	5'714.—
	ab 20 bis 29 Altersjahre	37.65	6'852.—
	ab 30 bis 39 Altersjahre	46.50	8'460.—
	ab 40 bis 49 Altersjahre	48.75	8'874.—
	ab 50 bis 65 Altersjahre	49.90	9'081.—
	Führungskräfte, ab 20 bis 29 Altersjahre	46.40	8'440.—
	ab 30 bis 39 Altersjahre	65.25	11'872.—
	ab 40 bis 49 Altersjahre	74.15	13'496.—
	ab 50 bis 65 Altersjahre	74.80	13'612.—

☞ Herstellung von Akkumulatoren, Batterien, Elektrizitätsverteilungseinrichtungen, Elektromotoren, Generatoren, Glasfaserkabeln, Haushaltgeräten, Lampen, Leuchten, Schalteinrichtungen und Transformatoren. Herstellung sonstiger elektrischer Ausrüstungen, Drähte und Kabel sowie von Installationsmaterial.

NOGA-Code, Branche *Wöchentliche Arbeitszeit*	Berufliche Fähigkeiten Branchen- und Tätigkeitsbereich	Stunden- und Monatslohn	
28: 28.11 bis 28.99 Maschinenbau	Un- und Angelernte, bis 20 Jahre	21.50	3'911.—
	ab 20 bis 29 Altersjahre	24.60	4'479.—
	ab 30 bis 39 Altersjahre	26.75	4'864.—
42 Stunden	ab 40 bis 49 Altersjahre	27.70	5'039.—
	ab 50 bis 65 Altersjahre	28.80	5'238.—
	Berufsleute, gelernt, bis 20 Jahre	28.25	5'139.—
	ab 20 bis 29 Altersjahre	33.85	6'163.—
	ab 30 bis 39 Altersjahre	41.80	7'609.—
	ab 40 bis 49 Altersjahre	43.85	7'982.—
	ab 50 bis 65 Altersjahre	44.90	8'168.—
	Führungskräfte, ab 20 bis 29 Altersjahre	36.50	6'640.—
	ab 30 bis 39 Altersjahre	51.30	9'339.—
	ab 40 bis 49 Altersjahre	58.35	10'617.—
	ab 50 bis 65 Altersjahre	58.85	10'708.—

☞ Herstellung von Antriebselementen, Armaturen, Bau-, Baustoff- und Bergwerksmaschinen, Brennern, Büromaschinen, Förder- mitteln, Getrieben, Giessmaschinen, Hebezeugen, Kompres- soren, Lagern, Maschinen, Öfen, Pumpen, Turbinen, Verbren- nungsmotoren, Walzwerkseinrichtungen, Werkzeugmaschinen und Zahnrädern. Herstellung hydraulischer und pneumatischer Komponenten, handgeführter Werkzeuge mit Motoren, kälte- und lufttechnischer Erzeugnisse, land- und forstwirtschaftlicher Maschinen sowie jener für Metallerzeugung; Maschinen für Nahrungs- und Genussmittelerzeugung und Tabakverarbeitung, für Textil- und Bekleidungsherstellung und Lederverarbeitung, für Papiererzeugung und -verarbeitung, für die Verarbeitung von Kunststoff und Kautschuk sowie für die Herstellung von Druckerzeugnissen.

NOGA-Code, Branche *Wöchentliche Arbeitszeit*	Berufliche Fähigkeiten Branchen- und Tätigkeitsbereich	Stunden- und Monatslohn	

29: 29.10 bis 29.32	Un- und Angelernte, bis 20 Jahre	21.05	3'834.—
Herstellung von	ab 20 bis 29 Altersjahre	24.15	4'392.—
Autos und Automobilteilen	ab 30 bis 39 Altersjahre	26.20	4'769.—
	ab 40 bis 49 Altersjahre	27.15	4'940.—
42 Stunden	ab 50 bis 65 Altersjahre	28.20	5'135.—
	Berufsleute, gelernt, bis 20 Jahre	27.70	5'038.—
	ab 20 bis 29 Altersjahre	33.20	6'041.—
	ab 30 bis 39 Altersjahre	41.—	7'459.—
	ab 40 bis 49 Altersjahre	43.—	7'825.—
	ab 50 bis 65 Altersjahre	44.—	8'007.—
	Führungskräfte, ab 20 bis 29 Altersjahre	35.75	6'510.—
	ab 30 bis 39 Altersjahre	50.30	9'156.—
	ab 40 bis 49 Altersjahre	57.20	10'408.—
	ab 50 bis 65 Altersjahre	57.70	10'498.—

☞ Herstellung von Anhängern, Aufbauten, Automobilen, Automobilmotoren, Karosserien sowie Fertigung elektrischer und elektronischer Ausrüstungsgegenstände, von Teilen und Zubehör für Automobile.

30: 30.11 bis 30.99	Un- und Angelernte, bis 20 Jahre	20.65	3'758.—
Sonstiger Fahrzeugbau	ab 20 bis 29 Altersjahre	23.65	4'304.—
	ab 30 bis 39 Altersjahre	25.70	4'674.—
	ab 40 bis 49 Altersjahre	26.60	4'842.—
42 Stunden	ab 50 bis 65 Altersjahre	27.65	5'033.—
	Berufsleute, gelernt, bis 20 Jahre	27.15	4'937.—
	ab 20 bis 29 Altersjahre	32.55	5'920.—
	ab 30 bis 39 Altersjahre	40.15	7'310.—
	ab 40 bis 49 Altersjahre	42.15	7'668.—
	ab 50 bis 65 Altersjahre	43.10	7'847.—
	Führungskräfte, ab 20 bis 29 Altersjahre	35.05	6'379.—
	ab 30 bis 39 Altersjahre	49.30	8'973.—
	ab 40 bis 49 Altersjahre	56.05	10'200.—
	ab 50 bis 65 Altersjahre	56.55	10'288.—

☞ Bau von Behindertenfahrzeugen, Booten, Fahrrädern, Luftfahrzeugen, Motorrädern, Raumfahrzeugen, Schienenfahrzeugen, Schiffen, Yachten sowie militärischen Kampffahrzeugen.

NOGA-Code, Branche *Wöchentliche Arbeitszeit*	Berufliche Fähigkeiten Branchen- und Tätigkeitsbereich	Stunden- und Monatslohn	
31: 31.01 bis 31.09 Herstellung von Möbeln	Un- und Angelernte, bis 20 Jahre	18.10	3'291.—
	ab 20 bis 29 Altersjahre	20.70	3'769.—
	ab 30 bis 39 Altersjahre	22.50	4'093.—
42 Stunden	ab 40 bis 49 Altersjahre	23.30	4'240.—
	ab 50 bis 65 Altersjahre	24.20	4'407.—
	Berufsleute, gelernt, bis 20 Jahre	22.20	4'043.—
	ab 20 bis 29 Altersjahre	26.65	4'848.—
	ab 30 bis 39 Altersjahre	32.90	5'986.—
	ab 40 bis 49 Altersjahre	34.50	6'279.—
	ab 50 bis 65 Altersjahre	35.30	6'426.—
	Führungskräfte, ab 20 bis 29 Altersjahre	33.15	6'029.—
	ab 30 bis 39 Altersjahre	46.60	8'480.—
	ab 40 bis 49 Altersjahre	52.95	9'640.—
	ab 50 bis 65 Altersjahre	53.40	9'723.—

☞ Herstellung von Badezimmer-, Büro-, Küchen- und Ladenmöbeln, sonstigen Möbeln sowie Matratzen.

NOGA-Code, Branche *Wöchentliche Arbeitszeit*	Berufliche Fähigkeiten	Stunden- und Monatslohn	
32: 32.11 bis 32.99 Herstellung sonstiger Waren	Un- und Angelernte, bis 20 Jahre	17.90	3'258.—
	ab 20 bis 29 Altersjahre	20.50	3'731.—
	ab 30 bis 39 Altersjahre	22.25	4'052.—
42 Stunden	ab 40 bis 49 Altersjahre	23.05	4'198.—
	ab 50 bis 65 Altersjahre	23.95	4'363.—
	Berufsleute, gelernt, bis 20 Jahre	22.—	4'003.—
	ab 20 bis 29 Altersjahre	26.35	4'800.—
	ab 30 bis 39 Altersjahre	32.55	5'926.—
	ab 40 bis 49 Altersjahre	34.15	6'217.—
	ab 50 bis 65 Altersjahre	34.95	6'362.—
	Führungskräfte, ab 20 bis 29 Altersjahre	32.80	5'969.—
	ab 30 bis 39 Altersjahre	46.15	8'396.—
	ab 40 bis 49 Altersjahre	52.45	9'545.—
	ab 50 bis 65 Altersjahre	52.90	9'627.—

☞ Herstellung von Besen, Brillen, Bürsten, Fantasieschmuck, Goldschmiedwaren, Münzen, Musikinstrumenten, Schmuck, Silberschmiedwaren, Spielwaren und Sportgeräten. Fertigung medizinischer und zahnmedizinischer Apparate und Materialien sowie orthopädischer und prothetischer Erzeugnisse. Bearbeitung von Edel- und Schmucksteinen; zahntechnische Laboratorien.

NOGA-Code, Branche *Wöchentliche Arbeitszeit*	Berufliche Fähigkeiten Branchen- und Tätigkeitsbereich	Stunden- und Monatslohn	
33: 33.11 bis 33.20 Reparatur und Installation von Maschinen *42 Stunden*	Un- und Angelernte, bis 20 Jahre	*20.60*	*3'751.—*
	ab 20 bis 29 Altersjahre	*23.60*	*4'296.—*
	ab 30 bis 39 Altersjahre	*25.65*	*4'665.—*
	ab 40 bis 49 Altersjahre	*26.55*	*4'833.—*
	ab 50 bis 65 Altersjahre	*27.60*	*5'024.—*
	Berufsleute, gelernt, bis 20 Jahre	*25.85*	*4'701.—*
	ab 20 bis 29 Altersjahre	*31.—*	*5'638.—*
	ab 30 bis 39 Altersjahre	*38.25*	*6'961.—*
	ab 40 bis 49 Altersjahre	*40.10*	*7'302.—*
	ab 50 bis 65 Altersjahre	*41.05*	*7'472.—*
	Führungskräfte, ab 20 bis 29 Altersjahre	*35.55*	*6'471.—*
	ab 30 bis 39 Altersjahre	*50.—*	*9'101.—*
	ab 40 bis 49 Altersjahre	*56.85*	*10'346.—*
	ab 50 bis 65 Altersjahre	*57.35*	*10'435.—*

☞ Reparatur und Instandhaltung von Booten, Fahrzeugen, Luftfahrzeugen, Maschinen, Metallerzeugnissen, Raumfahrzeugen, Schiffen und Yachten. Reparatur elektronischer und optischer Geräte, elektrischer sowie sonstiger Ausrüstungen. Installation von Maschinen und Ausrüstungen.

NOGA-Code, Branche *Wöchentliche Arbeitszeit*	Berufliche Fähigkeiten	Stunden- und Monatslohn	
35: 35.11 bis 35.30 Energieversorgung *42 Stunden*	Un- und Angelernte, bis 20 Jahre	*19.85*	*3'612.—*
	ab 20 bis 29 Altersjahre	*22.75*	*4'137.—*
	ab 30 bis 39 Altersjahre	*24.70*	*4'493.—*
	ab 40 bis 49 Altersjahre	*25.55*	*4'654.—*
	ab 50 bis 65 Altersjahre	*26.60*	*4'838.—*
	Berufsleute, gelernt, bis 20 Jahre	*24.40*	*4'438.—*
	ab 20 bis 29 Altersjahre	*29.25*	*5'322.—*
	ab 30 bis 39 Altersjahre	*36.10*	*6'572.—*
	ab 40 bis 49 Altersjahre	*37.90*	*6'894.—*
	ab 50 bis 65 Altersjahre	*38.75*	*7'054.—*
	Führungskräfte, ab 20 bis 29 Altersjahre	*36.35*	*6'617.—*
	ab 30 bis 39 Altersjahre	*51.15*	*9'307.—*
	ab 40 bis 49 Altersjahre	*58.15*	*10'581.—*
	ab 50 bis 65 Altersjahre	*58.65*	*10'672.—*

☞ Elektrizitätserzeugung, -übertragung, -verteilung und -handel. Gaserzeugung, -verteilung und -handel durch Rohrleitungen; Wärme- und Kälteversorgung.

NOGA-Code, Branche *Wöchentliche Arbeitszeit*	Berufliche Fähigkeiten Branchen- und Tätigkeitsbereich	Stunden- und Monatslohn	
36 : 36.00 Wasserversorgung	Un- und Angelernte, bis 20 Jahre	*19.65*	*3'576.—*
	ab 20 bis 29 Altersjahre	*22.50*	*4'096.—*
	ab 30 bis 39 Altersjahre	*24.45*	*4'448.—*
42 Stunden	ab 40 bis 49 Altersjahre	*25.30*	*4'607.—*
	ab 50 bis 65 Altersjahre	*26.30*	*4'789.—*
	Berufsleute, gelernt, bis 20 Jahre	*24.15*	*4'394.—*
	ab 20 bis 29 Altersjahre	*28.95*	*5'269.—*
	ab 30 bis 39 Altersjahre	*35.75*	*6'505.—*
	ab 40 bis 49 Altersjahre	*37.50*	*6'824.—*
	ab 50 bis 65 Altersjahre	*38.35*	*6'983.—*
	Führungskräfte, ab 20 bis 29 Altersjahre	*36.—*	*6'551.—*
	ab 30 bis 39 Altersjahre	*50.65*	*9'214.—*
	ab 40 bis 49 Altersjahre	*57.55*	*10'475.—*
	ab 50 bis 65 Altersjahre	*58.05*	*10'565.—*

☞ Wassergewinnung aus Flüssen, Seen und Brunnen sowie dessen Reinigung zum Zwecke der Wasserversorgung. Aufbereitung von Wasser für industrielle und andere Zwecke. Sammeln von Regenwasser und Betrieb von Bewässerungskanälen. Verteilung von Wasser mittels Rohrleitungen, Lastwagen oder auf sonstige Weise.

NOGA-Code, Branche	Berufliche Fähigkeiten	Stundenlohn	Monatslohn
37 : 37.00 Abwasserentsorgung	Un- und Angelernte, bis 20 Jahre	*19.90*	*3'622.—*
	ab 20 bis 29 Altersjahre	*22.80*	*4'148.—*
	ab 30 bis 39 Altersjahre	*24.75*	*4'504.—*
42 Stunden	ab 40 bis 49 Altersjahre	*25.65*	*4'666.—*
	ab 50 bis 65 Altersjahre	*26.65*	*4'850.—*
	Berufsleute, gelernt, bis 20 Jahre	*23.75*	*4'326.—*
	ab 20 bis 29 Altersjahre	*28.50*	*5'187.—*
	ab 30 bis 39 Altersjahre	*35.20*	*6'405.—*
	ab 40 bis 49 Altersjahre	*36.90*	*6'719.—*
	ab 50 bis 65 Altersjahre	*37.80*	*6'875.—*
	Führungskräfte, ab 20 bis 29 Altersjahre	*31.40*	*5'711.—*
	ab 30 bis 39 Altersjahre	*44.15*	*8'032.—*
	ab 40 bis 49 Altersjahre	*50.15*	*9'131.—*
	ab 50 bis 65 Altersjahre	*50.60*	*9'210.—*

☞ Betrieb von Kanalnetzen oder Kläranlagen. Sammlung von Abwässern aus Haushalt und Industrie sowie von Regenwasser. Abtransport in Kanalisationsnetzen, Sammelbecken, Behältern sowie Transportmitteln wie Abwassertankwagen. Leeren und Reinigen von Senkgruben, Faulbecken und Sickergruben sowie chemischen Toiletten. Behandlung und Entsorgung von Abwässern durch physikalische, chemische und biologische Verfahren wie Verdünnen, Sieben, Filtern oder mittels Absetzverfahren. Wartung und Reinigung von Abwasserkanälen.

NOGA-Code, Branche *Wöchentliche Arbeitszeit*	Berufliche Fähigkeiten Branchen- und Tätigkeitsbereich	Stunden- und Monatslohn	
38: 38.11 bis 38.32 Sammlung und Beseitigung von Abfällen *42 Stunden*	Un- und Angelernte, bis 20 Jahre ab 20 bis 29 Altersjahre ab 30 bis 39 Altersjahre ab 40 bis 49 Altersjahre ab 50 bis 65 Altersjahre	*19.50* *22.35* *24.25* *25.15* *26.10*	*3'549.—* *4'065.—* *4'414.—* *4'573.—* *4'753.—*
	Berufsleute, gelernt, bis 20 Jahre ab 20 bis 29 Altersjahre ab 30 bis 39 Altersjahre ab 40 bis 49 Altersjahre ab 50 bis 65 Altersjahre	*23.30* *27.95* *34.50* *36.20* *37.—*	*4'239.—* *5'083.—* *6'276.—* *6'584.—* *6'737.—*
	Führungskräfte, ab 20 bis 29 Altersjahre ab 30 bis 39 Altersjahre ab 40 bis 49 Altersjahre ab 50 bis 65 Altersjahre	*30.75* *43.25* *49.15* *49.60*	*5'597.—* *7'872.—* *8'949.—* *9'026.—*

🤚 Sammlung, Behandlung und Beseitigung nicht gefährlicher und gefährlicher Abfälle. Zerlegen von Schiffs- und Fahrzeugwracks und anderen Altwaren sowie Rückgewinnung sortierter Werkstoffe.

NOGA-Code, Branche *Wöchentliche Arbeitszeit*	Berufliche Fähigkeiten Branchen- und Tätigkeitsbereich	Stunden- und Monatslohn	
39: 39.00 Beseitigung von Umweltverschmutzungen *42 Stunden*	Un- und Angelernte, bis 20 Jahre ab 20 bis 29 Altersjahre ab 30 bis 39 Altersjahre ab 40 bis 49 Altersjahre ab 50 bis 65 Altersjahre	*20.30* *23.25* *25.25* *26.15* *27.20*	*3'694.—* *4'231.—* *4'594.—* *4'759.—* *4'947.—*
	Berufsleute, gelernt, bis 20 Jahre ab 20 bis 29 Altersjahre ab 30 bis 39 Altersjahre ab 40 bis 49 Altersjahre ab 50 bis 65 Altersjahre	*22.—* *26.35* *32.55* *34.15* *34.95*	*4'002.—* *4'799.—* *5'925.—* *6'216.—* *6'360.—*
	Führungskräfte, ab 20 bis 29 Altersjahre ab 30 bis 39 Altersjahre ab 40 bis 49 Altersjahre ab 50 bis 65 Altersjahre	*32.—* *45.—* *51.15* *51.60*	*5'825.—* *8'192.—* *9'313.—* *9'393.—*

🤚 Beseitigung von Umweltverschmutzung und sonstige Entsorgung. Dekontaminierung von Böden und Grundwasser am Ort der Verschmutzung oder anderweitig unter Anwendung mechanischer, chemischer oder biologischer Verfahren. Dekontaminierung von Industrie- und Nuklearanlagen sowie Oberflächenwasser. Beseitigung von Öl- und anderen Verschmutzungen sowie Entseuchung von toxischen Stoffen wie Asbest oder Bleifarbe; weitere spezielle Umweltschutzmassnahmen.

NOGA-Code, Branche Wöchentliche Arbeitszeit	Berufliche Fähigkeiten Branchen- und Tätigkeitsbereich	Stunden- und Monatslohn	
41: 41.10 bis 41.20 Baugewerbe, Hochbau *42 Stunden*	Un- und Angelernte, bis 20 Jahre	24.45	4'453.—
	ab 20 bis 29 Altersjahre	28.—	5'100.—
	ab 30 bis 39 Altersjahre	30.45	5'538.—
	ab 40 bis 49 Altersjahre	31.50	5'737.—
	ab 50 bis 65 Altersjahre	32.75	5'964.—
	Berufsleute, gelernt, bis 20 Jahre	28.25	5'137.—
	ab 20 bis 29 Altersjahre	33.85	6'160.—
	ab 30 bis 39 Altersjahre	41.80	7'606.—
	ab 40 bis 49 Altersjahre	43.85	7'979.—
	ab 50 bis 65 Altersjahre	44.85	8'165.—
	Führungskräfte, ab 20 bis 29 Altersjahre	34.85	6'345.—
	ab 30 bis 39 Altersjahre	49.05	8'924.—
	ab 40 bis 49 Altersjahre	55.75	10'145.—
	ab 50 bis 65 Altersjahre	56.20	10'233.—

☝ Erschliessung von Grundstücken und Entwicklung von Bauprojekten. Aktivitäten der Generalunternehmen im Baugewerbe. Bau, Unterhalt und Renovation von Gebäuden.

NOGA-Code, Branche Wöchentliche Arbeitszeit	Berufliche Fähigkeiten Branchen- und Tätigkeitsbereich	Stunden- und Monatslohn	
42: 42.11 bis 42.99 Baugewerbe, Tiefbau *42 Stunden*	Un- und Angelernte, bis 20 Jahre	24.20	4'408.—
	ab 20 bis 29 Altersjahre	27.75	5'049.—
	ab 30 bis 39 Altersjahre	30.10	5'483.—
	ab 40 bis 49 Altersjahre	31.20	5'680.—
	ab 50 bis 65 Altersjahre	32.45	5'904.—
	Berufsleute, gelernt, bis 20 Jahre	27.95	5'086.—
	ab 20 bis 29 Altersjahre	33.50	6'099.—
	ab 30 bis 39 Altersjahre	41.40	7'531.—
	ab 40 bis 49 Altersjahre	43.40	7'900.—
	ab 50 bis 65 Altersjahre	44.40	8'084.—
	Führungskräfte, ab 20 bis 29 Altersjahre	34.50	6'281.—
	ab 30 bis 39 Altersjahre	48.55	8'835.—
	ab 40 bis 49 Altersjahre	55.20	10'044.—
	ab 50 bis 65 Altersjahre	55.65	10'130.—

☝ Bau von Strassen und Bahnverkehrsstrecken sowie Brücken und Tunnelbau. Rohrleitungs- und Kabelnetztiefbau, Brunnen-, Kläranlagen- und Wasserbau.

NOGA-Code, Branche *Wöchentliche Arbeitszeit*	Berufliche Fähigkeiten Branchen- und Tätigkeitsbereich	Stunden- und Monatslohn	
43: 43.11 bis 43.99	Un- und Angelernte, bis 20 Jahre	23.75	4'323.—
Bauinstallation	ab 20 bis 29 Altersjahre	27.20	4'952.—
und Ausbaugewerbe	ab 30 bis 39 Altersjahre	29.55	5'377.—
	ab 40 bis 49 Altersjahre	30.60	5'570.—
42 Stunden	ab 50 bis 65 Altersjahre	31.80	5'790.—
	Berufsleute, gelernt, bis 20 Jahre	27.35	4'982.—
	ab 20 bis 29 Altersjahre	32.80	5'974.—
	ab 30 bis 39 Altersjahre	40.55	7'376.—
	ab 40 bis 49 Altersjahre	42.50	7'737.—
	ab 50 bis 65 Altersjahre	43.50	7'918.—
	Führungskräfte, ab 20 bis 29 Altersjahre	33.80	6'155.—
	ab 30 bis 39 Altersjahre	47.55	8'657.—
	ab 40 bis 49 Altersjahre	54.05	9'841.—
	ab 50 bis 65 Altersjahre	54.55	9'926.—

🖐 Abbruch- und vorbereitende Baustellenarbeiten. Test- und Such-
bohrung. Spenglerei, Elektro-, Heizungs-, Sanitär- und sonstige
Bauinstallation. Installation von Heizungs-, Lüftungs- und Kli-
maanlagen sowie Dämmung gegen Kälte, Wärme, Schall und
Erschütterung. Anbringen von Stuckaturen, Gipserei und Ver-
putzerei. Einbau von Fenstern, Türen und Innenausbau, Ein-
bauküchen und -möbeln. Verlegen von Fussböden, Fliesen und
Platten. Tapeziererei, Malerei, Gipserei und Glaserei. Holzbau,
Zimmerei, Dachdeckerei, Bauspenglerei und Abdichtungen.
Gerüstbau und Maurerarbeiten. Vermietung von Baumaschinen
und -geräten mit Bedienungspersonal.

📖 *Bundesamt für Statistik BfS. Lohnstrukturerhebung, Median
nach Lebensalter.*

🖐 Zur Ermittlung des Jahreslohnes muss mit 12 multipliziert wer-
den.

🖐 Liegen im Branchenbereich allgemeinverbindlich erklärte oder
herkömmliche GAV vor, so hat die Einhaltung deren Löhne Vor-
rang.

Stand 1.1.2011   🖐 www.bfs.admin.ch

NOGA-Code, Branche *Wöchentliche Arbeitszeit*	Berufliche Fähigkeiten Branchen- und Tätigkeitsbereich	Stunden- und Monatslohn	

Sektor III:
Dienstleistungen

Branchenlöhne, Statistik der Grossregion Zürich, Median

45: 45.11 bis 45.40
Instandhaltung
und Reparatur von
Motorfahrzeugen

42 Stunden

	Stundenlohn	Monatslohn
Un- und Angelernte, bis 20 Jahre	20.60	3'751.—
ab 20 bis 29 Altersjahre	23.60	4'296.—
ab 30 bis 39 Altersjahre	25.65	4'665.—
ab 40 bis 49 Altersjahre	26.55	4'833.—
ab 50 bis 65 Altersjahre	27.60	5'024.—
Berufsleute, gelernt, bis 20 Jahre	25.85	4'701.—
ab 20 bis 29 Altersjahre	31.—	5'638.—
ab 30 bis 39 Altersjahre	38.25	6'961.—
ab 40 bis 49 Altersjahre	40.10	7'302.—
ab 50 bis 65 Altersjahre	41.05	7'472.—
Führungskräfte, ab 20 bis 29 Altersjahre	35.55	6'471.—
ab 30 bis 39 Altersjahre	50.—	9'101.—
ab 40 bis 49 Altersjahre	56.85	10'346.—
ab 50 bis 65 Altersjahre	57.35	10'435.—

☝ Handelsvermittlung von Automobilen. Gross- und Detailhandel mit Automobilen, Automobilteilen und -zubehör. Instandhaltung und Reparatur von Automobilen und Karosserien sowie deren Lackieren. Handel mit Motorrädern, Kraftradteilen und -zubehör sowie deren Instandhaltung und Reparatur.

46: 46.11 bis 46.90
Grosshandel

42 Stunden

	Stundenlohn	Monatslohn
Un- und Angelernte, bis 20 Jahre	21.90	3'984.—
ab 20 bis 29 Altersjahre	25.05	4'563.—
ab 30 bis 39 Altersjahre	27.25	4'955.—
ab 40 bis 49 Altersjahre	28.20	5'133.—
ab 50 bis 65 Altersjahre	29.30	5'336.—
Berufsleute, gelernt, bis 20 Jahre	28.85	5'247.—
ab 20 bis 29 Altersjahre	34.55	6'292.—
ab 30 bis 39 Altersjahre	42.70	7'769.—
ab 40 bis 49 Altersjahre	44.80	8'150.—
ab 50 bis 65 Altersjahre	45.80	8'340.—
Führungskräfte, ab 20 bis 29 Altersjahre	43.35	7'887.—
ab 30 bis 39 Altersjahre	60.95	11'093.—
ab 40 bis 49 Altersjahre	69.30	12'610.—
ab 50 bis 65 Altersjahre	69.90	12'719.—

☝ *Handelsvermittlung* von Anstrichmitteln, Baustoffen, Bekleidung, Brennstoffen, Einrichtungsgegenständen, Eisenwaren, Erzen, Getränken, Haushaltgegenständen, Holz, Lederwaren, Luftfahrzeugen, Maschinen, Metallen, Metallwaren, Möbeln, Nahrungsmitteln, Schuhen, Tabakwaren, Textilien und Wasserfahrzeugen.

NOGA-Code, Branche *Wöchentliche Arbeitszeit*	Berufliche Fähigkeiten Branchen- und Tätigkeitsbereich	Stunden- und Monatslohn

Handelsvermittlung von landwirtschaftlichen Grundstoffen, lebenden Tieren, textilen Rohstoffen und Halbwaren, technischen Chemikalien und technischem Bedarf.

Grosshandel mit Altmaterialien, Anstrichmitteln, Autoverwertung, Backwaren, Bauelementen, Baumaschinen, Baustoffen, Baustoffmaschinen, Bekleidung, Bergwerksmaschinen, Blumen, Brennstoffen, Büchern, Büroeinrichtungen, Büromaschinen, Büromöbeln, Datenverarbeitungsgeräten, Eiern, Ersatzautoteilen, Erzen, Fellen, Flachglas, Fleisch, Fleischwaren, Fotogeräten, Futtermitteln, Gemüse, Genussmitteln, Geschenkartikeln, Getränken, Getreide, Gewürzen, Glaswaren, Haushaltgeräten, Häuten, Holz, Kaffee, Kakao, Kartoffeln, Kinogeräten, Körperpflegemitteln, Kunststoffwaren, Lampen, Leder, Lederwaren, Leuchten, Metallen, Metallhalbzeug, Metallwaren, Milch, Milcherzeugnissen, Mineralölerzeugnissen, Möbeln, Nähmaschinen, Nahrungsfetten, Nahrungsmitteln, Obst, Pflanzen, Reinigungsmitteln, Reiseartikeln, Reststoffen, Rohtabak, Saatgut, Sanitärkeramik, Schmuck, Schreibwaren, Schuhen, Software, Souvenirs, Speiseölen, Spielwaren, Spirituosen, Sportartikeln, Stickmaschinen, Süsswaren, Tabakwaren, Tee, Telekommunikationsgeräten, Teppichen, Textilien, Textilmaschinen, Uhren, Unterhaltungselektronik, Wein, Werkzeugmaschinen, Zeitungen und Zucker. Grosshandel mit lebenden Tieren sowie mit feinmechanischen, optischen, keramischen, kosmetischen, pharmazeutischen, medizinischen, chirurgischen, orthopädischen und chemischen Erzeugnissen. Grosshandel mit sonstigen Gebrauchs- und Verbrauchsgütern, Maschinen und Ausrüstungen, elektronischen Bauteilen, landwirtschaftlichen Maschinen und Geräten, Halbwaren sowie Installationsbedarf für Gas, Wasser und Heizung.

47: 47.11 bis 47.99 Detailhandel *42 Stunden*	Un- und Angelernte, bis 20 Jahre	*19.85*	*3'612.—*
	ab 20 bis 29 Altersjahre	*22.75*	*4'137.—*
	ab 30 bis 39 Altersjahre	*24.70*	*4'493.—*
	ab 40 bis 49 Altersjahre	*25.55*	*4'654.—*
	ab 50 bis 65 Altersjahre	*26.60*	*4'838.—*
	Berufsleute, gelernt, bis 20 Jahre	*22.10*	*4'018.—*
	ab 20 bis 29 Altersjahre	*26.45*	*4'818.—*
	ab 30 bis 39 Altersjahre	*32.70*	*5'949.—*
	ab 40 bis 49 Altersjahre	*34.30*	*6'241.—*
	ab 50 bis 65 Altersjahre	*35.10*	*6'386.—*

NOGA-Code, Branche *Wöchentliche Arbeitszeit*	Berufliche Fähigkeiten Branchen- und Tätigkeitsbereich	Stunden- und Monatslohn

Führungskräfte, ab 20 bis 29 Altersjahre	*32.40*	*5'893.—*
ab 30 bis 39 Altersjahre	*45.55*	*8'289.—*
ab 40 bis 49 Altersjahre	*51.80*	*9'423.—*
ab 50 bis 65 Altersjahre	*52.20*	*9'504.—*

🖐 Detailhandel umfassend Verbrauchermärkte, grosse und kleine Supermärkte und Geschäfte, Warenhäuser, Bäckereien, Tea-Rooms, Kioske, Apotheken, Drogerien, Verkaufsstände, Märkte sowie Versand- und Internet-Detailhandel. Detailhandel mit Anstrichmitteln, Antiquitäten, Backwaren, Baubedarf, Bauelementen, Baustoffen, Bekleidung, Bekleidungszubehör, Bildträgern, Blumen, Brennstoffen, Brillen, Büchern, Bürobedarf, Büroeinrichtungen, Büromaschinen, Büromöbeln, Damenbekleidung, Datenverarbeitungsgeräten, Eiern, Einrichtungsgegenständen, Eisenwaren, Ersatzautoteilen, Fahrrädern, Fisch, Fischerzeugnissen, Fleisch, Fleischwaren, Fussbodenbelägen, Futtermitteln, Gebrauchtwaren, Gemüse, Genussmitteln, Geschenkartikeln, Getränken, Getreide, Gewürzen, Glaswaren, Handwerkerbedarf, Haushaltgeräten, Hausrat, Heizmaterial, Herrenbekleidung, Holz, Kaffee, Kakao, Kartoffeln, Kinderbekleidung, Körperpflegemitteln, Kosmetika, Kunsthandel, Kunststoffwaren, Lampen, Landesprodukten, Lederwaren, Leuchten, Meeresfrüchten, Metallwaren, Milch, Milcherzeugnissen, Möbeln, Motorenkraftstoffen, Musikinstrumenten, Nähmaschinen, Nahrungsfetten und -mitteln, Obst, Pelzwaren, Pflanzen, Reinigungsmitteln, Reiseartikeln, Sanitärkeramik, Säuglingsbekleidung, Schmuck, Schreibwaren, Schuhen, Software, Souvenirs, Speiseölen, Spielwaren, Spirituosen, Sportartikeln, Süsswaren, Tabakwaren, Tapeten, Tee, Telekommunikationsgeräten, Teppichen, Textilien, Tonträgern, Uhren, Unterhaltungselektronik, Vorhängen, Wein, Zeitschriften, Zeitungen, Zootieren und Zucker. Detailhandel mit medizinischen und orthopädischen Artikeln, zoologischem Bedarf für Haustiere, fotografischen Artikeln, lebenden Tieren sowie feinmechanischen, optischen, keramischen, kosmetischen, pharmazeutischen und chemischen Erzeugnissen. Detailhandel mit sonstigen Gebrauchs- und Verbrauchsgütern, Maschinen und Ausrüstungen, elektronischen Bauteilen, landwirtschaftlichen Maschinen und Geräten, Halbwaren sowie Installationsbedarf für Gas, Wasser und Heizung.

NOGA-Code, Branche *Wöchentliche Arbeitszeit*	Berufliche Fähigkeiten Branchen- und Tätigkeitsbereich	Stunden- und Monatslohn	
49: 49.10 bis 49.50	Un- und Angelernte, bis 20 Jahre	*20.05*	*3'647.—*
Landverkehr und Transport	ab 20 bis 29 Altersjahre	*22.95*	*4'177.—*
in Rohrfernleitungen	ab 30 bis 39 Altersjahre	*24.90*	*4'535.—*
	ab 40 bis 49 Altersjahre	*25.80*	*4'699.—*
42 Stunden	ab 50 bis 65 Altersjahre	*26.85*	*4'884.—*
	Berufsleute, gelernt, bis 20 Jahre	*24.95*	*4'543.—*
	ab 20 bis 29 Altersjahre	*29.95*	*5'448.—*
	ab 30 bis 39 Altersjahre	*36.95*	*6'727.—*
	ab 40 bis 49 Altersjahre	*38.75*	*7'056.—*
	ab 50 bis 65 Altersjahre	*39.65*	*7'221.—*
	Führungskräfte, ab 20 bis 29 Altersjahre	*30.80*	*5'603.—*
	ab 30 bis 39 Altersjahre	*43.30*	*7'881.—*
	ab 40 bis 49 Altersjahre	*49.20*	*8'959.—*
	ab 50 bis 65 Altersjahre	*49.65*	*9'036.—*

☞ Personen- und Güterbeförderung im Eisenbahnfernverkehr, Personenbeförderung im Nah-, Regional- und Fernverkehr zu Lande sowie Betrieb von Taxis. Personenbeförderung mittels Zahnrad- und Seilbahnen sowie Skiliften. Güterbeförderung im Strassenverkehr und Umzugstransporte. Transport in Rohrfernleitungen.

NOGA-Code, Branche *Wöchentliche Arbeitszeit*	Berufliche Fähigkeiten	Stunden- und Monatslohn	
50: 50.10 bis 50.40	Un- und Angelernte, bis 20 Jahre	*21.95*	*3'998.—*
Schifffahrt	ab 20 bis 29 Altersjahre	*25.15*	*4'579.—*
	ab 30 bis 39 Altersjahre	*27.30*	*4'972.—*
42 Stunden	ab 40 bis 49 Altersjahre	*28.30*	*5'151.—*
	ab 50 bis 65 Altersjahre	*29.40*	*5'354.—*
	Berufsleute, gelernt, bis 20 Jahre	*25.25*	*4'599.—*
	ab 20 bis 29 Altersjahre	*30.30*	*5'516.—*
	ab 30 bis 39 Altersjahre	*37.40*	*6'810.—*
	ab 40 bis 49 Altersjahre	*39.25*	*7'144.—*
	ab 50 bis 65 Altersjahre	*40.15*	*7'310.—*
	Führungskräfte, ab 20 bis 29 Altersjahre	*36.05*	*6'557.—*
	ab 30 bis 39 Altersjahre	*50.65*	*9'222.—*
	ab 40 bis 49 Altersjahre	*57.60*	*10'484.—*
	ab 50 bis 65 Altersjahre	*58.10*	*10'574.—*

☞ Personen- und Güterbeförderung in der See-, Küsten- und Binnenschifffahrt im Linien- oder Gelegenheitsverkehr. Betrieb von Fähren und Wassertaxis sowie Vermietung von Schiffen mit Besatzung.

NOGA-Code, Branche *Wöchentliche Arbeitszeit*	Berufliche Fähigkeiten Branchen- und Tätigkeitsbereich	Stunden- und Monatslohn	
51: 51.10 bis 51.22	Un- und Angelernte, bis 20 Jahre	24.75	4'505.—
Luftfahrt	ab 20 bis 29 Altersjahre	28.35	5'160.—
	ab 30 bis 39 Altersjahre	30.80	5'603.—
42 Stunden	ab 40 bis 49 Altersjahre	31.90	5'805.—
	ab 50 bis 65 Altersjahre	33.15	6'034.—
	Berufsleute, gelernt, bis 20 Jahre	27.25	4'961.—
	ab 20 bis 29 Altersjahre	32.70	5'949.—
	ab 30 bis 39 Altersjahre	40.35	7'345.—
	ab 40 bis 49 Altersjahre	42.35	7'706.—
	ab 50 bis 65 Altersjahre	43.30	7'885.—
	Führungskräfte, ab 20 bis 29 Altersjahre	36.50	6'645.—
	ab 30 bis 39 Altersjahre	51.35	9'347.—
	ab 40 bis 49 Altersjahre	58.40	10'625.—
	ab 50 bis 65 Altersjahre	58.90	10'717.—

☝ Personenbeförderung im Linienflugverkehr, Charter- und Rund-
flüge. Güterbeförderung im Linien- und Gelegenheitsflugverkehr
sowie Vermietung von Luftfahrzeugen zur Güterbeförderung
mit Bedienungspersonal. Raumtransport umfassend Starten von
Satelliten und Raumfahrzeugen sowie Personen- und Güter-
beförderung in der Raumfahrt.

52: 52.10 bis 52.29	Un- und Angelernte, bis 20 Jahre	22.80	4'151.—
Lagerei, Erbringung von	ab 20 bis 29 Altersjahre	26.10	4'754.—
Verkehrsdienstleistungen	ab 30 bis 39 Altersjahre	28.35	5'162.—
	ab 40 bis 49 Altersjahre	29.40	5'348.—
42 Stunden	ab 50 bis 65 Altersjahre	30.55	5'559.—
	Berufsleute, gelernt, bis 20 Jahre	27.90	5'079.—
	ab 20 bis 29 Altersjahre	33.45	6'091.—
	ab 30 bis 39 Altersjahre	41.30	7'520.—
	ab 40 bis 49 Altersjahre	43.35	7'889.—
	ab 50 bis 65 Altersjahre	44.35	8'073.—
	Führungskräfte, ab 20 bis 29 Altersjahre	42.25	7'690.—
	ab 30 bis 39 Altersjahre	59.45	10'817.—
	ab 40 bis 49 Altersjahre	67.55	12'296.—
	ab 50 bis 65 Altersjahre	68.15	12'403.—

☝ Lagerung und Erbringung sonstiger Dienstleistungen für den
Landverkehr, die Schiff- und Luftfahrt sowie Frachtumschlag.

NOGA-Code, Branche *Wöchentliche Arbeitszeit*	Berufliche Fähigkeiten Branchen- und Tätigkeitsbereich	Stunden- und Monatslohn	
53: 53.10 bis 53.20 Post-, Kurier- und Expressdienste	Un- und Angelernte, bis 20 Jahre	*18.75*	*3'417.—*
	ab 20 bis 29 Altersjahre	*21.50*	*3'914.—*
	ab 30 bis 39 Altersjahre	*23.35*	*4'250.—*
	ab 40 bis 49 Altersjahre	*24.20*	*4'403.—*
42 Stunden	ab 50 bis 65 Altersjahre	*25.15*	*4'576.—*
	Berufsleute, gelernt, bis 20 Jahre	*26.50*	*4'820.—*
	ab 20 bis 29 Altersjahre	*31.75*	*5'780.—*
	ab 30 bis 39 Altersjahre	*39.20*	*7'136.—*
	ab 40 bis 49 Altersjahre	*41.15*	*7'486.—*
	ab 50 bis 65 Altersjahre	*42.10*	*7'660.—*
	Führungskräfte, ab 20 bis 29 Altersjahre	*39.25*	*7'146.—*
	ab 30 bis 39 Altersjahre	*55.20*	*10'051.—*
	ab 40 bis 49 Altersjahre	*62.80*	*11'425.—*
	ab 50 bis 65 Altersjahre	*63.30*	*11'524.—*

☝ Postdienste von Universaldienstleistungsanbietern sowie sonstige Post-, Kurier-, Express- und Zustelldienste.

NOGA-Code, Branche *Wöchentliche Arbeitszeit*	Berufliche Fähigkeiten Branchen- und Tätigkeitsbereich	Stunden- und Monatslohn	
55: 55.10 bis 55.90 Gastgewerbe und Beherbergung	Un- und Angelernte, bis 20 Jahre	*18.15*	*3'304.—*
	ab 20 bis 29 Altersjahre	*20.80*	*3'784.—*
	ab 30 bis 39 Altersjahre	*22.60*	*4'109.—*
	ab 40 bis 49 Altersjahre	*23.40*	*4'257.—*
42 Stunden	ab 50 bis 65 Altersjahre	*24.30*	*4'425.—*
	Berufsleute, gelernt, bis 20 Jahre	*21.40*	*3'893.—*
	ab 20 bis 29 Altersjahre	*25.65*	*4'668.—*
	ab 30 bis 39 Altersjahre	*31.65*	*5'763.—*
	ab 40 bis 49 Altersjahre	*33.20*	*6'046.—*
	ab 50 bis 65 Altersjahre	*34.—*	*6'187.—*
	Führungskräfte, ab 20 bis 29 Altersjahre	*26.70*	*4'855.—*
	ab 30 bis 39 Altersjahre	*37.50*	*6'829.—*
	ab 40 bis 49 Altersjahre	*42.65*	*7'764.—*
	ab 50 bis 65 Altersjahre	*43.05*	*7'831.—*

☝ Beherbergung in Hotels, Gasthöfen und Pensionen mit und ohne Restaurant sowie Verwaltung der Betriebe; ferner Restaurants, Imbissstuben, Tea-Rooms und Gelaterias. Ferienwohnungen und -häuser, Jugendherbergen, Kollektivunterkünfte, Schweizer-Alpenclub-Hütten (SAC), Campingplätze und sonstige Beherbergungsstätten sowie deren Verwaltung.

NOGA-Code, Branche *Wöchentliche Arbeitszeit*	Berufliche Fähigkeiten Branchen- und Tätigkeitsbereich	Stunden- und Monatslohn	
56: 56.10 bis 56.30 Gastronomie	Un- und Angelernte, bis 20 Jahre	*18.35*	*3'337.—*
	ab 20 bis 29 Altersjahre	*21.—*	*3'822.—*
	ab 30 bis 39 Altersjahre	*22.80*	*4'150.—*
42 Stunden	ab 40 bis 49 Altersjahre	*23.60*	*4'300.—*
	ab 50 bis 65 Altersjahre	*24.55*	*4'469.—*
	Berufsleute, gelernt, bis 20 Jahre	*21.50*	*3'912.—*
	ab 20 bis 29 Altersjahre	*25.80*	*4'691.—*
	ab 30 bis 39 Altersjahre	*31.85*	*5'793.—*
	ab 40 bis 49 Altersjahre	*33.40*	*6'077.—*
	ab 50 bis 65 Altersjahre	*34.15*	*6'218.—*
	Führungskräfte, ab 20 bis 29 Altersjahre	*26.95*	*4'904.—*
	ab 30 bis 39 Altersjahre	*37.90*	*6'898.—*
	ab 40 bis 49 Altersjahre	*43.10*	*7'842.—*
	ab 50 bis 65 Altersjahre	*43.45*	*7'909.—*

☞ Restaurants, Imbissstuben, Tea-Rooms, Bars und Gelaterias. Diskotheken, Dancings und Night Clubs sowie Event-Caterer und Erbringung sonstiger Verpflegungsdienstleistungen. Verwaltung von Restaurantbetrieben.

NOGA-Code, Branche *Wöchentliche Arbeitszeit*	Berufliche Fähigkeiten Branchen- und Tätigkeitsbereich	Stunden- und Monatslohn	
58: 58.11 bis 58.29 Verlagswesen	Un- und Angelernte, bis 20 Jahre	*20.55*	*3'742.—*
	ab 20 bis 29 Altersjahre	*23.55*	*4'286.—*
	ab 30 bis 39 Altersjahre	*25.55*	*4'654.—*
42 Stunden	ab 40 bis 49 Altersjahre	*26.50*	*4'821.—*
	ab 50 bis 65 Altersjahre	*27.55*	*5'011.—*
	Berufsleute, gelernt, bis 20 Jahre	*28.40*	*5'172.—*
	ab 20 bis 29 Altersjahre	*34.10*	*6'202.—*
	ab 30 bis 39 Altersjahre	*42.10*	*7'658.—*
	ab 40 bis 49 Altersjahre	*44.15*	*8'034.—*
	ab 50 bis 65 Altersjahre	*45.15*	*8'221.—*
	Führungskräfte, ab 20 bis 29 Altersjahre	*36.75*	*6'688.—*
	ab 30 bis 39 Altersjahre	*51.70*	*9'407.—*
	ab 40 bis 49 Altersjahre	*58.75*	*10'693.—*
	ab 50 bis 65 Altersjahre	*59.25*	*10'786.—*

☞ Verlegen von Büchern, Adressbüchern und Verzeichnissen, Zeitungen, Zeitschriften, Computerspielen, Software und sonstiges Verlagswesen.

NOGA-Code, Branche *Wöchentliche Arbeitszeit*	Berufliche Fähigkeiten Branchen- und Tätigkeitsbereich	Stunden- und Monatslohn	
59: 59.11 bis 59.20 Film, Fernsehen, Kinos, Tonstudios, Musikverlage	Un- und Angelernte, bis 20 Jahre	*19.70*	*3'590.—*
	ab 20 bis 29 Altersjahre	*22.60*	*4'111.—*
	ab 30 bis 39 Altersjahre	*24.55*	*4'464.—*
	ab 40 bis 49 Altersjahre	*25.40*	*4'625.—*
42 Stunden	ab 50 bis 65 Altersjahre	*26.40*	*4'807.—*
	Berufsleute, gelernt, bis 20 Jahre	*28.75*	*5'229.—*
	ab 20 bis 29 Altersjahre	*34.45*	*6'270.—*
	ab 30 bis 39 Altersjahre	*42.55*	*7'742.—*
	ab 40 bis 49 Altersjahre	*44.60*	*8'121.—*
	ab 50 bis 65 Altersjahre	*45.65*	*8'310.—*
	Führungskräfte, ab 20 bis 29 Altersjahre	*41.75*	*7'600.—*
	ab 30 bis 39 Altersjahre	*58.75*	*10'690.—*
	ab 40 bis 49 Altersjahre	*66.75*	*12'152.—*
	ab 50 bis 65 Altersjahre	*67.35*	*12'257.—*

☞ Herstellung von Filmen, Videofilmen und Fernsehprogrammen sowie Nachbearbeitung und sonstige Filmtechnik; Filmverleih und -vertrieb. Kinos und Tonstudios sowie Herstellung von Radiobeiträgen und Verlegen bespielter Tonträger und Musikalien.

NOGA-Code, Branche	Berufliche Fähigkeiten	Stunden- und Monatslohn	
60: 60.10 bis 60.20 Rundfunkveranstalter	Un- und Angelernte, bis 20 Jahre	*20.15*	*3'663.—*
	ab 20 bis 29 Altersjahre	*23.05*	*4'195.—*
	ab 30 bis 39 Altersjahre	*25.05*	*4'555.—*
42 Stunden	ab 40 bis 49 Altersjahre	*25.95*	*4'719.—*
	ab 50 bis 65 Altersjahre	*26.95*	*4'905.—*
	Berufsleute, gelernt, bis 20 Jahre	*29.30*	*5'335.—*
	ab 20 bis 29 Altersjahre	*35.15*	*6'398.—*
	ab 30 bis 39 Altersjahre	*43.40*	*7'899.—*
	ab 40 bis 49 Altersjahre	*45.55*	*8'286.—*
	ab 50 bis 65 Altersjahre	*46.60*	*8'479.—*
	Führungskräfte, ab 20 bis 29 Altersjahre	*42.60*	*7'755.—*
	ab 30 bis 39 Altersjahre	*59.95*	*10'907.—*
	ab 40 bis 49 Altersjahre	*68.15*	*12'399.—*
	ab 50 bis 65 Altersjahre	*68.70*	*12'506.—*

☞ Radio- und Fernsehveranstalter umfassend Übertragung von Sprache, Daten, Text, Ton und Bild. Betrieb von Kabelübertragungsnetzen sowie sonstige terrestrische Übertragung und jene mittels Satelliten.

NOGA-Code, Branche *Wöchentliche Arbeitszeit*	Berufliche Fähigkeiten Branchen- und Tätigkeitsbereich	Stunden- und Monatslohn	
61: 61.10 bis 61.90 Telekommunikation	Un- und Angelernte, bis 20 Jahre	22.30	4'058.—
	ab 20 bis 29 Altersjahre	25.55	4'647.—
	ab 30 bis 39 Altersjahre	27.75	5'046.—
42 Stunden	ab 40 bis 49 Altersjahre	28.70	5'228.—
	ab 50 bis 65 Altersjahre	29.85	5'434.—
	Berufsleute, gelernt, bis 20 Jahre	29.80	5'422.—
	ab 20 bis 29 Altersjahre	35.70	6'502.—
	ab 30 bis 39 Altersjahre	44.10	8'028.—
	ab 40 bis 49 Altersjahre	46.25	8'421.—
	ab 50 bis 65 Altersjahre	47.35	8'617.—
	Führungskräfte, ab 20 bis 29 Altersjahre	47.65	8'677.—
	ab 30 bis 39 Altersjahre	67.05	12'204.—
	ab 40 bis 49 Altersjahre	76.25	13'873.—
	ab 50 bis 65 Altersjahre	76.90	13'993.—

☞ Leitungsgebundene und drahtlose Telekommunikation, jene mittels Satelliten sowie sonstige Telekommunikation.

62: 62.01 bis 62.09 Dienstleistungen der Informationstechnologie	Un- und Angelernte, bis 20 Jahre	18.—	3'273.—
	ab 20 bis 29 Altersjahre	20.60	3'749.—
	ab 30 bis 39 Altersjahre	22.35	4'071.—
	ab 40 bis 49 Altersjahre	23.15	4'217.—
42 Stunden	ab 50 bis 65 Altersjahre	24.10	4'384.—
	Berufsleute, gelernt, bis 20 Jahre	28.75	5'237.—
	ab 20 bis 29 Altersjahre	34.50	6'280.—
	ab 30 bis 39 Altersjahre	42.60	7'753.—
	ab 40 bis 49 Altersjahre	44.70	8'134.—
	ab 50 bis 65 Altersjahre	45.75	8'323.—
	Führungskräfte, ab 20 bis 29 Altersjahre	43.70	7'956.—
	ab 30 bis 39 Altersjahre	61.50	11'191.—
	ab 40 bis 49 Altersjahre	69.90	12'722.—
	ab 50 bis 65 Altersjahre	70.50	12'832.—

☞ Programmierungstätigkeiten, Erbringung von Beratungsleistungen auf dem Gebiet der Informationstechnologie und Betrieb von Datenverarbeitungsanlagen für Dritte.

NOGA-Code, Branche *Wöchentliche Arbeitszeit*	Berufliche Fähigkeiten Branchen- und Tätigkeitsbereich	Stunden- und Monatslohn	
63: 63.11 bis 63.99	Un- und Angelernte, bis 20 Jahre	*17.80*	*3'239.—*
Informations-	ab 20 bis 29 Altersjahre	*20.40*	*3'710.—*
dienstleistungen	ab 30 bis 39 Altersjahre	*22.15*	*4'029.—*
	ab 40 bis 49 Altersjahre	*22.95*	*4'174.—*
42 Stunden	ab 50 bis 65 Altersjahre	*23.85*	*4'338.—*
	Berufsleute, gelernt, bis 20 Jahre	*28.40*	*5'165.—*
	ab 20 bis 29 Altersjahre	*34.05*	*6'194.—*
	ab 30 bis 39 Altersjahre	*42.—*	*7'647.—*
	ab 40 bis 49 Altersjahre	*44.10*	*8'022.—*
	ab 50 bis 65 Altersjahre	*45.10*	*8'209.—*
	Führungskräfte, ab 20 bis 29 Altersjahre	*43.25*	*7'875.—*
	ab 30 bis 39 Altersjahre	*60.85*	*11'076.—*
	ab 40 bis 49 Altersjahre	*69.20*	*12'592.—*
	ab 50 bis 65 Altersjahre	*69.80*	*12'700.—*

☝ Datenverarbeitung, Hosting und damit verbundene Tätigkeiten sowie Betrieb von Webportalen. Korrespondenz- und Nachrichtenbüros und Erbringung sonstiger Informationsdienstleistungen.

NOGA-Code, Branche *Wöchentliche Arbeitszeit*	Berufliche Fähigkeiten Branchen- und Tätigkeitsbereich	Stunden- und Monatslohn	
64: 64.11 bis 64.99	Un- und Angelernte, bis 20 Jahre	*25.35*	*4'614.—*
Erbringung	ab 20 bis 29 Altersjahre	*29.05*	*5'284.—*
von Finanzdienstleistungen	ab 30 bis 39 Altersjahre	*31.55*	*5'738.—*
	ab 40 bis 49 Altersjahre	*32.65*	*5'945.—*
42 Stunden	ab 50 bis 65 Altersjahre	*33.95*	*6'179.—*
	Berufsleute, gelernt, bis 20 Jahre	*33.35*	*6'072.—*
	ab 20 bis 29 Altersjahre	*40.—*	*7'282.—*
	ab 30 bis 39 Altersjahre	*49.40*	*8'991.—*
	ab 40 bis 49 Altersjahre	*51.80*	*9'432.—*
	ab 50 bis 65 Altersjahre	*53.05*	*9'651.—*
	Führungskräfte, ab 20 bis 29 Altersjahre	*61.95*	*11'274.—*
	ab 30 bis 39 Altersjahre	*87.15*	*15'858.—*
	ab 40 bis 49 Altersjahre	*99.05*	*18'027.—*
	ab 50 bis 65 Altersjahre	*99.90*	*18'183.—*

☝ National-, Kantonal-, Regional-, Raiffeisen-, Gross-, Handels- und Börsenbanken sowie Sparkassen. Ausländisch beherrschte Banken und Filialen ausländischer Banken, Privatbankiers und sonstige Kreditinstitute. Finanzholdinggesellschaften und andere, Treuhand- und sonstige Fonds sowie ähnliche Finanzinstitutionen sowie jene für Finanzierungsleasing. Klein- und Spezialkreditinstitute, Investmentgesellschaften, Tresorerie innerhalb einer Unternehmensgruppe und sonstige Finanzierungsinstitutionen.

NOGA-Code, Branche *Wöchentliche Arbeitszeit*	Berufliche Fähigkeiten Branchen- und Tätigkeitsbereich	Stunden- und Monatslohn	
65: 65.11 bis 65.30 Versicherungen und Pensionskassen	Un- und Angelernte, bis 20 Jahre	22.85	4'162.—
	ab 20 bis 29 Altersjahre	26.20	4'767.—
	ab 30 bis 39 Altersjahre	28.45	5'176.—
	ab 40 bis 49 Altersjahre	29.45	5'362.—
42 Stunden	ab 50 bis 65 Altersjahre	30.65	5'574.—
	Berufsleute, gelernt, bis 20 Jahre	30.35	5'521.—
	ab 20 bis 29 Altersjahre	36.40	6'621.—
	ab 30 bis 39 Altersjahre	44.90	8'175.—
	ab 40 bis 49 Altersjahre	47.10	8'576.—
	ab 50 bis 65 Altersjahre	48.20	8'775.—
	Führungskräfte, ab 20 bis 29 Altersjahre	48.85	8'894.—
	ab 30 bis 39 Altersjahre	68.75	12'509.—
	ab 40 bis 49 Altersjahre	78.15	14'221.—
	ab 50 bis 65 Altersjahre	78.80	14'343.—

☞ Lebens-, Unfall-, Schadens- und Rückversicherungen sowie sonstige Kranken- und Pensionskassen.

NOGA-Code, Branche	Berufliche Fähigkeiten	Stunden- und Monatslohn	
66: 66.11 bis 66.30 Finanz- und Versicherungs- dienstleistungen	Un- und Angelernte, bis 20 Jahre	20.60	3'753.—
	ab 20 bis 29 Altersjahre	23.60	4'298.—
	ab 30 bis 39 Altersjahre	25.65	4'667.—
	ab 40 bis 49 Altersjahre	26.55	4'835.—
42 Stunden	ab 50 bis 65 Altersjahre	27.60	5'026.—
	Berufsleute, gelernt, bis 20 Jahre	29.50	5'368.—
	ab 20 bis 29 Altersjahre	35.35	6'437.—
	ab 30 bis 39 Altersjahre	43.65	7'948.—
	ab 40 bis 49 Altersjahre	45.80	8'338.—
	ab 50 bis 65 Altersjahre	46.90	8'532.—
	Führungskräfte, ab 20 bis 29 Altersjahre	53.95	9'818.—
	ab 30 bis 39 Altersjahre	75.85	13'809.—
	ab 40 bis 49 Altersjahre	86.25	15'698.—
	ab 50 bis 65 Altersjahre	87.—	15'833.—

☞ Effekten- und Warenbörsen sowie Effekten- und Warenhandel. Sonstige mit Finanzdienstleistungen verbundene Tätigkeiten. Risiko- und Schadensbewertung, Tätigkeit von Versicherungs- maklern, Ausgleichskassen, sonstige mit Versicherungsdienst- leistungen und Pensionskassen verbundene Tätigkeiten sowie Fondsleitung und -management.

NOGA-Code, Branche *Wöchentliche Arbeitszeit*	Berufliche Fähigkeiten Branchen- und Tätigkeitsbereich	Stunden- und Monatslohn	
68: 68.10 bis 68.32 Grundstücks- und Wohnungswesen	Un- und Angelernte, bis 20 Jahre	*21.85*	*3'974.—*
	ab 20 bis 29 Altersjahre	*25.—*	*4'552.—*
	ab 30 bis 39 Altersjahre	*27.15*	*4'943.—*
	ab 40 bis 49 Altersjahre	*28.15*	*5'120.—*
42 Stunden	ab 50 bis 65 Altersjahre	*29.25*	*5'322.—*
	Berufsleute, gelernt, bis 20 Jahre	*29.25*	*5'322.—*
	ab 20 bis 29 Altersjahre	*35.05*	*6'382.—*
	ab 30 bis 39 Altersjahre	*43.30*	*7'879.—*
	ab 40 bis 49 Altersjahre	*45.40*	*8'266.—*
	ab 50 bis 65 Altersjahre	*46.45*	*8'458.—*
	Führungskräfte, ab 20 bis 29 Altersjahre	*38.80*	*7'058.—*
	ab 30 bis 39 Altersjahre	*54.55*	*9'927.—*
	ab 40 bis 49 Altersjahre	*62.—*	*11'285.—*
	ab 50 bis 65 Altersjahre	*62.55*	*11'382.—*

☞ Kauf und Verkauf eigener Grundstücke, Gebäude und Wohnungen. Vermietung und Verpachtung eigener oder geleaster Grundstücke, Gebäude und Wohnungen. Vermittlung und Verwaltung von Grundstücken, Gebäuden und Wohnungen für Dritte.

NOGA-Code, Branche *Wöchentliche Arbeitszeit*	Berufliche Fähigkeiten Branchen- und Tätigkeitsbereich	Stunden- und Monatslohn	
69: 69.10 bis 69.20 Wirtschaftsprüfung, Rechts- und Steuerberatung	Un- und Angelernte, bis 20 Jahre	*19.25*	*3'506.—*
	ab 20 bis 29 Altersjahre	*22.05*	*4'016.—*
	ab 30 bis 39 Altersjahre	*23.95*	*4'361.—*
	ab 40 bis 49 Altersjahre	*24.80*	*4'517.—*
42 Stunden	ab 50 bis 65 Altersjahre	*25.80*	*4'696.—*
	Berufsleute, gelernt, bis 20 Jahre	*30.70*	*5'592.—*
	ab 20 bis 29 Altersjahre	*36.85*	*6'706.—*
	ab 30 bis 39 Altersjahre	*45.50*	*8'279.—*
	ab 40 bis 49 Altersjahre	*47.70*	*8'685.—*
	ab 50 bis 65 Altersjahre	*48.85*	*8'888.—*
	Führungskräfte, ab 20 bis 29 Altersjahre	*46.85*	*8'525.—*
	ab 30 bis 39 Altersjahre	*65.90*	*11'990.—*
	ab 40 bis 49 Altersjahre	*74.90*	*13'630.—*
	ab 50 bis 65 Altersjahre	*75.55*	*13'748.—*

☞ Rechtsberatung durch Advokatur-, Notariats- und Patentanwaltsbüros sowie Patentverwertung. Wirtschaftsprüfung und Steuerberatung sowie Buchführung und Treuhandgesellschaften.

NOGA-Code, Branche *Wöchentliche Arbeitszeit*	Berufliche Fähigkeiten Branchen- und Tätigkeitsbereich	Stunden- und Monatslohn	
70: 70.10 bis 70.22 Verwaltung, Führung und Beratung von Betrieben	Un- und Angelernte, bis 20 Jahre	*18.90*	*3'440.—*
	ab 20 bis 29 Altersjahre	*21.65*	*3'940.—*
	ab 30 bis 39 Altersjahre	*23.50*	*4'278.—*
	ab 40 bis 49 Altersjahre	*24.35*	*4'432.—*
42 Stunden	ab 50 bis 65 Altersjahre	*25.30*	*4'607.—*
	Berufsleute, gelernt, bis 20 Jahre	*30.15*	*5'485.—*
	ab 20 bis 29 Altersjahre	*36.15*	*6'578.—*
	ab 30 bis 39 Altersjahre	*44.65*	*8'122.—*
	ab 40 bis 49 Altersjahre	*46.80*	*8'520.—*
	ab 50 bis 65 Altersjahre	*47.90*	*8'718.—*
	Führungskräfte, ab 20 bis 29 Altersjahre	*46.45*	*8'452.—*
	ab 30 bis 39 Altersjahre	*65.30*	*11'888.—*
	ab 40 bis 49 Altersjahre	*74.25*	*13'515.—*
	ab 50 bis 65 Altersjahre	*74.90*	*13'631.—*

☝ Verwaltung und Führung von Unternehmungen und Betrieben umfassend Firmensitzaktivitäten von Finanzgesellschaften und anderen Gesellschaften, Public-Relations- und Unternehmensberatung sowie Architektur- und Raumplanungsbüros.

71: 71.11 bis 71.20 Architektur- und Ingenieurbüros	Un- und Angelernte, bis 20 Jahre	*18.35*	*3'340.—*
	ab 20 bis 29 Altersjahre	*21.—*	*3'825.—*
	ab 30 bis 39 Altersjahre	*22.80*	*4'153.—*
	ab 40 bis 49 Altersjahre	*23.65*	*4'303.—*
42 Stunden	ab 50 bis 65 Altersjahre	*24.55*	*4'473.—*
	Berufsleute, gelernt, bis 20 Jahre	*29.25*	*5'325.—*
	ab 20 bis 29 Altersjahre	*35.10*	*6'386.—*
	ab 30 bis 39 Altersjahre	*43.30*	*7'885.—*
	ab 40 bis 49 Altersjahre	*45.45*	*8'271.—*
	ab 50 bis 65 Altersjahre	*46.50*	*8'464.—*
	Führungskräfte, ab 20 bis 29 Altersjahre	*44.60*	*8'118.—*
	ab 30 bis 39 Altersjahre	*62.75*	*11'419.—*
	ab 40 bis 49 Altersjahre	*71.30*	*12'981.—*
	ab 50 bis 65 Altersjahre	*71.95*	*13'093.—*

☝ Architektur-, Raumplanungs-, Landschaftsplanungs- und Gartenarchitekturbüros sowie Bau-, Gebäudetechnik- und sonstige Ingenieurbüros. Geometerbüros sowie sonstige technische Planung und Beratung. Technische, physikalische und chemische Untersuchung.

NOGA-Code, Branche *Wöchentliche Arbeitszeit*	Berufliche Fähigkeiten Branchen- und Tätigkeitsbereich	Stunden- und Monatslohn	
72: 72.11 bis 72.20	Un- und Angelernte, bis 20 Jahre	24.15	4'392.—
Forschung	ab 20 bis 29 Altersjahre	27.65	5'031.—
und Entwicklung	ab 30 bis 39 Altersjahre	30.—	5'463.—
	ab 40 bis 49 Altersjahre	31.10	5'659.—
42 Stunden	ab 50 bis 65 Altersjahre	32.30	5'883.—
	Berufsleute, gelernt, bis 20 Jahre	30.05	5'466.—
	ab 20 bis 29 Altersjahre	36.—	6'554.—
	ab 30 bis 39 Altersjahre	44.45	8'093.—
	ab 40 bis 49 Altersjahre	46.65	8'489.—
	ab 50 bis 65 Altersjahre	47.75	8'687.—
	Führungskräfte, ab 20 bis 29 Altersjahre	47.55	8'655.—
	ab 30 bis 39 Altersjahre	66.90	12'173.—
	ab 40 bis 49 Altersjahre	76.05	13'839.—
	ab 50 bis 65 Altersjahre	76.70	13'958.—

☝ Forschung und Entwicklung im Bereich Biotechnologie, Medizin, Natur-, Ingenieur-, Agrar-, Rechts-, Wirtschafts- und Sozialwissenschaften sowie im Bereich Sprach-, Kultur- und Kunstwissenschaften.

NOGA-Code, Branche *Wöchentliche Arbeitszeit*	Berufliche Fähigkeiten Branchen- und Tätigkeitsbereich	Stunden- und Monatslohn	
73: 73.11 bis 73.20	Un- und Angelernte, bis 20 Jahre	19.10	3'473.—
Werbung	ab 20 bis 29 Altersjahre	21.85	3'978.—
und Marktforschung	ab 30 bis 39 Altersjahre	23.75	4'320.—
	ab 40 bis 49 Altersjahre	24.60	4'475.—
42 Stunden	ab 50 bis 65 Altersjahre	25.55	4'652.—
	Berufsleute, gelernt, bis 20 Jahre	30.45	5'538.—
	ab 20 bis 29 Altersjahre	36.50	6'641.—
	ab 30 bis 39 Altersjahre	45.05	8'200.—
	ab 40 bis 49 Altersjahre	47.25	8'602.—
	ab 50 bis 65 Altersjahre	48.35	8'802.—
	Führungskräfte, ab 20 bis 29 Altersjahre	46.40	8'443.—
	ab 30 bis 39 Altersjahre	65.25	11'876.—
	ab 40 bis 49 Altersjahre	74.20	13'500.—
	ab 50 bis 65 Altersjahre	74.80	13'617.—

☝ Werbeagenturen, Vermarktung und Vermittlung von Werbezeiten und Werbeflächen sowie Markt- und Meinungsforschung.

NOGA-Code, Branche *Wöchentliche Arbeitszeit*	Berufliche Fähigkeiten Branchen- und Tätigkeitsbereich	Stunden- und Monatslohn	
74: 74.10 bis 74.90 Freiberufliche Tätigkeiten *42 Stunden*	Un- und Angelernte, bis 20 Jahre ab 20 bis 29 Altersjahre ab 30 bis 39 Altersjahre ab 40 bis 49 Altersjahre ab 50 bis 65 Altersjahre	*18.55* *21.25* *23.05* *23.90* *24.80*	*3'373.—* *3'863.—* *4'195.—* *4'346.—* *4'518.—*
	Berufsleute, gelernt, bis 20 Jahre ab 20 bis 29 Altersjahre ab 30 bis 39 Altersjahre ab 40 bis 49 Altersjahre ab 50 bis 65 Altersjahre	*29.55* *35.45* *43.75* *45.90* *46.95*	*5'379.—* *6'450.—* *7'964.—* *8'355.—* *8'549.—*
	Führungskräfte, ab 20 bis 29 Altersjahre ab 30 bis 39 Altersjahre ab 40 bis 49 Altersjahre ab 50 bis 65 Altersjahre	*45.05* *63.35* *72.05* *72.65*	*8'200.—* *11'533.—* *13'111.—* *13'224.—*

☞ Industrie-, Produkte- und Grafikdesign, visuelle Kommunikation, Innenarchitektur und Raumgestaltung, Fotografie und Fotolabors, Übersetzen und Dolmetschen sowie sonstige freiberufliche, wissenschaftliche und technische Tätigkeiten.

75: 75.00 Veterinärwesen *42 Stunden*	Un- und Angelernte, bis 20 Jahre ab 20 bis 29 Altersjahre ab 30 bis 39 Altersjahre ab 40 bis 49 Altersjahre ab 50 bis 65 Altersjahre	*21.45* *24.55* *26.70* *27.65* *28.75*	*3'904.—* *4'472.—* *4'856.—* *5'030.—* *5'229.—*
	Berufsleute, gelernt, bis 20 Jahre ab 20 bis 29 Altersjahre ab 30 bis 39 Altersjahre ab 40 bis 49 Altersjahre ab 50 bis 65 Altersjahre	*28.70* *34.40* *42.50* *44.55* *45.60*	*5'221.—* *6'261.—* *7'731.—* *8'110.—* *8'299.—*
	Führungskräfte, ab 20 bis 29 Altersjahre ab 30 bis 39 Altersjahre ab 40 bis 49 Altersjahre ab 50 bis 65 Altersjahre	*35.05* *49.30* *56.05* *56.50*	*6'378.—* *8'971.—* *10'199.—* *10'287.—*

☞ Medizinische Versorgung und Kontrolluntersuchungen von Nutz- und Haustieren, Tätigkeiten tierärztlicher Assistenten oder von sonstigem tierärztlichem Personal, klinisch-pathologische und sonstige Diagnosetätigkeiten an Tieren sowie Transport kranker Tiere.

NOGA-Code, Branche *Wöchentliche Arbeitszeit*	Berufliche Fähigkeiten Branchen- und Tätigkeitsbereich	Stunden- und Monatslohn	
77: 77.11 bis 77.40 Vermietung beweglicher Sachen	Un- und Angelernte, bis 20 Jahre	*21.40*	*3'896.—*
	ab 20 bis 29 Altersjahre	*24.50*	*4'462.—*
	ab 30 bis 39 Altersjahre	*26.60*	*4'845.—*
	ab 40 bis 49 Altersjahre	*27.60*	*5'020.—*
42 Stunden	ab 50 bis 65 Altersjahre	*28.65*	*5'218.—*
	Berufsleute, gelernt, bis 20 Jahre	*28.65*	*5'217.—*
	ab 20 bis 29 Altersjahre	*34.35*	*6'256.—*
	ab 30 bis 39 Altersjahre	*42.45*	*7'724.—*
	ab 40 bis 49 Altersjahre	*44.50*	*8'103.—*
	ab 50 bis 65 Altersjahre	*45.55*	*8'292.—*
	Führungskräfte, ab 20 bis 29 Altersjahre	*38.—*	*6'919.—*
	ab 30 bis 39 Altersjahre	*53.45*	*9'732.—*
	ab 40 bis 49 Altersjahre	*60.80*	*11'064.—*
	ab 50 bis 65 Altersjahre	*61.30*	*11'159.—*

☞ Vermietung von Automobilen, Sport- und Freizeitgeräten sowie sonstiger Gebrauchsgüter; Videotheken. Vermietung landwirtschaftlicher Maschinen und Geräte sowie Baumaschinen und -geräte. Vermietung von Büromaschinen, Datenverarbeitungsgeräten und -einrichtungen. Vermietung von Wasser- und Luftfahrzeugen sowie sonstigen Maschinen, Geräten und beweglichen Sachen. Leasing von geistigem Eigentum und ähnlichen Produkten.

NOGA-Code, Branche *Wöchentliche Arbeitszeit*	Berufliche Fähigkeiten Branchen- und Tätigkeitsbereich	Stunden- und Monatslohn	
78: 78.10 bis 78.30 Vermittlung, Überlassung von Arbeitskräften	Un- und Angelernte, bis 20 Jahre	*18.70*	*3'406.—*
	ab 20 bis 29 Altersjahre	*21.45*	*3'901.—*
	ab 30 bis 39 Altersjahre	*23.30*	*4'236.—*
	ab 40 bis 49 Altersjahre	*24.10*	*4'388.—*
42 Stunden	50 bis 65 Altersjahre	*25.05*	*4'562.—*
	Berufsleute, gelernt, bis 20 Jahre	*29.85*	*5'432.—*
	ab 20 bis 29 Altersjahre	*35.80*	*6'514.—*
	ab 30 bis 39 Altersjahre	*44.20*	*8'042.—*
	ab 40 bis 49 Altersjahre	*46.35*	*8'437.—*
	ab 50 bis 65 Altersjahre	*47.45*	*8'633.—*
	Führungskräfte, ab 20 bis 29 Altersjahre	*45.50*	*8'280.—*
	ab 30 bis 39 Altersjahre	*64.—*	*11'647.—*
	ab 40 bis 49 Altersjahre	*72.75*	*13'240.—*
	ab 50 bis 65 Altersjahre	*73.35*	*13'354.—*

☞ Vermittlung und befristete Überlassung von Arbeitskräften umfassend Suche, Auswahl und Vermittlung von Arbeitskräften beziehungsweise Arbeitsstellen.

NOGA-Code, Branche *Wöchentliche Arbeitszeit*	Berufliche Fähigkeiten Branchen- und Tätigkeitsbereich	Stunden- und Monatslohn	
79: 79.11 bis 79.90 Reisebüros und Reiseveranstalter *42 Stunden*	Un- und Angelernte, bis 20 Jahre	*23.25*	*4'236.—*
	ab 20 bis 29 Altersjahre	*26.65*	*4'851.—*
	ab 30 bis 39 Altersjahre	*28.95*	*5'267.—*
	ab 40 bis 49 Altersjahre	*30.—*	*5'457.—*
	ab 50 bis 65 Altersjahre	*31.15*	*5'672.—*
	Berufsleute, gelernt, bis 20 Jahre	*28.50*	*5'183.—*
	ab 20 bis 29 Altersjahre	*34.15*	*6'215.—*
	ab 30 bis 39 Altersjahre	*42.15*	*7'673.—*
	ab 40 bis 49 Altersjahre	*44.25*	*8'050.—*
	ab 50 bis 65 Altersjahre	*45.25*	*8'238.—*
	Führungskräfte, ab 20 bis 29 Altersjahre	*43.10*	*7'847.—*
	ab 30 bis 39 Altersjahre	*60.65*	*11'038.—*
	ab 40 bis 49 Altersjahre	*68.95*	*12'547.—*
	ab 50 bis 65 Altersjahre	*69.55*	*12'656.—*

☞ Reisebüros umfassend Agenturen, welche im Verkauf von Reise-, Beförderungs- und Unterbringungsdienstleistungen tätig sind. Reiseveranstalter umfassend die Zusammenstellung und Organisation von Pauschalreisen sowie Erbringung sonstiger Reservierungsdienstleistungen.

NOGA-Code, Branche *Wöchentliche Arbeitszeit*	Berufliche Fähigkeiten Branchen- und Tätigkeitsbereich	Stunden- und Monatslohn	
80: 80.10 bis 80.30 Wach- und Sicherheits- dienste, Detekteien *42 Stunden*	Un- und Angelernte, bis 20 Jahre	*18.15*	*3'306.—*
	ab 20 bis 29 Altersjahre	*20.80*	*3'786.—*
	ab 30 bis 39 Altersjahre	*22.60*	*4'112.—*
	ab 40 bis 49 Altersjahre	*23.40*	*4'259.—*
	ab 50 bis 65 Altersjahre	*24.35*	*4'428.—*
	Berufsleute, gelernt, bis 20 Jahre	*28.95*	*5'271.—*
	ab 20 bis 29 Altersjahre	*34.75*	*6'321.—*
	ab 30 bis 39 Altersjahre	*42.90*	*7'805.—*
	ab 40 bis 49 Altersjahre	*45.—*	*8'188.—*
	ab 50 bis 65 Altersjahre	*46.05*	*8'378.—*
	Führungskräfte, ab 20 bis 29 Altersjahre	*44.15*	*8'037.—*
	ab 30 bis 39 Altersjahre	*62.10*	*11'304.—*
	ab 40 bis 49 Altersjahre	*70.60*	*12'851.—*
	ab 50 bis 65 Altersjahre	*71.20*	*12'961.—*

☞ Private Wach- und Sicherheitsdienste sowie jene mithilfe von Überwachungs- und Alarmsystemen; Detekteien.

NOGA-Code, Branche *Wöchentliche Arbeitszeit*	Berufliche Fähigkeiten Branchen- und Tätigkeitsbereich	Stunden- und Monatslohn	
81: 81.10 bis 81.30 Hauswartung, Garten- und Landschaftsbau *42 Stunden*	Un- und Angelernte, bis 20 Jahre ab 20 bis 29 Altersjahre ab 30 bis 39 Altersjahre ab 40 bis 49 Altersjahre ab 50 bis 65 Altersjahre	*21.—* *24.—* *26.10* *27.05* *28.10*	*3'818.—* *4'372.—* *4'748.—* *4'919.—* *5'113.—*
	Berufsleute, gelernt, bis 20 Jahre ab 20 bis 29 Altersjahre ab 30 bis 39 Altersjahre ab 40 bis 49 Altersjahre ab 50 bis 65 Altersjahre	*28.10* *33.70* *41.60* *43.65* *44.65*	*5'112.—* *6'130.—* *7'569.—* *7'940.—* *8'125.—*
	Führungskräfte, ab 20 bis 29 Altersjahre ab 30 bis 39 Altersjahre ab 40 bis 49 Altersjahre ab 50 bis 65 Altersjahre	*37.25* *52.40* *59.55* *60.10*	*6'781.—* *9'538.—* *10'842.—* *10'936.—*

☞ Hausmeisterdienste und Facility Management. Reinigung, allgemeine und spezielle Gebäudereinigung sowie jene von Maschinen; Kaminfeger. Garten- und Landschaftsbau sowie Erbringung von sonstigen gärtnerischen Dienstleistungen.

NOGA-Code, Branche *Wöchentliche Arbeitszeit*	Berufliche Fähigkeiten Branchen- und Tätigkeitsbereich	Stunden- und Monatslohn	
82: 82.11 bis 82.99 Erbringung wirtschaftlicher Dienstleistungen *42 Stunden*	Un- und Angelernte, bis 20 Jahre ab 20 bis 29 Altersjahre ab 30 bis 39 Altersjahre ab 40 bis 49 Altersjahre ab 50 bis 65 Altersjahre	*17.60* *20.15* *21.90* *22.70* *23.60*	*3'206.—* *3'672.—* *3'987.—* *4'130.—* *4'293.—*
	Berufsleute, gelernt, bis 20 Jahre ab 20 bis 29 Altersjahre ab 30 bis 39 Altersjahre ab 40 bis 49 Altersjahre ab 50 bis 65 Altersjahre	*28.10* *33.70* *41.60* *43.65* *44.65*	*5'112.—* *6'130.—* *7'569.—* *7'940.—* *8'125.—*
	Führungskräfte, ab 20 bis 29 Altersjahre ab 30 bis 39 Altersjahre ab 40 bis 49 Altersjahre ab 50 bis 65 Altersjahre	*42.80* *60.25* *68.45* *69.05*	*7'794.—* *10'962.—* *12'461.—* *12'569.—*

☞ Allgemeine Sekretariats- und Schreibdienste, Copy Shops, Call Centers, Messe-, Ausstellungs- und Kongressveranstalter sowie Inkassobüros und Auskunfteien. Abfüllen und Verpacken sowie Erbringung sonstiger wirtschaftlicher Dienstleistungen für Unternehmen und Privatpersonen.

NOGA-Code, Branche *Wöchentliche Arbeitszeit*	Berufliche Fähigkeiten Branchen- und Tätigkeitsbereich	Stunden- und Monatslohn	
84: 84.11 bis 84.30 Öffentliche Verwaltung und Sozialversicherung	Un- und Angelernte, bis 20 Jahre	*22.50*	*4'093.—*
	ab 20 bis 29 Altersjahre	*25.75*	*4'688.—*
	ab 30 bis 39 Altersjahre	*27.95*	*5'090.—*
	ab 40 bis 49 Altersjahre	*28.95*	*5'273.—*
42 Stunden	ab 50 bis 65 Altersjahre	*30.10*	*5'481.—*
	Berufsleute, gelernt, bis 20 Jahre	*30.50*	*5'553.—*
	ab 20 bis 29 Altersjahre	*36.60*	*6'659.—*
	ab 30 bis 39 Altersjahre	*45.20*	*8'222.—*
	ab 40 bis 49 Altersjahre	*47.40*	*8'626.—*
	ab 50 bis 65 Altersjahre	*48.50*	*8'826.—*
	Führungskräfte, ab 20 bis 29 Altersjahre	*45.—*	*8'192.—*
	ab 30 bis 39 Altersjahre	*63.30*	*11'522.—*
	ab 40 bis 49 Altersjahre	*71.95*	*13'098.—*
	ab 50 bis 65 Altersjahre	*72.60*	*13'211.—*

☞ Allgemeine öffentliche Verwaltung und jene auf den Gebieten des Gesundheitswesens, der Bildung, der Kultur und des Sozialwesens, der Wirtschaftsförderung, -ordnung und -aufsicht, der auswärtigen Angelegenheiten, der Verteidigung sowie des Zivilschutzes. Verwaltung der Rechtspflege, der Gerichte, der Strafvollzugsanstalten, der öffentlichen Sicherheit und Ordnung und der Feuerwehren. Sozialversicherungswesen: Alters- und Hinterlassenenversicherung (AHV), Invalidenversicherung (IV), Arbeitslosenversicherung (ALV) und Militärversicherung (MV).

NOGA-Code, Branche *Wöchentliche Arbeitszeit*	Berufliche Fähigkeiten Branchen- und Tätigkeitsbereich	Stunden- und Monatslohn	
85: 85.10 bis 85.60 Erziehung und Unterricht	Un- und Angelernte, bis 20 Jahre	*22.50*	*4'092.—*
	ab 20 bis 29 Altersjahre	*25.75*	*4'687.—*
	ab 30 bis 39 Altersjahre	*27.95*	*5'089.—*
42 Stunden	ab 40 bis 49 Altersjahre	*28.95*	*5'272.—*
	ab 50 bis 65 Altersjahre	*30.10*	*5'480.—*
	Berufsleute, gelernt, bis 20 Jahre	*30.20*	*5'500.—*
	ab 20 bis 29 Altersjahre	*36.25*	*6'595.—*
	ab 30 bis 39 Altersjahre	*44.75*	*8'143.—*
	ab 40 bis 49 Altersjahre	*46.95*	*8'542.—*
	ab 50 bis 65 Altersjahre	*48.05*	*8'741.—*
	Führungskräfte, ab 20 bis 29 Altersjahre	*41.10*	*7'477.—*
	ab 30 bis 39 Altersjahre	*57.80*	*10'516.—*
	ab 40 bis 49 Altersjahre	*65.70*	*11'955.—*
	ab 50 bis 65 Altersjahre	*66.25*	*12'058.—*

🖐 Obligatorische Schulen, Kindergärten, Vor-, Primar- und Sonderschulen. Bezirks-, Sekundar- und Realschulen sowie Primarschulen der Oberstufe. Maturitäts-, Fachmittel- oder Diplommittelschulen sowie berufsbildende, weiterführende Schulen. Universitäre Hoch- und Fachhochschulen sowie andere Ausbildungsstätten der höheren Berufsbildung. Sport-, Freizeit- und Kulturunterricht. Fahr- und Flugschulen. Sprach- und Informatikunterricht sowie berufliche Erwachsenenbildung. Sonstiger Unterricht und Erbringung von Dienstleistungen für diesen.

NOGA-Code, Branche *Wöchentliche Arbeitszeit*	Berufliche Fähigkeiten Branchen- und Tätigkeitsbereich	Stunden- und Monatslohn	
86: 86.10 bis 86.90 Gesundheitswesen	Un- und Angelernte, bis 20 Jahre	*21.65*	*3'944.—*
	ab 20 bis 29 Altersjahre	*24.80*	*4'517.—*
	ab 30 bis 39 Altersjahre	*26.95*	*4'905.—*
42 Stunden	ab 40 bis 49 Altersjahre	*27.90*	*5'081.—*
	ab 50 bis 65 Altersjahre	*29.—*	*5'282.—*
	Berufsleute, gelernt, bis 20 Jahre	*29.—*	*5'274.—*
	ab 20 bis 29 Altersjahre	*34.75*	*6'325.—*
	ab 30 bis 39 Altersjahre	*42.90*	*7'809.—*
	ab 40 bis 49 Altersjahre	*45.—*	*8'192.—*
	ab 50 bis 65 Altersjahre	*46.05*	*8'383.—*
	Führungskräfte, ab 20 bis 29 Altersjahre	*35.40*	*6'443.—*
	ab 30 bis 39 Altersjahre	*49.80*	*9'062.—*
	ab 40 bis 49 Altersjahre	*56.60*	*10'301.—*
	ab 50 bis 65 Altersjahre	*57.10*	*10'390.—*

🖐 Allgemeine Krankenhäuser und Spezialkliniken. Arztpraxen für Allgemeinmedizin, Facharzt- und Zahnarztpraxen. Psychotherapie, Psychologie und Physiotherapie. Aktivitäten der Krankenschwestern und Hebammen sowie Hauspflege und sonstige Aktivitäten nicht-ärztlicher Medizinalberufe. Medizinische Labors und sonstiges Gesundheitswesen.

NOGA-Code, Branche *Wöchentliche Arbeitszeit*	Berufliche Fähigkeiten Branchen- und Tätigkeitsbereich	Stunden- und Monatslohn	
87: 87.10 bis 87.90 Heime *42 Stunden*	Un- und Angelernte, bis 20 Jahre	*21.—*	*3'825.—*
	ab 20 bis 29 Altersjahre	*24.05*	*4'381.—*
	ab 30 bis 39 Altersjahre	*26.15*	*4'757.—*
	ab 40 bis 49 Altersjahre	*27.10*	*4'928.—*
	ab 50 bis 65 Altersjahre	*28.15*	*5'123.—*
	Berufsleute, gelernt, bis 20 Jahre	*28.10*	*5'116.—*
	ab 20 bis 29 Altersjahre	*33.70*	*6'135.—*
	ab 30 bis 39 Altersjahre	*41.60*	*7'575.—*
	ab 40 bis 49 Altersjahre	*43.65*	*7'946.—*
	ab 50 bis 65 Altersjahre	*44.70*	*8'131.—*
	Führungskräfte, ab 20 bis 29 Altersjahre	*34.35*	*6'249.—*
	ab 30 bis 39 Altersjahre	*48.30*	*8'789.—*
	ab 40 bis 49 Altersjahre	*54.90*	*9'992.—*
	ab 50 bis 65 Altersjahre	*55.35*	*10'078.—*

☞ Pflegeheime und Institutionen für Suchtkranke, psychosoziale Fälle sowie Behinderte. Altersheime, Wohnheime für Kinder und Jugendliche, Erziehungsheime und sonstige Wohnheime.

NOGA-Code, Branche *Wöchentliche Arbeitszeit*	Berufliche Fähigkeiten Branchen- und Tätigkeitsbereich	Stunden- und Monatslohn	
88: 88.10 bis 88.99 Sozialwesen *42 Stunden*	Un- und Angelernte, bis 20 Jahre	*21.25*	*3'865.—*
	ab 20 bis 29 Altersjahre	*24.30*	*4'426.—*
	ab 30 bis 39 Altersjahre	*26.40*	*4'807.—*
	ab 40 bis 49 Altersjahre	*27.35*	*4'979.—*
	ab 50 bis 65 Altersjahre	*28.45*	*5'176.—*
	Berufsleute, gelernt, bis 20 Jahre	*28.40*	*5'169.—*
	ab 20 bis 29 Altersjahre	*34.05*	*6'198.—*
	ab 30 bis 39 Altersjahre	*42.05*	*7'653.—*
	ab 40 bis 49 Altersjahre	*44.10*	*8'028.—*
	ab 50 bis 65 Altersjahre	*45.15*	*8'215.—*
	Führungskräfte, ab 20 bis 29 Altersjahre	*34.70*	*6'314.—*
	ab 30 bis 39 Altersjahre	*48.80*	*8'881.—*
	ab 40 bis 49 Altersjahre	*55.45*	*10'096.—*
	ab 50 bis 65 Altersjahre	*55.95*	*10'183.—*

☞ Soziale Betreuung älterer Menschen und Behinderter sowie Tagesbetreuung von Kindern. Organisationen der Wohlfahrtspflege und sonstiges Sozialwesen.

NOGA-Code, Branche *Wöchentliche Arbeitszeit*	Berufliche Fähigkeiten Branchen- und Tätigkeitsbereich	Stunden- und Monatslohn	
90: 90.01 bis 90.04 Kreative, künstlerische und unterhaltende Tätigkeiten	Un- und Angelernte, bis 20 Jahre ab 20 bis 29 Altersjahre ab 30 bis 39 Altersjahre ab 40 bis 49 Altersjahre	*19.30* *22.15* *24.05* *24.90*	*3'516.—* *4'027.—* *4'373.—* *4'531.—*
42 Stunden	ab 50 bis 65 Altersjahre	*25.90*	*4'709.—*
	Berufsleute, gelernt, bis 20 Jahre ab 20 bis 29 Altersjahre ab 30 bis 39 Altersjahre ab 40 bis 49 Altersjahre ab 50 bis 65 Altersjahre	*28.15* *33.75* *41.65* *43.70* *44.75*	*5'122.—* *6'142.—* *7'584.—* *7'956.—* *8'141.—*
	Führungskräfte, ab 20 bis 29 Altersjahre ab 30 bis 39 Altersjahre ab 40 bis 49 Altersjahre ab 50 bis 65 Altersjahre	*40.90* *57.55* *65.40* *65.95*	*7'444.—* *10'471.—* *11'903.—* *12'006.—*

🖐 Theater- und Ballettgruppen, Orchester, Chöre, Musiker sowie Erbringung von Dienstleistungen für die darstellende Kunst. Selbstständige Künstler und Journalisten sowie sonstige künstlerische und schriftstellerische Tätigkeiten und Darbietungen. Betrieb von Kultur- und Unterhaltungseinrichtungen.

NOGA-Code, Branche *Wöchentliche Arbeitszeit*	Berufliche Fähigkeiten Branchen- und Tätigkeitsbereich	Stunden- und Monatslohn	
91: 91.01 bis 91.04 Bibliotheken, Museen und zoologische Gärten	Un- und Angelernte, bis 20 Jahre ab 20 bis 29 Altersjahre ab 30 bis 39 Altersjahre ab 40 bis 49 Altersjahre	*20.55* *23.50* *25.55* *26.45*	*3'736.—* *4'279.—* *4'646.—* *4'814.—*
42 Stunden	ab 50 bis 65 Altersjahre	*27.50*	*5'003.—*
	Berufsleute, gelernt, bis 20 Jahre ab 20 bis 29 Altersjahre ab 30 bis 39 Altersjahre ab 40 bis 49 Altersjahre ab 50 bis 65 Altersjahre	*29.90* *35.85* *44.25* *46.45* *47.50*	*5'441.—* *6'525.—* *8'057.—* *8'452.—* *8'649.—*
	Führungskräfte, ab 20 bis 29 Altersjahre ab 30 bis 39 Altersjahre ab 40 bis 49 Altersjahre ab 50 bis 65 Altersjahre	*43.45* *61.15* *69.50* *70.10*	*7'909.—* *11'125.—* *12'647.—* *12'756.—*

🖐 Bibliotheken, Archive und Museen sowie Betrieb historischer Stätten und Gebäuden und ähnlicher Attraktionen. Botanische und zoologische Gärten sowie Naturparks.

NOGA-Code, Branche *Wöchentliche Arbeitszeit*	Berufliche Fähigkeiten Branchen- und Tätigkeitsbereich	Stunden- und Monatslohn	
92: 92.00 Spiel-, Wett- und Lotteriewesen	Un- und Angelernte, bis 20 Jahre	20.35	3'700.—
	ab 20 bis 29 Altersjahre	23.30	4'237.—
	ab 30 bis 39 Altersjahre	25.30	4'601.—
	ab 40 bis 49 Altersjahre	26.20	4'767.—
42 Stunden	ab 50 bis 65 Altersjahre	27.25	4'955.—
	Berufsleute, gelernt, bis 20 Jahre	29.60	5'389.—
	ab 20 bis 29 Altersjahre	35.50	6'462.—
	ab 30 bis 39 Altersjahre	43.85	7'979.—
	ab 40 bis 49 Altersjahre	46.—	8'370.—
	ab 50 bis 65 Altersjahre	47.05	8'565.—
	Führungskräfte, ab 20 bis 29 Altersjahre	43.05	7'832.—
	ab 30 bis 39 Altersjahre	60.55	11'017.—
	ab 40 bis 49 Altersjahre	68.80	12'524.—
	ab 50 bis 65 Altersjahre	69.40	12'632.—

☝ Umfassend den Betrieb von Glücksspielstätten wie Casinos, Bingohallen, Videospielterminals und Wettbüros sowie die Erbringung von Wettdienstleistungen wie Lotterien.

NOGA-Code, Branche *Wöchentliche Arbeitszeit*	Berufliche Fähigkeiten Branchen- und Tätigkeitsbereich	Stunden- und Monatslohn	
93: 93.11 bis 93.29 Sport, Unterhaltung und Erholung: Dienstleistungen	Un- und Angelernte, bis 20 Jahre	19.50	3'553.—
	ab 20 bis 29 Altersjahre	22.35	4'069.—
	ab 30 bis 39 Altersjahre	24.30	4'418.—
	ab 40 bis 49 Altersjahre	25.15	4'577.—
42 Stunden	ab 50 bis 65 Altersjahre	26.15	4'758.—
	Berufsleute, gelernt, bis 20 Jahre	28.45	5'175.—
	ab 20 bis 29 Altersjahre	34.10	6'206.—
	ab 30 bis 39 Altersjahre	42.10	7'662.—
	ab 40 bis 49 Altersjahre	44.15	8'038.—
	ab 50 bis 65 Altersjahre	45.20	8'225.—
	Führungskräfte, ab 20 bis 29 Altersjahre	41.35	7'522.—
	ab 30 bis 39 Altersjahre	58.15	10'580.—
	ab 40 bis 49 Altersjahre	66.10	12'027.—
	ab 50 bis 65 Altersjahre	66.65	12'131.—

☝ Betrieb von Sportanlagen, Sportvereine, Gymnastik- und Fitnesszentren sowie Erbringung sonstiger Dienstleistungen des Sports. Vergnügungs- und Themenparks sowie Erbringung weiterer Dienstleistungen der Unterhaltung und Erholung.

NOGA-Code, Branche *Wöchentliche Arbeitszeit*	Berufliche Fähigkeiten Branchen- und Tätigkeitsbereich	Stunden- und Monatslohn	
94: 94.11 bis 94.99 Interessenvertretungen und kirchliche Vereinigungen	Un- und Angelernte, bis 20 Jahre	*22.10*	*4'026.—*
	ab 20 bis 29 Altersjahre	*25.35*	*4'611.—*
	ab 30 bis 39 Altersjahre	*27.50*	*5'006.—*
	ab 40 bis 49 Altersjahre	*28.50*	*5'187.—*
42 Stunden	ab 50 bis 65 Altersjahre	*29.60*	*5'391.—*
	Berufsleute, gelernt, bis 20 Jahre	*28.65*	*5'215.—*
	ab 20 bis 29 Altersjahre	*34.35*	*6'254.—*
	ab 30 bis 39 Altersjahre	*42.45*	*7'722.—*
	ab 40 bis 49 Altersjahre	*44.50*	*8'100.—*
	ab 50 bis 65 Altersjahre	*45.55*	*8'289.—*
	Führungskräfte, ab 20 bis 29 Altersjahre	*37.95*	*6'909.—*
	ab 30 bis 39 Altersjahre	*53.40*	*9'717.—*
	ab 40 bis 49 Altersjahre	*60.70*	*11'046.—*
	ab 50 bis 65 Altersjahre	*61.20*	*11'142.—*

☞ Wirtschafts- und Arbeitgeberverbände, Berufsorganisationen, Arbeitnehmervereinigungen, Kirchgemeinden und religiöse Vereinigungen, Klöster und Ordensgemeinschaften. Politische Parteien und Vereinigungen sowie Organisationen der Kultur, Bildung, Wissenschaft, Forschung und des Gesundheitswesens. Jugendorganisationen und sonstige Interessenvertretungen und Vereinigungen.

NOGA-Code, Branche	Berufliche Fähigkeiten	Stunden- und Monatslohn	
95: 95.11 bis 95.29 Reparatur von und Gebrauchsgütern	Un- und Angelernte, bis 20 Jahre	*20.20*	*3'676.—*
	ab 20 bis 29 Altersjahre	*23.15*	*4'210.—*
	ab 30 bis 39 Altersjahre	*25.10*	*4'572.—*
	ab 40 bis 49 Altersjahre	*26.—*	*4'736.—*
42 Stunden	ab 50 bis 65 Altersjahre	*27.05*	*4'924.—*
	Berufsleute, gelernt, bis 20 Jahre	*25.30*	*4'607.—*
	ab 20 bis 29 Altersjahre	*30.35*	*5'525.—*
	ab 30 bis 39 Altersjahre	*37.50*	*6'822.—*
	ab 40 bis 49 Altersjahre	*39.30*	*7'156.—*
	ab 50 bis 65 Altersjahre	*40.25*	*7'323.—*
	Führungskräfte, ab 20 bis 29 Altersjahre	*34.85*	*6'342.—*
	ab 30 bis 39 Altersjahre	*49.—*	*8'919.—*
	ab 40 bis 49 Altersjahre	*55.70*	*10'139.—*
	ab 50 bis 65 Altersjahre	*56.20*	*10'226.—*

☞ Reparatur von Datenverarbeitungs- und peripherer Geräte sowie Telekommunikations-, Haushalt- und Gartengeräten. Reparatur von Geräten der Unterhaltungselektronik. Reparatur von Schuhen, Lederwaren, Möbeln, Einrichtungsgegenständen, Uhren, Schmuck und sonstigen Gebrauchsgütern.

NOGA-Code, Branche *Wöchentliche Arbeitszeit*	Berufliche Fähigkeiten Branchen- und Tätigkeitsbereich	Stunden- und Monatslohn	
96: 96.01 bis 96.09 Erbringung persönlicher Dienstleistungen	Un- und Angelernte, bis 20 Jahre	*15.25*	*2'772.—*
	ab 20 bis 29 Altersjahre	*17.45*	*3'175.—*
	ab 30 bis 39 Altersjahre	*18.95*	*3'448.—*
	ab 40 bis 49 Altersjahre	*19.65*	*3'572.—*
42 Stunden	ab 50 bis 65 Altersjahre	*20.40*	*3'713.—*
	Berufsleute, gelernt, bis 20 Jahre	*17.55*	*3'195.—*
	ab 20 bis 29 Altersjahre	*21.05*	*3'832.—*
	ab 30 bis 39 Altersjahre	*26.—*	*4'731.—*
	ab 40 bis 49 Altersjahre	*27.25*	*4'963.—*
	ab 50 bis 65 Altersjahre	*27.90*	*5'079.—*
	Führungskräfte, ab 20 bis 29 Altersjahre	*21.75*	*3'955.—*
	ab 30 bis 39 Altersjahre	*30.55*	*5'563.—*
	ab 40 bis 49 Altersjahre	*34.75*	*6'324.—*
	ab 50 bis 65 Altersjahre	*35.05*	*6'379.—*

☝ Wäscherei, Textilreinigung, Coiffeur- und Kosmetiksalons, Bestattungswesen, Saunas, Solarien und sonstiges Körperpflegegewerbe sowie Erbringung anderweitiger Dienstleistungen.

97: 97.00 Private Haushalte mit Hauspersonal	Un- und Angelernte, bis 20 Jahre	*15.10*	*2'745.—*
	ab 20 bis 29 Altersjahre	*17.25*	*3'143.—*
	ab 30 bis 39 Altersjahre	*18.75*	*3'413.—*
	ab 40 bis 49 Altersjahre	*19.45*	*3'536.—*
42 Stunden	ab 50 bis 65 Altersjahre	*20.20*	*3'676.—*
	Berufsleute, gelernt, bis 20 Jahre	*17.40*	*3'163.—*
	ab 20 bis 29 Altersjahre	*20.85*	*3'793.—*
	ab 30 bis 39 Altersjahre	*25.75*	*4'684.—*
	ab 40 bis 49 Altersjahre	*27.—*	*4'913.—*
	ab 50 bis 65 Altersjahre	*27.60*	*5'028.—*
	Führungskräfte, ab 20 bis 29 Altersjahre	*21.50*	*3'915.—*
	ab 30 bis 39 Altersjahre	*30.25*	*5'507.—*
	ab 40 bis 49 Altersjahre	*34.40*	*6'260.—*
	ab 50 bis 65 Altersjahre	*34.70*	*6'314.—*

☝ Umfassend die Beschäftigung von Dienstmädchen, Köchen, Kellnern, Dienern, Wäscherinnen, Gärtnern, Pförtnern, Stallgehilfen, Fahrern, Hausverwaltern, Erziehern, Babysittern, Hauslehrern, Sekretärinnen und weiterer Personen.

📖 *Bundesamt für Statistik BfS. Lohnstrukturerhebung, Median nach Lebensalter.*

☝ Zur Ermittlung des Jahreslohnes muss mit 12 multipliziert werden.

☝ Liegen im Branchenbereich allgemeinverbindlich erklärte oder herkömmliche GAV vor, so hat die Einhaltung deren Löhne Vorrang.

Literatur

Jürg Aebischer
Handbuch für ein wirksames Gehaltsmanagement
Praxium-Verlag, Zürich, 2010
ISBN 978-3-9523596-1-7

Dr. iur. Luisa Lepori Tavoli
Mindestlöhne im schweizerischen Recht, Zürcher Dissertation
Schriften zum Schweizerischen Arbeitsrecht
Stämpfli Verlag AG, Bern, 2009
ISBN 978-3-7272-0700-6

Eilis Lawlor, Helen Kersley and Susan Steed
A Bit Rich: Calculating the real value to society of different professions
New Economics Foundation, December 2009
ISBN 978-1-904882-69-5
www.neweconomics.org

Gesamtarbeitsvertragliche Lohnabschlüsse für 2009
Kommentierte Ergebnisse und Tabellen
Herausgegeben durch das Bundesamt für Statistik, Neuchâtel
Bestellungen: order@bfs.admin.ch oder 032/713 60 60
ISBN 978-3-303-03243-5
www.bfs.admin.ch

Lohnentwicklung 2009
Herausgegeben durch das Bundesamt für Statistik, Neuchâtel
Bestellungen: order@bfs.admin.ch oder 032/713 60 60
ISBN 978-3-303-03249-7
www.bfs.admin.ch

Schweizerische Lohnstrukturerhebung 2008
Kommentierte Ergebnisse und Tabellen
Herausgegeben durch das Bundesamt für Statistik, Neuchâtel
Bestellungen: order@bfs.admin.ch oder 032/713 60 60
ISBN 978-3-303-03244-2
www.bfs.admin.ch

Sind Sie selbstständig? – Hinweise und Tipps zur Abklärung
der beruflichen Selbstständigkeit
Broschüre Nr. 2675/1.d – 2006
Herausgegeben durch die SUVARisk, SUVA Bereich VTG,
Postfach 6002 Luzern, www.suva.ch

Sylviane Attinger, Elisabetta Capezzali, André Farine, Enrico
Moresi, Thierry Murier, Martina Schläpfer
Arbeitsmarktindikatoren 2009
Herausgegeben durch das Bundesamt für Statistik, Neuchâtel
ISBN 3-303-03198-3
Bestellungen: order@bfs.admin.ch; www.bfs.admin.ch

Dr. iur. Christoph Senti
Zulagen, Zuschläge und andere Lohnbestandteile – Aktuelle
Fragen des Arbeitsrechts
Referat vom 27. September 2005 anlässlich der Weiterbildungs-
veranstaltung des Instituts für Rechtswissenschaft und Rechts-
praxis, http://www.9450.ch

Roman Graf
Löhne – Ortsübliche Branchenlöhne in 7 Schweizer Regionen
Observatoire Universitaire de l'Emploi, Université de Genève,
Dezember 2004
Schweizerischer Gewerkschaftsbund, Herausgeber
www.sgb.ch oder info@sgb.ch

Peter Dietrich
Der Schutz vor missbräuchlichen Lohn- und Arbeitsbedingungen
durch die flankierenden Massnahmen zum Freizügigkeitsab-
kommen Schweiz–EG
Veröffentlichung aus dem Nachdiplomstudium Internationales
Wirtschaftsrecht der Universität Zürich und dem Europa Institut
Zürich, Band 23
Schulthess Juristische Medien AG, Zürich, 2003
ISBN 3-7255-4508-1

Ewald Ackermann
Vertrags- und Lohnverhandlungen 2007/2008 –
Eine Übersicht aus dem Bereich der SGB-Gewerkschaften
Herausgeber: Schweizerischer Gewerkschaftsbund,
Monbijoustrasse 61, 3000 Bern 23, www.sgb.ch

NACE Rev. 2 – Statistische Systematik der Wirtschaftszweige
in der Europäischen Gemeinschaft,
Europäische Kommission und Eurostat, Herausgeber
ISBN 978-92-79-04740-4 und ISSN 1977-0383, Brüssel, 2008

Heidi Stutz und Tobias Bauer,
Modelle zu einem garantierten Mindesteinkommen –
Sozialpolitische und ökonomische Auswirkungen
Büro für Arbeits- und sozialpolitische Studien BASS
Forschungsbericht Nr. 15/03, 2002, ISBN 3-905340-76-3

Nicole Brönnimann, Daniel Burkhard, Andreas Kübli, Gregor
Messerli und Simon Werren
Marktübersicht Lohnvergleiche,
Schweizerisches Nachdiplomstudium Personalmanagement,
Olten im März 2001
Fachhochschule Solothurn Nordwestschweiz, www.fhnw.ch

Yves Flückiger, Professor an der Universität Genf,
Département d'Économie Politique
Tieflöhne: Probleme erkennen und lösen
Soziale Sicherheit, Nr. 3, 2001, Seiten 118–119
Herausgegeben durch das Bundesamt für Sozialversicherungen,
Bern, www.bsv.admin.ch

Prof. Dr. Thomas M. Schwarb, Stephanie Greiwe
und Prof. Dr. Ruedi Niederer
Erfolgs- und Kapitalbeteiligung von Mitarbeitenden in der Schweiz
Repräsentative Unternehmensbefragung, Olten Juni 2001
Fachhochschule Solothurn Nordwestschweiz, www.fhso.ch

Manfred Gutmann
Lohnpolitik als Schlüsselfaktor für den Unternehmenserfolg
Auszug aus dem *UBS Outlook* Nr. 3, 2001
Herausgegeben durch die UBS Schweiz, Division Privat- und
Firmenkunden, Zürich
manfred.gutmann@ubs.com, www.ubs.com

Manfred Gutmann und Christian Frey, Herausgeber
Preise und Löhne rund um die Welt –
Ein internationaler Kaufkraftvergleich, Ausgabe 2009
Herausgegeben durch die UBS Schweiz, Division Privat- und
Firmenkunden, Zürich
UBS AG, Informationszentrum CA50, Zürich, www.ubs.com

Daniel Oesch und Serge Gaillard, Redaktion
Expertenbericht Mindestlöhne (Erscheinungsjahr 2000)
Mitglieder der Expertengruppe: Yves Flückiger (Professeur
d'économie à l'Université de Genève), Elisabeth Freivogel (lic.
iur., Advokaturbüro), Thomas Gabathuler (lic.iur., Rechtsanwalt),
Serge Gaillard (Dr. oec., geschäftsführender Sekretär SGB),
Thomas Geiser (Professor am Forschungsinstitut für Arbeit und
Arbeitsrecht, Universität St. Gallen), Pascal Mahon (Professeur de droit public à l'Université de Neuchâtel), Colette Nova
(lic. iur., geschäftsführende Sekretärin SGB), Stefan Spycher
(lic.rer.pol., Büro für arbeits- und sozialpolitische Studien BASS).
Herausgeber: Schweizerischer Gewerkschaftsbund,
www.sgb.ch

Charles Landert
Die Arbeitszeit der Lehrpersonen in der Deutschschweiz
Herausgegeben durch den Dachverband Schweizer Lehrerinnen und Lehrer
Verlag LCH, Zürich, 1999, www.lch.ch

Nicolas Eschmann, lic.oec., Sektion Statistik BSV
Erwerbseinkommen: Wie sind sie verteilt? –
Wie verändern sie sich?, Statistik der AHV-pflichtigen Einkommen
Soziale Sicherheit, Nr. 4, 1998, Seiten 212–216
Herausgegeben durch das Bundesamt für Sozialversicherungen,
Bern, www.bsv.admin.ch

Peter Lüscher
Information zum Einzelarbeitsvertragsrecht:
Leitfaden zur Vermeidung von Lohndiskriminierung
Brief der Aargauischen Industrie- und Handelskammer,
Nr. 34.98 vom 13. Mai 1998
Herausgegeben durch die Aargauische Industrie- und Handels-
kammer, Aarau, www.aihk.ch

Christian Katz und Christoph Baitsch
Lohngleichheit für die Praxis – Zwei Instrumente zur
geschlechtsunabhängigen Arbeitsbewertung
Herausgegeben durch das Eidgenössische Büro für die Gleich-
stellung von Mann und Frau
vdf Hochschulverlag an der ETH, Zürich, 1996
ISBN 3-7281 2309-9, www.equality-office.ch

Martin Farner
Lohnberechnung – Ein kleines liber abaci für Arbeitsrechtler
http://www.farnerlaw.ch/Publika/LohnberV2.pdf

Frohmut W. Gerheuser und André Schmid
Bedingt wirksam:
Das Lohngleichheitspostulat des Heimarbeitsgesetzes
Nationales Forschungsprogramm 27, Reihe Kurzberichte,
Wirksamkeit staatlicher Massnahmen
3001 Bern, 1993, www.snf.ch

Heinz Kappel
Organisieren – Führen – Entlöhnen mit modernen Instrumenten.
Handbuch der Funktionsbewertung und Mitarbeiterbeurteilung
Verlag Industrielle Organisation, Zürich, 1986

Übereinkommen Nr. 26 über die Einrichtung von Verfahren
zur Festsetzung von Mindestlöhnen
Angenommen in Genf am 16. Juni 1928, in Kraft getreten für
die Schweiz am 7. Mai 1948
Geändert durch die Übereinkommen Nr. 80 und 116
www.admin.ch/Systematische Rechtssammlung/
Internationales Recht/Staatsvertragsrecht 0.822.713.6

Rudolf Keiser
Akte Sozialversicherungen –
Die Versicherten und die AHV, IV, UV, KV, BV
Keiser Verlag, Luzern, aktueller Jahrgang
ISBN 978-3-906866-15-4, www.keiserverlag.ch

Richtlinien für die Ausgestaltung und Bemessung der Sozial-
hilfe: Empfehlungen zuhanden der Sozialhilfeorgane
von Bund, Kantonen, Gemeinden und Organisationen
der privaten Sozialhilfe
Schweizerische Konferenz für Sozialhilfe, Herausgeber
www.skos.ch

Stichwortregister

Die Zahlen in Normalschrift verweisen auf die Seitenzahlen und die kursiv gesetzten auf die systematische Nummerierung der einzelnen Kapitel. Zur Erleichterung der Suche wird im Stichwortregister auf eine männliche oder weibliche Form der Berufsbezeichnungen verzichtet und wo immer möglich eine neutrale verwendet.

A

Betriebsfachleute
- Handwerk, *Die Post* 280, *53.10;*
  Die Post KG 277, *52.29;* 405, *77.11*
- Immobilienverwaltung 357, *68.32*
- Logistik, *Die Post* 279, *53.10;* 405, *77.11*
- Logistik, international, *Die Post KG* 277, *52.29*
- Maschinenindustrie, gelernt 131, *28.00*
- Maschinenindustrie, ungelernt 131, *28.00*
- Postfinance, *Die Post* 279, *53.10*
- Transport, *Die Post* 279, *53.10; Die Post KG* 277, *52.29*
- Unterhalt, *Die Post* 280, *53.10;*
  Die Post KG 277, *52.29;* 405, *77.11*
- Versand, international, *Die Post KG* 285, *53.20*
- Vertrieb, international, *Die Post KG* 285, *53.20*
- Wartung, *Die Post* 280, *53.10;*
  Die Post KG 277, *52.29;* 405, *77.11*
- Zustelldienste, *Die Post KG* 285, *53.20*
Betriebshandwerker, Maschinenindustrie 129, *28.00*
Betriebsleiter
- Agraringenieur 385, *71.12*
- Bergbahnen 239, *49.39*
- hauswirtschaftlicher, *Kanton Zürich* 436, *84.11*
- *Kanton Zürich* 436, *84.11*
- landwirtschaftlicher, *Kanton Zürich* 436, *84.11*
- Lebensmittelingenieur 385, *71.12*
- *Spitex* 479, *86.90*
- Stellvertreter, Bergbahnen 239, *49.39*
Betriebsmechaniker, Optikindustrie 117, *26.70*
Betriebsmitarbeiter
- *Coop* 208, *47.11*
- Fahrzeugvermietung, *Die Post* 405, *77.11*
- Handwerk, *Die Post* 280, *53.10;*
  Die Post KG 277, *52.29;* 405, *77.11*
- *Kanton Zürich* 432, 436, *84.11*
- Lager, Brauerei 69, *11.05*
- Logistik, *Die Post KG* 277, 279, *52.29*
- Postdienste, *Die Post* 279, *53.10*
- Postfinance, *Die Post* 279, *53.10*
- Spedition, Brauerei 68 f., *11.05*
- *SV-Service* 297, *56.29*
- Transport, *Die Post* 279, *53.10;*
  Die Post KG 277, *52.29;* 405, *77.11*
- Unterhalt, *Die Post* 280, *53.10;*
  Die Post KG 277, *52.29;* 405, *77.11*

C

Chauffeur
– Lastwagen 240, *49.41*
– Lieferwagen 241, *49.41*
– Linienbus *VBZ* 231, *49.31*
– Maschinenindustrie 129, *28.00*
– Monteur, *SF DRS TPC* 308, *60.20*
– Mosterei 58, *10.32*
– Postauto 237, *49.39*
– *SBB* 227, *49.10, 49.20*
– *Schauspielhaus Zürich* 504, *90.01*
– Schwertransport, Kategorie C, 242, *49.42*
– *Swiss* Bodenpersonal 263, *52.23*
– Taxifahrer 234, *49.32*
Chauffeur-Lagerist, Wasserversorgung 163, *36.00*
Chauffeur-Mechaniker, Transportgewerbe 243, *49.42*
Chauffeur-Monteur, *SF DRS TPC* 308, *60.20*
Check-in-Angestellter, *Swissport* 272, *52.23*
Chef
– Ankleidedienst, *Opernhaus Zürich* 502, *90.01*
– Bäcker 61, *10.71*
– Beleuchter, Filmproduktion 300, 302, *59.11*
– Cutter, Filmproduktion 300, 302, *59.11*
– Datatypist, *Kanton Zürich* 432, *84.11*
– de Partie, Catering 296, *56.21*
– de Partie, Nautikpersonal 247, *50.30*
– de Service, *Elvetino* 293, *56.10*
– Editor, Filmproduktion 300, 302, *59.11*
– Equipe, *Kanton Zürich* 431 ff., *84.11*
– Fachdienst, *Kanton Zürich* 431, *84.11*
– Fundusverwaltung, *Opernhaus Zürich* 502, *90.01*
– Garage, *Kanton Zürich* 432, *84.11*
– Hauptabteilung, *Kanton Zürich* 431, *84.11*
– Instruktor Zivilschutz, *Kanton Zürich* 433, *84.11*
– Kameramann, Filmproduktion 300, 302, *59.11*
– Kanzlei, *Kanton Zürich* 431, *84.11*
– Kapitän, Bootsführer, Binnenschifffahrt *ZSG* 248, *50.30*
– Laborant, *Kanton Zürich* 432, *84.11*
– Logistik, *Kanton Zürich* 432, *84.11*
– Logistik (Gericht), *Kanton Zürich* 441, *84.23*
– Magazin, *Kanton Zürich* 433, *84.11*
– Maschinist, Bootsführer, Binnenschifffahrt *ZSG* 248, *50.30*
– Maschinist, Filmproduktion 300, 302, *59.11*
– Maskenbildner, Filmproduktion 300, *59.11*
– Operator, *Kanton Zürich* 432, *84.11*
– Pikett, Berufsfeuerwehr 446, *84.25*

Führung
– Dokumentenverwaltung, *Die Post KG* 430, *82.91*
– Fahrzeugvermietung, *Die Post KG* 406, *77.11*
– Informatiker, *Die Post KG* 329, *63.11*
– Inkasso, *Die Post KG* 430, *82.91*
– Logistik, *Die Post KG* 278, *52.29;* 285, *53.20*
– Werbevermittlung, *Die Post KG* 393, *73.11*
– Werttransporte, *Die Post KG* 430, *82.91*
Führungskräfte, *BfS* 560 ff., *01.00–97.00*
Fundusverwalter, *Opernhaus Zürich* 502, *90.01*
Funker, Seeschifffahrt 245, *50.20*
Fussballspieler 522, *93.12*

G

Galvaniker 111, *25.61*
Garagenchef, *Kanton Zürich* 432, *84.11*
Garderobepersonal, Kino 304, *59.14*
Garderobiere
– Filmproduktion 300, 302, *59.11*
– *SF DRS TPC* 308, *60.20*
Gartenarbeiter 44, *01.30*
Gartenbau 44, *01.30*
– Aushilfen 44, *01.30*
– Produktion 44, *01.30*
– Vorarbeiter 44, *01.30*
Gärtner 44, *01.30*
– Immobilienverwaltung 357, *68.32*
– *Kanton Zürich* 436, *84.11*
Gas
– Erzeugung, *BfS* 147, *35.11–35.30*
– Handel, *BfS* 147, *35.11–35.30*
– Übertragung 147, *35.11–35.30*
– Verteilung, *BfS* 147, *35.11–35.30*
Gasschweissen 112, *25.62*
Gastgewerbe 288 ff., *55.10*
– Angestellte 288 f., *55.10*
– Angestellte, *SV-Service* 297 f., *56.29*
– Betriebsmitarbeiter, *SV-Service* 297, *56.29*
– Kader 289, *55.10*
– Kader, *SV-Service* 298 f., *56.29*
– Kantinenpersonal, *SV-Service* 297 ff., *56.29*
– Kurzaufenthalter 291, *55.10*
– Mitarbeiter 288, *55.10*
– Praktikant 291, *55.10*
– Stagiaire 291, *55.10*
– *SV-Service* 297 ff., *56.29*
– Techniker HF 363, *70.22*

H

O

Praktikant
– Psychologie, Gesundheitsdirektion *Kanton Zürich*
  470, *86.10*
– Psychopathologie, Gesundheitsdirektion *Kanton Zürich*
  470, *86.10*
– *Radio DRS* 306, *60.10*
– *SBB* 230, *49.10, 49.20*
– Seelsorger 535, *94.91*
– Sozialarbeiter, kirchliche Berufe 535, *94.91*
– Sozialpädagoge, kirchliche Berufe 535, *94.91*
– soziokultureller Animator, kirchliche Berufe 535, *94.91*
– spitalexterner, *Spitex* 479, *86.90*
– Studienpraktikum, *Kanton Zürich* 439, *84.11*
– Studierende, Gesundheitsdirektion *Kanton Zürich*
  470, *86.10*
– Unterassistenten, Gesundheitsdirektion *Kanton Zürich*
  470, *86.10*
– Vorpraktikum, *Kanton Zürich* 439, *84.11*
– Vorpraktikum, Gesundheitsdirektion *Kanton Zürich*
  470, *86.10*
– Wahlstudienjahr, Gesundheitsdirektion *Kanton Zürich*
  470, *86.10*
Präsenzdienst, *Asyl-Organisation Zürich* 487, *88.99*
Präsident
– Bezirksgericht, *Kanton Zürich* 442, *84.23*
– Kirchenrat, *Kanton Zürich* 431, *84.11*
– Mietgericht, *Kanton Zürich* 442, *84.23*
– Steuerrekurskommission, *Kanton Zürich* 431, *84.11*
Praxisassistentin
– medizinische 472, *86.21*
– tiermedizinische 404, *75.00*
Präzisionsinstrumente, Herstellung 138, *32.11–32.99*
Pressefotograf 396, *74.20*
Presser, Maschinenindustrie 130, *28.00*
Primarlehrerin, Kinderkrippe 485, *88.91*
Printmedienverarbeiter 81, *18.11–18.14*
Probe, Musiker 496, 500, *90.01*
Probebühne, *Opernhaus Zürich* 502, *90.01*
Production Controller/Engineer, *Swiss* Bodenpersonal
  266, *52.23*
Produktemanager
– Berufsbildung *Login* 465, *85.59*
– Plakatwerbung *APG* 394, *73.12*
– *Swisscom* 309, *61.10*

R

Sport, *BfS* 521, *93.11–93.29*
Sportanlagen-Betrieb, *BfS* 521, *93.11–93.29*
Sportgeräteherstellung, *BfS* 138, *32.11–32.99*
Sportler, professionell 522, *93.12*
Sprachlehrer, *Caritas* 494, *88.99*
Sprengstoffe, Herstellung 95, *20.51*
Spriesser, Bauhauptgewerbe 167, *41.20*
Springen, Reitlehrer 461, *85.51*
Staatsanwalt
– *Kanton Zürich* 434, *84.11*
– leitender, *Kanton Zürich* 434, *84.11*
– oberer, *Kanton Zürich* 434, *84.11*
Staatsarchivar, *Kanton Zürich* 435, *84.11*
Staatsschreiber
– *Kanton Zürich* 432, *84.11*
– Stellvertreter, *Kanton Zürich* 432, *84.11*
Stabsmitarbeiter
– kirchliche Berufe 535, *94.91*
– Management und Office Support 350, *65.00*
Staco-Angestellter, *Swissport* 272, *52.23*
Stagiaire
– Gastgewerbe 291, *55.10*
– Radio DRS 306, *60.10*
– Redaktion 334, *63.91*
Stanzer, Maschinenindustrie 130, *28.00*
Staplerfahrer 58, *10.32*
– Transportgewerbe 242, *49.42*
Station Allrounder, *Swissport* 274, *52.23*
Stationsleiter, Gesundheitsdirektion, *Kanton Zürich* 466, *86.10*
Statist, *Schauspielhaus Zürich* 504, *90.01*
Statthalter, *Kanton Zürich* 434, *84.11*
Steine, Bearbeitung 103 f., *23.70*
Steinbildhauer 103, *23.70*
Steinfräser 103 f., *23.70*
Steinhauer 103, *23.70*
Steinmetz 103, *23.70*
Steinsäger 104, *23.70*
Steinspalter 104, *23.70*
Steinwerker 104, *23.70*
Stellenleiter, kirchliche Berufe 535, *94.91*
Stellvertretender
– Direktor, *EDA* 558, *99.00*
– Leiter Durchgangszentrum, *Caritas* 494, *88.99*
– Regionenleiter, *Securitrans* 413 f., *80.10*
– Zentrumsleiter, *Caritas* 494, *88.99*

T

W